クリストファー・M・ウィブル［編］

公共政策

政策過程の理論とフレームワーク

稲継裕昭　西出順郎　佐藤敦郎［訳］

成文堂

Theories of the Policy Process Fifth edition published 2023 by Routledge
©2023 selection and editorial matter, Chistopher M. Weible;
Individual chapters, the contributors
All Rights Reserved
Authorised translation from the English language edition
published by Routledge, a member of the Taylor & Francis Group
Japanese edition published by arrangement through the Sakai Agency, Inc., Tokyo

第5版への序文と謝辞

この第5版は、最も定評があり最先端の政策過程理論の本に最新の修正を加えたものである。全ての理論は、最近の実証研究、革新的な理論化、そして歴史的な規模の課題に直面する世界を反映するよう第4版から改訂されている。断続平衡理論、複数の流れフレームワーク、政策フィードバック理論、唱道連合フレームワーク、物語り政策フレームワーク、制度分析・開発フレームワーク、政策の波及とイノベーションを含む7つの章が再収録されている。また、ゲームの生態系フレームワークという新たな理論もこのコレクションに加わっている。ほぼすべての章に新たな執筆者が加わり、視点の多様化が図られ、この最新版はこれまでで最も国際的な内容となっている。さらに、「波及とイノベーション」の章は、全く新しい執筆者チームによって執筆されている。各章において、改訂により概念と理論的議論を明確化し、理論の適用範囲を拡大・拡張し、得られた教訓と知識を要約し、そして、この激動の時代を最も象徴するように、政策過程理論の関連性について多く論じている。

上記の理論の章は序章と第2部に挟まれている。序章は、政策過程の定義と説明に焦点を当て、全面的に改訂したものである。第2部は、以前の版から更新した3つの章からなる。政策過程理論の比較に関するポール・カーニーとターニャ・ハイキラの第9章、比較研究に関するヤーレ・ツズーンとサム・ワークマンの第10章、そして、第5版での変更点と政策過程研究と理論の進展に向けたアジェンダを要約した最終第11章で結ばれる。

本書を完成するにあたり、本書および姉妹書 *Methods of the Policy Process* (『政策過程のメソッド』(サム・ワークマンとの共著))をサポートしてくださったRoutledge 社のチームに謝意を表する。また、本書の提案の長所と短所についてコメントし、第5版の改善に貢献してくださった匿名の査読者の方々にも感謝する。もちろん、最大の称賛は寄稿者らに帰するものである。著者らが、最高水準の品質を維持しながら各章を執筆してくださったことで、本書は最も定評がある政策過程理論の最も優れた発表の場であり続けている。

また、継続的な議論を通じて、この分野を新たな視点で理解する手助けをし

てくれているコロラド大学デンバー校公共政策大学院の博士課程の学生たちにも感謝の意を表する。その中には、序章と終章の編集とコメント作成に協力してくれたアンナ・クロフォード、アレグラ・フルートン、ケイラ・ガベハート、アラン・ナムが含まれる。私の専門的成長およびこの分野の発展にとって、これらの博士課程の学生たちや世界中で私が交流する多くの人々は、極めて重要な存在であり、数え切れないほどの賞賛すべき特徴がある。それは彼らの好奇心であったり、尽きることのない質問であったり、個人的な視点、仕事への倫理観、エネルギー、ユーモアのセンス、あるいはまったく別の何かかもしれない。彼らの貢献を完全に言い表すことはできないが、彼らが政策過程理論をより良いものにしてくれていることは確かである。そのため、本書を彼らに捧げるものである。

　家族に関して述べれば、私が仕事をするために必要な時間を与えてくれ、仕事をしていないときは自分の時間を共有してくれるジェンの絶え間ないサポートがなければ、何も達成できなかったであろう。何よりも、特に私が学術的な思考を止められないときや、思考が止まらないことにすら気づかないときでも、彼女の愛情に満ちた忍耐と理解に、常に感謝している。章を執筆し、他の章を編集する際、テオ、エズラ、オリのことは常に私の心中にあった。この原稿を書いている間にも彼らは大人へと成長を続けており、彼らの営みに参加できる瞬間ほど喜ばしいものはない。

　最後に、本書の最初の2つの版の編集者であるポール・サバティエ氏への感謝の念は言葉では表しきれない。ポールは、政策過程の科学的理論という分野を創出することに渾身の努力を注いだ。その理論は、反証可能なほど明確であることを規範とし、明確さはさらなる明確さを生み、混沌はさらなる混沌を生むという考えに基づいている。彼の輝かしい業績は、本書に貢献し、そこから学ぶ人々とともに受け継がれている。

クリストファー・ウィブル（Christopher Weible）

訳者 はしがき

　本書は、*Theories of the Policy Process, 5th ed.* の全訳である。本書の第1版は、1999年にポール・サバティエ（Paul Sabatier）編で刊行され、2007年に第2版、2014年にサバティエとウィブル編で第3版、2018年に両名編で第4版と、定期的に版を重ねてきたものである。第5版となる2023年出版の本書では編者がウィブルだけとなっている。

　公共政策の諸理論を収めた本書は、これまで20年以上にわたり、学生、研究者、実務家にとって公共政策研究・政策過程研究分野の入口となる重要な書であり、最も定評があるテキストとなってきた。学部および大学院レベルの公共政策・政策過程コースの履修者だけでなく、この分野の研究や実務に従事する人々にとっても最適の書として貢献してきた。第5版では8つの理論の章が収められているが、いずれも当該理論の創始者またはその重要な後継者が執筆しており、公共政策の理論を学ぶ者にとってはなくてはならない書となっている。

　公共政策は、政府が特定の目的に対して行う決定および非決定を指す。ここに収められた諸理論は、政府、組織、個人が時間とともにどのように相互作用するかを理解する上で基本となるものである。日本では、公共政策や政策過程の理論としては、政策の窓モデルや、政策波及モデルを使った研究は進められてきたが、それ以外の理論を用いた実証研究はそれほど盛んではなかった。

　第Ⅱ部でも述べられているように、アメリカで始まった理論の実証的適用が、欧州諸国のみならず、南米やアジア諸国、さらにはグローバル・サウス諸国へと広がりを見せている。そのような中で、日本の事例については、国際的なジャーナルへの投稿が極めて少なく、（自戒の念も込めて）海外へも発信されていない。2024年に、K.Agata, H.Inatsugu, H.Shiroyama eds., *Public Administration in Japan*（Palgrave/Macmillan）（Open Access）を出版した際、海外の学者から「日本の行政はこれまで謎だった」などと指摘された。具体的適用例についてはなおさらだ。だが、日本は事例に富んでおり、本書の諸理論を適用して分析すれば、国際的には非常に注目される実証研究となることは言うまでもない。

原著を訳すことになったのは、宮崎での3人の懇親会がきっかけである。別の研究会で宮崎県知事に対してヒアリングを行った後3人で懇談していたとき、公共政策のテキストについての議論となった。稲継は300人規模の公共政策の授業を持っていたが理論をベースにした使いやすい教科書がないこと、そして卒論や修論で引用される理論の幅が狭いことに悩んでいた。西出はある公務員採用試験を担当しているが、一部の解答者が理論に依拠することなく自己流の答案を書いていることを嘆いていた。佐藤は、バーダックの『政策立案の技法』を使って院生に講義をしていたが、理論書が欲しいと感じていた。適切な教科書を書きたい希望は持っているものの、まずは優れた理論書の翻訳をしてはどうかということになった。そこで、出版以来版を重ね、この分野をリードしている本書に着目した。

　まずは、稲継の方で序章と第11章を訳し、全体の統一を視野に入れながら、1-3章を西出が、4-7章を佐藤が、8-10章を稲継が訳すこととした。各自訳出したあとに、翻訳研究会を頻繁に持って、その翻訳文について、訳語、文脈、他章との整合性などについて検討をした。明治大学や早稲田大学（そして、鳥取や福井）での対面での研究会も数回持ったが、オンライン研究会ができるというコロナ禍以降の強みを生かして、数か月にわたりほぼ毎週のように検討会を持った。担当は決めたが、用語の統一は不可欠で、3人が参照する翻訳用語集を作成し改訂を繰り返して統一をはかった。チームワークは上々で、毎回、他の研究の話題へと話が発展し、予定時間をオーバーするのが常だった。

　翻訳が進んだ段階で、別の本の出版でお世話になっていた成文堂の飯村晃弘編集長に連絡をとった。原著の重要性や日本の公共政策研究の状況等について延々とお話したところ、ほぼその場で出版することをご承諾いただいた。頁数の多い本書の出版を決断いただいた阿部成一社長、飯村様に心から感謝申し上げる。

　本書が、公共政策を学び、分析する人たちのお役に立つことがあれば望外の幸せである。

2025年1月

訳者を代表して　　稲継裕昭

目 次

第5版への序文と謝辞　i

訳者はしがき　ⅲ

序　章　政策過程研究と理論の射程と焦点 …………………… *1*

　1．政策過程の記述と定義 ………………………………………*3*
　2．政策過程と政策分析 …………………………………………*7*
　3．政策過程研究、政策科学、およびその他の基盤 …………*9*
　4．政策過程と政策サイクル ……………………………………*11*
　5．理論の収録基準 ………………………………………………*13*
　6．本書で取り上げる理論 ………………………………………*16*
　7．本書の活用法 …………………………………………………*18*

第Ⅰ部　政策過程研究の理論的アプローチ

第1章　複数の流れフレームワーク
　　　　基礎、精緻化、実証的適用 ………………………………*35*

　1．前　提 …………………………………………………………*36*
　2．構造的要素 ……………………………………………………*39*
　3．政策サイクルの各段階への適用と適応 ……………………*51*
　4．国際的・比較的な適用 ………………………………………*57*
　5．限　界 …………………………………………………………*63*
　6．展　望 …………………………………………………………*70*
　7．結　論 …………………………………………………………*72*

| 第2章 | 断続平衡理論
公共政策策定における安定と変化の説明 ················ 81

　　1．公共政策策定における断続平衡 ···················· 82
　　2．逐次処理と並行処理 ···························· 85
　　3．正と負のフィードバック ························ 89
　　4．政策イメージ ································ 91
　　5．限定合理性の基礎と意思決定の中心性 ················ 93
　　6．情報処理 ···································· 95
　　7．情報の政治学と断続の病理学 ······················ 96
　　8．政策策定における軋轢の二重の役割 ·················· 98
　　9．政府支出の断続と安定性 ·························· 100
　　10．予算理論における断続 ·························· 102
　　11．予算変化の分布 ······························ 103
　　12．比較の視点から見た断続平衡理論 ·················· 105
　　13．比較政策アジェンダ・プロジェクト ················ 108
　　14．結　論 ···································· 115

| 第3章 | 政策フィードバック理論 ······················ 126

　　1．政策フィードバック理論の知的展開 ················ 128
　　2．政策フィードバック探究の主要な流れ ·············· 131
　　3．大衆におけるフィードバック・メカニズム ·········· 143
　　4．政策フィードバックにおける調整効果 ·············· 152
　　5．政策フィードバック研究の新たな挑戦とニューフロンティア
　　　 ·· 156

第4章 唱道連合フレームワーク
進展と新たな領域 ……………………………………… *165*

1. はじめに ……………………………………………… *165*
2. 前提条件 ……………………………………………… *166*
3. 一般的な概念のカテゴリーと関係 ………………… *170*
4. 理論上の重点 ………………………………………… *172*
5. 新たな領域と継続的発展 …………………………… *183*
6. ACF 研究プログラムに貢献するためのアドバイス ……… *186*
7. 結　論 ………………………………………………… *188*

第5章 物語り政策フレームワーク ……………………… *202*

1. はじめに ……………………………………………… *202*
2. NPF の核となる前提条件 …………………………… *203*
3. 政策物語り …………………………………………… *204*
4. 語り手と聴衆 ………………………………………… *210*
5. 政策変更の物語りのメカニズム：説得、操作、注目 ……… *211*
6. 3つの分析レベル …………………………………… *213*
7. NPF の新たな潮流と今後の方向性 ………………… *228*
8. 結論：NPF の継続的発展 …………………………… *232*

第6章 制度分析・開発フレームワークと
その政策・制度分析のためのツール ………… *246*

1. はじめに ……………………………………………… *246*
2. 制度分析・開発フレームワークの紹介 …………… *248*
3. IAD ツール群と適用例 ……………………………… *258*
4. 結　論 ………………………………………………… *273*

第7章　政策の波及とイノベーション……286

1．はじめに：政策イノベーションの波及……286
2．公共政策が伝播する方法を検証する研究の系譜……289
3．政策波及プロセスの背後にある基本原理……298
4．結　論……312

第8章　政策ゲームの生態系フレームワーク
多核的な（ポリセントリック）ガバナンスにおける複雑性
……325

1．はじめに……325
2．政策ゲームの生態系フレームワークの簡単な紹介……328
3．カリフォルニア州のベイ-デルタにおける制度変化の
　　事例研究：指揮を執る者はいるのか？……333
4．複雑なガバナンスの理論としてのEGF……339
5．結　論……346

第Ⅱ部　比較分析と結論

第9章　政策過程理論をどのように比較すべきか……359

1．理論的アプローチの比較方法……361
2．比較の基準1：理論の要素……365
3．比較基準2：研究プログラムの活性度と一貫性……372
4．比較基準3：各理論的アプローチは「政策過程」を
　　どのように説明するのか？……377
5．理論比較の方法を比較する
　　――技術的基準と規範的基準……383
6．結論と基準についての考察……391

| 第10章 | 政策過程研究と比較研究の融合における苦闘と勝利 ……………………………………………… *396* |

1. はじめに ……………………………………………………… *396*
2. 概念的及び理論的課題 ……………………………………… *397*
3. 実証的・方法論的課題 ……………………………………… *409*
4. 政策過程研究と比較政治学 ………………………………… *411*
5. 政策過程研究の比較的視座 ………………………………… *414*
6. 比較政策過程研究から見えてきたこと …………………… *423*
7. 結論と今後の展望 …………………………………………… *425*

| 第11章 | 政策過程の研究と理論の発展 ……………………………… *436* |

1. 政策過程理論を発展させるための類型 …………………… *436*
2. 政策過程研究コミュニティの発展戦略 …………………… *445*
3. 結 論 ………………………………………………………… *450*

索 引 ……………………………………………………………………… *459*
原著者紹介 ……………………………………………………………… *468*

序章　政策過程研究と理論の射程と焦点

クリストファー・ウィブル　(Christopher M. Weible)

　政策過程研究とは、公共政策および人々や組織、出来事、文脈、アウトカムが時間とともに織りなす複雑な相互作用に関する研究を指す。政策過程研究には、人々が社会の進路を根本的に変え得る公共政策のデザインや採択に影響を及ぼそうと努める中で、政治のさまざまな力学や発言形態が含まれる。この研究は、ストーリーや物語り、アイデアや信念、規範やルール、情報や学習を絡み合わせるものである。それは、私たちの統治システムによって形作られると同時に、統治システムを形作るものである。この統治システムには、公共政策に情報を提供し、政策を策定・実施する可能性を持つ集合行為の公式・非公式の場が含まれる。政党から唱道連合に至るまで、さまざまなネットワークで相互作用を行う多様な参加主体や組織が関わっている。経験的に見て、政策過程研究は重要な現象であり、世界中で継続して関心を集めている研究領域である。また、政策過程に影響を及ぼすとはどういうことか、社会的・政治的な公平性にどのような示唆があるのか、そして世界への影響をいかにアセスメントし理解すべきか、といった問いを投げかけている。政策過程研究はこれら全てを含み、さらにその先へと広がっている。

　経験豊富な学者も初学者も、この研究分野に魅力を感じている。政府がなぜそのような行動をとるのか、また、どのように政府活動に関与し、影響を与えることができるのかについて、もっと深く学びたいと思っている者もいる。また、別の者たちは、政策過程の研究が、政治と政府を広範かつ包括的に捉え、公共政策に関連するあらゆる事象を記述し説明する独自の洞察を提供することに価値を見出している。さらに、政策過程研究コミュニティが直面する論争や課題、例えば、より良い理論やメソッドをいかに構築するか、あるいは知識と行為をいかに結びつけるかといった点に興味を覚える者もいる。本書は、政策過程研究の主要かつ最も確立された理論をまとめることで、政策過程につ

いての高度な理解を提供するものである[1]。

　この序章では、「理論」という用語を一般的な意味で使用する。つまり政策過程の側面を記述し、説明し、予測するための研究を行うアプローチとして体系化された一貫したアイデアの集合を表すものとする。理論は複数の目的に役立つ。その中には、政策過程の複雑さを単純化し、それを理解し、学ぶことを可能にするという実用的な必要性も含まれる。理論は、何を探索すべきか、何を無視すべきかを示唆し、問いや目的を特定することで単純化するものである[2]。また、理論は、仮説、原理、命題、推測、その他の理論的議論を通じて概念を特定し、相互に関連付けるものである[3]。仮説は、政策過程における相互作用を描写し、その一部は特定の文脈に適用され、他は多くの文脈にわたってより一般的に適用されるものもある。理論はまた、教室での議論の参加者から、国際的な比較研究での共同研究者まで、幅広い関係者間のコミュニケーションを可能にする共通言語を提供する（Tosun and Workman, 2023）。最後に、理論は、既知のものを包含し、未知のものを示唆することで、知識の貯蔵庫としての役割を果たす。

　政策過程について学ぶ者や貢献する者にとって避けられない課題は、どのような理論も限られた視点しか与えず、したがって部分的な理解しか得られないということである。従って、政策過程について学び、個々の理論の限界を補うための最善の方法は、複数の理論を学び、活用することである。そうすれば、各理論は補完的な比喩的「レンズ」となり、政策過程の異なる見方を提供するが、いずれも完全な見方を提供するものではない（Sabatier, 1999）。私たちは特定の政策過程の状況についてより包括的な理解を構築するため、あるいは政策過程全体にわたる一般化可能な知識を発展させるために、異なる理論的レンズを着け外しすることができるのである。

　この序章では、まず、1．政策過程の記述と定義から始める。次に、2．政策分析との対比における政策過程の意味、3．政策科学とその基盤との関連における政策過程の意味、そして、4．政策サイクルとの対比における政策過程の意味を探求する。最後に、5．本書で取り上げる理論の収録基準、それらの理論の概要、および本書を活用するための戦略について述べる。

1．政策過程の記述と定義

　政策過程のいかなる定義や説明も、公共政策を中心に据えた本質的に政治的な現象の中で、数多くの構成部分や要素が相互に作用しながら絶えず発展していくという、その曖昧で複雑かつ多面的な性質を示すものでなければならない。前節で述べたように、単一の理論で政策過程の全体を捉えることはできないが、各理論は1つの視点を提供し、これらの視点を組み合わせることで、政策過程に関する知識を深化させることができる。

　この序章は、まず、政策過程研究の定義から始めた。それは、公共政策を中心に置き、時間の経過とともに人々や組織（アクター）の間で起こる複雑な相互作用を含むものであり、ある環境（文脈）のもとで事象が起こり（出来事）、そしてアウトカムをもたらす。この定義は、異なる解釈を可能にする一般的なものとして意図されており、本書内外の研究の多様性を包含するものである。本節では、この定義を構成する概念を解きほぐしていく[4]。

　公共政策とは、政府またはそれと同等の機関が、特定の目的に対して行う決定および非決定を指す（Dye, 1972）。公共政策の例としては、憲法、法律、規則、行政決定、裁判所の判決、そして政策過程における行動状況を構造化する一般的に理解された実践的ルールが挙げられる。例えば、公共サービスを提供する「ストリートレベルの官僚」の持続的な実務慣行などが該当するが、これらに限定されるものではない（Lipsky, 1980；Schneider and Ingram, 1997；Ostrom, 2005）。

　公共政策には手段と目標の両方が含まれ、手続き的なものから実質的なものまで、また象徴的なものから実用的なものまで多岐にわたる。また、公共政策は、そのデザインと内容を構成する制度（文書化された規則）を通じて理解することもできる[5]。例えば、公共政策の中には、特定のポジションに権限を割り当てたり、一定の条件下で情報交換を義務付けたりする制度が主体となっているものもある（Schlager and Villamayor-Tomas, 2023）。政策過程を研究する際、研究者は単一の公共政策（例えば、特定の福祉法）に注目することもあれば、多くの公共政策（例えば、ある地域の福祉に関する多くの種類の公共政策）に注目することもある。

　公共政策は、社会的価値を翻訳し変革する点において、本来的に政治と結び

ついている[6]。そのためには、相互依存的な活動と状況の複雑かつ継続的な網状のつながりを必要とする。これには、争点を問題として定義して、公共アジェンダおよび政府アジェンダに注目を集めることが含まれる（Cobb and Elder, 1971；Kingdon, 1984；Baumgartner et al., 2023［本書第2章］；Herweg et al., 2023）。公共政策を形成、採択、修正する場合、このような相互作用には、交渉、強制、対立、協力が含まれる（Mitchell and Mitchell, 1969, 437；Nahrstedt et al., 2023；Porto de Oliveira et al., 2023；Schlager and Villamayor-Tomas, 2023）。また、公共政策の実施も含まれ、それによって行動を規制し、資源を分配し、再分配し、構築や解釈を変化させ、公共サービスを提供する（Mazmanian and Sabatier, 1983；Schneider and Ingram, 1993；Mettler and SoRelle, 2023）。政策の成功や失敗を評価し（McConnell, 2010）、責任を負わせたり回避したりすることも含まれる（Weaver, 1986；Hinterleitner and Sager, 2015）。最後に、これらの相互作用は、公論（public discourse）における政策課題についての議論、討論、ストーリーテリング、説得といった行為を伴う（Riker, 1986；Stone, 1989；Fischer and Forester, 1993；Jones et al. 2023）。公共政策を政策過程の要に位置づけることは、これらの活動や状況（そしてそれ以上のもの！）を研究することを意味する。

　もちろん、こうした活動や状況には、公式・非公式の集団や組織といった人々や集合体（collectives）が関わっている。こうした人々や集合体は「アクター」と呼ばれ、その分析には諸主体の特性や類型が用いられる。本書に掲載されているアクターの特性を簡単に列挙すると、アイデンティティ、知識、価値、信念、利益、注意、戦略、資源などである。前述したように、アクターの一般的な分類の1つは、人々や集合体（またはその公式・非公式の連合、グループ、組織）である。もう1つの分類は、一般大衆と、政策過程に積極的に関与したり・巻き込まれたりする人々（しばしば「政策アクター」と呼ばれる）を区別するものである。政策アクターは、政府機関、利益集団、非営利組織、法人企業や民間企業、市民・コミュニティ団体、シンクタンク、コンサルティング会社、学術機関、報道機関などと提携している場合がある。一般市民と政策アクターの概念的分離は、一般市民の重要性や政治参加の可能性を軽視するものではない。それはむしろ、さまざまな政府・非政府機関に属する政策アクターが恒常的に関与し、政策課題の展開過程と射程に影響を与え得ることを認識するものである（Sabatier, 1991）。

本書に収められた理論は、アクターが変化と安定性の駆動力あるいは推進力として行動する（すなわち、主体的な行為能力を持つ）ことを前提としている。従って、これらの理論は、アクターが「限定合理性」（Simon, 1996；Jones, 2001）を持つことに関連するさまざまなミクロレベルの仮定を採用することによって、アクターの認知的および動機的特性を特定している。限定合理性の概念とは、アクターが、自身の目標や方針に基づいて意思決定を行うが、利用可能な情報を処理し理解する知識や能力が限られているという制約があることを意味する。したがって、アクターは、不完全な情報処理、思考の曖昧さ、確証バイアスによる情報の取捨選択、適応と学習の複雑さ、構築物とアイデンティティに関する解釈的効果などの影響を受ける。どのような理論であれ、アクターに関する前提の集大成は、その「個人のモデル」に収斂し、そこには政策過程を記述し、説明し、予測するためのミクロな基盤が横たわっている（Sabatier, 1999；Jones, 2001）。政策過程に関する知識の生成を目指す優れた理論は、こうしたミクロ的仮定を確立しなければならない。そうでなければ、変化の根底にある力が想定されたり、学習されたりすることは決してない。

　本書に収められたいかなる理論も、政策過程の設定や環境である「文脈」から独立して行動する原子化された（独立分散的な）アクターを想定していない。むしろ、アクターと文脈は相互依存的である。文脈はアクターと政策過程を包含し、それによって両者の力学を形成し、同時にその力学によって影響を受ける。文脈的な記述はいくつかのカテゴリーに分類されることが多く、それは、社会経済的条件、文化、インフラ、生物物理的条件、制度（ここでは憲法に見られるような政府の基本構造として言及）などを含む。文脈は時として、経済を刺激するための景気刺激策のように、公共政策の対象として分析の前面に置かれることもある。また、別の場合には、文脈は分析の背景に位置し、アクターの行動や政策過程を間接的に形成することもある。さらに、一部の文脈は、他の文脈よりも特定の政策決定を促す可能性もある。

　どのような文脈においても、「出来事」と呼ばれることが起こる。出来事には、予期されたものと予期されなかったものがあり、慢性的なものと急激なものがある。出来事の例としては、選挙、科学的発見、政策決定、社会的ジレンマ、危機などがあるが、これらに限定されるものではない。社会運動やアメリカにおける最近の選挙不正の主張に見られるように、政策過程に影響を与える

ために、時として、アクターが意図的に出来事を創造したり、構築したりすることもある。一方で、地震のようにアクターの意図とは無関係で制御不能な出来事もある。出来事は、特定の公共政策の争点に直接的または間接的に関連し得るため、しばしば政策上の目的を達成する機会を提供する。例えば、官僚機構が衝撃的な報告書を発表し、それまで注目されていなかった政策プログラムの成功や失敗に注目が集まるかもしれない。この報告書は、ひいては将来の立法アジェンダを形作るかもしれない。もちろん、出来事が必ずしも変化をもたらすとは限らない。出来事は、変化の窓を開いたり、変化の機会を提供したりする可能性はあるが、政策アクターとの相互作用（あるいは、政策アクターによる利用）が必要である。最後に、出来事は世の中で起こるかもしれないが、その意味は、ストーリーテリング（Jones et al., 2023）、分析的議論（Nohrstedt et al., 2023）、あるいは注目の焦点化（Birkland, 1998, Baumgartner et al., 2023, Herweg et al. 2023）を通して、政策アクターによって構築される。つまり、出来事は起こるが、その意味やインパクトの多くは、アクターと結びついて明らかになる。

　政策過程のアウトカムとは、公共政策が社会にもたらす短期的または長期的な結果やインパクトのことである。これらのアウトカムは、時間の経過とともに政策過程と相互作用し続ける。アウトカムとは、政策過程を構成する文脈やアクターの変化（または継続）である。政策過程がアウトカムを独立したカテゴリーとして区別するのは、政策過程が社会に与える効果を測定しアセスメントする上での重要性と、この科学の究極的な利用のためである。政策過程研究の目標の1つは知識の生成であるが、この知識を利用することは、最終的に、社会的価値の達成とより大きな人間的尊厳の実現に寄与するものでなければならない[7]。

　以上の定義と記述の通り、政策過程研究は野心的で多面的、複雑かつ進化する現象に取り組んでいる。立法府、行政府、裁判所、官僚機構、選挙、世論、利益集団など、政治学の伝統的な分野を、おのずと統合するものである。この研究領域はまた、政治社会学によく見られる社会運動や、社会心理学によく見られる個人モデルを支える前提など、他の分野や学問領域からのアイデアも取り入れている[8]。最後に、その定義と記述は、政策過程の重要性と魅力を伝えるものである。実際、選挙という華やかな表舞台や、ニュースやソーシャルメディア、マクロ政治を占める最も注目を集める問題の背後では、政策過程こそ

がガバナンスと政治が実際に行われる場であり、そこには社会をより良くするための大きな希望が存在するのである[9]。

2．政策過程と政策分析

　政策過程研究の射程と焦点を理解する有益な方法は、それを政策分析と比較対照することである。政策分析とは、政策関連のアドバイスを提供する研究と実践を指し、将来の意思決定に情報を提供するため、あるいは過去の意思決定を評価するためにしばしば行われる（Weimer and Vining, 2017；Bardach and Pataschnik, 2019）。通常、政府内外のクライアントを含むが、必ずしもそうとは限らない。政策分析の実施過程は、しばしば、問題の定義、評価基準の設定、代替案の特定、インパクトの推定、トレードオフの査定、意思決定といった一連の反復的ステップとして説明される（Bardach and Pataschnik, 2019）。政策過程研究が理論を特徴とするのに対して、政策分析は分析ツールを特徴としており、その中でも人間の合理性の仮定に基づく経済効率性の基準に基づく費用便益分析が代表的である[10]。

　政策分析を政策過程研究と区別する1つの方法は、チェスのゲームにたとえることである（Durnová and Weible, 2020）。チェスゲームを分析する政策アナリストは、プレーヤーが直面する一手にズームインするかもしれない。アナリストは、プレーヤーの選択のコストやトレードオフを推定し、提言を行う。その後、プレーヤーは選択を行う。あるいは、政策分析では、ゲーム終了後にプレーヤーの指し手を査定し、その影響を評価することもある。

　政策過程研究は、異なる方向性から行われる。例えば、政策過程研究者は、チェスゲームを1つの現象としてとらえ、複数のゲーム、場所、時間にわたって、指し手とプレーヤーを研究するためにズームアウトするかもしれない。ゲームの複雑さを考慮すると、この研究者は、ゲームがどのように行われるか、そのパターン、選択に影響を与える条件、そして誰が勝つか負けるかを記述し説明するゲームの理論を開発するかもしれない。政策分析者とは対照的に、政策過程研究者は、プレーヤーに特定の決定についての情報を提供するのではなく、ゲームをプレイする上での一般的なアドバイスを提供することになるだろう。

完全ではないものの、チェスゲームの類推は、政策分析と比較した政策過程研究の実施と活用について、有用な説明を提供している。もちろん、公共政策に関心を持つ者は誰でも、多くの修士・博士課程で見られるように、政策分析と政策過程の両方について何らかの知識を持つべきであり、多くの学者がその結節点で研究を行っている。教育と実践における両者の合流は、別の問題を提起する。政策分析と政策過程研究の間には厳密な境界はない。制度分析・開発フレームワーク（Institutional Analysis and Development Framework）（Schlager and Villamayor-Tomas, 2023［本書第6章］）や政策フィードバック理論（Policy Feedback Theory）（Mettler and SoRelle, 2023［本書第3章］）に見られるように、一部の政策過程理論は意図的に政策分析のツールとしてデザインされている。政治的な状況をマッピングしたり政治的実現可能性を評価したりする際の唱道連合フレームワーク（Advocacy Coalition Framework）（Nohrstedt et al., 2023［本書第4章］）や、断続平衡理論（Punctuated Equilibrium Theory［本書第2章］）における「政策バブル（policy bubble）」概念を用いた政策の過剰反応の研究（Jones et al., 2014）のように、一部の学者は政策理論を政策分析のツールとして適用している。政策分析ツールとしての政策過程理論における最良の実践方法を確立することは、今まさに必要とされている研究分野であり、これにより理論と実践の両面で改善が見込めるという二重の利点がもたらされる。

　しかし、政策過程理論を通じて得られる知識は、通常、特定の意思決定に役立つことは少なく、そのような意思決定の全体的な状況設定に役立つことの方が多いため、両者の区別は依然として不可欠である。また、この2つの分野は、ジャーナルや学術ネットワーク、時には学会においても分かれている。政策理論から実践的な教訓を引き出そうとする学者は、この点を認識している。例えば、カーニーら（Cairney et al., 2022, 15）は、政策理論が政策過程に影響を与えるための「段階的手引書（step by step playbook）」を提供しないと述べている。同様に、ウィブルとカーニー（Weible and Cairney, 2021, 207）は次のように述べている。

　　政策過程を左右したり改善したりするための単純な解決策を求める学生や政策アクターは失望するだろう。その代わりに、政策過程理論は政策策定に関連する諸現象について考える方法を提供する。また、政策理論は、政策過程における複

雑性を単純化し、不確実性から理論に基づいた行為へと展開していくための体系的な方法を提供する。

3．政策過程研究、政策科学、およびその他の基盤

政策過程に関する多くのコースでは、おそらく「政策科学」について言及するだろう。これは、政策過程研究の基礎の一部を提供し、今日この分野を理解するもう1つの方法を提供する。

ハロルド・D・ラスウェル（Harold D. Lasswell）とその仲間たちによって提唱された政策科学は、ジョン・デューイ（John Dewey）のアメリカ・プラグマティズムを取り入れて第2次世界大戦後に登場した（Dewey, 1927；Lasswell, 1951；deLeon, 1997；Dunn, 2019）[11]。政策科学においては、知識は2つの相互に関連する形態で現れた（Lasswell, 1971）。1つ目は「政策過程の知識（knowledge of the policy process）」（ofの知識）と呼ばれるもので、政策過程の文脈を理解することを扱い、今日の政策過程研究に似ている。2つ目は、「政策過程における知識（knowledge in the policy process）」（inの知識）と呼ばれるもので、意思決定者への助言に焦点を当てたものであり、今日の政策分析に類似している。既に述べたように、政策過程研究と政策分析が（たとえ曖昧ではあるものの）二元的に区別されていることも考えると、ラスウェルの政策科学はそのような二元性を否定し、理論と適用における両者の一体性を主張した。全体として、ラスウェルの政策科学は、より良い民主主義とより大きな人間の尊厳のために知識と行為を結びつけることによって、新しい学問分野および専門職の創設を目指した。

しかし、ラスウェルの政策科学の構想（1956）は、アメリカ政治学会（American Political Science Association）の会長講演で語られたものであるが、政治学者からはほとんど無視され、おそらく今日に至るまで実現されていない（Garson, 1980；deLeon, 1994；Pielke, 2004；Farr et al., 2006）。その理由について解説した文献は数多くあるが、その中でも際立っているのは次の2つである。政治学者は、政策科学が持つ規範的な魅力よりも、行動科学的な流れを汲む科学を発展させることを好んだこと、そして、知識と行為を結びつけることが非常に困難であったことである。

今日、「政策科学」が使われる場合、一般的な分野（政策過程研究と政策分析を

含む)としての「政策研究」を指すのが普通である。多くの人々は、民主主義の規範的構想としてラスウェルと政策科学を引き合いに出し続けているものの、全体的な「政策科学のフレームワーク」の採択は殆ど見送っている(Torgerson, 2019)[12]。とはいえ、ラスウェルの規範的将来展望は依然として政策過程研究の一部となりうるし(Cairney and Weible, 2017)、ラスウェル類似の評価基準を規範性に組み込んでいる理論もある。本書の結論の章[第11章]で詳しく述べたように、政策フィードバック理論(Mettler and SoRelle, 2023[本書第3章])と制度分析・開発フレームワーク(Schlager and Villamayor-Tomas, 2023[本書第6章])は、いずれも市民のエンパワーメントや自治を通じた民主主義の課題を明確に取り上げている。また、他の理論もこの潮流に従っていることが示唆されており、特に継続的な呼びかけがなされていることを考えると、この傾向は一層高まっている(Ingram et al., 2016)

政治学者がほとんどラスウェルを無視していたという議論を受け入れると、問題は、誰が本書に見られるような政策過程研究の基礎を築いたのかということになる[13]。その答えは、本書の各章が引用したり、その原典が引用したりしている、過小評価されている学者たちの中にある。本書に見られる政策過程研究を解釈する別の方法を提供する学者とテーマの短いリストがある。これには以下のものが含まれるが、これに限定されない。

- 政府に圧力をかける政治グループやその他の団体(Truman, 1951；Freeman, 1955；Olson, 1965；Heclo, 1978)
- アジェンダ設定(Cobb and Elder, 1971；Downs, 1972)
- 政策の変更と意思決定(Lindblom, 1959；Dawson and Robinson, 1963；Dye, 1965；Bauer and Gergen, 1968；Walker, 1969；Burnham, 1970；Sharkansky, 1970；Cohen et al. 1972, Hofferbert, 1974)
- 政策デザインと手段(Dahl and Lindblom, 1953)
- 政策実施(Pressman and Wildavsky, 1973)
- システムとサブシステムの理論化(Easton, 1953, 1965；Freeman, 1955；Lowi, 1969；Redford, 1969)
- 意思決定の場の相互依存性(Long, 1958；Ostrom et al. 1961)
- 政治と政策の相互依存関係(Schattschneider, 1935；Lowi, 1964, 1972)
- 個人のモデル(Simon, 1957)
- 政治と対立(Schattschneider, 1957, 1960)

- 権力（Dahl, 1961；Bachrach and Baratz, 1963）
- 政策学習（Deutsch, 1963；Heclo, 1974）
- 政策過程に関する一般的記述（Shipman, 1959；Ranney, 1968a, 1968b；Lindblom, 1968；Heclo, 1972）

　これらのテーマは、前述した政策過程研究の記述の多くを反映しており、曖昧で、多面的で、複雑で、進化する現象としての本質を伝えるのに役立っている。これらの基礎となった学者たちもまた、20世紀半ばのアメリカにおける政治学の行動科学的転回に属するものであり、ラスウェルの呼びかけに耳を傾けなかった人々を代表するものである。それにもかかわらず、彼らはここに見られる政策過程研究の基礎を築き続けた[14]。

　まとめると、政策過程研究のルーツは政策科学とその創設者の一人であるラスウェルにある。上記のリストが示すように、この分野の基礎は、行動科学的アプローチに転じた政治学者を含むラスウェル以外にも広がっており、今日の研究に見られる多様なテーマの多くを構築している。

4．政策過程と政策サイクル

　これまでのところ、政策過程の定義や説明では、「政策サイクル」（Nakamura, 1987）というこの事象の伝統的な、あるいは教科書的な描写を避けてきた。政策サイクルは、政策過程研究の射程と構造を定義する方法として1970年代初頭に登場した。政策サイクルは、政策過程を意思決定の段階に単純化したものであり、アイデアが政府の政策に反映され、社会に影響を与えるまでには、このような過程を経なければならない。しばしば円形に描かれるこれらの段階には、通常、アジェンダ設定、政策形成と採択、政策実施、評価、終了が含まれる。ある意味で、政策サイクルは、政策に関連するアイデアの誕生（アジェンダ設定）から死（終了）までの生命周期を捉えようとしているのである。

　政策サイクルは、ラスウェル（Lasswell, 1951）、イーストン（Easton, 1965）、サイモン（Simon, 1966）などから生まれた。これらの源流の中で、ラスウェルは通常、上記で述べた政策科学の一部として彼が「意思決定機能」と呼んだものがその起源と評価されている（Lasswell, 1956も参照）。意思決定機能は、当時

主流であった公式制度（司法、行政、立法など）を通じて行われる政府についての見解や研究に代わるものとして、また比較分析を行うための手段として登場した（McDougal, 1952；Lasswell, 1956）。

　ラスウェルの意思決定機能は、すべての政府が行うさまざまな活動から構成されていた。それには、インテリジェンス（情報の生成・プロセス）、提言（政策の推進）、制定（政策の制定）、発動（政策執行のための規則の参照）、適用（政策の実施）、査定（政策の評価）、終了（政策の停止）などが含まれている（Lasswell, 1971；Dunn, 2019）。意思決定機能は、表面的には政策サイクルのように見えるが、実際には順序立てて機能するのではなく、政府および非政府組織、さまざまな政府レベルがそれぞれ異なる能力と影響を持ちつつ、また、文脈の中でそれぞれサブ機能を持ちつつ、同時並行的かつ相互依存的に機能している点で、政策サイクルとは明確に区別される。さらに、ラスウェルの意思決定機能は、価値に基づく目的の達成に向けて、その創出と活用を導く価値を組み込んだ目的論的推論を含んでいる。

　その違いにもかかわらず、意思決定機能は政策サイクルの主要なインスピレーションの1つとなり（Jones, 1970；Brewer, 1974；Brewer and deLeon, 1983）、政策サイクルは政策過程研究の射程と構造を定義する主要な分析フレームワークとして登場した[15]。1970年代から教科書は政策サイクルを中心に構成されるようになり（Jones, 1970；Anderson, 1975；May and Wildavsky, 1978）、研究者は各段階に焦点を当てた研究を行うようになった。実際、段階別の研究は無駄ではなかった。デレオン（deLeon, 1999）が強調しているように、政策サイクルは、アジェンダ設定（Cobb and Elder, 1971；Kingdon, 1984）、政策形成と採択（Hofferbert, 1974）、政策実施（Pressman and Wildavsky, 1973；Bardach, 1977；Mazmanian and Sabatier, 1983）、評価（Titmuss, 1971）、終了（deLeon, 1978）といった政策過程の理解において数多くの進展をもたらした。

　政策サイクルはまた、長期にわたる影響を残しながら、徹底的な批判を受けてきた（Lindblom, 1968；Sabatier and Jenkins-Smith, 1993）。例えば、ジェンキンス＝スミスとサバティエ（Jenkins-Smith and Sabatier, 1993, 3-4）は、政策サイクルには因果関係の特性や仮説検証の基盤が欠如していること、記述が不正確でトップダウン的な偏りがあること、分析単位を制限していること、さらに情報（例えば、政策分析）や学習の役割を統合できていないことなどを指摘してい

る。つまり、政策サイクルは不正確で過度に単純化された描写という問題を抱えており、1970年代と1980年代の研究には貢献したものの、本書に示されているような、より高度な政策過程理論の基礎を提供することはできなかった。

その欠点にもかかわらず、政策サイクルは「見捨てられたパラダイムのごみ箱」(deLeon, 1999, 29) に追いやられる必要はない[16]。実際、政策過程を政策サイクルとして説明することは、その伝わりやすいイメージによって日常会話に役立つかもしれない。もちろん、政策サイクルの各段階も政策過程において不可欠であることに変わりはない。だが、初学者や経験豊富な学者が、政策過程における重要な相互作用が政策サイクルに限定されると考え、理論をその段階に当てはめようとし、その射程外にある本質的な問いを無視すると、政策サイクルは障害となる。実際、政策サイクルの問題は、政策過程を単純化し不正確に描写していることよりも、この分野を記述し、組織化する唯一の定義やレンズとして学者によって乱用されていることにある[17]。

むしろ、政策サイクルを政策過程の定義としてではなく、シンプルな「フレームワーク」の1つとして捉えるのが最適である[18]。フレームワークとして、政策サイクルは基本的な概念を特定し、それらを一般的に関連付け、政策過程研究の広範な射程を確立する。このように、政策サイクルは政策過程に関する研究や学習を導く上で初歩的ではあるが有用なレンズとなる。ただし、それは唯一のレンズではない。次節で述べるように、本書で取り上げる理論は、科学的な理論構築、活発な研究コミュニティの形成、充実した透明性の高い比較研究、そして重要な知見の進展に向けた基盤など、政策サイクルをはるかに超える成果を提供するものである。

5．理論の収録基準

本書（第5版）に収録されている8つの理論は、程度の差こそあれ、以下に概説する基準を満たしている。

(1) 政策過程の科学的理論の構築

本書に収録された理論的アプローチはいずれも、長年にわたって公共政策を取り巻くアクター、出来事、文脈、アウトカムといった相互に関連する概念に焦点を当てた科学理論を発展させようとする努力の表れである。科学理論とし

て、本書に収録されているアプローチは、それぞれが適用される前提と条件のセットを特定し、さまざまな仮説やその他の関係性の形式（期待、命題、原理、理論的議論など）において相互作用を想定している。これらの仮説の背後には、通常個人レベルで位置付けられる因果的な動因があり、なぜそのつながりが存在する可能性があるのかを説明している。これらの仮説は、反証可能性、意味理解、学習を可能にし、調査対象の関係性を明確に伝達するのに役立ち、特定の現象について私たちが何を知っているかを要約するのにも役立つ。さらに、概念が抽象的に定義されると、仮説は理論を比較適用することを促進し、局所的な理解と一般化可能な理解や説明とを切り分けることを可能にする。

(2) **研究コミュニティの動員と維持**

　科学は「社会的営為（social enterprise）」である（King, Keohane, and Verba, 1994, 8）。したがって、本書に収録されるためには、それぞれの理論に明確な学者コミュニティが存在していなければならない。そのようなコミュニティは、共通のリサーチ・クエスチョンや目的によって動機づけられる。彼らは通常、概念用語体系と、理論的説明と実証的適用を組み合わせたバランスの取れた研究ポートフォリオを共有している。このような研究プログラムの構成はさまざまだが、ほとんどの場合、活動的で経験豊富な指導者、定期的な大学院生の流入、理論の発展に専心する関心の高い学者の基盤が拡大している。これらの学者たちは、しばしば同じ研究プロジェクトに参加し、書籍、ジャーナルの特集号、論文を出版し、一般的な学会のパネルやセッションを企画し参加する。時には、理論を発展させることに焦点を絞った、小規模で専門的なワークショップやセミナー、会議を組織し、参加することもある。

(3) **比較研究の実施**

　比較研究は、政策過程に関する知識を進展させる道筋を開くものである。ツズーンとワークマン（Tosun and Workman, 2023）が本書第10章で述べているように、比較研究を実施することは容易ではないが、さまざまな方法で体系化することができる。

　例えば、研究者グループが互いの取り組みを調整することなく、異なる国で理論を適用する場合、それは黙示的な比較研究となる。このような場合、後続研究が複数の研究結果を集約し、知見や教訓を引き出すことができる。また、明示的に行うことも可能で、研究者グループが協力して同じ理論を同じ方法で

異なる研究デザインに適用する場合がそれに当たる。この場合、研究の根底にある目的は、理論が想定する文脈の違いがアウトカムに与える影響を検証することであるかもしれない。比較のアプローチは、国家間の比較に限定される必要はなく、さまざまなアクター、文脈、出来事、アウトカム、または時間の比較を含むことができる。比較研究の課題の中で最も困難なのは、局所的な特殊性を見過ごすことなく、一般化可能な知識を構築するための共通のメソッドを開発し、実行することかもしれない。この点については、姉妹編である *Methods of the Policy Process*（『政策過程のメソッド』（Weible and Workman, 2022））で論じられている。

(4) 研究を可能な限り透明化する

政策過程研究の質は、データの収集・分析手順の透明性が高いほど良いものになる。サバティエ（Sabatier, 1999, 5）は、「反証可能なほど明確であれ（be clear enough to be proven wrong)」という言葉を有名にした。この言葉の精神は、不明瞭な方法は批判や誤りの証明を免れるというものである。もちろん、研究プロジェクトには常に隠れた決定や手順が存在し、再現は通常、現実的でないか不可能である。人間の誤りを考えると、間違いから学ぶ最善の方法は、科学における透明性である。

(5) 政策過程に関する知識の継続的発展

理論は、教育からコミュニティベースの研究の実施に至るまで、いくつかの重要な学術的・実践的貢献を提供する。これらの貢献の中で最も重要なものは、個別の文脈に即した知識と一般化された知識の両方を蓄積していくことである。何十年も前から存在する理論もあるため、私たちは最終的に「理論が誕生してから、どのような新たな知見を生み出してきたのか」と問わねばならない。私たちの政策過程に対する理解は不完全であり、これからもそうであろう。しかし、もし理論が停滞すれば、より高度な知識を得るための進歩も同様に停滞する。

本書に収められた理論はすべて不完全ではあるが、さまざまな形で、また程度の差こそあれ、これらの基準を満たしている。これらの基準のうち、最も重要なのは、特定のアプローチのもとで科学を進歩させている新旧の学者たちの活発なグループである。理論を発展させることに数十年を費やして得た主な教訓の1つは、共有されたメソッドを作り出し、比較研究を行い、それらの研究

成果を教訓として集約するためには、長期にわたって共同で働く研究者のチームが必要であるということだ。これらの研究者のチームがいなければ、そのような進展は不可能だ。将来の進歩の短期的な指標として最適なのは、理論を発展させるために協力し合う、大規模で多様な研究者グループの存在である。

6．本書で取り上げる理論

　本書では、政策過程研究に関する8つの異なる理論を提供する。それらは世界で最も確立された理論であり、最も活発に研究が進められている理論である。
　第1章は、ニコル・ヘルウェッグ、ニコラウス・ザハリアディスおよびレイメット・ゾーンホーファー（Nicole Herweg, Nikolaos Zahariadis, and Reimut Zohlnhofer, 2023）の共著で、「複数の流れフレームワーク（Multiple Streams Framework）」を扱っている。複数の流れフレームワークは、問題の流れ、政治の流れ、政策の流れを統合するタイミングを重視し、アジェンダ設定、意思決定、実施のための機会の窓（windows of opportunity）を作り出す過程を描いている。複数の流れフレームワークの強みは、そのアクセスのしやすさ、活気ある研究コミュニティ、そして絶え間ない進化である。第1章では、その中核となる仮説をより明確にするなど、いくつかの改訂点を提示する。
　フランク・R・バウムガルトナー、ブライアン・D・ジョーンズおよびピーター・B・モーテンセン（Frank R. Baumgartner, Bryan D. Jones, and Peter B. Mortensen, 2023）による第2章は、「断続平衡理論」に関するものである。この理論によると、注目という限られた資源と偏りのある情報処理が、時間の経過に伴って、政策の漸増的変化と断続的変化のパターンを形成する。本書に収められている理論の中で、断続平衡理論は、比較アプローチを活用して政策コミュニティが協調している現在の例として、おそらく最も優れている。今回の改訂では、この理論の主張が、さまざまな政策分野、テーマ、研究メソッドにおいても適用できることが、より多くの事例で実証されたことが報告されている。
　スザンヌ・メトラーとマロリー・E・ソレッレ（Suzanne Mettler and Mallory SoRelle, 2023）の共著である「政策フィードバック理論」に関する第3章は、政策が政治を形成するという考えに基づいている。このアプローチは、政策が採

択された後に何が起こるかを理解しようとするもので、大衆に対する資源効果や解釈的効果を強調している。政策フィードバック理論は、この理論を発展させ続け、民主主義と市民エンパワーメントに対する最も強固な視点の1つを取り入れている活動的な研究コミュニティを代表している。この改訂版では、政策フィードバックがどのように他の要因との相互作用を調整するのかについて、より精緻な分析が示されている。

　唱道連合フレームワーク（Advocacy Coalition Framework）は、ダニエル・ノールシュテット、カリン・インゴルド、クリストファー・M・ウィブル、エリザベス・A・コーブリ、クリスティン・L・オロフソン、佐藤圭一およびハンク・C・ジェンキンス＝スミス（Daniel Nohrstedt, Karin Ingold, Christopher M. Weible, Elizabeth A Koebele, Kristin L Olofsson, Keiichi Satoh, Hank C. Jenkins-Smith, 2023）の共著による4番目の理論である。唱道連合フレームワークは、異なる信念体系、状況要因の形成プロセスと政策学習、そして大小の政策変更の論理的根拠を反映した、継続的な対立と協調のパターンを扱う。唱道連合フレームワークの研究は、世界規模での比較研究プログラムとして展開されており、グローバルな適用事例を蓄積している。本章では、この理論枠組みの有効性を裏付ける最新の研究知見について報告している。

　マイケル・D・ジョーンズ、アーロン・スミス＝ウォルター、マーク・K・マクベスおよびエリザベス・A・シャナハン（Michael D. Jones, Aaron Smith-Walter, Mark K. McBeth, and Elizabeth A. Shanahan, 2023）は、物語り政策フレームワーク（Narrative Policy Framework）に関する第5章を共著で執筆した。このフレームワークは、ストーリーテリングの政治性とそれが政策過程に与えるインパクトを検証する。物語り政策フレームワークは急速に進化しており、適用事例が増加し、文脈を超えた適用を促進する共通の方法論的アプローチや、その概念と仮定された相互作用の絶え間ない改良がなされている。今回の改訂では、このフレームワークを新たな図表で示すとともに、射程を拡大し、概念の名称を整理し直し、各前提条件を支える理論的根拠をより明確にしている。

　第6章は、エデラ・シュラガーとセルヒオ・ビジャマヨール＝トマス（Edella Schlager and Sergio Villamayor-Tomas, 2023）の共著で、「制度分析・開発フレームワーク」とそこから発展した社会・生態システムフレームワーク（Social-Ecological Systems Framework）について要約している。両フレームワークは極

めて汎用性が高く、さまざまな文脈で膨大な数の適用が可能である。この章では、自己統治（self-governance）の概念と、制度的ルールの継続的な調整というアイデアを支持している。この改訂章では、このアプローチが世界各地で継続的に発展する中で得られた知見について報告している。

第7章は、オスマニー・ポルト・デ・オリヴェイラ、ジュリア・C・ロマノ、クレイグ・ヴォルデンおよびアンドリュー・カーチ（Osmany Porto de Oliveira, Giulia Romano, Craig Volden, and Andrew Karch）といった新たな執筆陣によって構成され、政策の波及とイノベーション（Policy Diffusion and Innovation）の学術研究を要約している[19]。このアプローチは、政府機関における政策提案の採択または拒否の理由、速度、パターンを調査することによって、政策の変更を分析するものである。この章では、政策過程研究における伝統的な研究領域について、世界的な研究動向を踏まえた最新の概観を提供している。今回の改訂版では、政策移転、政策循環、政策流動性に関する研究を包括的に取り入れることで、この研究分野の理論的基盤をさらに拡充している。

マーク・ルーベル、ジャック・ミワターおよびマシュー・ロビンズ（Mark Lubell, Jack Me Whirter, and Matthew Robbins）の共著による第8章（理論の最終章）は、「政策ゲームの生態系フレームワーク（Ecology of Games Framework）」である。政策ゲームの生態系フレームワークは、第5版で新たに追加されたものであり、多核性ガバナンス（polycentric governance）と複雑な適応システム（complex adaptive systems）の研究に焦点を当てた、急速に台頭しつつある活気ある研究コミュニティを象徴するものである。この章では、過去の出版物からさらに発展させ、新たな概念図を導入することで、理論的な考え方をより精緻に説明している。

7．本書の活用法

本書の各章は、最初から最後まで読みやすいように構成されているが、指導者や読者によっては、理論の順番を変えた方がよいという人もいるだろう。第Ⅰ部は理論の章を網羅しており、アジェンダ設定と政策変化に重点を置いた伝統的な理論である「複数の流れフレームワーク」と「断続平衡理論」からはじまる。次に、政策デザインが社会に与えるインパクトに焦点を当てた「政策

フィードバック理論」が続く。次の3つの章では、さまざまな政治的現象を扱っており、その中には「唱道連合フレームワーク」、「物語り政策フレームワーク」、「制度分析・開発フレームワーク」が含まれる。これら3つのうち最後のものと「波及とイノベーション」「政策ゲームの生態系」フレームワークという最後の2つを組み合わせることで私たちの統治システムの相互依存性を強調するアプローチが示される。

　本書の第Ⅱ部は、3つの要約的な章から構成されている。最初の章（第9章）は、ポール・カーニーとターニャ・ハイキラ（Paul Cairney and Tanya Heikkila, 2023）による本書収録の諸理論の比較と批評である。そして第10章では、政策過程理論を発展させるための比較アプローチの重要性を踏まえ、ヤーレ・ツズーンとサミュエル・ワークマン（Jale Tosun and Samuel Workman, 2023）が、理論を用いた比較研究を行うためのヒントと戦略を示している。クリストファー・M・ウィブル（Christopher M. Weible, 2023）による最終章では、章をまたいだ理論的変化をまとめ、評価し、政策過程研究コミュニティを支援し、前進し、向上するための戦略を提示している。

　最近、*Methods of the Policy Process*（『政策過程のメソッド』（Weible and Workman, 2022））と題された新しい姉妹編が出版された。本書が最も確立された政策過程理論の概観を提供するのに対し、『政策過程のメソッド』は、それらをどのように適用するかについて詳述している。両書を作成し、読み比べる根本的な理由は、理論とメソッドの発展は相互に密接に関連しているということである。理論のアイデアを理解することだけに関心があり、その適用に興味がない場合は、『政策過程のメソッド』の本は省いてもよいだろう。

　各理論の章は、本書の第4版以降の軽微および重要な更新を含む、理論の徹底的かつ簡潔な要約と考えるべきである。結論の章で議論されているように、これらの変更には、概念を明確にし、理論的な議論をよりよく明示する取組み、理論的仮説と一般化を確認し強化する取組み、理論的射程を拡大し拡張する取組み、知識と実践をつなぐ取組みが含まれている。読者には、理論を学ぶプロセスでこうした変更点を探求し、アセスメントすることを推奨する。また、本書の各章を読む際には、それぞれの理論の基礎的文献、従来の理論的説明、そして実証的適用のいくつかと併せて参照することが不可欠である。例えば、複数の流れフレームワークを探求する上級の大学院生は、コーエン、マーチおよ

びオルセン（Cohen, March, and Olsen, 1972）、キングダン（Kingdon, 1984）、ヘルウェッグら（Herweg et al., 2023）、『政策過程のメソッド』に収められたの複数の流れフレームワークの章（Zohlnhofer et al., 2022）、さらに、実証研究の適用事例を数点読むことを推奨する。

本書『公共政策——政策過程の理論とフレームワーク』は、政策過程研究を包括的にカバーすることを意図していない。読者には、他のトピックや理論を扱った論文や書籍で本書を補完することをお勧めする。注目に値するものとしては、政策サイクル（deLeon, 1999）、政策の成功と失敗（McConnell, 2010）、政策スタイル（Richardson, 1982）、比較政策研究（Dodds, 2013）、権力（Bachrach and Baratz, 1963；Lukes, 1974）、政策道具とデザイン（Howlett, 2011）、政策起業家（Mintrom and Norman, 2009；Petridou and Mintrom, 2021）、社会関係資本（Putnam, Leonardi, and Nanetti, 1994）、政策実施（Pressman and Wildavsky, 1973；Moulton and Sandfort, 2017）、因果関係の説明（Stone, 1989）、解釈的・批判的政策研究（Fischer and Forester, 1993；Fischer et al., 2015）、政策ドリフト（Béland, 2007）、政策学習（Dunlop and Radealli, 2013；Heikkila and Gerlak, 2013）、ジェンダーと政策研究（Lombardo and Meier, 2022）、社会構築のフレームワーク（Schneider and Ingram, 1993；Schneider et al., 2014）がある。

前述したように、読者は理論を政策サイクルの段階に無理やり当てはめることは避けるべきである。その結果、理論の描写は不完全で、おそらく不正確なものとなってしまうからである。1つまたは複数の段階に当てはめられる理論もあるが、ほとんどの理論は、何らかの形で政策サイクル全体を組み込んでいるか、あるいは政策過程を全く異なる方法で描いている。最善の戦略は、人為的な分類を押し付けるのではなく、さまざまな理論が政策過程にどのような洞察を与えているかを解釈することである。

本書の目的は、政策過程に関する主要な理論の最新版を一冊に提供すること、これらの理論を比較対照すること、比較政策過程研究に携わる国際コミュニティを強化するための戦略を提示すること、そして政策過程研究をより高いレベルへと導くことである。本書がこの分野の入門書として役立つにせよ、あるいは信頼できる参考書として役立つにせよ、読者が政策過程をよりよく理解し、説明するために、政策過程理論を検証し、発展させることを願っている。

注

1 理論というものは、特に応用的な要素を含む分野では、しばしば人々の間に否定的な反応を呼び起こす。ワシントン大学の修士課程の学生だった私は、ピーター・メイ博士のもとで初めて政策過程理論の講義を受けた。同級生が、このコースは実用性に欠けると思うから受けたくないと言い、理論は「四文字語」(タブー語) の、英語では冒涜的なものを意味する単語だと言ったのを覚えている。もちろん、私はピーターのコースを受講し、後戻りすることはなかった。理論が現実から切り離され、実践に役立たず、批判的で独創的な思考を妨げると考える人もいるかもしれないが、私はそのどれも真実ではないと思う。本書や『政策過程のメソッド』(Weible and Workman, 2022) で紹介されているような実証的な適用を継続的に行うことで、私たちは理論を創造し、検証し、精緻化できるし、政策理論から実践的な教訓を引き出し (Weible and Cairney, 2021)、複数の理論を学ぶことで批判的思考を高めることができる (Weible, 2020)。しかしながら、理論は誤用されることがあり、その場合には私たちの想像力を束縛してしまい、また適用、検証、改良することも困難になる。さらに、理論は時として過度に抽象的で日々の政策過程とは無関係なものとして解釈され、教えられることもある。私たちは、理論から実践的な教訓を引き出し、この分野を効果的に伝える上で学ぶべきことも多い。本書がこうした誤用を避ける一助となれば幸いである。
2 どのような政策過程理論に対しても懸念されることのひとつに、その理論が言及しない重要な文脈的条件について研究者を盲目にしてしまう可能性がある、というものがある。しかし、理論的な単純化によって、理論で言及されていないという理由だけで研究者が何かを無視するようなことがあってはならない。文脈が重要であり、観察者として私たちが研究にもたらすものが重要なのだ。したがって、私は学生たち (そして私自身) に対して、理論が注目すべきとしている事項に関わらず、自分たちの観察や、研究された文脈から浮かび上がるものを決して見失わないように勧めている (Weible and Workman, 2022 の議論を参照)。
3 本書では、仮説を用いる理論もあれば、用いない理論もある。「仮説」という用語は、さまざまな推測、理論的議論、その他の関係を示す形式を含む包括的な用語として使用している。
4 政策過程研究における「過程」という用語の意味は、現在の研究では十分に検討されていない興味深い論点である (Harrison, 1958 の批判的な見解を参照)。一般的に、一過程 (a process) とは、私たちが政策過程と見なすものを構成する一連の時点 (例えば、アクターの意思決定や行為、出来事、アウトカム) のことを指す。本書の理論は、異なる種類の過程を提示するものと解釈している。
5 「制度」という用語の主な用法は、組織とルールの2つである。この序章では、特に断りのない限り、後者を用いる。私は、カイザーとオストロム (Kiser and Ostrom, 1982, 193) が制度を区別して記述していることに注目している。

　　私たちは、制度的仕組みと組織を区別する。……私たちは、組織を、特定のアウトプッ

トを実現するための活動や取引を規定するルールに従う参加者の集合体として定義する。これらの活動は一定の活動空間において行われる。すべての組織の構成要素であるルールが、制度的仕組みである。

6 　政治と公共政策の概念は複雑な関係にある（参照：Lasswell, 1951）。議論を進めるために、政治は影響力、影響を与える者、影響を受ける者、「誰が何を、いつ、どのように手に入れるか」（Lasswell, 1936）の論点に関連している。「公共政策」という用語の起源については、ロウィ（Lowi, 2003）を参照。

7 　政策過程研究が学会やジャーナル、書籍の外で社会に貢献すべきかどうか、また、どのように貢献すべきかは、研究分野として登場した当初から議論されてきた（例：Lasswell, 1951, 1956, Ranney, 1968a, 1968b, Easton, 1969）。科学のために科学を行う必要性を擁護する人もいれば、さまざまな形の社会参加型の研究を通じて、科学はすべて人類のために役立つものであるべきだと主張する人もいる。このトピックに関する政策過程コミュニティの見解の分布がどのようなものかは分からないが、人々が科学を実施する方法や目的が複数あることを受け入れているようだ。このテーマは、生涯を通じて民主主義と政策過程の揺るぎない擁護者であるピーター・デレオン（Peter deLeon）と私がしばしば議論したテーマである。デレオンとウィブル（deLeon and Weible, 2010）での我々の議論を参照されたい。知識と実践をつなぐ取組みというトピックは、結論の章でも扱われている。

8 　社会運動について触れておく。社会運動については、政策過程研究（Jones et al, 2019）にも見られるものの、もっと研究する必要がある（Berglund et al, 2022）。

9 　政策過程研究のこの定義と記述は、1950年代と1960年代の初期の学術研究から発展した。この分野が意識的な研究領域として浮上し、政策サイクルがその教科書的定義と一般的な記述として確立される前の時期である。その時代の啓発的な学者の例を3つ挙げる：(1)シプマン（Shipman, 1959, 545）は、「政策過程アプローチが用いられるとき、政治組織、立法措置、行政管理、裁定、その他の制度やメカニズムは、社会的価値の満足を求めるための複雑に結びついた過程に統合される」と述べている。(2)ランニー（Ranney, 1968a, b, 8）は、「政策過程」を「権威者が競合する他の政策内容よりも特定の政策内容を最終的に選択する行動と相互作用」と表現した。(3)リンドブロム（Lindblom, 1968, 4）は、「政策策定過程」を「始まりも終わりもなく、その境界が最も不確かな極めて複雑な分析的・政治的過程」と表現した。

10 　意思決定における政策分析の役割の賛否の議論は、20世紀後半によく見られたテーマであり、現在でも多少残っている。政策分析の賛成派は、政策分析がいかに多様な選好を政策決定に確実に反映させ、非効率や不公平を是正し、意思決定の計算に透明性をもたらすかを説明する。政策分析に反対する人々は、テクノクラシー、専門家への代表性を欠く権力の集中、無力化された市民、声や価値の抑圧、人々の客体化、階層制や官僚制化、道具主義を強調した。ジェンキンス＝スミス（Jenkins-Smith, 1990）の説明は、この論争の中で最も優れたものである。本文で述べたように、政策過程研究はこうした議論の中でしばしば言及されるが、実際に行われると、あたかも両者が同じであるかのように政策分析と混同されることが多い。しかし実際には両者は異なるものである。

11 　ラスウェルと政策科学——複雑で、解釈の余地があり、美しく謎めいた学者と学問体

系——について、簡単ではあるが適切な要約を提供できたと思う。この要約は私の考えであり、クラーク（Clark, 2002）、トーガソン（Torgerson, 1985, 2019）、アウアー（Auer, 2017）、ブラナー（Brunner, 2008）、デレオン（deLeon, 1994, 1997）など、遥かに優れた専門知識を持つ人たちの意見を参考にしたものである。

12 政策科学は、民主主義と人間の尊厳のための新しい学問分野という野心的なビジョンを示すとともに、それを実現するための理論も提供した（Lasswell, 1971；Brunner, 1997；Clark, 2002）。「政策科学フレームワーク」は、政策過程に関する知識（of の知識）と政策過程における知識（in の知識）を統合する、いくつかの基礎的な柱に基づいて機能している。このフレームワークは、問題解決指向（in の知識）のための目標を明確化し、選択肢を選定する上で、意思決定過程と社会過程（of の知識）を検討することによって、研究者に文脈化を求める。このフレームワークは、統治制度を通じて資源配分に影響を与えながら、自らの基本価値を成果へと変換しようとする個人という前提に基づいて機能している。フレームワークは、個人を動機付け、個人が求める8つの価値、すなわち、権力、啓蒙、富、ウェルビーイング、スキル、愛情、尊敬、道徳心を分類した。しかし、この政策科学フレームワークを適用している研究者は比較的少ない。

13 本書の中で、ラスウェルを引用した理論の章は1つもない。各理論の出典資料を見ても、ラスウェルの引用はあったとしてもごくわずかである。例えば、キングダン（Kingdon, 1984）、バウムガルトナーとジョーンズ（Baumgartner and Jones, 1993）、ピアソン（Pierson, 1993）、サバティエとジェンキンス＝スミス（Sabatier and Jenkins-Smith, 1993）、オストロム（Ostrom, 1990, 2005）、カイザーとオストロム（Kiser and Ostrom, 1982）を参照されたい。私は、ラスウェルの遺産を非難するつもりはない。彼の影響力には議論の余地がなく、私が彼の言葉を引用し、彼の考えを私の研究に取り入れているのを目にするだろう。そうではなく、政策過程研究のより広範な基盤を認識し、この分野を魅力的な研究領域とするために、これまで研究され、現在も研究され続けているさまざまなテーマを示したい。また、他の貢献を認めるのは私が初めてではないことも確かである。パーソン（Parson, 1995）やサバティエ（Sabatier, 1991）など、さまざまな切り口で同様の議論がなされている。

14 この学者のリストはまた、政策過程研究に関する継続的な懸念の1つを指摘している。それは、米国におけるその出現と、これらのアイデアを異なる文脈で探求する適切性に関するもので、数十年前からの懸念（例えば、Sabatier, 1998を参照）であり、今日でも注目を集めている（Bandelow et al., 2022）。より詳しい議論については、ツズーンとワークマン（Tosun and Workman, 2023［本書第10章］）の比較研究の章を参照のこと。また、私の無知から、このリストが米国以外の学者を除外していることを恥ずかしく思う。異なる国や地域のための他の学者のリストも存在する。また、この分野の理論が登場した1980年代から1990年代初頭にこの分野を発展させた学者のリストもあり、政策フィードバック理論（Policy Feedback Theory）についてはスコッチポル（Skocpol, 1992）やピアソン（Person, 1993）などがある。

15 おそらく、政策サイクルをラスウェルの意思決定機能と結びつけるのは、間違いであり、残念な解釈である（Auer, 2017；Dunn, 2019；Weible et al., 2022）。

16 また、メトラーとソス（Mettler and Soss, 2004）のように、民主主義的基盤が欠如しているという批判もなされている。この指摘については、アレグラ・フラートン（Allegra Fullerton）から示唆を受けた。

17 政策ジャーナルの編集に10年以上携わってきた私は、人々が政策サイクルを使ってこの分野を定義し、不注意にも論文を「中」か「外」かに分類してしまうという暗黙の傾向を目の当たりにしてきた。ある論文が政策サイクルのステージに当てはまらなければ、それはこの分野に属するものではないということである。政策サイクルのような「レンズ」が、この分野に対する見方に有害な影響を与える典型的な例である。このような傾向は、政策サイクルから外れた政策過程研究に関連する文献群（世論と公共政策に関する研究など、メトラーとソス（Mettler and Soss, 2004）を参照）を不注意にも排除したり、疎外したりしてしまう。政策サイクルが示唆するような、分野の狭い定義に基づいて研究を排除するよりも、さまざまな形態の関連する学問を包含する抽象的で緩やかな政策過程研究の定義を維持する方が良いと私は考える。

18 本章では「理論」を一般的に用いている。オストロム（Ostrom, 2005）は、フレームワーク、理論、モデルを区別することによって、より正確な定義を提供している。最も大まかなレベルでは、フレームワークは、射程（共通の質問や目標のセット）、前提、概念、一般的な関係を確立するものである。「フレームワーク」の主目的の1つは、研究チーム内での共通の語彙を提供することである。フレームワークは、複数の理論をサポートすることもできる。「理論」は、フレームワークの範囲を、概念間の関係性、特にその仮説や想定された関係性の論理的根拠によって狭める。最も狭いレベルは「モデル」であり、理論の適用と検証のために、より厳密な関係性（例えば、数式など）を通じて、さらに詳細な仮定を設定するものである。本書では、「制度分析・開発フレームワーク」（Schlager and Villamayor-Tomas, 2023）のように、純粋なフレームワークとしてのアプローチもあれば、より理論的なアプローチ（Baumgartner et al., 2023）もあり、また、「政策の波及とイノベーション」（Porto de Oliveira et al., 2023）のように、フレームワークや理論として特定せずに、より一般的なアプローチとして説明するものもある。この序章では、特に断りのない限り、これらすべてを単に「理論」と呼ぶ。

19 「政策の波及とイノベーション」の章の旧バージョンを共著してくれたフランとビル・ベリー（Fran and Bill Berry）に感謝する。お二人の退職後のご多幸を願う。

参考文献

Anderson, James E. 1975. *Public Policy-Making*. New York：James E. Praeger.

Auer, Matthew R. 2017."Rescuing the Decision Process." *Policy Sciences* 50（4）：5 19-526.

Bachrach, Peter, and Morton S. Baratz. 1963."Decisions and Nondecisions：An Analytical Framework." *American Political Science Review* 57（3）：632-642.

Bandelow, Nils C., Nicole Herweg, Johanna Hornung, and Reimut Zohlnhöfer. 2022."Public Policy Research-Born in the USA, at Home in the World?" *Politische Vierteljahresschrift* 63（2）：165-179.

Bardach, Eugene. 1977."*Ille Implementation Game*：*What Happens after a Bill Becomes a Law*. Cambridge：MIT Press.
Bardach, Eugene, and Eric M. Patashnik. 2019. *A Practical Guide for Policy Analysis*：*The Eightfold Path to More Effective Problem Solving*. Washington, DC：CQ Press.（白石賢司訳『政策立案の技法（第2版）』東洋経済新報社、2023年）
Bauer, Raymond Augustine, and Kenneth J. Gergen. 1968. *Study of Policy Formation*. New York：Free Press.
Baumgartner, Frank R. and Bryan D. Jones. 1993. *Agendas and Instability in American Politics*. Chicago, IL：Chicago University Press.
Baumgartner, Frank R., Bryan D. Jones, and Peter B. Mortensen. 2023."Punctuated Equilibrium Theory：Explaining Stability and Change in Public Policymaking." In *Theories of the Policy Process, 5th ed.*, edited by Christopher M. Weible, 65-99. New York：Routledge.［本書第2章］
Béland, Daniel. 2007."Ideas and Institutional Change in Social Security：Conversion, Layering, and Policy Drift." *Social Science Quarterly* 88 (1)：20-38.
Berglund, Oscar, Claire A. Dunlop, Elizabeth A. Koebele, and Christopher M. Weible. 2022."Transformational Change through Public Policy." *Policy and Politics*. Early view.
Birkland, Thomas A. 1998."Focusing Events, Mobilization, and Agenda Setting." *Journal of Public Policy* 18 (1)：53-74.
Brewer, Garry D. 1974."The Policy Sciences Emerge：To Nurture and Structure a Discipline." *Policy Sciences* 5 (3)：239-244.
Brewer, Garry D., and Peter deLeon. 1983. *The Foundations of Policy Analysis*. Chicago, IL：Dorsey Press.
Brunner, Ronald D. 1997."Introduction to the Policy Sciences." *Policy Sciences* 30 (4) 191-215.
Brunner, Ronald D. 2008."The Policy Scientist of Democracy Revisited." *Policy Sciences* 41 (1)：3-19.
Burnham Walter D. 1970. *Critical elections and the Mainsprings of American Politics*. New York：Norton.
Cairney, Paul and Tanya Heikkila. 2023."How Should We Compare Theories of the Policy Process?" In *Theories of the Policy Process, 5th ed.*, edited by Christopher M. Weible, 291-321. New York：Routledge.［本書第9章］
Cairney, Paul, Emily St Denny, Sean Kippin, and Heather Mitchell. 2022."Lessons from Policy Theories for the Pursuit of Equity in Health, Education and Gender Policy." *Policy & Politics*. Early view.
Cairney, Paul, and Christopher M. Weible. 2017."The New Policy Sciences：Combining the Cognitive Science of Choice, Multiple Theories of Context, and Basic and Applied Analysis." *Policy Sciences* 50 (4)：619-627.
Clark, Susan G. 2002. *The Policy Process*：*A Practical Guide for Natural Resources Professionals*. New Haven, CT：Yale University Press.
Cobb, Roger W., and Charles D. Elder. 1971 "The Politics of Agenda-Building：An Alternative Perspective for Modern Democratic Theory." *The Journal of Politics* 33 (4)：892-915.
Cohen, Michael D., James G. March, and Johan P. Olsen. 1972."A Garbage Can Model of Organizational Choice." *Administrative Science Quarterly* 17 (1)：1-25.
Dahl, Robert, A. 1961. *Who Governs? Democracy and Power in an American City*. New Haven, CT：Yale University Press.（河村望・高橋和宏監訳『統治するのは誰か――アメリカの一都市における民主主義と権力』（行人社、1998年））

Dahl, Robert A., and Charles E. Lindblom. 1953. *Politics, Economics and Welfare : Planning and Politico-Economic Systems, Resolved into Basic Processes.* New York : Harper & Brothers.(磯部浩一訳『政治・経済・厚生』(東洋経済新報社、1961年))
Dawson, Richard E., and James A. Robinson. 1963."Inter-Party Competition, Economic Variables, and Welfare Policies in the American States." *The Journal of Politics* 25 (2) : 265-289.
deLeon, Peter. 1978."Public Policy Termination : An End and a Beginning." *Policy Analysis* 4 (3) : 369-392.
deLeon, Peter. 1994. Reinventing the Policy Sciences : Three steps Back to the Future. *Policy Sciences* 27 (1) : 77-95.
deLeon, Peter. 1997. *Democracy and the Policy Sciences.* New York : SUNY Press.
deLeon, Peter. 1999."The Stages Approach to the Policy Process : What Has It Done? Where Is It Going?" In *Theories of the Policy Process*, edited by Paul A. Sabatier, 19-34. Boulder, CO : Westview Press.
deLeon, Peter, and Christopher M. Weible. 2010."Policy Process Research for Democracy." *International Journal Policy Studies* 1 (2) : 23-34.
Deutsch, Karl. W. 1963. *The Nerves of Government : Models of Political Communication and Control.* New York : Free Press.(伊藤重行他訳『サイバネティクスの政治理論 新装版』(早稲田大学出版部、2002年)
Dewey, John. 1927. *The Public and Its Problems.* New York : Henry Holt.(阿部齊訳『公衆とその諸問題：現代政治学の基礎』(筑摩学芸文庫、2014))
Dodds, Anneliese. 2013. *Comparative Public Policy.* New York : Palgrave Macmillan.
Downs, Anthony. 1972."Up and Down with Ecology : The Issue-Attention Cycle." *The Public* 28 : 38-50.
Dunlop, Claire A., and Claudio M. Radaelli. 2013."Systematising Policy Learning : From Monolith to Dimensions." *Political Studies* 61 (3) : 599-619.
Dunn, William N. 2019. *Pragmatism and the Origins of the Policy Sciences : Rediscovering Lasswell and the Chicago School.* Cambridge, MA : Cambridge University Press.
Durnová, Anna P., and Christopher M. Weible. 2020."Tempest in a Teapot? Toward New Collaborations between Mainstream Policy Process Studies and Interpretive Policy Studies." *Policy Sciences* 53 (3) : 571-588.
Dye, Thomas R. 1965."Malapportionment and Public Policy in the States." *The Journal of Politics* 27 (3) : 586-601.
Dye, Thomas R. 1972. *Understanding Public Policy.* Englewood Cliffs, NJ : Prentice-Hall.
Easton, David. 1953. *The Political System.* New York : Alfred A. Knopf.(山川雄巳訳『政治体系──政治学の状態への探求』(ぺりかん社、1976年))
Easton, David. 1965. *A Framework for Political Analysis.* Englewood Cliffs, NJ : Prentice-Hall.(岡村忠夫訳『政治分析の基礎』(みすず書房、1968年))
Easton, David. 1969."The New Revolution in Political Science."*American Political Science Review* 63 (4) : 1051-1061.
Farr, James, Jacob S. Hacker, and Nicole Kazee. 2006."The Policy Scientist of Democracy : The Discipline of Harold D. Lasswell." *American Political Science Review* 100 (4) : 579-587.
Fischer, Frank, and John Forester, eds. 1993. *The Argumentative Turn in Policy Analysis and Planning.* Durham, NC : Duke University Press.
Fischer, Frank, Douglas Torgerson, Anna Durnová, and Michael Orsini, eds. 2015. *Handbook of Critical Policy Studies.* Edward Elgar Publishing.

Freeman, J. Leiper. 1955. *The Political Process : Executive Bureau-Legislative Committee Relations*. New York : Doubleday.
Garson, G. David. 1980. "From Policy Science to Policy Analysis : A Quarter Century of Progress?" *Policy Studies Journal* 9 (4) : 535-544.
Harrison, Wilfrid. 1958. "Political Processes." *Political Studies* 6 (3) : 234-252.
Heclo, Hugh. 1972. "Policy Analysis." *British Journal of Political Science* 2 (1) : 83-108.
Heclo, Hugh. 1974. *Social Policy and Political Learning : Modern Social Politics in Britain and Sweden : From Relief to Income Maintenance*. New Haven, CT : Yale University Press.
Heclo, Hugh. 1978. "Issue Networks and the Executive Establishment." In *The New American Political System*, edited by Anthony King, 87-124. Washington, DC : American Enterprise Institute.
Heikkila, Tanya, and Andrea K. Gerlak. 2013. "Building a Conceptual Approach to Collective Learning : Lessons for Public Policy Scholars." *Policy Studies Journal* 41 (3) : 484-512
Herweg, Nicole, Nikolaos Zahariadis, and Reimut Zohlnhöfer. 2023. "The Multiple Streams Framework : Foundations, Refinements, and Empirical Applications." In *Theories of the Policy Process, 5th ed.*, edited by Christopher M. Weible, 29-64. New York : Routledge.[本書第1章]
Hinterleitner, Markus, and Fritz Sager. 2015. "Avoiding Blame――A Comprehensive Framework and the Australian Home Insulation Program Fiasco." *Policy Studies Journal* 43 (1) : 139-161.
Hofferbert, Richard I. 1974. *The Study of Public Policy*. Indianapolis, IN : Bobbs-Merrill.
Howlett, Michael. 2011. *Designing Public Policies : Principles and Instruments*. New York : Routledge.
Ingram, Helen, Peter deLeon, and Anne Schneider. 2016 "Conclusion : Public Policy Theory and Democracy : The Elephant in the Corner." In *Contemporary Approaches to Public Policy*, edited by B. Guy Peters and Philippe Zittoun, 175-200. London : Palgrave Macmillan.
Jenkins-Smith, Hank C. 1990. *Democratic Politics and Policy Analysis*. Pacific Grove : Brooks/Cole.
Jenkins-Smith, Hank C., and Paul A. Sabatier. 1993. "The Study of Public Policy Processes." In *Policy Change and Learning : An Advocacy Coalition Approach*, edited by Paul A Sabatier and Hank C. Jenkins-Smith, 1-9. Boulder CO : Westview Press.
Jones, Charles O. 1970. *Introduction to the Study of Public Policy*. Belmont : Wadsworth Pub. Co.
Jones, Bryan D. 2001. *Politics and the Architecture of Choice : Bounded Rationality and Governance*. Chicago, IL : University of Chicago Press.
Jones, Bryan D., Herschel F. Thomas Ⅲ, and Michelle Wolfe. 2014. "Policy Bubbles." *Policy Studies Journal* 42 (1) : 146-171.
Jones, Bryan D., Sean M. Theriault, and Michelle Whyman. 2019. *The Great Broadening : How the Vast Expansion of the Policymaking Agenda Transformed American Politics*. Chicago, IL : University of Chicago Press.
Jones, Michael, D., Aaron Smith-Walter, Mark K. McBeth, and Elizabeth A. Shanahan. 2023. "The Narrative Policy Framework." In *Theories of the Policy Process, 5th ed.*, edited by Christopher M. Weible, 161-195. New York : Routledge.[本書第5章]
King, Gary, Robert O. Keohane, and Sidney Verba. 1994. *Designing Social Inquiry*. Princeton, NJ : Princeton University Press.(真渕勝監訳『社会科学のリサーチ・デザイン：定性的研究における科学的推論』（勁草書房、2004年))
Kingdon, John. 1984. *Agendas, Alternatives, and Public Policies*. New York : Addison Wesley Longman.(笠京子訳『アジェンダ・選択肢・公共政策：政策はどのように決まるのか』（勁草書房、2017年))
Kiser, Larry and Elinor Ostrom. 1982. "The Three Worlds of Action. A Metatheoretical Synthesis of

Institutional Approaches in Strategies of Political Inquiry." In *Strategies of Political Inquiry*, edited by Elinor Ostrom, 179-222. Beverly Hills, CA: Sage Publications.

Lasswell, Harold D. 1936. *Politics: Who Gets What, When, and How*. New York: Whittlesey House.(久保田きぬこ訳『政治――動態分析』(岩波書店、1959年))

Lasswell, Harold D. 1951."The Policy Orientation." In *The Policy Sciences*, edited by Daniel Lerner and Harold D. Lasswell, chap. 1, 3-15. Palo Alto, CA: Stanford University Press.

Lasswell, Harold D. 1956."The Political Science of Science: An Inquiry into the Possible Reconciliation of Mastery and Freedom." *American Political Science Review* 50 (4): 961-979.

Lasswell, Harold. D. 1971. *A Pre-View of Policy Sciences*. New York: American Elsevier Publishing Company.

Lindblom, Charles E. 1959."The Science of Muddling Through." *Public Administration Review* 19 (2): 79-88.

Lindblom, Charles E. 1968. *The Policy-Making Process*. Englewood Cliffs, NJ: Prentice Hall.(薮野祐三訳『政策形成の過程：民主主義と公共性』(東京大学出版会、2004年))

Lipsky, Michael. 1980. *Street-Level Bureaucracy: The Dilemmas of the Individuals in Public Service*. New York: Russell Sage Foundation.(田尾雅夫訳『行政サービスのディレンマ――ストリート・レベルの官僚制』(木鐸社、1998年))

Lombardo, Emanuela, and Petra Meier. 2022."Challenging Boundaries to Expand Frontiers in Gender and Policy Studies." *Policy & Politics* 50 (1): 99-115.

Long, Norton E. 1958."The Local Community as an Ecology of Games." *American Journal of Sociology* 64 (3): 251-261.

Lowi, Theodore J. 1964."American Business, Public Policy, Case-Studies, and Political Theory." *World Politics* 16 (4): 677-715.

Lowi, Theodore J. 1969. *The End of Liberalism*. New York: Norton.(村松岐夫監訳『自由主義の終焉：現代政府の問題性』(木鐸社、2004年))

Lowi, Theodore J. 1972."Four Systems of Policy, Politics, and Choice." *Public Administration Review* 32 (4): 298-310.

Lowi, Theodore J. 2003."Law vs. Public Policy: A Critical Exploration." *Cornell Journal of law and Public Policy* 12 (3): 493-501.

Lubell, Mark, Mark Mewhirter, and Matthew Robbins. 2023."The Ecology of Games Framework: Complexity in Polycentric Governance." In *Theories of the Policy Process, 5th ed.*, edited by Christopher M. Weible, 262-287. New York: Routledge.[本書第8章]

Lukes, Steven. 1974. *Power: A Radical View*. London: Macmillan.(中島吉弘訳『現代権力論批判』(未来社、1995年))

May, Judith V., and Aaron B. Wildavsky, eds. 1978. *The Policy Cycle*. Beverly Hills, CA: Sage Publications, Inc.

Mazmanian, Daniel A., and Paul A. Sabatier. 1983. *Implementation and Public Policy*. Glenview, IL: Scott Foresman.

McConnell, Allan. 2010. *Understanding Policy Success: Rethinking Public Policy* New York: Palgrave Macmillan.

McDougal, Myres S. 1952."The Comparative Study of Law for Policy Purposes: Value Clarification as an Instrument of Democratic World Order." *Yale Law Journal* 61: 915-946.

Mettler, Suzanne, and Mallory SoRelle. 2023."Policy Feedback Theory." In *Theories of the Policy Process, 5th ed.*, edited by Christopher M. Weible, 100-129. New York: Routledge.[本書第3章]

Mettler, Suzanne, and Joe Soss. 2004. "The Consequences of Public Policy for Democratic Citizenship：Bridging Policy Studies and Mass Politics." *Perspectives on Politics* 2（1）：55-73.
Mintrom, Michael, and Phillipa Norman. 2009. "Policy Entrepreneurship and Policy Change." *Policy Studies Journal* 37（4）：649-667.
Mitchell, Joyce M., and William C. Mitchell. 1969. *Political Analysis & Public Policy：An Introduction to Political Science*. Chicago, IL：Rand McNally.
Moulton, Stephanie, and Jodi R. Sandfort. 2017. "The Strategic Action Field Framework for Policy Implementation Research." *Policy Studies Journal* 45（1）：144-169.
Nakamura, Robert T. 1987. "The Textbook Policy Process and Implementation Research." *Review of Policy Research* 7（1）：142-154.
Nohrstedt, Daniel, Karin Ingold, Christopher M. Weible, Elizabeth Koebele, Kristin L. Olofsson, Keiichi Satoh, and Hank C. Jenkins-Smith. 2023. "The Advocacy Coalition Framework：Progress and Emerging Areas." In *Theories of the Policy Process, 5th ed.*, edited by Christopher M. Weible, 130-160. New York：Routledge.［本書第4章］
Olson, Mancur. 1965. *The Logic of Collection Action*. Cambridge, MA：Harvard University Press.（依田博・森脇俊雅訳『集合行為論：公共財と集団理論』（ミネルバ書房、1996年））
Ostrom, Elinor. 1990. *Governing the Commons：The Evolution of Institutions for Collective Action*. Cambridge：Cambridge University Press.（原田禎夫ほか訳『コモンズのガバナンス——人びとの協働と制度の進化』（晃洋書房、2022年））
Ostrom, Elinor. 2005. *Understanding Institutional Diversity*. Princeton, NJ：Princeton University Press.
Ostrom, Vincent, Charles M. Tiebout, and Robert Warren. 1961. "The Organization of Government in Metropolitan Areas：A Theoretical Inquiry." *American Political Science Review* 55(4)：831-842.
Parson, Wayne. 1995. *Public Policy：An Introduction to the Theory and Practice Policy Analysis*. Cheltenharn：Edward Elgar Publishing.
Petridou, Evangelia, and Michael Mintr0111. 2021. "A Research Agenda for the Study of Policy Entrepreneurs." *Policy Studies Journal* 49（4）：943-967.
Pielke, Roger A. 2004. "What Future for the Policy Sciences?" *Policy Sciences* 37（3）：209-225.
Pierson, Paul. 1993. "When Effect Becomes Cause：Policy Feedback and Political Change." *World Politics* 45（4）：595-628.
Porto de Oliveira, Osmany Porto, Giulia Romano, Craig Volden, and Andrew Karch. 2023. "Policy Diffusion and Innovation." In *Theories of the Policy Process, 5th ed.*, edited by Christopher M. Weible, 230-261. New York：Routledge.［本書第7章］
Pressman, Jeffrey L., and Aaron Wildavsky. 1973. *Implementation*. Berkeley：University of California Press.
Putnam, Robert D., Robert Leonardi, and Raffaella Y. Nanetti. 1994. *Making Democracy Work：Civic Traditions in Modern Italy. Princeton*, NJ：Princeton University Press.（河田潤一訳『哲学する民主主義——伝統と改革の市民的構造』（NTT出版、2001年））
Ranney, Austin, ed. 1968a. "The Study of Policy Content：A Framework for Choice." In *Political Science and Public Policy*, edited by Austin Ranney, 3-21. Chicago, IL：Markham Publishers.
Ranney, Austin. 1968b. *Political Science and Public Policy*. Chicago, IL：Markham Publishers.
Redford, Emmette. S. 1969. *Democracy in the Administrative State*. New York：Oxford University Press.
Richardson, Jeremy John, ed. 1982. *Policy Styles in Western Europe*. New York：George Allen and

Unwin.
Riker, William H. 1986. *The Art of Political Manipulation*. New Haven, CT : Yale University Press.
Sabatier, Paul A. 1991. "Toward Better Theories of the Policy Process." *PS : Political Science & Politics* 24 (2) : 147-156.
Sabatier, Paul A. 1998. "The Advocacy Coalition Framework : Revisions and Relevance for Europe." *Journal of European Public Policy* 5 (1) : 98-130.
Sabatier, Paul A. 1999. *Theories of the Policy Process*. Boulder, CO : Westview Press.
Sabatier, Paul A., and Hank C. Jenkins-Smith. 1993. *Policy Change and Learning : An Advocacy Coalition Approach*. Boulder, CO : Westview Press.
Schattschneider, Elmer E. 1935. *Politics, Pressures and the Tariff*. New York : Prentice-Hall.
Schattschneider, Elmer. E. 1957. Intensity, Visibility, Direction and Scope. *American Political Science Review* 51 (4) : 933-942.
Schattschneider, Elmer E. 1960. *The Semi sovereign People*. New York : Holt, Rinehart and Winston.(内山秀夫訳『半主権人民』(而立書房、1972年))
Schlager, Edella, and Sergio Villamayor-Tomas. 2023. "The IAD Framework and Its Tools for Policy and Institutional Analysis." In *Theories of the Policy Process, 5th ed.*, edited by Christopher M. Weible, 196-229. New York : Routledge.[本書第6章]
Schneider, Anne L., and Helen Ingram. 1993. "Social Construction of Target Populations : Implications for Politics and Policy." *American Political Science Review* 87 (2) : 334-347.
Schneider, Anne L., and Helen Ingram. 1997. *Policy Design for Democracy*. Lawrence, KS : University Press of Kansas.
Schneider, Anne L., Helen Ingram, and Peter deLeon. 2014. "Democratic Policy Design : Social Construction of Target Populations." In *Theories of the Policy Process, 4th ed.*, edited by Christopher M. Weible and Paul A. Sabatier, 105-149. New York : Routledge.
Sharkansky, Ira, ed. 1970. *Policy Analysis in Political Science*. Chicago, IL : Markham Publishing Company.
Shipman, George A. 1959. "The Policy Process : An Emerging Perspective." *Western Political Quarterly* 12 (2) : 535-547.
Simon, Herbert. A. 1957. "A Behavioral Model of Rational Choice" in *Models of Man, Social and Rational : Mathematical Essays on Rational Human Behavior in a Social Setting*. New York : John Wiley & Sons, Inc.(宮本光一訳『人間行動のモデル』(同文館、1970年))
Simon, Herbert. A. 1966. "Political Research : the Decision-Making Framework." In *Varieties of Political Theory*, edited by David Easton, 15-24. Englewood Cliffs, NJ : Prentice Hall.(大森彌・青木栄一・大嶽秀夫訳『現代政治理論の構想』(勁草書房、1971年))
Simon, Herbert A. 1996. *The Sciences of the Artificial*. Cambridge, MA : MIT Press.(稲葉元吉・吉原英樹訳『システムの科学 第3版』(パーソナルメディア、1999年))
Skocpol, Theda. 1992. *Protecting Soldiers and Mothers : The Political Origins of Social Policy* in the United States. Cambridge : Harvard University Press.
Stone, Deborah A. 1989. "Causal Stories and the Formation of Policy Agendas." *Political Science Quarterly* 104 (2) : 281-300.
Titmuss, Richard M. 1971. *The Gift Relationship : From Human Blood to Social Policy*. New York : Pantheon.
Torgerson, Douglas. 1985. "Contextual Orientation in Policy Analysis : The Contribution of Harold D Lasswell." *Policy Sciences* 18 (3) : 241-261.
Torgerson, Douglas. 2019. "Lasswell in the Looking Glass : A 'Mirror' for Critical Policy Studies."

Critical Policy Studies 13（1）：122-130.
Tosun, Jale, and Samuel Workman. 2023."Struggle and Triumph in Fusing Policy Process and Comparative Research." In *Theories of the Policy Process, 5th ed.*, edited by Christopher M. Weible, 322-354. New York：Routledge.［本書第 10 章］
Truman, David B. 1951. *The Governmental Process.* New York：Alfred A. Knopf
Walker, Jack L. 1969."The Diffusion of Innovations among the American States." *American Political Science Review* 63（3）：880-899.
Weaver, R. Kent. 1986."The Politics of Blame Avoidance." *Journal of Public Policy* 6（4）：371-398.
Weible, Christopher M. 2020."Theories of Policy Processes：Ways to Think about Them and Use Them." https://medium.com/policy-process-matters/theoriesof-policy-processes-ways-to-think-about-them-and-use-them-9368792ecb50. Accessed on June 15, 2022.
Weible, Christopher M. 2023."Advancing Policy Process Research and Theories." In *Theories of the Policy Process, 5th ed.*, edited by Christopher M. Weible, 355-372. New York：Routledge.［本書第 11 章］
Weible, Christopher M., and Paul Cairney, eds. 2021. *Practical Lessons from Policy Theories.* Bristol：Bristol University Press.
Weible, Christopher M., Paul Cairney, and Jill Yordy. 2022."A Diamond in the Rough：Digging Up and Polishing Harold D. Lasswell's Decision Functions." *Policy Sciences* 55（1）：209-222.
Weible, Christopher M., and Samuel Workman, eds. 2022. *Methods of the Policy Process*, New York：Routledge.
Weimer, David L., and Aidan R. Vining. 2017. *Policy Analysis：Concepts and Practice.* New York：Routledge.
Zohlnhöfer, Reimut, Nicole Herweg, and Nikolaos Zahariadis. 2022 "How to Conduct a Multiple Streams Study." In *Methods of the Policy Process*, edited by Christopher M. Weible and Samuel Workman, 23-50. New York：Routledge.

第Ⅰ部　政策過程研究の理論的アプローチ

第1章　複数の流れフレームワーク
基礎、精緻化、実証的適用

ニコル・ヘルウェッグ、ニコラウス・ザハリアディス、
レイメット・ゾーンホーファー
（Nicole Herweg, Nikolaos Zahariadis, and Reimut Zohlnhöfer）

　世界情勢の曖昧さと動揺が高まる中、複数の流れフレームワーク（Multiple Streams Framework）は、政策過程を分析するための主要なツールとなっている。ジョーンズら（Jones et al 2016）の報告によると、2000年から2013年の間に出版された英文査読付き論文のうち、このフレームワークを実証的に適用したものは311本にも上り、時間の経過とともに増加傾向にある。この継続的な関心は Web of Science のデータベースにも反映されている。2014年以降に出版された英文査読付き論文のうち、ジョン・W・キングダン（John W. Kingdon）の『アジェンダ・選択肢・公共政策』（*Agendas, Alternatives, and Public Policies*）のいずれかの版を引用しているものだけでも762本に上る。さらに、本章で明らかになるように、学者は MSF を多種多様な争点領域、国、そして政府レベルに適用している。

　MSF が高い関心を集めている理由の1つは、政策が作られる状況がこのフレームワークの前提にますます近づいていることにあろう。このことは、特に、MSF が当初想定していなかったグローバルな文脈や、国家以下のレベルでの文脈において顕著である。地球温暖化や原子力エネルギーから移民政策、多国間貿易協定に至るまで、それらの問題はますます複雑化し、その中身や政治論争も激しくなっている。曖昧さは政治的営為における現実としてますます顕著になりつつある（あるいは、そう認識されつつある）。MSF が政治の流れとして概念化しているものについても同じことがいえる。特に西ヨーロッパの議会システムにおいては、政党システムがより細分化され、政党イデオロギーの妥当性が低下し、投票行動がますます不安定になるなど、物事の秩序が大きく損なわれている。しかしながら、この MSF の成功には代償が伴っている。ジョー

ンズら（2016）やカーニーとジョーンズ（Cairney and Jones 2016）が示すように、（より古い）実証的適用の多くは表面的なものにとどまっており、文献における理論的なイノベーションはしばしば無視され、重要な概念の多くは明確に規定されていないのが現状である。

本章では、近年急増している MSF 文献の中で示唆された多くのイノベーションと共に、MSF の考え方の現状を紹介する。私たちの狙いは、学者が MSF の実証的適用や理論的精緻化を始められるようなフレームワークの最新の説明と議論を提供することにある。まず、MSF の主たる前提を概説した後に MSF の5つの構造的要素を提示する。次に、MSF はもともとアジェンダ設定プロセスの分析のために開発されたものであることから、それが（意思決定や実施などの）政策過程の他の段階にいかに適用できるのかを議論する。そして、MSF が異なる文脈の中でいかに実証的に適用され、それに応じて、このフレームワークがいかに適応されなければならないのか、という問いに目を向ける。最後に、MSF の（風説および実際の）限界と今後の展望について述べる。

1．前　提

MSF を最初に提唱したキングダン（Kingdon 2011）を触発したのは、コーエン、マーチおよびオルセン（Cohen, March, and Olsen 1972）の組織選択のゴミ缶モデルであった。その結果、MSF の前提として、曖昧さ、時間的制約、問題のある選好、不明確な技術、流動的な参加、そして流れの独立性が取り上げられている。大学、国の政府、国際機関など、コーエンらが組織化された無秩序と呼んだ組織は、これらの用語によって特徴付けられている。以下では、これら前提のそれぞれの意味を要約する。

1.1　曖昧さ

MSF は、政策策定が合理的な問題解決の実践であることを前提とする代わりに、所与の問題に対する単一の合理的な解決策の存在自体を否定する。むしろ MSF は、問題の曖昧さのため、所与の問題に多数の解決策が存在することを前提とする。**曖昧さ**とは、「同じ状況や現象について多くの考え方があるという状態」を指す（Feldman 1989, 5）。不確実性については、より多くの情報を収

集することでそれを減らすことができる（Wilson 1989, 228）。しかし、いくら情報が多くても曖昧さは減らすことができない。例えば、新型コロナウイルス感染症の拡大状況はより多くの情報で知ることができる。しかし、それによって、同感染症ウイルスが健康、経済、教育、あるいは市民の自由のための争点なのかどうなのかはわからない。したがって私たちは、多くの場合で何が問題なのか、このことを把握できていない。問題の定義は曖昧で移り変わりが激しいため、原理的には、同じ条件でも多くの解決策が考えられうるのだ。

1.2 時間的制約

　政策策定者は大きな時間的制約の下で活動し、迅速な決定をしばしば下さなければならない。時間的制約が生じる理由は、基本的に、政治システムにおいては出来事や状況に注目したり処理したりすることが並列的に起こりうるのに対し、情報に注目したり処理したりする個人の能力は直列的であるからだ。生物学的および認知的な制約により、個人は一度に1つの問題にしか注目することができない。これとは対照的に、組織や政府は分業のおかげで、同時に（無限ではないが）多くの問題に注目することができる（Jones 2001；March and Simon 1958）。例えば、政策策定者は比較的少数の問題しか積極的に検討することができないが、アメリカ政府はカリフォルニアの火災を消火し、欧州連合（EU）との貿易交渉を行い、郵便不正を調査し、戦死した兵士の死を悼むことができる。したがって多くの争点が注目の的となるため、政策策定者はそれらに対処し「鉄は熱いうちに打て」という緊急性を感じることとなる。その結果、時間的制約が注目される代替策の範囲と数に制限をかけるのだ。

1.3 問題のある政策選好

　問題のある政策選好は、曖昧さと時間的制約がある場合に現れる。ある争点についてアクターがいかに考えるかは、その包括的なレベル（健康、経済、教育、市民の自由など）と、考慮されてきた情報とに依存する。その結果、アクターの政策選好は、固定されるものでも外生的に与えられるものでもなく、（相互）行動の間で生じることとなる。経済用語を用いれば、曖昧さと時間的制約によって、一貫性のない、不完全な政策選好がもたらされるのである。

　しかし、問題のある政策選好という前提は、政策策定者が特定の政策に関し

て明確な選好を持っていないということを意味するだけで、彼らが全く選好を持たないことを示唆するものではない。次の選挙のアウトカムや誰が次の大統領になるかという問題に関しては、政策策定者は明確な立場をとる。政策策定者は選挙に勝ちたいし、自分たちの候補者が次の大統領に選ばれることを望んでいるのだ。

1.4 不明確な技術

組織論では、**技術**とはインプットを製品に変える作業プロセスを指す。もし組織化された無秩序の構成員が、自らの個人責任のみを認識し、自らの仕事が組織全体の使命にいかに合致するかについて粗末な知見しか示さないのであれば、私たちはそれを不明確な技術と呼ぶことになる。例えば政治システムでは、管轄権の境界が不明確なせいで、異なる政府機関による縄張り争いは普通のことである。議員は、しばしばアカウンタビリティを果たさない役人に不満を漏らし、逆にこれら役人は、過重な報告規則や独立心旺盛な公的マネジャーたちに不満を漏らしている。

1.5 流動的な参加

不明確な技術は流動的な参加によって複雑になる。**流動的な参加**とは、意思決定機関の構成が常に変化することを意味する。議員は入れ替わりで、官僚、特に上級公務員はしばしば公共分野から民間分野へと転職する。さらに、参加者たちが1つの意思決定に費やすもしくはそうしたい時間と労力はかなり異なっている。

1.6 流れの独立性

ゴミ缶モデルの考え方を踏まえ、複数の独立したプロセスや流れは政治システムの中を流れるように動いていると、MSFは前提とする。簡単にいえば、MSFは、(問題の流れ、政策の流れ、そして政治の流れとそれぞれ呼ばれる)政治問題、政策解決策、そして政治が互いにほとんど独立的に展開していることを前提としているのだ。自然災害のような予測不可能な場合、問題は政治の展開や実施可能な政策解決策と無関係に発生する。また、政治の流れと政策の流れでは合意形成の形態が異なるため、これらの流れも独自の力学を持っている

(Kingdon 2011)。政治の流れの中では、相互作用の方法が交渉であったり強制であったりするが、政策の流れの中では、それが説得であったり排除であったりする。より正確にいえば、政策の流れのアクターは政策解決策への支持を得ることを目指す一方、政治の流れの参加者はそうではなく、権力、ロビー活動、そして集団の動員といった手段を用いて活動を展開するのだ。

2．構造的要素

　MSF の出発点は、流れの独立性という概念である。それでもやはり、ある争点がアジェンダとして注目され、最終的に決定される場合、これらの独立した流れは、ある時点で1つにまとまる必要がある。これらの流れが一緒になる機会は、「政策の窓」(「機会の窓」と呼ばれることもある）が開かれたときに生じる。さらに、MSF の考え方によれば、問題と解決策の間には自然または必然的なつながりがないため、この2つはしばしば政策起業家によってカップリングされ、理解が早い政策策定者に提示される必要がある。ここでは、MSF の5つの構造的要素、すなわち、3つの流れ、政策の窓（もしくはアジェンダの窓と呼ぶ）、そして政策起業家について、順に説明する。

2.1　問題の流れ
　政策策定者は、政策はある問題に対応していると、ほぼいつも主張する。しかし、問題とは何なのだろうか。MSF によれば、問題とは、政策策定者や市民が理想とする状態から乖離した状況にあり、かつ「その解決のためには政府の行動が必要であるという意味で公共性があるとみられる状況にあることを指す」(Béland and Howlett 2016, 222)。したがって、問題には「認識的で解釈的な要素」(Kingdon 2011, 110) が含まれる。なぜなら人々の理想と現実は大きく異なるからである。さらには、以前から容認できると認識していた状況であっても他国がその点で優位にあることを知った場合、その状況を問題視するようになることもある。あるいは、ある状況を異なる文脈でみることで、その状況が問題として捉えられることもある。
　とはいえ、市民や政策策定者が理想とする状態から乖離している状況は数多く、そのすべてが政治的な注目を浴びることなどない。むしろ、幾つかの指標

や焦点となる出来事、そしてフィードバックが政策策定者の注目を特定の状況へと惹き寄せる。数値**指標**については、通常、政策策定者や公衆にとって関連するものが多い。例えば、失業率、財政収支、犯罪統計などである。これらの指標の中には、定期的に発表されるものもあれば、特定の機会に収集されるものもある。しかし、これら指標はすべて、あるアクターが指標を問題として定義したり、より大きな政策物語りへと組み込んだりするまでは、単なる状況についての情報でしかないことを覚えておくことが重要である（DeLeo 2018）。指標が悪化している場合は問題として定義しやすくなるであろう。なぜなら、人々が以前は問題視していなかった状況でそれ自体に変化がない場合、その状況を新たに問題として考えることは非常に難しいからである。デレオとドゥアルテ（DeLeo and Duarte 2021）によると、指標の変化が特定集団の利益を脅かすなら（「指標の政治化」）、ある状況が問題としてフレーミングされる可能性は高くなる。

　トム・バークランド（Tom Birkland 1997, 22）の定義によれば、**焦点となる出来事**は、突発的で比較的稀に発生し、少なくとも潜在的には有害なものであり、政策策定者と公衆に同時に知られるものである。自然災害（地震、ハリケーン）、深刻な技術事故（航空機事故、原発事故）、特に深刻な形態の暴力犯罪（テロ攻撃、高校での銃乱射事件）などの出来事がアジェンダに変化をもたらすか否かは定かでないが、アジェンダ変化の可能性は少なくとも高まることになる。さらに、焦点となる出来事にはさまざまなタイプがある。「アジェンダ化への障害をすべて吹き飛ばしてしまう」（Kingdon 2011, 96）ような出来事がある一方で、象徴的な出来事や政策策定者の個人的な経験など、より微妙だが重要な影響を持つ出来事もある。最後に、既存プログラムにおける**フィードバック**が特定の状況に注目を向けさせる場合もある。あるプログラムの目標が達成していないこと、コストが高騰していること、もしくは望ましくない副作用が発生していることを政策策定者や公衆が知るところとなった場合、これもまた問題としてフレーミングされるかもしれない。

　とはいえ、政策策定者は日常的に数多くの問題を認識しており、常にそのすべてに注目することなど不可能である（Herweg, Huß, and Zohlnhöfer 2015；Kingdon 2011, 184-186）。したがって、ある問題が政策策定者の関心を集められるか否かは、現在、他のどの問題が議論中なのかによっても左右される。テロ

攻撃の余波や深刻な不況下では、他の問題は注目されにくい。より一般的には、ある状況が政治的に重要になればなるほど、その問題が扱われる可能性は高くなる。しかし、**政治の重要性**が具体的に何を意味するのかは、完全には明らかになっていない。ヘルウェッグ、ハスおよびゾーンホーファー（Herweg, Huß, and Zohlnhöfer 2015）は、政治の重要性とある状況下での選挙の重要性とには強い関係性があることを示唆している。すなわち、もしある問題が政策策定者の再選を危険に晒すようなものであるなら、それはおそらく政策策定者が注目すべき重要な問題として定義されるだろう。

したがって、MSFは、問題（およびそれらの深刻度）を客観的事実としてではなく、むしろ社会的構成概念として捉えている。さらには、問題がいかに定義されるかによって、それとのカップリングが可能となる解決策が大きく左右されるため、問題のフレーミングが極めて重要になってくる。また、このことは代理人が重要になることを示唆している。誰かが具体的な方法で問題をフレーミングしなければならないからである。クナゴード（Knaggård 2015, 452）は、問題ブローカーとは「状況を公共問題としてフレーミングし、政策策定者にこれらのフレームを受け入れさせるために働く」アクターであり、「したがって問題ブローカーが状況を問題として定義する」と論じている。問題ブローカーは、必ずしもそうというわけではないが、同時に政策起業家にもなりうる。この2つの役割の鍵となる分析上の違いは次のとおりである。すなわち、ある特定の状況に対し何かがなされなければならないと主張するだけの問題ブローカーに対し、その問題に対して解決策を提案するのが政策起業家である、という違いである。実証的適用のためには、それらの流れがいつカップリングの準備を整えるのかを定義する必要がある。この点に関して、問題の流れが困難を引き起こすことはないはずである。なぜなら政策起業家は、常に状況を自らが気に入った政策提案とカップリングできるような問題としてフレーミングできるからである。

2.2 政策の流れ

政策の流れでは、政策の代替策が政策コミュニティの中で生み出される。政策コミュニティとは「主に公務員、利益集団、学識経験者、研究者、そしてコンサルタント（いわゆる隠れた参加者）の緩やかなつながりのことであり、彼ら

は特定の政策分野の政策問題に対する代替策を練り上げることに従事している」（Herweg 2016a, 132）。政策コミュニティの構成員の圧倒的多数は政策アイデアを唱道し議論する政策専門家である。そのため、キングダン（2011, 116）が政策の「原初のスープ」と呼んだものの中には、さまざまなアイデアが浮遊している。「地ならし（softening-up）」として知られるプロセスの中では、政策コミュニティの構成員がこれらアイデアを議論し、修正し、組み替える。そもそも原初のスープの中に漂うアイデアは非常に多い。しかし、政策コミュニティの大部分の支持によって数少ない実現可能な政策代替策が現れるまで、その多くは地ならしプロセスというフィルターを通して除去されてゆく。こうして残された代替策のみが真剣に検討されることになる。

　このプロセスは政策コミュニティの構造によって大きな影響を受ける。どこで政策策定者は解決策を探すのか。アイデアは原初のスープの中でいかに生じるのか。それらは政策コミュニティの統合の程度、すなわちその構成員間のつながり具合に依存する。政策の流れにおけるアイデアの熟成期間は、急速なものから緩やかなものまでさまざまである。その中身はまったく新しいものから以前のものを少し拡張しただけのものまで幅がある。これらの基準から導き出される類型とは、飛躍的（新しいアイデアの急速な推進）、創発的（新しいアイデアの緩やかな熟成）、収束的（古いアイデアの急速な熟成）、漸進的（既存政策を少しずつ拡張させる緩やかな熟成）といった、4つのタイプである（Durant and Diehl 1989）。政策コミュニティの統合度はある特定のタイプの進化を他のタイプよりも生じやすくする。あまり統合されていない政策コミュニティ、つまり規模が大きく、競争的な相互作用がある政策コミュニティでは、進化のアイデアを飛躍的から漸進的なものへと促進する可能性が高くなる。より統合された、すなわち小規模で合意形成を重視する政策コミュニティでは、創発的から収束的パターンへと向かう可能性が高くなる。これには、他の組み合わせの可能性を否定するものではなく、むしろ統合度がこうした進化の軌道をより起こりやすくしているという意味がある（Zahariadis 2003）。

　政策波及と政策移転についても考慮しなければならない。例えば、ラヴェル（Lovell 2016）は、アイデアは国境を越えて移動するため、MSF は政策の流動性から得られる理論的洞察で補完されなければならないとしている。この点で、政策コミュニティは以前に比べて周囲からの影響を受けやすくなっていると考

えられる。というのも、アイデアは他国での成功を通じて「正当性」を獲得するため、国内では地ならしプロセスが迅速に進むこともあるからだ（参照：Goyal 2021, 6）。したがって、より広義に捉えられた国内の政策コミュニティにおいては、外部の非国家型アクターを国際ネットワークの正規構成員として実際に考えることができる（Lovell 2016）。

政策コミュニティの構造にかかわらず、どの提案が原初のスープの中で存続するかは、決して無作為に決まるというわけではない。提案が特定の基準を満たせる程度に応じて、実行可能な政策代替策となる可能性は高まる。キングダン（2011, 131-139）は、技術的な実現可能性、価値観の受容可能性、公衆の黙認、財政的な実現可能性など、さまざまな「存続のための基準」について論じている。したがって、あるアイデアがスムーズに実施できるか否かを政策専門家が疑っている場合、ある提案が政策コミュニティの多くの構成員の価値観と矛盾している場合、あるアイデアが政治的な流れの中で多数派を見つけられそうにないと認められている場合、あるいはコストが高い場合は、そのアイデアが地ならしプロセスの中で存続する可能性は低いだろう。より最近では、他の存続のための基準も提起されている（Zohlnhöfer and Huß 2016）。例えば、EU加盟国では、EU法に適合しないアイデアは存続する可能性が低くなる。同様に、あるアイデアの合憲性が疑問視される場合、特に違憲審査制が強い国においては、そのアイデアがさらに追求される可能性は低くなる。最後に、経路依存性がその選択基準の中に組み込まれることもある。収益増を特徴とした過去の政策経路から大きく逸脱するアイデアは実行可能な代替策となる可能性が非常に低くなる。賦課方式の年金制度を積立方式に変えるというアイデアを考えてみるとよいだろう。

政策の流れでは、存続のための基準を満たす実行可能な政策代替策が少なくとも1つ存在するとき、カップリングの準備が整ったと定義することができる（これら基準の詳細な分析についてはBothner 2021を参照）。そのような代替策が存在しない場合、MSFはカップリングの可能性は低いと私たちに予測させる。

2.3 政治の流れ

政策の流れは、議論が主要な相互作用の方法となる政策サブシステムのレベルに位置付けられる。それに対して政治の流れは、政策案への賛成多数が求め

られる政治システムのレベルに位置付けられ、そこでは取引と権力行使が支配的な方法となる。キングダンは、国民のムード、利益集団、そして政府を、政治の流れにおける3つの中核的要素として特定した。

　国民のムードとは、特定の国においてかなり多数の個人が共通の路線に沿って考える傾向があり、そのムードがその時々で揺れ動くという考え方を指す。キングダンは、政府職員はこのムードの変化を察知し、それに従って特定の項目をアジェンダとして推進するよう行動すると示唆した。このように国民のムードは政策策定者側の認識という強い要素によって特徴付けられている。それゆえにキングダンは、国民のムードと世論調査との結果を混同しないよう忠告している。後者には認知的要素が欠けているからだ。とはいうものの、政策策定者自らが実際に依頼する世論調査の急増を含む、政治の高度な専門職化を踏まえると、より最近の研究（Zahariadis 2015 など）に従い、国民のムードの操作化のために世論調査の結果に頼ることは妥当だと思われる。ただし、政策策定者の認識についてのより直接的な情報源と合わせて用いることが望ましい。

　利益集団のキャンペーンは、政治の流れの第2の要素である。あるアイデアに反対する利益集団が多ければ多いほど、またその利益集団の力が強ければ強いほど、そのアイデアがアジェンダに載る可能性は極めて明らかに低くなる。ただし、利益集団には単なるキャンペーンにとどまらない活動があり、そしてMSFがこの事実に対応できることを念頭に置くことは重要である。前述のように、利益集団の代表は、政策コミュニティの一員となり、アイデアを提案したり、地ならしプロセスに参加したりすることができる。しかし、こうした活動は政策の流れの中でおこなわれているものであり、利益集団が提案に反対して立ち上げるかもしれないキャンペーンとは区別して考える必要がある。

　政府と議会、とりわけそれらの構成の変化は、政治の流れの第3の要素を形成する。例えば、一部の閣僚や議員はある政策提案に対して寛容な考えを持っているかもしれないし、あるいは特定のアイデアはある政党のイデオロギーに他の政党のイデオロギーよりも適合的かもしれない。したがって、人員の交代によってどの項目がアジェンダに載るのかに違いが生じる可能性がある。しかし、政治の流れの中でのこのような要素は、そのすべてが選挙で選ばれた公職者（elected officials）や政党に関するものではない。官僚組織の縄張り争いや重要な職業公務員もここでは極めて関係性が高い。

政治の流れでは、いつカップリングの準備が整うのだろうか。少なくともアジェンダ設定に関する限り、政治の流れについてのこの問いに答えることは、問題の流れや政策の流れと比べて、以下の2つの理由から若干難しい。第1に、所与の政策提案に対して、政治の流れの3つの要素が同じ方向を指し示す必要がないことである。例えば、政府がその提案に好意的で、政策策定者が肯定的な国民のムードを感じていても、同時に利益集団がむしろ否定的である場合もある。このような要素間の関係性はアジェンダの変化の可能性にいかなる影響を及ぼすのだろうか。政治の流れの3つの要素（政府、国民のムード、利益集団のキャンペーン）をすべて「政党政治」という変数にまとめることを提案したザハリアディス（Zahariadis 1995, 2003）の研究に基づき、ヘルウェッグ、ハスおよびゾーンホーファー（2015）は、政治の流れの中では政府と議会が最も重要なアクターであると論じている。なぜなら、最終的に政策の変化を採択しなければならないのはこれらのアクターだからだ。同時に彼らの立場は、国民のムードや利益集団のキャンペーンから影響を受けることがあるとしても、それらによって決定されるものではない。したがって一定の条件下では、利益集団のキャンペーンや国民の嫌がるムードでさえ、政府は無視することをいとわない場合がある。

　第2に、アジェンダ設定の段階では、最終的に法案採択に必要となる政治的多数派を構築する必要がまだないことである。実際、多くの場合、立法上の多数派が形成されるのは、ある争点がアジェンダに載った後である。とはいえ、政治の流れは確かにアジェンダ設定の段階でも重要である。政治の流れにおいてカップリングの準備が整うために最低限必要なことは、所管大臣や有力議員などの主要な政策策定者が問題となっているアイデアを積極的に支持し、そのための多数派形成に意欲を持つことである（Zohlnhöfer 2016）。ロバーツとキング（Roberts and King 1991, 152）に倣い、ヘルウェッグ、ハスおよびゾーンホーファー（2015, 446）は、これらのアクターを「政治起業家」と呼ぶよう提起した。政策起業家とは異なり、政治起業家は必ずしも政策コミュニティの構成員である必要はなく、初期段階から政策提案の開発に関わる必要もない。むしろ重要なのは、政策起業家が政治起業家にそのプロジェクトを説得できた場合、政治起業家が自らの正式な指導的立場を活かして、政府システムの内部からそのアイデアを推し進め、その採択に向けて取り組むことができることである。

2.4 アジェンダ（政策）の窓

3つの流れすべてでカップリングの準備が整っていたとしても、アジェンダの変化が自動的に生じるわけではない。3つの流れのカップリング、そしてそれに伴うアジェンダの変化は、むしろキングダンが政策の窓と呼ぶ、特定の時点において、より生じやすくなる。**政策の窓**は、「提案の唱道者たちが、自らのお気に入り（pet）解決策を推進したり、自らの特別な問題に注目を集めたりするための、つかの間の機会」と定義されている（Kingdon 2011, 165）。政策の窓は文献で広く使われる一般的な用語である。しかし近年、重要な違いを捉えるため、この用語の精緻化が提起されている。争点をアジェンダに載せる機会と政策が採択される機会とに区別するため、ヘルウェッグ、ハスおよびゾーンホーファー（2015）は、前者を「アジェンダの窓」、後者を「決定の窓」と呼ぶよう提案している。私たちはこの提案に倣うが、より一般的に使用するために**政策の窓**という用語はそのまま用いることとする。

アジェンダの窓（少なくとも特定の政策提案に関して）は稀で一時的にしか開かず、その開くタイミングは予測可能なもの（選挙、予算）もあれば予測不可能なもの（災害）もある。アジェンダの窓は、3つの流れのうちの2つ、すなわち問題の流れもしくは政治の流れの中で開く可能性がある。政治の流れの中の窓は、政府の党派構成が変更したり、新しい議員が議会入りしたりするときに開く。新たに加わったアクターは新しいアイデアに関心を持つため、斬新な政策提案に対してオープンである。同様に、国民のムードが大きく変化したときも、アジェンダの窓が開く場合がある。これとは対照的に、例えば失業率や財政赤字が短期間で急上昇するといった指標が劇的に悪化したとき、問題の流れの中でアジェンダの窓は開くことになる。あるいは、自然災害やテロ攻撃のような焦点となる出来事によってもアジェンダの窓は開くことがある。

どの流れの窓が開くかによって、カップリングの形態は異なってくる。政治の流れの中で窓が開く場合、私たちは「教義的カップリング」（Zahariadis 2003, 72）もしくは「問題に焦点を当てたアドボカシー」（Boscarino 2009, 429）が起こることを予測する。この窓の主な仕事は、既存の解決策に対する問題を見つけ出すことである。例えば、政権交代を考えてみよう。新政権は新しい政策を採択するために選出されたと主張し、その成果を証明しようと躍起になるだろう。そのため、解決策が既にマニフェストの中に記載されている以上、政府は

これら解決策によって解決できる問題を探すことになる。なぜなら、状況の多くは問題としてフレーミングできるため、解決策に適合した問題を見つけることはそう難しくないからだ。

　問題の流れの中で窓が開いたことへの対応としてのカップリングは、「結果的カップリング」(Zahariadis 2003, 72) もしくは「問題サーフィン」(訳注：自らの政策提案を政府アジェンダに載せるため、その時々で注目を集めている問題の解決策として戦略的に位置付け続けるプロセス) (Boscarino 2009, 429) と呼ばれる。このカップリングは、少なくとも2つの点で、政治の流れの中で開く窓のカップリングとは性質を異にする。第1に、問題への対応は多かれ少なかれ即座の対応が求められるため、窓が開いている期間は政治の窓の場合よりも問題の窓の場合の方が短いことである (Keeler 1993)。第2に、問題の流れの中で窓が開く場合、アジェンダに載った問題に適合する解決策を見つけ出さねばならないことである。しかし、この窓が開いている期間は限定的であり、問題が顕在化した後に解決策を練り上げるには、通常、時間が不足することを忘れてはならない。むしろ、結果的カップリングの場合であっても、問題は何らかの関連性でその問題と結びついた既存の解決策とカップリングされることになるであろう。したがって、教義的カップリングと結果的カップリングのいずれの場合でも、問題と解決策は特に緊密な関係があるというわけではないのだ。

　アクリルとケイ (Ackrill and Kay 2011) は、第3のカップリングのメカニズム、すなわち「コミッショニング」を提示している。政策起業家が政策策定者に自らのお気に入り提案を売り込む教義的・結果的カップリングとは対照的に、コミッショニングとは、政策の窓の解放に対する政策策定者の積極的な反応を捉えた概念である。政策の窓の開放は、政策策定者にとって争点が取り組まれる必要があることを示すシグナルとなる。政策策定者は、政策起業家による解決策の売り込みを待つのではなく、問題もしくは政治の流れの中での変化への対応として、適切と判断する解決策（そして、ひいてはそれを唱道する政策起業家）を積極的に選択するのである。

　ドーラン (Dolan 2021) は、第4のカップリングのメカニズムとして争点リンキングを付け加える。彼女の研究は、キングダン (2011, 202) の観察に基づいており、政策過程の中では2つの流れの部分的なカップリングが起こりうるものの、アジェンダの変化には3つすべての流れの統合が要求されるという指摘

である。ドーラン（2021）は、政策起業家が部分的にカップリングされた争点（例えば、問題と政治の流れからの争点1、問題と政策の流れからの争点2、政治と政策の流れからの争点3）を、修辞的につなげようとすることができると論じている。彼らが3つの争点のリンキングに成功すれば、結果として、リンキングされた争点に対するすべての流れの完全なカップリングが実現し、よってアジェンダの変化がもたらされることになる。

　実証的適用において、アジェンダの窓という概念の主たる分析上の問題点は、それが通常、事後的にしか特定されないことである。確かに、選挙や予算折衝のように、予測可能なアジェンダの窓も幾つか存在する。3つの流れのカップリングの準備が整い、争点間の競合が低いとき、こうした種類の窓がカップリングに利用される可能性は高い。しかし、事故や高校での銃乱射事件、国民のムードの揺らぎについて考えると、他の多くの窓は予測困難である。その主たる問題は、これらの出来事の予測が（不可能ではないにせよ）非常に困難だということだけではない。むしろ、問題は、特定の政策にとってこれらの出来事がアジェンダの窓を構成するのか否かを事前に判断することが往々にして難しいということである（Béland 2016, 234）。確かにアジェンダの窓は、問題ブローカーによってある程度まで解釈され、アジェンダの混雑の度合いによって左右される。それにもかかわらず、ヘルウェッグ、ハスおよびゾーンホーファー（2015）によれば、ある出来事がアジェンダの窓として活用される可能性は、争点の選挙における重要性が高まるにつれて高くなるという。したがって、それほど劇的でない出来事であっても、選挙上重要な争点領域においてはアジェンダの窓を開くことができるのである（Zohlnhöfer 2016）。逆に、選挙上重要性の低い分野では、非常に焦点となる出来事が問題の流れの中で窓を開放するための不可欠な条件となる。

2.5　政策起業家

　政策起業家とは、「物質的な利益、目的に適った利益、または連帯利益という形で期待される将来の利得を見返りに、時間、エネルギー、評判、お金といった資源を投じ、特定の立場の推進をいとわない唱道者」（Kingdon 2011, 179）であり、MSFの重要なアクターである。彼らは個人でも組織的アクターでもあり、特定の正式なポジションによって定義されるものではない。基本的には、

政策策定者、官僚、学者、ジャーナリスト、利益集団の代表者、議員など、政策に関連するあらゆるアクターが政策起業家になりうる。政策起業家は、政策の流れの中で自らの提案（MSFでいうところの「お気に入りプロジェクト」）を推し進め、政策コミュニティの構成員の間で幅広い支持を獲得し、実行可能な代替策になるよう、それらを適応させていく。

　それが達成されると、彼らは自らのお気に入りプロジェクトを他の2つの流れとカップリングさせようとする。アジェンダの窓が開いたら、政策起業家は行動を開始する機会を直ちに掴まなければならない。そうでなければその機会は失われ、政策起業家は次の機会を待たなければならないからだ。このように、政策起業家は単なる特定の解決策の唱導者ではなく、問題のある選好や不明確な技術を操る存在でもある（Mintrom and Norman 2009）。起業家は、粘り強さだけでなく、カップリングの能力にも長けていなければならない。彼らは、問題を自らの解決策に結び付け、自らのアイデアを受け入れてくれる政治家、すなわち政治起業家を見つけられなければならない。問題、政策、そして政治という3つのすべての流れが1つのパッケージとしてカップリングされるとき、争点がアジェンダとしての地位を獲得する可能性は飛躍的に高まる（政策起業家のカップリング活動に関する実証的アセスメントについてはFrisch Aviram, Cohen, and Beeri 2020を参照）。

　すべての起業家が常に成功するわけではない。より成功する起業家とは、政策策定者により大きなアクセスを持てる起業家である。例えば英国では、マーガレット・サッチャーの在任期間中、アダム・スミス研究所は、他の集団よりもイデオロギーが一致していたため、政府にアクセスするためのより大きな機会を得た。そのため、同研究所の関係者が打ち出した選択肢は、政策策定者の間で受け入れられやすかった。より多くの資源、つまり、より多くの時間、資金、エネルギーを費やして提案を推進できる起業家ほど、より高い成功率を有している。起業家は、問題のフレーミング、感情のプライミング（訳注：ある特定の感情的な刺激が、その後の思考、認知、または行動に影響を与える現象）、「サラミ戦術（訳注：反対勢力の抵抗や批判を避けるため、変革を一度に成し遂げようとせず、一歩一歩進めていく戦術）」、シンボルの使用など、自由に使えるさまざまな手段を持っている（Zahariadis 2003, 14, 2015）。

　MSFは、アジェンダ設定はそもそも合理的な問題解決のための実践とはい

表1.1 アジェンダ設定における MSF 仮説

フレームワーク全体に対する仮説

(a) 政策の窓が開き、(b) 3つの流れがカップリングの準備を整え、(c) 政策起業家がアジェンダの変化を推進すれば、そのアジェンダの変化はより起こりやすくなる。

フレームワークの重要な要素に対する仮説

問題の流れ	●問題ブローカーは、指標が否定的な方向に変化すればするほど、焦点となる出来事がより有害であればあるほど、そして政府プログラムが期待通りに機能しなければしないほど、状況を問題としてフレーミングすることに成功しやすい。
政治の流れ	●政府や議会内多数派の一般的なイデオロギーに合致した政策提案は、アジェンダとしての地位を獲得するための多くの機会を得る。
政策の流れ	●政策提案が選択基準を満たさない場合、アジェンダとしての地位を得る可能性、ひいてはカップリングへと至る可能性は著しく低下する。 ●政策コミュニティの統合度が低下するにつれて、まったく新しいアイデアが実行可能な政策代替策となる可能性は高くなる。
政策の窓	●政策の窓は、指標の変化、焦点となる出来事、そしてフィードバックのうちの、少なくとも1つの変化の結果として、問題の流れの中で開く。 ●ある状況が政策策定者の再選を危うくすればするほど、問題の流れの中で政策の窓が開く可能性は高くなる。 ●政策の窓は、議会の変化、新政権の選出、国民のムードの変化など、少なくとも1つの変化の結果として、政治の流れの中で開く。
政策起業家	●政策起業家が (a) 中心的な政策策定者へ頻繁にアクセスができ、(b) 粘り強く努力する場合、政策の窓の開放中に彼らが3つの流れをうまくカップリングする可能性は高くなる。

えないと主張する。むしろ、時として、ある問題が浮上し、その問題にある程度「適合する」既存政策とそれがカップリングされることもあれば、別の時には、例えば新政権の誕生など政治的な機会が生じて、ある政策がアジェンダに載り、その政策とある問題とのカップリングが必要となることもある。とはいえ、このことは、MSF の各重要な要素について、またフレームワーク全体についての仮説の設定可能性を排除するものではない。**表1.1** では、検証可能な確率論的な仮説を幾つか示している。

3．政策サイクルの各段階への適用と適応

もともとキングダンは、アメリカの連邦レベルで、医療と交通のアジェンダ設定を説明するために自らのフレームワークを開発した。ただし、その後の研究は、異なる政策領域、政策サイクルのさらなる段階、そして異なる政治システムにおいても MSF を適用してきた。対象となる政策領域はジェンダー平等（Béland 2009）から外交政策（Travis and Zahariadis 2002）まで、そして銃規制（Sanjurjo 2020）から民間警備の規制（Staff 2020）まで多岐にわたる。ジョーンズら（2016）の文献調査では、22 の政策領域が MSF を用いることで探究され、MSF を適用した分析のほぼ 80％が健康、環境、ガバナンス、教育、そして福祉といった領域で占められていた（参照：Rawat and Morris 2016, 614）。

さまざまな政策領域でこのフレームワークを適用すること自体は、必ずしも適応を必要とするわけではないが、異なる政策段階や政治システムに MSF を適用する場合、そのような必要性が生じてくる。MSF は、これまで主にアジェンダ設定や意思決定に適用されてきたが、政策実施、そして稀には政策終了にも適用されている（Geva-May 2004；Wenzelburger and Hartmann 2021 など）。以下、私たちは、意思決定と実施に関する文献で示唆された、幾つかの適応のありかたについて議論する。

3.1 意思決定

MSF を意思決定に適用するために、それがいかに適応を必要とするのかを理解するには、アジェンダ設定と意思決定の違いを説明する必要がある（参照：Knill and Tosun 2020）。アジェンダ設定の段階では、多数のアクターがさまざまな提案で注目を集めようと競い合うのに対し、意思決定では、特定の提案を支持する多数派を獲得することが焦点となる。したがって、意思決定の際にはアクターの数は減少する傾向がある。同時に、アジェンダ設定から意思決定へ移行するにつれて、制度的環境の重要性が高まってゆくことになる（Baumgartner et al.）。このことは、意思決定プロセスがより構造化され秩序立ったものとなり、制度がより徹底的に考慮される必要があることを示唆している。MSF の元々の定式は本質的に制度の統合に失敗していたため（概要については Zohlnhöfer, Herweg, and Huß 2016 を参照）、この事実だけを考えてもフレームワーク

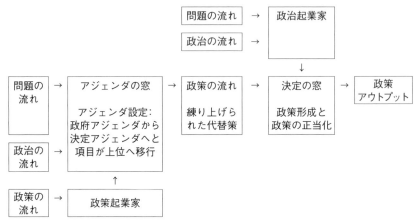

図 1.1　修正 MSF
出典：Herweg, Huß, and Zohlnhöfer (2015, 445). Copyright © 2015 European Consortium for Political Research, published by John Wiley & Sons Ltd. Reprinted by permission of John Wiley & Sons Ltd

の適応は必要不可欠となるのである。

　何人かの著者たちは、意思決定を説明するために MSF を適応させる方法を提案している（古典としては Zahariadis 1992, 2003 を参照、精巧な最近の試みとしては Howlett, McConnell, and Perl 2015 と Herweg, Huß, and Zohlnhöfer 2015 を参照）。私たちは、ここでヘルウェッグ、ハスおよびゾーンホーファー（2015）の概念について論じる。なぜなら、この概念は MSF の作動構造をそのまま残し、それでもなお意思決定を説明できているからである。

　ヘルウェッグ、ハスおよびゾーンホーファー（2015）の主たるアイデアは、2つの窓、ひいては2つのカップリング・プロセスの区別にある（図1.1参照）。すなわち、1つめはアジェンダ設定のための窓で、それに関連するアジェンダのカップリングを伴うものである。彼らはこれをアジェンダの窓と名付けている。2つめは意思決定のための窓で、それに関連する決定のカップリングを伴うものであり、決定の窓と呼ばれている。アジェンダの窓とアジェンダのカップリングについては既に述べたので、ここでは決定の窓と決定のカップリングに焦点を当てる。ヘルウェッグ、ハスおよびゾーンホーファー（2015）によれば、アジェンダのカップリングが成功すると決定の窓が開き、決定のカップリ

ングが成功すると法案の採択が行われる。

　決定のカップリングにおける主たる問いは、アジェンダ設定の際に特定の問題と既にカップリングされた提案を採択するためにいかに必要な多数派を構築するのか、ということである。このプロセスの主要なアクターは政治起業家、つまり（選挙で選ばれた）指導的立場にあり、提案を積極的に支持する人々である。彼らは、自らのプロジェクトに対する大多数の支持を得ようとし、政策の具体的な詳細をめぐって駆け引きを繰り広げる。

　一方、決定のカップリングの段階では、政治の流れが支配的であるということは明らかである。後述するように、この段階で問題の流れと政策の流れが無関係だというわけではないが、アジェンダ設定の段階と比べれば、それらの重要性は低下している。他方、制度的環境が誰の支援を必要とするかを規定していることに留意すべきである。そのため、国によって、時には争点領域や時間の経過によって、それには違いが生じてくる。ウェストミンスター型の政治システムでは、政治起業家が閣僚である場合、いったんお気に入り提案がアジェンダに載ったらそれが採択される可能性は高くなる。したがって、拒否権を行使する主体がほとんど、あるいは全く存在しないシステムでは、担当大臣が支持する政策の採択はほぼ確実となるため、ほとんどの場合、決定のカップリングはよりスムーズに行われる。決定のカップリングという概念の分析上の付加価値は、政治起業家が政策採択のための多数派を掌握していない状況においてより明確となる。分割政府、連立政府、少数派政府、または超多数派が必要となる場合の事例を考えてみよう。これらすべての事例において、政治起業家は決定のカップリングの際に必要な多数派を組織しなければならない。すなわち、これらの事例では、当該概念が実質的にフレームワークの説明力を増大させるのである。

　提案採択のための多数派を確保するのに十分な支持を獲得するには、政治起業家は何ができるのだろうか。幾つかの文献（Herweg, Huß, and Zohlnhöfer 2015；Zohlnhöfer, Herweg, and Huß 2016）は、一括取引、譲歩、そして操作といった3つの手段を提案している。

　MSFの文脈における一括取引の基本的なアイデアは、どのような特定の問題であっても複数の政策提案とカップリングできるというものである。したがって政治起業家は、自らのお気に入り提案を政策の流れにある別の提案と組

み合わせることで、追加的な支持を獲得できる。例えば、不況への対応として特定の支出プログラムを支持する政治起業家は、支持を拡げるため、提案の中に減税を含めることができる。

しかし、一括取引は常に実現可能というわけではない。上記の例でいえば、予算上の制約から支出プログラムと減税を同時に採択することなどできないかもしれない。そのため、何らかの譲歩、つまり、当初よりこぢんまりとした提案を採択する必要があるかもしれない。一般的に、小規模な変化の方がさまざまな理由から採択されやすく（参照：Zohlnhöfer 2009）、それらの理由が政治起業家自らの提案に対する多数派獲得の手助けになっているかもしれない。より広範な変化のための戦略は後に導入される可能性がある（「サラミ戦術」として知られている。参照：Zahariadis 2003, 14）。

最後に、政治起業家は政策策定者を操作しようとすることがある。その方法は数多くある。例えば、政治起業家は、問題の流れを利用して議論中の提案が対処しようとしている問題がますます深刻になっている、と提示することができる。こうすることで、彼らは政策策定者に圧力をかけることができる。特に、政策策定者の再選への脅威としてその問題を提示することに成功すれば、なおさらである。もう１つの操作方法は、政策策定プロセスを集権化することである。実際、事例研究（Herweg 2017；Zohlnhöfer 2016）は、時々、政策策定者が意思決定プロセスにおいて他の関連アクターを巧みに回避していることを示している。例えば、ドイツのゲアハルト・シュレーダー首相は、彼の労働市場政策に消極的な与党が自分の方針に従わないのならば辞任すると脅した。欧州委員会（European Commission）も同様に、特定の加盟国が自らの自由化計画を支持しないのなら裁判を起こすと脅した。どちらのケースでも（そして他の多くのケースでも）、政治起業家は、拒否権アクターの抵抗にもかかわらず、これによって自らの提案を採択させることができた。

したがって２つのカップリングのプロセスを区別することで、MSFの観点から意思決定を分析することは可能となる。これによって、政策採択の可能性や、決定のカップリングの際に政策がどの程度変化するかについて仮説を立てることができる（表1.2参照）。さらに、アジェンダのカップリングと決定のカップリングを区別することで、私たちは、公式な政治制度を当該フレームワークへと統合することができる。そうすることでMSFは、政治起業家の存在と拒否

表1.2 意思決定における MSF の仮説

政策採択	●政策採択の可能性は、政府の（選挙で選ばれた）指導的地位にある政治起業家が提案した場合、高くなる。 ●政策採択の可能性は、他の拒否権アクターに制約されない政府または主要政党によって提案された場合、高くなる。 ●政策採択の可能性は、異なるアクターによって受け入れられ、異なる実行可能な代替策が一括的にまとめられる場合、高くなる。 ●政策採択の可能性は、政策が解決しようとする問題が有権者の間で際立っている場合、高くなる。
意思決定中の原案の変化の大きさ	●政府以外の主体（例えば第2院）に拒否権がある場合、採択される政策は原案と大きく異なる可能性は高いであろう。 ●原案に対する利益集団のキャンペーンが強力であればあるほど、採択される政策はより異なるものになる可能性は高い。

権アクターを迂回して多数派を形成できる可能性とを議論に持ち込むことで、政治制度が公共政策に及ぼすよく知られた効果に新たな光を投げかけているのである。

3.2 実 施

近年、MSF の学者は政策実施の分析に着目している（参照：Herweg and Zohlnhöfer 2024）。基本的に、実施に関する MSF の研究には2つのタイプがある。ある学者は、複層的なシステムにおいて、上位レベルの政府によって策定された政策を下位レベルの政府がいかに実施するのかを研究している。例えば、加盟国による EU 法の国内法化（Rietig 2021）や、スイスの連邦レベルの具体的な決定に対する州政府の対応（Sager and Thomann 2017）などが挙げられる。このような実施形態が MSF の適用を特に困らせるわけではない。特定の事例に応じて、上位レベルの決定が3つの流れのいずれかに影響を及ぼすことはあるものの、フレームワークの基本的な作動構造はそのまま維持される。

政策実施の第2形態、すなわち決定についての官僚による行政の実施は、より複雑な問いを提起する。この争点に関する文献は増えつつある中、それらの多くが流れを追加したり（Goyal, Howlett, and Chindarkar 2020）、除外したり、再定義したり（Boswell and Rodrigues 2016；Exworthy and Powell 2004）することで、MSF の広範囲にわたる修正に貢献している。ただ同時に、曖昧さ、時間的制約、問題のある政策選好といった MSF の基本概念が、政策実施中に作用

するのか否か、またいかに作用するのかについては、必ずしも明確になっていない。

　幾つかの必要な修正を行いながらも、元々のものに比較的近いフレームワークを適用した研究としてはファウラー（Fowler 2019）がある。公式の政策採択は政策実施におけるプロセスの開始と考えられ、ここから「実施の窓」（Zahariadis and Exadaktylos 2016）が開くことになる。ファウラーは、実施の段階においては新たなアクターの役割が重要になると主張し、それを「実施者」と呼んでいる。実施者とは「実施プロセスにおける主要な意思決定者」である（Fowler 2019, 408）。重要なことは、実施者が問題のある政策選好を持っているという点で、当該フレームワークの他のアクターに似ているということである。それゆえ、具体的な政策をいかに実施するのかという点で、実施者の理解は異なるかもしれない。同時に、政策起業家は、実施の段階でも依然として重要な立場にあり、自らのお気に入りの提案がその間に失敗しないようにしたいと考える。そのため、彼らは、実施者が自らの提案に忠実であるように動機付けようとする。また同時に、実施者も政治の流れの展開に注意を払っている。彼らには、これらの展開に対応して、自らの実施行動を修正することが想定される。最後に、問題の流れも実施の間において重要であり続ける。実施者には、原則として、政策策定時に関連した指標に焦点を当てることが想定されるが、それにもかかわらず、指標が具体性に欠けたり曖昧であったりする場合、彼らには相当の裁量権が残されることになる。

　彼らの概念化において、ザハリアディスとエクサダクティロス（Zahariadis and Exadaktylos 2016）は、複数回の審議を伴う2つの政策フェーズ（形成と実施）を想定している。各フェーズは、以前の行動を継続しつつ、新たなアクターや潜在的に新たな資源、またはその両方を取り入れることによって特徴付けられている。多くの法律に内在する曖昧さを減少させるプロセスには、アクター、資源、そして戦略を相互作用的な方法で有機的に結び付けるメカニズムが含まれていると、彼らは論じている。カップリング戦略だけに焦点を当てれば、彼らは意思決定の成功要因が実施上の失敗の可能性を高めると主張する。政策が現状に悪影響を及ぼす場合、争点リンゲージやフレーミング、サイド・ペイメント、制度的ルールの操作といった成功的な起業家戦略であっても、危機、中央集権的独占、そして一貫性のない政治的コミュニケーションといった状況下

においては、実施上の失敗につながる可能性がむしろ高くなる。MSF 的にいえば、戦略を失敗に至らしめるメカニズムには、問題を解決策からディカップリングさせること、政治の流れにおける支持を低下させること、そして政策の流れにおける公平性と効率性の予測を変化させることが含まれている。ギリシャの高等教育の例を見てみよう（Zahariadis and Exadaktylos 2016）。著者らは、政策実施の段階で、新たなアクター、すなわち大学経営、教授陣、そして学生（そして彼らを通じての政治政党）が活性化されたことにより、政策実施における争点リンキングやフレーミングといったそれまで成功していた起業家のカップリング戦略が弱体化した可能性は高いと主張している。

4．国際的・比較的な適用

　MSF は、MSF が考案されたときの元来の政治システム、すなわちアメリカの政治システムとは大きく異なる政治システムの政策過程を説明することにも使われてきた。例えば MSF は、オーストラリア（Beeson and Stone 2013；Dolan 2021；Lovell 2016；Tiernan and Burke 2002）から、ベルギー（Vanhercke 2009）、カナダ（Blankenau 2001）、ドイツ（Storch and Winkel 2013；Zohlnhöfer 2016）、イタリア（Natali 2004）、インド（Liu and Jayakar 2012；Sharma）に至る議院内閣制のみならず、ブラジルやウルグアイ（Sanjurjo 2020）といった他の大統領制においても適用されている。また、数は少ないが、独裁国家の政策策定プロセスに MSF を適用した貢献的な事例も見られる。例えば、イラン（Jafari et al. 2016）、ベラルーシ（Babayan, Schlaufer, and Uldanov 2021）、中国（Van den Dool 2022；Zhou and Feng 2014）などである。しかし、このフレームワークの適用可能性は国家レベルの政治にのみ限定されるわけではない。むしろ MSF は、準国家レベル（Dudley 2013；Lieberman 2002；Liu et al. 2010；Oborn, Barrett, and Exworthy 2011；Ridde 2009；Robinson and Eller 2010）、そして最近では、国際的なレベル（EU）ででも適用可能であることが証明されている（参照：Bache 2013；Cairney 2009；Copeland and James 2014；Saurugger and Terpan 2016）。

　分析対象の政治システムがアメリカの大統領制とどの程度異なるかに応じて、フレームワークの適応の度合いも変えてゆく必要がある。議院内閣制の場合、適応をほとんど必要としないが、独裁制の政策策定では、より包括的な修

正が要求される。MSF を EU の政策策定に適用するために必要となる適応は、この両極端のどこかに位置付けられる。とはいえ、これらのための適応要件は、明確に示され、かつ体系的に整理される必要がある。ここでは、アメリカ以外の MSF の適用として、科学的に最も注目されている政治システム（すなわち、議院内閣制、独裁制、そして EU）に焦点を当て、提案されている幾つかの有望な適応方法について議論する。

4.1　議院内閣制

　アメリカの大統領制に比べ、議院内閣制はより「秩序的」であるといわれ (Zahariadis 2003, 1)、MSF 分析にはあまり適していない。議会制民主主義国家では、政府は議会の多数派の信任にかなり依存しており、政党の規律が高いといわれている。そのため、政党はほとんどの議院内閣制において重要な政治アクターであるものの、MSF の元々の定式においてはあまり重要視されていない。さらに、多くの議院内閣制の政党は、アメリカの政党と比べて、従来から政策的により一貫性があった。

　政策策定者の政策選好が不明確であるという仮定は、このようなアクターにも成り立つのだろうか。議院内閣制（そして多くの大統領制）の政党の多くが、基本的な政策上の立場を有していることは否定できない。しかし、これらの立場が具体的な政策選択の指針としての役割を果たす能力は低下してきている（参照：Herweg, Huß, and Zohlnhöfer 2015）。言い換えれば、政党は原則として保守、リベラル、もしくは社会主義的であるかもしれないが、これらのイデオロギー的立場から具体的な政策提案に関する選好を導き出すことは、しばしば非常に困難であるということだ。したがって、議院内閣制における政党の具体的な政策選好は、特に近年においては、アメリカの政党と同様に不明確であるとみなすことができる。

　それでもやはり、議院内閣制における政党が果たす重要な役割に MSF は適応されてゆく必要がある (参照：Zahariadis 2003)。政党に関する文献によれば、政党は 3 つの目標を追求している（Strom 1990）。すなわち、彼らが求めているのは、投票を獲得すること、政権に就くこと、そして自分たちの好む政策を採択させることだ。したがって、政党は時期によって異なる役割を果たし、1 つ以上の流れの中で存在する必要がある（Herweg, Huß, and Zohlnhöfer 2015）。

一方、政党の政策専門家は政策コミュニティの構成員であることが多い。彼らは、自らのアイデアを提案したり、他の構成員の提案を批判したり、提案を組み替えたりすることで、地ならしプロセスに参加している（参照：Zohlnhöfer and Huß 2016）。党のイデオロギーは、党の政策専門家が党の基本的なイデオロギーと結びついている提案、もしくはその党の既によく知られた中核的な立場に対応する提案を支持する限りにおいて、ここである程度の役割を果たすことができる（Herweg, Huß, and Zohlnhöfer 2015）。さらに、こうした政策専門家は実行可能な政策代替策を党へ持ち込むうえで重要な役割を果たすことができる。他方、政党指導部は政治の流れの中で活動し、そこで政策を採択するために多数派を組織化しようとする。政治の流れにおいては、議院内閣制の多くに特徴的な政党規律と連立が、特に重要となる（特に意思決定のカップリング時）。なぜなら、多数派を獲得しようとする政治起業家は、これら議院内閣制の中で、個々の政策策定者ではなくむしろ政党指導部に注目するからである。政治起業家が政権政党もしくは連立政権の構成員である場合、彼らにとっては確かに有利に働く一方、野党の政治起業家にとってはむしろ不利に働く傾向がある。

政党が、利益集団と同様に、2つの流れにおいて重要であるという事実は、2つの役割が分析的に区別されている限り、流れの独立性という前提と矛盾することはない。さらに、政党の場合、政策の流れでは政策専門家、政治の流れでは党指導部というように、異なるアクターが異なる役割を担っている。

4.2　EU

EUの政策過程は、組織化された無秩序の特徴によって、驚くほどよく捉えられている（Corbett 2005；Natali 2004；Peters 1994；Richardson 2006）。このことは、MSFがEUの政策過程を研究するうえで、有望な分析フレームワークであることを示している（Ackrill, Kay, and Zahariadis 2013；Zahariadis 2008）。対象となる争点領域は、経済政策（Copeland and James 2014；Huisman and de Jong 2014；Sarmiento-Mirwaldt 2015；Saurugger and Terpan 2016）から、エネルギー政策（Saurugger and Terpan 2016）、砂糖政策（Ackrill and Kay 2011）、ビザの自由化（Bürgin 2013）、テロ対策（Kaunert and Giovanna 2010）、そして国防政策（Jegen and Mérand 2013）にまで至っている。このようにMSFは幅広く適用されている。

MSF の適用に関する一般的な知見（Cairney and Jones 2016 ; Jones et al. 2016）と同様、これらの研究も、フレームワークの主要概念については共通の定義に基づいているわけではない（Herweg and Zohlnhöfer 2022）。最も顕著に見られるものの、これだけに限られないのが政治の流れに関する場合である。幾つかの論文は理論的に導き出された政治の流れの定義を含んでおらず、他の論文では、異なる定義や部分的にしか重複しない定義を用いている（Herweg and Zahariadis 2018）。最も注目されている概念は、政策の窓（私たちの用語ではアジェンダの窓と決定の窓との両方を指す）である（参照：Ackrill and Kay 2011 ; Huisman and de Jong 2014 ; Saurugger and Terpan 2016）。例えば、アクリルとケイ（2011, 75）は、キングダン（2011）が想定したほどなぜ決定の窓は迅速に閉じないのか、という問いに答えるため、制度的曖昧さという概念を導入している。彼らは、制度的曖昧さを「明確な階層性を欠いた諸制度が重複する政策策定環境」と定義している。著者らによれば、さまざまな政策争点は、ある総局（訳注：EU の執行機関である欧州委員会の政策分野を担当する下部組織）を他の総局より優先することはなく、複数の総局（または政策分野）領域に含まれている。制度的な相互関連によって、1 つの政策分野での政策争点の変化が関連する複数の政策分野での争点の変化を引き起こす可能性があるのだ。アクリルとケイ（2011）は、このような改革圧力を内生的スピルオーバーと呼んでいる。他方、外生的スピルオーバーとは、制度的に無関係な政策分野で変化が起こるというキングダンの考え方に似たものである。

理論構築という点から、ヘルウェッグ（Herweg 2017）は、MSF を EU のアジェンダ設定および意思決定に移行するための最も精緻な試みを提示している。ザハリアディス（Zahariadis 2008）に基づき、彼女は、MSF の主要概念に対応する EU レベルでの機能的要素を体系的に定義し、ヘルウェッグ、ハスおよびゾーンホーファー（2015）が提案したアジェンダの窓と決定の窓を区別する考え方を適用している。また、彼女は、1980 年代半ばから 2000 年代後半にかけての EU の天然ガス市場政策を事例として、仮説を明示的に導き出し、検証している。

4.3 非民主主義国家

MSF が非民主主義国家のアジェンダ設定や政策策定に適用されることはこ

れまでほとんどなかったが、最近になって研究者たちがこの問題を取り上げ始めている。ヘルウェッグ、ザハリアディスおよびゾーンホーファー（Herweg, Zahariadis, and Zohlnhöfer 2022）は、MSF を権威主義体制に適用するため、それをどこでいかに適応させる必要があるかについて概念的な議論を提供し、検証可能な仮説を導き出している。他方、幾つかの最近の論文では、非民主主義国家の政策策定にこのフレームワークを実証的に適用したものもあり、それらは説得力を持っている。中国に関するヴァン・デン・ドゥール（Van den Dool 2022）の研究や、ベラルーシに関するババヤン、シュラウファーおよびウルダノフ（Babayan, Schlaufer, and Uldanov 2021）の論文は、このフレームワークから仮説を導き出し、それを実証的に検証した事例といえる。その結果、大きな違いはあるものの、MSF の基本前提は非民主主義国家でも成り立つことが判明している。さらに、このフレームワークは、これらの環境設定においても実証的に適用することができる。独裁体制は、問題を解決策にカップリングさせる必要があり、自らが時間と資源を投入したい問題もしくは政策プロジェクトを決定する必要がある。そして、時間や資源は当該体制の集権化が進むにつれて一層限定されることがある。政治的自由や競争的な選挙がない、あるいはそれらが制限された条件下では、3 つの流れの中のプロセスは、民主的なシステムで観察されるプロセスとは多少異なる場合も多い。政策コミュニティはより小さく、より統合されており、存続のための最も重要な基準はおそらく独裁者の同意であろう。問題ブローカーは、自らの問題の定義を政策策定者に納得させるため、さまざまな方法を見つけたり、どのような状況を問題としてうまく定義するのかについて特定のバイアスを持ったりする必要があるかもしれない。例えば、官僚は政府の政策の失敗を報告する傾向が弱い一方、独裁的エリートは政権の中核的イデオロギーに関連する争点について特に注意を払うかもしれない。最後に、非民主主義国家でも国民のムードが重要な役割を果たすことはある一方（参照：Herweg, Zahariadis, and Zohlnhöfer 2022, 216）、「体制内の選定集団（selectorate）のムード」、すなわち独裁的エリート間のムードも少なくとも同じくらい重要である可能性がある。とはいえ、政治の流れの中で最も重要な要素は、明らかに独裁者あるいは独裁体制のエリートである。したがって、幾つかの適応が明らかに必要である一方、ある種の政治的文脈の中で政策が何らかの問題とカップリングされる必要があるという中心的なアイデア

は、非民主的な環境設定でも容易に適用できると思われる。今後の研究では、提案された修正を体系的に検証し、さらなる適応の必要性があるか否かを議論し、最終的には、それらを導入して検証することが求められよう。

4.4　外交政策/国際関係

　ザハリアディス（Zahariadis 2005）、マッツァー（Mazzar 2007）、トラビスとザハリアディス（Travis and Zahariadis 2002）、デュラントとディール（Durant and Diehl 1989）は、外交政策におけるMSFの有用性を探究している。彼らは、MSFが国内政策と外交政策との間の溝を埋めるのに適した候補であることを見出している。その鍵となる問題は、国内変数と外的変数をリンクさせることである。特定国の外交政策のエスタブリッシュメント、特に外国の利益を代表するか、または外国と広範なつながりを持つこれらへのアクセス能力については利益集団や組織的アクターによって違いがあるにもかかわらず、国内の関心やアクターは、自らがお気に入りの国内プロジェクトを追求しながら外的脅威をアセスメントし、選別している。最終的に、外交政策のアウトカムは、その解決策を承認する国内の聴衆に受け入れられるものでなければならない。外的環境は確かに一定の影響を及ぼすが、外部で発生した問題や解決策は依然として国内的に解釈される必要がある。政策起業家は国内政策の場合と同様、カップリングにおいても主要な役割を担っている（Blavoukos and Bourantonis 2012；Hamson 2014）。無秩序な大統領制民主主義国家における国内政策の説明を出発点としたMSFは、ギリシャのような小規模な議会制民主主義国家や、参加の流動性が低い外交政策においても有用であることが証明されているのである。

　ザハリアディス（2005）は、ギリシャの外交政策を調査する中で、MSF、合理的国際主義、2レベルゲーム理論の3つのレンズの有用性と説明力を検証し、興味深い結果を得ている。彼は、特異な説明を避けるため、対立的あるいは協調的な政策の度合いで従属変数を概念化した。そして彼は、MSFはより多くの事象をより正確に説明することから、全体としてより高い適合性を示すものの、協調的政策については体系的に説明が不十分であることを見出している。
　ザハリアディス（Zahariadis 2015）は、特定の選択肢の周りに外交政策を定着させる道具として感情の役割を付け加えており、それによって、政策が望ましい結果を生み出していないという広範な合意がある場合であっても、是正措置を

取ることは極めて困難になっていると指摘している。

ヘルウェッグ、ハスおよびゾーンホーファー（2015）の仮説の1つを発展させて、ヒーフィー（Heaphy 2022）は、外交政策の争点が厳しい選挙圧力を伴うのは例外的であって通例ではないと論じている。それでは、このような政策領域では、いかにして問題の窓は開くのだろうか。それは「政策策定者の交渉への影響が危機に晒されるような状況」（Heaphy 2022, 3）になった場合に起こりうる。例えば、政策策定者の個人的な信用や国家の一般的な評判が失墜した場合などである。

分析の国際的・体系的なレベルにおいてリプソン（Lipson 2007）は、冷戦の終結によって生まれた政策の窓の文脈の中で政策起業家が解決策（平和維持活動）を問題（国内紛争）にリンキングした結果として、平和維持活動における変化を説明している。さらにリプソン（Lipson 2012）は、国連平和維持活動の行政改革を検討し、国連事務局における統合活動チームの創設は、ゴミ缶モデルの予測に整合的であると論じている。ボッソング（Bossong 2013）は、政策の窓の有用性とそれに続く物語りに注目し、MSFが（特定の出来事ではなく）アジェンダ設定のパターンおよび国際安全保障やヨーロッパのテロ対策分野の非漸増的な政策変化を分析するための有用なツールであることを見出している。

5．限　界

MSFについては、政策アナリストの間で広く支持されているにもかかわらず、大きな批判も生じている。以下では、その最も重要な点について議論する（参照：Zohlnhöfer and Rüb 2016, 6-10）。

5.1　3つの流れは本当に独立しているのか？

MSFは、3つの流れが互いに完全独立しているわけではないが、独自の展開を持っているとみなすことができると論じている。参加者は意思決定の中を気ままに出入りし、その結果、幾つかの選択肢が他の選択肢よりも選ばれやすくなる。問題は解決可能か否かや解決済みか否かに関係なく、政府のアジェンダに載せられたり、アジェンダから降ろされたりする。同様に、人々が解決策を生み出すのは、人々が必ずしも特定の問題を見出したからではなく、その解決

策がたまたま彼らの価値観、信念、あるいは物質的なウェルビーイングに適合する問題に対応しているからである。政治の流れの変化は、国家が直面する問題が変化したか否かにかかわらず起こる。したがって、それぞれの流れは独自のルールに従い、他の流れとは概ね独立して流れているように思われる（Sager and Rielle 2013）。

　ムッチャローニ（Mucciaroni 1992, 2013）やロビンソンとエラー（Robinson and Eller 2010）をはじめとする批評家たちは、独立した流れを概念化することの適切性に異議を唱え、これに反対している。ムッチャローニは、3つの流れは相互依存的であり、より生産的な視点で捉えるべきで、1つの流れの変化が別の流れの変化を誘発したり、強化したりする場合もあると主張する。例えば、テロ攻撃のような焦点となる出来事は国民のムードにインパクトを及ぼすに違いなかろう。

　流れの独立性は概念上の道具である。これには、研究者が合理性を前提とするのではなく、それを発見できるようにするという利点がある。すべての解決策が明確に定義された問題に対応して策定されているわけではない。むしろ、時として、政策が根拠を追求したり、もしくは何の問題も解決しなかったりする場合もある（Stone 2011；Zahariadis 2003）。例えば、2003年のブッシュ政権によるイラク戦争への決断について考えてみよう。当初の根拠は、サダム・フセインが大量破壊兵器を保有していることによる明白かつ差し迫った危険への対処とされていた。しかし、その後の根拠付けでは、テロリストとのつながり、イラクの解放、民主化と国家建設が強調されていた。解決策はサダムを排除することに変わりはなかったが、解決策の問題はイカリの落ち着き先を求めて常に漂流していた。

　流れの独立性が存在しなければ、前述の議論を展開することは不可能である。重要なのは、いつ政策が根拠を追求するようになるのかを明らかにすることである。しかし私たちが、問題とその解決策の展開を区別しない限り、このような主張を論理的に行うことも、その理由を説明することもできない。また、仮定は現実の単純化である。もし政策アナリストが、人々は合理的である必要はなく、あたかも合理的で**あるかのように**行動すればよい、という仮定を容易に受け入れるのなら、アナリストは、3つの流れは独立的である必要はなく、すなわち、それらは独立的で**あるかのように**流れればよい、という仮定もまた、

進んで受け入れることができるのだ。

5.2　MSF は反証可能なほど十分明確なのか？

　クールマン（Kuhlmann 2016）らによって提唱された、MSF が反証可能なほど十分明確であるか否かという問いは、2 つの関連しあう批判に帰着する。批評家たちは、MSF の核となる概念には明確な定義がなく、反証可能な仮説を生み出すことができないと主張している（例：Sabatier 2007）。後者の批判についていえば、キングダンが彼のフレームワークの最初の定式化の中で仮説を導き出さなかったのは事実である。しかし、これは仮説の導出ができないことを意味するものではない。その後の研究において、その多くはどちらかというと事例に特化したものであったが、少なくとも何人かの研究者が仮説を提示している（例：Blankenau 2001；Boscarino 2009；Saurugger and Terpan 2016）。より最近になり、MSF のより一般的な仮説が明示されるようになったので、本章では、これらの仮説の幾つかを紹介する。私たちは、これらの仮説が将来の MSF 適用の指針となることに期待している。そのような適用がいかに見えるかをより具体的に把握できるようにするため、**図 1.2** は、フレームワーク全体の仮説の体系的な検証方法を図示している。

　このアプローチに対する比喩的な表現（Béland and Howlett 2016, 223）は、より複雑な問題を提起している。流れと窓、原初のスープと存続のための基準、国民のムード、焦点となる出来事などはすべて、測定するのがやや難しく、厳密な実証分析よりもむしろストーリーテリングへと導きがちである。そして、MSF 関連の研究のかなりの部分が実際にこの問題に悩まされてきたことは事実として認めざるを得ないものの（Jones et al. 2016 の概要を参照）、必ずしもそうとなるわけではない。むしろ、ゾーンホーファー、ヘルウェッグおよびザハリアディス（Zohlnhöfer, Herweg, and Zahariadis 2022）は、MSF の各要素を適切な精度をもっていかに操作化できるかを提示している。

5.3　政策起業家は政策策定者よりも合理的なのか？

　政策策定者と政策起業家に関する仮定は、容易には適合しないと主張する批評家もいる。政策策定者は不明確な選好を持っているとされており、これは、実際のところ、彼ら自らがどの政策を好んでいるのかをよく分かっていないこ

状況1から3が満たされる場合，アジェンダの変化（従属変数）はより起こりうる．		
状況1： すべての流れの中でカップリングの準備が整っている．	**状況2：** 問題もしくは政治の流れの中で政策の窓が開いている．	**状況3：** 政策起業家がアジェンダの変化を推進している．
問題の流れ 必要な観察事項： 1. 政策策定者の注目が，次の注目を集めるメカニズムのいずれか1つ以上の変化によって，引き寄せられること：指標，焦点となる出来事，フィードバック 2. 問題ブローカーが，その状況を問題として何とかフレーミングすること	**経路1：問題の窓** 必要な観察事項： 1. 以下の変化のうち少なくとも1つを観察すること： - 指標の変化 - 焦点となる出来事の発生 - 政策策定者からのフィードバックの収受 2. 状況が政策策定者の再選を危険に晒すこと	**必要な観察事項：** 1. 少なくとも1人の政策起業家を，その活動（時間，エネルギー，評判，または資金の投入）を通じて特定すること 2. 政策起業家のカップリング活動を特定すること - 問題の定義と認識の促進 - 政治的支持の追求 3. 政策起業家の特徴を特定すること - 粘り強さ - 政治的に良好なコネクション - 政策策定者へのアクセス頻度 - 交渉のスキル
政治の流れ 必要なステップ： 以下のアジェンダの変化に関する受容性をアセスメントすること： 1. 政府と議会：政治家のイデオロギー的立場と争点のフレーミングを分析すること 2. 利益集団：政策策定者が支持のバランスをいかに認識しているのかを特定すること （例：回顧録やインタビューを通じて） 3. 国民のムード：可能であれば，政策策定者の認識（例：回顧録），もしくはインタビュー，メディア分析もしくは世論調査からそれを推測すること 必要な観察事項： 政治起業家が提案を積極的に支持し，意思決定のプロセスでそのための多数派工作をする意欲があること	**経路2：政治の窓** 必要な観察事項： 以下の変化のうち少なくとも1つを観察すること： - 選挙の変化 - 国民のムードの変化	
政策の流れ 必要なステップ： 1. 政策コミュニティ（PC）を特定すること 2. PCのメンバーを特定すること 3. PCによって生み出された代替策を特定すること 4. 代替策の地ならしプロセスを分析すること 必要な観察事項： 少なくとも1つの代替策が存続のための基準を満たしていること （技術的な実現可能性，価値の受容性，許容可能なコスト，意思決定者の受容性，合法性（憲法またはEU法の遵守），経路の連続性）		

図1.2 フレームワーク全体の仮説の検証
出典：著者作成

とを意味している。一方、政策起業家は、自分たちが何を望んでいるのかを正確に知っていると想定されている。すなわち、自分のお気に入り提案を採択させることである。そのため、MSF では、政策選好を持っている人々もいれば、そうでない人々もいるように見えるかもしれない。これは確かに問題のある非整合性といえるだろう。

　しかし、この明らかな矛盾は解決することができる（Zohlnhöfer and Rüb 2016, 7）。政策起業家が普通の政策策定者よりも合理的に行動していると考えるべきではなく、既にキングダン（2011, 183）は「このような起業家を超人的に賢い人々だとは決めつけないように」と私たちに警告している。むしろ、一方で MSF は、政策策定者や政策起業家といった**すべての**アクターが大半の政策に関して不明確な選好を持っていることを前提としている。他方では、いかなる政策策定者も特定の提案のために政策起業家になることはできるという。ある政策策定者が特定の問題に熱中する具体的な理由は、個人的な理由、党のイデオロギー、政治的キャリアの向上などさまざまである。どのような理由であれ、誰が特定の政策プロジェクトの採択を推し進め、誰が別の政策プロジェクトではそうしないのかを説明する際に、大きな合理性が伴っているとは考えにくい。しかし、とりわけ重要なことは、政策起業家がお気に入りプロジェクトを（時には非合理的にでさえも）追求する一方で、並行して議論中のその他すべての争点領域に関してはまったく不明確な選好を持っている可能性が高いということである。

5.4　MSF に欠けている要素はあるのか？

　MSF に対するもう 1 つの重要な批判は、MSF には幾つかの要素が欠けているということである。特に関連性が高いと思われるのは、政治制度と経路依存性である（例：Mucciaroni 2013；Rüb 2014）。最近までそれはほとんど試みてこなかったが（参照：Béland 2005；Blankenau 2001；Koebele 2021；Ness and Mistretta 2009）、本章で示してきたように、MSF それ自体にはこれらの要素のフレームワークへの統合を排除するものは何もない。制度は、政策コミュニティの統合プロセスに影響を及ぼし、決定のカップリングの際に政治起業家が誰の合意を得なければならないかを規定する。同様に、経路依存性は、実行可能な政策代替策となる提案の可能性に影響を及ぼす存続のための基準の 1 つとして

理解することができる。別の方法として、シュポーア（Spohr 2016）が、MSF と歴史的制度主義を組み合わせる方法を提示している。加えて、ボルクバシとユルデゥルム（Bolukbasi and Yıldırım 2022）が、数多くの政治制度を取り上げ、それらが MSF の視点からアジェンダ設定にいかに影響を与えうるのかについて論じている。

MSF や他の多くの政策過程理論に欠けているもう 1 つの関連する要因はマスメディアである（Rüb 2014）。メディアが特定の争点をいかに報道し、どの争点を取り上げ、どの争点を軽視するかといったことは、政治アジェンダに重要なインパクトを及ぼす可能性が高い。確かにメディアの役割は、MSF の観点からまだ理論化されていないテーマといえる。しかし、それは理論的な省略ではなく、実証的適用の欠如として生じた結果である。

5.5　MSF が生み出した仮説は中・大規模 n 研究で検証できるのか？

方法論的多元主義は美徳であるかもしれないものの、中・大規模 n 分析は、事例研究にはない方法でレンズの説明力に重みを付け加える。この文脈で注目すべきなのは、MSF 研究の大半が事例研究であるのに対して（Jones et al. 2016；Rawat and Morris 2016）、中・大規模 n の適用による MSF 研究の数が一桁台前半にとどまっているということである（Engler and Herweg 2019）。事例研究と中・大規模 n を適用した研究との間にこのような格差が存在するにもかかわらず、より大きなサンプルサイズで MSF を検証的に分析することが有用だと考えられることについては、文献の中で広範な合意があるようだ（参照：Jones et al. 2016；Zohlnhöfer 2016）。このような検証的分析はいかして実施可能なのであろうか。

定量的な適用は通例ではなく例外であるため、私たちは定量的な適用特有の概念レベルでの検討課題を扱うことになる（参照：Engler and Herweg 2019）。より具体的には、メソッドの選択に焦点を当てる。現時点までに定量的および中・大規模 n の MSF への適用で用いられているメソッドは回帰分析（例えば DeLeo and Duarte 2021；Goyal 2021；Liu et al. 2011；Travis and Zahariadis 2002；Novotný, Satoh, and Nagel 2020 を参照）と質的比較分析（Qualitative Comparative Analysis：QCA）である（参照：Sager and Rielle 2013；Sager and Thomann 2017；Shephard et al. 2021）。フレームワークを正確にモデル化すると

いう観点から見ると、これらのメソッドはそれぞれ異なる利点と欠点を持っている。

　QCAと比較して、ロジスティック回帰分析とイベントヒストリー分析は、MSFの個々の要素に関する仮説を適切に表現している。このフレームワークの確率論的な論理を反映させ、例えば、MSFは「政策の窓がより開けば、アジェンダの変化の可能性はより高くなる」と仮説設定している。線形代数を基礎として、回帰分析では「政策の窓が開けば開くほど、アジェンダはより変化する」という検証が可能である。また、ロジスティック（またはイベントヒストリー）分析では「政策の窓が開けば開くほど、アジェンダが変化する可能性はより高くなり、その発生までの時間が短くなる」という検証が可能である。これに対してQCAは、ブール代数に基づき（したがって決定論的な論理に基づき）、「政策の窓が開けば、アジェンダが変化する」ということを検証する。さらに、ロジスティック回帰分析とイベントヒストリー分析は、時系列データとクロスセクション・データをプールすることで時間的な要素を考慮に入れることができる。特にイベントヒストリー分析では、各構成要素の持続時間効果（アジェンダの変化が起こるまでの時間）をモデル化することによって時間的な要素が重要な意味を持つというMSFのアイデアを適切に表現することができる。

　しかし、アジェンダの変化に対するフレームワークの5つの主要概念の複合的効果を回帰分析の枠組みにおいてアセスメントすることはほぼ不可能である。なぜなら、これによって研究者には、5重およびさまざまな4重、3重、2重の交互作用を含む31の独立変数からなるモデルの特定化を解釈する作業が残されるからである。解決策としてはMSFの部分的な検証が考えられよう。例えば、リウら（Liu et al. 2011）は、問題の流れの中で、窓の開放（気候変動に関する指標の変化や焦点となる出来事の発生、そしてフィードバックの出現によって示される）が、アメリカ議会におけるアジェンダの変化（気候変動に関する議会の公聴会によって測定される）と相関があるか否かを検証している。同様に、デレオとドゥアルテ（2021）は、問題指標の変化がアジェンダに影響を与えるのか否かを定量的に検証している。

　異なるMSF概念の相互作用がアジェンダの変化に及ぼす影響を検証することに関して、QCAは、どの要因（の組み合わせ）がアジェンダの変化に必要十分であるのかを検証できるため、望ましいメソッドである。よって、それぞれ

に異なる長所と短所があることを踏まえると、回帰分析と QCA は代替物としてではなく、補完物として扱われるべきであろう (Thiem, Baumgartner, and Bol 2016)。メソッドの選択に関係なく、MSF の適用においては、分析単位、従属変数と独立変数、そして想定される因果メカニズムは明示的に定義される必要がある。なぜなら、それらは分析される政策段階によって変化するからである。

6. 展　望

　MSF は最近、大きな盛り上がりをみせている。実証的適用の数は多く、増加しているだけでなく、理論的にフレームワークの精緻化を図る数多くの試みも行われている。それでもなお、さらなる研究は必要である。今後の MSF に関連する研究においては、特に注目すべき 3 点の課題がある。(1)理論をさらに精緻化すること、(2)より体系的な実証的適用をより多く行うこと、そして(3)グローバル政策に関する MSF に触発された研究をより多く進めること、である。

6.1　仮説の精緻化

　研究者たちは最近の理論的進歩を実証的に検証し始めてはいるが、この試みをアセスメントするのは時期尚早である。得られた知見にはさらなる詳細な説明が必要であろう。特に、フレームワークから導かれる仮説をより明確にする必要があろう。さらに、意思決定後の政策段階が MSF の観点からほとんど理論化されておらず、既存の文献は前進への明確な道筋を未だ示していない。したがって、MSF を完全な政策過程を説明できるフレームワークへと進化させるためには、この方向でのさらなる研究が有用であろう。さらに、独裁国家における政策策定に関する MSF の分析はまだ揺籃期にすぎず、さらなる詳細な説明が必要である。最後に、MSF 研究者はアジェンダもしくは政策変化の範囲について言及すべきである。なぜ、幾つかの変化は非常に広範囲に及ぶ一方で、他の変化は中程度にとどまるのだろうか。

6.2　より体系的な実証分析の実施

　ここでの分析とは、メソッドと文脈の両面から見たものである。最新の文献

レビュー（参照：Cairney and Jones 2016；Jones et al. 2016；Rawat and Morris 2016；Weible and Schlager 2016）では、実証的適用の圧倒的多数が事例研究であり、そのほとんどで相互参照されていないことが明確に示されている。したがって MSF 研究者は、より体系的にこのフレームワークを検証する方法を見つける必要がある。もちろん多くの問題はあるものの、研究者は、MSF の考え方から導かれる実証的含意の定量的検証を目指すべきである（参照：Engler and Herweg 2019）。より多くの仮説があれば、データの収集や発見がより容易になり、より広範囲な分析技術を用いてそれらを精査することが促進される。この点で、最近、MSF から導出される仮説が急増したことは非常に有益である。また、フォーセットら（Fawcett et al. 2019）が実施したように、定量的メソッドと定性的メソッドを組み合わせて、問題の認識と問題の窓を分析することも有望である。

ただし、体系的な検証は必ずしも定量的技法の適用に限定されるものではない。また、私たちは既存の数多くの事例研究を利用するための方法も見つけるべきであり、さらに重要なことは、知識の蓄積に適した事例研究を生み出すことである。したがって、一方では、既存の事例研究が蓄積した結果をより詳細にアセスメントする文献レビューが有用となろう。他方では、MSF に触発された事例研究が他の研究との比較が可能であることを保証するため、そのための必要十分な基準を開発すべきである（そのようなガイドラインについては Zohlnhöfer, Herweg, and Zahariadis 2022 を参照）。さらに、仮説は変化が起きた事例だけでなく、アジェンダや政策の安定性を特徴とする事例に関しても検証されるべきである（参照：Clark 2004）。

学術研究の文脈では、争点とガバナンス・レベルをより明確に区別することができる。MSF は、特定の文脈、例えば国家的な政策策定に対して適用可能であると理論付けられている。しかし、レベルには関係なく、ある種の争点に対して等しく適用することはできるのだろうか。もし MSF が、同じレベル（国家的な文脈）内にあるさまざまな争点をまたぐアジェンダ項目を説明できるのであれば、（国家、準国家的、国際的な）レベルをまたぐ同じ争点においても同じような容易さで説明できるのだろうか。確かに、選好、参加、テクノロジーに関する同じ基本前提は、国家、国際、準国家レベルをまたぐ幾つかの争点（例えば、構造改革）において適用可能である。ザハリアディス（Zahariadis 2016）は、

この興味深い可能性に言及し、異なるタイプの理論化を分類するためのマトリックスを構築している。今後の研究では、この課題を達成するために必要な論理と適応について、体系的に詳しく説明されるかもしれない。

6.3 グローバルな文脈における MSF の理論化と適用

国民国家を超えた政策策定は、流動的な状況（争点や制度の観点において）が存在するために、MSF の適用にとって特に適した分野である。国際機関が半自律的な官僚機構であるという前提を受け入れるならば（Barnett and Finnemore 2004）、MSF は、なぜ、また、いかにそうした意思決定を行うのかについて、興味深い説明を提供することができる。例えば、安全保障理事会のような国際機関におけるアジェンダ設定や意思決定は、（そのほとんどが）持ち回り参加のためだけでなく、問題の定義や焦点となる出来事に大きなばらつきがあるために極めて流動的となる。例えば、1980年代半ばのエチオピアのように、かつてそのような意向が存在しなかった場合であっても、焦点となる出来事としての飢饉は、グローバル・コミュニティを行動へと駆り立てることができる。MSF はまた、超国家的な行動主義を国内の敵対勢力に対する外部からの圧力とみなしている国際関係論者に対して豊かな理論的基礎を提供しうる（例：Keck and Sikkink 1998）。行動主義は、政治的な聴衆と問題や解決策とをカップリングさせようとする起業家的活動によって概念化される。超国家的な活動家たちは政策起業家として行動する。彼らは争点を再フレーム化し、連合を構築し、ロビー活動を行い、抗議し、国内の対立を国際紛争に結び付けるのである（Tarrow 2005）。彼らの戦略は、場の選択（訳注：目標達成のために最も見込みのある政策策定の場を探すこと）の明らかな意味合いを指摘するだけでなく、国家的な政策策定の便益と弊害を浮き彫りにすることによって、MSF をより豊かなものにできる。

7．結　論

MSF に関する学術的な論争は、現在、かつてないほど活発で刺激的なものとなっている。MSF の理論的発展のための提言も数多く発表されてきており、そのうちの多くは本章で紹介した内容である。しかしながら、フレームワークの

重要用語の操作的定義をさらに精緻化させること、これまで提言されてきたさまざまな理論的イノベーションを実証的に適用すること、そして権威主義体制や国際関係などのより広範な文脈に MSF を適応させることなど、今後数年間で取るべき次なる段階は残されている。ここ数年の研究文献の著しい増加は、MSF の適応・適用を通じて、さまざまな文脈におけるアジェンダ設定や政策策定について多くの知見が得られることを示している。

参考文献

Ackrill, Robert, and Adrian Kay. 2011. "Multiple Streams in EU Policymaking : The Case of the 2005 Sugar Reform." *Journal of European Public Policy* 18 (1) : 72-89.
Ackrill, Robert, Adrian Kay, and Nikolaos Zahariadis. 2013. "Ambiguity, Multiple Streams, and EU Policy." *Journal of European Public Policy* 20 (6) : 871-887.
Babayan, Ararat, Caroline Schlaufer, and Artem Uldanov. 2021. "A Policy Window and a Network of Global and Local Policy Entrepreneurs : The Introduction of Opioid Substitution Therapy in Belarus." *Central European Journal of Public Policy* 15 (2) : 1-13
Bache, Ian. 2013. "Measuring Quality of Life for Public Policy : An Idea Whose Time Has Come? Agenda-Setting Dynamics in the European Union." *Journal of European Public Policy* 20 (1) : 21-38.
Barnett, Michael, and Martha Finnemore. 2004. *Rules for the World : International Organizations in Global Politics*. Ithaca, NY : Cornell University Press.
Baumgartner, Frank R., Christian Breunig, Christoffer Green-Pedersen, Bryan D. Jones, Peter B. Mortensen, Michiel Nuytemans, and Stefaan Walgrave. 2009. "Punctuated Equilibrium in Comparative Perspective." *American Journal of Political Science* 53 (3) : 603-6
Beeson, Mark, and Diane Stone. 2013. "The Changing Fortunes of a Policy Entrepreneur : The Case of Ross Garnaut." *Australian Journal of Political Science* 48 (1) : 1-14.
Béland, Daniel. 2005. "Ideas and Social Policy : An Institutionalist Perspective." *Social Policy & Administration* 39 (1) : 1-18.
_____. 2009. "Gender, Ideational Analysis, and Social Policy." *Social Politics* 16 (4) : 558-581.
_____. 2016. "Kingdon Reconsidered : Ideas, Interests and Institutions in Comparative Policy Analysis." *Journal of Comparative Policy Analysis* 18 (3) : 228-242.
Béland, Daniel, and Michael Howlett. 2016. "The Role and Impact of the Multiple Streams Approach in Comparative Policy Analysis." *Journal of Comparative Policy Analysis* 18 (3) : 221-227.
Birkland, Thomas A. 1997. *After Disaster : Agenda-Setting, Public Policy and Focusing Events*. Washington, DC : Georgetown University Press.
Blankenau, Joe. 2001. "The Fate of National Health Insurance in Canada and the United States : A Multiple Streams Explanation." *Policy Studies Journal* 29 (1) : 38-55.
Blavoukos, Spyros, and Dimitris Bourantonis. 2012. "Policy Entrepreneurs and Foreign Policy Change : The Greek-Turkish Rapprochement in the 1990s." *Government and Opposition* 47 (4) : 597-617.
Bolukbasi, H. Tolga, and Deniz Yıldırım. 2022. "Institutions in the Politics of Policy Change : Who

Can Play, How They Play in Multiple Streams." *Journal of Public Policy* 42 (3) : 509-528 online first (https://doi.org/10.1017/S0143814X2100026X).
Boscarino, Jessica E. 2009. "Surfing for Problems : Advocacy Group Strategy in US Forestry Policy." *Policy Studies Journal* 37 (3) : 415-434.
Bossong, Raphael. 2013. *The Evolution EU Counter-Terrorism : European Security Policy after 9/11*. London : Routledge.
Boswell, Christina, and Eugénia Rodrigues. 2016. "Policies, Politics and Organizational Problems : Multiple Streams and the Implementation of Targets in UK Government." *Policy & Politics* 44 (4) : 507-524.
Bothner, Fabio. 2021. "Personal Carbon Trading-Lost in the Policy Primeval Soup?" *Sustainability* 13 (8) : 4592 (https://doi.org/10.3390/su13084592).
Bürgin, Alexander. 2013. "Salience, Path Dependency and the Coalition between the European Commission and the Danish Council Presidency : Why the EU Opened a Visa Liberalization Process with Turkey." *European Integration Online Papers* 17 : 1-19.
Cairney, Paul. 2009. "The Role of Ideas in Policy Transfer : The Case of UK Smoking Bans Since Devolution." *Journal of European Public Policy* 16 (3) : 471-488.
Cairney, Paul, and Michael D. Jones. 2016. "Kingdon's Multiple Streams Approach : What Is the Empirical Impact of This Universal Theory?" *Policy Studies Journal* 44 (1) : 37-58
Clark, Brad T. 2004. "Agenda-Setting and Issue Dynamics : Dam Breaching on the Lower Snake River." *Society & Natural Resources* 17 (7) : 599-609.
Cohen, Michael D., James G. March, and Johan P. Olsen. 1972. "A Garbage Can Model of Organizational Choice." *Administrative Science Quarterly* 17 (1) : 1-25.
Copeland, Paul, and Scott James. 2014. "Policy Windows, Ambiguity and Commission Entrepreneurship : Explaining the Relaunch of the European Union's Economic Agenda." *Journal of European Public Policy* 21 (1) : 1-19.
Corbett, Anne. 2005. *Universities and the Europe of Knowledge*. New York : Palgrave.
DeLeo, Rob A. 2018. "Indicators, Agendas, and Streams : Analyzing the Politics of Preparedness." *Policy & Politics* 46 (1) : 27-45.
DeLeo, Rob A. and Alex Duarte. 2021. "Does Data Drive Policymaking? A Multiple Streams Perspective on the Relationship between Indicators and Agenda-Setting." *Policy Studies Journal* 50 (3) : 701-724 early view : https//doi.org/10.1111/psj.12419
Dolan, Dana A. 2021. "Multiple Partial Couplings in the Multiple Streams Framework : The Case of Extreme Weather and Climate Change Adaptation." *Policy Studies Journal* 49 (1) : 164-189.
Dudley, Geoff. 2013. "Why Do Ideas Succeed and Fail over Time? The Role of Narratives in Policy Windows and the Case of the London Congestion Charge." *Journal of European Public Policy* 20 (8) : 1139-1156.
Durant, Robert F., and Paul F. Diehl. 1989. "Agendas, Alternatives, and Public Policy : Lessons from the US Foreign Policy Arena." *Journal of Public Policy* 9 (2) : 179-205.
Engler, Fabian, and Nicole Herweg. 2019. "Of Barriers to Entry for Quantitative Multiple Streams Applications : Methodologic and Conceptual Considerations." *Policy Studies Journal* 47 (4) : 905-926.
Exworthy, Mark, and Martin Powell. 2004. "Big Windows and Little Windows : Implementation in the 'Congested State." *Public Administration* 84 (2) : 263-281.
Fawcett, Paul, Michael J. Jensen, Hedda Ransan-Cooper, and Sonya Duus. 2019. "Explaining the 'Ebb and Flow' of the Problem Stream : Frame Conflicts over the Future of Coal Seam Gas

第1章 複数の流れフレームワーク 75

('fracking') in Australia." *Journal of Public Policy* 39 (3): 521-541.
Feldman, Martha S. 1989. *Order without Design: Information Production and Policymaking*. Stanford, CA: Stanford University Press.
Fowler, Luke. 2019. "Problems, Politics, and Policy Streams in Policy Implementation." *Governance* 32 (3): 403-420.
Frisch Aviram, Neomi, Nissim Cohen, and Itai Beeri. 2020. "Wind (ow) of Change: A Systematic Review of Policy Entrepreneurship Characteristics and Strategies." *Policy Studies Journal* 48 (3): 612-644.
Geva-May, Iris. 2004. "Riding the Wave of Opportunity: Termination in Public Policy." *Journal of Public Administration Research and Theory* 14 (3): 309-333.
Goyal, Nihit. 2021. Policy Diffusion Through Multiple Streams: The (Non-) Adoption of Energy Conservation Building Code in India. *Policy Studies Journal* 50(3): 641-669 online first (https://doi.org/10.1111/psj.12415)
Goyal, Nihit, Michael Howlett, and Namrata Chindarkar. 2020. "Who Coupled which Stream (s)? Policy Entrepreneurship and Innovation in the Energy Water Nexus in Gujarat, India." *Public Administration and Development* 40 (1): 49-64
Hamson, Fen Osler. 2014. "The Importance of Coupling: The Limited Test Ban Negotiations." In *Banning the Bang or the Bomb? Negotiating the Nuclear Test Ban Regime*, edited by I. William Zartman, Paul Meertz, and Mordechai Melamud, 75-95. Cambridge: Cambridge University Press.
Heaphy, Janina. 2022. "British Counterterrorism, the International Prohibition of Torture, and the Multiple Streams Framework." *Policy & Politics* 50 (2): 225-241 early view: https://doi.org/l0.1332/030557321X16375950978608.
Herweg, Nicole. 2016a. "Clarifying the Concept of Policy-Communities in the Multiple-Streams Framework." In *Decision-Making under Ambiguity and Time Constraints: Assessing the Multiple-Streams Framework*, edited by Reimut Zohlnhöfer and Friedbert W. Rüb, 125-145. Colchester: ECPR Press.
―――. 2016b. "Explaining European Agenda-Setting Using the Multiple Streams Framework: The Case of European Natural Gas Regulation." *Policy Sciences* 49: 13-33.
―――. 2017. *European Union Policy-Making: The Regulatory Shift in Natural Gas Market Policy*. Bastingstoke: Palgrave Macmillan.
Herweg, Nicole, Christian Huß, and Reimut Zohlnhöfer. 2015. "Straightening the Three Streams: Theorizing Extensions of the Multiple Streams Framework." *European Journal of Political Research* 54 (3): 435-449.
Herweg, Nicole, and Nikolaos Zahariadis. 2018. "Multiple Streams." In *The Routledge Handbook of European Public Policy*, edited by Nikolaos Zahariadis and Laurie A. Buonanno, 32-41. New York: Routledge.
Herweg, Nicole, Nikolaos Zahariadis, and Reimut Zohlnhöfer. 2022. "Travelling Far and Wide? Applying the Multiple Streams Framework to Policy-Making in Autocracies." *German Political Science Quarterly* 63 (2): 203-223 (https://doi.org/10.1007/s11615-022-00393-8)
Herweg, Nicole, and Reimut Zohlnhöfer. 2022. "Analyzing EU Policy Processes Applying the Multiple Streams Framework." In *Elgar Encyclopedia of European Union Public Policy*, edited by Paolo Graziano and Jale Tosun, 485-494. Cheltenham/Northampton, MA: Edward Elgar Publishing.
―――. 2024. "Multiple Streams in Policy Implementation." In *Handbook of Public Policy Implemen-*

tation, edited by Fritz Sager, Celine Mavrot and Lael R. Keiser. Cheltenham : Edward Elgar.
Howlett, Michael, Allan McConnell, and Anthony Perl. 2015."Streams and Stages : Reconciling Kingdon and Policy Process Theory." *European Journal of Political Research* 54 (3) : 419-434
Huisman, Jeroen, and Dorrit de Jong. 2014."The Construction of the European Institute of Innovation and Technology : The Realization of an Ambiguous Policy Idea." *Journal of European Integration* 36 (4) : 357-374.
Jafari, Hasan, Abolghasem Pourreza, AbouAli Vedadhir, and Ebrahim Jaafaripooyan. 2016."Application of the Multiple Streams Model in Analysing the New Population Policies Agenda-Setting in Iran." *Quality and Quantity* 51 : 399-412. https://doi.org/10.1007/s11135-016-0311-8.
Jegen, Maya, and Frédéric Mérand. 2013."Constructive Ambiguity : Comparing the EU's Energy and Defense Policies." *West European Politics* 37 (1) : 182-203.
Jones, Bryan D. 2001. *Politics and the Architecture of Choice : Bounded Rationality and Governance*. Chicago, IL : University of Chicago Press.
Jones, Michael D., Holly L. Peterson, Jonathan J. Pierce, Nicole Herweg, Amiel Bernal, Holly Lamberta, and Nikolaos Zahariadis. 2016."A River Runs through It : A Multiple Streams Meta Review." *Policy Studies Journal* 44 (1) : 13-36.
Kaunert, Christian, and Marina Della Giovanna. 2010."Post-9/11 EU Counter Terrorist Financing Cooperation : Differentiating Supranational Policy Entrepreneurship by the Commission and the Council Secretariat." *European Security* 19 (2) : 275-295.
Keck, Margaret, and Kathryn Sikkink. 1998. *Activists Beyond Borders : Advocacy Networks in International Politics*. Ithaca, NY : Cornell University Press.
Keeler, John T. S. 1993."Opening the Window for Reform. Mandates, Crises, and Extraordinary Policymaking." *Comparative Political Studies* 25 (4) : 433-486.
Kingdon, John W. 2011. *Agendas, Alternatives, and Public Policy*. New York : Longman.(笠京子訳『アジェンダ・選択肢・公共政策：政策はどのように決まるのか』（勁草書房、2017年））
Knaggård, Asa. 2015."The Multiple Streams Framework and the Problem Broker." *European Journal of Political Research* 54 (3) : 450-465.
Knill, Christoph, and Jale Tosun. 2020. *Public Policy : A New Introduction*, 2nd edition. London : Red Globe Press.
Koebele, Elizabeth A. 2021."When Multiple Streams Make a River : Analyzing Collaborative Policymaking Institutions Using the Multiple Streams Framework." *Policy Sciences* 54 : 609-628.
Kuhlmann, Johanna. 2016."Clear Enough to Be Proven Wrong? Assessing the Influence of the Concept of Bounded Rationality within the Multiple Streams Framework." In *Decision-Making under Ambiguity and Time Constraints : Assessing the Multiple Streams Framework*, edited by Reimut Zohlnhöfer and Friedbert W. Rüb, 35-50. Colchester : ECPR Press.
Lieberman, Joyce M. 2002."Three Streams and Four Policy Entrepreneurs Converge : A Policy Window Opens." *Education and Urban Society* 34 (4) : 438-450.
Lipson, Michael. 2007."A 'Garbage Can Model' of UN Peacekeeping." *Global Governance* 13 (1) : 79-97.
＿＿＿. 2012."Peacekeeping Reform : Managing Change in an Organized Anarchy."*Journal of Intervention and Statebuilding* 6 (3) : 279-298.
Liu, Chun, and Krishna Jayakar. 2012."The Evolution of Telecommunications Policy-Making : Comparative Analysis of China and India." *Telecommunications Policy* 36 (1) : 13-28.
Liu, Xinsheng, Eric Lindquist, Arnold Vedelitz, and Kenneth Vincent. 2010."Understanding Local Policymaking : Policy Elites' Perceptions of Local Agenda Setting and Alternative Policy Selec-

tion." *Policy Studies Journal* 38 (1): 69-91.
―――. 2011. "Explaining Media and Congressional Attention to Global Climate Change, 1969-2005: An Empirical Test of Agenda-Setting Theory." *Political Research Quarterly* 64(2): 405-419.
Lovell, Heather. 2016. "The Role of International Policy Transfer within the Multiple Streams Approach: The Case of Smart Electricity Metering in Australia." *Public Administration* 94 (3): 754-768.
Maltby, Tomas. 2013. "European Union Energy Policy Integration: A Case of European Commission Policy Entrepreneurship and Increasing Supranationalism." *Energy Policy* 55: 435-444.
March, James G., and Herbert A. Simon. 1958. *Organizations*. New York: Wiley.(高橋伸夫訳『オーガニゼーションズ――現代組織論の原典(第2版)』(ダイヤモンド社、2014年))
Mazzar, Michael J. 2007. "The Iraq War and Agenda-Setting." *Foreign Policy Analysis* 3 (1): 1-23.
Mintrom, Michael, and Philippa Norman. 2009. "Policy Entrepreneurship and Policy change." *Policy Studies Journal* 37 (4): 649-667.
Mucciaroni, Gary. 1992. "The Garbage Can Model and the Study of Policymaking: A Critique." *Polity* 24 (3): 459-482.
―――. 2013. "The Garbage Can Model and the Study of the Policymaking Process." In *The Routledge Handbook of Public Policy*, edited by Eduardo Araral, Scott Fritzen, and Michael Howlett, 320-327. London: Routledge.
Natali, David. 2004. "Europeanization, Policy Areas, and Creative Opportunism: The Politics of Welfare State Reforms in Italy." *Journal of European Public Policy* 11 (6): 1077-1095.
Ness, Eric C., and Molly A. Mistretta. 2009. "Policy Adoption in North Carolina and Tennessee: A Comparative Case Study of Lottery Beneficiaries." *The Review of Higher Education* 32 (4): 489-514.
Novotny, Vilém, Keiichi Satoh, and Melanie Nagel. 2020. "Refining the Multiple Streams Framework's Integration Concept: Renewable Energy Policy and Ecological Modernization in Germany and Japan in Comparative Perspective." *Journal of Comparative Policy Analysis* 23 (3): 291-309.
Oborn, Eivor, Michael Barrett, and Mark Exworthy. 2011. "Policy Entrepreneurship in the Development of Public Sector Strategy: The Case of London Health Reform." *Public Administration* 89 (2): 325-344.
Peters, B. Guy. 1994. "Agenda-Setting in the European Community." *Journal of European Public Policy* 1 (1): 9-26.
Rawat, Pragati, and John Charles Morris. 2016. "Kingdon's 'Streams' Model at Thirty: Still Relevant in the 21 st Century?" *Politics & Policy* 44 (4): 608-638.
Richardson, Jeremy. 2006. "Policymaking in the EU: Interests, Ideas and Garbage Cans of Primeval Soup." In *European Union: Power and Policymaking*, edited by Jeremy Richardson, 3-30. London: Routledge.
Ridde, Valéry. 2009. "Policy Implementation in an African State: An Extension of Kingdon's Multiple Streams Approach." *Public Administration* 87 (4): 938-954.
Rietig, Katharina. 2021. "Multilevel Reinforcing Dynamics: Global Climate Governance and European Renewable Energy Policy." *Public Administration* 99 (1): 55-71.
Roberts, Nancy C., and Paula J. King. 1991. "Policy Entrepreneurs: Their Activity Structure and Function in the Policy Process." *Journal of Public Administration Research and Theory* 1: 147-175.

Robinson, Scott E., and Warren S. Eller. 2010."Testing the Separation of Problems and Solutions in Subnational Policy Systems." *Policy Studies Journal* 38：199-216.

Rüb, Friedbert W. 2014."Multiple-Streams-Ansatz：Grundlagen, Probleme und Kritik." In *Lehrbuch der Politikfeldanalyse*, edited by Klaus Schubert and Nils C. Bandelow, 373-406. München：Oldenbourg.

Sabatier, Paul A. 2007."Fostering the Development of Policy Theory." In *Theories of the Policy Process*, edited by Paul A. Sabatier, 321-336. Boulder：Westview Press.

Sager, Fritz, and Yvan Rielle. 2013."Sorting through the Garbage Can：Under What Conditions Do Governments Adopt Policy Programs?" *Policy Sciences* 46：1-21.

Sager, Fritz, and Eva Thomann. 2017."Multiple Streams in Member State Implementation：Politics, Problem Construction and Policy Paths in Swiss Asylum Policy." *Journal of Public Policy* 37 (3)：287-314.

Sanjurjo, Diego, 2020. *Gun Control Policies in Latin America*. Cham：Palgrave.

Sarmiento-Mirwaldt, Katja. 2015."Can Multiple Streams Predict the Territorial Cohesion Debate in the EU?" *European Urban and Regional Studies* 22：431-445.

Saurugger, Sabine, and Fabien Terpan. 2016."Do Crises Lead to Policy Change? The Multiple Streams Framework and the European Union's Economic Governance Instruments." *Policy Sciences* 49：33-53.

Sharma, Alankaar. 2008."Decriminalising Queer Sexualities in India：A Multiple Stream Analysis." *Social Policy and Society* 7：419-431.

Shephard, Daniel D., Anne Ellersiek, Johannes Meuer, Christian Rupietta, Ruth Mayne, and Paul Cairney. 2021."Kingdon's Multiple Streams Approach in New Political Contexts：Consolidation, Configuration, and New Findings." *Governance* 34 (2)：523-543.

Spohr, Florian. 2016."Explaining Path Dependency and Deviation by Combining Multiple Streams Framework and Historical Institutionalism：A Comparative Analysis of German and Swedish Labor Market Policies." *Journal of Comparative Policy Analysis* 18：257-272.

Staff, Helge, 2020. *The Political Economy of Private Security. How European States Privatize, Regulate and Produce Domestic Security*. Wien/Zürich：Lit.

Stone, Deborah. 2011. *Policy Paradox：The Art of Political Decision-Making*. New York：W. W. Norton.

Storch, Sabine, and Georg Winkel. 2013."Coupling Climate Change and Forest Policy. A Multiple Streams Analysis of Two German Case Studies." *Forest Policy and Economics* 36：14-26.

Strøm, Kaare. 1990."A Behavioral Theory of Competitive Political Parties." *American Journal of Political Science* 34：565-598.

Tarrow, Sydney. 2005. *The New Transnational Activism*. Cambridge：Cambridge University Press.

Thiem, Alrik, Michael Baumgartner, and Damien Bol. 2016."Still Lost in Translations! A Correction of Three Misunderstandings between Configurational Comparativists and Regressional Analysts." *Comparative Political Studies* 49：742-774.

Tiernan, Anne, and Terry Burke. 2002."A Load of Old Garbage：Applying Garbage-Can Theory to Contemporary Housing Policy." *Australian Journal of Public Administration* 61：86-97.

Travis, Rick, and Nikolaos Zahariadis. 2002."A Multiple Streams Model of US Foreign Aid Policy." *Policy Studies Journal* 30：495-514.

Van den Dool, Annemieke. 2022."The Multiple Streams Framework in a Nondemocracy：The Infeasibility of a National Bank on Live Poultry Sales in China." *Policy Studies Journal* early view：https://doi.orgl10.1111/psj.12456.

Vanhercke, Bart. 2009. The Open Method of Coordination as a Selective Amplifier for Reforming Belgian Pension Policies. *European Integration Online Papers* 13：Art. 16. Published electronically：http://eiop/texte/2009-016.a.htm.
Weible, Christopher M., and Edella Schlager. 2016."The Multiple Streams Approach at the Theoretical and Empirical Crossroads：An Introduction to a Special Issue." *Policy Studies Journal* 44：5-12.
Wenzelburger, Georg, and Kathrin Hartmann. 2021."Policy Formation, Termination and the Multiple Streams Framework：the Case of Introducing and Abolishing Automated University Admission in France." *Policy Studies* online first (https://doi.org.z10.1080/Ol442872.2021.1922667).
Wilson, James Q. 1989. *Bureaucracy*. New York：Basic Books.
Zahariadis, Nikolaos. 1992."To Sell or Not to Sell? Telecommunications Policy in Britain and France." *Journal of Public Policy* 12：355-376.
_____. 1995. *Markets, States, and Public Policies：Privatization in Britain and France*. Ann Arbor：University of Michigan Press.
_____. 2003. *Ambiguity and Choice in Public Policy：Political Manipulation in Democratic Societies*. Washington, DC：Georgetown University Press.
_____. 2005. *Essence of Political Manipulation：Emotion, Institutions, and Greek Foreign Policy*. New York：Peter Lang.
_____. 2008."Ambiguity and Choice in European Public Policy." *Journal of European Public Policy* 15 (4)：514-530.
_____. 2015."The Shield of Heracles：Multiple Streams and the Emotional Endowment Effect." *European Journal of Political Research* 54：466-481.
_____. 2016."Bounded Rationality and Garbage Can Models of the Policy Process." In *Contemporary Policy Approaches：Theories, Controversies and Perspectives*, edited by Philippe Zittoun and B. Guy Peters, 155-174. New York：Palgrave Macmillan.
Zahariadis, Nikolaos, and Theofanis Exadaktylos. 2016."Policies that Succeed and Programs That Fail? Ambiguity, Conflict, and Crisis in Greek Higher Education." *Policy Studies Journal* 44：59-82.
Zhou, Nan, and Feng Feng. 2014."Applying Multiple Streams Theoretical Framework to College Matriculation Policy Reform for Children of Migrant Workers in China." *Public Policy and Administration Research* 4 (10)：1-11.
Zohlnhöfer, Reimut. 2009."How Politics Matter When Policies Change：Understanding Policy Change as a Political Problem." *Journal of Comparative Policy Analysis* 11：97-115.
_____. 2016."Putting Together the Pieces of the Puzzle：Explaining German Labor Market Reforms with a Modified Multiple-Streams Approach." *Policy Studies Journal* 44：83-107.
Zohlnhöfer, Reimut, Nicole Herweg, and Christian Huß. 2016."Bringing Formal Political Institutions into the Multiple Streams Framework：An Analytical Proposal for Comparative Policy Analysis." Journal of *Comparative Policy Analysis* 18：243-256.
Zohlnhöfer, Reimut, and Christian Huß. 2016."How Well Does the Multiple Streams Framework Travel? Evidence from German Case Studies." In *Decision Making under Ambiguity and Time Constraints：Assessing the Multiple-Streams Framework*, edited by Reimut Zohlnhöfer and Friedbert W. Rüb, 169-188. Colchester：ECPR Press.
Zohlnhöfer, Reimut, and Friedbert W. Rüb. 2016."Introduction：Policymaking under Ambiguity and Time Constraints." In *Decision-Making under Ambiguity and Time Constraints：Assessing the*

Multiple-Streams Framework, edited by Reimut Zohlnhöfer and Friedbert W. Rüb, 1-17. Colchester : ECPR Press.

Zohlnhöfer, Reimut, Nicole Herweg, and Nikolaos Zahariadis. 2022. "How to Conduct a Multiple Streams Study." In *Methods of the Policy Processes*, edited by Christopher M. Weible, and Samuel Workman, 23-50. Boulder, CO : Westview Press.

第2章　断続平衡理論
公共政策策定における安定と変化の説明

フランク・R・バウムガルトナー、ブライアン・D・ジョーンズ、
ピーター・B・モーテンセン
(Frank R. Baumgartner, Bryan D. Jones, and Peter B. Mortensen)

　断続平衡理論（Punctuated Equilibrium Theory：PET）とは、一般的に政治過程は安定性と漸増主義によって特徴付けられるが、時には、過去からの大きな脱却を生み出すことがある、という単純な観察を説明しようというものである。ほとんどの政策分野において、典型的な特徴は危機よりもむしろ停滞である。それでも危機は確かに発生する。既存の問題に対する国民の理解が深まるにつれ、公共政策の大規模な変化はアメリカ政治のどこかの分野で絶えず生じている。政府の重要プログラムは、大抵の場合従来のとおりであっても、時折、劇的に変容する。その安定と変化はいずれも政策過程の重要な要素である。しかし、ほとんどの政策モデルは、その安定もしくは変化のどちらかを説明するために設計され、どちらかの説明に最も成功を収めてきた。断続平衡理論はその両方を包摂している。

　アメリカの政策策定を説明するため、1990年代初頭に開発されたこの一般的アプローチは、この理論が構築されたアメリカ特有のシステムだけでなく、より広範な範囲の政府においても適用可能であることが近年明らかになってきている。世界中の学者は、多くの先進民主主義国家でこの理論のさまざまな側面を確認し続けている。本章では、断続平衡理論を検討し、次にアメリカや他国での新たな実証研究について論じ、さらに新たな理論的展開を解釈する。これらの展開によって、PETは、政策過程における偏りのある情報処理の一般理論を組み込むにまでに至っている。徐々にPETは、その予測という本質においてではなく、実証的裏付けの充実、特にその国際間比較における充実、そして認知的・制度的な推進要因原動力のより強固な基盤の進展という点において、変化を遂げてきている。

本章では、断続平衡理論と政治制度の縦断研究および政治的意思決定における同理論の基礎について検討する（他のレビューについては John 2006b；Robinson 2006；Jones and Baumgartner 2012を参照）[1]。政府の文脈における進化生物学の適用は、生物学でのその活用と重要な点で異なるが、この理論はこの進化生物学と関連している（Eldridge and Gould 1972）。実際、断続平衡理論の知的ルーツは複雑系システムの研究（Érdi 2008）にかなり近く、この研究は、政治システムを含め、システムにおける予測不可能性を生み出すであろう構成要素間の複雑な相互作用を検討するものである。政治システムにおける複雑性は、次のような状況が起こりうることを意味している。すなわち、不安定化する出来事、解決されない不満の蓄積、あるいはその他の政治的なプロセスが、（行動を徐々に抑制する）負のフィードバックに基づいた現状維持や平衡という「通常」のプロセスを、（行動を強化する）正のフィードバックが短期間での爆発的な変化と新たな政策平衡の確立をもたらすこれら稀な期間へと、変化させうるということである。

私たちはまず、アジェンダ設定に関する文献から断続平衡について議論する。そして、この理論を国家支出へと拡げ、第二次世界大戦以降のアメリカ連邦政府の支出における断続と平衡について、近年の幾つかの証拠を提示する。そのうえで、アメリカの州政府や地方政府、ヨーロッパの国々の政府、そして世界中のその他の政府機関の下での政策策定へと話を拡げ、この理論がいかに一般化されてきたのかを検討する。これらの一般化は、地理的なもの（新たな政治システムにおけるアイデアの検証）、方法論的なもの（アイデアを検証するための新たな統計的・定性的手段の開発）、実質的なもの（アジェンダ設定と予算編成にとどまらず制度変化の理論への拡張）にまで及んでいる。次に私たちは、本書の初版以来、PET研究がいかに発展してきたかについて、より詳細に論じる。本章の最後では、公共政策策定を理解するためのPETアプローチの長所・短所をアセスメントし、データ基盤の構築と政策力学を分析する理論的アプローチとの密接な関連性について言及する。

1．公共政策策定における断続平衡

E.E.シャットシュナイダー（Schattschneider 1960）の画期的な研究以来、紛

争拡大とアジェンダ設定に関する理論は、不利な立場にある集団や新しいアイデアが既成の政策策定システムを突破する際に直面する困難性を強調してきた（Cobb and Elder 1983；Cobb and Ross 1997）。国家政治システムの保守的性質は現状維持を好み、複数の拒否権ポイント、権力分立、そしてその他の平衡維持要因は長く認識されてきたのである。PETによる重要な洞察は、現状維持バイアスを持つあらゆるシステムの帰結として、政策変化が穏健なものとなることは稀だという点にあろう。変化への慣性的な力（訳注：現状を維持する力）が圧倒されない限り、当該変化は排除されるか最小限に抑え込まれるのだ。このシステムでは、慣性的な力が克服されたときに劇的な転換が生じるとき以外、大半の期間において安定性によって特徴付けられる変化のパターンが生み出される。

　バウムガルトナーとジョーンズ（Baumgartner and Jones 1993）は、アメリカの政策策定の数々の事例を時系列的に、そしてさまざまな争点領域にわたって分析した。その結果、(1)政策策定は、争点が公共アジェンダに浮上したり消えたりする中で、飛躍的な変化とほぼ停滞の期間との両方を経験すること(2)アメリカの政治制度はこの断続平衡の傾向を強めていること、(3)政策イメージは、彼らがいう「政策独占」を支配する専門家や特別な利益団体の統制を超えて、争点の拡大に重要な役割を果たすこと、を明らかにした。

　バウムガルトナーとジョーンズ（Baumgartner and Jones 1991, 1993）によれば、アメリカにおける分割された制度、重複する管轄権、そして比較的に開かれた動員へのアクセスが結びついて、サブシステム政治と大統領府や議会といったマクロ政治との間に力学を生み出している。この力学は通常、変化への推進力を弱体化させるが、時にはそれを強化する。例えば、凝り固まった利益関係を克服するためにはしばしば動員を必要とするが、いったん動員が始まれば、時として政策に大規模な変化が生じることもある。なぜなら、動員が始まると、重複するさまざまな政府機関の間にある曖昧な管轄権の境界により、多くの政府アクターが新たな政策領域に関与できるようになるからである。通常、新規参入者は現状を変化させる推進者であり、それまで支配的だった権力を圧倒することが多い。制度の分割は、しばしば保守性を強化する働きをするが、時として既存の政策サブシステムを一掃する働きをすることもある。

　要するに、アメリカの政治制度は変化を求める多くの努力に抵抗するために保守的に設計されており、よって既得権益の克服には動員が必要とされてき

た。その結果、制度的に強化された安定が変化の爆発で途切れるようになったのである。こうした変化の爆発のおかげで、第二次世界大戦以降、アメリカ政府は規模と複雑さを増大させたにもかかわらず、行き詰まったリヴァイアサンになることを回避できたのである。

しかし、党派や感情(もしくは情緒)の二極化が進むことでシステム内の軋轢はより大きくなり、よって行き詰まりの長期化を打開することがより困難になってきた(Theriault 2008 ; Thurber and Yoshinaka 2015 ; Hetherington and Weiler 2018)。このことによって、アメリカのシステムが直面する問題の性質の変化と、その問題への対処に可能な潜在的解決策との間に存在する不均衡の期間とがより長くなってきている。制度メカニズムの軋轢や政治における党派の二極化のせいで、問題の悪化が許される停滞期が長ければ長いほど、問題と解決策のつながりを再調整するための政策断続はより大きくならざるを得ない。適応的な問題解決よりも不作為が支配するこのより長い停滞期間が、現代政治システムの大きな特徴となっている。このことがより大きな断続と政策の変化が問題に対して過剰反応する可能性をもたらし、私たちが政策バブルと呼ぶ状況が生まれることになる。この軋轢の高まりについては、本章の中で後述する。

アメリカの政治システムは、官僚的にルールを制定することでこのジレンマを部分的ながらも克服し、発展を遂げてきた。ほかの政治システムも同様のストレスを経験し、同様の方法で対応してきた。各専門知識を持つ議会委員会が監督するルール制定システムは、政策領域間に重複があるため、複雑で相互作用的なシステムとなっている。これにより、主要な政策策定部門の行き詰まりを回避する、水面下での適応的な問題解決が可能となった。

レッドフォード(Redford 1969)は、サブシステム政治とマクロ政治とを区別した。バウムガルトナーとジョーンズは、レッドフォードの洞察を拡張し、それをシャットシュナイダー(1960)とダウンズ(Downs 1972)による争点の拡大・縮小の洞察と組み合わせ、長期的なアジェンダの変化と政策策定の理論を形成した。したがって、本質的には、アジェンダ設定に関する文献は、専門家コミュニティが持つ特別な力と、彼らがより大きな政治システムから相対的に独立して活動する度合い、もしくはより厳しい監視を受ける度合いに常に関心を持っていた。いかなる専門職コミュニティ(例えば、農民、原子力技術者、軍人)のメンバーであっても、「自分たちの」政策により多くの支出を望む可能性

はある。よって政治学者は長い間、このような利益を共有するコミュニティの相対的な力を追跡することに関心を寄せている。

　いかなる政治システムでも、直面しているすべての問題が継続的に議論されるという特徴などない。むしろ、政治の争点についての議論は、通常、争点指向の多くの政策サブシステムへと還元される。これらサブシステムは、単一利益によって支配されることも、複数の利益間での競争に晒されることもあれば、また、時間の経過とともに崩壊することも、他者からの独立性を築き上げることもある（Sabatier 1987；Worsham 1998）。これらは「鉄の三角形」「争点ニッチ」「政策サブシステム」「争点ネットワーク」などと呼ばれることもあるが、そのような呼び方は、動的プロセスの単なるスナップショットとしてしか考えられない(Baumgartner and Jones 1993, 6)。政治的なスポットライトの外で活動するこれら専門家コミュニティにいかなる名前を付けようとも、ほとんどの争点は、大半の時間において、そのようなコミュニティの中で取り扱われている。それにもかかわらず、マクロ政治のスポットライトの中では、幾つかの争点が炎上し、アジェンダを支配し、1つ以上のサブシステムに変化をもたらしている。同じ政治制度が停滞と断続の両方を生み出していることの説明については、アジェンダ設定のプロセス、特にその中でも、限定合理性と逐次（serial）の情報処理によって生み出される力学の中で見出すことができる。これらが専門家のコミュニティとより大きな政治システムとの間の相互作用に影響を与えているのだ。

2．逐次処理と並行処理

　ハーバート・サイモン（Herbert Simon 1957, 1977, 1983, 1985）は、ビジネスや政府を含む人間の組織がいかに機能しているのかを説明するため、限定合理性という概念を展開した。彼は、並行（parallel）処理と逐次処理とを区別した。個人は一度に1つのことのみに意識を集中させるため、意思決定は逐次的な方法で、1つずつ順番になされなければならない。組織はいくぶんより柔軟である。この種の決定構造では、並行して多くの争点を同時に処理することが可能である。政治システムは、人間と同じように最上位レベルで直面するすべての争点を同時に考慮することができない。そのため、政策サブシステムは、政治

システムに並行処理を可能にさせるメカニズムとして捉えることができる（Jones 1994）。何千もの争点は、それぞれの専門家コミュニティ内で並行して同時に検討されうるのである。

　時には、個別の政策コミュニティでの並行処理が機能しなくなり、争点を逐次処理せざるを得なくなることもある。アメリカでは、議会と公共の大統領職というマクロ政治制度が逐次処理を行い、注目度の高い争点が一度に1つ、あるいはせいぜい2つ3つずつ審議され、議論され、決定される。ある争点が政治アジェンダ上でより上位へと移行するのは、通常、新たな参加者がその議論に関心を持つようになったときである。「ある政策がマクロ政治制度に移されて逐次処理されるとき、それは多くの場合、争点の定義が変化し、メディアや広範な公衆の注目度が高まった状況下で行われる」（Jones 1994, 185）。争点は、永続的に政策サブシステムの範囲内で審議され続けることなどできない。時として膠着状態や軋轢を克服する際に、さまざまなマクロ政治の力が介入してくる。政策サブシステムの並行処理能力とマクロ政治システムの逐次処理ニーズの交錯が、多くの政策領域で私たちがよく観察する急激な変動という非漸増的な力学を生み出しているのだ。ただし、アジェンダへのアクセスが大きな変化を保証するというわけではない。というのも、改革案はしばしば意思決定の段階で骨抜きにされるからである（Wolfe 2012）。だが、このようなアクセスは、重要な政策断続のための前提条件なのである。

　興味深いがほとんど検証されていない研究領域では、注目もされずアジェンダへのアクセスがない中でも実質的な政策変化が起こる可能性が挙げられる。これは、例えば、広範な社会的議論が伴わないまま、専門職コミュニティ内の規範の変化によって生じる場合がある。もしくは、それぞれが同じ方向を向いた多くの小さな変化の積み重ねによって生じる場合もある。このような同じ方向に向かうゆっくりとした政策変化の積み重ねは、不適応な政策を是正することができ、その多くは記録されている（例えば、アメリカの離婚法に関する Jacob 1988、妊娠中のアルコールの有害性に関するアメリカの医学的コンセンサスの形成に関する Armstrong 2003 を参照）。

　問題も同じような形で蓄積することがあるが、政策策定システムにとって、このような問題の蓄積は危機の出現よりも無視しやすいものである。エップとトーマス（Epp and Thomas 2023）は、このようなパターンが問題を悪化させ、

より激しい政策断続をもたらすことを見出している。

　単一の利益によって支配されている場合、サブシステムを政策独占と考えるのが最も適切である。政策独占は争点領域内での政策策定に対する責任が明確な制度的構造を持ち、その責任は何らかの影響力のある理念やイメージによって裏付けられている。このイメージは、一般的に中核的な政治的価値と結びついており、一般市民に対しては単純かつ直接的に伝えられる（Baumgartner and Jones 1993, 5-7）。成功的な政策独占は変化の圧力を計画的に弱めるため、負のフィードバック・プロセスを内包していると呼ばれている。しかし、政策独占が永遠に安泰というわけではない。

　アメリカの政策策定を長期的に見てわかるのは、政策独占が構築されることも崩壊することもあるということである。政策独占の状態は争点領域内の政策策定に重要な影響を及ぼす。独占から排除された市民が無関心のままでいれば、制度的仕組みが通常維持され、政策はゆっくりとしか変化しない可能性が高くなる（負のフィードバック・プロセス）。変化への圧力が蓄積されるとき、しばらくの間その圧力に抵抗がなされるかもしれないが、圧力が相当なものとなれば、それまで無関係だった政治アクターや政府機関の巨大な介入が始まる可能性がある。このことは一般的に、その政策独占を支えている政策イメージの実質的な変化を要求する。政策独占の争点が再定義されるか、もしくは、それまで休眠状態にあった議論の諸側面が顕在化すると、それまで参加を控えていた新たなアクターが自分にも権限行使の資格があると感じるようになる。こうした新たなアクターはルールの改定やパワーバランスの変化を要求するかもしれない。そして、これまで支配側であった機関や組織が新たな正統性を獲得したグループや機関と自らの力を共有せざるを得なくなるとき、その変化はこの新たな制度構造を通じて強化されることになるだろう。

　よって政策独占の崩壊で生じる変化は、制度改革の実施によって将来に向けて固定化される可能性がある。このような新たな制度は、世論や政治的関与が後退した後もそのまま残り、政策領域の中で新たな平衡状態を確立する場合が多い。そしてこの平衡は、争点がアジェンダから外れ、（新たに変更された）政策コミュニティの並行処理へと戻った後も続くことになる。当該プロセスにおける重要な要素は、かつて構築された政策独占の権力、威信、そして正統性である。このような要素を持つ「現職者」は自らの支配力を維持しようとする。

政策の失敗によって彼らが自らの影響力を失うのに十分なほどの信用を失墜するか否かは、彼らの政策の成功度合いや威信のレベルと、彼らに取って代わろうとする人々の強さとの両方にかかっている（参照：Baumgartner 2013）。

政策策定システムにおける軋轢とそれに関連する政策独占は、外生的（すなわち外部的）な出来事もしくは内生的（内部的）な力によって乱されることがある。多くの場合、その両方が重なり、統治システムに強い圧力がかかる。新型コロナウイルス感染症のパンデミックは、それによって生じた難題に対して軋轢の異なる度合いを持つさまざまなシステムや、それらの対応を比較する機会を提供している。

アメリカでは、公衆衛生当局が当初ゆっくりと課題に対応し、十分な検査を提供せず、地元で開発された質の低い検査に依存していた。しかし、これらの限定的な障害が判明し、時間が経過するにつれて、システムはそのパフォーマンスを改善させていった。

中国は、権威主義的システムとして、中央当局が抵抗する情報に対してより多くの軋轢とより少ない応答性を持つが、その当局がこの問題に注目したことにより、当初は迅速かつ高い効率性をもって対応した。当局は迅速に国産ワクチンを開発したものの、そのワクチンは非中国製のワクチンよりも効果が低いことが判明した。しかし当局は、国産ワクチンと発生時の完全封鎖という初期の戦略を堅持し、引き続き経済への打撃を抑えた。

軋轢が大きいからといって何も行動ができないということではない。それは、一連のルール体系のせいで、意思決定システムによる新たな情報の吸収を困難にしていることを意味している。実際に、いったん決まった行動進路の転換は難しい。結果として、軋轢が非常に大きい場合、調整は迅速に行われうるが、長期的な適応性を欠き、避けられなければ、政策のより大きな断続を引き起こす。情報が継続的に処理される低軋轢システムでは、調整がよりスムーズであり、その結果生じる断続はそれほど深刻ではない。入力されるシグナルと政府の即時対応とが完全に比例するシステムだけが断続を回避できる。しかし、すべての複雑な意思決定システムは、PET特有の偏りのある反応を生み出す情報過多に晒されている。軋轢レベルが高いシステムほど断続はより深刻になる。制度がいかに情報を処理するかは、軋轢の大きいシステムと小さいシステムを比較する際の鍵であり、本章の後半でこの区別について取り上げる。

3．正と負のフィードバック

　断続平衡理論は、ある問題がサブシステムによって捕捉される平衡期または停滞に近い状態の期間と、その問題がマクロ政治のアジェンダに強制的に押し出される非平衡期の期間を含むものである。ある問題領域がマクロ政治のアジェンダに載っているとき、客観的な状況における小さな変化が政策の大きな変化を引き起こしうる。そして、私たちはこの状態をシステムが正のフィードバック・プロセスにあるという（Baumgartner and Jones 2002）。正のフィードバックは、ある変化、時にはかなり控えめな変化がその後の変化を増幅させるときに起こる。研究者は、こうしたプロセスを表現するのに、「狂乱状態」(feeding frenzy)、「連鎖反応」(cascade)、「転換点」(tipping point)、「勢い」(momentum)、もしくは「便乗効果」(bandwagon effect) といった用語をよく使う。一方、負のフィードバックは、ちょうどサーモスタットが部屋の温度を一定に保つかのように、システムにおける安定性を維持する。

　私たちが正と負のフィードバックという用語を使うときは、他の学者が異なる文脈で使う意味とは異なる。例えば、時々、「負のフィードバック」は批判を、「正のフィードバック」は賞賛を意味すると理解されることがある。このような、まったく異なる事柄を表す同一用語による混乱を避けるため、私たちは注意喚起している。私たちが使っている「正」と「負」は数学に由来する。外部からのシグナルを受けた際、負のフィードバック・システムは、サーモスタットが周囲の温度が上がると冷たい空気を出すかのように、そのシグナルとは逆の方向に反応する。「正のフィードバック」システムでは、その反応は入力されたシグナルと同じ方向であり、逆ではない。もしこれが出口のないループ（closed loop）であれば、正のフィードバック・システムは爆発的なものになりうるだろう。したがって、読者は用語の使用に注意を払い、正と負のフィードバック・**システム**の基礎となる意味を理解する必要がある。これらは、正と負のフィードバック・システムという用語の、より口語的な使用法とは異なるのだ。

　物理学者は、正のフィードバックを特徴とする大規模な相互作用システムを研究してきた。地震のような自然現象は、比較的わずかな変化から生じることがある。地球内部の圧力は時間とともに蓄積され、やがて地震時に地球表面の

地殻プレートを激しく変動させる。同じように、実験室の小さな砂の山に砂粒をゆっくりと絶え間なく落としていくと、ほとんどの場合、砂の山は安定した状態を保つが、時折、大小含む地すべりが発生する (Bak 1997)。地すべりは、大規模な出来事によって引き起こされるのではなく、小さな変化がゆっくりと着実に積み重なることによって引き起こされることもある。地震や地すべりのように、政策断続は、無視できないような大きな衝撃によって発生することもあれば、比較的小さな出来事が長期間にわたって蓄積されることで発生することもある。ある問題が正のフィードバックによって炎上するか否かは何によって決まるのだろうか。それは、公共政策の変化するイメージと場との相互作用によってである。

　政策策定における正のフィードバックの例として、刑事司法におけるアメリカ国内の政府の介入事例を検討しよう。1960年代後半以前は、犯罪政策に対する連邦政府の介入は比較的抑制されていた。しかし、1960年代末、リンドン・ジョンソン政権は、犯罪防止と抑制に関して州政府と地方政府を援助するため、連邦政府による新たな補助金プログラムを幾つか開始した。1968年には議会が総合犯罪防止・安全市街地法（Crime Control and Safe Streets Act）を制定し、その結果、1969年から1972年にかけての犯罪と司法に対する連邦政府の支出は、実質ドルベースで倍増した。

　では、何が起こったのか。この期間中、犯罪は増加していった。しかし、より重要なことは、市民が感じていた不安の高まりを他の傾向が浮き彫りにし、人々や政府関係者が犯罪問題に注目するようになったことである。アジェンダへのアクセスの3つの重要な指標が一度に注目を浴びることとなった。すなわち、犯罪関連のメディアの報道量、国家が直面する最も重要な問題として犯罪を挙げるアメリカ国民の割合、そして犯罪と正義に関する議会公聴会である。これらすべては、アメリカの多くの都市で大規模な暴動が襲った時期と重なった。ジョン・キングダンの言葉を借りれば、機会の窓が開き、連邦政府の犯罪政策は大きく変化したのである。1969年以降、これら3つの動向は注目から外れ、それぞれ異なる方向に向かい、犯罪政策は再びサブシステムの領域へと戻っていった。この3つの変数のどれが主因だったのかを特定することはできない。3つすべてが複雑な正のフィードバック・プロセスの中で絡み合っていたのである。従来のパターンの通り、犯罪に対する市民の関心が急上昇し、メ

ディアがこの問題に焦点を当て、そして議会が公聴会の開催を予定した。この争点は、漸増的な調整が行われる通常のサブシステムを離れ、マクロ政治の領域へと移行した。議会は、主要な法案を可決し、大きな断続の中で支出を大幅に増加させた。アメリカの連邦レベルの犯罪政策は、この「犯罪との戦い」に注目が集まった時期に下された決定と後にそれを強化した決定から、今も強い影響を受けている。

　ジョーンズ、トーマスおよびウルフ（Jones, Thomas, and Wolfe 2014）は、政策バブルを、目標達成に対する政策解決策の効率性についての検討結果が示す、政策解決策（または手段）または一連の解決策へ持続的に過剰投資が行われている状態と定義している。その説明のため、彼らは3つの潜在的政策バブルを研究した。すなわち、犯罪対策、民営化と契約、そしてチャーター・スクール（訳注：公費で運営されるが独自の教育方針やプログラムを持つ公立学校）とバウチャーである。彼らは、最初の2つの政策は明らかに過剰投資バブルを発生させたが、3つめの政策は発生させなかったと結論付けている。

　バウムガルトナーとその同僚ら（Baumgartner and colleagues 2021）は別の例を挙げている。それは、1990年代にアメリカのあらゆる政府レベルの政治家たちが、終身刑など仮釈放の可能性がない刑事司法における極めて厳しい刑罰をいかに推進したのか、その当然の結果として、高額医療は必要とするがコミュニティの安全にはほとんど脅威を与えない老年囚人たちが爆発的に増加したという、この明らかな数学的帰結がいかに無視されたのか、という事例である。この厳罰化政策への過剰反応は政策において珍しいことではない。その主な理由の1つがアイデアの力、すなわち「政策イメージ」とその変化である。

4．政策イメージ

　政策策定者、政治活動家、そして一般市民は、議論されている問題とその政策解決策の両方を理解するため、政策のイメージを作り上げる。政策イメージは、実証的な情報と感情的な訴えの混合物である。事実上、このイメージが政策策定プロセスのための情報素材となる。いかなる政策やプログラムにおいても、その内容はさまざまな側面を持ち、さまざまな人々にさまざまな影響を与える。政策イメージがストーリーラインと呼ぶべきものと結びつくと、結果と

して政策の物語りが生まれる（参照：[本書第5章]）。

1つのイメージが広く受け入れられ、ある政策を全般的に支持している場合、通常、それは成功的な政策独占と関連している。政策の適切な表現および理解の方法に関して意見が分かれている場合、推進派は1つのイメージに焦点を当て、反対派は異なるイメージに言及することがある。例えば、民間の原子力発電のイメージが経済的進歩や技術的専門性と関連していたとき、その政策策定は政策独占の典型例であった。反対派が危険や環境悪化のイメージを持ち出したとき、原子力政策の独占は崩壊し始めた（Baumgartner and Jones 1993, 25-28, 59-82）。

新たなイメージは新たな参加者を惹きつける可能性がある。また、アメリカの政治システムに存在する複数の場は、政策起業家自らの主張を展開するための複数の機会を構成している。連邦制、権力分立、そして管轄権の重複は、負のフィードバック期間中の大きな変化を阻害するだけでなく、ある場で阻止された動員を別の場で成功させる可能性もあることを意味している。州政府は国家のアジェンダで進展しなかった問題について行動できることもあるし、その逆もまたしかりである。複数の政策の場を持つアメリカのシステムは、正のフィードバック期間中に政策独占を崩壊させるプロセスにおいて重要な役割を果たしている。今日、共和党が統治する州と民主党が統治する州の政策イメージは、ワクチンの受け入れ、銃器政策、中絶規制、投票諸法など多くの争点で顕著な違いがある。これらの政策の多くは、ある州が他州のイノベーションを競って模倣するときに正のフィードバックの政治を経験しているが、しばしば赤（共和党）と青（民主党）の境界線でブロックされている。

要するに、サブシステム政治とは、平衡の政治、すなわち政策独占、漸増主義、広く受け入れられた支持的イメージ、そして負のフィードバックの政治のことである。サブシステムの意思決定は、官僚機構、議会サブグループ、そして利害関係団体やそれぞれの専門家による鉄の三角形や争点ネットワークに分散されている。政治的動員、政府アジェンダの進展、そして正のフィードバックが起こるまでは、慣性が既得権益からの脱却を抑制する傾向がある。それらが起こったら、争点はマクロ政治システムへと波及し、大きな変革を可能にする。

マクロ政治とは断続の政治であり、すなわち大規模な変化、競合する政策イ

メージ、政治的操作、そして正のフィードバックの政治のことである。正のフィードバックは変化への衝動を増幅させ、慣性を克服し、以前の状態から爆発や内部崩壊を生み出す (Baumgartner and Jones 1993；Jones, Baumgartner, and Talbert 1993；Jones 1994；Talbert, Jones, and Baumgartner 1995)。

　厳密な質的・量的研究は、医薬品規制審査 (Ceccoli 2003)、環境政策 (Repetto 2006)、教育 (Manna 2006；Robinson 2004)、銃規制 (True and Utter 2002)、州内病院の料金の規制 (McDonough 1998) 等を含め、当該プロセスに関する強力な証拠を繰り返し見出している。

　このような争点力学の一般化し過ぎた描写は、政策サブシステムの運用における大きな多様性を隠してしまうかもしれない。例えば、ウォーシャム (Worsham 1998) は、3つの異なるタイプのサブシステムを調査した。そして議会への働きかけによって対立をサブシステムレベルからマクロ政治レベルへと移行する試みを統制するアクターの能力には、実質的なばらつきがあることを見出した。ウッド (Wood 2006) は、連邦政府の土地管理研究の中で、対立的なサブシステムでさえ、対立マネジメント戦略によっては混乱を回避できる場合もあることを示している。より一般的にいえば、このことは、制度的仕組みが断続の大きさに影響を及ぼしうることを示唆している。この点については本章の後半で再び触れる。

5．限定合理性の基礎と意思決定の中心性

　政策変化に関する断続平衡理論には、個人的もしくは集合的な意思決定に関する暗黙の理論が埋め込まれている。政策の大規模な断続は、選好の変化、あるいは選好のさまざまな側面に対する注目の配分の変化から生じる。もし選好が比較的安定しており、政治アクターが変化しないとするならば、私たちは、政府の政策の主要な変化をいかに説明できるのだろうか。

　その答えの一部は、逐次的な注目を分析したジョーンズ (Jones 1994) の、そして一部は、人間の個人的・集合的な情報処理の偏りのある性質を分析したジョーンズとバウムガルトナー (Jones and Baumgartner 2005) の中にある。彼らは *The Politics of Information*（『情報の政治学』(Baumgartner and Jones 2015)）の中で、これらのテーマを発展させている。ジョーンズ (1994) は、選択の逆

転を含む個人的、集団的な意思決定の変化は、選好の急速な反転や根本的な非合理性（自分の選好に反する選択）に起因するのではなく、注目の移行から生じると主張した。個人の場合、逐次的な注目とは、一度に１つずつ、あるいはせいぜい数個のことに注目を順番に向けることである (Simon 1977, 1983)。現実は複雑で変化するもので、そして多面的であるかもしれないが、個人は競合する懸念事項や視点をスムーズに統合することなどできない。私たちは、通常、選択を要する状況では、一度に１つの主要な側面にのみ集中するのである (Simon 1957, 1985；Jones 1994)。あるグループの注目の焦点が移行すると、たとえその代替策が変わらないときであっても、好ましい代替策において断続の変化が生じることもある (Jones 1994)。

より一般的には、人間の認知構造に関連するメカニズムが政府を含む組織の特徴でもあるため、限定合理性はすべての政策変化を支えている (Jones 2001, 2003；Kahneman 2011；Jones and Thomas 2012)。限定合理性は、断続平衡と唱道連合アプローチ（参照：[本書第４章]）の意思決定の基盤であるが、両アプローチはプロセスの異なる側面を強調している。断続平衡は情報の逐次処理とそれに伴う注目の移行を基礎としているのに対し、唱道連合アプローチは政策力学を連合参加者の信念体系にまで追跡してゆくものである (Leach and Sabatier 2005)。

限定合理性は、早くから現状に対する小規模な調整、すなわち漸増主義と密接に結びついていた (Lindblom 1959；Wildavsky 1964)。しかし、予算の変化には非常に大きくなることがあったため、漸増主義は政府の政策策定を説明するには不完全であることが証明された。そして、単一モデルにおいて、主要な非漸増主義的な変化は漸増主義的な変化と統合され得なかった。

しかしながら、ジョーンズ (Jones 2001) の再概念化では、限定合理的な意思決定は、大きな変化と小さな変化の両方、すなわち断続と平衡の両方の基盤となっている。公共の政策策定においては、本質的に保守的であると同時に、時折、急進的な変化を起こしやすいシステムを生み出すために、保守的で重なり合う政治制度と限定合理的な意思決定（特に、既得権益に対する動員を抑制したり激化させたりするイメージの役割）という、対となる２つの基盤が組み合わさっているのだ。

6．情報処理

　断続平衡理論は、根本的には組織の情報処理に関する理論である。政府は、公共政策を生み出すときの情報の流れに基づいて行動する複雑な組織である（Jones, Workman, and Jochim 2009）。公共政策がこうした情報の流れにいかに適応するかによって、システム内でどれだけ活動の急激な高まりが起こるのかが決まる。一般的な断続仮説は情報処理に偏りがあることを示唆している。つまり政策策定では、環境からシステムに流入する情報に対する過小反応と過剰反応の期間が交互に繰り返されるのだ（Jones and Baumgartner 2005）。このような反応は、悪いことすべてを象徴するかのような鮮烈な出来事から生じることもあれば（Birkland 1997）、長期にわたる問題の蓄積から生じることもある。いずれの場合においても、政策策定システムが問題にいかに注目を配分するかが、問題の認知とそれに続く政策の対応を左右する重要な要素となる。しかし同様に、政策策定を担う制度的仕組みもそれらにとっての重要な要素である。

　政策策定システムでは、直面する環境変化に対する調整能力が低ければ低いほど、断続が生じやすいと予想される。ジョーンズとバウムガルトナー（2005）は、複数の情報インプットの流れが政治システムによって処理される、複雑で多面的な環境に対する完全な調整パターンが、政策アウトプットの変化において正規分布を生じさせることを示している。その結果として、政策システムの調整の程度は、政策アウトプットの分布を正規曲線と比較することによって測ることができる。重要なのは、公共政策の変化が正規分布に近ければ近いほど、政策策定システムは環境からの要求に対して効率的に調整されている、つまり、良いパフォーマンスをしているということである。

　アドラーとウィルカーソン（Adler and Wilkerson 2012）は、情報・問題解決アプローチを採用することで、議会行動の研究で新たな理論的アプローチを開発した。例えば彼らは、アメリカ議会の仕事の多くが少数の「通過必須」法案を中心に構成されており、そして議員たちが通過「させなければならない」法案が定期的に発生するよう物事を仕向けている、と指摘している。つまり、議会は政策断続を計画的に生み出しているのだ。この力学は、党派間の対立の深刻化に伴って一層顕著になるにつれ、上院の議事妨害を回避するように設計された「財政調整措置（reconciliation）」へと法案パッケージを導いてゆく。

しかし、複雑な相互作用が、固定された制度的フレームワークの中での活動を常に限定できるわけではない。すべての政策策定システムは、進化することが可能であり、そのシステムの一部を全体にフィードバックし、政策の場として機能していた意思決定構造を実際に変化させることができる。リチャードソン（Richardson 2000）は、ヨーロッパの政策策定ではこのようなことは起きていると論じ、ダヴィター（Daviter 2009）は、欧州連合（EU）の文脈でもこの点を強調している。アメリカでは、「財政調整措置」と呼ばれる技術的な予算メカニズムが別の恣意的なルールである議事妨害の対象とならないため、政策変化の主要なメカニズムとなっている。政策過程は、意思決定構造そのものが変化する、複雑で進化するシステムとみなすことができる。このような変化は、議事妨害が政策を阻止するより強力なメカニズムへと進化した例でみられるように、政策策定システムに軋轢をもたらす可能性がある。

7．情報の政治学と断続の病理学

　政策研究における断続平衡の概念は、政策サブシステムの理論、特にE. E. シャットシュナイダーとエメット・レッドフォードに端を発したアイデアに基づいている。断続平衡に関する初期の研究では、主要な政策の変化は、通常の民主的プロセスの当然のアウトカムとみなされてきた。政策策定システムにおける軋轢は、政策サブシステムにおける並行処理、政策行動を制限するルール、そして情報処理能力に限界がある人間の認知的キャパシティの当然のアウトカムであった。その結果として、現状維持バイアスを克服するために必要な集団的注目の変化が不連続で大規模な政策変化をもたらしたのである。*Politics of Attention*（『注目の政治学』（Jones and Baumgartner 2005））が示したように、このような変化は、政策策定環境に危機がないときですら起こりうる。

　近年、この見方は不完全であることが明らかになっている。政治システムは、それ自体が変化に強く抵抗するほどの高いレベルの軋轢を伴うように設計されている可能性がある。そのため、主要な変化が訪れる（そして必ず訪れる）と、その変化は非常に破壊的なものとなりうるのである。軋轢の力学が示唆するのは、体制が中央集権的で権威主義的であればあるほど、外的環境からもたらされる情報の流れを調整する政治システムの能力が低くなるため、政策断続がよ

り大きくなるであろう、ということである。ラムとチャン（Lam and Chan 2014）は、香港が中央集権的であったときには政策変化は大きかったが、政治体制が民主化するにつれて緩和されていったと述べている。チャンとジャオ（Chan and Zhao 2016）は、いわゆる「権威主義における情報面での不利」という概念を見出している。彼らは、民主主義的な政権と比べて、権威主義的な中国において大きな政策断続が発生し、この断続が中国の社会的不満が少ない地域で大きくなることを示している。他のインプット手段（訳注：不満表明以外の政府に対する問題提起手段）の欠如を考えると、不満は、存在する問題を強く指摘する数少ないメカニズムの1つである。これは閉鎖的なシステムにおける情報処理のメカニズムであるが、同様に、特に軋轢の大きい民主主義国家においては重要な意味を持ちうる。例えば、政府内のより中央集権的な組織構造は、より不安定なアウトプットのパターンをもたらす可能性がある（May, Workman, and Jones 2008）。エップ（Epp 2018）は、競争が活発な市場の企業が競争の少ない状況の企業よりも断続が少ないことを示している。

　断続自体は避けられないが、その規模や分布についてはそういうわけではない。断続の大きさを最小化するには、政策策定システムはいかに設計されるとよいのだろうか。政策問題の発見や解釈に影響を与える力学が解決策の探索と異なることは、政策過程に関する文献ではよく知られている。*Human Problem-Solving*（『人間による問題解決』（Allen and Simon 1972））において、ニューウェルとサイモン（Newell and Simon 1972）は、人々は問題を解決する際、以前に解決した問題と表面的に類似した問題に遭遇したとき、以前に準備された政策解決策に頼る傾向があることを発見した（議論については Jones 2001 を参照）。コーエン、マーチおよびオルセン（Cohen, March, and Olsen 1972）のゴミ缶理論は、キングダン（Kingdon 1984）によって拡張され、現在では、複数の流れフレームワーク（Herweg, Zahariadis, and Zohlnhöfer 2017）と呼ばれ、問題の力学と解決策の探索をシステムレベルで別々のプロセスとして扱っている。

　バウムガルトナーとジョーンズ（Baumgartner and Jones 2015）の *Politics of Information*（『情報の政治学』）は、問題の発見と定義は、解決策の探索とは異なる組織システムを必要とするという主張を展開している。彼らは、複雑な問題空間の属性を抑制することで、政策策定システムが準最適な平衡状態に達する可能性を示している。彼らは次のような主張を展開している。すなわち、政

府機関や議会委員会が潜在的に競合する複数の管轄権を考慮に入れる「エントロピー探索」によってより一貫した情報インプットの流れが得られ、それによって問題空間をより適切に描写することができる、ということである。しかし多くの場合、専門家同士の協働の方が競合する声の不協和音よりも解決策を設計するうえで優れている。問題の発見・定義と解決策の設計とでは、組織デザインは異なる必要があるのかもしれない。

　断続は避けられないがより優れたガバナンス・システムは、そうした断続による混乱を最小限に抑える傾向がある。もちろん、危機は予期せぬものでありうるが、特に極端な場合には、タレブ（Taleb 2007）がブラック・スワン（訳注：予測不可能で大きな影響を与える稀有な出来事）と呼ぶようなものになる。しかし、多くの危機、そしておそらくほとんどの危機は、ある程度予見可能である。オープンで時に混乱さえ伴う政策システムは、より中央集権的で適応力に劣るシステムよりも、そのような潜在的危機を察知するうえでより良く備えられている。さまざまな権威主義的政治体制と民主主義的政治体制における予算編成のアウトカムの研究の中で、バウムガルトナーとその同僚ら（Baumgartner and colleagues 2017）は、権威主義的システムがより大きな断続を持つことを発見した。明らかに、権威主義的指導者の制度的な権力は、その政府形態がもつ情報面での不利によって凌駕されたのである。

8．政策策定における軋轢の二重の役割

　政策研究における断続平衡はある特定の状況において適用される。その状況とは、政治的対立が、専門家が独占する政策サブシステムの枠を超えて、他の政策策定の場に拡大するときである。この断続平衡は、政策がいかに特徴付けられ、理解されるかという政策イメージのメカニズムと、政策が作られうる部分的に独立した制度的な場のシステムに依存する。一般的な断続平衡仮説は、政策イメージのメカニズムと部分的に独立した制度的な場のシステムからなる基本的なフレームワークを、情報が政策策定システムに流入する状況へと拡張させたものだ。そして、この政策策定システムは同システムを取り巻く環境から得たシグナルに基づき問題に対処し、必要に応じてその問題を緩和するよう作動する（Jones, Sulkin, and Larsen 2003；Jones and Baumgartner 2005）。

しかし、意思決定活動には決定コストや取引コストがかかるため、このような変換はスムーズにはいかない。これらは政策策定者が意思決定のプロセスで負担するコストである。政策策定システムの参加者は環境からの不確実で曖昧なシグナルに対応するため、これらのコストを克服しなければならない。インプットを政策アウトプットへと変換する際のコストには、大きく分けて2つある。1つめは認知的コストである。政治アクターはシグナルを認知し、それに注目し、問題をフレーミングし、それに対する解決策を考案しなければならない。認知的コストには、イデオロギーの硬直性から生じる抵抗も含まれる。2つめは制度的コストである。通常、政策を作るためのルールは一般的に安定性と漸増性を維持するよう作用する。これらのルールの中には、他のルールよりも軋轢がより大きいものがある。アメリカの国内制度には、法律を可決するために超多数派の賛成を必要とする憲法上の要件があるため、政策アウトプットは政府に入ってくる情報よりも断続しやすくなるだろう。

　政策策定の制度は、インプットを政策アウトプットへと変換するプロセスに軋轢を加える。この軋轢は、この制度による抵抗を克服するのに十分な圧力が蓄積されるまで、争点に対する行動を遅らせる働きをする。よって政策策定においては急な揺れや断続が生じる。このフレームワークが政治システム間の違いを理解するうえで有用であることは示されてきた。政治システムは、結局のところ、それぞれ異なる形で政策策定プロセスに軋轢を加えているからだ。社会運動理論家の中には、政策過程アプローチは狭すぎると批判する者もいるが、彼らもまた争点の力学を強調している (Kenny 2003)。より一般的な定式化を行うことで、制度的フレームワーク内での断続的な変化と社会運動に関する膨大な研究蓄積とをいかに統合するか、という問題に取り組む可能性は開けるかもしれない（社会運動が制度変化のプロセスに果たす不可欠な役割については Jones, Theriault, and Whyman 2019 を参照）。

　最近、E. J. フェイガン (Fagan 2022) は、政策問題への過小反応と（彼が極端な場合に「政策災害」と呼ぶ）過剰反応を統合するアプローチを開発した。ほとんどの政策災害は回避可能であり、その原因は政府による大きな過ちにある。高軋轢システムは、過小反応による断続と過剰反応に関連する断続の両方から影響を受けている。

9. 政府支出の断続と安定性

過去 25 年間にわたり、断続平衡理論は、政府予算編成のアジェンダに基づいたモデルを生み出すために拡張されてきた (参照：Jones, Baumgartner, and True 1998；True 2000；Jones and Baumgartner 2005；Jones et al. 2009；Jensen, Mortensen, and Serritzlew 2016, 2019)。政府の意思決定者たちは、通常、サブシステム、政策独占、鉄の三角形、そして争点ネットワークを通じて並行的な方法で情報を集団で処理する。このような場合、予算は漸増的にしか変化しない。

しかし、時には争点がサブシステム政治からマクロ政治へと移行し、議会や大統領府の国家的な注目が一度に1つか幾つかの注目度の高い案件に必然的に集中することがある。マクロ政治制度の注目を浴びる舞台で、政策やプログラムは、自らの過去から急進的に脱却することもあれば、予算の大幅変更に急激に移行することもある。予算の研究は、PET の包括的検証を構築しようという願いから発展した。ジョーンズとバウムガルトナー (2005) は、連邦レベルの何千もの予算変化に関するデータを提示し、理論に合致する全体的な分布パターンを例解した。これを契機に予算編成の包括的理論は、限定合理性を基礎にして発展を遂げたのである (Jones et al. 2009)。

選択の状況は多面的な性質を持っている。しかし、意思決定者は限られた範囲の属性に基づいて選択肢を理解する傾向があり、これらの属性間ではトレードオフを行うことがかなり困難である。ある政策が経済成長を促進すると同時に人権の観点から否定的な結果をもたらす場合、意思決定者の注目は、競合する価値観のどちらか一方に集中するだろう。もし、この2つの局面への注目の配分が変わるのなら、例えば、スキャンダルや意思決定者グループの人員構成の変化などが時折起こることによって、選択される政策も劇的に変化する可能性はある。一般論としてジョーンズ (2001) は、意思決定者はその再評価が強いられるまで、特定の意思決定デザイン (選択肢を構造化する際に利用される属性を指す用語) に固執する傾向があると指摘している。

政府支出は内生的な力と外生的な力の両方に反応する。このような影響には、公衆の注目の変化、印象的で説得力のある新情報、選挙による意思決定機関の構成員の入れ替わりなどが含まれるかもしれない。外的状況の変化によって古い意思決定デザインから強制的に離れざるを得なくなったとき、その結果

は小幅な調整ではなく、重大な変化となることが多い。それにもかかわらず、サブシステム政治と毎年予算が提出されるという官僚的規則性は、同じ意思決定デザインの継続を支持する内生的な力となっている。このため、予算の決定は、現行の意思決定デザインとサブシステムの制度を新しい選択状況に適用した結果として、静的な決定となる傾向にある。あるいは、新たな属性を選択の構造に組み込んだり注目を1つの局面から別の局面へと移したりする可能性をもつ異なる意思決定デザインとマクロ政治の制度を用いた結果として、分断された決定となる傾向にある。

　この予算プロセスの見方に基づけば、特定の支出項目における年度予算の変化は、正規分布のベル型曲線には従わないと予測される。むしろ、これらの変化は、地震や他の大規模な相互作用システムに見られる非正規分布の特徴を反映しているはずである（参照：Mandelbrot 1963；Padgett 1980）。「地震」予算モデルでは、多くのごく僅かな実質的変化、少ない中程度の変化、そして多くの大きな変化が予測されている（True 2000）。

　もし、通常はほとんど変化しない予算が、時折大きく変化するのであれば、年度予算の変化は尖度が高い分布を示すことになるだろう。その一変量分布は、高くて細長い中央のピーク（安定性の論理を表す）、弱い肩部（中程度の変化を行う難しさを表す）、そして大きな尾部（散発的な断続を表す）を持つはずである。もし連続的で動的な調整が主な意思決定メカニズムであるならば、予算変化は正規分布、またはガウス分布に従うであろう（Davis et al. 1966；Padgett 1980）。

　このモデルは、断続は政策策定および予算のあらゆるレベルで生じるはずであり、それが単にトップダウン的な外的（外生）要因によって引き起こされるものではないことを示唆している。このことは2つの要因に起因する。第1に、予算決定は、政治的状況を構成する基底的な属性の中から選択される注目の静的および動的な側面に縛られるからである。第2に、断続政策平衡の理論は、政策変化には孤立したサブシステム内で発生する可能性、他の関連するサブシステムに波及する可能性、または外生的なショックによって影響を受ける可能性があるという、ボトムアップのプロセスに部分的に基づいているからである（Jones, Baumgartner, and True 1998）。

10. 予算理論における断続

　公共予算編成に関する実証的・理論的文献は、上記のデービス、デンプスターおよびウィルダフスキー（Davis, Dempster, and Wildavsky 1966）に始まるように、予算の断続を予期させる十分な先例を提供している。この研究では、意思決定者による予算決定ルールの利用に焦点が当てられた。これらのルールは、参加者に理解され、意思決定のための安定した組織環境を提供するものであった。また、基準となる予算のベースと公平な配分の概念に基づいていた。そして、この概念がプロセスとアウトプットの両方において漸増主義をもたらしたのであった。しかし、デービス、デンプスターおよびウィルダフスキー（Davis, Dempster, and Wildavsky 1974, 427）は、後に、「予算プロセスは、基本的には漸増的でありながらも、経済や社会のニーズに応答する。ただしそれは、これら経済や社会の出来事をきっかけに、急激な変化が引き起こされるほど十分な圧力が蓄積された後に限られる」と付け加えている。

　政策策定に関する文献の中には、外生的に強制された政策変化モデルが数多くある（Krasner 1984）。しかし、外的な力が政策変化を抑制することもあり、常に断続を引き起こすというわけではない。公共の代表性を研究する学者たちは、公共政策の変化はサーモスタット的なプロセスの中で、世論の変化によって外生的に駆動されると考えている（Stimson, MacKuen, and Erikson 1995）（Soroka and Wlezien 2010）。サーモスタット・モデルは、予算の変化が限られた範囲内で変動することが多い理由について、私たちの理解を深めてくれる。もし軋轢が組み込まれているならば、制度的軋轢が小さいところでは、世論の変化と公共政策の変化との間によりスムーズな対応関係があることが予想される。つまり、軋轢がより低いシステムは、世論の反映がより良いことを意味する（Fagan, Jones, and Wlezien 2017）。重要なのは、制度的軋轢と外的変化との相互作用なのだ。

　アジェンダに基づく予算モデルでは、予算編成は確率過程であると仮定する。これは、私たちが予算の変化を個別に調べるのではなく、その分布を研究することを意味する。国家年度予算のすべての項目の変化を生み出すために複雑に相互作用する全変数間の正確な因果関係を特定することは、依然として、極めて困難である（そしておそらく不可能である）。このアジェンダ・モデルで

は、政府支出のパターンを構成する異なる政策に異なる力が作用するため、中程度の変化は少ないが、非常に大きな変化を比較的多く含む分布が予測される（Jones, Baumgartner, and True 1998；Jones and Baumgartner 2005；Jones et al. 2009；Jones, Zalányi, and Érdi 2014）。

11. 予算変化の分布

　本書の初版において、私たちはこの仮説の最初の検証を示した。それ以来、政策過程研究者は、予算変化の分布に関する研究を事実上爆発的に増やしてきた。図2.1は、OECD加盟24カ国における10の予算項目の対前年増減率の度数分布を示している。期間は1996年から2011年である。各観測値は、各国における特定の予算項目の年間変化率を表しており、破線は観測された分布と同様の平均と分散を持つ正規分布を示している。データのより詳細な説明については、フェイガン、ジョーンズおよびウレジーン（Fagan, Jones, and Wlezien 2017）を参照されたい。

　この分布は明らかに尖度が高く、正の歪みを持っている。中央にある非常に強いピークは、極めて小さな変化が多数あることを示しており、弱い肩部は中程度の変化が通常よりも少ないことを示している。また、大きな尾部は前年度の予算から通常よりも大きく逸脱していることを示している。

　これまでのところ、公共予算を調査したすべての研究は、図2.1に示されたものに類似したパターンを見出している。ジョーダン（Jordan 2003）はアメリカの地方支出について、ロビンソン（Robinson 2004）はテキサス州の学校区について、ブリューイングとコスキー（Breunig and Koski 2006）は州予算について、ジョーンズとバウムガルトナー（2005）は1800年以降のアメリカの国家支出について、それぞれ断続的な予算変化の分布を見出している。このパターンは、英国（John and Margetts 2003）、デンマーク（Mortensen 2005）、ドイツ（Breunig 2006）、フランス（Baumgartner, François, and Foucault 2006）、ベルギー（Jones et al. 2009）、スペイン（Caamaño-Alegre and Lago-Peñas 2011；Chaqués-Bonafont, Palau, and Baumgartner 2015）、南アフリカ（Pauw 2007）などの国々でも確認されている。実際、これらの結果は非常に強力で不変的であるため、断続平衡は「公共予算の一般的な経験則」として位置付けられている（Jones et al.

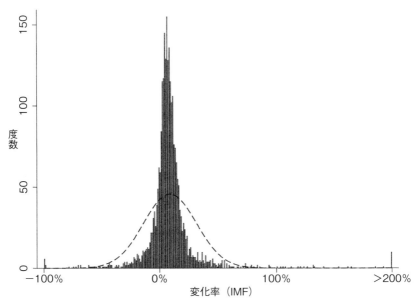

図 2.1　OECD 加盟 24 ヵ国における 10 項目の予算の年間変化率（1996-2011 年）
出典：著者作成

2009)。
　このことは、政策断続がいかに起こるのかについて、多様な政府形態に縛られない、より広範な理論が必要であることを示唆している。制度が異なれば断続の強度も異なるが、その断続のプロセスから逃れることはできないであろう。なぜなら、それは情報を処理し、注目を配分するという政府のキャパシティに根ざしているからである。
　西側民主主義 7 カ国の予算データを分析したチームの研究は、すべての国レベルの度数分布は尖度が高くなるだけでなく、その程度が制度的軋轢の程度によって異なることを示した（Jones et al. 2009）。国家の政治システムにおける軋轢のレベルが高ければ高いほど、予算データの中の断続の程度は大きくなる。公共予算に関する確率過程の研究は、ツェベリス（Tsebelis 2002）のような政治経済学者が指摘するように、軋轢が確かに安定性をもたらす一方で、これらの学者が予期していた、より劇的な変化を引き起こすこともまた示している。

12. 比較の視点から見た断続平衡理論

　断続平衡モデルは、もともとサブシステムにおける政策変化の力学を理解するために開発されたが、公共予算編成のような政策策定における断続的な変化のより一般的な理論にまで拡張された。その結果、(1)アジェンダに基づく、注目駆動型（訳注：政策策定者や利害関係者の「注目」や「関心」が予算配分に影響を与えるタイプ）の予算編成モデルの精緻化、(2)毎年度の予算変化の分布とその形状の理由に関する仮説の生成、(3)新しい理論に適合するが、漸増主義の理論や他の多くの予算理論から予想される通常の変化とは相反する経験的証拠など、このプロセスに関する新たな洞察が得られた。アメリカの政治システムにおいては、政治的停滞や限界主義ではなく断続平衡が政策策定全体を特徴付けているように、アメリカやその他の国々の国家予算編成は漸増主義だけでなく断続平衡によっても特徴付けられているのである。

　しかし、こうした力学はどの程度一般的なのだろうか。これらの力学は政治システム全体に当てはまるのだろうか。逐次的な注目や組織運営のルーティンの普遍性は、私たちに安定状態と断続が多くの政府における政策策定の特性であるということを予測させる。同時に、複数の政策策定の場という制度的側面が限定合理的な意思決定と相互作用することで、断続平衡理論は、比較的開かれた民主主義国家に特に適合的な理論となっている。組織運営のルーティンによって維持される安定的なプロセスは、集団的注目の変化による活動の急増のために中断されることがある。これは一般的な現象ではあるが、これらのプロセスは政治制度によって媒介される可能性が高いのである。

　連邦システムのように、制度デザインの結果として複数の場が存在する場合、断続平衡の力学が現れると想定される。アメリカでは、政策の場の管轄権が重複しているため、争点起業家には特定の争点の特徴を強調することで管轄機関を変更する機会が提供される(Baumgartner, Jones, and McLeod 2000)。この種の力学は、アメリカの政策策定を掌る組織以外にどの程度まで広がっているのだろうか。シェインゲイト（Sheingate 2000）は、EUとアメリカの農業政策を研究するため、基本的な断続平衡の理論を用いている。プラレ（Pralle 2003）は、カナダとアメリカの森林政策において、環境団体が政策の場をいかに利用したのかを究明している。これらのシステムには、開放性と複数の場という必

要な要素が備えられている。EU のような、以前は完全に独立していた諸政府から強力な中央政府が形成されたことで、公共政策過程の研究者は、政策変化にとっての新たな場の効果を観察する機会を獲得している。プリンセンとライナード (Princen and Rhinard 2006, 1) は、「EU におけるアジェンダ設定は 2 つの方法で行われる。すなわち、EU の行動を促進している高レベルの政治制度を通じた『上から』のアジェンダ設定と、実務レベルのグループや作業部会で具体的な提案を策定する政策専門家を通じた『下から』のアジェンダ設定である」と述べている。シュラッド (Schrad 2010) は、20 世紀初頭の西側諸国における禁酒法の世界的な波を説明するため、このアイデアを用いた。バウシー (Boushey 2010) は、政策がアメリカの各州の間でいかに波及するのかについて、この理論を適用した。

　こうした相互作用的な場は、アメリカの多元的な政策策定システムと多くの点で同じように機能している (Wendon 1998；Guiraudon 2000；Mazey and Richardson 2001；Cichowski 2006)。とはいえ、そのような場の選択が不利な立場にあるグループを必ずしも支援するということではない。ギラウドン (Guiraudon 2000) が、フランス、ドイツ、オランダ、そして EU の移民政策において論じているように、狭い場での敗北がより広い場での勝利を意味するわけではなく、それどころか、さらに大きな敗北を招く可能性がある (参照：Mortensen 2007, 2009)。移民権利団体が国内の裁判所で勝利を収めた際、この問題の保守派は EU に上訴して彼らの勝利を鈍らせることができた (参照：Givens and Ludke 2004)。また、ある場での敗者が次の場でも敗北する可能性はある。

　もし政策策定があらゆるシステムの専門家に委ねられるとすれば、次のような重要な疑問が浮かんでくる。すなわち、サブシステムがいつ優位に立ち、争点がいつより広範なマクロ政治の領域へと波及するのだろうか、ということである。ティンマーマンスとスコルテン (Timmermans and Scholten 2006) は、ヨーロッパの中の小規模な議会制システムの国家の 1 つである、オランダにおける科学政策の技術的領域でさえもこのような現象は起こり、実際に、その力学はアメリカ版の断続平衡モデルで強調されたものとほぼ同様である、と示唆している。移民政策の研究の中でスコルテンとティンマーマンス (Scholten and Timmermans 2004) は、移民政策は断続化される一方で、地方レベルでの実施プロセスを通じて抑制されていることを示している。

他のヨーロッパ諸国でも断続の力学はみられる。マースカロッチ（Maesschalck 2002）は、ベルギーで起きたデュトル児童虐待スキャンダルにおける警察の大失態を研究し、このスキャンダルによって生じた政策策定が、断続平衡アプローチに整合する争点の拡大モデルに従っていることを示している。これは単なる偶然の発見ではない。1990年代のベルギーの公共政策過程に関する包括的な研究の中で、ウォルグレイブ、ヴァローネおよびデュモン（Walgrave, Varone, and Dumont 2006）は、政党モデルと争点の拡大モデルを直接的に比較している。彼らは、デュトルやその他のスキャンダルには、基本的に、政治エリートが無視することのできない極めて感情を揺さぶる情報によって政党主導の政策策定システムを混乱させ、不安定化させる力があると指摘している。同様に、ジョン（John 2006a）は、英国における都市問題への予算配分の大きな変化を説明するうえで、メディアの報道内容と出来事の相互作用の方が政党支配の変化よりも重要であることを見出している。

　争点の拡大に関する国際的な研究は、制度的仕組みの違い、つまり政治的な場の性質の違いが公共政策の経過にいかなる影響を与えるのか、という検証の機会を提供している。ティンマーマンス（2001）は、4カ国（カナダ、オランダ、英国、スイス）の生物医学政策の事例を調査し、マクロ政治レベルおよび政策サブシステムレベルの領域におけるばらつきが、アジェンダ力学の速度に大きな影響を与えていることを発見した。ヨーロッパの民主主義国家でみられるように、政策力学が大まかに類似している場合であっても、政策展開の具体的な道筋はさまざまなのである。

　このような取組においては、プラレ（Pralle 2003）、プリンセンとライナード（2006）、ティンマーマンスとスコルテン（2006）のような質的研究だけでなく、より長期間にわたって政策の変化を追跡できる量的研究（Cashore and Howlett 2007；Daviter 2009）も、私たちは必要としている。これらの研究の多くは、制度構造がいかに変化を可能にするのか、また、制度構造がいかに政策力学のスピードや大きさに影響を与えるのかについて焦点を当てている（Mortensen 2005, 2007, 2009；Chaqués-Bonafont and Palau 2009）。

13. 比較政策アジェンダ・プロジェクト

　1990年代初頭にバウムガルトナーとジョーンズによって始められた政策アジェンダ設定研究の主要なアウトカムの1つは、政策アジェンダ研究を行う学者の国際的コミュニティを発展させたことである。この緩やかに作られた比較アジェンダ・プロジェクト（CAP）の中では、幾人かの学者がPETをアメリカ以外の国々に適用・拡張している。しかし、多くの学者は他の理論や他のリサーチ・クエスチョンを用いた研究も行っている。これら学者たちに共通しているのは、もともとアメリカを拠点とする政策アジェンダ・プロジェクトのデータベースを構築するために開発され、後に比較研究用に調整された測定システムを適用していることである（Jones 2016）。

　現在、CAPは20カ国以上のプロジェクトによって構成されており、さらに多くのプロジェクトが計画中である。毎年6月には、学者グループによる年次会議が開催され、平均約80人が参加している。

　理論的アプローチやリサーチ・クエスチョンの範囲は幅広いが、比較研究という視点からの主な利点は、共通の測定システムを各国で厳格に実施していることである。これは比較研究をさらに発展させるための必要条件である。より多くの政策アジェンダ設定の比較研究を促進する最近のもう1つのイニシアチブは、そこからすべての国のデータセットをダウンロードできる共通のウェブページを構築したこと、そこで学生や研究者がデータのオンライン分析を簡単に行えるようになったことである。CAPのウェブサイト（www.comparative-agendas.net）はテキサス大学によって運営されている。アメリカ議会法案プロジェクトやアメリカを拠点とする大規模な政策アジェンダ・プロジェクトは、すべて国家間の比較アジェンダ・プロジェクトの中に統合されている。

　当該理論に関連するアジェンダ設定への方法論的アプローチによって触発された研究の広がりと方向性を把握するため、主要なオンライン書誌データベースであるScopusとProQuestで一連の体系的なキーワード検索を実施した。検索の文字列は、「punctuated equilibrium Jones Baumgartner」「disproportionate information processing Jones Baumgartner」「agenda setting Jones Baumgartner」とした。なお、PETやCAPの測定システムに単に言及しただけ、あるいは簡単に参照しただけの出版物は除外した。私たちは、第2回目の

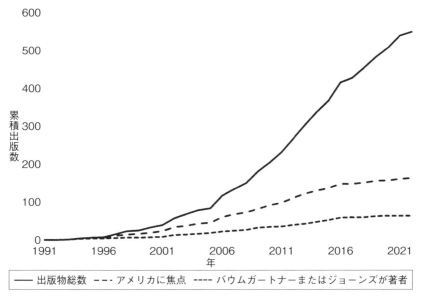

図2.2 時間経過に伴う断続平衡文献の出版数
出典：著者作成

検索でCAPやEU政策アジェンダ・プロジェクト（http://www.policyagendas. eu）などの関連ウェブサイトをよりアドホックにオンライン検索し、この出版物リストを補完した。第3回目では、このリストを比較アジェンダ・プロジェクトの研究者に回覧し、彼らの関連出版物がリストから抜けていないか否かを確認するよう依頼した。2022年4月1日現在、最終的に1991年から現在までの期間を網羅する、合計550件の関連出版物を私たちはリストアップした。出版物の全リストについては、本章のオンライン資料（www.routledge.com/9781032311296）を参照されたい。

図2.2は、時間の経過に伴うPE理論と測定システムの利用における成長の様子を表している。第1に、この図では、PE論文数が2006年以降、急激に上向きに変曲している。第2に、アメリカ以外のデータを使用した出版数が著しく増加している。アメリカの研究数も年々増加しているとはいえ、2005年以前の全実証研究の65%がアメリカのデータのみに依拠していたのに対し、2006年以降に発表された研究における同等の数字は28%である。第3に、本章の筆頭

著者2人が共著者として名を連ねている出版物の割合は当初23％であったが、2006年以降はたった10％になっている。第4に、図には表れないが、これらの文献は高度に実証的である。よって、私たちのレビューでは、（本章のような）レビュー論文はわずか26本、純粋に理論的な論考が49本、そして475本が実証的な研究である。すなわち、この最後のカテゴリーが当該分野の出版物の86％を占めていることになる。最後に、出版物リストを詳しく見てみると、権威主義体制と半独裁主義体制に関する出版物が、最近増加していることがわかる。このように、CAPは単なる西側の民主主義国家を比較するためのプロジェクトではなく、真の比較プロジェクトへと発展しつつあるのである。

表2.1は、これらの論文が掲載されたジャーナルを示している。これは比較研究の重要性を明らかにしており、そのリストには、主要な学問分野のジャーナルのほぼすべてに加え、公共政策研究、行政学、アメリカ政治学および比較政治学に焦点を当てたものを含む、138の異なるジャーナルが含まれている。

バウムガルトナーとジョーンズの *Agendas and instability in American Politics*（『アメリカ政治のアジェンダと不安定性』（Baumgartner and Jones 1993））は、連邦制、権力分立、そして弱い政党という複雑なアメリカのシステムにおける場の選択という概念を持った著作であった。この著作に対する初期の反応、特にその分析視角が特異でアメリカ的な視点とみなされていたことを考えると、PETに関連するアイデアや政策アジェンダ設定アプローチの比較における活用が劇的に増加していることは、驚くべき展開である。確かに、より中央集権的でより規律ある政党が存在するシステムでは、状況は異なるに違いないと推測する者はいた。実際、政治システムごとに多くの異なる点はあるが、PETの核心にある人間の認知力、組織的対応のキャパシティ、そして注目を配分する力の基本的限界は、この理論に普遍的な適用可能性を与えている。

2006年頃の出版総数の増加は、独立した国別プロジェクトを基に作られた比較政策アジェンダ・プロジェクトのネットワークが発展した時期と合致している。なお、国別プロジェクトとデータベースの概要は www.comparativeagendas.net から参照できる。

CAPは、複数国の政策力学を同時に追跡できる可能性を提供している。デンマークを拠点に、グレーン＝ピーダソン（Green-Pedersen）と彼の共同研究者らが、デンマークとアメリカのタバコ政策（Albaek, Green-Pedersen, and Nielsen

表2.1 「断続平衡」論文が掲載された学術雑誌

ジャーナル名		本数
Policy Studies Journal	政策研究ジャーナル	61
Journal of European Public Policy	ヨーロッパ公共政策ジャーナル	26
Journal of Public Policy	公共政策ジャーナル	24
Policy Sciences	政策科学	23
West European Politics	西ヨーロッパ政治	13
Party Politis	政党政治	13
American Journal of Political Science	アメリカ政治学ジャーナル	11
Journal of Public Administration Research and Theory	行政研究・理論ジャーナル	10
Review of Policy Research	政策研究レビュー	10
Political Research Quarterly	季刊政治研究	8
Public Administration	行政学	8
Political Communication	政治コミュニケーション	8
European Journal of Political Research	ヨーロッパ政治研究ジャーナル	8
Political Studies	政治研究	8
Governance	ガバナンス	8
Italian Political Science Review	イタリア政治学レビュー	8
Comparative Political Studies	比較政治研究	7
European Political Science Review	ヨーロッパ政治学レビュー	7
Canadian Journal of Public Policy	カナダ公共政策ジャーナル	6
British Journal of Political Science	英国政治学ジャーナル	6
Journal of Politics	政治ジャーナル	5
117 other journals, combined	その他の雑誌117誌を合算	166
Non-journal publications(books, book chapters)	ジャーナル以外の出版物(書籍、本の章)	106
出版物総数		550

出典：著者作成

2007)、デンマーク、ベルギー、オランダの安楽死政策（Green-Pedersen 2004)、そしてデンマークとアメリカのヘルスケア政策（Green-Pedersen and Wilkerson 2006）を研究することで、それを実践してきた。

争点への注目アプローチが新たな重要な洞察をもたらしてきた研究のもう1つの動きとして、メディアと政治の相互作用に関する古典的な問いがある。ベルギーでは、ウォルグレイブとその同僚らがこの研究アジェンダを主導している（Walgrave 2008；Walgrave, Lefevere, and Nuytemans 2009；Vliegenthart and Walgrave 2011)。この問いはまた、デンマーク（Green-Pedersen and Stubager 2010；Thesen 2013；Green-Pedersen, Mortensen, and Thesen 2015)、オランダ、

スイス（Sciarini, Tesch, and Vliegenthart 2020）など他の国々でも精力的に研究され、さらに国をまたいだ研究も行われている（Vliegenthart et al. 2016）。争点の拡大と政策展開のメカニズムは、異なる民主的政治システムにおいても広く類似している。ただし、それらがさまざまな意思決定制度を通じて実施される際には、異なる形で展開される可能性がある。

エンゲリ、グリーン＝ピーダソンおよびラーセンの編著作（Engeli, Green-Pedersen, and Larsen 2012）では、学者たちが、アメリカと複数の西ヨーロッパ諸国における安楽死、中絶、体外受精といった争点の取り扱いに関する道徳政治（morality politics）を、焦点を絞った事例比較を通じて分析している。グリーン＝ピーダソンとウォルグレイブ（Green-Pedersen and Walgrave 2014）は、ヨーロッパの比較アジェンダ・プロジェクトから得た、より定量的な知見を書籍としてまとめ、政策アジェンダとアジェンダ設定だけでなく、より一般的な制度進化の力学理論を発展させた。ジョンら（John et al 2013）は、1945年から現在に至る英国政治の発展について同様の議論を展開し、ジョンとジェニングス（John and Jennings 2010）は、英国における政府が向ける注目の断続的な変化を調査した。そして、こうした断続の多くが選挙による政権交代とは無関係であることを明らかにした。チャケス＝ボナフォン、プラウおよびバウムガルトナー（Chaqués-Bonafont, Palau, and Baumgartner 2015）は、スペインのアジェンダ・プロジェクトの観点から近年のスペイン政治史をレビューし、比較的最近民主主義へ移行した国から得られた一連の新たな洞察を記録している。

国ごとに政策の違いが生じる一因は、アクターの動員の違いと、それに続く出来事のタイミングや順序の違いに起因する可能性にある。その結果、国によって政策に違いがあっても、プラレ（Pralle 2006）がカナダとアメリカの芝生農薬政策の事例研究で示したように、制度の違いに帰すると考えることは必ずしもできない。カナダが農薬規制により寛容な環境を提供しているという結論に飛びつくのは、政治選択の力学を十分研究しない限り、早計かもしれない。

断続平衡モデルは国際関係を理解するうえでも有用であることが証明されている。例えば、長期化する国家間の敵対関係（Cioffi-Revilla 1998）、国際政治における規範の役割（Goertz 2003）、世界的な疾病管理におけるアジェンダ設定（Shiftman 2003；Shiftman, Beer, and Wu 2002）などにおいてである。後者の研究では、政策策定の3つのモデル（漸増主義モデル、合理主義モデルおよび断続平衡

モデル）が比較され、「介入は特定の集団にのみ利用可能であり、これらの介入が短期間で世界中に広がるときに注目は突発的に集中するという、より複雑なパターン」が発見された（Shiftman, Beer, and Wu 2002, 225）。

　政策策定の、いかなる側面が人間の認知と組織行動に基づくより一般的な力学から生じているのか、また、いかなる側面が研究対象である制度の個別的特徴に関連しているのか、これらを理解し始めることは極めて重要である。このような考察は制度理論の枠を超え、組織における人間の相互作用に関するより一般的な理論へと私たちを導いてゆく（Goertz 2003）。

　争点への注目という視点からの政党間競争の研究をみると、主に議会システムに焦点を当てた、もう1つの新しい研究分野がある。この研究アジェンダには2つのサブテーマがある。その1つの流れは、選挙の重要性と政府の党派構成の変化が政策やアジェンダの変化の推進要因となるという古典的な問いに、新たなアプローチを提供するものである。この視点からの研究は、変化を説明する要因として、選挙やイデオロギーの重要性を強調する従来の見解に挑戦するものである。例えば、モーテンセンら（Mortensen et al. 2011）は、異なる3カ国の数十年にわたる政府アジェンダの変化および安定性に関する研究の中で、選挙や政権の党派色の変化もしくは首相の交代が政府アジェンダの変化と安定性の水準に対して体系的に影響を与えたという証拠はない、と結論付けている。この知見は、フランス（Baumgartner, Grossman, and Brouard 2009）、アメリカ（Jones and Baumgartner 2005, 84-85）、英国（John and Jennings 2010）ほか多数の国々（Green-Pedersen and Walgrave 2014）のアジェンダ設定に関する研究と合致している。グロスマンとギノードー（Grossman and Guinaudeau 2021）が1980年代以降の5つの民主主義国家における争点アジェンダの包括的な研究の中で報告しているように、アジェンダは時間の経過とともに変化するが、その変化のタイミングは選挙や政権交代と密接な関係があるわけではないのである。

　政党に関するこの研究アジェンダのもう1つのサブテーマは、政治アジェンダを設定しようとする際の政党間の競争方法に関するものである。研究者の多くは、政党が競争相手の争点への注目に反応することを認めているにもかかわらず、主要な理論的説明（Budge and Farlie 1983；Petrocik 1996）は、そうした争点の重複や反応性よりも、むしろ選択される争点の重点性（あるいは「争点オーナーシップ」）について力点を置いて論じてきた。アジェンダ設定研究は、

政党が単に異なる争点についてすれ違いの議論をするのではなく、実際には同じ争点について互いに反応しあっていることを実証することで、この従来の理解に異を唱えている（Vliegenthart and Walgrave 2011）。さらに、異なる政党間の不公平なアジェンダ設定力に焦点を当てた文献もある。グレーン＝ピーダソンとモーテンセン（Green-Pedersen and Mortensen 2010）は、デンマークの政治アジェンダ決定における議会野党が果たす役割について重要な洞察を提供した。彼らは、政府が利用できる戦略的アジェンダ設定の限界と政府が避けたがるような分野に注目を集中させる野党の力の両方を明らかにした（参照：Seeberg 2013；Green-Pedersen and Mortensen 2015；Green-Pedersen, Mortensen, and So 2018；Abou-Chadi, Green-Pedersen, and Mortensen 2020）。最近の著書では、グレーン＝ピーダソン（Green-Pedersen 2019）が、1980 年以降の西ヨーロッパ 7 カ国の争点アジェンダの包括的な研究の中で、政党間の争点競争に対する理解を向上させている。

　EU の政策アジェンダ・プロジェクトは、複数の研究者がトピック・コード・システムを利用して EU の政策アジェンダへの注目を体系的に追跡するという、もう 1 つの重要な展開を示している（例：Princen 2009, 2013；Alexandrova and Timmermans 2013；Alexandrova 2015；Princen, Siderius, and Villasante 2021）。この研究アジェンダの中心的な問いには、いかなる争点が EU のアジェンダに登場するのか、争点の定義はいかに変化するのか、などが含まれている。

　有望な新たな展開の 1 つは、争点への注目測定システムを地方の政策アジェンダに適用することである。地方の政治システムがいかに機能しているかを私たちが理解するためには、地方の政策アジェンダは極めて重要である。さらに、比較研究に適した地方政治システムの多さは、政治システム、アクター、そして情報の役割を体系的に検証する新たな機会を提供してくれる。モーテンセンが率いるデンマークの研究グループは、この新たな地方政策アジェンダ研究の最前線に立っている（Baekgaard, Mortensen, and Seeberg 2018；Baekgaard, Larsen, and Mortensen 2019；Mortensen, Loftis, and Seeberg 2022）。しかし、ノルウェーやオースティンにおいてもプロジェクトは進行中である。

　最後に、PET に関する活気ある研究がアジアの幾つかの国で進行中であることである（例：Hong and Sohn 2014；Yoon 2015；Chan and Zhao 2016；Yao, Yan, and Zhu 2021）。このアイデアを新たな国が適用した結果、バウムガルトナーと

ジョーンズの1993年の著書に含まれていた洞察は、当時の時代背景や政治システム、あるいはその著書で研究された特定の事例に限定されないことが明らかになった。この視点がより広範な適用可能性を持つことは証明されており、私たちは、多くの洞察や主要な発見はアメリカ以外の地域からもたらされるであろうと信じている。

14. 結　論

　政策過程における断続平衡の初期理論は、政策サブシステムに特化した政治の力学に対する適用が可能である。この理論は、学者たちがアメリカ内外のさまざまな政策策定状況を理解するためには十分なほど有用であると証明されている。幾つかの厳密な定量的および定性的な検証に耐えられるほど頑健であることも証明されている。この理論は確率過程に基づく新たな公共予算編成の研究アプローチを生み出し、それゆえ、いかなる理論も反証可能であるだけでなく、新たな探究の諸領域を示唆する実り多いものでなければならないという基準をも満たしている。

　政策実務家の間でも大きな議論を呼んでいる。環境変化に関する行動への呼びかけ人であるスペス（Speth 2004）の『地球環境危機を前に市民は何をすべきか：レッド・スカイ・アット・モーニング』（Red Sky at Morning）では、事実に基づく証拠が蓄積される中で、迅速かつ修正的な変化を導くことができる政策分析として、断続平衡理論が引用されている。本書の目的は、政策過程の研究により優れた理論を提供することである。そして政策変化に関するより優れた応用研究はより優れた理論と共に実現するであろう。実際、これに代わるものは存在しないのだから。

　確率過程という用語を駆使し理論を定式化することで、政策過程の理論を人間の動的プロセスの一般的な定式と比較することが可能になった。断続の力学では、いかなる活動も狂騒的な活動の突発的な期間が散在する長期間の安定期から成り立っており、断続の力学は人間システムにおける普遍的なケースであるかもしれない。例えば、バラバーシ（Barabasi 2005）は、人間が行動のために受け取る情報に優先順位を付けるとき、その情報に対する行動の待ち時間分布は「ヘビー・テイル」（訳注：裾の重い分布）、つまり尖度が高くなる分布にな

ることを示している。優先順位が付けられず、インプットがランダムな選択に従って処理されるとき、その分布は裾が重くならない。

　政策過程には複雑性と変化する相互作用があることは、正確な政策予測がシステムレベルに限定されることを意味している。複雑な適応システムは、非線形性、相互依存性、そして時間を通じた変数間の複雑な相互作用によって特徴付けられる。その結果、明確な因果関係の連鎖や正確な予測は、特定の場合の特定の時期においてのみ機能する。ほとんどの事例やほとんどの時間では停滞の状態が特徴的であるため、学者たちは自分たちが政策過程にうまく機能するモデルを持っていると思い込むかもしれない。しかし、私たちは断続のタイミングや成果を予見することはできないので、完全なモデルによる局所的な予測は困難であろう。

　何が、注目における次なる大きな移行、局面の変化、もしくは新たな準拠枠を引き起こすのだろうか。ある政策や争点領域を注意深く研究することで、変化に対する圧力についての推論はできるかもしれない。しかし、その特定の政策分野において、次の注目への移行はいつ起きるのだろうか。システムレベルからみれば、断続平衡は、1つの理論として、何らかの政策断続がほとんどの時間において進行中であることを私たちに予測させる。そしてこの理論は、局所的な変化の大きさとそれらの変化のシステムレベルにおける発生頻度との関連を予測するために、制度的環境と意思決定プロセスを結び付けている。断続平衡理論は、私たちが安定期しか見ていない限り、特定の政策争点のある時点に特化した予測を立てる手助けにはならない。

　将来の政策の詳細に関する線形予測は、予期せぬ断続に遭遇するたびに失敗するだろう。この予測が成功するのは、検証のパラメータが平衡期間と合致している間に限られる。この制約は、より容易に検証可能で確認しやすい、相対的に安定している期間にのみ適用できるモデルを提供したくなることを意味している。あるいは調査者たちは、大きな変化に焦点を当て、その変化から遡って事例を説明しようとするだろう。このアプローチでは、見せかけの要因に因果性を帰するという誤謬に陥りやすい。私たちの見解によれば、より明確で、包括的かつ実証的に正確な理論的視座は、断続平衡理論に見出すことができる。とりわけ、その一般的な形態は、大きな政策変化と安定期を統合的に捉えるものである。

注

1 以下のジャーナルの特集号も発行されている。: *Policy Studies Journal* 誌 41, no. 1 (2012); *Comparative Political Studies* 誌 44, no. 8 (2001); and *Journal of European Public Policy* 誌 13, no. 7 (2006).

参考文献

Abou-Chadi, Tarik, Christoffer Green-Pedersen, and Peter B. Mortensen. 2020. "Parties' Policy Adjustments in Response to Changes in Issue Saliency." *West European Politics* 43 (4): 749-771.
Adler, E. Scott, and John D. Wilkerson. 2012. *Congress and the Politics of Problem Solving*. New York: Cambridge University Press.
Albaek, Erik, Christoffer Green-Pedersen, and Lars Beer Nielsen. 2007. *Making Tobacco Consumption a Political Issue in US and Denmark*. Aarhus: Aarhus University.
Alexandrova, Petya. 2015. "Upsetting the Agenda: The Clout of External Focusing Events in the European Council." *Journal of Public Policy* 35 (3): 505-530.
Alexandrova, Petya, and Arco Timmermans. 2013. "National Interest versus the Common Good: The Presidency in European Council Agenda Setting." *European Journal of Political Research* 52 (3): 316-338.
Armstrong, Elizabeth M. 2003. *Conceiving Risk, Bearing Responsibility: Fetal Alcohol Syndrome and the Diagnosis of Moral Disorder*. Baltimore, MD: The Johns Hopkins University Press.
Baekgaard, Martin, Peter B. Mortensen, and Henrik Bech Seeberg. 2018. "The Bureaucracy and the Policy Agenda." *Journal of Public Administration Research and Theory* 28 (2): 239-253.
Baekgaard, Martin, Soren K. Larsen, and Peter B. Mortensen. 2019. "Negative Feedback, Political Attention, and Public Policy." *Public Administration* 97 (1): 210-225.
Bak, Per. 1997. *How Nature Works*. New York: Springer-Verlag.
Barabasi, Albert-László. 2005. "The Origin of Bursts and Heavy Tails in Human Dynamics." *Nature* 435 (May) 207-211.
Baumgartner, Frank R. 2013. "Discrediting the Status Quo: Ideas, Levels of Policy Change, and Punctuated Equilibrium." *Governance* 26 (2): 239-258.
Baumgartner, Frank R., Marcello Carammia, Derek A. Epp, Ben Noble, Beatriz Rey, and Tevfik Murat Yildirim. 2017. "Budgetary Change in Authoritarian and Democratic Regimes." *Journal of European Public Policy* 24 (6): 792-808.
Baumgartner, Frank R., Tamira Daniely, Kalley Huang, Sydney Johnson, Alexander Love, Lyle May, Patrice McGloin, Allison Swagert, Niharika Vattikonda, and Kamryn Washington. 2021. "Throwing Away the Key: The Unintended Consequences of "Tough-on-Crime" Laws." *Perspectives on Politics* 19 (4): 1233-1246.
Baumgartner, Frank R., Abel Francois, and Martial Foucault. 2006. "Punctuated Equilibrium and French Budgeting Processes." *Journal of European Public Policy* 13 (7): 1086-1103.
Baumgartner, Frank R. Emiliano Grossman, and Sylvain Brouard. 2009. "AgendaSetting Dynamics in France: Revisiting the 'Partisan Hypothesis." *French Politics* 7 (2): 57-95.

Baumgartner, Frank R., and Bryan D. Jones. 1991."Agenda Dynamics and Policy Subsystems." *The Journal of Politics* 53（4）: 1044-1074.
―. 1993. *Agendas and Instability in American Politics*. Chicago, IL : University of Chicago Press.
―. 2002."Positive and Negative Feedback in Politics." In *Policy Dynamics*, edited by Frank R. Baumgartner and Bryan D. Jones, 3-28. Chicago, IL : University of Chicago Press.
―. 2015. *The Politics of Information*. Chicago, IL : University of Chicago Press.
Baumgartner, Frank R., Bryan D. Jones, and Michael McLeod. 2000."The Evolution of Legislative Jurisdictions." *Journal of Politics* 62（2）: 321-349.
Baumgartner, Frank R., et al. 2017."Budgetary Change in Authoritarian and Democratic Regimes." *Journal of European Public Policy* 24（6）: 792-808.
Birkland, Thomas. 1997. *After Disaster : Agenda Setting, Public Policy, and Focusing Events*. Washington, DC : Georgetown University Press.
Boushey, Graeme. 2010. *Policy Diffusion Dynamics in America*. New York : Cambridge University Press.
Breunig, Christian. 2006."The More Things Change, the More They Stay the Same : A Comparative Analysis of Budget Punctuations." *Journal of European Public Policy* 13（7）: 1069-1085.
Breunig, Christian, and Chris Koski. 2006."Punctuated Equilibria and Budgets in the American States." *Policy Studies Journal* 34（3）: 363-379.
Budge, Ian, and Dennis Farlie. 1983. *Explaining and Predicting Elections : Issue Effects and Party Strategies in Twenty-Three Democracies*. New York : Allen & Unwin.
Caamaño-Alegre, José, and Santiago Lago-Peñas. 2011."Combining Incrementalism and Exogenous Factors in Analyzing National Budgeting : An Application to Spain." *Public Finance Review* 39（5）: 712-740.
Cashore, Benjamin, and Michael Howlett. 2007."Punctuating Which Equilibrium? Understanding Thermostatic Policy Dynamics in Pacific Northwest Forestry." *American Journal of Political Science* 51（3）: 532-551.
Ceccoli, Stephen J. 2003."Policy Punctuations and Regulatory Drug Review." *Journal of Policy History* 15（2）: 158-191.
Chan, Kwan Nok, and Shuang Zhao. 2016."Punctuated Equilibrium and the Information Disadvantage of Authoritarianism : Evidence from the People's Republic of China." *Policy Studies Journal* 44（2）: 134-155.
Chaqués-Bonafont, Laura, and Anna M. Palau. 2009."Comparing the Dynamics of Change in Food Safety and Pharmaceutical Policy in Spain." *Journal of Public Policy* 29（1）: 103-126.
Chaqués-Bonafont, Laura, Anna M. Palau, and Frank R. Baumgartner. 2015. *Agenda Dynamics in Spain*. Houndsmills : Palgrave Macmillan.
Cichowski, Rachel. 2006. *The European Court and Civil Society : Litigation, Mobilization and Governance*. Cambridge : Cambridge University Press.
Cioffi-Revilla, Claudio. 1998."The Political Uncertainty of Interstate Rivalries : A Punctuated Equilibrium Model." In *The Dynamics of Enduring Rivalries*, edited by Paul F. Diehl, 64-97. Urbana : University of Illinois Press.
Cobb, Roger W., and Charles D. Elder. 1983. *Participation in American Politics : The Dynamics of Agenda-Building*. Baltimore, MD : Johns Hopkins University Press.
Cobb, Roger W., and Marc Howard Ross, eds. 1997. *Cultural Strategies of Agenda Denial*. Lawrence : University of Kansas Press.

第 2 章　断続平衡理論

Cohen, Michael, James G. March, and Johan P. Olsen. 1972. A Garbage Can Theory of Organizational Choice. *Administrative Science Quarterly* 17 (1)：1-25.
Davis, Otto A., M. A. H. Dempster, and Aaron Wildavsky. 1966."A Theory of the Budget Process." *American Political Science Review* 60 (3)：529-547.
_____. 1974."Towards a Predictive Theory of Government Expenditure：U. S. Domestic Appropriations." *British Journal of Political Science* 4 (4)：419-452.
Daviter, Falk. 2009."Schattschneider in Brussels：How Policy Conflict Reshaped the Biotechnology Agenda in the European Union." *West European Politics* 32 (6)：1118-1139.
Downs, Anthony. 1972."Up and Down with Ecology：The Issue-Attention Cycle." *Public Interest* 28：38-50.
Eldridge, Niles, and Stephen J. Gould. 1972."Punctuated Equilibria：An Alternative to Phyletic Gradualism." In *Models in Paleobiology*, edited by Thomas J. M. Schopf. San Francisco, CA：Freeman Cooper.
Engeli, Isabelle, Christoffer Green-Pedersen, and Lars Thorup Larsen, eds. 2012. *Morality Politics in Western Europe：Parties, Agendas and Policy Choices*. Basingstoke：Palgrave Macmillan.
Epp, Derek. 2018. *The Structure of Policy Change*. Chicago, IL：University of Chicago Press.
Epp, Derek, and Herschel F. Thomas. 2023."When Bad News Becomes Routine：Slowly-Developing Problems Moderate Government Responsiveness." *Political Research Quarterly* 76 (1)：3-13.
Erdi, Peter. 2008. *Complexity Explained*. Berlin：Springer.
Fagan, Edward J. 2022."Political institutions, Punctuated Equilibrium theory；and Policy Disasters." *Policy Studies Journal* 51 (2)：243-263
Fagan, Edward J., Bryan D. Jones, and Christopher Wlezien. 2017."Representative Systems and Policy Punctuations." *Journal of European Public Policy* 24 (6)：809-831.
Givens, Terri, and Adam Ludke. 2004."The Politics of European Immigration Policy." *Policy Studies Journal* 32 (1)：145-165.
Goertz, Gary. 2003. *International Norms and Decision Making：A Punctuated Equilibrium Model*. Lanham, MD：Rowman & Littlefield.
Green-Pedersen, Christoffer. 2004. *The Conflict of Conflicts：Euthanasia in Denmark, Belgium, and the Netherlands*. Aarhus：Aarhus University.
_____. 2019. *The Reshaping of West European Party Politics*. Oxford：Oxford University Press.
Green-Pedersen, Christoffer, and Peter B. Mortensen. 2010."Who Sets the Agenda and Who Responds to It in the Danish Parliament? A New Model of Issue Competition and Agenda-Setting." *European Journal of Political Research* 49 (2)：257-281.
_____. 2015."Avoidance and Engagement：Issue Competition in Multiparty Systems." *Political Studies* 63 (4)：747-764.
Green-Pedersen, Christoffer, Peter B. Mortensen, and Florence So 2018."The Agenda-Setting Power of the Prime Minister Party in Coalition Governments." *Political Research Quarterly* 71 (4)：743-756.
Green Pedersen, Christoffer, Peter B. Mortensen, and G. Thesen. 2015."The Incumbency Bonus Revisited：Causes and Consequences of Media Dominance." *British Journal of Political Science* 47 (1)：131-148.
Green-Pedersen, Christoffer, and Rune Stubager. 2010."The Political Conditionality of Mass Media Influence：When Do Parties Follow Mass Media Attention?" *British Journal of Political Science* 40 (3)：663-677.

Green-Pedersen, Christoffer, and Stefaan Walgrave, eds. 2014. *Agenda Setting, Policies, and Political Systems : A Comparative Approach*. Chicago, IL : University of Chicago Press.
Green-Pedersen, Christoffer, and John Wilkerson. 2006."How Agenda Attributes Shape Politics." *Journal of European Public Policy* 13 (7) : 1039-1052.
Grossman, Emiliano, and Isabelle Guinaudeau. 2021. *Do Elections (Still) Matter? Mandates, Institutions, and Policies in Western Europe*. New York : Oxford University Press.
Guiraudon, Virginie. 2000."European Integration and Migration Policy : Vertical Policy-Making as Venue Shopping." *Journal of Common Market Studies* 38 (2) : 251-271.
Herweg, Nicole, Nikolaos Zahariadis, and Reimut Zohlnhöfer. 2017."The Multiple Streams Framework : Foundations, Refinements, and Empirical Applications." In *Theories of the Policy Process*, 4th ed., edited by Christopher M. Weible and Paul A. Sabatier, 135-172. Boulder, CO : Westview Press.
Hetherington, Marc, and Jonathan Weiler. 2018. *Prius or Pickup? How the Answers to Four Simple Questions Explain America's Great Divide*. Boston, MA : Houghton Mifflin Harcourt Press.
Hong, S., and Sohn, H. 2014."Informal Institutional Friction and Punctuations : Evidence from Multicultural Policy in Korea." *Public Administration* 92 (4) : 1075-1089.
Jacob, Herbert. 1988. *Silent Revolution : The Transformation of Divorce Law in the United States*. Chicago, IL : University of Chicago Press.
Jensen, Jens Ledet, Peter B. Mortensen, and Søren Serritzlew. 2016."The Dynamic Model of Choice for Public Policy Reconsidered : A Formal Analysis with an Application to US Budget Data." *Journal of Public Administration Research and Theory* 26 (2) : 226-238.
―――. 2019."A Comparative Distributional Method for Public Administration Illustrated Using Public Budget Data." *Journal of Public Administration Research and Theory* 29 (3) : 460-473.
John, Peter. 2006a."Explaining Policy Change : The Impact of the Media, Public Opinion, and Political Violence on Urban Budgets in England." *Journal of European Public Policy* 13 (7) : 1053-1068.
―――. 2006b."The Policy Agendas Project : A Review." *Journal of European Public Policy* 13 (7): 975-986.
John, Peter, Antony Bertelli, Will Jennings, and Shaun Bevan. 2013. *Policy Agendas in British Politics*. Basingstoke : Palgrave Macmillan.
John, Peter, and Will Jennings. 2010."Punctuations and Turning Points in British Politics : The Policy Agenda of the Queen's Speech, 1940-2005." *British Journal of Political Science* 40 (3): 561-586.
John, Peter, and Helen Margetts. 2003."Policy Punctuations in the UK." *Public Administration* 81 (3) : 411-432.
Jones, Bryan D. 1994. *Reconceiving Decision-Making in Democratic Politics : Attention, Choice, and Public Policy*. Chicago, IL : University of Chicago Press.
―――. 2001. *Politics and the Architecture of Choice*. Chicago, IL : University of Chicago Press.
―――. 2003."Bounded Rationality and Political Science : Lessons for Public Administration and Public Policy." *Journal of Public Administration Research and Theory* 13 (4) : 395-412.
―――. 2016."The Comparative Policy Agendas Projects as Measurement Systems : Response to Dowding, Hindmoor and Martin." *Journal of Public Policy* 36 (1) : 31-46.
Jones, Bryan D., and Frank R. Baumgartner. 2005. *The Politics of Attention*. Chicago, IL : University of Chicago Press.
―――. 2012."From There to Here : Punctuated Equilibrium to the General Punctuation Thesis to a

Theory of Government Information Processing." *Policy Studies Journal* 40 (1): 1-19.
Jones, Bryan D., Frank R. Baumgartner, Christian Breunig, Christoffer Wlezien, Stuart Soroka, Martial Foucault, Abel Francois, Christoffer Green-Pederson, Chris Koski, Peter John, Peter B. Mortensen, Frédéric Varone, and Stefaan Walgrave. 2009. "A General Empirical Law of Public Budgets: A Comparative Analysis." *American Journal Political Science* 53 (4): 855-873.
Jones, Bryan D., Frank R. Baumgartner, and Jeffrey Talbert. 1993. "The Destruction of Issue Monopolies in Congress." *American Political Science Review* 87 (3): 657-671.
Jones, Bryan D., Frank Baumgartner, and James B. True. 1998. "Policy Punctuations: U. S. Budget Authority, 1947-1995." *Journal of Politics* 60 (1): 1-33.
Jones, Bryan D., Tracy Sulkin, and Heather Larsen. 2003. "Policy Punctuations in American Political Institutions." *American Political Science Review* 97 (1): 151-170.
Jones, Bryan D., Sean M. Theriault, and Michelle Whyman. 2019. *The Great Broadening: How the Vast Expansion of the Policymaking Agenda Transformed American Politics*. Chicago, IL: University of Chicago Press.
Jones, Bryan D., and Herschel Thomas Ⅲ. 2012. "Bounded Rationality and Public Policy Decision-Making." In *The Routledge Handbook of Public Policy*, edited by Eduardo Araral Jr., Scott Fritzen, Michael Howlett, M. Ramesh, and Xun Wu, 273-286. Oxford: Routledge.
Jones, Bryan D., Herschel Thomas Ⅲ, and Michelle Wolfe. 2014. "Policy Bubbles." *Policy Studies Journal* 42 (1): 146-171. doi: 10:1111/psj.12046
Jones, Bryan D., Samuel Workman, and Ashley Jochim. 2009. "Information Processing and Policy Dynamics." *Policy Studies Journal* 37 (1): 75-92.
Jones, Bryan D., László Zalányi, and Péter Erdi. 2014. "An Integrated Theory of Budgetary Politics and Some Empirical Tests: The US National Budget, 1791-2010." *American Journal of Political Science* 58 (3): 561-578.
Jordan, Meagan. 2003. "Punctuations and Agendas." *Journal of Policy Analysis and Management* 22 (3): 345-360.
Kahneman, Daniel. 2011. *Thinking, Fast and Slow*. New York: Farrar, Straus, and Giroux.(村井章子訳『ファスト&スロー（上）（下）：あなたの意思はどのように決まるか』（早川書房、2014年））
Kenny, Sally. 2003. "Where Is Gender in Agenda-Setting?" *Women and Politics* 25 (1): 179-204.
Kingdon, John. 1984. *Agendas, Alternatives, and Public Policies*. Boston, MA: Little, Brown.(笠京子訳『アジェンダ・選択肢・公共政策：政策はどのように決まるのか』（勁草書房、2017年）訳は2011年第2版）
Krasner, Stephen. 1984. "Approaches to the State: Alternative Conceptions and Historical Dynamics." *Comparative Politics* 16 (2): 223-246.
Lam, Wai Fung, and Kwan Nok Chan. 2014. "How Authoritarianism Intensifies Punctuated Equilibrium: The Dynamics of Policy Attention in Hong Kong." *Governance* 28 (4): 549-570.
Leach, William D., and Paul A. Sabatier. 2005. "To Trust an Adversary: Integrating Rational and Psychological Models of Collaborative Policymaking." *American Political Science Review* 99 (4): 491-503.
Lindblom, Charles. 1959. "The Science of Muddling Through." *Public Administration Review* 19: 79-88.
Maesschalck, Jeroen. 2002. "When Do Scandals Have an Impact on Policymaking?" *International Public Management Journal* 5 (2): 169-193.
Mandelbrot, Benoit. 1963. "New Methods in Statistical Economics." *Journal of Political Economy* 71 (5): 421-440.

Manna, Paul. 2006. *School's In : Federalism and the National Education Agenda*. Washington, DC : Georgetown University Press.
May, Peter, Samuel Workman, and Bryan D. Jones. 2008."Organizing Attention : Responses of the Bureaucracy to Agenda Disruption." *Journal of Public Administration Theory and Research* 18 (4) : 517-541.
Mazey, Sonia, and Jeremy Richardson. 2001."Interest Groups and EU Policy-Making : Organizational Logic and Venue Shopping." In *European Union : Power and Policy Making*, edited by Jeremy Richardson, 217-237. 2nd ed. London : Routledge.
McDonough, John. 1998. *Interests, Ideas, and Deregulation*. Ann Arbor : University of Michigan Press.
Mortensen, Peter B. 2005."Policy Punctuations in Danish Local Budgeting." *Public Administration* 83 (4) : 931-950.
――. 2007."Stability and Change in Public Policy : A Longitudinal Study of Comparative Subsystem Dynamics." *Policy Studies Journal* 35 (3) : 373-394.
――. 2009."Political Attention and Public Spending in the U. S." *Policy Studies Journal* 37 (3) : 435-455.
Mortensen, Peter B., Christoffer Green-Pedersen, Gerard Breeman, Will Jennings, PeterJohn, Arco Timmermans, Laura Chaqués, and Anna Palau. 2011."Comparing Government Agendas : Executive Speeches in the Netherlands, United Kingdom and Denmark." *Comparative Political Studies* 44 (8) : 973-1000.
Mortensen, Peter B., Matt W. Loftis, and Henrik B. Seeberg. 2022. *Explaining Local Policy Agendas. Institutions, Problems, Elections and Actors*. Cham : Palgrave Macmillan.
Newell, Allen, and Herbert A. Simon, 1972. *Human Problem Solving*. Vol. 104, no. 9. Englewood Cliffs, NJ : Prentice Hall.
Padgett, John F. 1980."Bounded Rationality in Budgetary Research." *American Political Science Review* 74 (2) : 354-372.
Pauw, J. C. 2007."A Measurement of Year-on-year Variation in the Allocations to National Departments in South Africa (2003/4-2007/8) from a Public Management Point of View." *Politeia* 26 (3) : 252-272.
Petrocik, John R. 1996."Issue Ownership in Presidential Elections, with a 1980 Case Study." *American Journal of Political Science* 40 (3) : 825-850.
Pralle, Sarah. 2003."Venue Shopping, Political Strategy, and Policy Change : A Case Study of Canadian Forest Advocacy." *Journal of Public Policy* 23 (3) : 233-260.
――. 2006."Timing and Sequence in Agenda Setting and Policy Change : A Comparative Study of Lawn Pesticide Policy in the US and Canada."*Journal of European Public Policy* 13(7): 987-1005.
Princen, Sebastiaan. 2009. *Agenda-Setting in the European Union*. Basingstoke : Palgrave Macmillan.
――. 2013."Punctuated Equilibrium Theory and the European Union."*Journal of European Public Policy* 20 (6) : 854-870.
Princen, Sebastiaan, and Mark Rhinard. 2006."Crashing and Creeping : Agenda Setting Dynamics in the European Union." *Journal of European Public Policy* 13 (7) : 1119-1132.
Princen, Sebastiaan, K. Siderius, and S. Villasante. 2021."Information Processing in the European Union's Common Fisheries Policy." *Journal of Public Policy* 41 (3) : 532-552.
Redford, Emmette S. 1969. *Democracy in the Administrative State*. New York : Oxford University

Press.
Repetto, Robert, ed. 2006. *By Fits and Starts: Punctuated Equilibrium and the Dynamics of US Environmental Policy*. New Haven, CT: Yale University Press.
Richardson, Jeremy. 2000."Government, Interest Groups, and Policy Change." *Political Studies* 48 (5): 1006-1025.
Robinson, Scott. 2004."Punctuated Equilibrium, Bureaucratization, and Budgetary Changes in Schools." *Policy Studies Journal* 32 (1): 25-40.
＿＿＿. 2006."Punctuated Equilibrium Models in Organizational Decision Making." In *Handbook on Organizational Decision-Making*, edited by Goktug Morcal, 134-149. New York: Marcel Dekker.
Sabatier, Paul A. 1987."Knowledge, Policy-Oriented Learning, and Policy Change." *Knowledge: Creation, Diffusion, Utilization* 8 (4): 649-692.
Schattschneider, E. E. 1960. *The Semi-Sovcreien People*. New York: Holt, Rinehart and Winston.(内山秀夫 訳『半主権人民』(而立書房、1972 年))
Scholten, Peter, and Arco Timmermans. 2004."Doorbraken en zacht landingen in het Nederlandse immigrantenbeleid. Een theoretische analyse van beleidsdynamiek." *Beleidswetenschap* 18: 3-30.
Schrad, Mark. 2010. *The Political Power of Bad Ideas: Networks, Institutions, and the Global Prohibition Wave*. New York: Oxford University Press.
Sciarini, Pascal, Anke Tresch and Rens Vliegenthart. 2020."Political Agenda-Setting and Building in Small Consensus Democracies: Relationships between Media and Parliament in the Netherlands and Switzerland." *The Agenda Setting Journal* 4 (1): 109-134
Seeberg, Henrik B. 2013."The opposition's policy influence through issue politicisation." *Journal of Public Policy* 33 (1): 89-107.
Sheingate, Adam. 2000."Agricultural Retrenchment Revisited." *Governance* 13 (3): 335-363.
Shiftman, Jeremy. 2003."Generating Political Will for Safe Motherhood in Indonesia." *Social Science and Medicine* 56 (6): 1197-1207.
Shiftman, Jeremy, Tanya Beer, and Yonghong Wu. 2002."The Emergence of Global Disease Priorities." *Health Policy and Planning* 17 (3): 225-234.
Simon, Herbert A. 1957. *Models of Man*. New York, John Wiley & Sons, Inc.
＿＿＿. 1977."The Logic of Heuristic Decision-Making." In *Models of Discovery*, edited by R. S. Cohen and M. W. Wartofsky. Boston, MA: D. Reidel.
＿＿＿. 1983. *Reason in Human Affairs*. Stanford, CA: Stanford University Press.(佐々木恒男・吉原正彦訳『意思決定と合理性』(筑摩書房、2016 年))
＿＿＿. 1985."Human Nature in Politics: The Dialogue of Psychology with Political Science." *American Political Science Review* 79 (2): 293-304.
Soroka, Stuart N., and Christopher Wlezien. 2010. *Degrees of Democracy: Politics, Public Opinion, and Policy*. New York: Cambridge University Press.
Speth, Gustave. 2004. *Red Sky at Morning*. New Haven, CT: Yale University Press.(浜中裕徳訳『地球環境危機を前に市民は何をすべきか：レッド・スカイ・アット・モーニング』(中央法規出版、2004 年))
Stimson, James A., Michael B. MacKuen, and Robert S. Erikson. 1995."Dynamic Representation." *American Political Science Review* 89 (3): 543-565.
Talbert, Jeffrey, Bryan Jones, and Frank Baumgartner. 1995."Nonlegislative Hearings and Policy Change in Congress." *American Journal of Political Science* 39 (2): 383-406.

Taleb, Nissam N. 2007. *The Black Swan : The Impact of the Highly Improbable*. New York : Random House.(望月衛訳『ブラック・スワン〈上〉〈下〉：不確実性とリスクの本質』(ダイヤモンド社、2009 年))

Theriault, Sean. 2008. *Party Polarization in Congress*. New York : Cambridge University Press.

Thesen, Gunnar. 2013."When Good News Is Scarce and Bad News Is Good : Government Responsibilities and Opposition Possibilities in Political Agenda Setting." *European Journal of Political Research* 52 (3) : 364-389.

Thurber, James A., and Antoine Yoshinaka. 2015. *American Gridlock : The Sources, Character, and Impact of Political Polarization*. New York : Cambridge University Press.

Timmermans, Arco. 2001."Arenas as Institutional Sites for Policymaking : Patterns and Effects in Comparative Perspective." *Journal of Comparative Policy Analysis* 3 : 311-337.

Timmermans, Arco, and Peter Scholten. 2006."The Political Flow of Wisdom : Science Institutions as Policy Venues in the Netherlands." *Journal of European Public Policy* 13 (7) : 1104-1118.

True, James L. 2000."Avalanches and Incrementalism." *American Review of Public Administration* 30 (1) : 3-18.

True, James L., and Glenn Utter."Saying 'Yes,' 'No,' and 'Load Me Up' to Guns in America." *American Journal of Public Administration* 32 (2) : 216-241.

Tsebelis, George. 2002. *Veto Players : How Political Institutions Work*. New York : Russell Sage Foundation.(眞柄秀子、井戸正伸監訳『拒否権プレイヤー：政治制度はいかに作動するか』(早稲田大学出版部、2009 年))

Vliegenthart, Rens, and Stefaan Walgrave. 2011."Content Matters. The Dynamics of Parliamentary Questioning in Belgium and Denmark." *Comparative Political Studies* 44 (8) : 1031-1059.

Vliegenthart, Rens, Stefaan Walgrave, L. Chaqués Bonafont, P. Mortensen, P., Sciarini, A., Tresch, and F. Baumgartner. 2016."Do the Media Set the Parliamentary Agenda? A Comparative Study in Seven Countries." *European Journal of Political Research* 55 (2) : 283-301.

Walgrave, Stefaan. 2008."Again the Almighty Mass Media. A Subjective Assessment of the Media's Political Agenda-Setting Power by Politicians and Journalists in Belgium." *Political Communication* 25 (4) : 445-459.

Walgrave, Stefaan, Jonas Lefevere, and Michiel Nuytemans. 2009."Issue Ownership Stability and Change : How Political Parties Claim and Maintain Issues through Media Appearances." *Political Communication* 26 (2) : 153-172.

Walgrave, Stefaan, Frédéric Varone, and Patrick Dumont. 2006."Policy with or without Parties? A Comparative Analysis of Policy Priorities and Policy Change in Belgium, 1991-2000." *Journal of European Public Policy* 13 (7) : 1021-1038.

Wendon, Bryan. 1998."The Commission as Image-Venue Entrepreneur in EU Social Policy."*Journal of European Public Policy* 5 (2) : 339-353.

Wildavsky, Aaron. 1964. *The Politics of the Budgetary Process*. Boston, MA : Little, Brown.

Wolfe, Michelle. 2012."Putting on the Brakes or Pressing on the Gas? Media Attention and the Speed of Policymaking." *Policy Studies Journal* 40 (1) : 109-126.(小島昭則訳『予算編成の政治学』(勁草書房、1972 年))

Wood, Robert. 2006."The Dynamics of Incrementalism : Subsystems, Politics, and Public Lands." *Policy Studies Journal* 34 (1) : 1-16.

Worsham, Jeff. 1998."Wavering Equilibriums : Subsystem Dynamics and Agenda Control." *American Politics Research* 26 (4) : 485-512.

Yao, Dongmin, Wenhong Yan, and Yongyi Zhu. 2021."Budget Structure Discontinuity : Unveiling

Mechanism and Connecting Logic in China's Context." *Journal of Chinese Political Science* 26 (2)：393-417.
Yoon, J. 2015. "Government Agendas in South Korea：Stability and Change since Democratization." *Korea Observer* 46 (2)：357-386.

第3章　政策フィードバック理論

スザンヌ・メトラー、マロリー・E・ソレッレ
(Suzanne Mettler and Mallory E. SoRelle)

　政策過程理論の多くは、何らかの形で、政策がいかにして生み出されるのかを分析している。このことを説明するため、それらの理論は、公共政策それ自体にとって一見外生的に見える要因に焦点を当てている。しかし現代の政治的営為において政策創造は、一般的に、既存政策に深く影響された文脈の中で起こっている。おそらく、このことが最も明白で広く知られている例は政策波及の諸プロセスである。その中では、ある場所の政策策定者は、他の場所の政策策定者の経験から学び、また、他の場所で変革を推進している同じ利益集団や各種団体から圧力を受ける可能性がある。しかし同様に、以前に策定された政策もまた、その他のさまざまな方法で政治の風景を作り変える。そして、これらの変容した状況が、将来の政策策定の有無やそのあり方について影響を与えている。

　政策は一度策定されるといかに政治を作り変え、それによる変容はその後の政策策定にいかなる影響を与えるのだろうか。私たちは、今日、「政策景観」とでも呼びうる、過去のある時点で策定され、現代政治の複数の局面を構造化している既存政策が濃密に織り込まれた政治の風景の中で暮らしている（Mettler 2016）。政策は、注目を要する「古い課題」の領域を構成し、新しい問題や政策の代替策を解釈するためのフレームを提供することで、政治アジェンダに影響を及ぼしている（Adler and Wilkerson 2012）。また政策は、資源配分上の責務および制約を設定し、統治キャパシティと標準的な執行手続きを構成するなどの多様なメカニズムを通じて、統治の運営にも作用している。

　さらに政策は、例えば、特定の市民集団への社会的便益を提供することで政治行動を形作り、その影響を受ける個人の政治参加の程度や追求する目標に影響を及ぼす。政策には、初期の段階で利益集団が結成されるインセンティブを

生み出すか、あるいは、既に結成された利益集団の特定の政治アジェンダをめぐる活動レベルや資源に対する責務を形作る可能性がある。また、特定の公共プログラムの保護と結びついた党派的アイデンティティを育む可能性がある。そのプロセスの中で政党は当該プログラムに依存する有権者を動員することが可能になり、その結果、それらの政党をプログラムの献身的な擁護者へと転換させてゆく。このような可能性は枚挙にいとまなく存在する。

　過去数十年の間で、多くの学者が「いったん施行された政策がその後の政治プロセスを再構築する」（Skocpol 1992, 58）方法を探究し始めている。公共政策の「フィードバック効果」という名にふさわしい、この発展しつつある研究は、政策の能力、すなわち政策が、そのデザイン、資源、実施を通して、政治エリートや大衆の態度や行動を形作り、また政策策定機関や利益集団の展開に影響を与え、さらにこれらの力学のいずれかを通じて、続く政策策定過程に潜在的に影響を及ぼす能力について洞察を加えている（Pierson 1993 ; Mettler and Soss 2004）。

　政策フィードバック・アプローチは、政策過程研究に新たな局面を与えるだけでなく、政策分析の支配的アプローチが等閑視してきた新たな形態の政策分析に取り組む立場に学者を位置付けている。社会問題を解決する最も価値のあるアプローチを予測するあるいは既存の政策がそれらを実現する能力を評価することを目的としている政策分析の分野は、もっぱら経済効率や社会的ウェルビーイングの問題に焦点を当てている。アナリストは、政策代替策がもたらす費用削減効果、大学卒業率の向上、10代の妊娠率の低下、投獄率の低下など、それらが促進する社会的利益（social good）に基づいて、当該代替策をアセスメントする。他方、政策過程の学者は、そのような代替策の採択が政治的に実現可能か否か、不可能な場合にはいかなる状況であれば可能となるのかなど、さまざまな点を解明することに貢献してきている。政策フィードバック理論はこれら2つのアプローチの接点に位置している。すなわち、この理論は政策分析に政治的考察を反映させることで、政策がガバナンスの不可欠な側面にいかなる影響を与えるのかをアセスメントするのである。具体的には、政策が市民の関与を促進するのか抑止するのか、強力な利益集団の育成を促進するのか、また制度的な統治キャパシティにいかなる影響を与えているのか、といったことである。このような分析は、政策が民主主義国家に与えるインパクトを解明し、

社会における権力の配置を再構成する既得権益の発現といった、政策の「意図せざる結果」となりうるものを浮き彫りにすることができる。また、この理論は、過去に作られた政策が将来の政策創造の可能性や形態にいかなる影響を与えるのかを明らかにすることで、政策過程の研究を深化させることができる。民主的な統治形態がますます脅威に晒されている今日、政府プログラムの民主的な可能性を真剣に検討する政策分析アプローチの価値は、学者、政策策定者、そして公衆にとって、かつてないほど高まっている。

1．政策フィードバック理論の知的展開

　政策のフィードバック効果に関する研究は、政治学の文献に比較的最近加わったものである。しかし、公共政策がさまざまなアクターの政治行動を形作るキャパシティを持つというアイデアは、この学問分野に深く根ざしている。E. E. シャットシュナイダー（Schattschneider 1935）は、周知のように「新しい政策が新しい政治を創造する」と論じ、その数十年後には、セオドア・ロウィ（Theodore Lowi 1972）も、この考えに賛同を示した。比較研究においては、イエスタ・エスピン=アンデルセン（GØsta Esping-Andersen 1990）が福祉国家の歴史的制度分析で同様の論理を展開し、政治行動が政策の内容と構造によって形成されると論じた。

　歴史的制度主義者たちは、これらの一般的なアイデアを用い、公共政策を研究するための分析アプローチを構築し始めた。公共政策を分析の中核に据えることは、まさに国家が政治的・社会的生活にいかに作用するのかという制度主義者たちの関心ときれいに合致する。彼らの見解では、持続的な公共政策は政府機関や統治主体といった公式制度の属性を備えている、すなわち政策には、資源を付与し、強制力のあるルールを課し、規範やメッセージを伝えるという特徴があるとされている。公共政策は「行動する国家」（Lowi 1985）を体現するものであり、それゆえ歴史的制度主義者たちがそのアプローチに注目するようになったのは必然的な成り行きと思われた。さらに彼らは、いつ、いかにして変化が生じるのか、あるいは逆に、政治的状況が「ロックイン」に陥り変化に抵抗するようになる条件は何か、について説明を試みている（Pierson 1993）。政策がいかに政治を形作り、その後の公共政策にいかなる影響を及ぼすのかを

説明するためには、時間とともに展開される歴史的発展に敏感な分析が必要不可欠となるのである。

　政策フィードバック理論の定式は、1980 年代後半から 1990 年代前半にかけて、歴史的制度主義の学者たちの著作の中から登場した（Hall 1986；Skocpol 1992；Steinmo, Thelen, and Longstreth 1992；Pierson 1993）。この用語は、シーダ・スコッチポル（Theda Skocpol 1992）の *Protecting Soldiers and Mothers : The Political Origins of Social Policy in the United States*（『兵士と母親を守る：アメリカにおける社会政策の政治的起源』）において造語され、大きな注目を集めた。彼女は、その著作の中で政治的変化を研究するため、この理論を「構造化された政体」アプローチの構成要素として提唱している。スコッチポルは、「時点 1」で作られた政策が国家のキャパシティや社会集団とその政治的目標および能力を再編成し、その結果、「時点 2」で作られる政策に影響を与える可能性がある、と説明している。例えば、南北戦争の退役軍人の年金制度がその受給者に対し、給付を保護し拡大するための組織化を促したことを示している。これは正のフィードバックの一例である。この年金制度は 19 世紀後半には極めて寛大で広範なものになったが、負のフィードバックも生み出すことになった。すなわち、政策策定者たちは、年金をパトロネージ政治の腐敗と結び付けて考えるようになり、その結果、20 世紀初頭には他の種類の社会的供給を導入しようという、自らの意欲を減退させたのである（Skocpol 1992, 57-60）。

　政策フィードバック概念に関するこれら初期の定式化は、主に学者たちに政策がいかに政治を形作るのかに注意を払うよう喚起するものであり、歴史的事例研究の中でそのようなアプローチを例示した。ポール・ピアソン（Paul Pierson 1993）の *When Effect Becomes Cause*（「結果が原因となるとき」）は、学者の仮説設定を可能にする概念フレームワークを提示することで、この新たな理論を次の発展段階へと進めた。ピアソンは、公共政策には他の制度イノベーションと同様、経路依存的なプロセスを引き起こす可能性があり、そこでは、政策過程の各ステップが進むにつれて方向転換がますます難しくなることを指摘した。この画期的な著作の中でピアソンは、施行された政策が、2 つの主要な経路を通じて、政府エリート、組織化された利益団体、そして大衆の政治行動を形作る可能性があると論じた。その 2 つとは、「解釈的効果」という、政策が情報と意味の源として機能することで政治的学習や態度に影響を及ぼす経路と、

「資源効果」という、政策が政治活動の手段やインセンティブを提供する経路である。これらピアソンのアイデアは、この二つの基本的な効果を検証し、効果が確認された場合には作用メカニズムを特定することを目指す、深掘りの実証研究への転換を促した。

ピアソンの理論は、制度の発展と経路依存性の論理を個人の政治行動の研究に結び付ける知的架け橋を提供した。結果として、その後のフィードバック研究の多くは、大衆における政策フィードバック効果を探究してきている。政治行動学者は、市民の関与と参加を理解するための十分に確立されたアプローチに政策フィードバックに関する新しいアイデアを組み込み、それらを実証的に検証する態勢を既に整えていた。学者たちは、作用メカニズムをより正確に特定すると同時に、フィードバックが発生すると予測される諸状況とそれがもたらす諸効果についても明らかにすることを試みてきた。

過去四半世紀の間に政策フィードバックの研究は増加してきた。その対象と方法論的アプローチもはるかに多様で幅広いものとなっている。例えば、研究者の調査の関心は、主に社会福祉政策から刑事司法といった他の政策領域へと拡大していった（例：Weaver and Lerman 2010；Walker 2020）。また、目に見える直接的な政策に焦点を当てただけでなく、民間組織や市場取引、税制を通じての政府支援など隠れた政策についても考察がなされるようになった（Mettler 2011；Morgan and Campbell 2011；SoRelle 2020 など）。さらに、西側諸国中心の分析に非西側諸国が含まれるようになった（例：MacLean 2011；Hern 2017；De Micheli 2018）。実証的アプローチも多様化してきており（参照：SoRelle and Michener 2021）、その中には、詳細な質的研究や民族誌的学研究（例：Soss, Fording, and Schram 2011；Michener 2018；Nuamah 2021）、大規模 n パネルデータや横断的時系列データ（例：Morgan and Campbell 2011；Jacobs, Mettler, and Zhu 2022）、実験的研究や準実験的研究（例：Stokes 2016；Clinton and Sances 2018；SoRelle 2022）が含まれている。これらの研究では、実際の効果に焦点を当てるだけでなく、効果の不在についても検討がなされるようになった（例：Soss and Schram 2007；Hochschild and Weaver 2010）。

本章では、文献の包括的なレビュー（参照：Béland 2010；Campbell 2012）の提供よりもむしろ、政策フィードバック研究者が求める問いの種類、彼らが探究する概念の種類、そしてこの研究領域において明らかになった幾つかの困難

と可能性について、より一般的に読者に紹介することを目的としている。次節では、政策フィードバック研究の主要な流れについて要約する。これらの流れは今後の研究において大きな可能性を持っている。次に、政策が政治的態度や行動にいかなる影響を与えるのかという具体的なメカニズムや、これらの影響を体系的に調整するであろう要因を調査する政策フィードバック研究の最近の動きについて、さらに詳しく掘り下げてゆく。最後に、政策フィードバック研究者が直面している課題を概観し、今後の研究の方向性を示唆する。

2．政策フィードバック探究の主要な流れ

　政策フィードバックの分析領域において、幅広い政治力学に対応する態勢は整っている。現在のところ、学者たちは4つのそれぞれが複数の支流から構成される主要な流れの探究に焦点を当ててきた（図3.1参照）。第1は、政策が**政治アジェンダや政策問題の定義**に影響を与え、その結果、争点がいかに理解され、そしてどの争点が政策策定者の注目を集めるのかを決定づける流れである。第2は、政策が制度的なキャパシティや公務員による政治的学習へのインパクトを通して、**ガバナンス**に影響を及ぼす流れである。第3の流れは、組織化された利益団体の研究に政策フィードバックの論理を適用するもので、政策が**集団の力**に影響を及ぼすと主張するそれである。政策は、いかなるタイプの利益集団や会員制組織がいつ誕生するのか、それらが時間の経過とともに拡大するのか衰退するのか、そして、それらがいかに目標を定義するのか、ということに関して影響を及ぼす。最後の第4は、政府とその管轄下にある一般市民との相互関係として私たちが広く定義する**シチズンシップの意味**を政策がいか

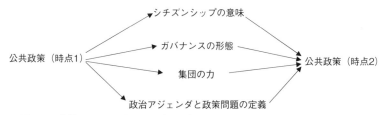

図3.1　政策フィードバックの流れの探究
出典：Mettler and SoRelle（2018）.

に形作るのかを調査する流れで、政策フィードバックの論理を個人の政治行動の研究へと拡張するものである。

2.1 政治アジェンダと問題の定義

かつて作られた政策はその後、社会問題がいかに理解されるか、それらが公共の注目と政府の行動に値する事項として定義されるか否か、そして政治アジェンダに位置付けられるか否かについて影響を与える。政策はいったん作られると、政策自体が政治アジェンダを構成するようになる。というのも、政策が議員の意図したとおりに機能し続けるためには、政策の維持管理と監視が必要となるからである。政策は、その維持管理の手段として、定期的な再承認もしくはあまり正式ではない、その時々の改革を必要とすることがある。また、既存の政策が新たな政策争点に対する議員の見解を形作ることもある。政策を通じて争点がいかにフレーミングされるかによって、より広範で持続的な効果が生じる可能性とその後の政策論争に与える影響の性質が決定づけられる。

例えばアメリカでは、さまざまな分野で活躍する唱導者は、児童保護（Morgan 2006）や消費者金融保護（SoRelle 2020, 2022）のような特定の争点が政策アジェンダにふさわしい公共の関心事であると、政策策定者や有権者の双方に納得させることに苦労してきた。育児は私的領域で扱われるべき事項であるという考え方は、他の従業員関連の福利厚生を承継した制度によって強化されてきた可能性が高い。こうした福利厚生は、後述する同一賃金法（Equal Pay Act）のような平等な権利の法的フレームワークと結びつき、政府の役割を不明瞭にする政策を通じて職場を介し提供されてきた。同様に、消費者金融の取引ベースの規制実施に関する政府の可視性の欠如は、金融商品やサービスの問題が政治的領域ではなく、市場内で解決するための行動を必要とする民間市場の課題であると、借り手に確信させている。

これに関連して、アメリカでは従業員の健康や福利厚生の既存システムが医療改革の障害となった。というのも、改革反対派が、既にそうした保険でカバーされている人々に対し、政策の変更によって自分たちの状況が悪化するという懸念を引き起こすことが容易になったためである（Hacker 2002, 122）。1994年にビル・クリントン大統領が打ち出した医療改革案は、そうした懸念を容易に引き起こすこととなった（Skocpol 1996）。バラク・オバマ大統領は、クリント

ンの失敗から学び、代わりに既存政策を土台とした計画を進め、保険会社やその他の主要なステイクホルダーの支持を獲得し、既存の政策が維持されることをより明確に示した（Blumenthal and Morone 2009）。

加えて公共政策には、どの集団が動員されるのか、集団内に連合や亀裂が生じるのか否かなどといった、政策をめぐって生じる将来の対立を形作る可能性がある。特定の政党によって作られた政策は、その政党の「所有」物とみなされるようになった。そして、そのような法律や関連する争点をめぐるその後の行動では、当該政党の党員は支持者として、他の政党の党員は反対者として動員される可能性がある（Petrocik 1996）。しかし、すべての問題が党派的な枠に収まるわけではない。歴史的な事例に鑑みれば、社会保障のように党派的な分断を超えて支持を動員するものもある（Campbell 2003）。

最後に、政策の対象集団の構築は、政策策定者が将来の政策プログラムの評価においてどの代替策が正当と考えるのかに対し、しばしば影響を与える（Schneider and Ingram 1993）。また、新たな政策は、政策策定プロセスにおいて、主要プレーヤーとなる新たな有権者層や組織化された利益連合を生み出すこともできる（Patashnik 2008）。政策デザインがもたらすこれらの効果は、いずれも政策策定プロセスに経路依存性をもたらし（Pierson 1993）、さらに当該効果はガバナンスによって強化される可能性が高い。以下、このことを主題としよう。

2.2　ガバナンス

政策フィードバックに関する基本的な文献の中には、いったん作られた政策が将来のガバナンスに影響を与える可能性があることを示唆するものがある。すなわち、政策は、議員が選択する政策の代替策、新たな政策に組み込まれる行政上の仕組みのタイプ、さらには政府行動のパラメータや限界さえ形作るかもしれないということである。このようなアウトカムは、行政上の仕組みや標準的な執行手続きなど、それまでの政府に欠けていたキャパシティを開発できるような新たな政策によって生じる可能性がある。そして、これらのキャパシティはその後に策定された政策の実施に活用することができる。また政策は、公務員の政治的学習を促進し、将来の状況に対する彼らの見解や対応に関して影響を与える可能性がある（Heclo 1974）。社会保障局（Social Security Administration：SSA）が退職給付の運営に成功したという評判を得ると、議員は受給者のための医療費給付を創設し、その新たな制度であるメディケア（訳注：65歳以上のシニア等を対象とし連邦政府による医療保険）の運営もSSAに委ねた（Derthick 1979）。これは正のフィードバックの一例とみなすことができる。対照的に、スコッチポル（1992, 59-60）は、当時のパトロネージ・システムを通じた南北戦争退役軍人年金の支給がいかに負のフィードバック効果を生み出したのかについて論じている。多くの改革派たちは、この制度が汚職で蔓延しているとみなし、それを根拠に「アメリカは新たな社会支出プログラムを効率的かつ誠実に管理できない」と信じるようになった。

さらに既存政策は、公務員と一般市民大衆の双方が政府の正当な領域と認識するものと、そして反対に民間部門に属すると認識する領域のものとを形作る可能性がある。ジェイコブ・ハッカー（Jacob Hacker 1998）は、アメリカでは、従業員給付という形で民間部門を通じた福利厚生がより確立されるようになると、政府による現役世代への医療費補助拡大の可能性はより小さくなったと論じている。政府はそのような福利厚生に助成してはいたが、その役割があまり明確ではなかったため、医療保険サービスは民間領域に属するものだと、アメリカ人は考えるようになっていった。

政策はまた、資源に対する責務および制約を設定する。今日のアメリカ連邦予算には、既存のプログラムに対する広範な責務が含まれている。その多くは、法律により給付が義務付けられているという点で特定の市民に対して「義務的」なものであり、また、その他にも、形式的には「裁量的」であっても政府による継続的な支出義務を伴うものが数多くある。他方、国家は、企業や富裕世帯の税率を時間の経過とともに引き下げてきた。その結果、財政上の制約が新たな政策イニシアチブに大きな課題を突きつけている。

2.3 集団の力

最も一般的には、アナリストたちは、組織化された集団や団体がいかに政府に影響を与え政策アウトカムを形作ってゆくのかを検証するが、豊富な証拠が示すように、この関係には逆の場合も存在する。ジャック・ウォーカー（Jack Walker）は、1980年時点で存在していた564の組織の沿革について調査し、第二次世界大戦後に設立された集団のほとんどは、単純に政治システムの外から

のみ生まれたのではなく、むしろ政府から多くの「パトロネージ」的な支援を受けていたと結論付けた。ウォーカー (1983, 403) は、多くの集団が「それぞれの分野における公共政策の基本的枠組みを確立する画期的な新法が制定された**後**に急速に出現した」ことを観察し、そのような場合においては「新たな集団の結成は重要な新法の**結果**の1つであって、その法案通過の**要因**の1つですらなかった」と結論付けている。その例としてウォーカーは、高齢者を代表する 46 の組織のうち 23 を超える組織が、リンドン・ジョンソン大統領がメディケアおよびアメリカ高齢者法 (Older Americans Act) の両方に署名した 1966 年以降に結成されたものだ、と指摘した。

ウォーカーは、利益集団の活動は単に世論の変化や起業家的リーダーの影響の結果として説明できるものではないと論じた。それどころか、複数の公共政策が集団形成の可能性に影響を及ぼしていたという。それらには次のようなものがあった。

> ロビー活動費用の控除を企業が申請する法的資格を規定する税法条項、ダイレクトメールによる資金募集に大きく依存する非営利団体向けの郵便料金減額という形での補助金、行政機関の公聴会で証言を希望する集団への規制当局からの財政的支援の提供、ロビイストの登録とその必要な財務開示に関する規則、財団へのアクセスに関する法的制約、などである。
>
> (Walker 1983, 404)

ジョンソン政権によって採択された数々の政策に見られるように、公務員は、通例として自らが推進する政策を通じて支持者を動員しようとする。逆に、レーガン政権が偉大な社会 (Great Society) プログラムの予算削減、郵便料金の値上げ、そして多くの組織の非営利資格に対する異議申し立てを通じて行ったように、彼らは、自分たちに反対する者たちの動員を抑制しようとすることもある。

公共政策自体もまた、いかなる種類の集団が形成され成長するのか、また、いかなる集団が連合に失敗するのかを形作ることができる。このことは、ある部分、直接的であれ、政策が作り出した機会を通じてであれ、政策が提供する資源のタイプに依存している。20 世紀半ば以降、利益を共有する個人が必然的に組織化し、そのことで集団間の健全な競争が促進されるだろうという、支配

的な多元主義的見解に多くの学者は異議を唱えてきた。それどころか、マンサー・オルソン（Mancur Olson）が説明したように、公共財は個人が行動を起こすか否かにかかわらず等しく給付されるため、それが「フリーライダー」の問題を引き起こすことになる。対照的に、各構成員への資源による給付が大きい小集団は、集合行為を推進する可能性が高くなるので、組織化のためのインセンティブがより大きくなる（Olson 1965）。ウォーカーの観察と組み合わせることでオルソンの理論は、政策の策定後に、公共政策の存在から実質的な利益を得られる立場にある業界団体やその他の産業団体が、当該政策への関心がより漠然としている一般市民に比べて、なぜ動員されやすく政治的行為を起こしやすいのかを説明する手掛かりを与えている。

　このような力学は、学生から利益を得ている関係者たちが学生とその家族よりもはるかに高い水準の政治的組織化を示している高等教育政策の事例において実証されている。1972年、議員は1965年に制定された高等教育法（Higher Education Act）を改正し、銀行が学生により有利な条件で多くの融資を行えるよう奨励した。1980年代、授業料がインフレ率を上回って高騰し、低所得層の学生を対象としたペル・グラント（訳注：連邦政府による給付奨学金）の価値が目減りしてゆく中、学生は大学に通うために、次第に多くのローンを借り続けた。その結果、貸金業者の利益が急増した。これらを受けて、これらの企業は、自分たちに多大な利益をもたらす政策を守るため、徐々に政治活動に積極的になっていった。1990年代には、貸金業者を代表する組織がさらに幾つか設立され、既存の組織もかつてないほどの規模の資金をロビー活動や選挙献金に投じた。しかし当時、学生を代表する団体はアメリカ学生協会と公益研究グループの2つしかなく、どちらも会員数の低迷に苦しんでいた。利益が集中している人々は組織化し、利益が拡散している人々は組織化を控える傾向があることを考えれば、この不均衡な状態は驚くべきことではない。このような力学が政策のフィードバック効果を生み出し、銀行を基盤とする学生融資は、それを優遇する政策に助けられ、コストのかかる代替策である直接融資に対して優勢を保った（Mettler 2014, 78-79, 82-83）。

　資源に加えて、公共政策から生じるコストと便益の可視化の度合いが、その政策を中心に集団が結集するか否かを左右する要因となっている。アメリカの社会福祉政策の多くは、政府の役割を曖昧にする比較的見えにくいメカニズム

を通じて行われている。これには、税制を通じた政府による規制と補助が含まれる。具体的には、健康や退職のための従業員給付や住宅ローンを支払っている住宅所有者向けの税制上の優遇措置である。しかし、医療や不動産業界など、政策のおかげで消費者がより安く買えるようになった商品やサービスの消費から利益を得る立場にある業界にとって、このような政策の存在は見過ごすことができない。保険会社や不動産団体は、既存政策を維持・存続するために多大なエネルギーと資源を投入してきた（Howard 1997；Hacker 2002）。改革派がこうした給付を縮小しようとする変更を提案するたびに、こうした既得権益を持つ集団はその反対のために素早く結集する。しかし一般市民にとっては、このような政策が政府の役割を不明瞭にしている。すなわち給付は、政治コミュニティの構成員として共有された参加からではなく、民間部門や市場における個人の参加から生じているように見えるからだ。公共政策としてこれらの仕組みが認識されにくいために、現在または将来的にその影響を受ける一般市民の間で、組織化が促進される可能性は低い（Mettler 2011, 第2章）。

　公共政策は、一般市民による社会運動や結社活動を刺激する度合い、そしてそのような集団が追求する目標のタイプという点で、さまざまに異なる可能性がある。例えば、クリスティン・ゴス（Kristin Goss 2013）は *The Paradox of Gender Equality : How American Women's Groups Gained and Lost Their Public Voice*（『ジェンダー平等のパラドックス：アメリカの女性団体はいかにして公的な発言力を獲得し、そして失ったか』）の中で、20世紀初頭に採択された労働、参政権、そして母子保健に関する政策は、広範な問題にわたる女性の結社活動およびロビー活動の拡大につながった一方、1960年代および1970年代初頭に採択された一連のジェンダー平等法は、その結果として、キャピタル・ヒル（訳注：連邦議会）における女性の存在感を低下させ、女性団体が取り組む問題を「女性の争点」とみなされる事項へと狭まっていったことを論証している。クロエ・サーストン（Chloe Thurston 2018）の住宅金融差別のフィードバック効果の探究は、便益対象からの除外が、新たなプログラムの支援から排除された人々に対して、その給付へのアクセスを求めていかに集合的に行動を起こすよう動機付けうるか、ということを例証している。

2.4 シチズンシップの意味

シチズンシップとは、政府によって課される権利、義務、責任、ならびにこれらに対する市民の政治的態度や参加といった反応を包括したものである。政治行動の研究は確かにこの研究の流れに合致しているが、これに歴史的分析など他のタイプの研究も加わってくる。

何よりもまず、公共政策は、**政治コミュニティの構成員資格**に根本的な影響を与える。確かに、移民政策や帰化政策は、政治共同体にどの人々を包含するか、そして彼らの権利の性質を定義するうえで、主要かつ明白な役割を果たしている。この点は、アリスティド・ゾルバーグ（Aristide Zolberg 2006）がアメリカの移民政策の包括的な歴史を記した *Nation by Design*（『デザインによる国家』）によって例証されている。その中では、アメリカの歴史を通じて、政策策定者たちが国民となる者の特質を選定し、どの集団がどの程度含まれるかを決定していったことが記されている。例えば、第一次世界大戦が始まると、議会はウッドロウ・ウィルソン大統領の拒否権を覆し、新規入国者には識字能力をその要件とした。この識字要件によって、北ヨーロッパや西ヨーロッパからの移民流入が増え、ヨーロッパ大陸の南部および東部からの移民は制限された。その後の1965年に制定されたハート・セラー法は、1921年に策定された既存の出生国割当システムを撤廃する一方で、西半球からの移民の受入数に新たな制限を課したが、このアプローチは意図せずして不法移民の発生率を高めることとなった（Zolberg 2006）。

このような政策は、今度は政治を形作ってきている。イレーネ・ブルームラード（Irene Bloemraad 2006）は、*Becoming a Citizen*（『市民になること』）の中で、異なる文脈による異なる移民の政治的統合について、政策フィードバックによる説明を提示している。カナダとアメリカとの移民に関する比較事例研究に焦点を当て、ブルームラードは、移民の受け入れ体制、具体的には国における定住と民族の多様性を管理・統制する政策が、シチズンシップや参加へのインセンティブとなる象徴的・物質的な資源をさまざまな程度で提供することができる、と主張している。彼女はこのプロセスを「構造化された動員」と名付け、次のように論証している。それは、カナダの公共政策がシチズンシップに規範的なバイアスを持ち、新たな移民に対してより大きな公的支援を提供し、多文化主義という公式の政策を推進していること、そして、これが出入国

管理に主眼を置き、新規移民への定住支援をほとんど提供しないアメリカの政策に比べ、移民のより大きな政治的統合をもたらしていることである。

公共政策は、政体における構成員資格への影響を超えて、政治コミュニティにおける正規の市民権を持つ人々の地位、すなわちジュディス・シュクラー（Judith Shklar 1991）が「立場」（standing）と呼ぶものにも影響を与える。例えば公共政策には、政治的権利および市民的権利を一部の集団の構成員には付与し、他の集団に対してはそれらを拒否することで、社会の階層化を生み出す可能性がある。そして、そのような手段を通じてフィードバック効果を促進する。アメリカでは、歴史的に選挙権を享受する人々と享受しない人々がいた（Keyssar 2000）。アメリカは、1830年代までに財産を所有しているか否かにかかわらず、白人男性の参政権を認めた。すなわち、このような包摂の形態が同時にジェンダーと人種に基づく排除を強制し、そしてそれは、19世紀後半から20世紀初頭にかけて、アメリカの政治的分裂が性別や人種に沿って発生したということを意味した。これとは異なり英国では、財産や階級区分と結びついた政治的権利が支配的であった。その結果、スコッチポル（1992）によれば、アメリカの女性は、分離された家庭的領域に属するものとしてジェンダー・アイデンティティを獲得した。他方、改革派たちは、独特の道徳的権威を主張することによって政治的影響力を持てるよう、そのアイデンティティを巧みに活用した。そのため、女性たちは、参政権やその他の政治的・市民的権利を持たなかったにもかかわらず政策の展開に影響を及ぼし、母性主義的福祉国家の萌芽を築くことに成功し、労働者保護諸法や母子手当などの成立に貢献した。さらに最近では、重罪犯選挙権剝奪諸法の普及と相まって1980年代以降の収監率が急上昇したため、選挙権を持たない層が大量に増加し、有権者構成や選挙結果に潜在的な影響を及ぼすこととなった（Uggen and Manza 2002）。

英国の社会学者T. H. マーシャル（T. H. Marshall 1998, 94）は、加えて社会的権利にも注目を向けた。それは「経済的な安全や福祉を適度に享受する権利から、社会的遺産を十分に共有し、社会の一般的な基準に従って文明人としての生活を営むまでの権利」を意味する。そのようにして、社会福祉、教育、その他の経済政策は、個人が互いに平等な条件の下で他の権利を自由に行使するために不可欠なものとみなす、マーシャルが呼んだ「社会的シチズンシップ」に影響を与えた。同様のアイデアは、アメリカの政治学者ロバート・ダール（Robert Dahl 2003, 152) によって表明された。

> 民主主義秩序の下で市民が資格を有する基本的諸権利、とりわけ投票、発言、出版、抗議、集会、組織化などの自由の権利を行使するためには、市民もまた、その機会を活用し、これらの権利を行使するために必要最低限の資源を持っていなければならない。

　これらの学者たちは、社会的権利を保障する政策が政治参加に影響を及ぼすと主張することで、潜在的なフィードバック効果を示唆した。

　社会的権利が社会における市民の地位にいかなる影響を与えるかについて、何人かの学者が自らの見解を展開してきた。イエスタ・エスピン＝アンデルセンは、異なる国々が異なる方法で社会的シチズンシップを構築していると論じた。彼は、そのそれぞれが独自の公共政策の組み合わせを特徴とする、保守主義、リベラリズム、および社会民主主義的なバリエーションを特定した。これらの政策レジームはそれぞれ、社会の階層化と個別の社会集団の地位に対して特定の意味合いをもたらしている（Esping-Andersen 1990）。エスピン＝アンデルセンにとっての決定的な区別は、例えば、病気や老齢の場合に、市民を市場原理から守る公共政策の存在または不在に関わるものであった。アン・オルロフ（Ann Orloff）は、ジェンダーに基づく役割と地位をより重視することによって、このフレームワークに異議を唱えた。すなわち、彼女は、女性の地位は、育児責任を果たすために労働市場から離れることができるか否かだけでなく、例えば育児政策を通じて、労働市場への参入または継続就労を可能にする社会的支援を得られるか否かにも左右されると指摘した（Orloff 1993）。

　公共政策もまた**アイデンティティ**に対して影響を与えうる。スティーブ・エンゲル（Steve Engel 2014, 683）は、シチズンシップについて、権利や義務の問題としてよりも、「国家の規制当局が個人を定義し、見るためのレンズ」として概念化している。このことは、同性愛という概念を実質的に構築した公共政策によって例証される。マーゴット・カナディ（Margot Canaday 2009, 4）は *The Straight State*（『ストレート国家』）の中で、「国家が特定の性的行動、ジェンダーの特徴、感情的な結びつきを排除の対象として特定したことが、同性愛のアイデンティティを形成する触媒となった」と論じている。エンゲル（2014）は、政治的発展には複数の筋道が含まれており、一見矛盾するように見える場合で

も同時に共存しているものもあると指摘する。そこでは、例えば、国家による同性愛の概念構築とは別に、規制政策の中で体現された、幾つかの他の「国家による認識」形態が存在する。具体的には、同性愛を犯罪化し排除すること、同性愛者を抑圧された存在として認識すること、同性愛を非犯罪化しつつも同性関係を私的領域に押しとどめること、そして同性関係を承認することである。

　アイデンティティの形成に関するこのような国家の活動は、今度は、社会運動での活動と特定の政体において当該運動がとる具体的な形態に対して影響を及ぼしてきた。例えば、カナダとアメリカにおけるレズビアン、ゲイ、バイセクシュアル、そしてトランスジェンダー（LGBT）政策の展開の相違に関する研究において、ミリアム・スミス（Miriam Smith 2008）は、カナダにおける刑法と婚姻法に関する政治的・法的権限の立法的集権化が、政権政党とそれに結びつく組織化された利益団体に自らのアジェンダの推進を容易にさせていると論じている。対照的に、アメリカでは、連邦制と権力分立によって、政策支持者と反対者の双方に対して立法の構想に異議を唱えるためのアクセスポイントが多く提供されている。こうした違いによってLGBTの保護法案成立までのプロセスは、アメリカに比べカナダの方がはるかにスムーズになっているとスミスは主張する。

　公共政策は、市民が政体の中で自分自身や他者をいかに捉えるのかについても影響を及ぼすことができる。例えば、ある政策は、受益者に対して彼らが支援を受けるに値する存在であるというメッセージを伝える一方、別の政策は、受益者にスティグマを付与し、支援を受ける価値がない存在であることや2級市民であることを暗示する（Schneider and Ingram 1993；Soss 1999）。普遍的な政策は、社会的に不利な人々を政治コミュニティの完全な構成員として取り込むことに役立ち、また他の人々に対して彼らをそのように見るように促すが、他方で対象を限定とした政策は、彼らが社会の周縁に置かれる状況をより強調することになりかねない、という指摘もある（Skocpol 1991；Wilson 1991）。特にヨーロッパの社会サービスの供給に関する研究では、包括性の高い、つまり普遍的な社会福祉政策は、より広範で階層横断的な社会的シチズンシップの定義に対する大衆の支持を生み出すことが明らかになっている。対照的に、特定の、しばしば資力調査に基づき選定された受益者集団に便益を提供する政策は、適切な再分配の対象を巡ってゼロサムの議論を引き起こしている（Korpi and Palme 1998；Rothstein 2002；Jordan 2013)。

　あるいは、ある政策における受給要件の根拠が、支援を受けるに値するか否かについての人々の見方に影響を及ぼす可能性もある。社会保障の受給者は、たとえ制度への支払額よりもはるかに多くの給付を受け取ったとしても、就労を通じて自らが稼いだ財源から給付を受けていると認識する傾向がある。逆に、生活保護給付や貧困家庭への一時扶助 (Temporary Assistance for Needy Families：TANF) のような、納税者の税金から直接支出されると理解されている公的扶助は、恩恵的な給付として認識される可能性が高い (Skocpol and Williamson 2012, 60-61)。ただし、資力調査による受給資格審査だけが、政策にスティグマを付与するわけではない。例えば、ジョー・ソス (Joe Soss 1999) は、低所得世帯の子供たちを対象にした就学支援プログラムであるヘッド・スタートが保護者の民主的な参加を促し、エンパワーメント効果をもたらしたことを明らかにしている。

　公共政策もまた、積極的シチズンシップと考えられるもの、つまり政治やその他の形態の市民活動における人々の参加の度合いに影響を与えるということが知られている。学者たちは、具体的には、社会保障制度、メディケア、復員兵援護法 (GI Bill) といった政策が受益者に積極的な参加を促し、その結果として、そうではない場合と比べて彼らが公共生活に積極的に関与するようになったことを明らかにしてきた (Campbell 2003；Mettler 2005)。教育政策は、一般的に、参加を生み出すさまざまなスキルや資源、そして社会的ネットワークを個人に付与することを通じて、市民のキャパシティを形成する (Verba, Schlozman, and Brady 1995)。逆に、税制に埋め込まれた政策や民間組織を通じて実施される政策、あるいは、いわゆる「水面下の国家 (submerged state)」の政策は、それに匹敵するような活動水準を生み出すことに失敗している (Mettler 2011)。福祉や収監などといった政策は、実際に市民の関与を低下させているように見える。これらの政策を直接経験した人々は、その政策を経験していなかったと仮定した場合と比べて、市民活動に参加する可能性が低くなる (Soss 1999；Weaver and Lerman 2010)。次節では、こうした帰結をもたらす基底的なメカニズムについて検討する。

　これまでの議論は、政策が政治のありかたを再構成し、時間の経過とともに次の政策策定に影響を与えうる広範な方法を示している。次に、最近の政策

フィードバック研究の中心的テーマである、フィードバック力学の具体的なメカニズム、特に個人の政治行動の領域におけるメカニズムについて検討を進める。

3．大衆におけるフィードバック・メカニズム

　前節の最後の探究課題である、政策がシチズンシップの意味に対していかなる影響を及ぼすのかということは、最近の政策フィードバック研究の主たる関心となっている。学者たちは、政策と大衆の政治行動との関係を掘り下げて分析することを通じて、政策が前述の政治的効果を生み出すメカニズムを特定しようとしている。1993年にピアソンが提唱した論理に導かれ、これらの研究は、政策のデザイン、実施、そして資源供給が一般市民の政治的選好や諸行動をいかに形作るのかについて検討を加えている。

　制度論者たちが統治諸制度の「ブラックボックス」を開いたように、政策フィードバックの学者たちは、政策の個別の構成要素がいかに一般市民の政治行動に影響を及ぼすのかを説明するために公共政策という「ブラックボックス」の部分を掘り下げて分析してきた。このような政策の諸特徴が大衆レベルでの市民の関与に及ぼす影響に関するモデルが図3.2に示されている（Mettler 2002）。このモデルは、ピアソンが示した資源と解釈的効果の区分を土台としたものである。

　多くの公共政策は、市民に対して給付金や物品、もしくはサービスを提供したり、あるいは税金の場合には市民からお金を徴収したりしている。そして、これらのいずれの経験も資源効果を生み出し、参加のありかたを形作る可能性

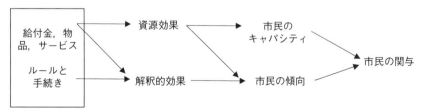

図3.2　大衆政治のための政策フィードバック・メカニズム
出典：Mettler and SoRelle（2018）.

がある。このモデルの側面は、シドニー・ヴァーバ、ケイ・シュロズマンおよびヘンリー・ブレイディ（Sidney Verba, Kay Schlozman, and Henry Brady 1995）が発展させた市民ボランタリズム・モデルに依拠している。このモデルは、自由な時間、お金、そして市民のスキルという資源のそれぞれが市民の関与と正の相関関係があることを示している。政策によって個人に金銭的価値を持つ便益が提供される場合、その便益が参加にかかるコストの克服を可能にすることがあるのだ。同様に、市民および政治的な関与の別の重要な予測因子となる教育支援（Wolfinger and Rosenstone 1980）を政策が提供する場合、受益者の市民参加・政治参加は促進される可能性がある。

公共政策もまた政策のデザインおよび実施から生じる特徴として、ルールや手続きを市民に対して課し、そしてこれらが「認知効果」や「学習効果」とも呼ばれる解釈的効果の要因となる可能性がある。解釈的効果とは、規範、価値観、態度を形作る公共政策の能力を意味している。このような政策フィードバックモデルの側面は、アン・シュナイダーとヘレン・イングラム（Anne Schneider and Helen Ingram 1993）の *Social Construction and Policy Design*（『社会構築と政策デザインの理論』）に部分的に依拠している。ここでは、政策が、市民のシチズンシップの意味に関する主観的経験をいかに形作り、政治コミュニティにおける彼らの地位、アイデンティティ、そして役割に対していかに影響を与えるのかについて詳述されている。

さらに、市民ボランタリズム・モデルは、例えば、それらが公共問題に関与しようとする心理的な傾向を促進することで、幾つかの資源それ自体もまた解釈的効果を促進する可能性があることを示唆している。こうした解釈的効果は、資源が政治的有効性感覚を高める場合に生まれるかもしれない。政治的有効性感覚とは、政府は自分たちのような人間に応答的だという個人の理解（外的有効性感覚）や、自分自身には政府に影響を与える能力があるという個人の理解（内的有効性感覚）のことを指す。別の可能性としては、例えば、教育などの資源が市民の義務的感覚を徹底的に教え込む場合、あるいは政策が人々を平等に扱いみなすことで人々を結び付け、他者と運命を共にするという感覚を促進する場合に公共問題へのより積極的な関与が生じるかもしれない。（Verba, Schlozman, and Brady 1995）。

公共政策の解釈的効果には、社会福祉政策の受益者や規制手続きの対象者な

ど、主に政策を直接経験する人々に影響を与える可能性がある。あるいは、直接経験しない他の市民の態度に影響を与える可能性があり、これは、当該効果が、彼ら自身は属していない社会内の特定集団の構成員に対する彼らの見方を形作ることによってである。例えば、住宅ローン利子控除の申請者を支援に値する存在として、そして福祉受給者を支援に値しない存在として認識させる可能性がある。あるいは、政策は政府の対応姿勢を通じて、市民自身やその同類の人々の社会的立場についての見方にも影響を与える可能性がある。これらの価値観は、具体的な政策デザインとその実施プロセスでの経験の両方を通じて形成され、伝達される。

次節では、これらの側面、すなわち資源効果と解釈的効果のそれぞれを探求し、関連する研究結果を詳しく説明する。

3.1　資源効果

学者たちは、社会福祉政策が提供する具体的な資源が実際に市民の関与に影響を与えていることを見出している。例えば、退役軍人に教育の機会を提供する復員兵援護法の教育訓練給付がそうであった。第二次世界大戦直後、復員兵援護法を利用した退役軍人は、同じ境遇を持ちながらも利用していない退役軍人と比べて、50％ほど多く市民会員組織に参加し、30％ほど多く政治活動に参加していた。これは部分的には、政策が彼らに教育という資源を提供し、積極的な参加を促したことによるものだった。すなわち、教育が彼らに与えた市民のスキル、学生時代に培った人的ネットワーク、そして学位取得の結果として獲得した収入および就業機会の増大を通じて、それらは生じたのである。資源効果はアフリカ系アメリカ人の退役軍人の間で最も顕著であり、彼らは復員兵援護法にアクセスすることで、それがなければ得られなかった教育機会を得た。当該受益者は、そこで蓄積されたスキル、資源、そしてネットワークを用い、特に指導者として公民権運動に参画するようになり、その後、制度化された政治の世界に関わるようになった（Mettler 2005）。数十年後には、同様に、学生ローンやペル・グラントのような連邦政府の学生支援政策を利用して大学への進学機会を得た女性たちが、同様の状況にある人々と比べて、より政治に関わるようになった。いずれの場合も、教育へのアクセスを通じて蓄積された資源が、他の方法では実現できないほどに、個人に公共問題への参加を促したので

ある（Rose 2018）。

　政策給付は、個人や組織に給付を守るための動員や主張活動を行うインセンティブを与えることで、政治参加を増大させる可能性もある。この効果は、社会保障の受給者を対象としたキャンベル（Campbell 2003）の研究で最も明確に実証されている。ここでは、社会保障プログラムを通じて提供される資源が、彼らの給付を維持し拡充する政治活動に参加しようという強力なインセンティブを個人に与えていることが見出されている。給付によって生み出される経済的な自己利益が、高齢の人々、特に毎月の社会保障給付金に最も多くを依存する低・中所得の高齢の人々に、その給付を守るよう彼らの議員に働きかけるための多様な政治活動に参加するよう促しているのだ。同様に、連邦政府から農業給付金を受給しているアメリカ人は、他の人々と比べて、郡レベルの選挙の投票に行ったり、公職に立候補したり、そして公職を獲得したりする確率がかなり高かった（Siminovitz et al. 2021）。

　受益者への資源提供が受益者全員の投票参加を促進するとは限らない。ジョウェイ・チェン（Jowei Chen 2013）はその研究の中で、フロリダ州での連邦緊急事態管理庁（Federal Emergency Management Agency：FEMA）によるハリケーン災害支援がもたらす政策フィードバック効果を分析した。彼は、給付型の支援が投票参加に及ぼす効果は、有権者の党派性と政権政党との関係に依存することを見出している。FEMAの支援を受けた有権者のうち、政権政党を支持する有権者は支援分配直後の選挙で高い投票参加を示した。対照的に、支援を受けたが対立政党を支持する有権者は投票参加の低下を示した。チェンの分析によれば、いずれの場合においても、政権政党は給付型の支援を提供することで見返りを得たのである。

　このような結果が生じるのは、政策の持つ資源が政党やその他の組織による政治的動員のための推進力を生み出すからであろう。社会保障の受給者における低・中所得層の参加傾向を調査したキャンベルの研究は、この政策が政治アクターを動員できる真新しい支持基盤集団を生み出したことを見出している。民主党とアメリカ退職者協会（AARP）の双方がこの機会を活用した（Campbell 2003）。このような動員は、それ自体もまた政治参加の強力な予測因子となっている（Rosenstone and Hansen 1993）。

　政治的アクターは、政策給付がこのような形で参加の力学を変化させるキャ

パシティを持っていることを鋭く認識している。そして学者たちは、政策策定者が目先の政治目標に合わせて、政府による供給への支持を強化もしくは弱体化したりするためにフィードバックを活用しようと試みていることを実証し始めている（例：Schneider and Ingram 2019）。例えば、ウルスラ・ハケット（Ursula Hackett 2020）は、教育バウチャー・プログラムの事例を参照し、政策策定者が政治的・法的な異議申し立てを最小限に抑えるため、物議を醸すイニシアチブを第三者機関経由で誘導するというプログラム・デザインをいかに戦略的に用いているかということを示している。

3.2 解釈的効果

政策の解釈的効果は、資源のインパクトを通じて、あるいは政策のデザインや実施における特徴を通じて、直接的に醸成される可能性がある。これらのいずれもが、政府について、政府との関係について、あるいは他の市民（訳注：例えば政策非対象者から見た政策対象者）の地位について、人々にメッセージを伝える可能性がある。そしてその結果生じる態度面での反応が、人々のその後の参加のありかたを形作る可能性がある。事実、スタッファン・クムリーン（Staffan Kumlin 2004）のスウェーデン市民の社会福祉サービス利用経験に関する調査では、社会福祉サービスの供給における個人の経験が、個人の経済的経験と比べて、政治的信頼とイデオロギーにより大きなインパクトを与えることを示唆する証拠が示されている。

特定の政策レジームの下で生きることは、人々の市民としてのアイデンティティの捉え方に影響を及ぼす可能性がある（Mettler and Soss 2004；Patashnik 2008）。このことは、場合によっては、政策策定者が政策に適用される対象集団を構築し、当該集団に付与される規範や便益を定めるときに、意図的に発生する。政策は、ある共有される特徴に基づき、誰が識別された集団の構成員であり、誰がそうでないかを明確に規定する。集団の構成員資格を定義することで、政策策定者は、実質的に、便益を受けるに値する個人、懲罰的措置を受けるべき個人、そして何らかの特定の方法で行動を変えるべき個人に関して、政府による承認を表明することになる（Schneider and Ingram 1993）。

特定の政策の受給者の指定に加え、その政策の持つ言葉や内容は、意図的か否かにかかわらず、対象となる人々に対して、社会的あるいは政治的な立場を

付与する（Mettler and Soss 2004）。例えば、ある政策は、給付の権利を「獲得」したとされる人々に完全な給付を行う一方、他の政策は、受給者に対して常に必要性の証明を求め、「福祉」的な支援を提供する。構築されたアイデンティティは、その性質において規範的であると同時に評価的でもありうるものであり、ある集団に肯定的または否定的な属性を付与することができる。これらの特徴付けは、しばしば特定の集団に関連する公的な象徴体系の中に組み込まれる。その結果、対象となる集団の創出は、当該構成員が市民としての自己認識や自らの社会参加に対する相対的価値をどう評価するのかだけでなく、社会全体が当該集団のアイデンティティをいかに捉えるのか、についても影響を与える可能性がある（Schneider and Ingram 1993；Kreitzer et al. 2022）。「福祉の女王」や「不法滞在者」といった言葉が日常語として使われるようになり、そして突然、特定政策の影響を受ける人々の集団全体がそのようなレンズを通して見られるようになる。そして一度作られたこのような認識は、メディア報道や政治的議論によって永続化されることになる。

また、特定の政策デザインによって形作られる受益者についての認識が、政府プログラムに参加しようという企業意欲に影響を与えることも分かってきた。キャシー・ジョー・マーティン（Cathie Jo Martin 2004）は、英国とデンマークの産業界による労働市場プログラムの実施に関する比較考察において、福祉政策のデザインがプログラム受益者に対する雇用主の態度および参加のメリットに関する雇用主の認識を形作ることがあり、その結果として、これら雇用主のプログラム実施への意欲に影響を及ぼすことを見出している。

マーティンの他にも、何人かの比較政治学者が政策のフィードバック効果に関する研究に取り組んできた。彼らの学術研究における重要な焦点は、社会福祉政策のデザインがそのプログラムに対する政治的態度や支持にどの程度影響を与えるのかということにある（Svallfors 1997；Andreß and Heien 2001；Larsen 2008；Jakobsen 2011）。キャンベルの議論と類似の論理に従い、これらの研究は、通常、大多数の市民に便益を提供する普遍的な性質を持つ福祉プログラムが、より大きな受益者層を生み出し、「福祉国家の焦点を再分配から中産階級と労働者階級の双方が直面する市場での共通の不安へと移行させる」（Jordan 2013）ことによって、より広範な大衆的支持を獲得していることを示している。これとは対照的に、貧困層への資力調査に基づき便益を提供する福祉プログラ

ムは、はるかに小さな支持基盤しか生み出さず、その受益者と貢献者との間に対立関係を作り、最終的には福祉の拡大に対しての敵意をもたらしている（Korpi and Palme 1998）。しかし前述したように、このような普遍的な政策と資力調査に基づく政策との違いは、アメリカの事例に関しては、より最近の研究において疑問視されている。

　特定集団の相対的価値に関するエリートおよび大衆の双方の態度に影響を与える政策デザインのキャパシティだけでなく、政策実施自体もまた、政府に対する人々の態度と彼ら自身の個人的な政治的有効性感覚の両方に影響を与える可能性がある。公共政策の多くの対象者にとって、さまざまな支給担当機関や監視担当機関とのやりとりこそが、政府との最も基本的な、時には唯一の直接的な経験となる。したがって、これらのやりとりが政府全体の代理として機能し、個人による政府のキャパシティの評価や政治活動への参加に対する有効性感覚に重要な影響を与えるのは当然のことである（Soss 1999；Mettler 2011）。もちろん、政策が実施される方法はそのデザインと完全に切り離されているわけではない。実際、法律とその後の行政上の規則が、通常、政策給付の分配方法を規定している。しかし、場合によっては、政策支給のプロセスが独自の効果を生み出すこともある。特に、行政サービスの給付に携わる者が法創設者の意図や予測とは異なる解釈を行う大きな裁量権または能力を保持している場合、あるいは、別の政府階層、裁判所、非政府機関が実際の政策実施方法の一部を決定する権限を有している場合である。

　ジョー・ソス（1999, 362）は、「政策デザインは、政府の性質について異なる教訓を教えるような形で、プログラム参加者の経験を構造化する」と説明する。この主張を検証するため、彼は2つの特徴的な社会政策プログラムの受給者を対象に調査を実施した。既に廃止された要扶養児童家庭扶助（Aid to Families with Dependent Children：AFDC）と社会保障障害保険（Social Security Disability Insurance：SSDI）である。ソスは、頻繁なケースワークと受給資格の証明の必要性を通じて受益者を無力化したと彼が主張する資力調査を用いたAFDCの受給者は、政府に対してより否定的な見解を持ち、参加に対する有効性感覚をより低く感じていたことを見出している。対照的に、受給者が政府との接触を自ら始め、給付を得るプロセスでより主体的な役割を果たす社会保険プログラムであるSSDIの受給者は、政府のキャパシティおよび関与に対してより好意

的な感情を抱いていた。個人の政府機関との経験は彼らにとって政府を象徴するものとして機能し、彼らは政府全体との関係性をこれらの経験を基に推測していた。その結果として、彼らが政策を享受した経験は、彼らの政治的有効性感覚に、ひいては彼らの参加に対して影響を及ぼした。

　ソスの結論を裏付けているように、他の幾つかの研究は、特定の政策デザインによって規定される政府機関および制度と個人との相互作用の性質が彼らの政府に対する見解を形作りうることを示している。ウィーヴァーとラーマン（Weaver and Lerman 2010, 4）は、「刑事司法制度との接触経験は、政治プロセスへの愛着を弱め、政府に対する否定的な見解を強める」と述べている。彼らは、市民がその刑事司法制度を広く経験すればするほど、より強い負の影響を受けて市民の投票可能性が低下すること、すなわち、そのような経験が「縛られたシチズンシップ」を生み出すことを見出したのである。ヌアマ（Nuamah 2021）は、学校閉鎖プロセスにおける市民参加についてのエスノグラフィック研究の中で同様のことを見出しており、黒人コミュニティの人々の間での学校閉鎖政策に対する否定的な経験が、彼らの政治的有効性感覚とその後の政治的関与を低下させたことを明らかにしている。

　モニハンとハード（Moynihan and Herd 2010）は、実施が解釈的フィードバックを引き起こすメカニズムについて詳しく説明している。それによると、政策が実施されるにつれて、市民は蓄積してゆく煩雑な行政手続きに突き当たることになる。これは、政策策定のさまざまな段階で生み出される、給付の分配に直接必要のないお役所仕事である。こうした行政による負担は、市民が政治的・社会的権利にアクセスするために乗り越えなければならない障壁を課す（あるいは緩和する）ことになる。ただし、一部の市民は、こうした障壁を乗り越えるためのより高いキャパシティを所持している。そのため、行政負担の増大は、既に不利な立場に置かれている集団のシチズンシップ経験に対して悪影響を及ぼす可能性がある（Barnes and Henley 2018）。

　もちろん、すべての政策受益者が政府プログラムと否定的な相互作用を持つわけではない。多くの研究によれば、政策の支給担当機関と主として肯定的な接触を持った受益者は、政府に対して、また自分自身の政治的有効性感覚に関して肯定的な態度を示すという。医療費負担適正化法（Affordable Care Act：ACA）によって健康保険を利用できるようになった個人は、内的な政治的有効

性感覚が高まり、その結果、より積極的に政治に参加するようになった（Jacobs, Mettler, and Zhu 2022）。特筆すべきことに、政策供給に対する肯定的な認識を持つか否かは、その文脈に依存する可能性がある。例えば、エリン・ハーン（Erin Hern 2017）は、統治キャパシティの低いアフリカ諸国では、不完全なサービス供給でさえも政治的有効性感覚の向上や政治への関与につながっているという証拠を見出している。もちろん、政府に対する肯定的な経験であっても、政治的有効性感覚の評価において問題を引き起こす可能性はある。パタシュニク（Patashnik 2008）の政策改革に関する研究では、政府の前向きな改革が崩れ去るとき、市民は政府による問題解決能力への信頼を捨て去る可能性があると警告している。

　政策支給のプロセスにおける政府機関との肯定的および否定的な経験の両方が、人々の政治的有効性感覚に対する信念を形作る力を持つ一方、学者たちは、政府の明示的な存在感なしに実施される公共政策もまた、政府のキャパシティに対する見方に影響を及ぼしうることを示してきた。市場制度や連邦税制を通じて市民に便益を提供する、いわゆる「水面下の国家」の比較的不可視な政策に対する市民の反応を検証するフィードバック研究は増加している（Mettler 2011, 7）。明らかに政府組織を通じて直接提供される便益とは異なり、水面下の国家による便益は意図的に不可視化されている。そのため、多くの人々は自由市場や民間企業による提供機能としか認識していない。このような政策の不可視性は、市民が政策についての選好を形成したり表明したりすることを困難にするだけでなく、公共ニーズへの対応は政府ではなく市場の責任であるという市民の感覚を醸成している。

　実際の政策決定自体もまた、市民が選好する政策アウトカムが実現するか否か次第で、市民の政治的有効性感覚に影響を与える可能性がある。例えば、ラコーム（Lacombe 2021）は、銃支持派の集団と投票者の事例に焦点を当て、政策上の敗北が集合的アイデンティティの感覚を強め、その後の政治的関与を増加させるという証拠を見出している。

　特定の政策のデザインと実施は、相まって、個人や集団が自らのシチズンシップの価値を捉える方法と、政府機関に対する有効性感覚をアセスメントする方法の両方を形作ることができる。こうした評価は、ひいては市民の政治参加への意思決定にも影響を及ぼす可能性がある（Mettler and Soss 2004）。例え

ば、ある個人が否定的な特徴を付与された対象集団の一員である場合、その人は自分のシチズンシップの価値を他者よりも低いものと考え、参加の可能性はより低くなるかもしれない。同様に、政府機関に対して否定的な経験を持った個人は、参加は無駄だと判断し、関与しないことを選択するかもしれない。解釈的効果は大衆だけでなく政治エリートにも政治的学習をもたらすため、政策は、具体的なデザインや実施スキームが経路依存的になるとき、参加の不平等を定着させ、悪化させる能力を持つ。これら2つのタイプの解釈的効果を総合して考えると、それらは個人に対して政治的関与への強力なインセンティブやディスインセンティブを提供できるのである。

過去15年間で学者たちは、解釈的効果はいつ発生するのか、そして、その根底にあるメカニズムは何かを探究することにおいて、おそらく最大の進展を遂げてきた。政策は、受給資格の条件、政府の役割の可視性、財源調達手段、適用範囲、給付を受け取る自動化の程度、そして政府職員の裁量や介入の程度といった要因を用いて、それぞれの特徴的な態度的反応を生み出すことが示されている。私たちはまだこれらのテーマについての包括的な理解には到達していないものの、研究者たちは、互いの研究成果を基盤としつつ、政策フィードバック効果がいつ、いかに生じるのか、あるいは生じないのかについての私たちの理論的予測を精緻化しつつある。

4．政策フィードバックにおける調整効果

政策フィードバック効果は、いかなる状況で、誰に対して、なぜ発生するのだろうか。このような政策フィードバック効果の適用範囲や条件についてより深く理解することは、この研究における新たなフロンティアとなっている。学者たちは資源および解釈的効果のメカニズムを解明するために多大な労力を費やしてきたが、最近の研究では、それらの効果を緩和する広範でシステム的要因に注目が集まっている。私たちはここで、連邦制、党派性、人種という3つの調整要因について簡潔に検討する。

4.1 連邦制

国家内に存在しうる政策策定権限の多層性は、ある争点に対するフィード

バック効果の存在と出現にばらつきを生じさせることがある。おそらく、アメリカの社会福祉政策ほど、このことが明確に表現されてきた例はないだろう。国、州、地方の政策策定機関の間で権力を分割する連邦システムの下では、一部の福祉プログラムにおいて、政策の実施経験とそれに伴うフィードバック効果が、地域によって大きく異なる可能性がある。例えば、1996年の福祉制度改革でAFDCに代わって創設されたTANFに関する研究では、同じ政策プログラムでも、州や地方によって施行形態が異なり、政治的有効性感覚に対する態度も異なることが明らかにされた（Soss, Fording, and Schram 2011）。同様に、ミッチェナー（Michener 2018）のメディケイド（訳注：低所得者を対象に州政府と連邦政府によって運営される医療保険制度）に関する研究は、給付（資源効果）と受益者が給付を受けた際の経験（解釈的効果）の両方における州のばらつきが受益者間の政治参加に異なるアウトカムを生み出したことを明らかにした。地方レベルでは、トランスティン（Trounstine 2018）が、基礎自治体間での土地利用政策のばらつきがその後に生じた人種分離のパターン、党派の分極化、将来の公共財の供給パターンにいかに影響を与えたのかを実証した。

　管轄権間で見られる政策供給の差異的なパターンは、政治的利得のために給付の階層化を意図した戦略的な政策デザインの所産であることが多い。例えば、メトラー（Mettler 1998）は、男性、特に白人男性が、全国レベルで管理される予定であったニューディールの社会政策や労働関連政策にいかに組み込まれていったかを示している。これらの政策は、より均一的でかつしばしばより手厚い給付に彼らがアクセスできることを保証した。対照的に、女性やマイノリティ男性の多くは、各州が管理する政策対象へと追いやられ、地方の政治的利害の恣意的な判断に左右されることとなった。結果として、その後数十年間の政治的行為は、全米の男性が連邦政策の改善を求めて労働組合を通じて動員され、女性が保護労働諸法の改善を求めて50州それぞれでの戦いを強いられたように、ジェンダーによって明確に区別されたままであった。サイベル・フォックス（Cybelle Fox 2012）は、人種、移民、そして資力調査に基づくニューディールの福祉政策を州に移譲することを選択したことに関して、同様の分析を示している。その中では、結果として「救済の3つの世界」が生まれ、ヨーロッパ系移民は寛大な支援を受け、アフリカ系アメリカ人は排除され、支援を申請するメキシコ人は強制送還の対象とされることとなった。連邦制がいかに

政策フィードバック効果の発生と方向性を条件付けるのかを理解するためには、アメリカおよび他の連邦制国家において、分割ガバナンスの対象となる広範な種類の政策に関する、さらに多くの研究課題が残されている。

4.2　党派性

　政策フィードバックに関する初期の研究では、党派性の役割についてはほとんど注目が集まっていなかった。しかし近年、政治の二極化が深まるにつれて、学者たちは党派性を考慮に入れるようになり、特に、ACAの影響に関する研究文献が急増している。複数の論者は、党派性が高まれば、市民は自らの政策経験によって意見や参加習慣を変えるというよりも党派仲間の意見や参加習慣に固執するようになるため、フィードバック効果が弱まる可能性が高いと理論化した（Patashnik and Zelizer 2013；Oberlander and Weaver 2015；Béland, Rocco, and Waddan 2018）。ACAに関する幾つかの初期の研究はこれを裏付けており、党派的な立場に基づく硬直的なアセスメントがその給付を評価する人々の間においてさえそのフィードバック効果を圧倒していたことを明らかにしている（例：McCabe 2016；Jacobs and Mettler 2018、比較：Hosek 2019）。強い党派性によって、共和党員の多くはACAが提供する保険プランに加入することさえできなかった（Lerman, Sadin, and Trachtman 2017）。

　さらに現代の二極化は一方の政党が他方の政策実績を抹殺したり、弱体化させたりすることを目的とした反動政治を生み出している（Patashnik 2023）。このことは、制定された法律に対する現実的脅威がいかにフィードバックに影響を与えるのか、また、それが党派性を凌駕するのか否かという問題を提起する。脅威のインパクトを検討した政策フィードバックの初期の研究は、レーガン政権による給付削減への脅威に直面した際に社会保障に対する高齢者の支持が急激に高まったときのような、党派性の低い時期に焦点を当てていた（Campbell 2003）。メトラー、ジェイコブスおよびジュー（Mettler, Jacobs, and Zhu 2023）は、しかし党派性が高まった状況では、政策への脅威には人々に以前よりも政策に気づいたりその価値を認識させたりすることを促す顕著性と損失回避を駆り立てる可能性があり、なぜならそれが便益を得たことよりも便益を失う見通しに対して強い反応を引き起こすからだ、と論じている。彼らは、ACAに関する5回分にわたるパネルデータを用いて、これらの予測を検証している。バ

ラク・オバマ大統領が ACA に署名してから数年間、共和党議員は ACA を廃止するという公約を掲げてキャンペーンを行った。2016 年、GOP（共和党）は勝利し、大統領職と両院を掌握し、一転して公約を実行に移す権力を握った。それから 2018 年の中間選挙までの間に、その法律への脅威が顕著性を高め、また低所得者層やこれまでそのインパクトに気づいていなかった人々の注目を集め、そして両集団の支持は強まり、共和党員の間での反対は弱まっていった。これら世論の変化は、GOP が予想していなかった形で個人の投票行動の判断に影響を与え、ACA の擁護を約束した候補者へのより大きな支持を動員することになった（Mettler, Jacobs, and Zhu 2023）。

4.3　構造的不平等

長年疎外されてきたアイデンティティに関するカテゴリーや社会経済的地位に根ざしたシステム的な不平等が政策のフィードバック効果を条件付ける可能性があることについて、研究者たちの認識は徐々に高まりつつある。ミッチェナーは、*Policy Feedback in a Racialized Polity*（「人種主義的な政体における政策フィードバック」(Michener 2019)）の中で、公共政策が、いかに特定の政体における歴史的な構造的不平等のパターンに基づきしばしば資源を特定の方向に振り分け、実施のプロセスを不平等に構造化するのかを強調して述べている。しかしながら、フィードバック研究者たちは、自らの分析の中で、この現実に常に注意を払ってきたわけではない。ミッチェナーは、分配されたアウトカムにおける不均衡の存在と意思決定権限の分権化に焦点を当て、人種に関するフィードバック効果に対処するための学者向けのフレームワークを提示している。このアプローチは、例えば、ブラジルでの条件付現金給付における人種差別化されたフィードバック効果に関するデ・ミケーリ（De Micheli 2018）の研究や、アメリカの水面下の政策のフィードバック効果が人種によっていかに構造化されているのかといったローゼンタール（Rosenthal 2021）の探究など、さまざまな争点で適用されている。とはいえ、異なる構造的不平等がさまざまな文脈においてフィードバック効果の範囲にいかなる影響を与えるのかということを、フィードバック研究者が本格的に探究する余地は依然としてかなり残されている。

5．政策フィードバック研究の新たな挑戦とニューフロンティア

　政策フィードバックの研究者たちによって取り組まれた研究は、政治プロセスの働きについてさまざまな側面にわたる革新的な洞察をもたらしている。しかし、多くの研究課題と同様、政策フィードバック効果の分野における研究は、障害に直面し、かつ機会を生み出している。おそらく、これまでのフィードバック研究の最も重大な難題は方法論的な懸念とデータの限界から生じている。これらの課題に対処するための実証的ツールに関する議論については、本章の関連書籍である *Methods for Applying Policy Feedback Theory*（「政策フィードバック理論を適用するためのメソッド」(SoRelle and Michener 2021)）の中で論じられているが、私たちはここで簡潔にその概要を紹介する。

　フィードバック研究に対する主な批判の１つは、内生性の問題、特に、政府による給付の受給者と非受給者間の潜在的な自己選択バイアスによって生じる内生性に焦点を当てている。懸念されているのは、幾つかの既存の特性が誰が特定のプログラムを利用するかの選択に影響を与え、そしてそれと同じ要因が後に受益者と非受益者間での参加行動や態度の違いを決定づける可能性があるということである。アナリストがこの可能性を統制するためのふさわしいデータや実証的ツールを持っていないのなら、政策フィードバック効果の存在を確信的に明示することはできない（Mead 2004）。政策フィードバック分野における研究活動は、この批判に対して敏感であり、学者たちは彼らの因果関係の主張を実証するためにさまざまな方法論的ツールを応用している。

　幾つかの研究は、政策改革への反応として被験者ごとの変化を捉えることができるパネルデータを用いて、内生性の課題に対処しようとしている（例：Weaver and Lerman 2010；Morgan and Campbell 2011；Jacobs, Mettler, and Zhu 2022；Mettler, Jacobs, and Zhu 2023）。操作変数による２段階モデリング（例：Mettler and Welch 2004；Rose 2018）や統計的マッチング（例：Weaver and Lerman 2010；Michener 2018；De Micheli 2018）を含む統計的手法もまた、内生性に対処するために用いられてきた。さらに最近では、研究者らはフィードバック効果の因果関係を主張するため、実験的メソッドや準実験的メソッドに目を向けている。例えば、サーベイ実験（例：SoRelle 2022；Faricy and Ellis 2021）、不

連続回帰デザイン（例：Clinton and Sances 2018；Lerman 2019）、差分の差アプローチ（例：Lu 2014）などを用いて、フィードバック効果の存在を実証している。これらの戦略は、大規模サンプルによる因果効果を捉える可能性を持つ一方、政策フィードバックの微妙な違いやメカニズムを掘り下げることには必ずしも適していない。そのため、フィードバックのプロセスをより詳細に明らかにするために、インタビュー（例：Barnes and Henley 2018；Michener 2018）やエスノグラフィー（例：Soss, Fording, and Schram 2011；Nuamah 2021）を統合した豊かな質的研究の新たな潮流が併せて生まれている。

一度策定された政策がいかに政治を作り変えるのかを理解したい研究者にとって、政策フィードバック理論は不可欠である。さらに今日では、新しい政策創造は他の政策の存在にかつてないほど深く影響されており、それらの多くは政治の風景を多面的かつ根本的な方法で作り変えている。このアプローチもまた、グッド・ガバナンス、積極的な市民の関与、そしてさまざまな集団や利益団体間での公平な競争の場の促進を視野に入れながら、より良い政策創造や既存政策のアセスメントの方法を理解したい人々にとって重要である。

過去20年間、研究者たちはこの研究領域の発展に尽力してきた。今日、研究者たちはフィードバック効果研究において重要な問いの新たな波に取り組み始めている。例えば、初期のフィードバック研究の大半は単一の政策事例の研究に専念していたが（例：Soss 1999；Campbell 2003；Mettler 2005）、研究者たちは、複数の重なり合う政策経験からフィードバック効果がいかに生じるのかについて、体系的に考察し始めている（例：Shanks-Booth and Mettler 2019；Rosenthal 2021）。このことは日常において政策レジームがいかに重なり合うのかを理解するうえで不可欠である（参照：Michener, SoRelle, and Thurston 2022）。新たな波のもう1つの方向性は、政策フィードバックを意図的なツールとして考察することである。すなわち、政策策定者が政治目的の達成のため、フィードバックを明確に利用するのはいつなのか（例：Hackett 2020）、そしてフィードバックが生じやすく、あるいは生じにくい条件とは何なのか（Patashnik and Zelizer 2013；Hertel-Fernandez 2018）という問いである。

これまでの発展しつつある課題をさらに発展させることに加え、将来のフィードバック研究が取り組むべき極めて重要な問いは他にもある。個人レベルのフィードバック効果についてはかなりの知見が蓄積されているが、政策

は、いかにして集合行為や社会運動の組織化のための条件を形作ることができるのだろうか。スコッチポル（1992）の母性主義的福祉国家に関する研究では、政策が集合的アイデンティティを形作る可能性を探っている。メトラー、カッツェンスタイン（katzenstein）、そしてリース（Reese）は、編集書籍である *Routing the Opposition*（『反対派の誘導』(Meyer, Jenness, and Ingram 2005)）の中で、フィードバック効果と集合行為の関係について、それぞれの考察を提示している。また、ソレッレ（SoRelle 2020）とサーストン（2018）は、信用と責務の政治をめぐる集合行為へのフィードバック効果について言及している。とはいえ、政策がいかに集合行為の条件を作り出すのか、あるいは弱めるのかについて、より広範に理論化する余地は依然として大きい。この問いは、国内外の抗議運動が増加している今、特に時宜を得たものとなっている。

探究のもう1つの方向性としては、政策策定の管轄権と主体間におけるフィードバック効果の重層化がある。例えば、ゴス、バーンズおよびローズ（Goss, Barnes, and Rose 2019）は、政策が非営利組織を通じて個人へと「滴り落ちる」ときに生じる複層的なフィードバックを探究している。シャンクスとソレッレ（Shanks and SoRelle 2021）は、類似の複層的プロセスを探究している。ここでは、政策による制約が組織行動の1つのレベル、すなわち財団の助成活動を形作り、その結果、別のレベル、すなわち受給組織に対する二次的なフィードバックが発生するというプロセスを取り上げている。さらに検討すべき問いとしては、市民が非政府組織を経由して提供される政策とサービスにいかに反応するのか、また、国際立法機関によって施行された政策に対する市民の経験が、国内政府によって実施された政策と比べて異なるフィードバック効果を生じさせるのか否かが挙げられる。

政策フィードバック研究は、政策研究における刺激的でまた比較的新たな方向性を示している。その方向性はさらなる探究の可能性に満ちている。このことは、一度作られた政策が多様な形で政治世界をいかに作り変えるのかという研究へと、研究者たちを導いている。過去20年間、この領域では革新的な新しい探究が進み、メカニズムや力学の特定化が進展している。これらの業績によって、将来の研究者たちが研究を継続するための道は整えられているのである。

参考文献

Adler, E. Scott, and John D. Wilkerson. 2012. *Congress and the Politics of Problem Solving.* New York：Cambridge University Press.
Andreß, H. J., and T. Heien. 2001. "Four Worlds of Welfare State Attitudes? A Comparison of Germany, Norway, and the United States." *European Sociological Review* 17（4）：337-356.
Barnes, Carolyn Y., and Henly, J. R. 2018. "'They Are Underpaid and Understaffed'：How Clients Interpret Encounters with Street-Level Bureaucrats." *Journal of Public Administration Research and Theory* 28（2）：165-181.
Béland, Daniel. 2010. "Reconsidering Policy Feedback：How Policies Affect Politics." *Administration and Society* 42（5）：568-590.
Béland, Daniel, Philip Rocco, and Alex Waddan. 2018. "Policy Feedback and the Politics of the Affordable Care Act." *Policy Studies Journal* 47（2）：395 422.
Bloemraad, Irene. 2006. *Becoming a Citizen：Incorporating Immigrants and Refugees in the United States and Canada.* Berkeley：University of California Press.
Blumenthal, David, and James A. Morone. 2009. *The Heart of Power：Health and Politics in the Oval Office.* Berkeley：University of California Press.
Campbell, Andrea Louise. 2003. *How Policies Make Citizens：Senior Political Activism and the American Welfare State.* Princeton, NJ：Princeton University Press.
―――. 2012. "Policy Makes Mass Politics." *Annual Review of Political Science* 15：333-351.
Canaday, Margot. 2009. *The Straight State：Sexuality and Citizenship in Twentieth-Century America.* Princeton, NJ：Princeton University Press.
Chen, Jowei. 2013. "Voter Partisanship and the Effect of Distributive Spending on Political Participation." *American Journal of Political Science* 57（1）：200-217.
Clinton, Joshua D., and Michael W. Sances. 2018. "The Politics of Policy：The Initial Mass Political Effects of Medicaid Expansion in the States." *American Political Science Review* 112（1）：167-185.
Dahl, Robert A. 2003. *How Democratic is the American Constitution?* New Haven：Yale University Press.（杉田敦訳『アメリカ憲法は民主的か』（岩波書店、2004年））
De Micheli, David. 2018. "The Racialized Effects of Social Programs in Brazil." *Latin American Politics and Society* 60（1）：52-75.
Derthick, Martha. 1979. *Policymaking for Social Security.* Washington, DC：Brookings Institution.
Engel, Stephen M. 2014. "Seeing Sexuality：State Development and the Fragmented Status of LGBTQ Citizenship." In *The Oxford Handbook of American Political Development*, edited by Richard Valelly, Suzanne Mettler, and Robert Lieberman, 682-703. Oxford：Oxford University Press.
Esping-Andersen, Gøsta. 1990. *The Three Worlds of Welfare Capitalism.* Princeton, NJ：Princeton University Press.（岡沢憲芙・宮本太郎訳『福祉資本主義の三つの世界：比較福祉国家の理論と動態』（ミネルヴァ書房、1989年））
Faricy, Christopher G., and Christopher Ellis. 2021. *The Other Side of the Coin：Public Opinion toward Social Tax Expenditures.* New York：Russell Sage Foundation.
Fox, Cybelle. 2012. *Three Worlds of Relief：Race, Immigration, and the American Welfare State from the Progressive Era to the New Deal.* Princeton, NJ：Princeton University Press.
Goss, Kristin A. 2013. *The Paradox of Gender Equality：How American Women's Groups Gained*

and Lost Their Public Voice. Ann Arbor : University of Michigan Press.
Goss, Kristin A., Carolyn Barnes, and Deondra Rose. 2019. "Bringing Organizations Back In : Multi-level Feedback Effects on Individual Civic Inclusion." *Policy Studies Journal* 47 (2) : 451-470.
Hacker, Jacob S. 1998. "The Historical Logic of National Health Insurance : Structure and Sequence in the Development of British, Canadian, and U. S. Medical Policy." *Studies in American Political Development* 12 (1) : 57-130.
_____. 2002. *The Divided Welfare State : The Battle over Public and Private Social Benefits in the United States*. New York : Cambridge University Press.
Hackett, Ursula. 2020. *America's Voucher Politics : How Elites Learned to Hide the State*. Cambridge : Cambridge University Press.
Hall, Peter A. 1986. *Governing the Economy : The Politics of State Intervention in Britain and France*. New York : Oxford University Press.
Heclo, Hugh. 1974. *Modern Social Politics in Britain and Sweden : From Relief to Income Maintenance*. New Haven, CT : Yale University Press.
Hern, Erin A. 2017. "Better Than Nothing : How Policies Influence Political Participation in Low-Capacity Democracies." *Governance* 30 (4) : 583-600.
Hertel-Fernandez, A. 2018. "Policy Feedback as Political Weapon : Conservative Advocacy and the Demobilization of the Public Sector Labor Movement." *Perspectives on Politics* 16 (2) : 364-379.
Hochschild, Jennifer, and Vesla Mae Weaver. 2010. "There's No One as Irish as Barack O'Bama' : The Policy and Politics of American Multiracialism." *Perspectives on Politics* 8 (3) : 737-759.
Hosek, Adrienne. 2019. "Ensuring the Future of the Affordable Care Act on Health Insurance Marketplaces." *Journal of Health Politics, Policy, and Law* 44 (4) : 589-630.
Howard, Christopher. 1997. *The Hidden Welfare State : Tax Expenditures and Social Policy in the United States*. Princeton, NJ : Princeton University Press.
Jacobs, Lawrence and Suzanne Mettler. 2018. "When and How New Policy Creates New Politics : Examining the Feedback Effects of the Affordable Care Act on Public Opinion." *Perspectives on Politics* 16 (2) : 345-464.
Jacobs, Lawrence, Suzanne Mettler, and Ling Zhu. 2022. "The Pathways of Policy Feedback : How Health Reform Influences Political Efficacy and Participation." *Policy Studies Journal* 50 (3) : 483-506.
Jakobsen, Tor Georg. 2011. "Welfare Attitudes and Social Expenditure : Do Regimes Shape Public Opinion?" *Social Indicators Research* 101 (3) : 323-340.
Jordan, Jason. 2013. "Policy Feedback and Support for the Welfare State." *Journal of European Social Policy* 23 (2) : 134-148.
Keyssar, Alexander. 2000. *The Right to Vote : The Contested History of Democracy in the United States*. New York : Basic Books.
Korpi, Walter, and Joakim Palme. 1998. "The Paradox of Redistribution and Strategies of Equality : Welfare State Institutions, Inequality, and Poverty in the Western Countries." *American Sociological Review* 63 (5) : 661-687.
Kreitzer, Rebecca J., Elizabeth A. Maltby, and Candis Watts Smith. 2022. "Fifty Shades of Deservingness : An Analysis of State-Level Variation and Effect of Social Constructions on Policy Outcomes." *Journal of Public Policy* 42 (3) : 36-464.
Kumlin, Staffan. 2004. *The Personal and the Political : How Personal Welfare State Experiences Affect Political Trust and Ideology*. New York : Palgrave Macmillan.
Lacombe, Matthew J. 2021. "Post-Loss Power Building : The Feedback Effects of Policy Loss on

Group Identity and Collective Action." *Policy Studies Journal* 50 (3): 507-526.
Larsen, Christian. 2008. "The Institutional Logic of Welfare Attitudes." *Comparative Political Studies* 41 (2): 145-168.
Lerman, Amy E. 2019. *Good Enough For Government Work*. Chicago : University of Chicago Press.
Lerman, Amy E., Meredith L. Sadin, and Samuel Trachtman. 2017. "Policy Uptake as Political Behavior : Evidence from the Affordable Care Act." *American Political Science Review* 111 (4): 755-770.
Lowi, Theodore J. 1972. "Four Systems of Policy, Politics, and Choice." *Public Administration Review* 32 (4): 298-310.
―――. 1985. "The State in Politics : The Relation Between Policy and Administration." In *Regulatory Policy and the Social Sciences*, edited by Roger G. Noll, 67-96. Berkeley : University of California Press.
Lu, Xiaobo. 2014. "Social Policy and Regime Legitimacy : The Effects of Education Reform in China." *American Political Science Review* 108 (2): 423-437.
MacLean, Lauren. 2011. "State Retrenchment and the Exercise of Citizenship in Africa." *Comparative Political Studies* 44 (9): 1238-1266.
Marshall, T H.[1950] 1998. "Citizenship and Social Class." In *Citizenship Debates : A Reader*, edited by Gershon Shafir, 93-112. Minneapolis : University of Minnesota Press.(岩崎信彦・中村健吾訳『シチズンシップと社会的階級:近現代を総括するマニフェスト』(法律文化社、1993 年))
Martin, Cathie J. 2004. "Reinventing Welfare Regimes : Employers and the Implementation of Active Social Policy." *World Politics* 57 (1): 39-69.
McCabe, Katherine T. 2016. "Attitude Responsiveness and Partisan Bias : Direct Experience with the Affordable Care Act." *Political Behavior* 38 (4): 861-882.
Mead, Lawrence M. 2004. "The Great Passivity." *Perspectives on Politics* 2 (4): 671-675.
Mettler, Suzanne. 1998. *Dividing Citizens : Gender and Federalism in New Deal Public Policy*. Ithaca, NY : Cornell University Press.
―――. 2002. "Bringing the State Back into Civic Engagement : Policy Feedback Effects of the G. I. Bill for World War II Veterans." *American Political Science Review* 96 (2): 353.
―――. 2005. *Soldiers to Citizens : The G. I. Bill and the Making of the Greatest Generation*. New York : Oxford University Press.
―――. 2011. *The Submerged State : How Invisible Government Policies Undermine American Democracy*. Chicago, IL : University of Chicago Press.
―――. 2014. *Degrees of Inequality : How the Politics Higher Education Sabotaged the American Dream*. New York : Basic Books.
―――. 2016. "The Policyscape and the Challenges of Contemporary Politics to Policy Maintenance." *Perspectives on Politics* 14 (2): 369-390.
Mettler, Suzanne, Lawrence R. Jacobs, and Ling Zhu. 2023. "Policy Threat, Partisanship, and the Case of the Affordable Care Act." *American Political Science Review*, 117 (1): 296-310.
Mettler, Suzanne, and Joe Soss. 2004. "The Consequences of Public Policy for Democratic Citizenship : Bridging Policy Studies and Mass Politics." *Perspectives on Politics* 2 (1): 55-73.
Mettler, Suzanne, and Eric Welch. 2004. "Civic Generation : Policy Feedback Effects of the GI Bill on Political Involvement over the Life Course." *British Journal of Political Science* 34 (3): 497-518.
Meyer, David S., Valerie Jenness, and Helen M. Ingram. 2005. *Routing the Opposition : Social Movements, Public Policy, and Democracy*. Minneapolis : University of Minnesota Press.
Michener, Jamila. 2018. *Fragmented Democracy : Medicaid, Federalism, and Unequal Politics*. Cam-

bridge: Cambridge University Press.
—. 2019. "Policy Feedback in a Racialized Polity." *Policy Studies Journal* 47 (2): 423-450.
Michener, Jamila D, Mallory E. SoRelle, and Chloe Thurston. 2022. "From the Margins to the Center: A Bottom-Up Approach to Welfare State Scholarship." *Perspectives on Politics* 20 (1): 154-169.
Morgan, Kimberly J. 2006. *Working Mothers and the Welfare State: Religion and the Politics of Work-Family Policies in Western Europe and the United States*. Stanford, CA: Stanford University Press.
Morgan, Kimberly J., and Andrea Louise Campbell. 2011. *The Delegated Welfare State: Medicare, Markets, and the Governance of Social Policy*. New York: Oxford University Press.
Moynihan, Donald, and Pamela Herd. 2010. "Red Tape and Democracy: How Rules Affect Citizenship Rights." *American Review of Public Administration* 40 (6): 654-670.
Nuamah, Sally A. 2021. "The Cost of Participating while Poor and Black: Toward a Theory of Collective Participatory Debt." *Perspectives on Politics* 19 (4): 1115-1130.
Oberlander, Jonathan and R. Kent Weaver. 2015. "Unraveling from Within: The Affordable Care Act and Self-Undermining Policy Feedbacks." *The Forum* 13 (1): 37-62.
Olson, Mancur, Jr. 1965. *The Logic Collective Action: Public Goods and the Theory of Groups*. Cambridge, MA: Harvard University Press.(依田博・森脇俊雅訳『集合行為論　公共財と集団理論』(ミネルヴァ書房、1996年))
Orloff, Ann Shola. 1993. *Gender and the Social Rights of Citizenship: The Comparative Analysis of Gender Relations and Welfare States*. Madison: University of Wisconsin.
Patashnik, Eric M. 2008. *Reforms at Risk: What Happens After Major Policy Changes Are Enacted*. Princeton, NJ: Princeton University Press.
Patashnik, Eric M. 2023. *Countermobilization: Policy Feedback and Backlash in a Polarized Age*. Chicago: University of Chicago Press.
Patashnik, Eric M., and Julian E. Zelizer. 2013. "The Struggle to Remake Politics: Liberal Reform and the Limits of Policy Feedback in the Contemporary American State." *Perspectives on Politics* 11 (4): 1071-1087.
Petrocik, J. R. 1996. "Issue Ownership in Presidential Elections, with a 1980 Case Study." *American Journal of Political Science* 40 (3): 825-850.
Pierson, Paul. 1993. "When Effect Becomes Cause: Policy Feedback and Political Change." *World Politics* 45 (4): 595-628.
Rose, Deondra. 2018. *Citizens by Degree: Higher Education Policy and the Changing Gender Dynamics of American Citizenship*. New York: Oxford University Press.
Rosenstone, Steven J., and John Mark Hansen. 1993. *Mobilization, Participation, and Democracy in America*. New York: Macmillan.
Rosenthal, Aaron. 2021. "Submerged for Some? Government Visibility, Race, and American Political Trust." *Perspectives on Politics* 19 (4): 1098-1114.
Rothstein, B. 2002. "The Universal Welfare State as Social Dilemma." In *Restructuring the Welfare State: Political Institutions and Policy Change*, edited by B. Rothstein and S. Steinmo, 206-222. New York: Palgrave Macmillan.
Schattschneider, E. E. 1935. *Politics, Pressure, and the Tariff*. New York: Prentice Hall.
Schneider, Anne, and Helen Ingram. 1993. "Social Construction of Target Populations: Implications for Politics and Policy." *American Political Science Review* 87 (2): 334-347.
—. 2019. "Social Constructions, Anticipatory Feedback Strategies, and Deceptive Public Policy."

Policy Studies Journal 47 (2): 206-236.
Shanks, Delphia, and Mallory SoRelle. 2021. "The Paradox of Policy Advocacy: Philanthropic Foundations, Public Interest Groups, and Second-Order Policy Feedback Effects." *Interest Groups & Advocacy* 10 (2): 137-157.
Shanks-Booth, Delphia, and Suzanne Mettler. 2019. "The Paradox of the Earned Income Tax Credit: Appreciating Benefits but Not Their Source." *Policy Studies Journal* 47 (2): 300-323.
Shklar, Judith N. 1991. *American Citizenship: The Quest for Inclusion*. Cambridge, MA: Harvard University Press.
Siminovitz, Gabor, Neil Malhotra, Raymond Ye Lee, and Andrew Healey. 2021. "The Effect of Distributive Politics on Electoral Participation: Evidence from 70 Million Agricultural Payments." *Political Behavior* 43: 737-750.
Skocpol, Theda. 1991. "Targeting within Universalism: Politically Viable Policies to Combat Poverty in the United States." In *The Urban Underclass*, edited by Christopher Jencks and Paul E. Peterson, 411-436. Washington, DC: Brookings Institution.
―. 1992. *Protecting Soldiers and Mothers: The Political Origins of Social Policy in the United States*. Cambridge, MA: Belknap Press of Harvard University Press.
―. 1996. *Boomerang: Clinton's Health Security Effort and the Turn Against Government in U. S. Politics*. New York: W. W. Norton.
Skocpol, Theda, and Vanessa Williamson. 2012. *The Tea Party and the Remaking of Republican Conservatism*. New York: Oxford University Press.
Smith, Miriam Catherine. 2008. *Political Institutions and Lesbian and Gay Rights in the United States and Canada*. New York:
SoRelle, Mallory E. 2020. *Democracy Declined: The Failed Politics Consumer Financial Protection*. Chicago, IL: University of Chicago Press.
SoRelle, Mallory E. 2022. "Privatizing Financial Protection: Regulatory Feedback and the Politics of Financial Reform." *American Political Science Review* 117 (3): 985-1003.
SoRelle, Mallory and Jamila Michener. 2021. "Methods for Applying Policy Feedback Theory." In *Methods of the Policy Process*, pp.80-104. Routledge.
Soss, Joe. 1999. "Lessons of Welfare: Policy Design, Political Learning, and Political Action." *American Political Science Review* 93 (2): 363-380.
Soss, Joe, Richard C. Fording, and Sanford Schram. 2011. *Disciplining the Poor: Neoliberal Paternalism and the Persistent Power of Race*. Chicago, IL: University of Chicago Press.
Soss, Joe, and Sanford Schram. 2007. "A Public Transformed? Welfare Reform as Policy Feedback." In *Remaking America: Democracy and Public Policy in an Age of Inequality*, edited by Joe Soss, Jacob S. Hacker, and Suzanne Mettler, 99-118. New York: Russell Sage Foundation.
Steinmo, Sven, Kathleen Ann Thelen, and Frank Longstreth. 1992. *Structuring Politics: Historical Institutionalism in Comparative Analysis*. Cambridge: Cambridge University Press.
Stokes, Leah Cardamore. 2016. "Electoral Backlash against Climate Policy: A Natural Experiment on Retrospective Voting and Local Resistance to Public Policy." *American Journal of Political Science* 60 (4): 958-974.
Svallfors, Stefan. 1997. "Worlds of Welfare and Attitudes to Redistribution: A Comparison of Eight Western Nations!" *European Sociological Review* 13 (3): 283-304.
Thurston, Chloe N. 2018. *At The Boundaries of Homeownership: Credit, Discrimination, and the American State*. Cambridge: Cambridge University Press.
Trounstine, Jessica. 2018. *Segregation by Design: Local Politics and Inequality in American Cities*.

Cambridge : Cambridge University Press.
Uggen, Christopher, and Jeff Manza. 2002."Democratic Contraction? The Political Consequences of Felon Disenfranchisement in the United States." *American Sociological Review* 67 (6) : 777-803.
Verba, Sidney, Kay Lehman Schlozman, and Henry E. Brady. 1995. *Voice and Equality : Civic Voluntarism in American Politics*. Cambridge, MA : Harvard University Press.
Walker, Hannah L. 2020. *Mobilized by Injustice : Criminal Justice Contact, Political Participation, and Race*. New York : Oxford University Press.
Walker, Jack L. 1983."The Origins and Maintenance of Interest Groups in America." *American Political Science Review* 77 (2) : 390-406.
Weaver, Vesla M., and Amy E. Lerman. 2010."Political Consequences of the Carceral State." *American Political Science Review* 104 (4) : 817-833.
Wilson, William Julius. 1991."Public Policy Research and the Truly Disadvantaged." In *The Urban Underclass*, edited by Christopher Jencks and Paul E. Peterson, 411-436. Washington, DC : Brookings Institution.(平川茂、・牛草英晴訳『アメリカのアンダークラス：本当に不利な立場に置かれた人々』(明石書店、1999年))
Wolfinger, Raymond E., and Steven J. Rosenstone. 1980. *Who Votes?* New Haven, CT : Yale University Press.
Zolberg, Aristide R. 2006. *A Nation by Design : Immigration Policy in the Fashioning of America*. New York : Russell Sage Foundation.

第4章　唱道連合フレームワーク
進展と新たな領域

ダニエル・ノールシュテット、カリン・インゴルド、
クリストファー・M・ウィブル、エリザベス・A・コーブリ、
クリスティン・L・オロフソン、佐藤圭一、ハンク・C・ジェンキンス゠スミス
(Daniel Nohrstedt, Karin Ingold, Christopher M. Weible, Elizabeth A. Koebele,
Kristin L. Olofsson, Keiichi Satoh, and Hank C. Jenkins-Smith)

1．はじめに

　唱道連合フレームワーク（Advocacy Coalition Framework：ACF）は、公共政策策定において人々がどのように協力して集団的選択を行うかを描写し説明するために設計された理論的フレームワークである。政策過程のマクロ理論とミクロ理論の間に位置するACFは、より広範な環境（制度、地理、文化など）が個人および集団のアクター、特に彼らの信念や行動に影響を与えることを認識している。同様に、環境はアクターの行動や彼らが追求する政策に影響される。ACFは、選挙や社会運動を超えた政策策定の側面に注目させるものであり、その側面では個人や集団の取組みは、ニュースメディアやソーシャルメディア、一般大衆には注目されないことが多い。しかし、ACFが浮き彫りにした力学は、政府のあらゆるレベルにおける政策過程や集団的決定に根本的な影響を与えている。

　イーストン（Easton 1965）、ローダン（Laudan 1978, 70-120）、ラカトス（Lakatos 1970）、およびオストロム（Ostrom 2005, 27-29）から借用したACFは、複数の重なり合う理論的焦点を支えるフレームワークである。フレームワークのレベルでは、ACFは前提条件とその範囲の記述から構成されている。また、その概念は、政策過程を研究する研究者間のコミュニケーションを促進する共通の語彙を提供し、それによって、フレームワークの各部分間の理論的関係についての実証的調査の蓄積を促進する。重要なことは、フレームワークの主要な前提条件は、多くの場合、直接的に検証可能なものではないことである。その代わ

り、ACFでは、これらの核となる前提条件が、仮説を立て検証するための基礎となる。その結果、このフレームワークは、複数の理論を支えており、これらの理論は、実証的な検証を促す正確な概念と仮説を概説している。これらの理論は、より精密な定義と実験と修正の対象となる反証可能な仮説で構成される。ACFのもとで使用されている主な理論は、唱道連合のパターンと行動、学習と適応の可能性、政策の変更と継続をもたらす力に焦点を当てている[1]。

ACFの活力は、新進気鋭から経験豊富まで、世界中から集まり、メソッドや関心領域も幅広い、多様な研究者のコミュニティからの支援によって生み出されている。このような研究コミュニティは、極度の二極化、不平等の拡大、気候変動による脅威、公衆衛生上のリスクなど、多くの世界の壮大な課題を理解し、それらの情報を提供するために、ACFを適用、検証、改良し続けている。この章では、広く受け入れられ、この研究コミュニティを結び付けるのに役立つACFの前提条件、基本原理、理論、知識について説明を試みる。本章の最後に、ACFの研究コミュニティに貢献するための研究課題と戦略を示す。

2．前提条件

フレームワークとして、ACFには政策過程に関する一連の前提条件が含まれており、実証研究を行うための基礎となる。これらの前提条件を**付録表4.1**に示し、以下に詳述する。

まず、政治活動の場であり、ACFにおける調査研究の主要な分析単位である「政策サブシステム」という用語について説明する。政策サブシステムは、そのトピック、地理上の地域、これらに直接的・間接的に関与する人々（「政策アクター」と呼ばれる）によって定義される。

政策サブシステムは、実質的な政策トピック（例：教育、エネルギー、保健政策）であればどのようなものでも存在し得るが、トピック内の下位の専門分野を独占する場合や、複数のトピックが重複する場合もある。地理的な範囲は具体的で、ある意思決定レベル（ローカルからグローバルまで）や、ある区切られた領域や管轄区域（例：州や地区）に関係することもある。これらのトピックと地理的要素は、研究デザインとデータ収集を形作り、サブシステムの境界を作り出す。ACFのもとで研究された政策サブシステムを取り扱った最近の例と

しては、以下のようなものがある。

- ウガンダにおける農薬リスク規制（Wiedemann and Ingold 2023）
- 中国の産児制限政策（Li and Wong 2019）
- 米国3州における水圧破砕を巡る政治（Weible et al. 2016）
- オーストラリアにおける薬物政策（Sommerville et al. 2022）

　政策サブシステムは、政治研究においてしばしば単純化されすぎたり、見落とされたりする複雑なガバナンスの階層に注目し、明確にするものである（Redford 1969）。実際、ACFの政策サブシステムの概念は、単一の行政機関またはプログラムを超えて、政府機関、政策、プログラム、そして政策過程に関与する政府以外の政策アクターの多様性を把握するために、調査の幅を広げる必要性から生まれた（Sabatier 1987）。また、行政機関、議会小委員会、利益集団から構成される「鉄の三角形」の概念化を拡大し、より包括的な政策アクターの配列で政策過程を描くことで、ヘクロウ（Heclo 1978）の争点ネットワークを構築している[2]。

　さらに、政策サブシステムの境界線はしっかりと固定されているわけでも、明確に定義されているわけでもない。むしろ、多くの場合対立範囲を拡大または縮小することによって、政策争点、誰が影響を受けるのか、および誰が管轄権を持つのかについて、政策アクターが（再）定義するため、その境界線はあいまいで、しばしば争われる（Schattschneider 1960）。それでも、政策サブシステムは数十年にわたって持続し、継続することができる。政策アクターがその問題について十分に学習し、信念体系を形成・強化し、関連する意思決定の場（下記参照）にアクセスし、連合を動員・維持し、政策やプログラムを支持・反対するのに十分な時間が経過したとき、政策サブシステムは「成熟した」と呼ばれる。

　新たな問題が政治アジェンダに登場すると、成熟した政策サブシステムに吸収されるか、新たな「萌芽的な」政策サブシステムの形成を引き起こすかのどちらかになる（Nohrstedt and Olofsson 2016a）。萌芽的なサブシステムは、連合、場、政策、または管轄権の明確さを欠いているかもしれない（Beverwljk et al. 2008；Bandelow and Kundolf 2011；Stritch 2015；Ingold et al. 2017；McGee and Jones 2019；Weible et al. 2020；Wiedemann and Ingold 2023）。萌芽的なサブシス

テムは、政策アクターが、しばしば不安定な環境（Costie et al. 2018）や、曖昧でありながら非常に議論の多い問題を抱えた環境（Dean 2021）において、最初にどのように関与し、調整していくのかについての洞察を提供することができる[3]。

　政策サブシステムに加え、研究者たちは政策の場（またはフォーラム）における二次的な分析単位を研究している（Henry et al. 2022）[4]。ACF は、政策の場を集合行為または意思決定の場所と定義している。その場所は、通常、政策決定の権限（例：議会）や政策オプションを推奨する権限を持つ、サブシステムのアクターの一部が参加する議論の中心的な場所を指す（Leach and Sabatier 2005；Leach et al. 2013）。場レベルでの適用は、連合がどのように調整し、互いに学び合い、交渉し、他の場よりもある場に参加することを選択し（Vantaggiato and Lubell 2022）、政策変更を追求するのかを理解するのに役立つ。効果的な政策の場が存在し、そこで権威ある決定に影響を与えたり決定が下されたりすることは、政策アクターが政策を形成するために連合を形成し、調整し、資源を費やすための重要なインセンティブの１つである。

　上記で紹介したように、政策アクターには、サブシステムの問題に直接的または間接的に影響を与えようと常日頃から努めているあらゆる人物が含まれる。政策アクターは、唱道連合を組織し、対立を緩和し、反対派が合意に達するのを助ける「政策ブローカー」のような他の役職に就くことで、政策サブシステムにおける変更と継続のエージェントとしての役割を果たす（Sabatier and Jenkins-Smith 1993；Ingold and Varone 2012）。政策アクターには、政府のあらゆるレベルの役人、民間セクターの代表者、非営利組織のメンバー、ニュースメディアのメンバー、高等教育の科学者や研究者、民間のコンサルタント、さらには裁判所のメンバーなど、さまざまな個人や組織が含まれる。もちろん、これらのアクターの関与や影響の程度や一貫性は、政策サブシステムによって異なる。

　ACF は、政策アクターを限定合理的であるとみなしている。つまり、政策アクターは目標によって道具的に動機づけられるが、その目標を達成する方法については不明確であることが多く、情報や経験などの刺激を処理する認知能力には限界がある（Simon 1957, 1985）。

　このような制約があるため、サブシステムのアクターは、自分たちが認識し

ている基本的価値観や政策に関連する信念を包含する「信念体系」を通じて世界を単純化する。ACF は、信念体系を、行為者が世界をフィルターにかけ、解釈し、決定を下す前提となる主要な源として概念化し、その前提となる主要な源は動機の偏った理解や政治的固定化につながる可能性がある（Munro and Ditto 1997；Munro et al. 2002）。

　ACF は、大まかに一般的なものから具体的なものまで、3 段階の信念体系モデルを提唱している。「深層核心的信念」とは、基本的な規範的価値観や存在論的公理であり、人間の本性、社会正義の規範、および主要な価値（例：個人の自由と社会的平等）の序列化が含まれる。深層核心的信念は政策に特化したものではないため、複数の政策サブシステムに適用することができる[5]。深層核心的信念は、「政策核心的信念」を形成し、制約する。「政策核心的信念」は、信念体系の中間に位置して、政策サブシステムに結びついた一般的な規範的・経験的政策に関連する信念を指す。規範的な政策核心的信念は、政策サブシステムに対する自分の基本的な方向性や価値観の優先順位を反映するものであり、誰の福祉が重要な関心事であるかを特定することができる。経験的な政策核心的信念には、問題の深刻さ、問題の基本的原因、認識された政策のインパクトに関する総合アセスメントが含まれる。最後に、「二次的信念」はより焦点を絞ったものであり、連合調整の手段や、アクターの政策核心的信念で特定されたアウトカムを達成するのに適した具体的な「政策手段」といった要素を扱う。

　信念体系は、政策アクターが分析的議論を通じて議論、説得、語り（narration）、フレーミングを行う際の素材となる。そこでは、信念体系、特に原因、問題の深刻さ、あるいは推定される政策的解決策のインパクトについての理解が、ある見解を正当化して支持したり、他の見解を否定して割り引いたりする上で、最も重要な科学的・技術的情報と絡み合っている。例えば、政策アクターは、問題の深刻さについて、その主張を裏付けるために科学を持ち出すことで、自分たちの主張を補強することがある。ACF は、他の情報源の重要性を見落としているわけではないが、科学的・技術的な情報を、公論（public discourse）における有力な政治的材料として位置づけている。

　ACF は、サブシステム内の政策アクターが、共有された政策核心的信念に基づいて、1 つ以上の唱道連合に集約されることを想定している。連合のメンバーは、自分たちの信念を公共政策に反映させるために政治活動を調整し、同

じように信念を公共政策に反映させようとする相手の努力を阻止する。この点で、公共政策とは、連合間の政治的な駆け引きや交渉、そして競合している連合が有する信念体系を政策に反映させる努力を表現している (Pressman and Wildavsky 1973 ; Mazmanian and Sabatier 1983)。

ACF は、連合間の対立と協働に重点を置いているため、サブシステムにおける同盟者と敵対者の関係を浮き彫りにする。このような関係の基盤は、人は利益よりも損失をより容易に記憶するというプロスペクト理論 (Quattrone and Tversky 1988) の命題に由来しており、ACF の「悪魔シフト」に貢献している。当初、ポール・サバティエによって作られたこの「悪魔シフト」は、政策アクターが敵対者の権力や悪意を誇張するときに起こる (Sabatier et al. 1987)。その後、リーチとサバティエ (Leach and Sabatier 2005) は、政策アクターが味方の権力と美徳を誇張するときに起こる「天使シフト」を作り出した。実証研究によって、悪魔シフトは、信念やアイデンティティ、極端な信念を持ち長期化した対立に関与する政策アクター、非協働的な態度と不信、そして、政策解決策を阻む妨害行動と関連していることが明らかになっている (Fischer et al. 2016 ; Katz 2018 ; Vogeler and Bandelow 2018 ; Nilsson et al. 2020 ; Gronow et al. 2022)[6]。

最後に、ACF は政策過程を理解するために長期的な時間的視点 (例えば 10 年以上) を推奨している。この前提条件は、ACF の適用に 10 年以上のデータ収集と分析が必要だという意味ではない。これはあまりにも文字通りの解釈である。そうではなく、公共政策を理解するためには、長期にわたる政策策定を特徴づける一時的なプロセスに注目する必要があることを意味している。したがって、ACF の研究には、より長期的なプロセスの一部であると理解される、より短い時間枠に焦点を当てた調査も含まれる。

3．一般的な概念のカテゴリーと関係

図 4.1 は、上記の前提条件に基づき、ACF の主要概念間の一般的な関係をまとめたフロー図である。右側の長方形は、2 つの競合する連合を含むサブシステムを示している。この 2 つの連合は、制度的ルール、政策アウトプット、アウトカムに関わる政府機関の決定に影響を与えるためにさまざまな戦略を用いる。これらの決定は政策サブシステムにフィードバックされ、外部サブシステ

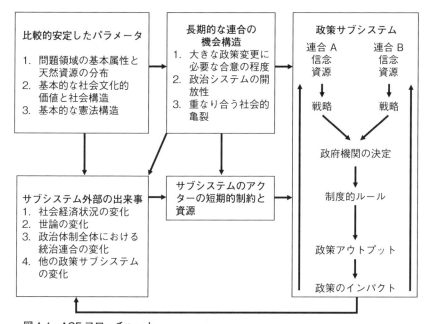

図 4.1 ACF フローチャート
出典：Jenkins-Smith et al.(2018)

ムの問題に影響を与える可能性がある。

　安定したパラメータとは、政策サブシステムを取り巻く基本的な社会的、文化的、経済的、物理的、制度的構造を指す。これらの概念の中には、政治システムの基本的な憲法構造など、サブシステムの外部にあるものもあれば、サブシステムの焦点である実質的な問題の根底にある物理的・社会的条件など、サブシステムの内部にあるものもある。次に、動的な外部の出来事には、サブシステムの外部にあって変化しやすい関連する動向が含まれる。具体的には、社会経済状況、サブシステムに関連する技術の状態、世論、統治連合の構成、他のサブシステムからの波及効果などがある。

　比較的安定したパラメータと政策サブシステムの間には、政策変更に必要な合意の程度、政治システムの開放性、重なり合う社会的亀裂などを考慮した長期的な連合の機会構造の性質に関する概念のカテゴリーがある。これらの構造は、政策アクターが相互作用する制度を形成する(Fischer 2014；Koebele 2019)。

外部の出来事と政策サブシステムの間には、サブシステムのアクターの短期的な制約と資源があり、サブシステム外部の変化が、連合にとって利用できる短期的な機会を提供することを示している。

概念同士の関係や図示された概念のリストは、ACFが政策過程をどのように描いているかの概要として理解されるべきである。実際には、異なることもある。例えば、図4.1には2つの連合が挙げられているが、政策サブシステムには1つの連合しか存在しないこともあれば、2つ以上の連合が存在することもある。また、政策ブローカーなど、図4.1では言及されていない概念もある。さらに、いくつかのボックスの例は、動的な外部事象の下で危機や災害を列挙する可能性があるなど、網羅的なものではない。図4.1の根底にある精神は、ACFの包括的な概要を提供することではなく、フレームワークの一部を視覚化することによって、コミュニケーションを図り、想像力豊かな活用を喚起することである。

4．理論上の重点

ACFは、3つの理論的焦点（唱道連合、政策指向の学習、政策変更）とそれらの相互作用に関連する現象を研究し説明するために適用される。ACFは各理論的焦点について仮説を立てており、それらは**付録表4.2**に記載されている。

4.1　唱道連合

ACFは、政策アクター、その信念体系、調整という唱道連合のいくつかの概念的な構成要素を明示している（Weible et al. 2020）。これらの構成要素から、ACFは唱道連合を、信念（特に政策核心的信念）を共有し、共通の政策的立場を提唱し、政策変更を推進または反対するために、無視できない程度の調整を行う政策アクターの集団と定義している。この定義の必然的な含意は、政策アクターが連合の調整の一環として資源と戦略を使用し、長期間にわたってその努力をするということである。

連合内では、政策アクターは自らの政治行動を調整する。調整とは、連合内の政策アクターが共通の目標を追求するために、非公式または公式に組織化された行動を意味するが、対立する連合のメンバーが戦略的に協力する場合、「連

合間の調整」も起こりうる（Koebele et al. 2020）。「強い調整」は、政策アクターが意図的に同盟者との調整活動を計画し、それを認識している場合に起こる。「弱い調整」は、連合の政策アクターが暗黙のうちに、あるいは無意識のうちに同盟者の活動に基づいて行動する場合に生じる（Weible and Ingold 2018）[7]。

連合が調整する際、彼らは資源を活用する。ACFは、政策アクターや唱道連合が公共政策に影響を及ぼすために用いる政治的資源について、類型化を行っている。具体的には、政策決定を行うための正式な法的権限、世論、情報、動員可能な市民やフォロワー、財源、そして熟練したリーダーシップなどが含まれる（Sewell 2005；Sabatier and Weible 2007, 201）。

政策アクターは、政策サブシステムにおける彼らの機能、立場、役割においてさまざまである。そのため、ACFは政策サブシステム内の政策アクターを分類する概念的なカテゴリーを提供し、調査や理解の一助としている。例えば、政策アクターの中には、唱道連合の中心的存在や「主要な」存在となり、連合メンバーと定期的かつ広範に関与する者もいる。対照的に、他のアクターは「補助的」であり、断続的に関与し、しばしば連合や異なるサブシステム間の調整役（または橋渡し役）を務める。

同様に、唱道連合は、その影響力と構造がさまざまであり、フレームワークは、さまざまなタイプの唱道連合を表現するために、語彙を洗練させることにエネルギーを費やしてきた。例えば、ACFは少数派連合と支配的連合を区別している[8]。支配的な連合は、一貫して政策論争に勝利したり、政策サブシステムにおける政策決定を支配したりする。例えば、イングルド（Ingold 2011）は、決定する力またはネットワーク中心性を測ることで、連合を支配的なものとして分類している。他の研究では、法律制定メカニズムの戦略的利用（Alvarez-Rosete and Hawkins 2022）や、意思決定者や意思決定機関への直接的なアクセス（Scott 2021）によって支配的な連合を特定している。同様に、少数派連合は、長期間にわたってサブシステムの問題に対する権力や影響力を欠いている。

ACFの唱道連合に関する理論は、ACFの仮説を検証しようとする研究者から最も注目されている（**付録表4.2**、ACF仮説の概要）。以下に、学んだことを要約する。

サブシステムにおける同盟者と敵対者の安定した構成を裏付ける強力な証拠が見られる。つまり、唱道連合には安定性を示す傾向がある（連合仮説1を参

照)。多くの研究が、長期にわたる唱道連合の持続性と、それに関連する政策核心的信念の一般的な安定性を記録している（Koebele and Crow, 2023 ; Weible et al. 2022）。しかし、連合メンバーの一部が離脱し、他のメンバーが加入する場合の多くに微妙な変化や不安定の事例（Jenkins-Smith et al. 1991 ; Leifeld 2013 ; Satoh et al. 2021 ; Osei-Kojo, 2023）、連合内の結束の変化(Lundmark et al. 2018)、および連合間の調整の変化（Koebele 2020 ; Kammerer and Ingold 2021）も研究によって確認されている[9]。

しかし、政策核心的信念と二次的信念のどちらが連立を維持するかについては、一貫性のない発見がある（連合仮説2および3）。最近のいくつかの研究では、政策核心的信念よりもむしろ二次的信念について、連合メンバーの間でより多くの一致が見られた（Malkamaki et al. 2021 ; Sommerville et al. 2022）。しかし、同じ信念があるサブシステムや文脈では政策核心的信念とみなされ、別のサブシステムや文脈では二次的側面とみなされることがあるため、この結果を最終的に評価することは困難であり（Weible et al. 2016）、ACFにおける信念レベルの定義を精緻化する必要があることが示唆される。

研究者たちは、社会的ネットワーク分析のテクニックを利用し続けることで、(a)中核と周縁の構造を描き出し、(b)周縁をつなぐ人や中央の調整者といった重要な位置を持つアクターを特定し、(c)連合内および連合間の調整のパターンを検証することによって、連合内のアクターのポジションを特定している（Angst et al. 2018 ; Malkamaki et al. 2021）。これは、唱道連合における同盟者間の調整を文書化した証拠の構築に貢献している（Zafonte and Sabatier 1998 ; Henry et al. 2021 ; Satoh et al. 2021 ; Ocelík et al. 2022）。この研究のほとんどは、情報交換（Leifeld and Schneider 2012 ; Fischer et al. 2017 ; Cairney et al. 2018）あるいは調整または協働（Koebele et al. 2020 ; Kammerer et al. 2021）の測定を通じて、連合内の政策アクター間のつながりを明らかにしている。

ACFの研究から得られた最も確立された知見の1つは、共有された信念と調整を結びつけるものであり、「信念同質性」と呼ばれる現象である（Ingold and Fischer 2014 ; Calanni et al. 2015 ; Henry et al. 2021 ; Satoh et al. 2021）。信念の同質性仮説は多くのサブシステムで確認されており、問題となっている共有された信念がサブシステム内で最も分断を引き起こすものである場合に特に顕著である可能性がある（Karimo et al. 2022）。しかしながら、ピアスら（Pierce et al.

2017) やカランニら (Calanni et al. 2015) をはじめとする複数の研究は、信念の同質性が協働的な政策サブシステムよりも敵対的な政策サブシステムにおいてより顕著であることを見出しており、これは反対派からの脅威の認識が政策アクターが同じ志を持った他者と団結するきっかけとなることを示唆している。

ACFはまた、異なるタイプの政策アクター、特に異なるセクターの政策アクターは、サブシステムの問題に異なるレベルの影響力を持つことを前提としている（連合仮説4と5）。しかし、このような議論に対する証拠は研究によってさまざまである。ワグナーとユラ・アンティラ (Wagner and Ylä-Anttila 2018) は、アイルランドの気候政策において、政府高官と有力な経済界の代表者が他のタイプのアクターよりも成功していることを明らかにした。一方、オセリックら (Ocelík et al. 2019) は、チェコ共和国の石炭の段階的廃止において、すべてのタイプのアクターが意思決定に影響を与えたが、重要だったのは、アクターのカテゴリーではなく、彼らの連合内での中心性であったことを示した。興味深いことに、アーモット (Aamodt 2018) は、同じ連合があるタイプのサブシステム（例えば気候）に影響を与えることに成功する一方で、別のタイプのサブシステム（例えばエネルギー）に影響を与えることに失敗する可能性があることを発見した。最近の研究では、マルチレベルの仕組みにおけるサブシステムのメンバーとして、国際組織も特定されている。これらの組織は、特にグローバル・サウスや、連合間の競争が少ないサブシステムにおいて、中心的な役割を果たしているようである (Kukkonen et al. 2018；Osei-Kojo et al. 2022)。

サブシステムの比較のために、さまざまな国で共通する実質的な争点に焦点を当て、ウィブルら (Weible et al. 2016) は、共通する問題について7カ国を比較し、連合の特性がさまざまであることを発見した。この発見は、同じ問題から生じるリスクと利益が、文脈によって異なる形で認識されたり経験されたりすることを示唆している (Weible and Ingold 2018)。したがって、ACFの研究者は、世界中で同じ問題に焦点を当てたサブシステムを比較する際に、政策信念や二次的側面の多様なポートフォリオに直面することになる (Kammerer and Ingold 2021)。これと同じ力学が政策の場にも存在し、ある問題は多様な信念を持つ政策アクターを惹きつけ、別の問題は似たような信念を持つアクターを惹きつけることで、信念の同質性が強化される (Herzog and Ingold 2019；Koebele 2019)。

政治的資源は、唱道連合の戦略と影響力の中心である。例えば、オールブライト（Albright 2011）やインゴルド（Ingold 2011）は、政治的資源の再配分が政策変更に先行することを明らかにしている。他の研究では、連合の影響力においてさまざまな種類の資源がさまざまな効果を発揮していることが強調されており、その重要性の階層が存在する可能性が指摘されている（Nohrstedt 2011）。また、特に権威主義体制において、連合の有効性と安定性にとって政府高官へのアクセスが重要であるとする研究もある（Aamodt and Stensdal 2017；Li and Weible 2019；Li and Wong 2019）。政策アクターとその連合は、政策サブシステムに影響を与えようとして、同盟者や協力者が使用する戦略と類似した戦略を選択する可能性が高いかもしれない（Wagner et al. 2023）。

複数のアプローチ、メソッド、実証的研究戦略は、連合を特定するのに役立つ（Henry et al. 2022）。佐藤ら（Satoh et al. 2021）は、連合内および連合間の信念と調整の同盟関係の程度を測定するための指標（インデックス）を開発した。この指標は、連合メンバーの信念と調整の決定的要素を特定するものである。どのような連合の研究においても、政治的または技術的な情報交換（Leifeld and Schneider 2012；Fischer et al. 2017）、あるいは資源の共有や共同戦略への関与（Heikkila et al. 2018）など、弱い調整と強い調整の広範な概念化と尺度を考慮する必要がある。同様に、コーブリら（Koebele et al. 2020）は、アクターの政策核心的信念と他のサブシステムのアクターとの意図的な相互作用を考慮した連合所属スコア（coalition affiliation scores）を用いて、アクターを連合に分類した。また、研究者は、連合への参加に関するアクターの自己認識（Vogeler and Bandelow 2018）や、ある連合に参加する動機付けとして脅威の認識（Wiedemann and Ingold 2023；Weible and Ingoid 2018）を研究することもできる。

要約すると、唱道連合の存在は十分に確立されており、ACFの描く唱道連合は、広範な実証的証拠に直面しても、概ね妥当性を保っている。しかし、連合を理解するための機会や課題を提供し続けている調査結果には、ばらつきや矛盾があるのと同様に唱道連合の特徴や動態にも微妙な差異がある。例えば、連合の属性の一部は、連合が出現し、進化し、発展する文脈に左右される。潜在的な連合メンバー間での顕出性、脅威、または信頼の程度は、アクターがどのように彼らの（深層核心的）信念を活性化させ、差し迫った問題に対する最善の解決策を見つけようとするかに決定的な影響を与える（Weible and Ingold

2018)。関係する文脈や制度によって、異なる信念レベルや調整パターンがより重要であったり、そうでなかったりする (Cairney et al. 2018；Koebele 2019)。したがって、ACF 研究者の次の課題は、発見をより直接的にサブシステムの文脈に結びつけ、確証済みのことではなく微妙な違いや例外に焦点を当てることである。

4.2　政策指向の学習

　ACF は、政策指向の学習を「経験から生じ、かつ、個人または集団の信念体系に関する教訓の取得または修正に関係する、思考または行動する意図の永続的な変更」と定義している (Sabatier and Jenkins-Smith 1993, 42)。政策指向の学習は、政策選好、または問題の深刻度と原因に関する認識のような、信念体系のあらゆる構成要素に関係する可能性がある。また、唱道連合が政策サブシステムにおける影響力を求める中で、目的を達成するための、議論のすり替えや調整の変更といった政治戦略の転換を指すこともある(Milhorance et al. 2021)。

　ACF は、学習に影響を与えるさまざまな要因や条件を前提としている (**付録表 4.2** 学習仮説参照)。第 1 に、意思決定の場の制度的な仕組み（すなわちルール）。例えば誰が参加できるか、誰が権限を持つか、が学習の機会に影響を与える可能性がある (Jenkins-Smith 1982)。第 2 に、分析が困難な現象。すなわち不確実性が高く、データの質が低く、したがって解釈のばらつきや意見の相違が大きい現象は、唱道連合が自分たちの政治的目的に合うように刺激策を解釈し、構成するため、学習の可能性を低下させる可能性がある (Jenkins-Smith 1990)。第 3 に、唱道連合間の対立の度合い。特に対立者間の学習の可能性に影響を与える可能性がある(Jenkins-Smith 1990；Weible 2008；Funke et al. 2021)。例えば、低対立や高対立の状況では、アクターが自分たちの信念を無視するか強硬に擁護するため、連合間の学習はほとんど起こらない。これとは対照的に、中程度の対立状況においては、対立する連合が互いに十分な脅威を感じて問題に注意を向けつつも、新しい情報を受容し続けることができる。その結果、連合間の学習が起こる可能性が高まる。最後に、政策アクターの属性が学習に影響する。つまり、極端な信念を持つ人々は、穏健な信念を持つ人々に比べて、対立する相手から学ぶ可能性が低いのである。以下では、私たちが学習とその理論的論拠について知っていることを要約する。ACF の学習仮説(**付録表 4.2**)

に関連する議論もあれば、そうでない議論もある。

ACFの信念体系に関連して、期待されることの1つは、学習は政策核心的信念よりも、二次的信念において起こりやすいということである。しかし、この主張の根拠はまちまちである。ACFの適用例の中には、この想定を裏付けているものもあるが（例：Larsen et al. 2006；Ellison and Newmark 2010；Li and Weible 2019；Sommerville et al. 2022)、二次的信念と政策核心的信念の両方での学習を記したものもある（Sabatier and Brasher 1993；Eberg 1997；Elliot and Schlaepfer 2001；Larsen et al. 2006）。結果がまちまちである理由の1つには、ACFの信念体系を測定する上での課題がある（Henry et al. 2022）。

最も多く観察されるパターンの1つは、政策アクターが信念を変えることはほとんどなく、実際、信念を強化する傾向があるということである（Meijerink 2005；Moyson 2014, 2017；Pattison 2018；Weible et al. 2022；Koebele and Crow, 2023）。ウィブルら（Weible et al. 2022）は、パネル・サンプルと非パネル・サンプルを用いて、6年間に及ぶ3回の調査を検証し、信念の強化と安定性が、アメリカのコロラド州の石油・ガス開発に関わる政策アクターの間で最も共通してみられることを発見している。この研究は、特定の年における自己報告による学習と、複数年にわたる信念の変更や安定性を測定している点で例外的である。より長い時間軸での変更に焦点を当てた数少ない追加的研究の中には、パネル以外のデータを用いて学習を検証し、その結果を組織や連合レベルに集約するものが多い（Weible and Sabatier 2009；Nykiforuk et al. 2019；Gronow et al. 2021；Henry et al. 2021）。このように、人々は自分の信念体系を維持したり強化したりする傾向があるが、非パネル・サンプル以外の政策サブシステムにおいても、信念の変更としての学習が長期間にわたって観察されている。しかし、次に詳述するように、対立のレベルや政策の場の属性に関連する発見を考慮すると、このような主張は控えめにする必要がある。

中程度の対立レベルと学習との間の関連性を示す強い証拠がある（学習仮説1の一部を支持）（Weible and Sabatier 2009；Weible et al. 2010；Koebele 2019；Funke et al. 2021；Gronow et al. 2021；Milhorance et al. 2021）。グロノウら（Gronow et al. 2021）は調査データを用いて、ブラジルの対立的な環境よりも、インドネシアやベトナムの協働的な環境における森林を基盤とした政策のサブシステムにおいて、学習のより大きな証拠を見出した。さらに、中程度の対立

レベルは、対立を緩和する協働の場と一致することが多い(Koebele 2019 参照)。リーチら（Leach et al. 2013）は、米国沿岸部における複数の利害関係者が協働する場の参加者を対象とした調査で、制度的仕組み（手続き上の公平性の認識として測定）、学習者個人の属性、および科学的確実性のレベルが、学習（自己報告による信念の変更と知識の獲得によって測定）に影響することを明らかにした。

上記の研究結果は、ACFの学習理論に関連する最も確立された研究活動と、関連する知識の流れを表している。しかし、他の研究では、学習に関する研究が十分でない領域や新たな領域が指摘されている。第1に、データが質的または主観的である場合（学習仮説3）、学習が限定的であることを示す研究がいくつかある（Weyant 1988；Elliot 2001；Kim 2003；Nedergaard 2008；Sotirov and Memmler 2012）。第2に、ネットワーク構造と学習の関係を分析する学問領域が最近増えてきている（Gronow et al 2021；Henry et al 2021）。この研究の論拠には、ネットワークにおける政策アクターのつながりが情報の流れを形成し、したがって学習の可能性を形成するという直感的な考え方がある。最後に、現在進行中かつ成長中の学習に関する研究領域では、専門家と専門家に基づく情報の役割に注目が移っている。この研究では、学問分野と分析技法や信念体系との関連性、政策変更のための専門家に基づく情報の利用、対立レベルごとの専門家の重要性の相関、専門家と唱道連合との政治的提携などが発見されている（Heintz and Jenkins-Smith 1988；Barke and Jenkins-Smith 1993；Weible 2008；Weible et al. 2010；Ingold and Gschwend 2014；Kukkonen et al. 2017；Funke et al. 2021）。

まとめると、実証的証拠は、政策指向の学習は、自分の信念を大きく変えるよりも、それを強化する可能性が高いことを示唆している。さらに、学習が起こると、いくつかの例外はあるが、政策核心的信念よりも二次的信念に影響を与える可能性が高い。対立レベルが高い場合、おそらく相互作用のネットワークが分断され、協働的な場がないことに関連して、信念の強化を超えた変更が阻害される可能性が高い。中程度の対立レベルは、協働的な場と関係している可能性が高く、より収束的なネットワークは、連合間の学習をより促進する可能性がある。また、これらの発見にもかかわらず、学習に関するさらなる研究が必要である。特に、この領域の知識を進歩させる上で最も大きな障壁は、より優れた標準化されたメソッドと測定方法を必要としていることであり、上記

のようなさまざまな結果の主な原因となっている可能性が高い。

4.3 政策変更

ACFの中心的な目的の1つは、政策の変更と安定性の理解に貢献することである。政策変更とは、法律、規則、プログラム、政令、行政命令を含む公共政策の採用のあらゆる決定を指し、こういった法律等は、サブシステム内の1つ以上の連合の目標を表している。

政策変更に関する他の文献 (Nisbet 1972；Capano 2009；Howlett and Cashore 2009) と同様に、ACFでは、変更が以前の公共政策からどの程度逸脱しているかに基づいて、小さな政策変更と主要な政策変更を区別している[10]。サブシステム内で追求される政策の核となる側面（目標など）の変更は、「主要な政策変更」を意味する。これとは対照的に、二次的側面の変更（行政規則、予算配分、法令解釈の変更に見られるような、目標達成のための手段の変更など）は、「小さな政策変更」を意味する (Sabatier and Jenkins-Smith 1999, 147-148)。信念体系のカテゴリーは、その変更のしやすさによって異なるため、小さな政策変更は、主要な政策変更ほど実現が困難ではないはずである (Sabatier 1988)。

ACFは、政策変更に至る4つの概念的経路を提示している（**付録表4.2**、政策変更仮説1参照）。第1は、外的な要因（例えば、**図4.1**の動的な外部の出来事や比較的安定したパラメータのカテゴリーに見られるようなもの）である。外部の出来事は、サブシステム参加者の制御の及ばないものであり、社会経済状況の変化、政権交代、他のサブシステムからの影響、一部の危機や災害などの極端な出来事など、サブシステムの領域の境界外の変化や発展を含む。外部の出来事は政策変更の機会を提供することができるが、連合がこれを利用するためには、世論や政治的注目の高まり、アジェンダの変更、連合の資源の再配分、政策の場の開閉など、1つまたは複数の政策変更を可能にする要因を必要とする (Sabatier and Weible 2007, 198-199)。さらに、外部的な出来事によって、例えば、公論 (public discourse) に関与することで、少数派連合が支配的な連合を覆すための動員力を高めることができる (Sabatier and Jenkins-Smith 1999, 148；Nohrstedt 2008)。

政策変更は、政策サブシステムの領域境界内で発生する内部的な出来事、そのトピックの領域に関連する出来事、またはその両方から生じることもあり、

サブシステムのアクターによって影響を受ける可能性が高い（Sabatier and Weible 2007；Nohrstedt and Weible 2010）。危機、政策的惨事、スキャンダル、政策の失敗といったさまざまな内的事象は、信念に影響を与え、特定の政府プログラムへの関心を高める可能性がある（Bovens and't Hart 1996；Birkland 2006）。唱道連合は、このような出来事をめぐってフレーミング論争を展開し、問題の深刻さ、その根本原因、責任の帰属、政策への影響について議論することがある（Boin et al. 2009；Nohrstedt and Weible 2010）。政策サブシステムとの直接的な関連性を考えると、内部的な出来事は少数派連合の政策核心的信念を確認し、支配的連合の政策核心的信念に疑念を抱かせ、その政策の有効性に疑問を投げかける可能性がある。

　政策指向の学習が政策変更を促すこともあるが、その場合、時間をかけて漸進的に政策が変更される可能性が高い。サバティエ（Sabatier 1988）は、政策分析などの活動を通じた学習が具体的な政府の意思決定に影響を与えることはほとんどないが、サブシステムの参加者の概念や前提を徐々に変化させることによって「啓蒙機能」を果たすことが多いと予想している（Weiss 1977）。よりまれではあるが、学習は、例えば危機の直後などに、大きな政策変更を促進することもある（Nohrstedt 2005）。

　以前は敵対していた連合間の交渉による合意も、信念の変更がない場合でも、連合が譲歩やトレードオフを行うことで、政策変更をもたらす可能性がある（Koebele and Crow, 2023；Metz et al. 2020；Sandström et al. 2020）。サバティエとウィブル（Sabatier and Weible 2007, 205-206）は、交渉を促進する9つの処方箋を挙げている。それは、行き詰まりによる痛み、幅広い代表、リーダーシップ、合意による意思決定ルール、資金提供、アクターのコミットメント、実証的課題の重要性、信頼、代替的な場の欠如である。このうち、交渉を促す必須の条件は「行き詰まりによる痛み」である。これは、対立する連合が現状を容認できないと認識し、目的を達成するための代替的な意思決定の場へのアクセスを持たない時に発生する（Weible and Nohrstedt 2012）。

　ACFの第2の政策変更仮説は、政策変更を連合の権力シフトに結びつけるものであり（Heinmiller 2023）、これは外部または内部の出来事の結果として、あるいは、階層的に上位の管轄権によって押し付けられる変更として生じる可能性がある。それは、国家レベルのマクロ政治が政策サブシステムに変更を強制

する場合に起こり得る（Pierce et al. 2020）。実際、政策変更へのいかなる経路も必要であるかもしれないが、政策アクターがそれを活用しない限り、大きな変更を促すには十分ではない。

政策変更に関する ACF の研究の集積は、同じ変更の事例において複数の経路が発生することを含め、上述の政策変更へのすべての経路とともに、第 2 の政策変更仮説を実証的に支持している（例：Yun 2019；Metz et al. 2020；Pierce et al. 2020；Sandström et al. 2020；von Malmborg 2021）。問題は、経路の 1 つが政策変更に先行するかどうかではなく、むしろ、それらの経路がどのように結合または順序付けられるか、そして、政策変更につながる他のサブシステムの要因（例：搾取的連合）と組み合わされたときに、どのようなメカニズムが経路どうしを結びつけるかということである。例えば、2007 年から 2014 年の間に世界中で発表された 67 の ACF 研究のレビューにおいて、ピアスら（Pierce et al. 2020）は、複数の経路が結合することを頻繁に特定した。同様に、バンデロウら（Bandelow et al. 2019）は、オーストリア、ベルギー、フランス、ドイツにおける医療改革を研究した際に、学習は、開かれた機会の窓、または交渉による合意のいずれかと組み合わさった変更にとって、必要条件であることを発見した。同様の結合は、危機の余波においても指摘されている（Nohrstedt 2005；Nohrstedt and Weible 2010）。

学習と同様に、政策変更も文脈に左右される。このことは、政策変更に必要な合意の役割を強調する長期的な機会構造を ACF に加えることで認識されている（Koebele, 2020；Fischer, 2014）（**図 4.1**）。例えば、比較研究は、サブシステムのタイプが政策変更を形成することを裏付けている。ある研究で、リンシャイト（Rinscheid 2015）は、福島原発事故が日本の単一的原子力政策サブシステム（単一の支配的連合を有する）とドイツの敵対的原子力政策サブシステム（2 つの競合する連合を有する）に与えた影響を比較している。リンシャイト（2015）は、少数派連合による政策変更が日本よりもドイツで効果的であったのは、日本では現職に対する圧力が不足していたからだと論じている。

まとめると、研究は圧倒的に ACF の政策変更論を支持しているが、この発見には重要な注意点と疑問が伴う。最も注目すべきは、ノールシュテットら（Nohrstedt et al. 2021；2022）の研究によると、災害（すなわち、外的な出来事）と世界中の災害リスク削減や気候適応に関する政策の変更との間に統計的な関係

はないことが判明したことである。言い換えれば、これらの出来事は政策変更の前に起こることが多いが、その発生が必ずしも政策変更につながるとは限らないということである。政策変更を研究する場合、研究者は、主要な政策変更と小さな政策変更の概念的な区別にもっと注意を向け、連合間の相互作用と政策サブシステムの設定を検討し、経路の結合と順序を探求し、連合の力のシフトや階層的に優位な管轄権からの押し付けの影響を測定する必要がある。

5．新たな領域と継続的発展

　ACFの進化は、さまざまな事例や文脈にわたる実証的適用にかかっている。さらなる進展は、ACFの説明範囲を拡大するための学者によるさらなるイノベーションと実験にかかっている。ラカトス（Lakatos 1970）が「退行的修正」（すなわち、新たな理論的内容を追加しない、あるいは理論を前進させるよりも理論を保護することに役立つ調整）と呼ぶものとは対照的に、「前進的」適応は、反証に対処し、理論の射程を広げる追加的内容を伴って生じる（Jenkins-Smith et al. 2018）。どのような適応が行われるかは**事前に**はわからないため、研究者にはACFの説明力を拡張するために、概念的・理論的イノベーション、実験、探求について創造的に考えることが奨励される。これには、ACFの伝統的な仮説の検証、新しい仮説の開発と検証、未研究の文脈における新しい問いの帰納的な探求と開発が含まれるかもしれない。

　2018年、私たちはACFのギャップを調査するための研究課題を提示した（Jenkins-Smith et al. 2018）。研究者たちは、少なくとも部分的にはこれらのギャップのいくつかに取り組んでいる。例えば、最近の研究では、標準的なメソッドの推進（Pierce et al. 2020、Satoh et al. 2021、Henry et al. 2022）、西側民主主義国以外での実証的適用に基づく理論的精緻化の探求（Ma et al. 2020；Li and Weible 2019；Osei-Kojo et al. 2022）、政策の場の検討（Koebele 2020；Angst and Brandenberger 2022）、ACFの比較適用（Heikkila et al. 2018；Gronow et al. 2021）、そして連合の資源という概念の具体化（Weible et al. 2020）が行われている。しかし、2018年に強調した他の分野はあまり注目されていない。例えば、ACFの信念体系をより明確にし、測定しようとする最近の研究は知らない。2018年に概説された研究課題は今日でも重要であるが、私たちは、イノベーション、

明確化、継続的発展の機が熟した5つの分野を強調する。

(1) **ACF の信念体系の再検討**

ジェンキンス＝スミスら（Jenkins-Smithet et al. 2018）、ウィブルら（Weible et al. 2020）、ヘンリーら（Henry et al. 2022）が強調しているように、ACF の信念体系を概念化し測定する際の課題、特に比較研究のデザインを実施する際の課題に取り組む必要がある。ACF の仮説に関連する一貫性のない研究結果の多くは、ACF の信念体系の解釈や測定が異なるために生じている。

(2) **サブシステムの類型の質を高める**

ACF は政策サブシステムの類型（協働的、敵対的、単一的）を提示しており、それは基本的に低から高レベルの対立範囲上にある（Weible 2008；Koebele 2019, 2020；Weible et al. 2020）。協働的なサブシステムは、中程度から低レベルの対立と協力的な連合を持ち（Calanni et al. 2015；Koebele et al. 2020）、敵対的なサブシステムは、高レベルの対立と競争的な連合を持ち（Ingold and Fischer 2014）、単一的なサブシステムは、低レベルの対立と、しばしば対立勢力のない支配的な連合を持つ（Rinscheid 2015；Heinmiller et al. 2021）。研究者たちはこの類型を有望な理論的含意とともに研究デザインに組み込み続けており、これらの違いが政策策定のパターンにどのような影響を与えるかを実証するためには、さらなる関心が必要である。

(3) **政策アクターの類型化の深化と拡大**

ACF の主な政策アクターのタイプには、主要連合メンバー、補助連合メンバー、ブローカーなどがある。長期的に連合に所属していない政策アクターの小集団（ただし、一時的あるいは断続的に連合に所属している可能性はある）についての理解を深めることが、今後の課題である。例えば、政策サブシステムの維持を優先する政策ブローカーは、理論的にも実践的にも重要であるが、十分に研究されていない（Ingold and Varone 2012）。同様に、政策起業家は長い間 ACF の一部であったが（Mintrom and Vergari 1996）、そのカテゴリーはまだ十分に開発されていない（Petridou and Mintrom 2021）。起業家精神の新たな、しかしまだ解明されていない側面の1つに、政策サブシステムを横断する起業家の人びとがある（De Vries and Hobolt 2020）。こうした越境的な起業家は、革新的な戦略や物語りを導入することで、既存の連合を橋渡ししたり、分裂させたりするかもしれない（Riker 1986；Peterson and Jones 2016）。さらに、政策アナリスト

の中には、「政策分析パラダイム」（Jenkins-Smith 1982, 1990）を通じて、より技術的な意思決定を優先することから、「客観的技術者」と呼ばれる者もいる。私たちは、「手段の構成員」（Béland et al. 2018；Weible 2018）と呼ばれる手段や分析アプローチの支持者を検討することで、政策アクターの類型をさらに広げることができる。より良い政策アクターの類型化を通じて、私たちはより広範な政策アクターの、影響力と効果について理解を深めるができる。

(4) 連合が持つ力と代表性の探求

国内および国家間の極端な社会的・政治的不平等は、政策過程を形成するとともに、政策によるアウトプットによっても形づくられる。現在までに、多元主義体制やコーポラティズム体制、あるいは政策過程プロセスの開放性など、さまざまな制度設定が政策サブシステム内のアクターの多様性に影響を与えることが判明している（Heikkila et al. 2018）。参加に対して最も制限的な環境である権威主義体制における研究（Ertan 2020；Li and Weible 2019）では、ボトムアップ組織や草の根組織が政策サブシステムにおける有力なアクターであることが多いことを発見している。このような観察にもかかわらず、私たちはACFが政治的代表性と影響力に関する洞察を前進させる上でより多くのものを提供できると考えており、新世代の問いを促している。例えば、(1)どの社会的利害関係者が連合によって代表され、どの社会的利害関係者が代表されないのか、(2)連合の中で、影響力が強いのは誰か、あるいは弱いのは誰か、また影響力の分布は時間とともにどのように変化するのか、(3)連合の行動や戦略は、社会的・政治的不平等にどのような影響を与えるのか、より広範なガバナンスへの含意は何か、である。

(5) より多くの比較研究を行う

ノールシュテットら（Nohrstedt et al. 2021）は、各国内および各国間の比較研究デザインがACFに大きな進歩をもたらしていることを発見し、この主張はチャンら（Jang et al. 2016）、ノールシュテットとオロフソン（Nohrstedt and Olofsson 2016b）、ンワリエ（Nwalie 2019）、大野ら（Ohno et al. 2022）にも支持されている。国際比較は、ACFの理論や仮説を検証し改良する上で、連合の機会構造やその他の環境要因を研究することの重要性を高めている。私たちは、データ収集と分析のための共通メソッドの開発と使用（Henry et al. 2022）を促進するために、研究プログラム内での協働を深める必要があると考えている。

6．ACF 研究プログラムに貢献するためのアドバイス

　ACF は、透明性に基づいた批判的かつ建設的なコミュニケーションを重視する、進化し続ける多様な研究者コミュニティによって支えられている。このような透明性は、学者同士の生産的な交流を保証し、現象の記述と説明の精度を高める。サバティエ（Sabatier 1999, 5）の「反証可能なほど明確であれ」という言葉は、実証的な検証を可能にし、ひいては学者間で成功と失敗の両方からの学習を可能にする、よく定義された概念と仮説の必要性を強調している。さらに、透明性は、学者同士の経験や「ベスト・プラクティス」の交換を可能にする。これは方法論の発展にとって極めて重要である。このように、概念化と測定の透明性を追求することは、建設的な議論と協働を可能にするために、どのような研究プログラムにとっても不可欠である。

　多様性は、ACF 研究プログラムのもう 1 つの重要な特徴を構成している。ACF が提供する知識の現状は、概念化、理論、メソッド、データに対する多様なアプローチの産物であり、独自の一連の経験、トレーニング、視点をもたらした学者のおかげである。ACF の発展は、方法論的多元主義の恩恵である（Henry et al. 2022）。理論的に重視される各分野において革新的な問いに取り組むためには、異なるデータ収集・分析メソッドが必要とされる。加えて、ACF の仮説のいくつかを実証的に検証するために別のメソッドを模索することは有益であり、学者たちが異なるアプローチに基づく研究結果を比較、対照することを可能にする。

　多様性を受け入れるということは、ACF を適用する際に、必然的にある程度の再帰性を受け入れることになる。これは、妥当性のために信頼性を犠牲にすることでも、その逆でもない。むしろ、私たち一人ひとりが個人として研究にもたらす豊かな経験を支持することに関係する。研究プログラムにおける多様性は、私たちが発する問い、メソッドの選択、そしてそれらのメソッドをどのように活用するかを形作る。それは、データから浮かび上がるパターンをどのように解釈し、結論にどのような含意を引き出すかに影響する可能性がある。しかし、多様性とは、研究の進め方を報告し、それを他者と共有する際の透明性を倍増させることでもある。そして、ACF コミュニティにおける知識の累積的な成長を追求するためには、方法論的多元主義をうまく採用することで、研

究者は仮説の明確さと仮説の**前進的**適応への関与を維持する必要がある。

　ACFの研究プログラムには、文脈を認識しながら理論に基づいた研究を行うことが含まれる。フレームワークや理論に基づいて行われる研究にありがちな誤解は、文脈が無視されるというものである。そうではない。フレームワークは、その理論が規定する、基本的な概念と相互関係のセットを提供する。私たちはACFを「レンズ」として使用し、他の場所で実施されることが多い先行研究に基づいて、意味のありそうなものとして何に焦点を当てるべきかを提案する。しかし、フレームワークが**事前に**規定していないかもしれない、重要な文脈的要因を無視することはない。すべてのフレームワークや理論は世界を単純化するものであり、必然的に何か重要なことが抜け落ちてしまう。研究者としての私たちの仕事は、フレームワークや理論を活用しながらも、それによって私たちの観察が束縛されないようにすることである。例えば、唱道連合の形成における資源依存の役割に理論的な関心があるのであれば、この発見をさらに探求することが有益である。ACFの将来的な発展は、このような文脈上の属性を注意深く考慮することにかかっている。

　その結果、ACFの研究プログラムは、知識の一般化と地域化の目的を歓迎しつつ、確認、反証、発見を通じた実証的知見に基づき、フレームワークと理論を更新、修正する。結果を一般化することを目的とする研究の場合、読者は、政策過程に関する知識に貢献することを目的とする学術雑誌に掲載されている学識経験者となりがちである。結果を地域化することを目的とする研究の場合、読者は政策サブシステムに従事、関与、興味を持つ人々となる傾向がある。例えば、コミュニティで共有される自費出版レポートなどがその例である。同じACFが指針となる研究プログラムでも、一般化された知識と地域化された知識の両方に貢献することができる。さらに重要なことは、ACFの研究プログラムは、どちらか一方、あるいは両方を同時に行うことを支援しているということである。

　ACFの研究コミュニティは、フレームワークの内的一貫性、記述的妥当性、説明的妥当性の厳密な実証的評価にも取り組んでいる。単一事例研究、比較事例研究、文献レビューは、この目的のための重要なステップである。このような応用は、政策過程現象に関する理論を研ぎ澄まし、より広範なフレームワークを洗練させるためのフィードバックとして役立つ（Weible et al. 2009, 2016；

Sotirov and Memmler 2012；Aamodt and Stensdal 2017；Pierce et al. 2017）。ACFが進化したとはいえ、核となる原則が変更されたり放棄されたりしたわけではない。同時に、世界中の研究によって、これらの原則の一般的妥当性が裏付けられている。

　実証的なACF研究は、その結果が概念や前提条件の建設的な詳述化に貢献するかどうかを問うべきであり、それによってフレームワークの基本原則の範囲内でより多くの説明が可能になるかもしれないし、代替の概念や前提条件を示唆するかもしれない。ACFコミュニティはどちらも歓迎する。このような集団的なアプローチにより、実証的証拠に照らしてフレームワークを継続的に評価することが可能となり、新たな多様な文脈を受け入れながら基本原則との一貫性を保つような修正の可能性も残される。実際、ACFの概念や前提条件が、さまざまな文脈の現象を記述・説明する上で適用可能かどうかについては、多くの重要な問いが残されている。ACF研究プログラムの継続的な進展は、これらの経験的応用と創造的な概念的・理論的実験とイノベーションに依存する継続的かつ集団的な努力をさす。ACFについて質問があれば、本章の著者や引用されたACF研究者に連絡してほしい。彼らは、フレームワークを改善するためのサポートを提供し、課題を検討することに積極的なコミュニティである。

7．結　論

　本章では、ACFの概念、前提条件、理論的焦点、最近の適用と進展、そして今後発展が期待される領域について概説した。多くの人々にとって、ACFの章を読むと、なぜそれが重要なのか、どのように自分の目標達成や世界への貢献に役立つのか、という疑問が湧いてくる。世界の政策過程、ローカルなものからグローバルなものまで、さまざまな壮大な課題に取り組まなければならないことを念押しして、この章を終える。重要性は極めて高い。これらの課題には、極端な社会的・政治的不平等への対応、エネルギー・食料システムの変革、公的・私的領域のデジタル化、カーボン・ネットゼロ（訳注：温室効果ガスの排出が正味ゼロ）社会への経路の発見などが含まれる。

　このような壮大な課題を理解し、それに対応する際、私たちの関心は、重要な教訓や洞察を与えてくれる選挙や社会運動に引き寄せられることがある。し

かし、世界全体の政治とその結果として生じるインパクトは、選挙や社会運動以外の政策過程において存在する。ACFは、このような政策過程の中で、政策アクターがどのように連合の中で行動を動員・調整し、周囲の環境から学習・適応し、政策サブシステムの変更に影響を与え、そしてそれがひいてはより広く社会に影響を与えるのかということに注目を向ける。

政策サブシステムは、その重なり合いや入れ子構造の性質を含め、現代の壮大な課題に取り組むかどうか、またどのように取り組むかを決定する、あらゆる種類の政治活動の場として機能する。読者には、政策研究者の立場からであれ、サブシステムのアクターの立場からであれ、これらの現象についての洞察をACFに求めることをお勧めする。

自分たちの世界を学び、より良くするという精神に基づき、私たちは世界中の新しい、あるいは経験豊かな政策アクターや政策研究者に対し、ACFの中核となる概念や前提条件の妥当性を多様な手法を用いてさまざまな文脈から探求する革新的な方法について、創造的に考えるよう呼びかける。ACFが、どのように大きな課題が取り組まれている（あるいは取り組まれ得る）かについての理解に貢献できる能力は、ACFが政策アクターに提供する洞察にかかっている。その洞察の豊かさと適用可能性は、ACFの研究者が概念化、測定、理論に関連する実験とイノベーションを継続的に行うかどうかにかかっている。

注

1 ACFのフレームワークと理論の区別は、2010年9月にカリフォルニア大学デービス校で開催されたワークショップで紹介されたもので、ACFが適応し成長するために組織化と構造化に役立った。しかし、あまり明確には定義されていないが、3つの理論的強調点（政策変更、学習、連合）は、ACFの起源にまで遡る（Koebele 2019の詳述を参照）。
2 ACFの研究の一部は地球規模でも存在し、したがって単一の統治システムの枠外にある（Farquharson 2003）。外交政策の変更に関する研究（Haar and Pierce 2021）も参照のこと。本章では詳述しないが、私たちはこのような研究を奨励・歓迎する。
3 萌芽的な政策サブシステムもまた、成熟していながら顕出性の低いサブシステムと特徴を共有している可能性がある（Giordono 2020）。
4 ACFはフォーラムと場を使用するが、これらは同じ意味で使用される傾向がある。フォーラムは、特に分析的な議論における「議論の中心的な場所」として説明されてきた（Sabatier and Jenkins-Smith 1993, 53；Jenkins-Smith 1990 and Sabatier and Weible

2007 も参照）。また、フォーラムには、公開、非公開、専門化などさまざまな表現がある。政策過程研究における場は、言説の場（例：Twitter、基本的にはオープンフォーラム）から意思決定の場（例：議会）まで、解釈や使用方法がさまざまである。ここでの目的のために、政策アクターが議論や意思決定を行う、集合行為の設定を包括的に捉える概念として、「政策の場」を用いる。また、政策の場の特徴を説明するために記述を加えることもある。例えば、協働の場とは、通常、合意に基づく交渉に従事する競合する連合の多様な政策アクターが関与する場を指す（例えば、Leach and Sabatier 2005；Koebele 2019 参照）。

5　リップバーガーら（Ripberger et al. 2014）は、文化理論を通じて深層核心的信念を測定するための標準的な指標を提供している。ジェンキンス＝スミスら（Jenkins-Smith et al. 2014）も参照。

6　悪魔-天使シフトは、政策アクターが集団行動に対する脅威を克服することを可能にするメカニズムの1つとしても機能する（参照：Schlager 1995；Jenkins-Smith et al. 2018, 150）。

7　私たちは、弱い調整は意識的であることもあれば無意識的であることもあり、また場やサブシステムによって課される圧力によって阻害されることもあれば促進されることもあるという仮説を立てている（例えば、Koebele 2020 を参照）。

8　ACF の初期のバージョン（Sabatier and Jenkins-Smith 1993）では、支配的な連合は、政策のアウトプット、変更、または継続に大きな影響を与えるものとみなされていた。詳細については、ノールシュテット（Nohrstedt 2011）、オロフソンら（Olofsson et al. 2018）、ウィブルら（Weible et al. 2020）、サマービルら（Sommerville et al. 2022）も参照のこと。

9　主にテキストや言説分析の手法を用いて、連合の信念体系を測定する研究が大幅に進展している（Leifeld 2013；Koebele et al. 2020：Satoh et al. 2021；Nam et al. 2022）。この専門領域において、テキスト抽出と分析のための再現可能で体系的なアプローチが開発され、多くの場合、比較分析が実施されている（Heikkila et al. 2018 参照）。

10　政策変更は、しばしば「公共プログラム」、すなわち政策に関する指令に基づいた公共サービスを提供する手段と関連している。この点で、公共プログラムは公共政策の具体的な適用であり、1つまたは複数の政策に基づいて運用され、場所によって異なる可能性がある。

参考文献

Aamodt, Solveig. 2018. "The Ability to Influence：A Comparative Analysis of the Role of Advocacy Coalitions in Brazilian Climate Politics." *Review of Policy Research* 35（3）：372-397.

Aamodt, Solveig, and Iselin Stensdal. 2017. "Seizing Policy Windows：Policy Influence of Climate Advocacy Coalitions in Brazil, China, and India, 2000-2015." *Global Environmental Change* 46：114-125.

Albright, Elizabeth A. 2011. "Policy Change and Learning in Response to ExtremeFlood Events in Hungary：An Advocacy Coalition Approach." *Policy Studies Journal* 39（3）：484-511.

Alvarez-Rosete, Arturo, and Benjamin Hawkins. 2022. "Advocacy Coalitions, Contestation, and Pol-

icy Stasis : The 20 Year Reform Process of the Colombian Health System." *Latin American Policy* 9（1）: 27-54.
Angst, Mario, and Laurence Brandenberger. 2022."Information Exchange in Governance Networks-Who Brokers Across Political Divides?" *Governance* 35（2）: 585-608.
Angst, Mario, Alexander Widmer, Manuel Fischer, and Karin Ingold. 2018."Connectors and Coordinators in Natural Resource Governance : Insights from Swiss Water Supply." *Ecology and Society* 23（2）. DOI : 10.5751/ES-10030-230201.
Bandelow, Nils C., and Stefan Kundolf. 2011."Belief Systems and the Emergence of Advocacy Coalitions in Nascent Subsystems : A Case Study of the European GNSS Program Galileo." *German Policy Studies* 7（2）: 113-139.
Bandelow, Nils, Colette S. Vogeler, Johanna Hornung, Johanna Kuhlmann, and Sebastian Heidrich. 2019."Learning as a Necessary but Not Sufficient Condition for Major Health Policy Change : A Qualitative Comparative Analysis Combining ACP and MSF." *Journal of Comparative Policy Analysis* 21（2）: 167-182.
Barke, Richard P., & Jenkins-Smith, Hank C. 1993."Politics and Scientific Expertise : Scientists, Risk Perception, and Nuclear Waste Policy." *Risk Analysis* 13（4）: 425-439.
Béland, Daniel, Michael Howlett, and I. Mukherjee. 2018."Instrument Constituencies and Public Policy-Making : An Introduction." *Policy and Society* 37（1）: 1-13.
Beverwijk, Jasmin, Leo Goedegebuure, and Jeroen Huisman. 2008."Policy Change in Nascent Subsystems : Mozambican Higher Education Policy 1993-2003." *Policy Sciences* 41（4）: 357-377.
Birkland, Thomas A. 2006. *Lessons Disaster : Policy Change after Catastrophic Events*. Washington, DC : Georgetown University Press.
Boin, Arjen, Paul 't Hart, and Allan McConnell. 2009."Crisis Exploitation : Political and Policy Impacts of Framing Contests." *Journal of European Public Policy* 16（1）: 81-106.
Bovens, Mark, and Paul 't Hart. 1996. *Understanding Policy Fiascoes*. New Brunswick : Transaction Publishers.
Cairney, Paul, Karin Ingold, and Manuel Fischer. 2018."Fracking in the UK and Switzerland : Why Differences in Policymaking Systems Don't Always Produce Different Outputs and Outcomes." *Policy & Politics* 46（1）: 125-147.
Calanni, John, Saba N. Siddiki, Christopher M. Weible, and William D. Leach. 2015. Explaining Coordination in Collaborative Partnerships and Clarifying the Scope of the Belief Homophily Hypothesis. *Journal of Public Administration Research and Theory* 25（3）: 901-927
Capano, Giliberto. 2009."Understanding Policy Change as an Epistemological and Theoretical Problem." *Journal of Comparative Policy Analysis* 11（1）: 7-31.
Costie, Daniel P, Federico Holm, F., and Ramiro Berardo. 2018."Hydraulic Fracturing, Coalition Activity and Shock : Assessing the Potential for Coalition Based Collective Action in Argentina's Vaca Muerta Formation." *The Extractive Industries and Society* 5（4）: 499-507.
Dean, Laura A. 2021."Policy Silences and the Formation of Advocacy Coalitions in East European Sex Tourism." *Policy Studies* 43（4）: 1-20.
De Vries, Catherine, and Sara Hobolt. 2020. *Political Entrepreneurs : The Rise of Challenger Parties in Europe*. Princeton, NJ : Princeton University Press.
Easton, David. 1965. *A Framework for Political Analysis*. Chicago, IL : The University of Chicago Press.（岡村忠夫訳『政治分析の基礎』（みすず書房、1968年））
Eberg, Jan. 1997."Waste Policy and Learning : Policy Dynamics of Waste Management and Waste Incineration in the Netherlands and Bavaria." Delft : Uitgeverij Eburon. Elliot, Chris. 2001."The

Advocacy Coalition Framework : Application to the Policy Process for the Development of Forest Certification in Sweden." *Journal of European Public Policy* 8 (4) : 642-661.
Elliot, Chris, and Rudolphe Schlaepfer. 2001. "The Advocacy Coalition Framework : Application to the Policy Process for the Development of Forest Certification in Sweden."*Journal of European Public Policy* 8 (4) : 642-661.
Ellison, Brian A., and Adam J. Newmark. 2010. "Building the Reservoir to Nowhere : The Role of Agencies in Advocacy Coalitions." *Policy Studies Journal* 38 (4) : 653-678.
Ertan, Giinei. 2020. "Collective Action, Civil Society, and Public Policy in Turkey." *Journal of Comparative Policy Analysis : Research and Practice* 22 (1) : 66-81.
Farquharson, Karen. 2003. "Influencing Policy Transnationally : Pro- and Anti-Tobacco Global Advocacy Networks." *Australian Journal of Public Administration* 62 (4) : 80-92.
Fischer, Manuel. 2014. "Coalition Structures and Policy Change in a Consensus Democracy." *Policy Studies Journal* 42 (3) : 344-366.
Fischer, Manuel, Karin Ingold, and Svetlana Ivanova. 2017. "Information Exchange Under Uncertainty : The Case of Unconventional Gas Development in the United Kingdom." *Land Use Policy* 67 : 200-211.
Fischer, Manuel, Karin Ingold, Pascal Sciarini, and Frédéric Varone. 2016. "Dealing with Bad Guys : Actor- and Process-Level Determinants of the "Devil Shift" in Policy Making." *Journal of Public Policy* 36 : 309-334.
Funke, Nikki, Dave Huitema, Arthur Petersen, and Shanna Nienaber. 2021. "The Roles of Experts and Expert-Based Information in the Advocacy Coalition Framework : Conceptual and Empirical Considerations Based on the Acid Mine Drainage Case Study in Gauteng, South Africa." *Policy Studies Journal* 49 : 785-810.
Giordono, Leanne S. 2020. "Advocacy Coalitions in Low Salience Policy Subsystems : Struggles Under a Smooth Surface." *Policy Studies Journal* 48 (4) : 1135-1167.
Gronow, Antti, Maria Brockhaus, Monica Di Gregorio, Aasa Karimo, and TuomasYläAnttila. 2021. "Policy Learning as Complex Contagion : How Social Networks Shape Organizational Beliefs in Forest-Based Climate Change Mitigation." *Policy Sciences* 54 (3) : 529-556
Gronow, Antti, Keiichi Satoh, Tuomas Ylä-Anttila, and Christopher M. Weible. 2023. "Of Devils, Angels and Brokers : How Social Network Positions Affect Misperceptions of Political Influence." *Journal of European Public Policy* 30 (5) : 898-921.
Haar, Roberta N., and Jonathan J. Pierce. 2021. "Foreign Policy Change from an Advocacy Coalition Framework Perspective." *International Studies Review* 23 (4) : 1771-1791.
Heclo, Hugh. 1978. "Issue Networks and the Executive Establishment." In A. King (ed.) *The New American Political System*, pp.87-124. Washington, DC : AEI.
Heikkila, Tanya, Ramiro Berardo, Christopher M. Weible, and Hongtao Yi. 2018. "A Comparative View of Advocacy Coalitions : Exploring Shale Development Politics in the United States, Argentina, and China." *Journal of Comparative Policy Analysis : Research and Practice* 21 (2) : 151-166.
Heinmiller, Tim (2023). "Advocacy Coalitions, Power and Policy Change." *Policy & Politics*, 51 (1) : 28-46.
Heinmiller, Tim, Emmanuel M. Osei, and Eugene Danso 2021. "Investigating ACF Policy Change Theory in a Unitary Policy Subsystem : The Case of Ghanian Public Sector Information Policy." *International Review of Public Policy* 3 (1) : 72-99.
Heintz, H. Theodore, and Hank C. Jenkins-Smith. 1988. "Advocacy Coalitions and the Practice of

Policy Analysis." *Policy Sciences* 21 (2): 263-277.
Henry, Adam Douglas, Thomas Dietz, and Robin L. Sweeney. 2021. "Coevolution of Networks and Beliefs in U.S. Environmental Risk Policy." *Policy Studies Journal* 49 (3): 675-702
Henry, Adam Douglas, Karin Ingold, Daniel Nohrstedt, and Christopher M. Weible. 2022. "Advocacy Coalition Framework: Advice on Applications and Methods." In C. M. Weible and S. Workman (eds.), *Methods of the Policy Process*, pp.105-136. London: Routledge.
Herzog, Laura M., and Karin Ingold. 2019. "Threat to Common-Pool Resources and the Importance of Forums: On the Emergence of Cooperation in CPR Problem Settings." *Policy Studies Journal*, 47 (1): 77-113.
Howlett, Michael, and Benjamin Cashore. 2009. "The Dependent Variable Problem in the Study of Policy Change: Understanding Policy Change as a Methodological Problem." *Journal of Comparative Policy Analysis* 11 (1): 33-46.
Ingold, Karin. 2011. "Network Structures within Policy Processes: Coalitions, Power, and Brokerage in Swiss Climate Policy." *Policy Studies Journal* 39 (3): 435-459.
Ingold, Karin, and Manuel Fischer. 2014. "Drivers of Collaboration: What Impact Do Joint Preferences and Actors' Power Have? An Illustration of Swiss Climate Policy over 15 Years." *Global Environmental Change* 24: 88-98.
Ingold, Karin, Manuel Fischer, and Paul Cairney. 2017. "Drivers for Policy Agreement in Nascent Subsystems: An Application of the Advocacy Coalition Framework to Fracking Policy in Switzerland and the UK." *Policy Studies Journal* 45 (3): 442-463.
Ingold, Karin, and Federic Varone. 2012. "Treating Policy Brokers Seriously: Evidence from the Climate Policy." *Journal of Public Administration Research and Theory* 22 (2): 319-346.
Jang, Sojin, Christopher M. Weible, and Kyudong Park. 2016. "Policy Processes in South Korea through the Lens of the Advocacy Coalition Framework." *Journal of Asian Public Policy* 9(3): 1-18.
Jenkins-Smith, Hank. 1982. "Professional Roles for Policy Analysts: A Critical Assessment." *Journal of Policy Analysis and Management* 2 (1): 88-100.
Jenkins-Smith, Hank. 1990. *Democratic Politics and Policy Analysis*. Pacific Grove, CA: Brooks/Cole.
Jenkins-Smith, Hank, Daniel Nohrstedt, Christopher M. Weible, and Karin Ingold. 2018. "The Advocacy Coalition Framework: An Overview of the Research Program." In C. Weible and P. Sabatier (eds.), *Theories of the Policy Process*, 4th edition, pp.135-171, Boulder, CO: Westview Press.
Jenkins-Smith, Hank, C. L. Silva, K. Gupta, and J. T. Ripberger. 2014. "Belief System Continuity and Change in Policy Advocacy Coalitions: Using Cultural Theory to Specify Belief Systems, Coalitions, and Sources of Change." Policy Studies Journal 42 (4): 484-508
Jenkins-Smith, Hank, Gilbert St. Clair, and Brian Woods. 1991. "Explaining Change in Policy Subsystems: Analysis of Coalition Stability and Defection over Time." *American Journal of Political Science* 35 (4): 851-872.
Kammerer, Marlene, and Karin Ingold. 2021. "Actors and Issues in Climate Change Policy: The Maturation of a Policy Discourse in the National and International Context." *Social Networks*. DOI: 10.1016/j.socnet.2021.08.005.
Kammerer, Marlene, Paul Wagner, Antti Gronow, Tuomas Ylä-Anttila, Dana R. Fisher, andYin, Sun-Jin. 2021. "What Explains Collaboration in High and Low Conflict Contexts? Comparing Climate Change Policy Networks in Four Countries." *Policy Studies Journal* 49 (4): 1065-1086.
Karimo, Aasa, Paul Wagner, Ana Delicado, James Goodman, Antti Gronow, Myanna Lahsen, Tze-

Luen Lin, Volker Schneider, Keiichi Satoh, Luisa Schmidt, Sun-Jin Yun, and TuomasYlä-Anttila. 2022. "Shared Positions on Divisive Beliefs Explain Interorganizational Collaboration : Evidence from Climate Change Policy Subsystems in Eleven Countries." *Journal of Public Administration Research and Theory.* DOI : 10.1093/jopart/muac031.

Katz, Juniper. 2018. "The Space Between : Demonization of Opponents and Policy Divergence." *Review of Policy Research* 35 (2) : 280-301.

Kim, Seoyong. 2003 "Irresolvable Cultural Conflicts and Conservation/Development Arguments : Analysis of Korea's Saemangeum Project." *Policy Sciences* 36 (2) : 125-149.

Koebele, Elizabeth. A. 2019. "Integrating Collaborative Governance Theory with the Advocacy Coalition Framework." *Journal of Public Policy* 39 (1) : 35-64.

Koebele, Elizabeth. A. 2020. "Cross-Coalition Coordination in Collaborative Environmental Governance Processes." *Policy Studies Journal* 48 (3) : 727-753.

Koebele, Elizabeth. A., & Deserai A. Crow. 2023. "Mitigating Conflict with Collaboration : Reaching Negotiated Agreement amidst Belief Divergence in Environmental Governance." *Policy Studies Journal.* DOI : 10.1111/psj.12496.

Koebele, Elizabeth A, Stephanie Bultema, and Christopher M. Weible. 2020. "Modeling Environmental Governance in the Lake Tahoe Basin : A Multiplex Network Approach." In M. Fischer and K. Ingold (eds.), *Networks in Water Governance*, pp.173-202. Cham : Palgrave Macmillan.

Kukkonen, Anna, Tuomas Ylä-Anttila, and Jefferey Broadbent. 2017. "Advocacy Coalitions, Beliefs and Climate Change Policy in the United States." *Public Administration* 95 : 713-729.

Kukkonen, Anna, Tuomas Ylä-Anttila, Pradip Swarnakar, Jeffrey Broadbent, Myanna Lahsen, and Mark C. J. Stoddart. 2018. "International Organizations, Advocacy Coalitions, and Domestication of Global Norms : Debates on Climate Change in Canada, the US, Brazil, and India." *Environmental Science & Policy* 81 : 54-62.

Lakatos, Imre. 1970. "Falsification and the Methodology of Scientific Research Programmes." In Lakatos and Alan Musgrave (eds.), *Criticism and the Growth of Knowledge*, pp.170-196, Cambridge, MA : Cambridge University Press.(森博嗣訳『批判と知識の成長』（木鐸社、1985年））

Larsen, Jakob Bjerg, Karsten Vrangbaek, and Janine M. Traulsen. 2006. "Advocacy Coalitions and Pharmacy Policy in Denmark." *Social Science and Medicine* 63 (1) : 212-224.

Laudan, Larry. 1978 *Progress and Its Problems : Towards a Theory of Scientific Growth.* Berkeley : University of California Press.(村上陽一郎、井山弘幸訳『科学は合理的に進歩する：脱パラダイム論へ向けて』（サイエンス社、1986年））

Leach, William D., and Paul A. Sabatier. 2005. "To Trust an Adversary : Integrating Rational and Psychological Models of Collaborative Policymaking." *American Political Science Review* 99 (4) : 491-503.

Leach, William D., Christopher M. Weible, Scott R. Vince, Saba N. Siddiki, and John Calanni. 2013. "Fostering Learning in Collaborative Partnerships : Evidence from Marine Aquaculture in the United States." *Journal of Public Administration Research and Theory* 24 (3) : 591-622.

Leifeld, Philip. 2013. "Reconceptualizing Major Policy Change in the Advocacy Coalition Framework : A Discourse Network Analysis of German Pension Politics." *Policy Studies Journal* 41 (1) : 169-198.

Leifeld, Philip, and Volker Schneider. 2012. "Information Exchange in Policy Networks." *American Journal of Political Science* 56 (3) : 731-744.

Li, Wei, and Christopher M. Weible. 2019. "China's Policy Processes and the Advocacy Coalition Framework." *Policy Studies Journal* 49 (3) : 703-730.

Li, Wei, and Wilson Wong. 2019."Advocacy Coalitions, Policy Stability, and Policy Change in China : The Case of Birth Control Policy, 1980-2015." *Policy Studies Journal* 48 (3) : 645-671

Lundmark, C., Simon Matti, and Annika Sandström. 2018."The Transforming Capacity of Collaborative Institutions : Belief Change and Coalition Reformation in Conflicted Wildlife Management." *Journal of Environmental Management* 15 : 226-240.

Ma, Jonaina, Marco Aurélio Cirilo Lemos, and Diego Mota Viera. 2020."How Is the Advocacy Coalition Framework Doing? Some Issues Since the 2014 Agenda." *Revista Brasiliera de Ciéncia Politica* 32 : 7-42.

Malkamaki, Arttu, Tuomas Yla-Anttila, Maria Brockhaus, Anne Toppinen, and Paul M. Wagner. 2021."Unity in Diversity? When Advocacy Coalitions and Policy Beliefs Grow Trees in South Africa." *Land Use Policy* 102 : 1-11.

Mazmanian, Daniel, and Paul Sabatier. 1983. *Implementation and Public Policy*. Lanhalll, MD : University Press of America.

McGee, Zachary A., and Bryan D. Jones. 2019."Reconceptualizing the Policy Subsystelll : Integration with Complexity Theory and Social Network Analysis." *Policy Studies Journal* 47 : 138-158.

Meljerink, Sander. 2005."Understanding Policy Stability and Change : The Interplay of Advocacy Coalitions and Epistemic Communities, Windows of Opportunity, and Dutch Coastal Flooding Policy 1945-2003." *Journal of European Public Policy* 12 (6) : 1060-1077.

Metz, Florence, Eva Lieberherr, Aline Schmucki, and Robert Huber. 2020."Policy Change Through Negotiated Agreements : The Case of Greening Swiss Agricultural Policy."*Policy Studies Journal* 49 (3) : 731-756.

Milhorance, Carolina, Jean-Francois Le Coq, and Eric Sabourin. 2021."Dealing with Cross-Sectoral Policy Problems : An Advocacy Coalition Approach to Climate and Water Policy Integration in Northeast Brazil." *Policy Sciences* 54 (3) : 557-578.

Mintrom, Michael, and Sandra Vergari. 1996."Advocacy Coalitions, Policy Entrepreneurs, and Policy Change." *Policy Studies Journal* 24 (3) : 420-434.

Moyson, Stéphane. 2014. *The Individual in Policy Change : Policy Learning in the Liberalization of Network Industries in Belgium*. Ph. D. Dissertation, School of Political and Social Sciences, The Catholic University of Leuven, Leuven, Belgium.

Moyson, Stéphane. 2017."Cognition and Policy Change : The Consistency of Policy Learning in the Advocacy Coalition Framework." *Policy and Society* 36 (2) : 320-344.

Munro, Geoffrey D., and Peter H. Ditto. 1997."Biased Assimilation, Attitude Polarization, and Affect in Reactions to
Stereotype-Relevant Scientific Information." *Personality and Social Psychology Bulletin* 23 (6) : 636-653.

Munro, Geoffrey D., Peter H. Ditto, Lisa K. Lockhart, Angela Fagerlin, Mitchell Gready, and Elizabeth Peterson. 2002."Biased Assimilation of Sociopolitical Arguments : Evaluating the 1996 U. S. Presidential Debate." *Basic and Applied Social Psychology* 24 (1) : 15-26.

Nedergaard, Peter. 2008."The Reform of the 2004 Common Agricultural Policy : An Advocacy Coalition Explanation." *Policy Studies* 29 (2) : 179-195.

Nam, Aerang, Christopher M. Weible, and Kyudong Park. 2022."Polarization and Frames of Advocacy Coalitions in South Korea's Nuclear Energy Policy." *Review of Policy Research* 39 (4) : 387-410.

Nilsson, Jens, Annica Sandström, and Daniel Nohrstedt 2020."Beliefs, Social Identity and the View

of Opponents in Swedish Carnivore Management Policy." *Policy Sciences* 53 : 453-472.
Nisbet, Robert. 1972. "Introduction : The Problem of Social Change." In R. Nisbet (ed.) *Social Change*, pp.1-45. New York : Harper and Row.
Nohrstedt, Daniel. 2005. "External Shocks and Policy Change : Three Mile Island and Swedish Nuclear Energy Policy." *Journal of European Public Policy* 12 (6) : 1041-1059.
Nohrstedt, Daniel. 2008. "The Politics of Crisis Policymaking : Chernobyl and Swedish Nuclear Energy Policy." *Policy Studies Journal* 36 (2) : 257-278.
Nohrstedt, Daniel. 2011. "Shifting Resources and Venues Producing Policy Change in Contested Subsystems : A Case Study of Swedish Signals Intelligence Policy." *Policy Studies Journal* 39 (3) : 461-484.
Nohrstedt, Daniel, Adam Douglas Henry, Karin Ingold, and Chris Weible 2021. "Comparing Policy Processes : Insights and Lessons from the Advocacy Coalition Framework Research Program." In G. Peters and G. Fontaine (eds.), *Handbook of Research Methods and Applications in Comparative Policy Analysis*, pp.67-89. Cheltenham : Edward Elgar Publishing.
Nohrstedt, Daniel, Jacob Hileman, Maurizio Mazzoleni, Giuliano Di Baldassarre. and Charles E Parker 2021. "Exploring disaster impacts on adaptation actions in 549 cities worldwide." *Nature Communications* 13 (art.3360) : 1-10.
Nohrstedt, Daniel, Maurizio Mazzoleni, Charles F. Parker, and Giuliano Di Baldassarre. 2021. "Exposure to Natural Hazard Events Unassociated with Policy Change for Improved Disaster Risk Reduction." *Nature Communications* 12 (art.193) : 1-11.
Nohrstedt, Daniel, and Kristin Olofsson. 2016a. "The Politics of Hydraulic Fracturing in Sweden." In C. M. Weible, T. Heikkila, K. Ingold and M. Fischer (eds.), *Comparing Coalition Politics : Policy Debates on Hydraulic Fracturing in North America and Western Europe*, pp.147-175. New York : Palgrave MacMillan.
Nohrstedt, Daniel, and Kristin Olofsson. 2016b. "A Review of Applications of the Advocacy Coalition Framework in Swedish Policy Processes." *European Policy Analysis* 2 (2) : 18-42.
Nohrstedt, Daniel, and Christopher M. Weible. 2010. "The Logic of Policy Change after Crisis : Proximity and Subsystem Interaction." *Risks, Hazards, and Crisis in Public Policy* 1 (2) : 1-32
Nwalie, Martin I. 2019. "Advocacy Coalition Framework and Policy Changes in a Third-World Country. *Politics and Policy* 47 (3) : 454-568.
Nykiforuk, Candace IJ, Jennifer Ann McGetrick, Kim D. Raine, and T. Cameron Wild. 2019. "Advocacy Coalition Impacts on Healthy Public Policy-Oriented Learning in Alberta, Canada (2009-2016) A Difference-in-Differences Analysis." *Social Science & Medicine* 220 : 31-40.
Ocelík, Petr, Tomáš Diviák, Lukáš Lehotský, Kamila Svobodová, and Markéta Hendrychová. 2022. "Facilitating the Czech Coal Phase-Out : What Drives Inter-Organizational Collaboration?" *Society & Natural Resources* 35 (7) : 705-724.
Ocelík, Petr, Kamila Svobodová, Markéta Hendrychová, Lehotský, Jo-Anne Everingham, Saleem Ali, Jaroslaw Badera, and Alex Lechner. 2019. "A Contested Transition Toward a Coal-Free Future : Advocacy Coalitions and Coal Policy in the Czech Republic." *Energy Research & Social Sciences* 58 : 101283.
Ohno, Tomohiko, Naoko Hirayama, Keito Mineo, Kengo Iwata, and Izumi Inasawa. 2022. "The Advocacy Coalition Framework in Japan : Contributions to Policy Process Studies and the Challenges Involved." *Review of Policy Research* 39 (1) : 32-50.
Olofsson, Kristin L., Juniper Katz, Daniel P. Costie, Tanya Heikkila, and Christopher M. Weible. 2018. "A Dominant Coalition and Policy Change : An Analysis of Shale Oil and Gas Politics in

India." *Journal Environmental Policy & Planning* 20（5）：645-660
Osei-Kojo, Alex. 2023."Analysing the Stability of Advocacy Coalitions and Policy Frames in Ghana's Oil and Gas Governance." *Policy & Politics* 51（1）：71-90.
Osei-Kojo, Alex, Karin Ingold, and Christopher M. Weible. 2022."The Advocacy Coalition Framework：Lessons from Applications in African Countries."*Politische Vierteljahresschrift* 63：181-201.
Ostrom, Elinor. 2005. *Understanding Institutional Diversity*. Princeton, NJ：Princeton University Press.
Pattison, Andrew. 2018."Factors Shaping Policy Learning：A Study of Policy Actors in Subnational Climate and Energy Issues." Review of Policy Research 35（4）：535-563.
Peterson, Holly L., and Michael D. Jones. 2016."Making Sense of Complexity：The Narrative Policy Framework and Agenda Setting." In Nikolaos Zahariadis（ed.）*Handbook of Public Policy Agenda Setting*, pp.106-131. Cheltenham, UK：Edward Elgar Publishing.
Petridou, Evangelia, and Michael Mintrom. 2021."A Research Agenda for the Study of Policy Entrepreneurs." *Policy Studies Journal* 49（4）：943-967.
Pierce, Jonathan, Holly L. Peterson, and Katherine C. Hicks. 2020."Policy Change：An Advocacy Coalition Franrwork Perspective." *Policy Studies Journal* 28（1）：64-85.
Pierce, Jonathan, Holly L. Peterson, Michael D. Jones, Samantha Garrard, and Theresa Vu. 2017. "There and Back Again：A Tale of the Advocacy Coalition Framework." *Policy Studies Journal* 45（S1）：13-46.
Pressman, Jeffrey L., and Aaron B. Wildavsky. 1973. *Implementation*. Berkeley：University of California Press.
Quattrone, George A., and Amos Tversky. 1988."Contrasting Rational and Psychological Analysis of Political Choice." *American Political Science Review* 82：719-736.
Redford, Emmette Shelburn. 1969. *Democracy in the Administrative State*. New York：Oxford University Press.
Riker, William. H. 1986. *The Art of Political Manipulation*. New Haven, CT：Yale University Press.
Rinscheid, A. 2015."Crisis, Policy Discourse, and Major Policy Change：Exploring the Role of Subsystem Polarization in Nuclear Energy Policymaking." *European Policy Analysis* 1（2）：34-70.
Ripberger, J. T., Gupta, K., Silva, C. L., and Jenkins-Smith, H. C. 2014."Cultural Theory and the Measurement of Deep Core Beliefs within the Advocacy Coalition Framework." *Policy Studies Journal*, 42（4）：509-527.
Sabatier, Paul A. 1987."Knowledge, Policy-Oriented Learning, and Policy Change：An Advocacy Coalition Framework." *Knowledge：Creation, Diffusion, Utilization* 8（4）：649-692
Sabatier, Paul A. 1988."An Advocacy Coalition Model of Policy Change and the Role of Policy-Oriented Learning Therein." *Policy Sciences* 21（fall）：129-168.
Sabatier, Paul A., and Anne M. Brasher. 1993."From Vague Consensus to Clearly Differentiated Coalitions：Environmental Policy at Lake Tahoe, 1964-1985." In P. Sabatier and H. Jenkins-Smith（eds.）, *Policy Change and Learning*, pp.177-208. Boulder, CO：Westview Press.
Sabatier, Paul A., Susan Hunter, and Susan McLaughlin. 1987."The Devil Shift：Perceptions and Misperceptions of Opponents." *Western Political Quarterly* 40：51-73.
Sabatier, Paul A., and Hank C. Jenkins-Smith. 1993. *Policy Change and Learning：An Advocacy Coalition Approach*. Boulder, CO：Westview Press.
Sabatier, Paul A., and Hank C. Jenkins-Smith. 1999."The Advocacy Coalition Framework：An Assessment."In P. Sabatier and H. Jenkins-Smith（eds.）, *Theories of the Policy Process*, pp.117-

168, Boulder, CO : Westview Press.
Sabatier, Paul A., and Christopher M. Weible. 2007. "The Advocacy Coalition Framework : Innovations and Clarifications." In P. Sabatier (ed.) *Theories of the Policy Process*, 2nd Edition, pp.189-222, Boulder, CO : Westview Press.
Sandström, Annica, Andrea Morf, and Daniel Fjellborg 2020. "Disputed Policy Change : The Role of Events, Policy Learning, and Negotiated Agreements." *Policy Studies Journal* 49(4) : 1040-1064.
Satoh, Keiichi, Antti Gronow, and Tuomas Ylä-Anttila. 2021. "The Advocacy Coalition Index : A New Approach for Identifying Advocacy Coalitions." *Policy Studies Journal* 51 (1) : 1-21.
Schattschneider, Elmer Eric. 1960. *The Semisovereign People : A Realists View of Democracy in America*. New York : Holt, Rinehart and Winston.(内山秀夫訳『半主権人民』(而立書房、1972年))
Schlager, Edella 1995. "Policy Making and Collective Action : Defining Coalitions within the Advocacy Coalition Framework." *Policy Sciences* 28 (3) : 243-270.
Scott, Andrew. 2021. *An Advocacy Coalition Framework Analysis Local Government Drilling Applications*. Doctoral Thesis submitted for the degree of Doctor of Philosophy in Politics. Scotland : University of Edinburgh.
Sewell, Granville C. 2005. "Actors, Coalitions, and the Framework Convention on Climate Change." Ph. D. Dissertation, Department of Urban Studies and Planning, Massachusetts Institute of Technology, Boston, MA.
Simon, Herbert A. 1957. *Models of Man : Social and Rational*. New York : John Wiley.(宮本光一訳『人間行動のモデル』(同文館、1970年))
Simon, Herbert A. 1985. "Human Nature in Politics : The Dialogue of Psychology with Political Science." *American Political Science Review* 79 (June) : 293-304.
Sommerville, Kylie, Alison Ritter, and Niamh Stephenson. 2022. "Pill Testing Policy : A Comparative Analysis Using the Advocacy Coalition Framework." *Drug and Alcohol Review* 41 : 275-284.
Sotirov, Metodi, and Michael Memmler. 2012. "The Advocacy Coalition Framework in Natural Resource Policy Studies-Recent Experiences and Further Prospects," *Forest Policy and Economics* 16 (2) : 51-64.
Stritch, Andrew. 2015. The Advocacy Coalition Framework and Nascent Subsystems : Trade Union Disclosure Policy in Canada. *Policy Studies Journal* 43 (4) : 437-455.
Vantaggiato, Francesca P., and Mark Lubell. 2022. "The Benefits of Specialized Knowledge in Polycentric Governance." *Policy Studies Journal* 50 (4) : 849-876.
Vogeler, Colette S., and Nils C. Bandelow. 2018. "Mutual and Self Perceptions of Opposing Advocacy Coalitions : Devil Shift and Angel Shift in a German Policy Subsystem." *Review d Policy Research* 35 (5) : 717-732.
von Malmborg, Fredrik 2021. "Exploring Advocacy Coalitions for Energy Efficiency : Policy Change Through Internal Shock and Learning in the European Union." *Energy Research & Social Science* 80 : 1-13.
Wagner, Paul, Petr Ocelfk, Antti Gronow, Tuomas Ylä-Anttila, and Florence Metz 2023. "Challenging the Insider Outsider Approach to Advocacy : How Collaboration Networks and Belief Similarities Shape Strategy Choices." *Policy & Politics* 51 (1) : 47-70.
Wagner, Paul, and Tuomas Ylä-Anttila. 2018. "Who Got Their Way? Advocacy Coalitions and the Irish Climate Change Law." *Environmental Politics* 27 (5) : 872-891.
Weible, Christopher M. 2008. "Expert-Based Information and Policy Subsystems : A Review and Synthesis" *Policy Studies Journal* 36 (4) : 615-635.

第4章　唱道連合フレームワーク　199

Weible, Christopher M. 2018."Instrument Constituencies and the Advocacy Coalition Framework：An Essay on the Comparisons, Opportunities, and Intersections." *Policy and Society* 37 (1)：59-73.
Weible, Christopher M., Tanya Heikkila, Karin Ingold, and Manuel Fischer. 2016. *Comparing Coalition Politics：Policy Debates on Hydraulic Fracturing in North America and Western Europe.* New York：Palgrave MacMillan.
Weible, Christopher M., and Karin Ingold. 2018."Why Advocacy Coalitions Matter and Practical Insights about Them." *Policy & Politics* 46 (2)：325-343.
Weible, Christopher M., Karin Ingold, Daniel Nohrstedt, Adam Henry, and Hank C. Jenkins-Smith. 2020."Sharpening Advocacy Coalitions." *Policy Studies Journal* 48 (4)：1054-1081.
Weible, Christopher M., and Daniel Nohrstedt. 2012."The Advocacy Coalition Framework：Coalitions, Learning, and Policy Change."In E. Araral, S. Fritzen, M. Howlett, M. Ramesh, and X. Wu (eds.), *Handbook of Public Policy,* pp.125-137. New York：Routledge.
Weible, Christopher M., Kristin L. Olofsson, and Tanya Heikkila. 2022."Advocacy Coalitions, Beliefs, and Learning：An Analysis of Stability, Change, and Reinforcement." *Policy Studies Journal* 51 (1)：209-229.
Weible, Christopher M., Andrew Pattison, and Paul A. Sabatier. 2010."Harnessing Expert-Based Information for Learning and the Sustainable Management of Complex Socio-Ecological Systems." *Environmental Science & Policy* 13 (6)：522-534.
Weible, Christopher M., and Paul A. Sabatier. 2009."Coalitions, Science, and Belief Change：Comparing Adversarial and Collaborative Policy Subsystems." *Policy Studies Journal* 37 (2)：195-212.
Weible, Christopher M., Paul A. Sabatier, and Kelly McQueen. 2009."Themes and Variations：Taking Stock of the Advocacy Coalition Framework." *Policy Studies Journal* 37 (1)：121-140.
Weible, Christopher M., and Samuel Workman. 2022. *Methods of the Policy Process.* London：Routledge.
Weiss, Carol. 1977."Research for Policy's Sake：The Enlightenment Function of Social Research." *Policy Analysis* 3 (Fall)：531-545.
Weyant, John P.1988."Is there Policy-Oriented Learning in the Analysis of Natural Gas Issues?" *Policy Sciences* 21：239 261.
Wiedemann, Ruth, and Karin Ingold. 2023."Building Coalitions in a Nascent Subsystem：Investigating Beliefs and Policy Preferences in Ugandan Pesticide Policy." *Review of Political Research,* https://doi.org/10.1111/ropr.12540.
Yun, Changgeun 2019."External Shocks and Policy Change in Different Coalition Opportunity Structures." *International Review of Public Administration* 24 (1)：17-35.
Zafonte, Matthew and Paul A. Sabatier. 1998."Shared Beliefs and Imposed Interdependencies as Determinants of Ally Networks in Overlapping Subsystems." *Journal of Theoretical Politics* 10 (4)：473-505.

付　録

付録 表4.1　ACFの前提条件の概要

フレームワークの側面と概念	前　提
政策サブシステム	政策サブシステムは、政策過程を理解するための主要な分析単位である。
アクター	関連するサブシステム・アクターの集合には、サブシステムの問題に定期的に影響を与えようとするあらゆる人物が含まれる。
個人のモデル	個人は限定合理的で、刺激を処理する能力は限られており、信念体系によって動機付けられ、「悪魔シフト」を経験しやすい。
信念体系	行動者は3層の信念体系構造を持っている。つまり、深層核心的信念、政策核心的信念、二次的側面である。
唱道連合	サブシステムは、政策核心的信念を共有するアクターを1つ以上の連合に集約することで単純化され、アクターは連合内で調整し、共有する信念を政策に反映させる。
政策とプログラム	政策とプログラムには、1つまたは複数の連合の翻訳された信念を反映した暗黙の理論が組み込まれる。
科学的情報	科学的・技術的情報は、サブシステムの問題を理解する上で重要である。
時間的視点	研究者は、政策過程と変更を理解するために、長期的な時間的視点（例えば、10年以上）を採用すべきである。

出典：Jenkins-Smith et al.(2018)

付録 表4.2　ACF仮説の概要

唱道連合	
連合仮説1	政策サブシステム内の主要な論争において、政策核心的信念が論争となっている場合、賛成派と反対派の顔ぶれは10年ほどの期間にわたってむしろ安定する傾向がある。
連合仮説2	唱道連合内のアクターは、政策の核心に関わる問題については実質的な合意を示すが、二次的な側面についてはそうではない。
連合仮説3	行動アクター（あるいは連合）は、政策の核心部分の弱点を認める前に、自分たちの信念体系の二次的側面をあきらめる。
連合仮説4	連合内では、行政機関は通常、利益集団の同盟者よりも穏健な立場を主張する。
連合仮説5	目的指向型の集団に属するアクターは、物質的利益を追及する集団に属するアクターよりも、信念や政策的立場の表明に制約を受ける。

政策指向の学習

学習仮説1	信念体系を横断する政策指向の学習が行われる可能性が最も高いのは、2つの連合間に中程度の認識された対立がある場合である。これには、(a) それぞれがこのような議論に参加する技術的資源を持っていること、(b) その対立が、一方の信念体系の二次的側面と、もう一方の信念体系の核となる要素との間のものであること、あるいは、2つの信念体系の重要な二次的側面の間のものであることが必要である。
学習仮説2	信念体系を横断する政策指向の学習が行われる可能性が最も高いのは、(a) 異なる連合から専門家が参加せざるを得ないほど権威があり、(b) 専門家の規範が支配しているフォーラムが存在する場合である。
学習仮説3	受け入れ可能な定量的データや理論が存在するような問題の方が、データや理論が一般的に定性的であったり、極めて主観的であったり、あるいはまったく欠如しているような問題よりも、信念体系を横断する政策指向の学習には適している。
学習仮説4	自然システムが関わる問題は、純粋に社会システムや政治システムが関わる問題よりも、信念体系を横断する政策指向学習に適している。なぜなら、前者では多くの重要な変数がそれ自体は主体的な戦略家として行動することはなく、また統制された実験がより実行可能であるからである。
学習仮説5	技術的な情報の蓄積が対立する連合の見解を変えない場合でも、政策ブローカーの見解を変えることによって、少なくとも短期的には政策に重要なインパクトを与える可能性がある。

政策変更

政策変更仮説1	サブシステムの外部からの重大な攪乱、サブシステムの内部からの重大な攪乱、政策指向の学習、交渉による合意、あるいはそれらの組み合わせは、政府プログラムの政策の核となる属性を変更させる要因として必要ではあるが、十分ではない。
政策変更仮説2	特定の管轄区域における政府プログラムの政策の核となる属性は、そのプログラムを導入したサブシステム唱道連合がその管轄区域内で権力を維持している限り、大幅に修正されることはない。ただし、階層的に上位の管轄区域によって変更が課される場合は除かれる。

第5章　物語り政策フレームワーク

マイケル・D・ジョーンズ、アーロン・スミス＝ウォルター、
マーク・K・マクベス、エリザベス・A・シャナハン
(Michael D. Jones, Aaron Smith-Walter, Mark K. McBeth, and Elizabeth A. Shanahan)

1．はじめに[1]

　公共政策における物語り（narrative）の重要性は、本書の第4版（Shanahan et al. 2018）が出版されて以来、より明らかになった。アメリカにおける2016年の選挙後や、世界の他の場所で見られるような、権威主義、ポピュリズム、ナショナリズムの台頭を、2016年以後の世界で目の当たりにしてきた（Carothers and O'Donohue 2019）。私たちは、民主的な政治制度や科学に対する実際の攻撃や物語り的な攻撃を見てきた（Jones and McBeth 2020）。世界中で、対立を生む政治的物語りが、リベラル・デモクラシーを弱体化させる、絶えず与えられる脅威と、歩調を合わせて動いているように見える。物語り上の戦いは、2020年から2022年の感染症の世界的大流行の現実をめぐってなど、私たちが最も予期しておらず、最も準備が整っていない場所で勃発している（Mintrom and O'Connor 2020；Mintrom et al. 2021；Suswanta et al. 2021）。現在までに、5億1,800万人近くが感染し、625万人以上が死亡し（World Health Organization 2022）、さらに数百万人が入院しているにもかかわらず、個人の自由の長所を主張する物語りは、この壊滅的な数字にほとんど動じることはない。利害関係を考えると、「物語りは政治の生命線である」という言葉は引き続き私たちの口癖である（Shanahan et al. 2018, 173）。なぜなら、公共政策理論において、物語りの力を理解する必要性（Sievers and Jones 2020）は、民主主義と科学を守るために不可欠だからである。私たちは、そのような理解が生存に関わる関心事になっていると主張することが行き過ぎだとは思わない。

物語り政策フレームワーク（Narrative Policy Framework：NPF）は、政策過程研究のためのアプローチであり、政策物語りが政策過程において重要な役割を果たしているかどうかを問うことによって、物語りの力を探求することを中心的な問いとしている。私たちの、ますます科学的な根拠に基づく推測では、物語りは重要な役割を実際に果たしている。私たちが物語りを研究する理由として、政策論争が競合する物語りの戦いを通じて**必然的に**行われ、正式な機関の場（例：議会の議場での討論）や非公式な場（例：利益集団のウェブサイト、Twitter, YouTube）で行われるという事実がある。さらに、物語りは、政策過程、すなわち、問題定義、立法、官僚的ルール、メディアへの働きかけ、政策評価、専門家の証言、パブリックコメントなどの、さまざまな点で影響力を持つ（Crow and Jones 2018, 225-230）。このように、物語りの役割を理解することは、上述の過程内におけるさまざまな場および複数の岐路での政策過程を理解する上で極めて重要であると、NPFは主張している。

物語りの実証的研究は公共政策分野においての確立はゆっくりであったが、心理学（例：Green and Brock 2005）、マーケティング（例：van den Hende et al. 2012）、ヘルスケア（例：Hinyard and Kreuter 2007など）、神経科学（Armstrong 2020）など、多くの学問分野に見られる。これらの学問分野での研究に基づき、NPFは、政策過程における政策物語りの役割を理解するための実証的、科学的、かつ理論的アプローチとして段階的に発展してきた。政策過程は同時に、認識論的、存在論的にも科学への代替アプローチを包含するものであった（参照：Gray and Jones 2016；Jones and Radaelli 2015）。

前の2つの章と同様に、本章はNPFの詳細化と更新の両方の役割を果たす（変更点の説明については**付録表5.1**参照）。この改善の多くは、世界中のNPF研究者の熱心な実証的・理論的研究に負うところが大きい。

2．NPFの核となる前提条件

すべての科学的アプローチは、核となる、ほとんど検証されていない前提条件から始まる(Lakatos 1970)。以下は、NPFの5つの核となる前提条件である。

I **社会的構築**：確かに、人間の認識とは無関係な実在する物事やプロセス

（社会的、政治的など）が存在する現実はあるが、それらの物事やプロセスに対する人間の認識は多様である。この文脈における社会的構築とは、公共政策に関連する対象やプロセスに対して、個人や集団が付与するさまざまな意味を指す。

II **限定相対性**：政策に関連する対象やプロセスに対する社会的構築は、さまざまな政策的現実を生み出すために変化するが、この変化は（例えば、信念体系、イデオロギー、規範、規範的公理によって）制限されており、したがって無作為なものではない。

III **一般化可能な構造的要素**：NPFは物語りについて構造主義的な立場をとっている。そこでは、物語りは、世界における客観的対象であり（Shenhav 2015）、文脈を超えて特定できる一般化可能な構造とサブ構造を持つと定義される。

IV **3つの分析レベル**：分析目的のため、NPFは政策物語りを相互にかつ同時に作用する3つの理論レベル、すなわち、ミクロ（個人）、メゾ（集団・連合）、そしてマクロ（文化・制度）に分類している。

V **ホモ・ナランス**（物語るヒト）：個人がどのように情報を処理し、コミュニケーションを取って、推論を行うかにおいて、物語りが中心的な役割を果たすと仮定する[2]。

　NPFの前提条件のうち3つは、長年にわたる学術的アプローチに由来するものである（I、II、III）。もう1つは実務的な理由から想定されていて（IV）、さらに1つは発展途上の実証研究に根ざしているものである（V）。

3．政策物語り

　政策物語りの定義は、NPFを理解する上で基礎となる。政策物語りではないものは何かということから始めるのがよいだろう。第1に、文学的観点に根差す人々は、偉大な文学作品から掘り起こされた物語りのより複雑な理解に対して、NPFの政策物語りの概念が明らかに乏しいことをしばしば問題にする。つまり、気候変動に関するツイートは、カフカのような文学的高みには達していないということだ。同感である。実際、政策物語りは、文学理論や文章の訓

練を受けた者によって書かれることはあまりない。ソングライターが楽譜を読めなくても作曲できるように（ジョン・レノンもポール・マッカートニーも楽譜は読めなかった）、人は正式な訓練を受けなくても物語りを語ることができる。選挙で選ばれた公職者、利益集団、メディア、その他は、芸術を創作するためではなく、注目を集め、説得し、操作するために、他者に影響を与えるための政策物語りを構成する。彼らは通常、単純な物語りの方が、彼らが（操作の対象として）強く望む聴衆が意図する方法で、理解される可能性が高いことを直感し、初歩的な方法でそれを行う。第2に、NPFの政策物語りは、ミーム（訳注：政策物語りの中で繰り返し登場する考え方やシンボル、表現のパターンなどを指す）、フレーム、言説などの類似概念と同義ではない。むしろNPFは、これらの表面的に類似した概念や、公共政策における物語りに対する他のアプローチとは異なる、明確な定義のパラメータを持っている[3]。

　NPFにとって、政策物語りは政策問題（例：Yabar 2021）を語るものであり、常に「社会目標と現状との間に乖離があることをどのように知るか」についてのものである（Stone 2012, 13）。これらの問題は、情報が豊富でありながら不確実であり、多くのもっともらしい説明を可能とする曖昧な情報環境を作り出している政策の文脈に存在する（Zahariadis 2003）。このようなもっともらしい説明は、物語りという形で現れる。したがって、公共政策の問題の定義は、明確な政策物語りの構成要素と要素に分解することができ、それらは、NPFでは**政策物語り**として理解される。問題の文脈とは、物語りの空間的、時間的、観念的設定である。政策問題は、常に何らかの危害、あるいは危害の可能性を含んでいる。その危害の受け手は被害者である。危害の根源は悪役である。危害を軽減または除去する存在は英雄である。プロット（筋書き）は、これらの登場人物を舞台の中に、時間を超えて位置づけ、彼らの間に行動と関係的なつながりを確立する。明示的にせよ暗黙的にせよ、これが政策物語りの構造である。

　NPFの前提条件Ⅲに具現化されている古典的な物語り論の構造主義的区別（Herman 2009, 23-26）に基づき、NPFは政策物語りを2つの構成要素、すなわち**政策物語りの形式**と**政策物語りの内容**を特定することで定義している。図5.1が示すように、物語りの内容と物語りの形式は、それぞれ異なる物語り要素によって構成される別個の構成要素である。しかし、この2つの構成要素とそれらを構成する要素は、表裏一体の関係にある。

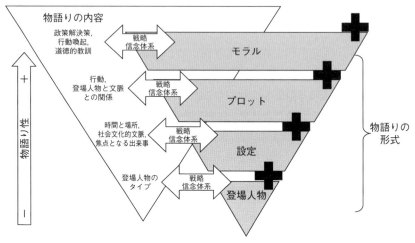

図 5.1　NPF の政策物語り：形式と内容
出典：著者作成

3.1　政策物語り形式：構造的要素

NPF は伝統的に、文脈を超えて一般化可能であると理論付けられた 4 つの中核的な構造的政策物語りの要素を特定してきた（**図 5.1**）。

(1) **登場人物**[4]：政策物語りには、危害を受ける被害者、危害を生み出す悪役、被害からの救済を申し出て問題を解決すると主張する英雄が登場する（Jones and McBeth 2010）。最近の NPF 研究では、受益者（Weible et al. 2016）、同盟者、反対者（Merry 2016）、起業家、カリスマ的専門家（Lawton and Rudd 2014）、影の登場人物（O'Leary et al. 2017）など、さらなる登場人物のタイプが探求されている。

(2) **設定**：政策物語りの設定とは、法的・憲法上のパラメータ（Boscarino 2018）、地理（Knackmuhs, Farmer, and Knapp 2019）、証拠（Schlaufer 2018）、資源（Mosley and Gibson 2017）、政策物語りが展開される時期（Shanahan, Raile, et al. 2018）、焦点となる出来事（McBeth and Lybecker 2018；Smith-Walter, Fritz, and O'Doherty 2022）や、無視できない数の政策アクターが政策領域に重大な意味を持つと同意または主張する他の特徴、といった政策現象から構成される政策の文脈のことである。最近では、近接性（Lawlor

and Crow 2018；Merry 2018) のような空間的特徴や、争点フレーム (Shanahan, Raile, et al. 2018) のような観念的特徴が NPF の設定に取り入れられている。

(3) **プロット**：プロットは、登場人物と設定との関係を確立し、語られる出来事の順序を定め[5]（例：Boscarino 2020)、登場人物によって取られる行動を特定し、登場人物間の対立を作り、動機を確立する（例：Crow et al.)。NPF 研究では、ストーン (Stone 2012) の物語りプロット（参照：Jones et al. 2022）を使用してプロットを操作化することがほとんどである。しかし、私たちは最近の2つの方法論的・理論的なプロットのイノベーションに注目したい。1つ目は、ラフら（Ruff et al. 2022) がストーン（2012）のプロット、過去と未来の時間、政策のインパクト、英雄と悪役の相互作用を統合したものである。2つ目は、クールマンとブルーム（Kuhlman and Blum 2021）がロウィ（Lowi 1972）の有名な政策類型（規制的、分配的、再分配的）をプロットとして操作化している。

(4) **モラル**：政策物語りのモラルとは、一般的に政策解決策（例：Ertas and McKnight 2020)、道徳的教訓（Schwartz 2019)、または行動喚起（Beck 2018) である。例えば、マクベスとライベッカー（McBeth and Lybecker 2018) は、聖域都市（訳注：連邦政府や他の高位の行政機関による移民規制の実施に協力しない、移民に優しい政策を採用する都市（市や郡））が公共の安全のリスクであるという証拠がほとんどないにもかかわらず、「聖域都市は公共の安全にとって危険である」というモラルが特定の焦点となる出来事とどのように結びつけられたかを示している。

3.2 政策物語りの内容：信念と戦略

政策物語りの形式は、内容とは無関係に、物語りの構造を定義する物語りの要素で構成される。しかし、物語りが何について語られているか、つまりその内容は不可欠である。内容を一般化することは難しい。一部の学者（例：Dodge 2015) は、物語りは**特別なもの**であると説得力を持って主張している。なぜなら、物語りの内容は、いつ、誰によって、誰に対して語られるのか、そして他の無数の文脈的特徴が、ユニークな瞬間を生み出すために集約されたものであるからである。例えば、アメリカでの水圧破砕（Gottlieb, Oehninger, and Arnold

2018) とスコットランドでの水圧破砕 (Stephan 2020) では文脈が異なる。政策の争点は一般的に同じである。しかし、利害関係者、景観、ガバナンスシステム、政治文化は異なる。そして、これらすべての違いが、潜在的な語り手や聴衆、さらには物語りを伝えるタイミングと相互作用する。NPF では、この現象を物語り相対性の問題と呼んでいる (Jones, McBeth, and Shanahan 2014, 4-5)。一般化可能性に対して決して完全には解決できない課題が存在するが、NPF はこの問題を緩和するための2つの可能な手段を提供している。

　物語りの相対性に対処する最初の手段は、集団内の人々が周囲の世界を理解するのに使用するイデオロギーや文化などの信念体系（**図5.1**）を通じてもたらされる。このような信念体系は、社会的に構築された特定の対象が、特定のカテゴリーの人々にとってどのような意味を持つのかを捉える体系化された手段を提供する。例えば、アメリカ連合国旗（南軍旗）は、西海岸出身のリベラル派（例：奴隷制度）と、アメリカ深南部の保守派（例：州権）にとって、まったく異なる意味を持つ可能性が高く、同様のことは、特定の登場人物や政策解決策などについても当てはまる。要するに、政策課題に関して人々のさまざまなカテゴリーが意味を見出す際に機能している実効的な信念体系を理解していれば、その政策課題に関連する政策物語りの内容が持つ多様な意味づけを判断する上で、かなりの手がかりを得ることになる。

　NPF は、登場人物（例：Shanahan, Jones, and McBeth 2011；Shanahan et al. 2013）のような物語り的要素や、政策に対する集団的理解が生み出されるその他の象徴的、隠喩的、文脈的手段を通じて、政策信念の操作化のための測定指標を特定する。重要なことは、政策信念の特定には、例えば文化理論 (Jones 2014b) や政治的イデオロギー (Lakoff 2002) に理論的根拠がなければならないということである。

　信念体系は、社会的に構築された政策対象や政策過程にどのような意味が付与されているかを体系的に捉えるのに役立つが、物語り戦略は、意味が付与された内容を物語り形式の要素に結びつけるものである（**図5.1**）。物語り戦略は、物語りの対象や過程がどのように、またどのような目的のために操作され、組織化されているかに焦点を当て、それらの戦略的変化の組み合わせを一般化することを視野に入れたものである。アメリカとスコットランドの水圧破砕の比較に戻ると、異なる政策の文脈で用いられる物語り戦略は、水圧破砕推進

派と反対派が同様に、自分たちの物語りを広範な公共の利益のために描いているのに対し、それぞれの反対派の物語りはより狭い利己的なものとして描かれていることを明らかにするかもしれない。今後、さらなる物語り戦略が操作化される可能性もあるが、現在のNPF研究では、対立の範囲、物語りの因果戦略、悪魔-天使-連帯（devil-angel-solidarity：DAS）シフトという3つの戦略に焦点が当てられている。

(1) **対立の範囲**：E. E. シャットシュナイダー（E. E. Schattschneider 1960）の影響を受け、NPF研究者たちは、政策問題への関与を拡大または封じ込めるために、政策物語り要素を戦略的に展開することを研究してきた（例：Crow and Lawlor 2016 ; Gupta, Ripberger, and Collins 2014 ; McBeth et al. 2010 ; Shanahan et al. 2013）。伝統的に、対立の範囲は語り手が自らを勝ち組として描くか、負け組として描くかという観点から評価されてきた（McBeth et al. 2007）。しかし、最近のいくつかの研究によってこのアプローチは疑問視されている（Gottlieb, Oehninger, and Arnold 2018 ; Merry 2018 ; Stephan 2020）。

(2) **物語り的因果戦略**：正式には因果メカニズム[6]と呼ばれるが、ここではこの概念を物語り的因果戦略と呼ぶことにする。これは、政策問題に対する責任と非難を負わせるために、政策アクターが物語り要素を戦略的に配置することを捉えるものである。責任と非難の所在は、公共政策において、1つ以上の特定の要因（例：所得格差）が、なぜ、どのように別の要因（例：政情不安）につながるのかについての、政策物語り内での説明と考えることができる。現在までのところ、NPFの物語り的因果戦略は、ストーン（Stone 2012）の4つの因果理論、つまり意図的、不注意、偶発的、機械的に基づいている。

(3) **悪魔-天使-連帯シフト**（DASシフト）：DASシフトとは、政策アクターや集団が特定の人物像を強調する戦略を指す。悪魔シフトは敵対者を悪者扱いして非難することに焦点を当て（Weible, Sabatier, and McQueen 2009）、天使シフトは英雄とその問題解決能力を強調する（Shanahan et al. 2013）。一方、連帯シフトは被害者と彼らに引き起こった危害を強調する（Smith-Walter, Fritz, and O'Doherty 2022）。これらの戦略は、シフトが通常、比率

として計算され、登場人物の描写が相互に関連して理解されるため、DASシフトと呼ばれる。

3.3 政策物語りの最小限の定義

今日まで、NPF の研究は、少なくとも 1 人の登場人物を特徴とし、何らかの公共政策への言及を含むものとして、政策物語りの運用上の最小限の定義を維持してきた (Shanahan et al. 2013, 457)。他の政策学者 (Shenhav 2015 など) が異なるパラメータで物語りを定義していることは認める。代替定義を真っ向から否定するわけではないが、万が一代替定義が持ち出された場合、学者たちはどの定義に従うのか、そしてその理由を明確にしなければならない。さらに、その定義が NPF の傘下に入るのであれば、NPF の前提条件に準拠し、さらに理論的・実証的な説得力を持たせなければならない。

3.4 物語り性

政策物語りの最小限の定義を超えて、政策物語りには多かれ少なかれ形式と内容の要素がある。マクベスら (McBeth et al. 2012) が YouTube の視覚物語りにおける物語り性を最初に測定して以来、いくつかの NPF 研究がこれに続き (Crow and Berggren 2014；Merry 2016)、その多くが物語り性インデックス (指数) を用いている。このインデックスは、政策物語りがどの程度完全か不完全かをアセスメントするものである (Boscarino 2020；Brewer 2020；Crow and Lawlor 2016；Huda 2018；Shanahan, Raile, et al. 2018)。

4．語り手と聴衆

誰が政策物語りを生み出し、誰が消費するのかは重要である (Colville and Merry 2022)。また、聴衆と語り手がどのように相互作用し、互いを認識しているかも重要である。これらの前提となる関係から、語り手と聴衆の一致、語り手の独立効果、異なる聴衆に適用される類似した物語りなど、多くの潜在的な疑問が生まれる。語り手と聴衆については、NPF の中ではやや理論化されていないにもかかわらず、新たな文献も出てきている。例えば、ペトリドゥとミントロム (Petridou and Mintrom 2021) は、政策起業家の研究を呼びかけ、政策起

業家がどのように語り手として、物語りを用いて問題や注目される出来事を社会的に構築するかに関する研究で、NPFを特に活用している。このような研究の流れは、複数の流れアプローチ（Multiple Streams Approach：MSA）（Zaharidis 2014）とNPFの統合も提供する（McBeth and Lybecker 2018）。なぜなら、政策起業家もMSAの流れと組み合わせるために戦略的に物語りを使用するためである。さらに、ブルーア（Brewer 2019）は最近、語り手が自らを被害者として構築することを避ける「無力シフト」を紹介した（そのような語りの姿勢は権力の欠如を反映するためと理論化されている）。これらの関係を探求する他の研究には、物語りの一致性がさまざまな政治イデオロギーに対するさまざまな物語りの魅力にどのように影響するかを検証したライベッカー、マクベスおよびエリザベス・クスコ（Lybecker, McBeth, and Elizabeth Kusko 2013）とマクベス、ライベッカーおよびフスマン（McBeth, Lybecker, and Husmann 2014）、気候変動物語りにおける語り手の力を検証したライベッカー、マクベスおよびサージェント（Lybecker, McBeth, and Sargent 2022）とマクベス、ライベッカーおよびサージェント（McBeth, Lybecker, and Sargent 2022）がある。

5．政策変更の物語りのメカニズム：説得、操作、注目

　NPFは、政策変更の物語りのメカニズムを明確に特定できていないとして的確に批判されてきた（Lindquist and Wellstead 2019）。この批判に対処するため、私たちは、政策物語りの変化に関連する2つの経路に沿った政策変更の物語りのメカニズムを提案する。つまり、**物語りの説得**や**操作**、そして**物語りの注目**である[7]。これらの物語りのメカニズムは、あらゆる分析レベルで機能すると仮定している。

　図5.2は、NPFの2つの主要な政策物語りの構成要素である形式（設定、登場人物、プロット、モラル）と内容（信念と戦略）を描いたものであり、それぞれの中にある物語り要素は、政策アクターから感情的な反応を引き出すメカニズムであると理論化している。感情は個人のホモ・ナランス・モデルの基礎となるため、私たちはNPFの政策変更に関する理解の中で感情を中心に据える（後のセクションで詳述）。政策物語りに対する感情的な反応は認知に先行し（Lodge and Taber 2007）、個人が関連する認知的ヒューリスティックにアクセスし、そ

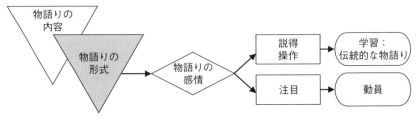

図 5.2 政策変更の物語りのメカニズム
出典：著者作成

の状況を特定するのに役立つ。既存のいくつかの NPF 研究は、この感情の中心性という概念を支持している。英雄のキャラクターは応答者にポジティブな感情を与える傾向があり、応答者は政策物語りで示唆される立場を支持したり、行動を採用したりすることに積極的になる（Jones 2014a, 2014b；Raile et al. 2021；Shanahan et al. 2019）。メゾレベルでは、英雄の使用と勝利の間に関連があることを確認する裏付けとなる研究結果がある（Shanahan et al. 2013）。

　感情から、私たちは政策変更を誘発する 2 つの経路を推論する。第 1 に、説得や操作とは、人々が政策物語りの核となる考えを自発的に受け入れ、それに従って行動するために政策変更が生じるという考え方である。これは、その物語りが自分の利益になるから（説得）、あるいは少なくともそう思い込んでいるから（操作）である[8]。ピーターソン（Peterson 2018）が観察しているように、NPF 研究の大半は、物語りの説得（ミクロレベル）に焦点を当てるか、物語りの説得効果（メゾおよびマクロレベル）を前提としている。

　説得や操作が行われた場合、この種の政策変更は政策学習によって引き起こされたと特徴づけることができる。**伝統的な政策学習**（参照：Jenkins-Smith et al. 2018, 151-154）は、新しい情報の導入によって引き起こされる変更として理解されている。**政策物語りの学習**では、新しい政策物語りの変化の組み合わせは受け入れられるが（例えば、新しい悪役や被害者）、他の多くの要素（科学的証拠など）は同じままである可能性がある（Shanahan, Jones, and McBeth 2011, 548-549）。

　物語りのメカニズムには、感情から注目を通って政策変更に至る第 2 の経路も存在する可能性がある。注目は説得や操作とは異なり、人の考えを変えることを目的としていない。むしろ、注目は既存のバイアスを動員し、政策物語り

のメッセージの優先順位付けと迅速な行動を引き起こす。いくつかの研究が、政策物語りを理解する上での注目の役割を明らかにするのに役立ち（McBeth and Lybecker 2018；Peterson 2018, 2021）、注目が政策変更を促すというピーターソン（Peterson 2018）の理論を支持している。

手始めに、断続平衡理論（Punctuated Equilibrium Theory：PET）（Baumgartner, Jones, and Mortensen 2018）は、まさにこの概念に基づいて構築された、非常に成功した政策過程のフレームワークである。NPFも同様の関連性を持っている。ピーターソン（Peterson 2021）は、メゾレベルにおいて、NPFとPETを「物語りの政策イメージ」と呼ぶものによって融合させている。注目の方法に応じて、彼女は、新しい物語りの政策イメージが政策サブシステムに参入することで政策が変化し、逆に新しい物語りの政策イメージが欠如することで政策が停滞する可能性があると観察をしている。

6．3つの分析レベル

NPFでは、政策物語りは3つの分析レベルで機能すると仮定している（前提条件Ⅳ）[9]。これらの区分は、主に、研究者が関心を持つ分析単位の範囲を決定し、方向性を示す目的でされている。ミクロレベルでは、研究者は個人がどのように政策物語りに情報を与え、また、政策物語りから情報を得ているかに関心を持つ。メゾレベルでは、集団や連合を構成する政策アクターが、政策サブシステムの中で時間の経過とともに戦略的に展開する政策物語りに焦点を当てる。最後に、マクロレベルでは、研究者は文化や制度に埋め込まれた政策物語りがどのように公共政策を形成するかに関心がある。

6.1 ミクロレベルのNPF：ホモ・ナランス

NPFの個人モデルであるホモ・ナランスは、人間の意思決定と認知プロセスにおける感情と語り（narration）の優位性を認め、それを検証する、進化する個人の心理モデルとして理解するのが最適である[10]。

ホモ・ナランスの基礎

総合すると、下記はホモ・ナランスの基礎を形成する10の仮定であり、それ

らは NPF の前提条件 V を構成している。

(1) **限定合理性**：NPF は、個人が限られた時間と限られた情報の条件下で意思決定を行い、そこで個人が満足すると理解している（Simon 1947）。
(2) **ヒューリスティクス**：限定合理性を考慮すると、個人は情報を処理し意思決定するために、可能性、過去の経験、専門知識、生物学的バイアスなどの情報のショートカット（ヒューリスティクス）に頼る（Jones 2001, 71-75；Kahneman 2011, 109-255）。
(3) **感情の優位性**：感情は理性に先行し（Lodge and Taber 2007）、「何が重要かを強調し、優先順位を設定する」（Jones 2001, 73-74）ことにより、人間の認知において注意を向けさせる点で感情は重要である。
(4) **2種類の認知**：NPF は、認知を 2 つのシステムの中で機能すると理解する（Kahneman 2011, 20-23）。デフォルトの認知システムであるシステム 1 は、無意識的かつ自動的な思考プロセスを指し、生まれつき持っているか（例：突然の動きに気づく）、練習を通じて学習する（例えば、2＋2）。システム 2 の認知は、システム 1 が感情的な手がかり（例：恐怖、怒り）を通じて、複雑な数学の方程式を解いたり、誰かが真実を言っているかどうかを判断したりするなど、システム 1 の能力を超えた認知的に負荷の高いタスクに注意を向けるときに起こる。システム 2 はシステム 1 を更新できるが、システム 1 の変更は難しい。
(5) **熱い認知**：既存の心的印象を活性化させるか、新しい印象を作り出すかにかかわらず（参照：Redlawsk 2002, 1023）、公共政策においては、すべての社会的・政治的概念は感情を伴う（Lodge and Taber 2005）、または潜在的にそうである。ある概念が馴染みのないものである場合、個人は世界に対する既存の理解を通じて感情を付与する。
(6) **確証バイアスと反証バイアス**：個人が確証バイアスに陥るのは、自分の事前情報（信念、知識など）と一致する証拠を、一致しない証拠よりも強いものとして扱い（Taber and Lodge 2006）、一致する刺激を一致しない刺激よりも速く処理する場合である（Lodge and Taber 2005）。反証バイアスでは、事前情報と一致しない証拠は抵抗され（Taber and Lodge 2006）、一致する証拠よりも処理に時間がかかる（Lodge and Taber 2005）。

(7) **選択的接触**：人は、自分がすでに信じていることと一致する情報源や情報を選択する（Taber and Lodge 2006）。
(8) **アイデンティティ保護的認知**：選択的接触、確証バイアス、反証バイアスは、知識と事前の信念によって条件付けされ、個人が既存のアイデンティティを保護するために活用される（例：Kahan et al. 2007）。特に、知識レベルが高く、政治的に洗練された人々（Taber and Lodge 2006）がこれに該当する。
(9) **集団とネットワークの優位性**：個人は、自分が属する社会的、職業的、家族的、文化的なネットワークや集団に頼り、社会的および政治的な概念に対する感情を割り当てるのを助けてもらう（例：Kurzban 2010）。
(10) **物語り的認知**：上記の9つの仮定は、物語りが、人間が世界を理解するための主要な手段であるという考えに集約される（Polkinghorne 1988）。個人の外部では、物語りは集団内および集団間のコミュニケーションの主要な形態であると理論化されており、個人の内部では、物語りは思考、記憶、感情、その他の認知を整理するための優れた手段であると理論化されている（Jones and Song 2014）。平たく言えば、人々は物語りを語り、覚えるのである。

ミクロレベルの NPF 適用例
一致と不一致
聴衆の信念体系との一致の認知が高まれば高まるほど、彼らは物語りによって説得される可能性が高くなる。

いくつかの NPF 研究では、不一致の物語りは個人を事前知識から遠ざけ、物語り内の好みや信念に向かわせることが明らかになっている（Ertas 2015；Husmann 2015；McBeth, Lybecker, and Stoutenborough 2016；Shanahan et al. 2014；Shanahan, McBeth, and Hathaway 2011）。同様に、一致する物語りは個人の政策的立場や信念を強め、一致しない物語りよりも説得力がある（Husmann 2015；Lybecker, McBeth, and Kusko 2013；McBeth, Lybecker, and Garner 2010；McBeth, Lybecker, and Husmann 2014；Niederdeppe, Roh, and Shapiro 2015）。
このような NPF 研究の流れの中には、この仮説をより微妙な違いで理解す

る必要性を指摘する知見もある。例えば、ジョーンズとソング（Jones and Song 2014）は、気候変動の物語りに触れた回答者は、一致する物語りであれば、その提示された物語りの構成を認知的に取り入れる可能性が高いことを発見した。レイコフ（Lakoff 2002）の保守的およびリベラルな育児の比喩を検証したクレモンズ、マクベスおよびクスコ（Clemons, McBeth, and Kusko 2012）は、育児に対する見解が肥満政策のナラティブの選択と部分的にしか一致しないことを発見した。クレモンズら（Clemons et al. 2019）は、物語りが集団の文化的信念と一致していても、その物語りが既存の信念を動かすとは限らないことを示している。同様に、ウィネットら（Winettet al. 2021）は、物語り的メッセージが政策策定者の間で「逆効果」をもたらす可能性があることを発見し、一般大衆と意思決定者を異なるモデルにする潜在的な必要性を指摘している。

物語りの逸脱

個人の期待に基づいて、物語りの期待からの逸脱レベルが高まるほど、その物語りに触れた個人が説得される可能性は高くなる。

一致と不一致の仮説に近い物語りの逸脱は、信念とは対照的に、聴衆の期待に焦点を当てている。エルタシュ（Ertas 2015）は、期待から逸脱する政策物語りが世論に大きな影響を与えることを発見した。ライベッカー、マクベスおよびスタウトンボロー（Lybecker, McBeth, and Stoutenborough 2016）とマクベス、ライベッカーおよびスタウトンボロー（McBeth, Lybecker, and Stoutenborough 2016）は、聴衆の信念と一致する登場人物の物語り上の配置によって政策の選好が期待から逸脱することがあるため、逸脱と一致は必ずしも相互に排他的ではないことを発見している。

物語りの没入

物語りへの没入が深まるほど、その物語りに触れた個人が説得される可能性が高まる。

物語りの没入とは、「読者を物語りが創り出す世界へと精神的にいざなう、物語りの能力に関するもの」である（参照：Jones 2014a, 648；Green and Brock

2005)。本、映画、さらには選挙演説でも、個人がその場面に囲まれ、登場人物と共にプロットに巻き込まれていると想像できる程度によって、良いものと判断されることが多い。ジョーンズ（2014a）は実験を行い、人が物語りをイメージすることができればできるほど、その人は物語りの主人公に対してより肯定的に反応し、その結果、政策物語りで主張されている議論や解決策を受け入れようとする意欲が高まることを発見した。

語り手への信頼

語り手への信頼が高まれば高まるほど、個人は物語りによって説得される可能性が高くなる。

エルタシュ（Ertas 2015）は、語り手への信頼の増加は物語りで提示された政策の選好への支持の増加と関連し、一致が伴う場合により大きくなることを見出している。

ライベッカー、マクベスおよびサージェント（Lybecker, McBeth, Sargent 2022）は、労働者階級の気候変動物語りに関する実験的研究において、気候変動が起こっており、人為的なものであると同意する回答者たちは、イデオロギー的に対照的な語り手たちが気候変動を支持する物語を語った場合、両者を驚くほど同じように信頼していることを発見した。この発見は、物語りの力が語り手の力に勝ることを指摘し、個人が語り手と物語りのどちらを信頼するかを問う新たな研究分野を示唆している。

登場人物の力

政策の物語に登場する人物の描写は、科学的あるいは技術的な情報よりも個人の意見や好みに対して高いレベルの影響力を持つ。

登場人物は、個人の好みを形成する上で影響力のある役割を果たす。ジョーンズ（Jones 2014b, 2010）は、主人公のキャラクターが、物語りの説得力の主要な原動力であることを発見した。ジョーンズは、気候変動に関連する政策の選好を形成する上での文化的な物語りの役割を調べる実験的研究を行ったところ、回答者は英雄のキャラクターに対してより肯定的な感情を持つ傾向があ

り、英雄のキャラクターに対する肯定的な感情が高まると、回答者は、物語りに埋め込まれた前提条件や議論を喜んで受け入れる。同様の結果は、ジョーンズ、フレットゥムおよびイェールスタッド（Jones, Fløttum, and Gjerstad 2017）が気候変動政策の物語りがノルウェー市民に与える影響を調査した際にも見られた。これに関連して、シャナハンら（Shanahan et al. 2019）は、洪水リスクに関する研究において、従来の科学メッセージとは対照的に、物語り形式の科学メッセージは、感情的反応のより大きな分散と関連しており、英雄のキャラクターと被害者から英雄になったキャラクターは肯定的な感情的反応を生み出し、被害者のキャラクターは否定的な反応を生み出すことを発見した。登場人物の力に対して、ザノッコ、ソングおよびジョーンズ（Zanocco, Song, and Jones 2018）は、水圧破砕に関する選好の実験的研究において、選好に対する登場人物の影響は間接的で、統計的に有意で、悪役を中心とするが、全体的な選好には名目上重要ではないことを発見した。

語り手の聴衆に基づいた戦略的な物語りの選択

語り手は聴衆を分析し、語り手が聴衆の属性をどのように認識しているかに基づいて、聴衆に物語りを提示する。

最近のミクロレベルの研究は、（集団ではなく）個人がどのように物語りを生み出すかを探求し始めている（例：Colville and Merry 2022；Smith-Walter et al. 2020）。この新しい流れにおける NPF 研究の最大の柱は、個々の語り手がどのように物語りの使用について戦略的な選択を行うかについて理解することへと向かっている。このミクロレベルの研究の重要な特徴は、他のミクロレベルの仮説が、個々の語り手がいかに物語りを消費するかに焦点を当てているのに対して、NPF は個々の語り手がいかに、そしてなぜ戦略的に物語りを生み出すかを研究している点である。例えば、一致/不一致と侵害に関する一連のミクロレベルの研究では、物語りを聴衆の政治的信条と一致させることで、政策への支持が高まることが示されている（Lybecker, McBeth, and Kusko 2013；McBeth, Lybecker, and Garner 2010）。しかし、その後のミクロレベルの研究では、個々の語り手がどのように、そしてなぜ物語りの選択をするのかが調査された。マクベス、ライベッカーおよびフスマン（McBeth, Lybecker, and Husmann 2014）

は、リサイクルの専門家が主に最も多くの聴衆に訴えると信じる物語りを選択し、必ずしも自分たちが同意する物語りを選択しないことを最初に発見した。その後、同じデータベースを使用した一連の研究（Kirkpatrick and Stoutenborough 2018；Lybecker, McBeth, and Stoutenborough 2016；McBeth, Lybecker, and Stoutenborough 2016；McBeth et al. 2017）により、個々の利害関係者は、より多くの一般大衆に話をする際に、どのような物語りを使用するかを戦略的に選択することがよくあることがわかった。これに関連して、ラウファーとジョーンズ（Laufer and Jones 2021）は、助成金申請書には物語りの要素や戦略があり、それによって一部の提案書を他の提案書よりも成功に導く可能性が高いことを発見した。このことは、助成金の書き手（語り手）が助成金申請書作成の成功率を高めるために物語りを戦略的に使用する可能性があることを意味する。

別の研究では、フーダー（Huda 2021）は、遺伝子組み換え植物の支持者がリスクを強調せず、代わりに便益のみに焦点を当てるのに対し、反対者は多面的なリスク戦略を用いるという、物語りの戦略的な使用を発見している。私たちがミクロな基礎分析を行う理由は単純である。政策物語りが、より大きなメゾやマクロの規模で、どのように、いつ、なぜ公共政策を形成するのかを理解するためには、より大きな規模の分析で有効な仮説を立てるために、物語りが個人レベルでどのように機能するのかについて、正確かつ洗練された理解が必要だからである。

6.2 メゾレベルの NPF：アゴラ・ナランス

古代ギリシャでは、アゴラは市民が主に理性的で熱のこもった物語りによって政策問題を考察し、議論する公共空間であった。**アゴラ・ナランス**は、政策サブシステムの中で、さまざまな方法で組織された政策アクターによる政策物語りの戦略的使用に関する NPF のメゾレベルの検証である。

メゾレベルでは、政策アクターは機関や組織（例：メディアや議会のメンバー）から派生し、さまざまな役割（例：市民や政治家）を担い、ネットワーク（例：唱道連合や利益集団）で組織化される。これらの政策アクターは、自らの政策選好を反映した政策物語りを開発または採用する。競合する政策アクターは、政策のアウトプットに影響を与えることを意図した、いくつかの物語りの要素と戦略の組み合わせから構成される、多様な政策物語りを持っている。メゾレベ

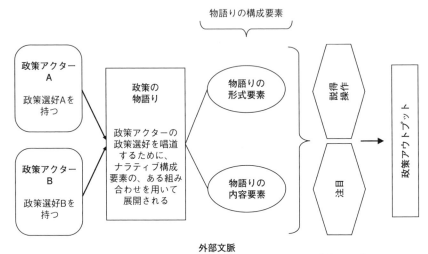

図 5.3　NPF のメゾレベル・モデル
出典：Shanahan et al.(2018、188) より引用

ルの NPF の貢献は、政策物語りがどのように、どのような目的のために展開されるかを分析することにある。

　NPF の学問研究は、1 つの政策アクター群によって支配されるか、あるいは多くの政策アクター群によって争われる政策サブシステム内および政策サブシステム間の公共政策策定を研究するものである。政策サブシステムは、政策課題を制御しようと争い合うさまざまなアクター（例：選挙で選ばれた公職者、利益集団、専門家、司法関係者、メディア）から構成される（図 5.3）。

既存の NPF 仮説を検証するメゾレベルの適用例
　争点の拡大と封じ込め（バージョン 1）
　　ある政策の争点において、自らを負け組として描いている政策アクターは、物語り的な要素を用いて政策の争点を拡大し、自らの連立の規模を拡大する。
　　ある政策の争点において、自らを勝利者として描いている政策アクターは、連立の現状維持のために、政策の争点を封じ込めるための物語り的要素

を用いる。

　この仮説はシャットシュナイダー（Schattschneider 1960）の研究から生まれたもので、通常1つの仮説として検証されるが、時には拡大や縮小に別々に焦点を当てる学者もいる。当初、この仮説を検証する研究は、語り手がどのように自らを描くかを選ぶことと、対立する政策のコストを分散させ便益を集中させることによって争点を拡大、もしくは封じ込めることとの間に関連性があることを発見した。敗者の物語りには、反対政策の「コスト」を支払う多くの被害者が含まれ、一方で少数のエリート（通常は悪役）が便益を得る。これとは対照的に、勝ち組は、自分たちの好ましい政策解決策を説明する際に、コストを集中させ、便益を分散させることで、政策問題を封じ込めるようにデザインされた物語りを作り出す。いくつかのNPF研究はこの仮説を支持している（Gupta, Ripberger and Collins 2014；McBeth et al. 2007；Schaub 2021；Shanahan et al. 2013）。

　しかし、最近のいくつかの研究の結果では、ある政策の争点において自らを負け組と描写しているアクターが、物語り的要素を用いることで連合を拡大しようとするという強い仮説の裏付けを見つけることはできなかった(Chang and Koebele 2020；Schlaufer, Gafurova, et al. 2021；Schlaufer, Khaynatskaya, et al.)　同様に、これらの研究では、勝利した連合が連合の規模を維持するために物語り的要素を用いることも発見されていない。より専門的な事例では、クロウとウォルトン（Crow and Wolton 2020）は、より高いレベルの物語り性を持つ選挙政策物語りが、勝利するキャンペーンと関連することを見出していない。

争点の拡大と封じ込め（バージョン2）
　政策の争点の現状維持を求める政策アクター（賛成の立場でも反対の立場でもよい）は、物語り要素を用いて政策の争点を封じ込める。政策変更を求める政策アクター（賛成の立場でも反対の立場でもよい）は、物語り要素を用いて政策の争点を拡大する。

　拡大・封じ込めの作戦の勝敗の影響をめぐる不確実性を考えると、ゴットリーブ、オーニンガーおよびアーノルド（Gottlieb, Oehninger, and Arnold 2018）

は代替仮説を提案している。これらの著者らは、連合の現状維持指向をめぐる物語り戦略が、特定の物語り要素とより明確に関連していることを検証している。例えば、チャンとコーブリ（Chang and Koebele 2020）は、教育バウチャーを支持する連合が議論を通じて天使シフトを示したのに対し、反バウチャーの集団の悪魔シフトの使用が増加し、彼らの立場が負けから勝ちに変わったことを発見した。勝ち負けの理解に対して、拡大と封じ込めに関する現状維持の理解を支持する研究がいくつか出てきている（Schlaufer, Gafurova, et al. 2021；Schlaufer, Khaynatskaya, et al. 2021）。

意思決定構造操作（heresthetics）

政策アクターは、意思決定構造操作的に政策物語りを用いて、自らの戦略的便益のために政治連合の構成を操作する。

ライカー（Riker 1986）は、政治アクターが勝つために意思決定プロセスの一部を本質的に操作する、意思決定構造操作アプローチの考え方を発展させた。政策アクターは、アジェンダをコントロールするために、褒め合いのような政治戦略や、政策代替案を追加したり削除したりするようなレトリック戦略を通じて、意思決定構造操作に関与する。NPFは、政策物語りを通じて連合を構築したり封じ込めたりする物語り戦略の展開において、ライカーの意思決定構造操作の考えに基づいている。興味深いが、現時点では、この仮説を検証したNPF研究はない。

悪魔-天使シフト

政策サブシステムにおける悪魔シフトの高い発生率は、政策の難解さと関連している。

多くの研究で悪魔シフトと天使シフトを検証しているが、この物語り戦略は、その使用と効果に関する結果が一貫していないため、NPF研究者にとって非常に興味深いものである。例えば、初期のNPF研究において、シャナハンら（Shanahan et al. 2013）は、勝利連合が悪魔シフトから天使シフトへと物語的な弧を描くことを発見した。同様に、シュラウファー（Schlaufer 2018）は、勝

利連合が天使シフトを採用する割合が敗北連合よりも統計的に高いことを発見した。しかし、他の研究（Crow and Berggren 2014；Heikkila, Weible, and Pierce 2014）では、勝ち組と負け組と、政策論争におけるこの戦略の使用との間に統計的な関連は見られなかった。さらに、他の研究で得られた反対の結果は、勝利連合と敗北連合をめぐるこれまでの枠組みを再検討する必要があることを示唆している。例えば、メリー（Merry 2015）は、個々のツイートを平均すると、ブレイディ陣営と全米ライフル協会（NRA）の両方が天使シフトに傾いていることを発見したが、スミス＝ウォルターら（Smith-Walter et al. 2016）は、彼らの雑誌「アメリカン・ライフルマン」で特集されたNRAの物語りは非常に強い悪魔シフトを示し、ブレイディ陣営の内部ニュースレターはそうでないことを発見した。さらに、レオン（Leong 2015）は、勝利した連合が天使シフトではなく悪魔シフトを使っていることを発見し、シャナハンら（Shanahan et al. 2013）の発見と正反対であった。

実際、ツズーンとシャウブ（Tosun and Schaub 2021）によるヨーロッパ市民イニシアチブ（European Citizen Initiatives：ECI）に関する最近の研究では、ECIの58％が悪魔シフトを示し、天使シフトを示したのはわずか10％であった。これは、負け組であると自分を描写する人は悪魔シフトを示す可能性が高いという考えを裏付けている。しかし、この結果は、イニシアチブ（住民発案）の大多数が改革を求めており、現状維持を求めるものはわずか5つしかなかったという事実を踏まえて解釈されるべきである（2021年、355）。ネバダ州議会における教育バウチャーに関するチャンとコーブリ（Chang and Koebele 2020）の研究によれば、改革に関心のある連合（バウチャー賛成派）は、現状維持を支持する連合（バウチャー反対派）よりも英雄を多く（割合として）起用し、現状維持を支持する連合はより多くの悪役を起用していた。しかし、悪魔-天使シフトを計算すると、教育バウチャーを支持する連合は議論を通じて天使シフトを示し、バウチャー反対派は敗北から勝利へと立場が変わったにもかかわらず、悪魔シフトの使用が増えた。

このことから、このメゾレベルの仮説を再フレーミング化する必要があることがわかる。実際、ゴットリーブ、オーニンガーおよびアーノルド（Gottlieb, Oehninger, and Arnold 2018）が指摘するように、「物語り戦略の使用は、語り手が勝利連合を代表しているか敗北連合を代表しているかよりも、語り手が問題

のどの側にいるかに依存する可能性がある」(2018, 806-807)。

これまでの研究を踏まえると、私たちは現状維持賛成派と現状維持反対派のアプローチ（勝ち負けの区別ではなく）を軸に争点の拡大と封じ込めの仮説を再構築することは適切であると確信しているが、悪魔-天使シフトに関して明確な主張を行う前に、より多くの研究が必要であると考えている。例えば、ステファン（Stephan 2020）の調査結果はゴットリーブら（Gottlieb et al. 2018）のそれとは重ならない。彼の研究では、水圧破砕推進派グループが天使シフトと関連していることも、反水圧破砕連合の物語りに悪魔シフトが見られることも確認されなかった。

連合の結束力と政策信念

より高いレベルの連合の結束力（連合の安定性、強さ、連合内の団結力）を含む政策物語りを持つ唱道連合は、政策のアウトカムに影響を与える可能性が高い。

NPFの学術研究では、対立する利益集団と連合による政策信念の利用との間に、一貫して統計的に有意な差があることを見出している（例えば、McBeth, Lybecker, and Garner 2010；McBeth, Shanahan, and Jones 2005；Shanahan et al. 2013）。これらの同じ尺度（すなわち、長期にわたる連合の安定性、強さ、団結力）は、連合内および連合間の行動や力学をアセスメントするためにも使用できる（Shanahan, Jones, and McBeth 2011, 546-548）。例えば、シャナハンら（Shanahan et al. 2013）は、連合内の政策信念の多様性が、連合メンバーを拡大する方法の1つになり得ることを発見した。1980年代のアメリカのエルサルバドルに対する外交政策を調査したクスコ（Kusko 2013）の研究では、アメリカの宗教右派連合は安定性、強さ、団結力が高く、このことが、より進歩的な宗教連合と比較して、同連合がより大きな政策的成功を収めたことを説明する可能性があることが示された。シャナハンら（Shanahan et al. 2013）は、風力エネルギー論争に関与した政策アクターの政策物語りの内容を分析し、2つの連合が3つの政策信条のうち2つで高いレベルの結束力を持っていることを発見した。最後に、マクベスら（McBeth et al. 2010）は、野生生物活動家グループであるバッファロー・フィールド・キャンペーンが、10年間にわたり3つの政策信念のうち2

つにおいて一貫していたことを示した。

物語りの政策学習
　支配的な政策物語りの中で、物語りの要素が持続的に再構成されることで、政策変更がもたらされる。

　本章で定義するように、政策学習は、新しい情報が持続的な代替行動や選好を生み出すときに起こる。シャナハン、ジョーンズおよびマクベス（Shanahan, Jones, and McBeth 2011）によって初めて提唱された物語り学習も同様に解釈されるが、新しい政策物語りの受容として理解され、科学的証拠が一定に保たれるなどの他の側面を持つ可能性がある。例えば、新たな被害者や悪役が政策物語りに導入され、それが政策アクターに採用されることで、永続的な変化につながる可能性がある。この仮説は未検証であるが、NPFのこの繰り返しの使用で、物語りの因果メカニズムが導入されたことを考えると、この仮説が今後有力な仮説になるだろうと予想される。

メディアと連合のメンバーシップ
　メディアは政策論争における貢献者（政策アクター）である。

　シャナハンら（Shanahan et al. 2008）は、政策ステークホルダーの仲介者としての、あるいは政策論争における貢献者としてのメディアの役割を調査している。この研究は、メディアが政策論争に貢献していることを明らかにするのに役立った。メディアが幅広い聴衆にメッセージを広める能力を持つことを考えると、この発見は、政策サブシステムにおける重要な政策アクターと政策物語りのデータセットを特定する上で大切である。その後の研究でもこの仮説は確認されている（Crow and Lawlor 2016；Peltomaa, Hilden, and Huttunen 2016）。

政策コミュニケーションにおける物語り要素の役割
　物語り戦略をより高度に用いる政策アクターは、技術的または科学的コミュニケーションを活用する政策アクターよりも、政策論争で勝利する可能性が高い。　　　　　　　　　　　　　　　　　　（Crow and Lawlor 2016）

いくつかの研究では、物語り性と政策の成功との関連性が見出されている（Crow and Berggren 2014；McBeth et al. 2012）。NPFの政治キャンペーンの物語りへの適用可能性を検討した最近の研究で、クロウとウォルトン（Crow and Wolton 2020）は、民主党と共和党の間、そして勝者と敗者の間で、登場人物の使い方に大きな違いがあることを発見した。感情分析によれば、民主党は共和党よりも悪役をより否定的に描き、悪役の配役もより多様であった。また、民主党のウェブ上の選挙コミュニケーションでは、被害者がより肯定的に描かれていた。重要なことは、クロウとウォルトンは、より高いレベルの物語り性を持つ選挙政策の物語りが、勝利したキャンペーンと関連していることを発見しなかったことである。

フレーミングの役割

政策問題に対してテーマ別のフレーミングを用いる政策アクターは、エピソード的なフレーミングやその他の人情的なフレーミングを用いる政策主体よりも、自分たちが明確にした問題や解決策を支持して世論を動かす可能性が高く、提案した解決策をより高い成功率で通過させることにつながる。

初期のフレーミング研究（Iyengar 1990）に根ざして、クロウとローラー（CrowとLawlor 2016）は、政策過程におけるテーマ別フレーミングの使用がより効果的であることを予測する仮説を明確にした。シャナハンら（Shanahan et al. 2008）は、メディアの物語りにおけるこれらのフレーミング技法の使用に関する初期の研究者であり、全国メディアと地方メディアの両方が物語りにテーマ別フレーミングを使用しているが、地方報道は全国メディアよりも統計的に高い割合でテーマ別フレーミングを使用していることを発見した。ブレッケンとフェンリー（Brekken and Fenley 2021）による最近の研究では、アメリカにおけるマリファナの政策論争における一般的なフレーム（争点フレームやテーマ別フレームとは対照的に）の使用が調査され、対立フレームがオレゴン州よりもマサチューセッツ州やコロラド州でより一般的であることを発見した。

6.3　マクロレベルのNPF：壮大な政策物語り

NPFは、マクロレベルの物語りを、ミクロやメゾの物語りと同様の政策物語

りの構成要素や要素からなるものと定義し、これらの壮大な物語りを、リオタール（Lyotard 1984）のメタ物語りと同様に特徴づけている。それらは、制度や文化の中で現れ（McBeth, Lybecker, and Husmann 2014）、長期に渡り、複数の政策サブシステムをまたがって発生すると想定された（Jones, McBeth, and Shanahan 2014, 19）。シャナハンら（Shanahan et al. 2018）は、ダンフォース（Danforth）を引用し、マクロレベルの政策物語りをさらに定義し、それを「時間と場所を超えて人間のさまざまな出来事を説明するのに十分な広がりを持つ、共同体の歴史物語り」と表現した（Danforth 2016, 584）。これらは、ミクロレベルやメゾレベルの物語りと比較して比較的安定していると主張され、壮大な制度的・文化的物語りの中に含まれ、それに縛られていると理論化された。例えば、「進歩は善である」という考えを含むマクロレベルの物語りは、「進歩は市場に任せる」対「政府は進歩を確保するために規制する必要がある」といったメゾレベルの政策論争に物語りのパラメータ（枠組み）を提供する。このレベルの研究は実現が遅れているが、何年かの間にいくつかの研究が登場している。私たちのアセスメントでは、ごく少数の例外（例：Knox 2013）を除き、これらの研究は当初の制度的・文化的な分類にほぼ準拠しており、その結果、NPFのマクロレベルを理解しアプローチするための実行可能な代替案を生み出している。

　第1のアプローチは、マクロな物語りの場として組織（institutions）を中心に据えるものである。おそらくピーターソンの研究（Peterson 2018, 2019, 2021）に最もよく例証されるように、このアプローチは政策変更の物語りの注目に関するメカニズムを構築し、厳密には、このアプローチは注目と組織の両方に関する断続平衡理論（PET）の概念に大きく依存している（Baumgartner, Jones, and Mortensen 2018）。ピーターソンはPETから援用し、マクロレベルをアメリカ大統領やアメリカ議会のような政府の国家機関と捉えている（Peterson 2021）。おそらくこの概念は、国連や欧州連合（EU）の統治機関のような国境を越えた機関にも及ぶだろうが、メゾとマクロがどこから始まり、どこで終わるのかは正確には不明である。この曖昧さにもかかわらず、このアプローチから得られた結果は印象的である。ピーターソン（Peterson 2019, 2021）は、このマクロ制度的な視点を活用することで、マクロな国家行政機関（アメリカ大統領）からマクロな立法機関（アメリカ議会）への政策物語りの移行を、時系列で定量的に追跡・アセスメントすることができている。

マクロレベルへの第2のアプローチは、文化を中心に据えたものである（Ney 2014；Schwartz 2022；Williams and Kuzma 2022）。この系統の模範的研究は、ウィリアムズとクズマ（Williams and Kuzma 2022）による最近の研究に見出すことができる。彼らの事例研究では、文化理論とコンテンツ分析を活用して、カナダにおける遺伝子組み換えサーモンの採用をめぐる政策物語りを探求している。この研究では、メゾレベルで活動する利益集団の間に存在した政策物語りを、物語りの中に含まれる特定の文化的世界観（すなわち信念体系）と結びつけ、統治機関（カナダ議会）が採択する政策声明におけるその世界観の継続的な存在をアセスメントすることで、マクロレベルを明らかにした。著者らは、文化的世界観の変化と、遺伝子組み換えサケの消費の合法化を採択する傾向、および政策物語りの中での科学の使用との間に関連があることを明らかにした。

スタウファー（Stauffer 2022）による最近の研究は、制度と文化の両方の概念が含まれているため、NPFのマクロレベルを操作化するために最近実施されたアプローチの中で最も総合的であると信じるものを提示している。この研究においてスタウファーは、スイスにおける子どもと大人の保護政策をめぐる議論を探るために、マクロレベルの物語りと政策パラダイムの概念との関連を確立するモデルを構築している。スタウファーは、政策パラダイムがマクロのNPFに基づいた研究を構築するのに理想的であることを強く主張し（Stauffer 2022, 3）、政策パラダイムがマクロレベルの政策物語りの足場を作るのに機能すると主張する。彼女は、政策パラダイムから、文化、制度、パラダイムの物語りという3つの物語りのカテゴリーを導き出すことができると理論づけている。これらは研究対象の政策領域に関連する適切なマクロレベルのキーワードを用いて特定することができる。彼女の研究結果は、メゾレベルの物語りがマクロレベルの物語りのカテゴリーの一般的な三つの組み合わせによって条件づけられていることを実証しており、有望である。

7．NPFの新たな潮流と今後の方向性

7.1 国際的な適用と比較分析、そしてNPF

NPFはアメリカで生まれたが、地理的に広く普及している。最近の多くの適用が世界中でされてきており、ヨーロッパ（Esposito et al 2021；Goldberg-Miller and Skaggs 2021；Kuenzler 2021；Kuhlmann and Blum 2021；Rychlik, Hornung, and Bandelow Valero 2021)、ロシア (Schlaufer, Gafurova, et al. 2021；Schlaufer, Khaynatskaya, et al. 2021；Uldanov et al. 2021)、インド (Huda 2018, 2019, 2021)、インドネシア (Habibie et al. 2021) などで適用されている。NPF の国際的な研究には、国連 (Soremi 2019) や EU (Florin and Pichault 2021；Palm et al. 2022；Vogeler et al. 2021) を対象に調査する国境を越えた適用も含まれる。本書の第 4 版 (Shanahan, Jones, et al. 2018) では、NPF が比較分析のための有効なフレームワークであるという議論を行った (198)[11]。それ以降、2 つの出版物がその議論を詳しく説明し、比較 NPF の進捗を記録しており (Schlaufer et al. 2022；Smith-Walter and Jones 2020)、一方で、個々の適用がそれを説明している。

　比較公共政策は、何らかの形で政策過程、アウトプット、アウトカムを比較する (Gupta 2012)。NPF は、一般化可能な物語り要素を含む政策物語りの形式と内容の構成要素を追加することで、比較アプローチを強化し、その結果、文脈を超えた比較のための豊かなカテゴリーを提供する。

　NPF は、強力な民主主義制度を持つヨーロッパ諸国 (Dunlop et al. 2021)、欧州議会 (Radaelli, Dunlop, and Fritsch 2013；Vogeler et al. 2021)、インド (Huda 2018, 2019, 2021；Weible et al. 2016) や韓国 (Park 2014) のような非ヨーロッパの文脈の民主主義国家の、そして英国とアメリカ間 (O'Bryan, Dunlop, and Radaelli 2014) の政策物語りの比較に使用されている。より具体的には、オレアリーら (O'Leary et al. 2017) のような最近の研究では、アメリカ、EU、カナダ、オーストラリアの電子タバコ政策が比較され、また、スコットランドとアメリカの水圧破砕政策が比較されている (Stephan 2020)。さらに、アメリカ各州（サブナショナル政策）の比較 NPF 研究では、水圧破砕 (Gottlieb, Oehninger, and Arnold 2018；Heikkila et al. 2014)、大麻政策 (Brekken and Fenley 2021)、新型コロナウイルス感染症への対応 (Mintrom and O'Connor 2020) など、いくつかの政策領域が検討されてきた。

　興味をそそる進展の 1 つは、アメリカとは重要な点で異なる非民主的な政治状況において、NPF が興味深い政策的洞察を生み出せるようになったことである。例えば、NPF は、ベトナム、ラオス、カンボジア、タイといった非民主的な政府を持つ国々 (Lebel and Lebel 2018) において、水、食料、エネルギー政策に関して有益に適用されている。実際、最近の研究では、ロシアのような非

民主的な文脈にも NPF が適用されている（Schlaufer, Gafurova, et al. 2021；Schlaufer, Khaynatskaya, et al. 2021）。

7.2　規範的 NPF：科学重視と民主主義重視

　規範的には、NPF は常に相対主義よりも科学にコミットしてきた[12]。その成り立ち（McBeth 2014 参照）と命名（Jones and McBeth 2010）は、そのことを意味している。NPF の歴史の初期段階である 2014 年にシャナハン、マクベスおよびジョーンズ（Shanahan, McBeth, and Jones）は、NPF 研究がもつ規範的な意味合いのいくつかについて取り組み始めた。政策過程における物語りへの科学的アプローチ、つまり、記述、説明、予測を目指すアプローチが、同様に操作やコントロールに使われる可能性があるかという問題に取り組む中で、シャナハンらは、この懸念を理解しつつも、最終的には「科学は知識を提供し、知識は力である」と主張した（Shanahan, Jones, and McBeth 2015, 258）。私たちは常に、政策現象を理解する他の方法を包括することを目指してきたが（Jones and Radaelli 2015 参照）、科学へのコミットメントが揺らぐことはなかった。最近では、NPF は科学へのコミットメントだけでなく、リベラル・デモクラシーと民主的制度へのコミットメントも規範的に強調している。

　2020 年、ジョーンズとマクベス（Jones and McBeth）は、NPF とその将来についての分析を発表した。著者らは、権威主義的なポピュリズムがますます支配する世界において、事実が常に疑問視され、立場が正しいとも正しくないとも言えない、単なる見解に過ぎないような、一見ポスト・モダンの世界に NPF を位置づけた。そして、著者らは、上述の 2014 年の考えに立ち返り、NPF の将来を展望した。彼らはこう書いている。

> 　私たちの主張を展開する上で、2 つのそれほど急進的ではない規範的前提が、この論文で提示される議論の基礎となっている。第 1 に、私たちは虚偽よりも科学と証拠を優先する。第 2 に、民主的な制度や規範は重要である。その結果、相対主義は科学と民主主義の両方にとって問題であり、NPF は研究者がそれに対して何かをする手助けになると私たちは信じている。さらに、これら 2 つの前提から、NPF を活用して問題を診断し、おそらくは科学的民主的制度に対する相対主義の脅威への処方箋を提供することができると主張する。
>
> （Jones and McBeth 2020, 14）

いつの日か、私たちのコミットメントを哲学的に擁護する文章を書く日が来るかもしれないが、今日ではない。科学とリベラル・デモクラシーは守るに値するものであり、NPFはこれらの立場について中立の立場を維持すべきではないため、今後数年間で、NPFの長年の科学への取組みにリベラル・デモクラシーの規範を組み込む追加の研究を求める。権威主義的ポピュリズムの台頭とリベラル・デモクラシーの衰退において、物語りが大きな役割を果たしているため、権威主義的ポピュリストがどのように労働者階級に訴えかけるのか、またリベラル・デモクラシーが民主主義のために物語りをどのようにうまく活用できるのかについて、よりよく理解することが不可欠であると思われる。

7.3 多様性と包摂

最近の研究では、社会科学分野の学術研究における引用の仕方に体系的かつ持続的な偏りがあることが指摘されており、女性や有色人種の学者が文献に引用されることが恒常的に少ない（Dion, Sumner, and Mitchell 2018）。このパターンは厄介であり、特に学術研究はしばしば過去の研究の上に構築されるため、白人男性学者が主に執筆した文献群に早くから依存していると、女性や有色人種の学者に永続的に不利な引用パターンが確立される可能性がある。NPFはまだ比較的若い枠組みではあるが、NPFの研究が女性によってますます執筆されるようになっている証拠がある。ジョーンズら（Jones et al. 2022）のNPFの適用に関するデータをもとに、サムナーのジェンダーベース分析ツール（GBAT）（Sumner 2018）を用いて、過去6年間にNPF論文を執筆した女性の数を推定した。その結果、NPFを利用して論文を発表する女性の割合は、2016年のベースラインであるNPF論文の著者の26.2%から、2021年には著者の43.76%に増加していることがわかった。重要なことは、割合が横ばいであった2019年を除き、各年において増加のパターンが見られたことである。

非白人の著者のパターンはそれほど明確ではないが、GBAT（著者の人種を推定できる）は、過去6年間に出版されたNPF論文の著者の人種的多様性が年によって変動していることを示している。多様化が進んでいることを示すパターンは現れていないようだが、有色人種の学者とされるNPFの著者の全体的な割合（2019年の最低27.44%と2017年の最高40.6%の間）は、アメリカの高等教育機関の教員の24%が非白人であること（Davis and Fry 2019）と比較的一致し

ているようだ。このことは、NPF が有色人種の学者によって用いられていること、そして、学界における彼らの数が拡大するにつれて、NPF 研究の著者に占める彼らの割合が増加する可能性が高いことを示唆している[13]。

7.4 ビッグデータ

NPF は研究者が開発したデータベースに由来し、現在もその大部分を依存しており、NPF の物語りコーディングはほとんどすべて人間が直接行っているという共通点がある。このため、ほとんどのデータベースは、すぐに利用できるデータソースから得られるサイズに対して、その規模が小さい。しかし、最近では、さまざまな分野の研究者が、情報通信技術の進歩を利用して、デジタル機器（例：携帯電話のデータ）やオンラインプラットフォーム（例：Twitter）、その他の情報源から得られる「ビッグデータ」を活用することが増えてきている。これらのビッグデータ分析には、大量のデータの収集、管理、分析が含まれるが、これらは従来、非常に労働集約的な NPF コーディングの需要の範囲外であった（Jones et al. 2022 参照）。しかし、現在では自動コーディングを含むビッグデータ研究に取り組む NPF 研究者（Crow and Wolton 2020；Merry 2020；Pattison, Cipolli, and Marichal 2022）がいる。優れたビッグデータ分析（特に物語りを含む）の難しさを念頭におきながら、NPF 研究者は現在、分析基準集（dictionaries）（Crow and Wolton 2020）や言説ネットワーク分析（Discourse Network Analysis）（Leifeld 2020；Vogeler et al. 2021）の使用など、ビッグデータを探索するいくつかの可能性を持っている。

8．結論：NPF の継続的発展

NPF の現状を概観すると、このフレームワークが政策過程における政策物語りの役割に関する問いへの答えを求めるための有力なプラットフォームであり続けていることが分かる。このように、このフレームワークは、政策物語りの実証的な尺度に容易に変換できる理論的なツール（すなわち、物語りの形式と内容）を提供しており、その結果、仮説と命題の検証、および十分な理論化を容易にしている。われわれのアセスメントでは、NPF の研究全体は、政策過程とアウトカムのより良い説明に向けてかなりの動きを見せており、おそらくいつ

の日か、予測モデルを促進することさえあるだろう。この成長は、NPF が静的な政策過程理論ではなく、むしろ、このフレームワークが、NPF コミュニティによって生み出された学術的批判や研究によって変化する、真にダイナミックなものであることを示している。

　NPF の誕生から 20 年以上、フレームワークの正式な命名から 12 年が経った。NPF コミュニティに参加する政策研究者が急増し続けていることに、私たちは最も興奮している。NPF 研究者たちは、NPF の仮説をさまざまな政策の文脈（例：国際的な、実質的な政策領域にわたる）で検証し、新しい方法論や統計学を探求し、分析レベルを結びつけ、NPF を他の理論と組み合わせ、実践的な適用を模索してきた。実際、フレームワークの変更を推進しているのは、NPF のコミュニティである。

　本章では、今後 5 年間にわたる NPF 研究の重要な方向性と可能性を明らかにしようとした。私たちは、ますます多様化し国際化する NPF コミュニティに政策研究者が参加し、自らの NPF 研究を行い、方向付けをし、学術的な批判を継続的に行うように呼びかけている。これらの全てがこのフレームワークを発展させる。NPF が成熟し続ける中で、このフレームワークは存在論における社会構築主義的な見方を維持しつつ、科学には明確さ、検証可能性、証拠、そして説明を求めるという考えにもコミットしている。言い換えれば、NPF は「反証可能なほど明確」であることを目指し続けているのである。

注

1　科学的一貫性を重視するため、本章内の文言の一部は、本章の以前に出版された版（参照：McBeth, Jones, and Shanahan 2014；Shanahan et al. 2018）から言い換えたものか、そのまま採用したものであることに留意されたい。
2　この前提条件は、しばしばミクロレベルで検証される一方で、メゾおよびマクロレベルでは前提条件として適用される。
3　NPF は定期的にこれらの概念を取り入れている。NPF とフレーミングに関する文献との統合については、例えば、クロウとローラー（Crow and Lawlor 2016）を参照。
4　物語り研究における古典的な区分では、プロット主導の物語りと登場人物主導の物語りを区別している（Tu and Brown 2020）。NPF の中で進化している研究では、登場人物が中心であることが定期的に確認されている（例：Jones, 2014a, 2014b；Shanahan et al. 2019）。そのため、政策物語りはプロット主導型よりも登場人物主導型になると予想され、

登場人物をNPFの構造的要素のリストの最上位に移動させた。

5 　既存のNPFの研究成果から、私たちはNPFにおける「時間」の概念の少なくとも3つの異なる位置づけを特定する。それは、(1)クールマンとブルーム（Kuhlman and Blum 2021）のプロット概念の使用のような物語り形式、(2)設定の中に位置づけられる特定の時間の命名のような物語り内容、(3)研究デザインの時間（Brekken and Fenley 2021）や研究期間のような研究の外部である。私たちは、研究者がNPFの中で時間の概念を理論化し、操作化し、さらに発展させることを奨励する。

6 　名称変更のきっかけは、当初の「因果メカニズム」概念をNPF全体における因果関係と誤って関連付ける者がいたことによる混乱であった（Lindquist and Wellstead 2019）。明確にしておくと、物語り因果戦略は、語り手によって政策物語りの中で呼び出される何気ない取り決め（例：「海賊が気候変動を引き起こす」）のみを指しており、物語りによる説得が政策変更をもたらしたと主張するような因果的帰属を枠組み化するものではない。

7 　ACFの交渉による合意（Metz et al. 2021）や政策拡散のさまざまなメカニズム（Blatter, Portmann, and Rausis 2021）など、NPF研究者には政策変更への他の道も残されている。

8 　説得と操作の区別は難しいが、有効かつ信頼できる操作化可能な定義を特定する目的で、NPF研究者がこれらの概念を探求することを奨励する。チェッコリ（Ceccoli 2019）を参照。

9 　よくある間違いは、分析レベルと分析単位、観察単位、または政府レベルを混同することである。分析レベルとは、政策物語りがどこで機能するかという理論的な問題である。分析単位とは、物語りがどこ（個人、集団、制度）から発せられているのかである。観察単位とは、物語りデータが観察されるテキスト内の単位（例：センテンス、パラグラフ、文書、ビデオ）。政府レベルとは、アメリカにおける州や連邦などの政府の階層を指す。

10 　コルビルとメリー（Colville and Merry 2022）は、NPFのホモ・ナランス・モデルが物語りの消費に焦点を当て、物語りの生産者が前提とする当然の帰結を提示していると観察している。

11 　本節は手直しされ更新されたが、クラウディオ・ラダエリ（Claudio Radaelli）に特別な謝意を表したい。本書の第4版（Shanahan et al., 2018）への彼の貢献が比較NPFに関する思考を刺激する上で重要であった。

12 　NPFは相対主義の科学であるとさえ言えるかもしれない。

13 　特にジェンダーと人種のカテゴリーは変化し進化し続けているため、GBATは人種とジェンダーを外から割り振る際に潜在的な欠陥があることを認識している。このツールの使用は、おそらく著者に特定のカテゴリーが割り振られたメンバーシップを持たせるのではなく、著者に自己識別の機会を提供する調査を通じて、NPFにおけるジェンダーと人種のアイデンティティをより適切にアセスメントする必要性を明らかにしている。

参考文献

Armstrong, Paul B. 2020. *Stories and the Brain: The Neuroscience of Narrative*. JHU Press.

Baumgartner, Frank R., Bryan D. Jones, and Peter B. Mortensen. 2018. "Punctuated Equilibrium

第 5 章 物語り政策フレームワーク 235

Theory：Explaining Stability and Change in Public Policymaking." In *Theories of the Policy Process*, eds. Christopher M. Weible and Paul A. Sabatier. New York：Westview Press, 55-101.
Beck, Marisa. 2018."Telling Stories with Models and Making Policy with Stories：An Exploration." *Climate Policy* 18（7）：928-41.
Blatter, Joachim, Lea Portmann, and Frowin Rausis. 2021."Theorizing Policy Diffusion：From a Patchy Set of Mechanisms to a Paradigmatic Typology." *Journal of European Public Policy* 29（6）：802-825.
Boscarino, Jessica E. 2018."From Three Mile Island to Fukushima：The Impact of Analogy on Attitudes toward Nuclear Power." *Policy Sciences* 52（1）：21-42.
―――. 2020."Constructing Visual Policy Narratives in New Media：The Case of the Dakota Access Pipeline." *Information, Communication & Society* 25（2）：278-294.
Brekken, Katheryn C., and Vanessa M. Fenley. 2021."Part of the Narrative：Generic News Frames in the U. S. Recreational Marijuana Policy Subsystem." *Politics & Policy* 49（1）：6-32.
Brewer, Adam M. 2019."A Bridge in Flux：Narratives and the Policy Process in the Pacific Northwest." *Review of Policy Research* 36（4）：497-522.
Brewer, Adam M. 2020."Strategic Policy Narratives：A Narrative Policy Study of the Columbia River Crossing-Adam M Brewer." *Public Policy and Administration* Online first. https://journals.sagepub.com/doi/abs/10.1177/0952076720904434（June 17, 2020）.
Carothers, Thomas, and Andrew O'Donohue, eds. 2019. *Democracies Divided：The Global Challenge of Political Polarization*. Brookings Institution Press.
Ceccoli, Stephen. 2019." 'The Language We Use Matters'：Streams, Narratives, and the Obama Administration Drone Strike Program in Yemen." *Presidential Studies Quarterly* 49（3）：498-526.
Chang, Katherine T., and Elizabeth A. Koebele. 2020."What Drives Coalitions' Narrative Strategy? Exploring Narratives around School Choice." *Politics & Policy* 48（4）：618-57.
Clemons, Randy S., Mark K. McBeth, and Elizabeth Kusko. 2012."Understanding the Role of Policy Narratives and the Public Policy Arena：Obesity as a Lesson in Public Policy Development." *World Medical and Health Policy* 4（2）：1-26.
Clemons, Randy S. Mark K. McBeth, Rolfe D. Peterson, and Carl L. Palmer. 2019."The Narrative Policy Framework and Sticky Beliefs：An Experiment Studying Islamophobia." *International Journal on Minority and Group Rights* 27：1-29.
Colville, Kathleen, and Melissa K. Merry. 2022."Speaking from Experience：Medicaid Consumers as Policy Storytellers." In *Narrative and the Policy Process：Applications of the Narrative Policy Framework*, eds. Michael D. Jones, Mark K. McBeth and Elizabeth A. Shanahan. Bozeman, MT：Montana State University Library, pp.135-162. https://doi.org/10.15788/npf6.
Crow, Deserai A., and John Berggren. 2014."Using the Narrative Policy Framework to Understand Stakeholder Strategy and Effectiveness：A Multi-Case Analysis." In *The Science of Stories：Applications of the Narrative Policy Framework*, eds. Michael D. Jones, Elizabeth A. Shanahan, and Mark K. McBeth. New York：Palgrave Macmillan, 131-156. https://doi.org/10.1057/9781137485861_7（June 15, 2020）.
Crow, Deserai A., and Michael D. Jones. 2018."Narratives as Tools for Influencing Policy Change." *Policy & Politics* 46（2）：217-234.
Crow, Deserai A., and Andrea Lawlor. 2016."Media in the Policy Process：Using Framing and Narratives to Understand Policy Influences." *Review of Policy Research* 33（5）：472-491.
Crow, Deserai A., and Laura Wolton. 2020."Talking Policy in Congressional Campaigns：Construc-

tion of Policy Narratives in Electoral Politics." *Politics & Policy* 48 (4): 658-699
Crow, Deserai A. et al. 2017. "Local Media Coverage of Wildfire Disasters: An Analysis of Problems and Solutions in Policy Narratives." *Environment and Planning C: Government and Policy* (September) 35 (5): 847-871.
Danforth, Scot. 2016. "Social Justice and Technocracy: Tracing the Narratives of Inclusive Education in the USA." *Discourse: Studies in the Cultural Politics of Education* 37 (4): 582-599
Davis, Leslie, and Richard Fry. 2019. "College Faculty Have Become More Racially and Ethnically Diverse, but Remain Far Less so than Students." *Pew Research Center*. https://www.pewresearch.org/fact-tank/2019/07/31/us-college-faculty-student-diversity/#:~:text=In%20fall%202017%2C%20about%20three,%2C%20versus%2045%25%20of%20 students (May 13, 2022)
Dion, Michelle L., Jane Lawrence Sumner, and Sara McLaughlin Mitchell. 2018. "Gendered Citation Patterns across Political Science and Social Science Methodology Fields." *Political Analysis* 26 (3): 312-327.
Dodge, Jennifer. 2015. "Indication and Inference: Reflections on the Challenge of Mixing Paradigms in the Narrative Policy Framework." *Critical Policy Studies* 9 (3): 361-367.
Dunlop, Claire, Jonathan Kamkhaji, Claudio M. Radaelli, and Gaia Taffoni. 2021. "The Institutional Grammar Tool Meets the Narrative Policy Framework: Narrating Institutional Statements in Consultation." *European Policy Analysis* 7 (S2): 365-385.
Ertas, Nevbahar. 2015. "Policy Narratives and Public Opinion Concerning Charter Schools: Policy Narratives and Public Opinion." *Politics & Policy* 43 (3): 426-451.
Ertas, Nevbahar, and Andrew N. McKnight. 2020. "A Narrative Policy Framework Analysis of Charter School Editorials in Local Media." *Critical Questions in Education* 11 (1): 1-20.
Esposito, Giovanni, Jessica Clement, Luca Mora, and Nathalie Crutzen. 2021. "One Size Does Not Fit All: Framing Smart City Policy Narratives within Regional Socio-Economic Contexts in Brussels and Wallonia." *Cities* 118: 14.
Florin, Louis, and Francois Pichault. 2021. "Between Entrepreneurs and Workers: Cleavages and Compromises in Rationales and Policy Solutions Regarding 'Dependent Contractors.'" *Economic and Industrial Democracy* 43 (4): 1789-1816.
Goldberg-Miller, Shoshanah B. D., and Rachel Skaggs. 2021. "The Story and the Data: Using the Narrative Policy Framework to Analyze Creative Economy Reports." *Artivate: A Journal of Entrepreneurship in the Arts* 10 (2): 22.
Gottlieb, Madeline, Ernst Bertone Oehninger, and Gwen Arnold. 2018. "'No Fracking Way' vs. 'Drill Baby Drill': A Restructuring of Who Is Pitted Against Whom in the Narrative Policy Framework." *Policy Studies Journal* 46 (4): 798-827.
Gray, Gary, and Michael D. Jones. 2016. "A Qualitative Narrative Policy Framework? Examining the Policy Narratives of US Campaign Finance Reform." *Public Policy and Administration* 31 (3): 193-220.
Green, Melanie C., and Timothy C. Brock. 2005. "Persuasiveness of Narratives." In *Persuasion: Psychological Insights and Perspectives*, eds. Timothy C. Brock and Melanie C. Green. London: Sage Publications, 117-142.
Gupta, Kuhika. 2012. "Comparing Public Policy: Using the Comparative Method to Advance Our Understanding of the Policy Process." *Policy Studies Journal* 40 (1): 11-26.
Gupta, Kuhika, Joseph T. Ripberger, and Savannah Collins. 2014. "The Strategic Use of Policy Narratives: Jaitapur and the Politics of Siting a Nuclear Power Plant in India." In *The Science of Stories: Applications of the Narrative Policy Framework*, eds. Michael D. Jones, Elizabeth A.

Shanahan, and Mark K. McBeth. New York : Palgrave Macmillan, 89-106.
Habibie, Dedi Kusuma et al. 2021. "Narrative Policy Framework : The Role of Media Narratives on Alcohol Investment Policy in Indonesia." *Jurnal Moral Kemasyarakatan* 6 (2) : 64-76.
Heikkila, Tanya, Christopher M. Weible, and Jonathan J. Pierce. 2014. "Exploring the Policy Narratives and Politics of Hydraulic Fracturing in New York." In *The Science of Stories : Applications of the Narrative Policy Framework in Public Policy Analysis*, eds. Michael D. Jones, Elizabeth A. Shanahan, and Mark K. McBeth. New York : Palgrave Macmillan, 185-205.
Heikkila, Tanya et al. 2014. "Understanding a Period of Policy Change : The Case of Hydraulic Fracturing Disclosure Policy in Colorado." *Review of Policy Research* 31 (2) : 65-87.
Herman, David. 2009. *Basic Elements of Narrative*. West Sussex, UK : Wiley-Blackwell
Hinyard, Leslie J., and Matthew W. Kreuter. 2007. "Using Narrative Communication as a Tool for Health Behavior Change : A Conceptual, Theoretical, and Empirical Overview." *Health Education and Behavior* 34 (5) : 777-792.
Huda, Juhi. 2018. "An Examination of Policy Narratives in Agricultural Biotechnology in India." *World Affairs* 181 (1) : 42-68.
_____. 2019. "Policy Narratives across Two Languages : A Comparative Study Using the Narrative Policy Framework." *Review of Policy Research* 36 (4) : 523-546.
_____. 2021. "Sources of Evidence for Risks and Benefits in Agricultural Biotechnology in India : Exploring the Links to Setting and Plot in Policy Narratives." *Politics & Policy* 49 (1) : 205-247.
Husmann, Maria A. 2015. "Social Constructions of Obesity Target Population : An Empirical Look at Obesity Policy Narratives." *Policy Sciences* 48 (4) : 415-442.
Iyengar, Shanto. 1990. "Framing Responsibility for Political Issues : The Case of Poverty." *Political Behavior* 12 (1) : 19-40.
Jenkins-Smith, Hank C., Daniel Nohrstedt, Christopher M. Weible, and Karin Ingold. 2018. "The Advocacy Coalition Framework." In *Theories of the Policy Process*, eds. Christopher M. Weible and Paul A. Sabatier. Boulder, CO : Westview Press, 135-171.
Jones, Bryan D. 2001. *Politics and the Architecture of Choice : Bounded Rationality and Governance*. Chicago, IL : University of Chicago Press.
Jones, Michael D. 2010. *Heroes and Villains : Cultural Narratives, Mass Opinions, and Climate Change*. University of Oklahoma.
Jones, Michael D. 2014a. "Communicating Climate Change : Are Stories Better than 'Just the Facts'?" *Policy Studies Journal* 42 (4) : 644-673.
_____. 2014b. "Cultural Characters and Climate Change : How Heroes Shape Our Perceptions of Climate Science." *Social Science Quarterly* 95 (1) : 1-39.
Jones, Michael D., Kjersti FlØttum, and Øyvind Gjerstad. 2017. "Stories about Climate Change : The Influence of Language on Public Opinion." In *The Role of Language in the Climate Change Debate*, ed. Kjersti FlØttum. New York : Routledge, 49-68.
Jones, Michael D., and Mark K. McBeth. 2010. "A Narrative Policy Framework : Clear Enough to Be Wrong?" *Policy Studies Journal* 38 (2) : 329-353
_____. 2020. "Narrative in the Time of Trump : Is the Narrative Policy Framework Good Enough to Be Relevant?" *Administrative Theory & Praxis* 42 (2) : 91-110.
Jones, Michael D., Mark K. McBeth, and Elizabeth A. Shanahan. 2014. "Introducing the Narrative Policy Framework." In *The Science of Stories : Applications of the Narrative Policy Framework*, eds. Michael D. Jones, Elizabeth A. Shanahan, and Mark K. McBeth. New York : Palgrave Macmillan, 1-25.

Jones, Michael D., Mark K. McBeth, Elizabeth A. Shanahan, Aaron Smith-Walter and Geoboo Song. 2022. "Conducting Narrative Policy Framework Research : From Theory to Methods." In *Methods of the Policy Process*, eds. Christopher M. Weible and Samuel Workman. New York and London : Routledge, 137-180.

Jones, Michael D., and Claudio M. Radaelli. 2015. "The Narrative Policy Framework : Child or Monster?" *Critical Policy Studies* 9 (3) : 339-355.

Jones, Michael D., and Geoboo Song. 2014. "Making Sense of Climate Change : How Story Frames Shape Cognition." *Political Psychology* 35 (4) : 447-595.

Kahan, Dan M., Donald Braman, John Gastil, Paul Slovic, and C. K. Mertz. 2007. "Culture and Identity-Protective Cognition : Explaining the White-Male Effect in Risk Perception." *Journal of Empirical Legal Studies* 4 (3) : 465-505.

Kahneman, Daniel. 2011. *Thinking, Fast and Slow*. New York : Farrar, Straus and Giroux.(村井章子訳『ファスト&スロー (上)(下): あなたの意思はどのように決まるか?』(早川書房、2014年))

Kirkpatrick, Kellee J., and James W. Stoutenborough. 2018. "Strategy, Narratives, and Reading the Public : Developing a Micro-Level Theory of Political Strategies within the Narrative Policy Framework." *Policy Studies Journal* 46 (4) : 949-977.

Knackmuhs, Eric, James Farmer, and Doug Knapp. 2019. "The Relationship between Narratives, Wildlife Value Orientations, Attitudes, and Policy Preferences." *Society & Natural Resources* 32 (3) : 303-321.

Knox, Claire C. 2013. "Distorted Communication in the Florida Everglades : A Critical Theory Analysis of 'Everglades Restoration.'" *Journal Environmental Policy & Planning* 15 (2) : 269-284

Kuenzler, Johanna. 2021. "From Zero to Villain : Applying Narrative Analysis in Research on Organizational Reputation." *European Policy Analysis* 7 (S2) : 405-424.

Kuhlmann, Johanna, and Sonja Blum. 2021. "Narrative Plots for Regulatory, Distributive, and Redistributive Policies." *European Policy Analysis* 7 (S2) : 276-302.

Kurzban, Robert. 2010. *Why Everyone (Else) Is a Hypocrite : Evolution and the Modular Mind*. Princeton, NJ : Princeton University Press.

Kusko, Elizabeth. 2013. "Policy Narratives, Religious Politics, and the Salvadoran Civil War : The Implications of Narrative Framing on U. S. Foreign Policy in Central America." PhD Dissertation. Idaho State University.

Lakatos, Imre. 1970. "History of Science and Its Rational Reconstructions." *PSA : Proceedings of the Biennial Meeting of the Philosophy of Science Association* 1970 : 91-136.

Lakoff, George. 2002. *Moral Politics : How Liberals and Conservatives Think*. Chicago, IL : University of Chicago Press.

Laufer, Adrian E., and Michael D. Jones. 2021. "Who Pays for Marine Conservation? Processes and Narratives That Influence Marine Funding." *Ocean and Coastal Management* 203 : 105504.

Lawlor, Andrea, and Deserai Crow. 2018. "Risk-Based Policy Narratives." *Policy Studies Journal* 46 (4) : 843.

Lawton, Ricky N., and Murray A. Rudd. 2014. "A Narrative Policy Approach to Environmental Conservation." *AMBIO* 43 : 849-857.

Lebel, Louis, and Boripat Lebel. 2018. "Nexus Narratives and Resource Insecurities in the Mekong Region." *Environmental Science & Policy* 90 : 164-172.

Leifeld, Philip. 2020. "Policy Debates and Discourse Network Analysis : A Research Agenda." *Politics and Governance* 8 (2) : 180-183.

Leong, Ching. 2015. "Persistently Biased : The Devil Shift in Water Privatization in Jakarta." *Review

第 5 章　物語り政策フレームワーク　239

of Policy Research 32（5）：600-621.
Lindquist, Evert, and Adam Wellstead. 2019."Policy Process Research and the Causal Mechanism Movement：Reinvigorating the Field?" In *Making Policies Work：First and Second-Order Mechanisms in Policy Design*, eds. Giliberto Capano, Michael Howlett, M Ramesh, and AltafVirani. Cheltenham：Edward Algar Publishing Limited, 232. 10.4337/9781788118194.
Lodge, Milton, and Charles S. Taber. 2005."The Automaticity of Affect for Political Leaders, Groups, and Issues：An Experimental Test of the Hot Cognition Hypothesis." *Political Psychology* 26 (3)：455-482.
_____. 2007."The Rationalizing Voter：Unconscious Thought in Political Information Processing." White Paper. http://dx.doi.org/10.2139/ssrn.1077972.
Lowi, Theodore J. 1972."Four Systems of Policy, Politics, and Choice."*Public Administration Review* 32（4）：298-310.
Lybecker, Donna L., Mark K. McBeth, and Elizabeth Kusko. 2013."Trash or Treasure：Recycling Narratives and Reducing Political Polarization." *Environmental Politics* 22（2）：312-332
Lybecker, Donna L., Mark K. McBeth, and Jessica M. Sargent. 2022."Agreement and Trust：In Narratives or Narrators?" In *Narratives and the Policy Process：Applications of the Narrative Policy Framework*, eds. Michael D. Jones, Elizabeth A. Shanahan, and Mark K. McBeth. Bozeman, MT. https://doi.org/10.15788/npf4.
Lybecker, Donna L., Mark K. McBeth, and James W. Stoutenborough. 2016."Do We Understand What the Public Hears? Stakeholders' Preferred Communication Choices for Decision Makers When Discussing River Issues with the Public." *Review Policy Research* 33（4）：376-392.
Lyotard, Jean-Francois. 1984. *The Postmodern Condition：A Report on Knowledge*. Minneapolis：University of Minnesota Press.（小林康夫訳『ポスト・モダンの条件：知・社会・言語ゲーム』（水声社、1989 年））
McBeth, Mark K., Michael D. Jones, and Elizabeth A. Shanahan. 2014."The Narrative Policy Framework." In *The Theories the Policy Process*, eds. Paul A. Sabatier and Christopher M. Weible. Boulder, CO：Westview Press, 225-266.
McBeth, Mark K., and Donna L. Lybecker. 2018."The Narrative Policy Framework, Agendas, and Sanctuary Cities：The Construction of a Public Problem." *Policy Studies Journal* 46（4）：868-893.
McBeth, Mark K., Donna L. Lybecker, and Kacee A. Garner. 2010."The Story of Good Citizenship：Framing Public Policy in the Context of Duty-Based versus Engaged Citizenship." *Politics & Policy* 38（1）：1-23.
McBeth, Mark K., Donna L. Lybecker, and Maria Husmann. 2014."The Narrative Policy Framework and the Practitioner：Communicating Recycling Policy." In *The Science of Stories：Applications of the Narrative Policy Framework.*, eds. Michael D. Jones, Elizabeth A. Shanahan, and Mark K. McBeth. New York：Palgrave Macmillan.
McBeth, M. K., Donna L. Lybecker, and Jessica M. Sargent. 2022. Narrative Empathy：A Narrative Policy Framework Study of Working-Class Climate Change Narratives and Narrators. *World Affairs* 185（3）：471-499.
McBeth, Mark K., Donna L. Lybecker, and James W. Stoutenborough. 2016."Do Stakeholders Analyze Their Audience：The Communication Switch and Stakeholder Personal versus Public Communication Choices." *Policy Sciences* 49（4）：421-444.
McBeth, Mark K., Elizabeth A. Shanahan, Molly Anderson, and Barbara Rose. 2012."Policy Story or Gory Story? Narrative Policy Framework, You Tube, and Indirect Lobbying in Greater Yel-

lowstone." *Policy & Internet* 4 (3-4): 159-183.
McBeth, Mark K., Elizabeth A. Shanahan, Ruth J. Arnell, and Paul L. Hathaway. 2007. "The Intersection of Narrative Policy Analysis and Policy Change Theory." *Policy Studies Journal* 35 (1): 87-108.
McBeth, Mark K., Elizabeth A. Shanahan, and Michael D. Jones. 2005. "The Science of Storytelling : Measuring Policy Beliefs in Greater Yellowstone." *Society and Natural Resources* 18 (May/June): 413-429.
McBeth, Mark K. et al. 2010. "Buffalo Tales : Interest Group Policy Stories in Greater Yellowstone." Policy Sciences 43 (4): 391-409.
―――. 2014. "Preface : The Portneuf School of Narrative." In *The Science of Stories : Applications of the Narrative Policy Framework.*, eds. Michael D. Jones, Elizabeth A. Shanahan, and Mark K. McBeth. New York : Palgrave Macmillan, xiii-xviii.
―――. 2017. "Content Matters : Stakeholder Assessment of River Stories or River Science." *Public Policy and Administration* 32 (3): 175-196.
Merry, Melissa K. 2015. "Constructing Policy Narratives in 140 Characters or Less : The Case of Gun Policy Organizations." *Policy Studies Journal* 44 (4): 373-395.
―――. 2016. "Making Friends and Enemies on Social Media : The Case of Gun Policy Organizations." *Online Information Review* 40 (5): 624-642.
―――. 2018. "Narrative Strategies in the Gun Policy Debate : Exploring Proximity and Social Construction." *Policy Studies Journal* 46 (4): 747-770.
―――. 2020. *Warped Narratives.* Ann Arbor : University of Michigan Press.
Metz, Florence, Eva Lieberherr, Aline Schmucki, and Robert Huber. 2021. "Policy Change Through Negotiated Agreements : The Case of Greening Swiss Agricultural Policy." *Policy Studies Journal* 49 (3): 731-756.
Mintrom, Michael, and Ruby O'Connor. 2020. "The Importance of Policy Narrative : Effective Government Responses to Covid-19." *Policy Design and Practice* 3 (3): 205-227.
Mintrom, Michael, Maria Rost Rublee, Matteo Bonotti, and Steven T. Zech. 2021. "Policy Narratives, Localisation, and Public Justification : Responses to COVID-19." *Journal of European Public Policy* 28 (8): 1219-1237.
Mosley, Jennifer E., and Katherine Gibson. 2017. "Strategic Use of Evidence in State-Level Policymaking : Matching Evidence Type to Legislative Stage." *Policy Sciences* 50 (4): 697-719
Ney, Steven. 2014. "The Governance of Social Innovation : Connecting Meso and Macro Levels of Analysis." In *The Science of Stories : Applications of the Narrative Policy Framework in Public Policy Analysis*, eds. Michael D. Jones, Elizabeth A. Shanahan, and Mark K. McBeth. New York : Palgrave Macmillan US, 207-234. https://doi.org/10.1057/9781137485861_10 (June 16, 2020).
Niederdeppe, Jeff, Sungjong Roh, and Michael A. Shapiro. 2015. "Acknowledging Individual Responsibility While Emphasizing Social Determinants in Narratives to Promote Obesity-Reducing Public Policy : A Randomized Experiment." *PLoS One* 10 (2): e0117565.
O'Bryan, T., Claire A. Dunlop, and Claudio M. Radaelli. 2014. "Narrating the 'Arab Spring' : Where Expertise Meets Heuristics in Legislative Hearings." In Palgrave. https://ore.exeter.ac.uk/repository/handle/10871/17009 (June 15, 2020).
O'Leary, Renée, Ron Borland, Tim Stockwell, and Marjorie MacDonald. 2017. "Claims in Vapour Device (e-Cigarette) Regulation : A Narrative Policy Framework Analysis." *International Journal of Drug Policy* 44 : 31-40.

Palm, Ellen, Jacob Hasselbalch, Karl Holmberg, and Tobias Dan Nielsen. 2022."Narrating Plastics Governance：Policy Narratives in the European Plastics Strategy." *Environmental Plastics* 31 (3)：365-385.
Park, Y. S. 2014."A Study of the Construction Permit Process of 2nd Lotte World (Skyscraper) Using the Narrative Policy Framework." *The Korean Governance Review* 21 (2)：101-125.
Pattison, Andrew, William Cipolli Ill, and Jose Marichal. 2022."The Devil We Know and the Angel That Did Not Fly：An Examination of Devil/Angel Shift in Twitter Fracking 'Debates' in NY 2008-2018." *Review of Policy Research* 39：51-72.
Peltomaa, Juha, Mikael Hilden, and Suvi Huttunen. 2016."Translating Institutional Change-Forest-Journals as Diverse Policy Actors." *Forest Policy and Economics* 70：172-180.
Peterson, Holly L. 2018."Political Information Has Bright Colors：Narrative Attention Theory." *Policy Studies Journal* 46 (4)：828-842.
_____. 2019."Macro Stories：Policy Process Dynamics of Presidential Environmental Ideas."Dissertation. Oregon State University. https://ir.library.oregonstate.edu/downloads/7p88cn613.
_____. 2021."Narrative Policy Images：Intersecting Narrative & Attention in Presidential Stories about the Environment." *Policy Studies Journal* 51 (1)：53-77.
Petridou, Evangelia, and Michael Mintrom. 2021."A Research Agenda for the Study of Policy Entrepreneurs." *Policy Studies Journal* 49 (4)：943-967.
Polkinghorne, Donald. 1988. *Narrative Knowing and the Human Sciences*. Albany, NY：SUNY Press.
Radaelli, Claudio M., Claire A. Dunlop, and Oliver Fritsch. 2013."Narrating Impact Assessment in the European Union." *European Political Science* 12：500-521.
Raile, Eric D. et al. 2021."Narrative Risk Communication as a Lingua Franca for Environmental Hazard Preparation." *Environmental Communication* 16 (1)：108-124.
Redlawsk, David P.2002."Hot Cognition or Cool Consideration? Testing the Effects of Motivated Reasoning on Political Decision Making." *Journal of Politics* 64 (4)：1021-1044.
Riker, William H. 1986. *The Art of Political Manipulation*. New Haven, CT：Yale University Press.
Ruff, Jonathan W. A., Gregory Stelmach, and Michael D. Jones. 2022."Space for Stories：Legislative Narratives and the Establishment of the US Space Force." *Policy Sciences*：55 (3)：509-553.
Rychlik, Jasmin, Johanna Hornung, and Nils C. Bandelow. 2021."Come Together, Right Now：Storylines and Social Identities in Coalition Building in a Local Policy Subsystem."*Politics & Policy* 49 (5)：1216-1247.
Schattschneider, E. E. 1960. *The Semi-Sovereign People*. New York：Rinehart and Winston.(内山秀夫訳『半主権人民』(而立書房、1972年))
Schaub, Simon. 2021."Public Contestation over Agricultural Pollution：A Discourse Network Analysis on Narrative Strategies in the Policy Process." *Policy Sciences* 54：783-821.
Schlaufer, Caroline. 2018."The Narrative Uses of Evidence." *Policy Studies Journal* 46 (1)：90-118.
Schlaufer, Caroline, Dilyara Gafurova, et al. 2021."Narrative Strategies in a Nondemocratic Setting：Moscow's Urban Policy Debates." *Policy Studies Journal* 51 (1)：79-100.
Schlaufer, Caroline, Tatiana Khaynatskaya, et al. 2021."Problem Complexity and Narratives in Moscow's Waste Controversy." *European Policy Analysis* 7 (S2)：303-323.
Schlaufer, Caroline, Johanna Kuenzler, Michael D. Jones, and Elizabeth A. Shanahan. 2022."The Narrative Policy Framework：A Traveler's Guide to Policy Stories." *Polit Vierteljahresschr.* 63：249-273.
Schwartz, Noah S. 2019."Called to Arms：The NRA, the Gun Culture & Women." *Critical Policy*

Studies 15（1）：74-89.
_____. 2022. *On Target：Gun Culture, Storytelling, and the NRA*. Toronto, ON：University of Toronto Press.
Shanahan, Elizabeth A., Stephanie M. Adams, Michael D. Jones, and Mark K. McBeth. 2014. "The Blame Game：Narrative Persuasiveness of Intentional Causal Mechanism." In *The Science of Stories：Applications of the Narrative Policy Framework in Public Policy Analysis.*, eds. Michael D. Jones, Elizabeth A. Shanahan, and Mark K. McBeth. New York：Palgrave Macmillan, 69-88.
Shanahan, Elizabeth A., Michael D. Jones, and Mark K. McBeth. 2011. "Policy Narratives and Policy Processes." *Policy Studies Journal* 39（3）：535-561.
_____. 2015. "Narrative Policy Framework." In *The Encyclopedia of Public Administration and Public Policy*, eds. Melvin Dubnick and Domonic Bearfield. New York：Taylor and Francis. https://doi.org/10.1081/E-EPAP3-120053656.
Shanahan, Elizabeth A., Michael D. Jones, Mark K. McBeth, and Ross R. Lane. 2013. "An Angel on the Wind：How Heroic Policy Narratives Shape Policy Realities." *Policy Studies Journal* 41(3)：453-483.
Shanahan, Elizabeth A., Michael D. Jones, Mark K. McBeth, and Claudio Radaelli. 2018. "The Narrative Policy Framework." In *Theories of the Policy Process*. Boulder, CO：Westview Press, 173-213.
Shanahan, Elizabeth A., Mark K. McBeth, and Paul L. Hathaway. 2011. "Narrative Policy Framework：The Influence of Media Policy Narratives on Public Opinion." *Politics & Policy* 39（3）：373-400
Shanahan, Elizabeth A., Mark K. McBeth, Paul L. Hathaway, and Ruth J. Arnell. 2008. "Conduit or Contributor? The Role of Media in Policy Change Theory." *Policy Sciences* 41（2）：115.
Shanahan, Elizabeth A., Eric D. Raile, Kate A. French, and Jamie McEvoy. 2018. "Bounded Stories." *Policy Studies Journal* 46（4）：922-948.
Shanahan, Elizabeth A. et al. 2019. "Characters Matter：How Narratives Shape Affective Responses to Risk Communication." *PLOS One* 14（12）：e0225968.
Shenhav, Shaul R. 2015. *Analyzing Social Narratives*. New York：Routledge.
Sievers, Tjorven, and Michael D. Jones. 2020. "Can Power Be Made an Empirically Viable Concept in Policy Process Theory? Exploring the Power Potential of the Narrative Policy Framework." *International Review of Public Policy* 2（1）：90-114.
Simon, Herbert A. 1947. *Administrative Behavior：A Study of Decision-Making Processes in Administrative Organization*. New York：Macmillan.(二村敏子ほか訳『新版経営行動：経営組織における意思決定過程の研究』（ダイヤモンド社、2009年))
Smith-Walter, Aaron, Emily Fritz, and Shannon O'Doherty. 2022. "Sanctuary Cities, Focusing Events, and the Solidarity Shift：A Standard Measurement of the Prevalence of Victims for the Narrative Policy Framework." In *Narratives and the Policy Process：Application of the Narrative Policy Framework*, eds. Michael D. Jones, Elizabeth A. Shanahan, and Mark K. McBeth. Bozeman, MT：Montana State Library. https://doi.org/10.15788/npf7.
Smith-Walter, Aaron, and Michael D. Jones. 2020. "Using the Narrative Policy Framework in Comparative Policy Analysis." In *Handbook of Research Methods and Applications in Comparative Policy Analysis*, Handbooks of Research Methods and Applications, eds. B. Guy Peters and Guillaume Fontaine. Edward Elgar, 348-365. https://doi.org/10.4337/9781788111195
Smith-Walter, Aaron, Michael D. Jones, Elizabeth A. Shanahan, and Holly Peterson. 2020. "The Sto-

第 5 章　物語り政策フレームワーク　243

ries Groups Tell : Campaign Finance Reform and the Narrative Networks of Cultural Cognition." *Quality & Quantity* 54 (2) : 645-684.
Smith-Walter, Aaron, Holly L. Peterson, Michael D. Jones, and Ashley Reynolds. 2016. "Gun Stories : How Evidence Shapes Firearm Policy in the United States." *Politics & Policy* 44 (6) : 1053-1088.
Soremi, Titilayo. 2019. "Storytelling and Policy Transfer." *International Review of Public Policy* 1 (2) : 194-217.
Stauffer, Bettina. 2022. "What's the Grand Story? A Macro-Narrative Analytical Model and the Case of Swiss Child and Adult Protection Policy." *Policy Studies Journal* 51 (1) : 33-52.
Stephan, Hannes R. 2020. "Shaping the Scope of Conflict in Scotland's Fracking Debate : Conflict Management and the Narrative Policy Framework." *Review of Policy Research* 37 (1) : 64-91
Stone, Deborah. 2012. *Policy Paradox : The Art of Political Decision Making*. New York : W. W Norton.
Sumner, Jane Lawrence. 2018. "The Gender Balance Assessment Tool (GBAT) : A Web-Based Tool for Estimating Gender Balance in Syllabi and Bibliographies." *PS : Political Science & Politics* 51 (2) : 396-400.
Suswanta, Danang Kurniawan, Achmad Nurmandi, and Salahudin. 2021. "Analysis of the Consistency Policy Indonesia's Capital Relocation in the Pandemic Era." *Jurnal Studi Sosial dan Politik* 5 (1) : 35-48.
Taber, Charles S., and Martin Lodge. 2006. "Motivated Skepticism in the Evaluation of Political Beliefs." *American Journal of Political Science* 50 (3) : 755-69.
Tosun, Jale, and Simon Schaub. 2021. "Constructing Policy Narratives for Transnational Mobilization : Insights from European Citizens' Initiatives." *European Policy Analysis* 7 (S2) : 344-364.
Tu, Carmen, and Steven Brown. 2020. "Character Mediation of Plot Structure : Toward an Embodied Model of Narrative." *Frontiers of Narrative Studies* 6 (1) : 77-112.
Uldanov, Artem, Tatiana Gabriichuk, Dmitry Karateev, and Maria Makhmutova. 2021. "Narratives in an Authoritarian Environment : Narrative Strategies, Plots, and Characters in Moscow's Public Transport Reforms Debate." *European Policy Analysis* 4 : 433-450.
van den Hende, Ellis A., Darren W. Dahl, Jan P. L. Schoormans, and Dirk Snelders. 2012. "Narrative Transportation in Concept Tests for Really New Products : The Moderating Effect of Reader-Protagonist Similarity Narrative Transportation in Concept Tests for Really New Products : The Moderating Effect of Reader Protagonist Similarity." *Journal of Product Management* 29 : 157-170.
Valero, Diana E. 2021. "From Brexit to VON : Populist Policy Narratives about Rurality in Europe and the Populist Challenges for the Rural-Urban Divide." *Rural Sociology* 87 (S1) : 758-783.
Vogeler, Colette S., Sandra Schwindenhammer, Denise Gonglach, and Nils C. Bandelow. 2021. "Agri-Food Technology Politics : Exploring Policy Narratives in the European Parliament." *European Policy Analysis* 7 (S2) : 324-343.
Weible, Christopher M., Paul A. Sabatier, and Kelly McQueen. 2009. "Themes and Variations : Taking Stock of the Advocacy Coalition Framework." *Policy Studies Journal* 37 (1) : 121-140.
Weible, Christopher M. et al. 2016. "Enhancing Precision and Clarity in the Study of Policy Narratives : An Analysis of Climate and Air Issues in Delhi, India." *Review of Policy Research* 33 (4) : 420-441.
Williams, Teshanee T., and Jennifer Kuzma. 2022. "Narrative Policy Framework at the Macro Level-Cultural Theory-Based Beliefs, Science-Based Narrative Strategies, and Their Uptake in

the Canadian Policy Process for Genetically Modified Salmon." *Public Policy and Administration* 37 (4): 480-515.

Winett, Liana B. et al. 2021."When 'Tried and True' Advocacy Strategies Backfire: Narrative Messages Can Undermine State Legislator Support for Early Childcare Policies." *Journal of Public Interest Communications* 5 (1): 45-77.

World Health Organization. 2022."WHO Coronavirus (COVID-19) Dashboard." *WHO Coronavirus (COVID-19) Dashboard.* https://covid19.who.int/#:~:text=Globally%2C%20as%20of%203%3A39pm,6%2C261%2C708%20deaths%2C%20reported%20to%20WHO.

Yabar, Mauricio P.2021."Narratives in Sex Offender Management Laws: How Stories About a Label Shape Policymaking." *Journal of Sociology & Social Welfare* 48 (1): 33-56.

Zahariadis, Nikolaos. 2003. *Ambiguity and Choice in Public Policy: Political Decision Making in Modern Democracies.* Washington, DC: Georgetown University Press.

_____. 2014."Ambiguity and Multiple Streams." In *Theories of the Policy Process*, eds. Paul A. Sabatier and Christopher M. Weible. Boulder, CO: Westview Press, 25-58.

Zanocco, Chad, Geoboo Song, and Michael Jones. 2018."Fracking Bad Guys: The Role of Narrative Character Affect in Shaping Hydraulic Fracturing Policy Preferences: Fracking Bad Guys." *Policy Studies Journal* 46 (4): 978-99.

付　録

付録 表5.1　NPFに対する本書の5つの主な変更点の概要

NPFの区分	変更点
政策物語り	物語りの形式と内容に関する新しい概念図の導入（図5.1）
政策物語りの形式	**登場人物**はNPFの構造的要素のリストの最上位に移動。設定には、時間と争点フレームへの言及が含まれるようになった。
政策物語りの内容	戦略：因果メカニズムの名称を**物語り的因果戦略**に変更。悪魔-天使シフトは、悪魔-天使-連帯シフト（DASシフト）に変更。
語り手と聴衆	語り手の力に焦点を当てた複数の研究を記録した新しいセクション。政策起業家をNPFに組み込む。
政策変更の物語りのメカニズム	NPFが因果メカニズムを完全に特定できなかったことを説明する新しいセクションを追加。両方の感情、すなわち（1）説得/操作、（2）注目を介して、変更への2つの経路を特定。
分析レベル	分析レベル、分析単位、政府レベルの区別を明確にする脚注を追加。
ミクロレベルの適用	「**語り手による聴衆に基づく物語りの戦略的選択**」仮説を追加。
メゾレベルの適用	図の更新。争点の封じ込めと争点の拡大の統合。争点の拡大と封じ込め（バージョン2）仮説の追加。「**ストーリーフレームの役割とメディアのアクターの役割仮説**」の削除。
今後の方向性	民主主義と科学に対するNPFの規範的コミットメントを議論。NPFの多様性と包括性を追跡するための最初のステップを提示。

第6章　制度分析・開発フレームワークとその政策・制度分析のためのツール

エデラ・シュラガー、セルヒオ・ビジャマヨール＝トマス[1]
(Edella Schlager and Sergio Villamayor-Tomas)

1. はじめに

　制度分析・開発 (Institutional Analysis and Development：IAD) フレームワークは、政策アナリストに、あらゆるタイプの制度的仕組み (institutional arrangements) を分析するための概念と変数、メタ理論的言語、診断的・実証的ツールを提供するものである。クローフォードとオストロム (Crawford and Ostrom 1995：582) によれば、制度的仕組みとは、「ルール、規範、共有された戦略、そして物理的世界によって、構造化された状況における人間行動の持続的な規則性」である。公共政策の文脈では、規制のフレームワーク、補助金プログラム、参加プロセスは制度的仕組みとして理解することができる。IAD は、さまざまな規模と詳細なレベルで機能する政策を体系的に記述するだけでなく、その「ロジック、デザイン、パフォーマンス」の説明（すなわち、理論とモデル）を発展させるのにも役立つ (Ostrom et al. 2014：269)。オストロム (2005：29) が強調したように、「体系的で比較可能な制度アセスメントを行う能力がなければ、改革の提案は、パフォーマンスの分析ではなく、どの種類の制度が「良い」か「悪い」かについての素朴な考えに基づいている可能性がある」。IAD フレームワークを用いることで、アナリストは、政策策定プロセス、アウトプット、アウトカムを体系的に調査し評価することができ、また、特定の政策の文脈や政策そのものを超越した理論を構築することができる（結局のところ、政策は制度的仕組みの1つの現れである）。

　IAD 研究者たちは、フレームワークと理論の区別に熱心である。この2つの用語はしばしば同じ意味で使われているが、フレームワークは理論とは異なる。フレームワークが「関心のある現象を研究し、説明し、理解するための共

通の方向性」(Ostrom et al. 2014：269) を提供するのに対し、「理論はプロセスとアウトカムを説明し、予測するために使用される多くの変数とそれらの間の関係からなる」(Ostrom et al. 2014：269)。フレームワークは、学者が理論の検証や発展のために利用する重要な概念や変数を特定することで、理論に構造を提供する。IAD フレームワークに最も適合する理論は、アクターの行動が制度によってどのように導かれ、どのように制約されるのか、また、人間の行動や集合的選択がどのように制度的仕組みを方向づけ、形作るのかを説明しようとするものである。IAD を用いて意図的に開発された理論、すなわち地域公共経済理論やコモンプール資源（common-pool resource）理論以外にも、このフレームワークは、規約理論（Lutz 1988；Allen 2005）、連邦制理論（V. Ostrom 1987, 1997, 2008）、取引費用理論（Williamson 1985）、ゲーム理論などとも互換性がある[2]。より広義には、(必ずしも検証を目的とせずとも) 制度が行動に及ぼす影響を認識する理論であれば、IAD と互換性がある可能性がある（社会生態系システム（Social-ecological System：SES）ツールについては以下の節を参照）。

　本章は、旧版の IAD フレームワークの章とは 2 つの重要な点で異なる。第 1 に、IAD フレームワークの認識論的根拠を深堀りするのではなく、フレームワークの概要を簡単に説明する（IAD フレームワークの詳細な説明をお望みの読者には、本書第 4 版を参照されることをお勧めする）。第 2 に、制度的仕組みのさまざまな側面を体系的に検討するために、本章の大部分を IAD フレームワークがアナリストに提供するツールの説明と図示するのに割く。ツールとは、政策研究者が（制度や関連する側面などに関する）情報を体系的に収集・整理するための分析装置を意味する。これは、（例えば政策研究の）学者がこのフレームワークをさらに利用しやすくすることを意図して、より応用的なバージョンを提供するためである。また、「ツール」は、さまざまな実証的難問（puzzles）や方法論的課題に取り組むために長年にわたって拡張されてきたフレームワークの進化を反映している。このツールは、さまざまな場面で使用することができ、また、IAD フレームワーク全体を受け入れることなく、唱道連合理論（Advocacy Coalitions Theory）や断続平衡理論（Punctuated Equilibrium Theory：PET）など、IAD に関連しない理論の制度的側面をさらに発展させることができる。このツールは、持ち運びが可能であり、IAD フレームワークの外にも適用可能である。私たちが検討する制度ツールには、ルールと財産権の類型、制度の文法、

行為の状況ネットワーク (Networks of Action Situations: NAS)、SES「フレームワーク」が含まれる[3]。

先ず、ツールに取り組む前に、IADフレームワークの概略を説明する。

2．制度分析・開発フレームワークの紹介

IADフレームワークの目的は、人々が制度的仕組みをどのように利用して、共通の問題に対処し、制度デザインの論理を理解しているかの説明を、研究者が探求し発展させることである (V. Ostrom 1987)。つまり、IADフレームワークは問題解決志向である。問題解決志向は、政策策定プロセスに関する他の主要なフレームワークや理論と一線を画す。唱道連合フレームワーク (ACF) が連合と連合活動に焦点を当て、断続平衡理論 (PET) が政策活動とアウトプットのパターンを説明することに焦点を当てるのに対し、IADは診断的かつ処方的な調査を可能にする。

通常、IADフレームワークを適用する際の出発点は公共問題であり、このフレームワークの典型的な適用例では、集合行為問題、または社会的ジレンマとして理解される。多くの公共問題（例：公共サービスの混雑、環境悪化、金融危機）は、政府、企業や市民組織の非協調的な決定の結果として発生する。あるアクターが実現するアウトカムは、そのアクターの選択や行為だけでなく、その状況にいる他のアクターの選択や行為にも左右される。行為とアウトカムの両面におけるこの相互依存性は、アクターが問題を解決して望ましいアウトカムを達成するためには、互いに配慮し、行為や選択を協力または調整しなければならないことを意味する。しかし、協力や調整を当然と考えることはできない。むしろ、個人と集団の利益がしばしば乖離することで、社会的ジレンマが生じる。このようなジレンマが集合行為問題の核心であり、制度的仕組みは両者を調整する手段である。

2.1 行為の状況

IADフレームワークでは、行為のアリーナ（活動領域）は行為の状況と、行為の状況の中で相互作用するアクターから構成される。行為の状況にはアクターが含まれることが暗黙の了解となっているため、「行為のアリーナ」という

用語はほとんど使われなくなっている。行為の状況とは、アクター間の相互依存と、相互依存がもたらす機会と課題を捉えたものである。したがって、集合行為問題を分析する最初のステップは、行為の状況を特定することである。オストロム（Ostrom 2005：32）によれば、行為の状況とは、「共同でアウトカムを生み出す一連の潜在的な行為」に直面する2人以上の個人によって特徴づけられる。IADフレームワークを用いたほとんどの研究プロジェクトでは、複数の行為の状況が特定され、比較される。例えば、IADの天然資源管理への初期の適用の1つの中で、タン（Tang 1994）は、潅漑システムの47件の事例を特定し、それぞれの事例における水配分行為の状況、集合選択行為の状況、モニタリング行為の状況を分析した。また、行為の状況は、1つ以上の集合行為問題や解決済みの問題を包含することが出来る。行為の状況は、共有の流域から水を汲み上げる農民、国会で新しい法律を承認する女性議員、近隣の治安を維持する隣人、積極的差別政策に異議を唱える社会運動の代表者と政治家、大学の教育を生み出す学生、運営部門スタッフ、教授など、アクターが相互依存しているあらゆる場面に適用できる。

　行為の状況は、特定のポジションを有していて、入手可能な情報に照らして行動を起こす参加者で構成される。アウトカムは、それらの行為と、各アクターが行為や選択に対して持つコントロールのレベルの関数である。さらに、行為とアウトカムには費用と便益が割り当てられ、これも選択に影響を与える（参照：図6.1と6.3）[4]。

　行為の状況をより完全に発展させ、アクターの選択、行為、アウトカムを分析するために、アナリストは行為の状況の各部分に対応する疑問に取り組むべきである。例えば、行為の状況には誰が何人参加しているのか、人々はどのような役割やポジションを担っているのか、異なるポジションを取ることで、どのような種類の行為をしてよいのか、しなければならないのか、してはならないのか。参加者は状況についてどのような種類の情報を持っており、それをどのように共有しているのか、行動とアウトカムの便益と費用は何か、アウトカムを生み出すために、アクターの行動は互いにどのように結びついているのか。このようなタイプの問いが、IAD研究者が行為の状況を体系的に記述するために使用するコード・ブックを形作っている[5]。

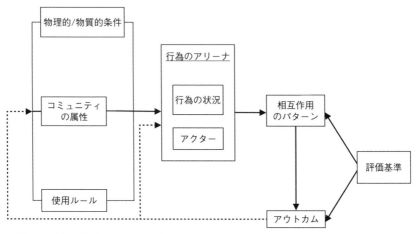

図6.1 制度分析フレームワーク
出典：E. Ostrom, Gardner, and Walker（1994, p.37）より作成。

2.2 アクター：個人の理論とモデル

アクターが行為の状況を活性化させ、アウトカムを生み出すのは彼らの選択と行為によってである。したがって、アナリストは、(1)参加者がどのように、何に価値を見出すのか、(2)彼らの情報処理能力とは何か、(3)彼らが戦略を決定するためにどのような内部メカニズムを用いるのか、について明確な仮定を置かなければならない（Ostrom 2005）。各カテゴリーのより詳細な説明は、E. オストロム（E. Ostrom 2005, chapter 4 "Animating Institutional Analysis"）を参照されたい。参加者がどのように、そして何に価値を見出すかは、選好のことであり、効用を最大化するものからそれ以外のものまでさまざまである（Bowles 2008）。情報処理はアクターのメンタル・モデルと利用可能な情報の明瞭さと顕著さに焦点を当てる（Ostrom 2005：109）。アクターが意思決定を行うために使用する内部メカニズムはヒューリスティックの活用を意味する。個人の意思決定に対するこのアプローチは、アナリストに、アクターがどのように意思決定を行うかについての仮定を、分析された状況に合わせて柔軟に調整することを可能にする。完全に合理的な人間の意思決定モデルは、競争的な市場の設定を研究するのに適しているが（Ostrom 2005）、限定合理性モデルは、他のタイプの設定、つまり、典型的には公共財やコモンプール資源の提供に関わる設定

に適している。

説明すべき設定に適した選択モデルを用いることで、生産的な理論が開発されるだけでなく、より効果的な政策が考案されるかもしれない。例えば、地域の天然資源管理の文脈では、E. オストロム（E. Ostrom 1990, 1999, 2005）は、コモンズの悲劇モデルから導かれる政策が不完全であるだけでなく、有害である可能性があることを繰り返し指摘している。アクターが完全に合理的であり、協力することができない、あるいは協力する意志がないことを前提とすると、私有財産制度や国家財産制度の導入が正当化され、多くの場合、地域で考案された統治の仕組みを弱体化させ（Lansing and Kremer 1993）、最終的には社会的に望ましくない形で資源利用者の選好に影響を与えることになる（参照：Agrawal et al. 2015 または Hayes 2012）。

2.3　行為の状況を構成する要因

行為の状況は、物理的・物質的条件、（使用）ルール、コミュニティの特性といった3種類の文脈的要因によって形成される。この3つの要因の異なる側面、或いは質は、アクターが経験する集合行為問題のタイプに影響を与えるだけでなく、ジレンマを解決するために採用されるさまざまなタイプの制度デザインの実現可能性やパフォーマンスにも影響を与える。

(1)　物理的・物質的条件

1977年、オストロム夫妻は、物理的・物質的条件と、それらがどのように公共問題に影響を与えるかを説明する上で、今でも基礎となっている本の1章を発表した。「公共財と公共選択」と題されたこの章では、ある財からアクターを排除することのコストの高さと、その財を利用することの減少性（競合性）に基づいて、財を2×2に類型化している。これまでのところ、IAD研究者は、コモンプール資源と公共財に最も注目しており、私的財と料金財にはあまり注目していない（例外として、Potoski and Prakash 2013 を参照）。

排除のコストの高さと減少性は、集合行為の問題の基礎となり、その結果、この概念は重要な政策的含意を示す。集合行為問題は、相互依存的な状況において、個々のアクターの利益と集団の利益との間に緊張があるために生じる。排除の問題に適切に対処しないことは、共有の利益を提供するための他者の努力にただ乗りされるという恐れが生じる。このことは、天然資源管理の文脈で

は非常に明白である。地下水盆のようなコモンプール資源へのアクセスを制御することに取り組まなければ、利用者コミュニティのメンバー以外の者が地下水盆にアクセスし、利用者コミュニティのメンバーが蓄えた水を汲み上げる可能性がある。排除が十分に実現されたとしても、グループ内の利用者は、互いの利用を妨げるという問題に直面する。このような排除と減少性の問題は、天然資源の文脈以外でも発生する。ITの文脈では、技術イノベーションへのアクセスが制御されなければ技術イノベーションが妨げられるかもしれないし、公衆衛生の文脈では、患者によるプライマリーケアサービスや医師によるインフラの無責任な利用が、混雑やサービスの質の低下を招くかもしれない。

(2) **コミュニティの属性**

元来、他の概念や変数に比べてあまり注目されてこなかったカテゴリーは、一貫して「コミュニティの属性」と呼ばれてきたものである。E. オストロムは、コミュニティを構成する要素として、「規範」、「文化」、「世界観」をさまざまな形で指摘している（E. Ostrom 1999, 2005）。このトピックに関するほとんどの実証的研究は、アクター集団のさまざまな属性に焦点を当てている。行為の状況におけるアウトカムへの影響について検討されてきたグループの重要な属性には、さまざまなタイプの異質性（例：文化的または経済的）、社会経済的地位、共有資源への依存、グループのサイズ、説明可能なリーダーシップの存在、ソーシャル・キャピタルのレベルなどが含まれる（Cox et al. 2016）。また、アグラワル（Agrawal 2003）は貧困のレベルに注目することを主張し、クレメント（Clement 2010）は対話を組み入れて、権力に注目することを提案している。このカテゴリーは、他のカテゴリーよりも限定的な注目しか集めていないが、集団の特性が集合行為やアウトカムに及ぼす影響について、数多くの実証的な論文や活発な議論が行われている（例：天然資源管理の文脈では、Agrawal 2002 や Poteete et al. 2010 を参照）。

(3) **ルールの概念**

IADでは、制度は人々の選択や行動を導き、制約し、方向づけるルールとして理解されている。ルールが守られることで、協力が促進され、人々が自身の行動を調整して、個別に行動するだけでは達成できないような価値あるアウトカムを実現することが可能になる。

・**使用ルールと形式ルール**　IADフレームワークの多くの適用には、使用ルー

ルを特定することが含まれる。使用ルールとは、人々が実際に従う規定であり、多くの場合、文書化されていない。公式の集合的選択の場を通じて採用されるルールであり、多くが文書化されている形式ルールとは、使用ルールは異なる可能性がある。

　使用ルールは、人々へのインタビューや参与観察によって特定される (Basurto 2005；Gibson et al. 2005；Coleman and Steed 2009；McCord et al. 2016)。E. オストロム (E. Ostrom 2007a：39) が説明するように、使用ルールはアクターによって暗黙的に理解されることが多く、その結果「使用ルールに関する情報を得るには、現場で時間を費やし、ルールの構成について脅威を与えない、文脈に特化した質問の仕方を学ぶ必要がある」。これとは対照的に、形式ルールは通常、法律や規則、行政命令などの公式文書を通じて特定される。

　使用ルールと形式ルールの区別は、理論的にも政策的にも重要な意味を持ち、研究者は、人々の行動が両方の種類のルールとその重なりあいによってどのように構成されているかを探ることができる。政策実施は、形式ルールが使用ルールに変換される過程として理解することができる。同様に、トップダウンによる政策実施の失敗は、形式ルール（政策）と使用ルール（例：行政のやり方と地域の慣行および/または期待）の不一致の問題として理解することができる。IAD 研究者たちは、使用ルールの研究を認識し奨励することで、政策研究を政府や「国家」の研究にとどまらず、集合的に問題を解決し、共有の利益をもたらす人々の、しばしば「目に見えない」慣行を含むところまで広げてきた。

・**行為の3つの世界（分析レベル）**　使用ルールと形式ルールはどこから来るのか？　E. オストロム (2007a：44) が説明するように、「すべてのルールは、最初のルールの集まりをどのように変更できるかを定義する別のルールの集まりに入れ子になっている」。カイザーとオストロム (Kiser and Ostrom 1982) は、このルールとルール作りの入れ子構造を3つの行為の世界と呼び、現在では分析レベルと呼ばれている。分析レベルはルールの作成と適用を通じて行為の状況を結びつける。行為（状況）の運用レベルは、木材の伐採、クラスでの授業、Uber の運転など、人々が従事する日々の活動で構成される。日々の活動は、運用レベルのルールによって導かれ、制約される。運用レベルのルールは、集合的選択や憲法的選択の行為（状況）レベルから生まれる。集合的選択と憲法的選択のレベルの行為には、図6.2 に示されているように、ルール作り、ルー

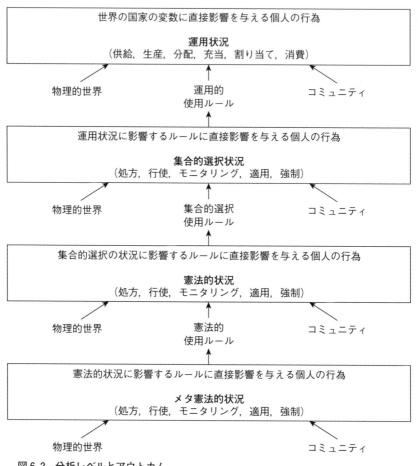

図 6.2　分析レベルとアウトカム
出典：E. Ostrom（2018, p.232）

遵守、ルール実施に関連する活動を伴う。集合的選択レベルの行為を導き、制約する集合的選択ルールは、運用レベルのルールがどのように考案され、採用されるか、運用レベルの行為のモニタリングがどのように行われるかなどを定義する。憲法的選択ルールは、憲法的選択レベルでの行為を導き、制約するものであり、集合的選択ルールがどのように考案され、採用され、集合的選択行為がどのようにモニタリングされ、実施されるかを定義する。

分析レベルは、IADの概念の中でも最も扱いが難しい概念の1つであり、かなりの混乱を招いている。その混乱の一因は、政府レベル（あるいは政府の規模）を行為レベルと同一視しようとすることにあるが、これは誤った適用である。地方教育委員会のメンバーは、集合的選択行為や憲法的選択行為を行うことができる。また、行為レベルは公的組織だけに適用されるものではない。非政府組織や民間組織内の人々も、さまざまなレベルの活動に従事している。

2.4 文脈における行為の状況のアウトカムの評価

行為の状況内の相互作用の過程や生み出されたアウトカムは、有効性、効率性、公平性、説明責任など、多くの公共政策分析で用いられる基準（Stone 2012；Weimer and Vining 2016）と同様の基準を用いて評価することができる。ストーン（Stone 2012）が説明するように、各基準には複数の定義がある。例えば、公平性とは、ある行為の状況においてすべてのアクターが等しい量の財を受け取ることを意味する場合もあれば、受け取る量が財の提供に対する投資レベルの関数であることを意味する場合もあれば、受け取る量がニーズのレベルに基づくことを意味する場合もある（Stone 2012）。政策策定者がどのような「公平性」を選択するかは、誰が何をどのように手に入れるかや制度のデザイン、人々の選択と行動に影響を及ぼす。したがって、制度的仕組みは、例えば集合行為の問題を効率的に解決するといった道具的価値の実現だけでなく、公平性や安全性といった規範的価値の実現も支援する。

IADフレームワークにおける評価基準の使用は、ストーン（Stone 2012）の議論と一致している。IAD研究者にとっては、ルール作り、改訂、実施活動に携わるアクターだけでなく、文脈によっても基準は規定される。このことは、政策アナリストにとっていくつかの意味を持つ。ひとつは、分析対象の状況に適した尺度を特定することである。集合行為の問題が同じ形であると仮定するのではなく、問題を実証的に特定することが重要である（Ostrom 1990；Ostrom et al. 1994）

さらに、制度的仕組みのデザインとは、アクターがどのように望ましいアウトカム（例：有効性）や望ましい価値（例：説明責任、公平性、効率性）を実現しようとするかということである。その結果、制度のデザイン理論は、評価基準と制度的仕組みの関係に関する知識を活用し、政策アナリストが問題を診断

し、解決策を処方することを可能にする。

2.5 IADの「ボックスと矢印」版の適用

「ボックスと矢印」の図（**図6.1参照**）は、おそらくIADの最もよく知られた表現であり、このフレームワークの多くの適用の基礎となってきた。

2014年から2022年にかけて、IADフレームワークに基づいた、あるいは密接に関連した学術誌の特集号が9つ発行された[6]。そのうち2つは、エリノアとヴィンセント・オストロムの非営利セクターへの学術的貢献（Bushouse et al. 2016）と連邦制研究（Kincaid 2014）に焦点を当てている。他の3つは、社会的ジレンマ実験（Coleman and Wilson 2016）、実験室での行動実験（Janssen et al. 2015）、フィールド実験（Muradian and Cardenas 2015）に焦点を当てている。他の2つは、文書コーディングとコモンプール資源理論の検証にデータを使用することに焦点を当てており、1つは歴史的なコモンズ（Laborda-Peman and de Moor 2016）を調査し、もう1つは現代のコモンプール資源の設定（Schlager 2016）を調査している。最後に、最新号は多核性に焦点を当てている（Heikkila et al.）。

特集号からはいくつかのテーマと議論が浮かび上がってくる。第1に、多核性、そしてその概念化と発展におけるV. オストロムとE. オストロムによる貢献は、林業（Libman and Obydenkova 2014）、水（Baldwin et al. 2018；Mewhirter et al. 2018；Schroder 2018）、漁業（Gruby and Basurto 2014；Carlisle and Gruby 2017）といった伝統的なコモンプール資源のマルチレベル・ガバナンスだけでなく、水圧破砕（Arnold and Holahan 2014；Heikkila and Weible 2018）や水・エネルギー関係（Villamayor-Tomas 2018）のような新しい政策課題のマルチレベル・ガバナンスを巡る実証研究の新しい波を引き起こしたことである。第2に、社会的ジレンマやコモンプール資源のジレンマに関するフォーマルモデリングや実験といった一連の研究は、活気があり、拡大し続けている。探求されるテーマは、協力を支える上での信頼などの規範の役割の検証から、罰則の一形態としての恥の役割、世代間の情報伝達を含むさまざまな形態のコミュニケーションの影響、希少性のレベルの違いなどコモンプール資源システムの力学の変化、協力への影響まで、多岐にわたる。第3に、事例研究の体系的コーディングは、コモンプール資源を研究するための重要なデータ源であり続けている。*International Journal of the Commons*誌の2つの特集号では、コーディン

グのベスト・プラクティス、データセット、データ分析方法の例に関するアドバイスを提供している。9つの特集号に掲載された論文によって、IADフレームワークの広範な概要、多くの実証的適用例、そして現在進行中の研究プログラムへの十分な理解が提供される。

過去5年間のIADの文献レビューから、いくつかの適用パターンが見えてくる[7]。地理的には、全ての大陸をカバーする広範で多様な国々がある。地域的には、アジア、特に東南アジア（インドネシアなど）と中国が多くの研究の中心となっているヨーロッパ、ラテンアメリカ、北米もまた、多くの実証的研究の背景となっている。

トピック/セクターの多様性もまた幅広く、環境問題にとどまらないフレームワークの適用範囲を反映している。水と森林の管理と保全は依然として重要なセクターであるが（例：Barton et al. 2017；Nigussie et al. 2018）、支配的なわけではない。その他の重要な政策セクターとしては、エネルギー（例：Grossman 2019）、食料システム/農業（例：Quifiones-Ruiz et al. 2020）、農村開発（例：Omori and Tesorero 2020）、デジタル経済（例：Lewis and Moorkens 2020）のセクターがある。その他、マイナーではあるが、それでも表に現れてきているトピック/セクターとしては、公衆衛生のガバナンスと新型コロナの危機管理（Faridah et al. 2020；Witkowski et al. 2021）、軍事力のガバナンス（Bang et al. 2018）、リサイクル（Oh and Hettiarachchi 2020）、知識と教育（Kuzma et al. 2017；Wang 2020）、文化遺産（Bertacchini and Gould 2021）、小商いと都市の露天商などがある。

IADは、E. オストロムがノーベル経済学賞を受賞したコモンプール資源に関する研究プログラムを含め、過去40年間にわたり複数の研究プロジェクトの基盤を提供してきた。このフレームワークは、集合選択問題に関する研究を整理し、研究者がさまざまな形態における集合行為の出現と持続を実証的に探求し、説明することを可能にしている。このフレームワークはまた、制度的仕組みを体系的に検討するための分析ツールも提供している。これらのツールはフレームワークとは別に使用され、適用することが可能であり、次にそれらのツールと最近の適用例について述べる。

3．IAD ツール群と適用例

　IADは時代とともに進化し、モジュール化されてきた。さまざまなIADツールは、フレームワークの異なる構成要素に焦点を当て、それぞれ独特でありながら、相互に関連した研究プログラムを通じて発展してきた。いくつかのツールは、政策アナリスト/学者が、政策や政策が構成する制度を異なる細かなレベルで体系的に検討し、比較することを可能にするものである。これらのツールは、制度的記述の構成要素（制度の文法ツール）から、制度的記述（ルールの類型ツール）、あるいは制度的記述の構成（財産権の類型ツール）まで多岐にわたる。その他のツールは、政策に対するIADの体系的アプローチに重点を置いており、行為の状況が互いにどのように影響し合っているか（NASツール）や、政策や制度的仕組みのパフォーマンスを媒介するさまざまな社会的・生態学的条件（SESツール）に焦点を当てている。このツールは、制度のデザインマッピング、比較制度分析、アクター・制度関係パターンの探求に用いることができる。ツールはそれぞれ独立して適用することができるため、さまざまな学問的背景や理論的アプローチから研究者が制度分析や政策分析に取り組むことができる。IADツールを使うために、相互依存や社会的ジレンマへの注目など、IADの理論的前提（本章第2節）の全てを採用する必要はない。しかし、少なくともそれらの理論的基盤によく精通しておくことをお勧めする。

3.1　ルールの類型

　ルールの類型は、IADフレームワークの創設直後からその一部となっていた（Ostrom 2005：175）。この類型によって、政策アナリストや制度研究者は、制度的記述に焦点を絞り、その機能と内容を個別的、構成的に検討することが可能になった。フレームワークの中で、類型は、ルールが行為の状況のどの構成要素に最も直接的に影響を与えるかによって分類するために用いられる（参照：図 6.3：Kiser and Ostrom 1982）。このような制度的記述の機能的分類は、そうでなければ非常に無秩序で雑然とした現実に、秩序をもたらすのに役立つ（Crawford and Ostrom 1995）。

　ルールの類型を行為の状況の一部（参照：図 6.3）に根拠づけることは、ルールが構成的なものであり、特定の文脈の中で共同的かつ集合的に機能すること

第6章 制度分析・開発フレームワークとその政策・制度分析のためのツール　259

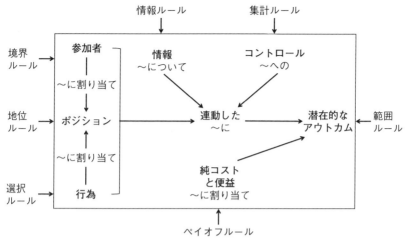

図6.3　行為の状況の要素に直接影響する外生変数としてのルール
出典：E. Ostrom（2005, p.189）、Princeton University Press の許可を得て使用。

を思い起こさせる。そのような文脈には、物質的・物理的条件、コミュニティの特性、そして重要なことに他のルールが含まれる。モニタリング・システムがルールの遵守に与えるインパクトは、少なくとも、情報ルール（すなわち、どの種類の情報が共有されるか）、選択ルール（その情報をどのように利用するか）、およびペイオフルール（モニタリングを提供することによる便益と費用の分配）の組み合わせの関数となる。情報ルールだけではモニタリング・システムは定義できない。例えば、水質汚染政策や大気汚染政策では、汚染者による排出量の開示を規定するルールには、汚染者が誰であるか（境界ルール）、汚染者が情報ルール（ペイオフルール）を遵守しない場合に罰せられるかどうか、どのように罰せられるかの明確な決まりが必要である。これに関連して、ルールは行為の状況の他の構成要素に間接的な影響を与えることがある。例えば、選択ルールは、飲料水事業者が汚染企業を法廷に提訴することや、その企業に対してデモを行うことを許可する場合がある。このような選択ルールは、汚染企業が飲料水事業者の行為を観察する可能性が高いため、アクターが互いに保有する情報にも影響を与える。ルールの構成的な性質は、多くの状況において、単一のルールを変更することでアウトカムが変わる可能性は低いことを意味する。逆に、特定のアウトカムをもたらす単一のルールを特定することは稀であろう。

これに関連して、ルールは行動を決定するものではなく、むしろ行動を導き、指示し、形成するものである。ルールは、必要なもの、許可されたもの、禁止されたものなど、格子のような処方を提供するが、その格子の中ではさまざまな行動が起こりうる。そのうちの一部だけが、特定のルールまで遡ることができる。その象徴的な例がチェスのゲームである。チェスはゲームを制限する比較的単純な一連のルールで構成され、駒同士の相互作用の組み合わせはほぼ無限である。

ルールの類型はIADの一部として開発された最初のツールであるが、制度的記述の普遍的分類体系を提供する可能性があるため、IADとは無関係に使用することができる。したがって、さまざまな分野の学者がこの類型を用いることで、制度的記述を体系的に分類し、「学者が同じ『種類』のルールについて話しているかどうかを知ること」（Ostrom 2005：182）ができる。

適用例

ルールの類型の適用例では、通常、制度の文法ツール（参照：後述のIGTの適用例）と組み合わせた時に、使用ルールや形式ルールに焦点を当てる。ここでは、ルールの類型に光を当てた、過去5年間に発表された論文に焦点を当てる[8]。一般的に、適用例の中心は、生態系サービスへの支払い（Barton et al. 2017）、沿岸漁業（Nakandakari et al. 2017）、洪水（Vitale et al. 2021）など、環境とコモンプール資源の状況とトピックである。少数の適用例は、計画におけるコミュニティの関与（Theesfeld et al. 2017）や協議手続き（Dunlop et al. 2030）のようなガバナンス問題を探求している。これらの研究の文脈は、アメリカ大陸、ヨーロッパ、アジアが中心であり、ツールの一般的な適用可能性を示している。

ルールの類型の具体的適用例としては、1つまたは少数のルールのタイプの違いが、行為の状況間のアウトカムのばらつきに及ぼす影響を探るものがある。地位と境界ルールによって、アナリストは、参加者の多様性が人々の取る選択や行為、実現されるアウトカムに影響を与えるかどうかなど、さまざまな疑問を探求することができる。クックら（Cook et al. 2019）は、林業をベースとした生態系サービスの支払プログラムの参加者に対する性別割当の効果を検証するフィールド実験を行った。その結果、50％以上の女性で構成されるグループは、50％未満の女性参加者で構成されるグループと比較して、より多くの木

を保護し、グループのメンバー間でより公平に利益を共有することが分かった。集計ルール（集合的意思決定ルール）によって、アナリストはアクター間の協働や共同意思決定がどのような構造になっているかを調べることができる。例えば、シュラガーら（Schlager et al. 2021）は、重要性の高い公共財の提供に関する集計ルールはより厳しく、つまり投票ルールが定義されているのに対して、重要性の低い公共財の提供に関する集計ルールはそれほど厳しくなく、さまざまな形態の協議が必要とされるが、投票はないことを明らかにしている。情報ルールは、誰が誰とどのような種類の情報を共有するかを規定する。ウィブルら（Weible et al. 2017）は、石油や天然ガスの水圧破砕に使用される化学物質に関する情報共有が、情報ルールによってどのように構造化されるかを検証している。選択ルールは、集合的に望ましいアウトカムから逸脱するアクターの裁量を明らかにすることができる。例えば、バスルト（Basurto 2005）は、境界ルールと選択ルールの区別を用いて、メキシコの2つの小規模漁業コミュニティを特徴付け、漁業協同組合によるアクセスと漁獲の制限を意図する立場と、資本所有者（パトロン）によるアクセスの開放と漁獲ルールの緩和を意図する立場との間の権力闘争がどの程度反映されているかを示している。最後に、ペイオフルールを観察することで、コンプライアンスと政策の有効性をアセスメントすることができる。例えば、ビジャマヨール＝トマスら（Villamayor-Tomas et al. 2019）は、インセンティブに基づく手法と参加型手法が、それぞれペイオフルールと範囲/集計ルールにどのように変換されるかを示しており、これらを組み合わせることで、地域の集合行為問題を含む水問題に対処するのに役立つ。

3.2　制度の文法

ルール研究における理論的、方法論的な大きな飛躍は、クローフォードとオストロム（Crawford and Ostrom 1995）による制度の文法の開発によって起こった。この文法は、「制度的記述の構造的説明を生み出す理論」（Crawford and Ostrom 1995：583）を提供するものである。この文法は、制度的文言に含まれる特定のタイプの政策関連コンテンツを特定するいくつかの構成要素からなり、体系的に特定し比較することを可能にしている。文法の構成要素のうち、属性は行為の実行者、つまり制度的文言が適用される行為者を特定し、義務は行為が要求されているか、許可されているか、禁止されているかを特定し、目的は

属性の行為を特定し、条件は行為またはアウトカムの何を、いつ、どこで、どのようにするかを定義し、「さもなければ」は制度的文言が違反された場合の制裁を特定する。最初の4つの構成要素は規範を特定し、5つの構成要素すべてがルールを特定する。その後、対象カテゴリーが追加された。これは、目的において特定された行為の受け手である（Siddiki et al. 2011）

　クローフォードとオストロム（Crawford and Ostrom 1995）は、文法を、アナリストがルール、規範、戦略を一貫して区別できるようにするツールとみなしている。クローフォードとオストロム（Crawford and Ostrom 2005：138）が指摘するように、政策アナリストはルールを識別できる必要がある。なぜなら、彼らは、「ルールの変更がもたらすインパクト（すでに起こった変更、あるいは提案されている変更がもたらす可能性のあるインパクト）を分析する」ことを求められることが多いためである。さらに、文法はアナリストが（規範とは対照的に）ルールを起草するのを支援する。クローフォードとオストロム（2005：152）は、文法ツールの実用性を超えて、この文法を、制度を比較するための一貫した言語を提供することで、ゲーム理論的分析を発展させ、特定の時点と経時的な制度的仕組みの実証分析と統合を行うための一助として構想した。

適用例

　クリス・ウィブル率いる研究者チームが文法を操作化し、形式ルールをコード化し、法律と規則の内容や構造を分析するようになり、文法の適用は最近拡大した（Basurto et al. 2010, Siddiki et al. 2011）。

　2010年以降、この文法の実証的な適用は、地理的設定、調査対象となった政策セクター、取り扱われたリサーチ・クエスチョンにおいて多様化している[9]。適用の実証的設定は、アメリカ、ヨーロッパ、ラテンアメリカに集中している。また、研究対象となった政策セクターも、教育、社会保障、タバコ、生物多様性、土壌および景観保全、交通インフラ、知識システム、人の移住など、明確なパターンはなく、多岐にわたっている。しかし、研究の題目は主に、異なるタイプの制度的仕組みのデザインとパフォーマンスの比較に集中している。例えば、ドゥナイェヴァスとスクチエネ（Dunajevas and Skučienė 2016）は、バルト三国のエストニア、リトアニア、ラトビアの強制年金制度の詳細（誰が何を受ける権利があるのか、最低限の条件など）を比較し、各制度によって生み出され

る所得再分配のレベルを比較している。比較分析の対象となるのは連邦法だけではない。アメリカ各州の政策と組織の実践も分析されている。シディキ(Siddiki 2014)とシディキら(Siddiki et al. 2012)は、いくつかの州の養殖政策のデザインと、人々の法令遵守、正当性、強制性に対する認識を比較している。ロディティスら(Roditis et al 2015)は、カリフォルニア大学のシステムにおける各キャンパスのたばこ政策のデザインを、アメリカキャンパス衛生協会が提案したモデル政策と比較し、対処されていない領域、欠落している執行メカニズム、責任者の特定の失敗を指摘している。

上記のすべての例、そして大半の適用例において、文法は制度測定の目的で使用されている。しかし、制度的文言を分類するために文法を使用する適用例もある。オストロムとバスルト(Ostrom and Basurto 2011)は、戦略から規範へ、規範からルールへの進化として理解される制度変化をアセスメントするために文法を使用することを提案し、メキシコの小規模漁業の事例を用いてそのアプローチを検証している。ヘイッキラとウィブル(Heikkila and Weible 2018)は、アメリカのコロラド州の11の石油・ガス規則から得られた声明を分析して分類するために半自動化アプローチを適用し、政策セクターのさまざまなアクターがルールと命令(すなわち、義務論)との関連性においてどの程度異なるかを示している。

3.3 財産権の束

制度の文法やルールの類型と同様に、シュラガーとオストロム(Schlager and Ostrom 1992)によって初めて導入された財産権の類型は、制度(この場合は財産権)のさまざまな束、またはグループを体系的に区別するために作成された。この類型が登場する以前は、ほとんどの政策分析が私有財産と公開アクセス、あるいは私有財産と政府財産を区別していた(Demsetz 1968；Hardin 1968)。このような財産権制度の曖昧な分類は、コモンプール資源の利用者が採用している多様な取り決めを見逃し、政策アナリストがコモンプール資源のカテゴリーにまたがるさまざまな種類の体制の有効性や、外部からの衝撃に対するそのような体制の堅牢性を特定し分析する能力を制限していた(Schlager and Ostrom 1992：260)。

財産権とは公認された行為を指し、ルールとは公認を作り出す規定である

	完全な所有者	所有者	公認請求者	公認利用者	公認入場者
アクセス	X	X	X	X	X
撤退	X	X	X	X	
管理	X	X	X		
排除	X	X			
譲渡	X				

図6.4 地位に関連付けられた権利の束
出典:Schlager, E. Ostrom, E."Property-Rights Regimes and Natural Resources" *Land Economics* vol. 68 no. 3 © 1992 by the Board of Regents of the University of Wisconsin System. Reprinted courtesy of the University of Wisconsin Press.

(Schlager and Ostrom 1992:250)。財産権の類型は、アクターが保有し行使する財産権が微妙に異なるものであり、特定の種類の権利の束、または組み合わせから構成されていることを強調している。IADフレームワークに従えば、個々の権利の種類は、運用レベルの権利である場合もあれば、集合的選択権である場合もある[10]。運営レベルの権利とは、アクセスと撤退であり、アクターがある空間に入り、その空間を利用することを認めるものである。運用レベルのルールは、これらの権利をどのように行使できるかを規定する。集合的選択権とは、管理、排除、譲渡のことである(参照:図6.4)。これらの権利は、個々の権利の保有者に、将来行使される権利を定義することへの参加権限を与えるものである(Schlager and Ostrom 1992, 251)。例えば、管理権は「内部的な利用パターンを規制し、改善を行うことで資源を変える権利」(Schlager and Ostrom 1992:251)をアクターに与える。管理権の保有者は運用レベルの撤退権を定義し、排除権の保有者は運用レベルのアクセス権を定義する。

　財産権の類型の強みの1つは、政策アナリストが、与えられた環境を支配する比較的複雑な財産制度を体系的に特定し、研究することができる点である。個々の財産権はさまざまな方法で束ねられることがあり、同じ環境でもさまざまなアクターが異なる権利の束を保有することがある。例えば、ある都市を代表する役人は、公園に対する権利の束をすべて保有することができる。また、公園を管轄する近隣組織のメンバーと、管理権や排除権を共有することもある。したがって市と近隣組織は、公園へのアクセスと利用に関するルールや規定を作る権限を有し、市の住民はそのルールに従った方法で公園を使用する権限を有する。

適用例

　財産権の類型は、20年以上にわたって、世界中の幅広い環境におけるさまざまな種類の財産権制度のデザインとパフォーマンスを特定し、比較するために広く用いられてきた。過去5年間で、学者たちはこの類型を、森林（Pulhin et al. 2021）、地下水（Rouillard et al. 2021）、漁業（Taufa et al. 2018）といった象徴的な地域の天然資源管理の文脈や、産業廃棄物（Steenmans 2021）、遺伝資源（Allaire et al. 2018）、遠隔観測データ管理（Alvarez and Gleason 2017）といった従来とは異なる政策や管理の文脈に適用してきた。学者たちは、欧州連合(EU)加盟国、南アジア、東南アジア、太平洋の島嶼国でこの類型を適用してきた。リサーチ・クエスチョンの中心は主に、財産権の束と権利を行使するアクターの比較分析である。例えば、ステンマンス（Steenmans 2021）は、異なる財産権制度が企業間の資源交換を促進するのか、あるいはその障壁となるのかを検証している。具体的には、ステンマンス（2021）は、デンマーク、英国、オランダの財産権制度がそれぞれ異なっており、いずれも産業共生プログラムに従事する企業間の廃棄物や副産物の交換を促進する役割を果たしていることを明らかにしている。フォスターら（Foster et al. 2021）は、太平洋島嶼国のトンガとバヌアツでは、家庭と村が同じような財産権の束を保有しているにもかかわらず、家庭が管理する雨水タンクの方が、村が管理する雨水タンクよりも年間を通じて飲料水を供給する可能性が高いことを明らかにしている。これとは対照的に、タウファら（Taufa et al. 2018）は、沿岸資源を管理するための3つの特別管理区域に割り当てられた異なる財産権の束を比較し、同じアクターのタイプ、すなわち政府の役人によって行使されているにもかかわらず、財産権の違いが異なるアウトカムを生み出す可能性があるという仮説を立てている。

　ルールの類型、制度の文法、財産権の類型は、政策アナリストや研究者が、地方分権や民営化といったスローガン的な言葉を使うのではなく、制度について注意深く分析することを可能にするツールを提供する。オストロム（Ostrom 2005：181）を言い換えると、制度アナリストは、民営化や地方分権を構成するルールや財産権、そしてそれらのルールや財産権が行動を形成するために提供するインセンティブを特定できる必要がある。しっかりとした言語がなければ、政策アナリストは制度的仕組みとそのパフォーマンスを診断し、実行可能な代替案を処方するのに苦労する。

3.4　連動した行為の状況

　多くの政策的文脈や IAD フレームワークの適用には、明示的または黙示的に、互いに連動する複数の行為の状況が含まれる（McGinnis 2011）。行為の状況は、通常、ある状況のアウトカムが別の行為の状況の1つ以上の構成要素に直接影響することで連動する。例えば、灌漑システムに関する多くの研究では、インフラ（分水ダム、灌漑用水路など）の生産と維持管理、水の配分、ルールの監視という3つの連動した行為の状況に焦点を当てている（Lam 1998；Anderies and Janssen 2013）。政府の政策の文脈では、アジェンダ、策定、実施の各段階もまた、連動した行為の状況として理解することができる（Schulze et al. 2022）。また、行為の3つの世界（上記参照）も連動した行為の状況の集合である。

　行為の状況ネットワーク（NAS）という考え方は、行為の状況の組み合わせと、それらをつなぐ制度、アクター、物理的なアウトカム、または情報を見るときに現れる構造に焦点を当てる。より高次の行為レベル（憲法的、集合的選択）からより低次の行為レベル（運営）へ、あるいはより大規模に運営されている場からより小規模に運営されている場への制度的つながりが最も顕著である（例えば、国の法律が国の政策や地域の運営に影響を与える）。物理的なつながりもかなり顕著である。例えば、灌漑用水の配給がインフラのメンテナンスに依存していることは、物理的なつながりを反映している（メンテナンスの悪い用水路では漏水が水の分配を妨げる）。バリューチェーン内の段階についても同様で、インプット・アウトプットの力学によって連動された状況として理解することができる（Villamayor-Tomas et al. 2015；Carlson and Bitsch 2018）。アクターと情報の連動は、他のタイプの連動と比べると、切り離すのが少し難しく、これまであまり焦点が当てられていない（**図 6.5**）。

　NAS を特定するためのメソッド、例えばその境界や連動はまだ発展途上であるが、文献はかなり急速に進歩している（Kimmich et al. 2022）。よく確立されているのは、「焦点となる行為の状況」を中心にネットワークを構築するという実践であり、この「焦点となる行為の状況」の力学は他の状況からのアウトカムに影響される。ゲーム理論の観点から行為の状況を提示すること、つまり、関与するアクター、彼らのインセンティブ、および彼らが直面する調整問題やジレンマを検討することは、あまり実践されていないが、それでも比較的頻繁に行われている（Kimmich 2013）。

第 6 章　制度分析・開発フレームワークとその政策・制度分析のためのツール　267

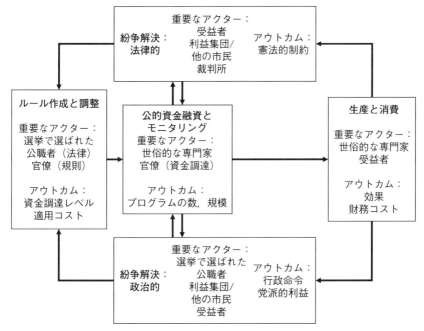

図 6.5　政府福祉サービス提供のための NAS の概念的図示
出典：McGinnis（2011, p.72）からの引用。Wiley 社の許可を得て使用。

　これまでのところ、NAS のツールは 2 つの方法で政策分析を支援するためのものと認められている。第 1 に、政策実施またはコンプライアンス問題の診断を改善することを通じてである。例えば、研究では、トップダウンの政策実施の失敗が、政策過程の初期段階（すなわち状況）における決定（Schultz et al. 2022）やインセンティブの不一致、インフラの維持管理の罠、バリューチェーンの不十分なモニタリングの組み合わせ（Cazcarro and Villamayor-Tomas 2022）に依存していることに新たな光を当てている。
　第 2 に、NAS は事前の政策評価を支援するために使用されてきた。NAS が与えられた場合、問題に対する仮説的または実際の政策的解決策がどのように展開するか（焦点となる状況へのインパクトと他の状況への連鎖的影響）を推測することによってである（Kimmich and Villamayor-Tomas 2019, Cazcarro and Villamayor-Tomas 2022）。

適用例

　NASの適用の多くは、ヨーロッパ、次いでアメリカ、インドでされており、社会環境科学分野のものである。水やエネルギー管理に関する研究が特に顕著であり、エネルギーインフラの維持管理（Kimmich 2013；Gritsenko 2018；Kimmich and Sagebiel 2018）、再生可能エネルギーの導入と長期的持続可能性（Grundmann et al 2016）、河川流域計画（Sendzimir et al. 2010；Schulze et al. 2022）、水質汚染と処理規則の遵守（Cazcarro and Villamayor-Tomas 2022）、灌漑システムに対する灌漑効率技術のインパクト（例：Hoffmann and Villamayor-Tomas 2022）に関する調査を含んでいる。その他の研究では、観光管理（Ruiz-Ballesteros and Brondizio 2013）、都市部におけるレクリエーション用森林（Wilkes-Allemann et al. 2015）、有機食品生産（Carter et al. 2015）などが取り上げられている。NASはまた、単一セクターのローカルな研究を超えて、水とエネルギーのつながり（例：Villamayor-Tomas et al. 2015）、遠隔相互作用（telecoupling）（例：Oberlack et al. 2018）、または景観管理（Boillat et al. 2018）のようなセクター横断的な問題を探求することを可能にしてきた。同様に、NASは多核性研究において、適切な活用領域を見出した（Thiel et al. 2019）。多核性は、政策サブシステム内および政策サブシステム間で互いに協調する複数の意思決定センターの能力に焦点を当てる。ここでは、NASは、意思決定センターとそのつながりを取り上げたり、彼らが調整し集合的意思決定を行うために作り出す調整の場を強調したりするために利用されてきた（Dennis and Brondizio 2020）。

　NASの概念化の方法はさまざまである。上記で示唆したように、地域資源管理研究はIADの伝統に従い、資源配分をモニタリングや維持管理と区別する傾向にある（Villamayor-Tomas and Kimmich 2019；Cazcarro et al. 2022）。例えば、スペインの廃水処理に関する研究において、カスカロら（Cazcarro et al. 2022）は、汚染者が既存の規制を遵守していないことが、排出量モニタリングの状況におけるインセンティブの不一致だけでなく、（廃水）インフラの建設と維持管理の状況における同様の問題とも関係していることを説明している。他の研究では、より文脈に即したアプローチをとっている。シエラレオネにおける国境を越えたバイオ燃料投資プロジェクトの事例を通じて、オーバーラックら（Oberlack et al. 2018）は、「プロジェクトの実施」「土地取引の設定と協議プロセス、コミュニティベースの抵抗」「橋渡し的な（translational）規制の場」など

の状況間のつながりを説明し、遠隔相互作用の持続可能性問題の推進要因と潜在的な解決策を浮き彫りにしている。

また最近の研究では、NAS を利用して、時間経過に伴う分析（すなわち、行為の状況の出現と消滅に伴う、行為の状況の重層化の探求による）や社会生態学的システム研究（例：社会生態学的プロセスを社会的、生態学的、社会生態学的行為の状況として形式化することによる。シュリューターら（Schlüter et al. 2019））をさらに進めている。

3.5 SES フレームワーク

比較制度分析では、比較対象となる設定と使用する評価基準を慎重に検討する必要がある。比較制度分析における課題の１つは、新たな重要変数を発見する余地を残しながら、比較可能性を確保することである。天然資源管理の文脈におけるコモンズの悲劇をめぐる初期の政策的教訓の多くは、事例研究データの慎重な比較から得られたものである。このような比較が可能になったのは、IAD に着想を得た一連の事例研究データ収集手順が、特定の事例研究の特異な特徴を捉え、比較と一般化を可能にするよう意図的にデザインされていたからである（Cox et al. 2020）

その経験をもとに、オストロム（Ostrom 2007b, 2009）は社会生態系システム（SES）フレームワークと名付けた、新しいフレームワークを導入した[11]。SES フレームワークは、IAD の伝統からの重要な転換を意味する。ルールや行為の状況を軸とせず、政策的文脈の生物物理学的特性（すなわち、社会的・制度的特性に加えて）に焦点を当てた最初のツールであった。SES フレームワークは社会生態系システムを、ガバナンスシステム、アクター、資源システム、資源ユニットの４つの構成要素からなるものとして表している。このフレームワークには、(1)社会・経済・政治的設定、(2)関連する生態系、(3)相互作用の３つの構成要素も含まれているが、これまでのところ、このフレームワークを採用した文献では、これらの構成要素にはあまり注目が集まっていない。

これらの構成要素を第１の「階層」を構成するものとして説明した上で、フレームワークではそれぞれの構成要素を一連の対象に関連付け、オストロムはこれを多階層のフレームワークにおける第２の階層と位置付けている。ここでは、SES フレームワークの第２階層に関して「対象」という用語を使用するが、

これは、第2階層の要素は変数として頻繁に参照されるものの、変数として解釈することは容易ではないと考えるからである（参照：第2階層については**表6.1**）。対象の階層化はSESフレームワークの重要な特徴である。問題やシステムを診断するということは、一連の質問に基づいてどの変数が必要かを決定し、それらを測定し、関連する関係パターンを探求して重要な因果プロセスを明らかにすることである。SESフレームワークの階層構造は、より高いレベルの抽象度での体系的な比較の可能性をあきらめることなく、文脈化の必要性に応じて対象や変数を学者が明確にすることを可能にするため、そのプロセスにおいて学者を支援する（Schlager and Cox 2018）。おそらく、このSES診断の特徴は、SESフレームワークが生態学とガバナンスの接点での研究に関心を持つ社会環境科学者の間でかなりの人気を博している理由を説明している。

ここでSESフレームワークをツールと呼ぶのは、SESフレームワークそれ自体ではIADフレームワークに取って代わることはできないが、IADフレームワークと組み合わせて解釈され、使用される必要があるためである。私たちの理解では、SESフレームワークは外部条件に重点を置いた「ボックスと矢印」図（**図6.1**）の拡張版と見なすことができる（参照：図の生物物理的、コミュニティ、ルールの属性と、SESフレームワークの資源システム/ユニット、アクター、ガバナンスの構成要素との関連）。IADのことをよく知らずにSESフレームワークを使うことは、おそらく問題ないだろうが、私たちの見解では、その分析能力を十分に活用できないだろう。実際、SESフレームワークの多くの適用が記述的な側面に偏っているのはその兆候であり（Villamayor-Tomas et al. 2020）、これは私たちの見解では、IADの分析力を見逃していることが原因である。

適用例

過去5年間のSESフレームワークの文献をレビューすると、いくつかのパターンが明らかになる[12]。IADフレームワークと同様に、適用の地理的範囲はかなり広い。すべての大陸が適切に表現されている。最も代表的な国々には、中国、アメリカ、カナダ、メキシコ、ブラジルが含まれる。

セクター/問題に関しては、保護政策（主に海洋および森林保護区、野生生物保護プログラムの文脈）、小規模漁業管理、木材や非木材林産物、火災管理、灌漑用水管理（水配分や汚染）などへの際立った数の適用がある。

第6章 制度分析・開発フレームワークとその政策・制度分析のためのツール

表6.1 SESフレームワークの第2階層の対象

社会的、経済的、政治的設定（S）	
S1 経済発展、S2 人口動向、S3 政治的安定、S4 政府の資源政策、S5 市場インセンティブ、S6 メディア組織	
資源システム（RS）	ガバナンスシステム（GS）
RS1 セクター（例：水、森林、牧草地、魚） RS2 システム境界の明確さ RS3 資源システムの規模* RS4 人間が構築した施設 RS5 システムの生産性* RS6 平衡特性 RS7 システムの力学の予測可能性* RS8 貯蔵の特徴 RS9 場所	GS1 政府組織 GS2 非政府組織 GS3 ネットワーク構造 GS4 財産権制度 GS5 運営ルール GS6 集合的選択ルール* GS7 憲法的ルール GS8 モニタリングと制裁プロセス
資源単位（RU）	ユーザー（U）
RU1 資源ユニットの移動度* RU2 成長率または交換率 RU3 資源ユニット間の相互作用 RU4 経済的価値 RU5 ユニットの数 RU6 識別マーク RU7 空間的・時間的分布	U1 ユーザー数* U2 ユーザーの社会経済的属性 U3 利用歴 U4 所在地 U5 リーダーシップ/起業家精神* U6 規範/ソーシャル・キャピタル* U7 SES/メンタルモデルに関する知識* U8 リソースの重要性* U9 使用技術
相互作用（I）→アウトカム（O）	
I1 多様なユーザーの収穫レベル I2 ユーザー間の情報共有 I3 熟議プロセス I4 ユーザー間の対立 I5 投資活動 I6 ロビー活動 I7 自己組織化活動 I8 ネットワーキング活動	O1 社会的パフォーマンス指標（例：効率性、公平性、説明責任、持続可能性） O2 生態学的パフォーマンス指標（例：過剰伐採、回復力、生物多様性、持続可能性） O3 他のSESへの外部性
関連する生態系（ECO）	
ECO1 気候パターン、ECO2 汚染パターン、ECO3 焦点となるSESへの流入と流出	

*自己組織化に関連することが判明した変数のサブセット。
出典：E. Ostrom 2009, p.421

ほとんどの研究は実証的なもので、単一研究、比較研究、レビュー研究などがある。単一事例研究やレビュー研究の多くでは、このフレームワークは、文脈の社会生態学的な特徴付けを包括的に行うために、ヒューリスティックな手法として用いられる。これは、都市林、養蜂管理、土壌炭素管理、海洋養殖、野生生物保護、分散型エネルギー管理といった比較的新しい文脈において特に顕著である。この場合、著者はSESフレームワークを利用して、これまで未解明だった複雑性を明らかにしたり、特定の政策をアセスメントしたりする傾向がある。例えば、パテルら（Patel et al. 2020）は、SESフレームワークを用いて、西オーストラリア州における養蜂の主要な社会生態学的構成要素や変数を特徴付け、それらがどのように相互作用してシステムを形成しているかを明らかにしている。また、ブレホニーら（Brehony et al. 2020）は、SESフレームワークを用いて、ケニアにおける野生生物保護の実施において、第1階層と第2階層の変数の組み合わせの違いがどのような障壁を生み出しているかを調査している。しかし、比較研究では、SESフレームワークは比較可能性を確保し、第1階層または第2階層の変数の構成の違いがどのように類似または異なるアウトカムをもたらすかを説明するために使用される。例えば、ゴンら（Gong et al. 2021）は、中国における土地統合の32件の事例を比較し、共通点を6種類の事例にまとめている。また、ル・グイユとポポー（Le Gouill and Popeau 2020）は、アリゾナ州、アメリカ、ペルーにおける鉱業会社の行為を研究し、政策の文脈の違いが鉱業のオペレーションとインパクトに及ぼす影響をアセスメントしている。単一研究および比較研究に共通するのは、事例の説明や比較のために、第2階層の概念を概念の「チェックリスト」として使用することである。圧倒的な傾向として、第2階層の概念のリストの中から、著者が特定の分析にとってより重要であると判断した、またはより重要であると予想される一部を選択している。レビュー研究は、フレームワークがどのように使用されてきたかを評価し、改善することに共通の関心があり、これは実際の使い易さに関する勢い（momentum）を示している（Thiel et al. 2015；Partelow 2018；Villamayor-Tomas et al. 2020）。

3.6　ツールの活用に向けた課題

　ここで紹介したさまざまなツールは、その時代における分析上の問題に対す

る解決策として登場したものであり、新しい学者がさまざまな実証的設定で使用するにつれて進化を続けている。さまざまな文脈におけるルールの類型の操作化は、それぞれの類型が実際に実践の場で何を意味するのかについての理解の向上に貢献してきた。制度の文法ツール（the institutional grammer tool：IGT）における重要なイノベーションには、「対象」の構成要素の追加（Siddiki et al. 2011）や、行為レベルを超えてルールを集計する方法に関する図解（Carter et al. 2015；Dunlop et al. 2020）などがある。NAS は、具体的な文脈におけるつながりを操作化する取り組みや、ネットワークの境界線をどのように引くかについての提案から恩恵を受けている（例：Hofffman and Villamayor-Tomas 2022）。また、SES フレームワークは、さまざまな政策の文脈における特徴づけ（該当する節参照）や、財産権の束（Coleman 2011）やルールの類型（Gritsenko 2018）のような他のツールとの統合からも利益を得ている。

しかし、方法論的な課題は残っている。NAS をめぐる課題は、行為の状況を描写する方法と、その結果得られたデータを分析する戦略との方法論的ギャップに関するものである（Kimmich et al. 2022）。IGT とルールの類型も、形式ルールと使用ルールを統合する方法について、さらなるガイダンスから恩恵を得ることができるだろう。財産権の束は、異なる財（例：木材や非木材林産物、生態系サービスや都市サービス）の束を集約する取り組みからも恩恵を受ける可能性がある（Galik and Jagger 2015）。最後になるが、SES フレームワークを適用する際の重要な課題として、変数が階層化されるロジックの明確化（例：経験的詳細のレベル vs. 概念的区別）（参照：Schlager and Cox 2018）や、「相互作用」構成要素の使いやすさ（Partelow 2018；Villamayor-Tomas et al. 2020）が含まれる。

4．結　論

フレームワークという概念は、政策科学において広く認識され、使用されているわけではない。ほとんどの学者やアナリストは理論やモデルを使いこなしているが、より一般的なレベルで知識を体系化することはほとんど行われていない。しかし、IAD フレームワークやそれに付随するツールによって実証されているように、その価値は大きい。フレームワークとは、現実の一部分や側面（この場合は、文脈における制度）の一般的な概念、共通言語、そしてそれを特

定・測定・分析するための分析ツールを提供するものである。E. オストロム（E. Ostrom 1990, 1998, 2005）が繰り返し述べているように、こうした取り組みの価値は、特定の設定や文脈に対して、より適した制度的仕組みをもたらすような確かな説明を展開することにある。

E. オストロム（1990, 1998, 2005）が繰り返し述べたように、このような取り組みの価値は、特定の状況や文脈に対してより適切な制度的枠組みをもたらすような、確かな説明を展開することにあります。

IAD は、政策とは何か、誰が政策策定の権利を持つかを学者が問うことを可能にする。政策過程や政策一般に関するいくつかの理論（「空洞国家」について警告する理論も含む）とは対照的に、IAD は政府が政策策定の中心にあることを当然視しない。政府は、多数の試みにおいて多様な非政府主体との関わりを持つ、極めて異質な存在である。あらゆる種類の生産者、消費者、社会組織は、その管轄区域内の問題を解決するために、実に多くの政策策定の余地とイニシアティブを有している。こうした事実を真摯に受け止めれば、政策とその他の制度を分ける境界線は曖昧になる。結局のところ、政策とは公式的な制度と非公式的な制度の束であり、それらは意図的なものであると同時に慣習によって生み出されるものでもある。本章では、政府を中心とした政策策定と、その他のアクターが展開する政策策定、さらにはより広範なガバナンスの文脈を研究するために、IAD がどのように利用できるかを説明しようと試みた。

このフレームワークは、将来にわたって研究と政策策定のためのインフラを提供し続けるだろう。IAD は確立され、世界のアナリストの間で定着し使用されているだけでなく、ツールを通じて拡大し続けている。特に IGT とルールの類型、SES フレームワーク、NAS といった明確なプログラムを通じてツールを開発し続けることで、IAD の活力は維持され、ツールを利用する研究者のコミュニティは成長し続けるだろう。この点で特筆すべきは、制度の文法ツールとルールの類型である。この 12 年間で、IGT の使用は、主に法律や規則といった形式ルールの研究において大幅に拡大した（参照：Pieper et al. 2022）。この拡大は、制度文法研究イニシアティブ（Institutional Grammar Research Initiative：IGRI, www.institutionalgrammar.org を参照）を通じて、サバ・シディキ（Saba Siddiki）とその研究仲間によって推進されている。IGRI は、(1)文法の機械コーディング用ソフトウエア、(2)IGT 生成データに基づく変数のライブラリ、(3)行

動データと IGT データを組み合わせて制度、選択、アウトカムの相互作用を探求するアプリケーションを開発することによって、IGT の拡張に注力している学者の世界的なネットワークで構成されている。さらに、フランツとシディキ (Frantz and Siddiki 2021) は IG2.0 を開発し、クローフォードとオストロム (Crawford and Ostrom 1995) によって開発された制度の文法を大幅に拡張した。IG2.0 は、構成する文言をコーディングするための文法と、さまざまな分析ニーズに適したさまざまなレベルの「表現力」を可能にする複数のバージョンの文法を提供する。IG2.0 は、コンピュータ科学者や言語学者によって、そして、他の学問分野で使用されることによって、その範囲と用途を広げていくだろう。

　私たちはまた、SES フレームワークプログラムが新たな政策の文脈の中に拡大し続け、十分に研究された文脈においての特徴付けを強固にし続けることを期待している。SES フレームワークは他のツールよりもはるかに汎用性が高いため、より広範な適用が可能である。しかし、SES フレームワークコミュニティは学問的にも理論的にも多様であるため、適用の標準化と知識の蓄積を目標とするのであれば、重要な調整問題に直面することになる (Schlager and Cox 2018, Cox et al.)。SES フレームワークと同様に、私たちは、NAS プログラムも多様な政策の文脈に拡大し続けることや (参照：Kimmich et al. 2022 の最近の特別号)、行為の状況とネットワークの境界設定、およびそれらの連携の測定をめぐる共通理解や実践を確立していくことを期待している。また、NAS と多核性研究 (例：Thiel et al. 2022) との結びつきは、NAS の適用と理論的洞察 (例：Thiel et al. 2022) の両方において成長し続けることが期待される。

　最後の考察として、IAD ツール群のモジュール化 (本章第3節) に改めて言及しておく価値がある。それぞれのツールは独自の選択を必要とするが、それらはすべて IAD (本章第2節) において共通の土台を共有している。学者は、これらのツールのいずれかを使用するために専門家である必要はなく、全てのツールに精通している必要もない。ただし、IAD の基礎に精通することを強くお勧めする。そうして初めて、私たちの見解では、研究者はツールの可能性を十分に活用し、大きく成長しつつある政策アナリストのコミュニティが行う分析を活用することができるのだ。

注

1 本章はエリノア・オストロムを著者として含んでいないが、彼女の人生と生涯の仕事から触発されている。IADフレームワークは政策分析に携わるためのツール以上のものであり、政治理論・政策分析ワークショップでオストロム夫妻と多くの同僚がどのように世界にアプローチし、科学を実践しているかを表している。私たちはエリノア・オストロムを師として、そして友人として持つことができて幸運だった。これからも彼女の精神とビジョンに導かれ続けるだろう。

2 互換性とは、これらの理論が、制度的仕組みと人間行動との相互作用を説明するために、フレームワークを構成する6つの構成要素の異なる側面を表す変数を使用することを意味する。

3 SESフレームワークはIADフレームワークのツールであるというのが私たちの主張である。本章でさらに発展させたように、SESフレームワークはIADのいくつかの構成要素にズームインするための手段を提供し、そのためアナリストは標準的なIADフレームワークでは不可能な制度的現実の社会的・生態学的詳細を体系的に検討することができる。それでもなお、SESフレームワークの論理とアクターと制度に与えられた重要性、そして後者が前者をどのように形成しているかという関心は、IADの中で理解されるべきものである。

4 これらはゲーム理論において、正式なゲームモデルを構築するために使用される共通の要素である。

5 行為の状況を特定し、構成要素を操作化するプロセスを通じてアナリストを導く、完全に開発されたコーディング・フォームとコード・ブックのセットについては、SESライブラリ（https://seslibrary.asu.edu/）を参照のこと。

6 ここでは、IADの特集号全体のみを含めていることに留意されたい。特定のツールに特化した特集号は、この章の他の部分で言及している。

7 過去の文献の概要については、シュラガーとコックス（Schlager and Cox 2018）を参照のこと。ここでは、2017年から2022年までのタイトル、抄録、キーワードに「IADフレームワーク」というキーワードを用いたScopusでの検索に基づいてレビューを行う。検索の結果、109本がヒットしたが、そのうちの11本は、フレームワークとはまったく関係がないか、会議論文か、IADツールのいずれかに焦点を当てたものであった。レビューはタイトルと抄録に基づいて行われた。

8 これらの洞察は、2017年から2022年の間に発表された20本の論文の探索的な概観（exploratory overview）に基づいている。論文のうち10本は、「使用ルール」と「ルールの類型」という検索語を用いて特定された。6本はIGTの適用を検索した際に特定され、4本は著者らが知っていたものである。

9 Pieper, Leah, Santiago Ruiz, Edella Schlager, and Charlie Schweik. 2022. "The Use of the Institutional Grammar 1.0 for Policy Studies：A Literature Review." Working Paper. に挙げられている学術雑誌論文。

10 ルールと同様に、財産権の束は事実上（すなわち、使用上）である場合もあれば、法律

上（すなわち、形式上）である場合もある。多くの設定において、事実上の権利も法律上の権利と同様に重要である。
11 SESフレームワークを推進したと思われるもう1つの理由は、持続可能な地域の天然資源管理に関する既存の理論を、要因の特定から、さまざまな要因の関連性が高いか低いかの条件の理解へと移行させようという意図であった（Agrawal 2002）。
12 過去の文献の概要については、シュラガーとコックス（Schlager and Cox 2018）を確認されたい。ここでは、2017年から2022年までのタイトル、抄録、キーワードに「SESフレームワーク」というキーワードを用いたScopusでの検索に基づくレビューである。検索の結果、96本がヒットしたが、そのうちの7本は、フレームワークとはまったく関係のないもの、別のSESフレームワークに依拠したもの、あるいは学会論文であった。レビューはタイトルと抄録に基づいて行われた。

参考文献

Agrawal, Arun. 2002."Common Resources and Institutional Sustainability." In National Research Council. The Drama of the Commons. Committee on the Human Dimensions of Global Change. Elinor Ostrom, Tom Dietz, Nives Dolsak, Paul. C. Stern, S. Stovich and Elke. U. Weber, eds., *Division of Behavioral and Social Sciences and Education*, pp.41-85. Washington, DC：National Academy Press.

Agrawal, Arun. 2003."Sustainable Governance of Common-Pool Resources：Context, Methods, and Politics." *Annual Review of Anthropology* 32：243-262.

Agrawal, Arun, Ashwini Chhatre, and Elisabeth Gerber. 2015."Motivational Crowding in Sustainable Development Interventions." *American Political Science Review* 109（3）：4

Allaire Gilles., LabatutJulie., and Tesni & re Germain. 2018."Complexity of Commons and Property Right Regimes：The Case of Animal Genetic Resources"［Complexité des communs et régimes de droits de propriété：Le cas des ressources génétiques animales］ *Revue d'Economie Politique* 128（1）：109 135.

Allen, Barbara. 2005. *Tocqueville, Covenant, and the Democratic Revolution：Harmonizing Earth with Heaven*. Lanham, MD：Lexington Books.

Alvarez Le6n Luis. F., and Gleason Cillin. J. 2017."Production, Property, and the Construction of Remotely Sensed Data." *Annals of the American Association of Geographers* 107（5）：1075-1089

Anderies, Marty, and Marco Janssen. 2013."Robustness of Social Ecological Systems." *Policy Studies Journal* 41（3）：513-536

Anderies, John M., Marco A. Janssen, Allen Lee, and Hannah Wasserman. 2013."Environmental Variability and Collective Action：Experimental Insights from an Irrigation Game." *Ecological Economics* 93（September）：166-176. https://doi.org/10.1016/j.ecolecon.2013.04.010.

Arnold, Gwen, and Robert Holahan. 2014."The Federalism of Fracking：How the Locus of Policy-Making Authority Affects Civic Engagement." *Publius* 44（2）：344-368. https://doi.org/10.1093/publius/pjt064.

Baldwin, Elizabeth, Paul McCord, Jampel Dell'Angelo, and Tom Evans. 2018."Collective Action in a Polycentric Water Governance System." *Environmental Policy and Governance* 28（4）：212-222. https://doi.org/10.1002/EET.1810.

Bang, Martin. 2018."Institutional Influence on Assessments : The Institutional Analysis and Development Framework Applied to Military Intelligence." *The International Journal Intelligence, Security, and Public Affairs* 20 (1) : 47-70. https://doi.org/10.1080/23800992.2018.1436391.

Barton, David N., Karla Benavides, Adriana Chacon-Cascante, Jean Francois Le Coq, Miriam Miranda Quiros, Ina Porras, Eeva Primmer, and Irene Ring. 2017."Payments for Ecosystem Services as a Policy Mix : Demonstrating the Institutional Analysis and Development Framework on Conservation Policy Instruments." *Environmental Policy and Governance* 27 (5) : 404-421. https://doi.org/10.1002/EET.1769.

Basurto, Xavier. 2005."How Locally Designed Access and Use Controls Can Prevent the Tragedy of the Commons in a Mexican Sall-Scale Fishing Community." society & Natural Resources 18 (7) : 643-659.

Basurto, Xavier, Gordon Kingsley, Kelly McQueen, Mshadoni Smith, and Christopher M. Weible. 2010."A Systematic Approach to Institutional Analysis : Applying Crawford and Ostrom's Grammatical Syntax." *Political Research Quarterly* 63 (3) : 523-537.

Bertacchini, Enrico, and Peter Gould. 2021."Collective Action Dilemmas at Cultural Heritage Sites : An Application of the IAD-NAAS Framework." *International Journal of the Commons* 15 (1) : 276-290. https://doi.org/10.5334/1JC.1089/METRICS/.

Boillat, Sébastien, Jean David Gerber, Christoph Oberlack, Julie G. Zaehringer, Chinwe Ifejika Speranza, and Stephan Rist. 2018."Distant Interactions, Power, and Environmental Justice in Protected Area Governance : A Telecoupling Perspective." *Sustainability 2018* 10 (11) : 3954. https://doi.org/10.3390/SU10113954.

Bowles, Samuel. 2008."Policies Designed for Self-Interested Citizens May Undermine the 'Moral Sentiments' : Evidence From Economics Experiments." *Science* 320 (5883) : 1605-1609.

Brehony, Peadar, Peter Tyrrell, John Kamanga, Lucy Waruingi, and Dickson Kaelo. 2020."Incorporating Social-Ecological Complexities into Conservation Policy." *Biological Conservation* 248 (August) : 108697. https://doi.org/10.1016/J.BIOCON.2020.108697.

Bushouse, Brenda K., Brent Never, and Robert K. Christensen. 2016."Elinor Ostrom's Contribution to Nonprofit and Voluntary Action Studies : " *Nonprofit and Voluntary Sector* Quarterly 45 (4S) : 7S-26S. https://doi.org/10.1177/0899764016651337.

Carlisle, Keith, and Rebecca L. Gruby. 2017."Polycentric Systems of Governance : A Theoretical Model for the Commons." *Policy Studies Journal*, August. https://doi.org/10.1111/psj.12212.

Carlson, Laura A., and Vera Bitsch. 2018."Social Sustainability in the Ready-MadeGarment Sector in Bangladesh : An Institutional Approach to Supply Chains." *International Food and Agribusiness Management Association* 21 (2) : 269-292. https://doi.org/10.22434/1FAMR2017.0114.

Carter, David P., Christopher M. Weible, Saba N. Siddiki, and Xavier Basurto. 2015."Integrating Core Concepts from the Institutional Analysis and Development Framework for the Systematic Analysis of Policy Designs : An Illustration from the US National Organic Program Regulation : " *Journal of Theoretical Politics* 28 (1) : 159-185. https://doi.org/10.1177/0951629815603 494.

Cazcarro, Ignacio, and Sergio Villamayor-Tomas. 2022."Networks of Action Situations in Point Source Pollution. The Case ofWinery Wastewater in Aragon (Spain)." *Sustainability Science* 18 : 201-218.

Clement, Floriane. 2010."Analyzing Decentralized Natural Resource Governance : Proposition for a Politicized Institutional Analysis and Development Framework." *Policy Sciences* 43 : 129-156.

Coleman, Eric A. 2011."Common Property Rights, Adaptive Capacity, and Response to Forest Dis-

第 6 章　制度分析・開発フレームワークとその政策・制度分析のためのツール

turbance." *Global Environmental Change* 21（3）：855-865. https://doi.org/10.1016/J.GLOENVCHA.2011.03.012.
Coleman, Eric and Brian Steed. 2009."Monitoring and Sanctioning in the Commons：An Application to Forestry." *Ecological Economics* 68（7）：2106-2113.
Coleman, Erik and Rick Wilson. 2016."Elinor Ostrom and Social Dilemmas." *Journal of Theoretical Politics* 28（1）：3-185.
Cook, NathanJ., Tara Grillos, and Krister Andersson. 2019."Gender Quotas Increase the Equality and Effectiveness of Climate Policy Interventions" *Nature Climate Change* 9（4）：330-334
Cox, Michael, Sergio Villamayor-Tomas, Graham Epstein, Louisa Evans, Natalie C Ban, Forrest Fleischman, Mateja Nenadovic, and Gustavo Garcia-Lopez. 2016."Synthesizing Theories of Natural Resource Management and Governance." *Global Environmental Change* 39：45-56.
Cox, Michael, Sergio Villamayor-Tomas, Natalie C. Ban, Graham Epstein, Louisa Evans, Forrest Fleischman, Mateja Nenadovic, et al. 2020."From Concepts to Comparisons：A Resource for Diagnosis and Measurement in Social-Ecological Systems."*Environmental Science & Policy* 107（May）：211-216. https://doi.org/10.1016/J.ENVSCI.2020.02.009.
Crawford, Sue E. S, and Elinor Ostrom. 1995."A Grammar of Institutions." *The American Political Science Review* 89（3）：582-600. https://doi.org/10.2307/2082975.
Crawford, Sue E. S., and Elinor Ostrom. 2005."A Grammar of Institutions." In Elinor Ostrom, ed., *Understanding Institutional Diversity*, pp.137-174. Princeton, NJ：Princeton University Press. Originally published in American Political Science Review 89（3）（1995）：582-600.
Demsetz, Harold. 1968."Toward a Theory of Property Rights." *American Economic Review* 62：347-359.
Dennis, E. M., and E. Brondizio. 2020."Problem Framing Influences Linkages Among Networks of Collective Action Situations for Water Provision, Wastewater, and Water Conservation in a Metropolitan Region." *International Journal the Commons*, 14（1）.
Dunajevas, Eugenljus, and Daiva Sku&iene. 2016."Mandatory Pension System and Redistribution：The Comparative Analysis of Institutions in Baltic States." *Central European Journal of Public Policy* 10（2）：16-29. https://doi.org/10.1515/CEJPP-2016-0025.
Dunlop, Claire A., Jonathan Kamkhaji, Claudio M. Radaelli, Gaia Taffoni, and Claudius Wagemann. 2020."Does Consultation Count for Corruption? The Causal Relations in the EU-28." *Journal of European Public Policy* 27（11）：1718-1741. https://doi.org/10.1080/13501763.2020.1784984.
Faridah, Lia, Fedri Ruluwedrata Rinawan, Nisa Fauziah, Wulan Mayasari, Angga Dwiartama, and Kozo Watanabe. 2020."Evaluation of Health Information System（HIS）in the Surveillance of Dengue in Indonesia：Lessons from Case in Bandung, West Java." *International Journal of Environmental Research and Public Health* 17（5）：1795. https://doi.org/10.3390/lJERPH 17051795.
Foster Tim, Emily C. Rand, Krishna K. Kotra, Erie Sami E, and Juliet Willetts. 2021."Contending With Water Shortages in the Pacific：Performance of Private Rainwater Tanks Versus Communal Rainwater Tanks in Rural Vanuatu." *Water Resources Research* 57(11)：e2021WR030350
Frantz, Christopher K., and Saba Siddiki. 2021."Institutional Grammar 2.0：A Specification for Encoding and Analyzing Institutional Design." *Public Administration* 99（2）：222-247. https:doi.org/10.1111/padm.12719
Galik, Christopher S., and Pamela Jagger. 2015."Bundles, Duties, and Rights：A Revised Framework for Analysis of Natural Resource Property Rights Regimes." *Land Economics* 91（1）：76-90. https://doi.org/10.3368/le.91.1.76.

Gibson, Clark, John Williams, and Elinor Ostrom. 2005. "Local Enforcement and Better Forests." *World Development* 33 (2): 273-284.

Gong, Yanqing, and Rong Tan. 2021. "Emergence of Local Collective Action for Land Adjustment in Land Consolidation in China: An Archetype Analysis." *Landscape and Urban Planning* 214 (October): 104160. https://doi.org/10.1016/J.LANDURBPLAN.2021.104160.

Gouill, Claude Le, and Franck Poupeau. 2020. "A Framework to Assess Mining within Social-Ecological Systems." *Current Opinion in Environmental Sustainability* (June): 67-73. https://doi.org/10.1016/J.COSUST.2020.06.001.

Gritsenko, Daria. 2018. "Explaining Choices in Energy Infrastructure Development as a Network of Adjacent Action Situations: The Case of LNG in the Baltic Sea Region." *Energy Policy* 112 (January): 74-83. https://doi.org/10.1016/J.ENPOL.2017.10.014.

Grossman, Peter Z. 2019. "Utilizing Ostrom's Institutional Analysis and Development Framework toward an Understanding of Crisis-Driven Policy." *Policy Sciences* 52 (1): 3-20. https://doi.org/10.1007/S11077-018-9331-7/TABLES/2.

Gruby, Rebecca L, and Xavier Basurto. 2014. "Multi-Level Governance for Large Marine Commons: Politics and Polycentricity in Palau's Protected Area Network." *Environmental Science & Policy* 33: 260-272. https://doi.org/http://dx.doi.org/10.1016/j.envsci.2013.06.006.

Grundmann, Philipp, and Melf Hinrich Ehlers. 2016. "Determinants of Courses of Action in Bioenergy Villages Responding to Changes in Renewable Heat Utilization Policy." *Utilities Policy* 41 (August): 183-92. https://doi.org/10.1016/J.JUP.2016.02.012.

Hardin, Garrett. 1968. "The Tragedy of the Commons." Science 162: 1243-1248.(桜井徹訳「共有地の悲劇」、シュレーダー＝フレチェット編/京都生命倫理研究会訳『環境の倫理 下』(晃洋書房、1993 年)

Hayes, Tanya. 2012. Payment for Ecosystem Services, Sustained Behavioral Change, and Adaptive Management: Peasant Perspectives in the Colombian Andes." *Environmental Conservation* 39 (2): 144-153.

Heikkila, Tanya, Sergio Villamayor-Tomas, and Dustin Garrick. 2018. "Bringing Polycentric Systems into Focus for Environmental Governance." *Environmental Policy and Governance* 28 (4): 207-211. https://doi.org/10.1002/eet.1809.

Heikkila, Tanya, and Christopher M. Weible. 2018. "A Semiautomated Approach to Analyzing Polycentricity." *Environmental Policy and Governance* 28 (4): 308-18. https://doi.org/10.1002/EET.1817.

Heldeweg, Michiel A. 2017. "Legal Regimes for Experimenting with Cleaner Production-Especially in Sustainable Energy." *Journal of Cleaner Production* 169 (December): 48-60. https://doi.org/10.1016/J.JCLEPRO.2016.11.127.

Hoffmann, Patrick, and Sergio Villamayor-Tomas. 2022. "Irrigation Modernization and the Efficiency Paradox: A Meta-Study through the Lens of Networks of Action Situations." *Sustainability Science* 1 (April): 1-19. https://doi.org/10.1007/S11625-022-01136-9.

Janssen, Marco A, Therese Lindahl, and James J Murphy. 2015. "Advancing the Understanding of Behavior in Social-Ecological Systems: Results from Lab and Field Experiments." *Ecology and Society* 20 (4): 34.

Kimmich, Christian. 2013. "Linking Action Situations: Coordination, Conflicts, and Evolution in Electricity Provision for Irrigation in Andhra Pradesh, India." *Ecological Economics* 90 (June): 150-158. https://doi.org/10.1016/J.ECOLECON.2013.03.017.

Kimmich, Christian, Elizabeth Baldwin, Elke Kellner, Christoph Oberlack, and Sergio Villamayor-

第 6 章　制度分析・開発フレームワークとその政策・制度分析のためのツール　281

Tomas. 2022. "Networks of Action Situations : A Systematic Review of Empirical Research." *Sustainability Science* 1 (March) : 1-16. https://doi.org/10.1007/S11625-022-01121-2/FIGURES/3.
Kimmich, Christian, and Julian Sagebiel. 2016. "Empowering Irrigation : A Game Theoretic Approach to Electricity Utilization in Indian Agriculture." *Utilities Policy* 43 (December) : 174-85. https://doi.org/10.1016/J.JUP.2016.10.002.
Kincaid, John. 2014. "The Federalist and V. Ostrom on Concurrent Taxation in Federalism." *Publius : The Journal of Federalism* 44 (2) : 275-297. https://doi.org/10.1093/publius/pju006
Kiser, Larry L., and Elinor Ostrom. 1982. "The Three Worlds of Action : A Metatheoretical Synthesis of Institutional Approaches." In Elinor Ostrom, ed., *Strategies Political Inquiry*, pp.179-222. Beverly Hills, CA : Sage.
Kuzma, J., F. Gould, Z. Brown, J. Collins, J. Delborne, E. Frow, K. Esvelt, et al. 2017. "A Roadmap for Gene Drives : Using Institutional Analysis and Development to Frame Research Needs and Governance in a Systems Context." *Journal of Responsible Innovation* (January) : S13-S39. https://doi.org/10.1080/23299460.2017.1410344
Laborda-Pemán, Miguel, and Tine de Moon 2016. "History and the Commons : A Necessary Conversation." *International Journal of the Commons* 10 (2) : 517-528. https://doi.org/10.18352/1JC.769/GALLEY/622/DOWNLOAD/.
Lam, Wai Fung. 1998. *Governing Irrigation Systems in Nepal*. San Francisco, CA : ICS Press.
Lansing, J. Stephen and James Kremer. 1993. "Emergent Properties of Balinese Water Temple Networks : Coadaptation on a Rugged Fitness Landscape." *American Anthropologist* 95 (1) : 97-114.
Le Gouill, C., and F. Poupeau. 2020. "A Framework to Assess Mining Within Social-Ecological Systems." *Current Opinion in Environmental Sustainability*, 44, 67-73.
Lewis, Dave, and Joss Moorkens. 2020. "A Rights-Based Approach to Trustworthy AI in Social Media : " *Social Media + Society* 6 (3). https://doi.org/10.1177/2056305120954672.
Libman, Alexander, and Anastassia Obydenkova. 2014. "Governance of Commons in a Large Nondemocratic Country : The Case of Forestry in the Russian Federation." *Publius : The Journal of Federalism* 44 (2) : 298-323. https://doi.org/10.1093/PUBLIUS/PJT065.
Lutz, Donald. 1988. *The Origins of American Constitutionalism*. Baton Rouge, LA : Louisiana State University Press.
McCord, Paul, Jampel Dell' Agngelo, Elizabeth Baldwin, and Tom Evans. 2016. "Polycentric Transformation in Kenyan Water Governance : A Dynamic Analysis of Institutional and Social-Ecological Change." *Policy Studies Journal*. https://doi.org/10.1111/psj.12168.
McGinnis, Michael D. 2011. "Networks of Adjacent Action Situations in Polycentric Governance." *Policy Studies Journal* 39 (1) : 51-78. https://doi.org/10.1111/j.1541-0072.2010.00396.x.
Mewhirter, Jack, Mark Lubell, and Ramiro Berardo. 2018. "Institutional Externalities and Actor Performance in Polycentric Governance Systems." *Environmental Policy and Governance* 28 (4) : 295-307. https://doi.org/10.1002/EET.1816.
Muradian, Roldan, and Juan Camilo Cardenas. 2015. "From Market Failures to Collective Action Dilemmas : Reframing Environmental Governance Challenges in Latin America and Beyond." *Ecological Economics* 120 (December) : 358-365. https://doi.org/10.1016/J.ECOLECON.2015.10.001.
Nakandakari Alexis., Caillaux Matias., Zavala Jose., Gelcich Stephan., Ghersi Fernando. 2017. "The Importance of Understanding Self-Governance Efforts in Coastal Fisheries in Peru : Insights from La Islilla and Ilo." *Bulletin of Marine Science* 93 : 1-199.

Nigussie, Zerihun, Atsushi Tsunekawa, Nigussie Haregeweyn, Enyew Adgo, Logan Cochrane, Anne Floquet, and Steffen Abele. 2018."Applying Ostrom's Institutional Analysis and Development Framework to Soil and Water Conservation Activities in North-Western Ethiopia." *Land Use Policy* 71：1-10.

Oberlack, Christoph, Sébastien Boillat, Stefan Brönnimann, Jean-David Gerber, Andreas Heinimann, Chinwe Ifejika Speranza, Peter Messerli, Stephan Rist, and Urs Wiesmann. 2018."Polycentric Governance in Telecoupled Resource Systems." *Ecology and Society* 23（1）：16.

Oh, Jinkyung, and Hiroshan Hettiarachchi. 2020."Collective Action in Waste Management：A Comparative Study of Recycling and Recovery Initiatives from Brazil, Indonesia, and Nigeria Using the Institutional Analysis and Development Framework." *Recycling* https://doi.org/10.3390/RECYCLING5010004.

Omori, Sawa, and Bartolome S. Tesorero. 2020."Why Does Polycentric Governance Work for Some Project Sites and Not Others? Explaining the Sustainability of Tramline Projects in the Philippines." *Policy Studies Journal* 48（3）：833-860.

Ostrom, Elinor. 1990. *Governing the Commons：The Evolution of Institutions for Collective Action.* New York：Cambridge University Press.（原田禎夫・齋藤暖生・嶋田大作訳『コモンズのガバナンス：人びとの協働と制度の進化』（晃洋書房、2022年））

Ostrom, Elinor. 1998."A Behavioral Approach to the Rational Choice Theory of Collective Action." *American Political Science Review* 92（1）：1-22.

Ostrom, Elinor. 1999."Coping with the Tragedy of the Commons." *Annual Review of Political Science* 2：493-535.

Ostrom, Elinor. 2005. *Understanding Institutional Diversity.* Princeton, NJ：Princeton University Press.

Ostrom, Elinor. 2007a."Institutional Rational Choice：An Assessment of the Institutional Analysis and Development Framework." In Paul Sabatier, ed., *Theories of the Policy Process*, pp.21-64. Boulder, CO：Westview Press.

Ostrom, Elinor. 2007b."A Diagnostic Approach for Going beyond Panaceas." *Proceedings of the National Academy of Sciences* 104（39）：15181-15187. https://doi.org/10.1073/pnas.0702288104.

Ostrom, Elinor. 2009."A General Framework for Analyzing Sustainability of Social Ecological Systems." *Science* 325（5939）：419-422. https://doi.org/10.1126/science.1172133.

Ostrom, Elinor and Xavier Basurto. 2011."Crafting Analytical Tools to Study Institutional Change." *Journal of Institutional Economics* 7（3）：317-343.

Ostrom, Elinor, Roy Gardner, and James Walker. 1994. *Rules, Games, and Common Pool Resources.* Ann Arbor：University of Michigan Press.

Ostrom, Elinor, Cox Michael, and Edella Schlager. 2014."An Assessment of the Institutional Analysis and Development Framework and Introduction of the Social-Ecological Systems Framework." In C. Weible and P. Sabatier eds., *Theories of the Policy Process*, 267-306. Boulder, CO：Westview Press.

Ostrom, Vincent. 1987. *The Political Theory of a Compound Republic：Designing the American Experiment.* Lincoln, NE：University of Nebraska Press.

Ostrom, Vincent. 1997. *The Meaning of Democracy and the Vulnerability of Democracies：A Response to Tocqueville's Challenge.* Ann Arbor：University of Michigan Press.

Ostrom, Vincent. 2008. *The Intellectual Crisis in American Public Administration.* 3rd ed. Tuscaloosa：University of Alabama Press.

Partelow, Stefan. 2018."A Review of the Social-Ecological Systems Framework：Applications,

第 6 章　制度分析・開発フレームワークとその政策・制度分析のためのツール　283

Methods, Modifications, and Challenges." *Ecology and Society* 23（4）：art36. https://doi.org/10.5751/ES-10594-230436.
Patel, Vidushi, Eloise M. Biggs, Natasha Pauli, and Bryan Boruff. 2020. "Using a Social-Ecological System Approach to Enhance Understanding of Structural Interconnectivities within the Beekeeping Industry for Sustainable Decision Making." *Ecology and Society, Published Online*：Jun 24 25（2）：1-29. https://doi.org/10.5751/ES-11639-250224.
Pieper, Leah, Santiago Ruiz, Edella Schlager, and Charlie Schweik. 2022. "The Use of the Institutional Grammar 1.0 for Policy Studies：A Literature Review." Working Paper.
Poteete, Any, Marco Janssen, and Elinor Ostrom. 2010. *Working Together：Collective Action, the Commons, and Multiple Methods in Practice*. Princeton, NJ：Princeton University Press.
Potoski, Matthew, and Aseem Prakash. 2013. "Green Clubs：Collective Action and Voluntary Environmental Programs" *Annual Review of Political Science* 16：399-419.
Pulhin Juan M., Arielle R. Fajardo, Canesio D. Predo, Asa Jose Sajise, Catherine C. De Luna, and Dan Leo Z. Diona. 2021. "Unbundling Property Rights among Stakeholders of Bataan Natural Park：Implications to Protected Area Governance in the Philippines" *Journal of Sustainable Forestry*. https://doi.org/10.1080/10549 811.2021.1894950.
Quifiones-Ruiz, Xiomara F., Thilo Nigmann, Christoph Schreiber, and Jeffrey Neilson. 2020. "Collective Action Milieus and Governance Structures of Protected Geographical Indications for Coffee in Colombia, Thailand and Indonesia." *International Journal of the Commons* 14（1）：329-343. https://doi.org/10.5334/IJC.1007/METRICS/.
Roditis, Maria L., Donna Wang, Stanton Glantz, and Amanda Fallin. 2015. "Evaluating California Campus Tobacco Policies Using the American College Health Association Guidelines and the Institutional Grammar Tool." *Journal of American College Health* 63（1）：57-67
Rouillard J., Babbitt C., Pulido-Velazquez M., and Rinaudo J.-D. 2021. "Transitioning out of Open Access：A Closer Look at Institutions for Management of Groundwater Rights in France, California, and Spain." *Water Resources Research* 57（4）：e2020WR028951
Ruiz-Ballesteros, E., & Brondizio, E. 2013. "Building Negotiated Agreement：The Emergence of Community-Based Tourism in Floreana（Galápagos Islands)." *Human Organization*, 72（4）, 323-335.
Schlager, Edella. 2016. "Editorial：Introducing the "the Importance of Context, Scale, and Interdependencies in Understanding and Applying Ostrom's Design Principles for Successful Governance of the Commons." *International Journal of the Commons* 10（2）：405-416. https://doi.org/10.18352/1JC.767/METRICS/.
Schlager, Edella, and Elinor Ostrom. 1992. "Property Rights Regimes and Natural Resources：A Conceptual Analysis" *Land Economics* 68（3）：249-262.
Schlager, Edella, and Michael Cox. 2018. "The IAD Framework and the SES Framework：An Introduction and Assessment of the Ostrom Workshop Frameworks." In Christopher M. Weible and Paul A. Sabatier eds., *Theories of the Policy Process*, pp.225-262. New York：Westview Press.
Schlager, Edella, Laura Bakkensen, Tomas Olivier, and Jeffery Hanlon. 2021. "Institutional Design for a Complex Commons：Variations in the Design of Credible Commitments and the Provision of Public Goods." *Public Administration* 99（2）. https://doi.org/10.1111/padm.12715
Schlüter, Maja, L Jamila Haider, Steven J Lade, Emilie Lindkvist, Romina Martin, Kirill Orach, Nanda Wijermans, and Carl Folke. 2019. "Capturing Emergent Phenomena in Social-Ecological Systems." *Ecology and Society* 24（3）：11.
Schröder, Nadine Jenny Shirin. 2018. "The Lens of Polycentricity：Identifying Polycentric Gover-

nance Systems Illustrated through Examples from the Field of Water Governance." *Environmental Policy and Governance* 28 (4): 236-251. https://doi.org/10.1002/EET.1812.

Schulze, Nora, Andreas Thiel, and Sergio Villamayor-Tomas. 2022. "Coordination across the Policy Cycle: Uncovering the Political Economy of River Basin Management in Spain." *Environmental Science & Policy* 135: 182-190.

Sendzimir, Jan, Zsuzsana Flachner, Claudia Pahl-Wostl, and Christian Knieper. 2010. "Stalled Regime Transition in the Upper Tisza River Basin: The Dynamics of Linked Action Situations." *Environmental Science & Policy* 13 (7): 604-619. https://doi.org/10.1016/J.ENVSCI.2010.09.005.

Siddiki, Saba. 2014. "Assessing Policy Design and Interpretation: An Institutions Based Analysis in the Context of Aquaculture in Florida and Virginia, United States." *Review of Policy Research* 31 (4): 281-303.

Siddiki, Saba, Christopher M Weible, Xavier Basurto, and John Calanni. 2011. "Dissecting Policy Designs: An Application of the Institutional Grammar Tool." *Policy Studies Journal* 39 (1): 79-103. https://doi.org/10.1111/j.1541-0072.2010.00397.x.

Siddiki, Saba, Xavier Basurto, and Christopher Weible. 2012. "Using the Institutional Grammar Tool to Understand Regulatory Compliance: The Case of Colorado Aquaculture." *Regulation & Governance* 6 (2): 167-188.

Stone, Deborah. 2012. *Policy Paradox: The Art of Political Decision Making*. New York: WW Norton & co.

Steenmans Katrien. 2021. "Do Property Rights in Waste and by-Products Matter for Promoting Reuse, Recycling and Recovery? Lessons Learnt from Northwestern Europe." *Current Research in Environmental Sustainability* 3: 100030.

Tang, Shui Yan. 1994. "Institutions and Performance in Irrigation Systems." In Elinor Ostrom, Roy Gardner, and James Walker eds., *Rules, Games and Common Pool Resources*, pp.225-245. Ann Arbor: University of Michigan Press.

Taufa Salome. V., Mele Tupou, Siola'a Malimali. 2018. "An Analysis of Property Rights in the Special Management Area (SMA) in Tonga." *Marine Policy* 95: 267-272.

Theesfeld Insa, Tom Dufhues, and Gertrude Buchenrieder. 2017. "The Effects of Rules on Local Political Decision-Making Processes: How Can Rules Facilitate Participation?" Policy Sciences 50 (4): 675-696.

Thiel, Andreas, Muluken Elias Adamseged, and Carmen Baake. 2015. "Evaluating an Instrument for Institutional Crafting: How Ostrom's Social-Ecological Systems Framework Is Applied." *Environmental Science & Policy* 53: 152-164.

Thiel, Andreas, D. E. Garrick, and W. A. Blomquist (eds.). 2019. Governing Complexity: *Analyzing and Applying Polycentricity*. Cambridge University Press.

Villamayor-Tomas, Sergio. 2018. "Polycentricity in the Water-Energy Nexus: A Comparison of Polycentric Governance Traits and Implications for Adaptive Capacity of Water User Associations in Spain." *Environmental Policy and Governance* 28 (4): 252-268. https://doi.org/10.1002/eet.1813.

Villamayor-Tomas, Sergio, Christoph Oberlack, Graham Epstein, Stefan Partelow, Matteo Roggero, Elke Kellner, Maurice Tschopp, and Michael Cox. 2020. "Using Case Study Data to Understand SES Interactions: A Model-Centered Meta-Analysis of SES Framework Applications." *Current Opinion in Environmental Sustainability*. Elsevier B. V. https://doi.org/10.1016/j.cosust.2020.05.002.

Villamayor-Tomas, Sergio, Philipp Grundmann, Graham Epstein, Tom Evans, and Christian Kimmich. 2015. "The Water-Energy-Food Security Nexus through the Lenses of the Value Chain and the Institutional Analysis and Development Frameworks." *Water Alternatives* 8 (1): 735-755.

Vitale, Corrine, Sander Meijerink, and Francesco D. Moccia. 2021. "Urban Flood Resilience, a Multi-Level Institutional Analysis of Planning Practices in the Metropolitan City of Naples." *Journal of Environmental Planning and Management*, Ahead-Of-Print, 66 (4), 1-23.

Wang, Lihua. 2020. "Newbie or Experienced : An Empirical Study on Faculty Recruitment Preferences at Top National HEIs in China." *Studies in Higher Education* 47 (4) : 783-798. https://doi.org/10.1080/03075079.2020.1804849.

Weible, Christopher, Tanya Heikkila, and David P. Carter. 2017. "An Institutional and Opinion Analysis of Colorado's Hydraulic Fracturing Disclosure Rule." *Journal of Environmental Policy and Planning* 19 (2) : 115-134.

Weimer, David, and Aiden Vining. 2016. *Policy Analysis : Concepts and Practice*. London : Routledge, Taylor & Francis Group.

Williamson, Oliver. 1985. *The Economic Institutions of Capitalism*. New York : Free Press.

Wilkes-Allemann, J., M. Pütz, and C. Hirschi. 2015. "Governance of Forest Recreation in Urban Areas : Analysing the Role of Stakeholders and Institutions Using the Institutional Analysis and Development Framework." *Environmental Policy and Governance*, 25 (2), 139-156.

Witkowski, Kaila, Jungwon Yeo, Sara Belligoni, N. Emel Ganapati, Tanya Corbin, and Fernando Rivera. 2021. "Florida as a COVID-19 Epicenter : Exploring the Role of Institutions in the State's Response." *International Journal Public Administration*. https://doi.org/10.1080/01900692.2021.2001013.

第7章　政策の波及とイノベーション

オスマニー・ポルト・デ・オリヴェイラ、ジュリア・C・ロマノ、
クレイグ・ヴォルデン、アンドリュー・カーチ
(Osmany Porto de Oliveira, Giulia C. Romano, Craig Volden, and Andrew Karch)

1．はじめに：政策イノベーションの波及

　前章まで、公共政策のプロセスをどのように見るべきかについて、多様で貴重な理論を提供してきた。しかし、それら全てに共通する要素が1つある。具体的には、それらは単一の地域、州、あるいは国家における政策策定に焦点を当てていたことである。本章では、より広い視点を提示し、政策が政府間で広がる、つまり波及していくことを示す。波及プロセスの本質を理解することは、学生や学者が、政策アイデアがどこから生まれ、なぜ政策策定者がそれを採択するのかを理解するのに役立つ。規範的なレベルでは、政策波及（policy diffusion）に焦点を当てることで、政策過程全体が良い政策選択をもたらすために機能しているのか、それとも機能していないのかについて、体系的なアセスメントも行うことができる。

　最も単純なレベルでは、政策波及に焦点を当てることで、単一の政府内の政策選択についての考察から、複数の対となる政府間の相互作用を考慮し、そして無数の政府、政策アクター間の関係からなる複雑なネットワークを理解するようになる。図7.1が示すように、私たちはしばしば、単一の政府内の**内部決定要因**から生じる政策選択について考える。どの政策が選択されるかは、国民、コミュニティ、あるいは政府の特性の関数かもしれない。地方政府のリーダーの政治的昇進の見込みや特定の課題の緊急性といった要因は、中国における気候変動政策の採択を説明するかもしれないし、市民や政府関係者の政治的傾向は、アメリカの一部の州における中絶反対政策の採択を説明するかもしれない。そして、社会的圧力に反応的な政党は、ブラジルでの飢餓と闘う政策を説

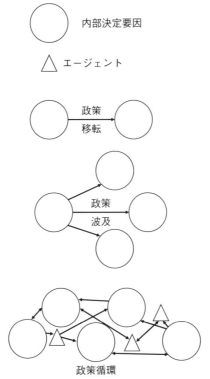

図 7.1　政策イノベーションがどのように
　　　　広まるかに関するさまざまな概念
出典：著者作成

明するかもしれない。

　しかし、こうした政策は何もないところから生まれるわけではない。政府や非政府組織（NGO）は、ある政府から別の政府へ政策を移転するために懸命に取り組んでいる。例えばオランダ政府は、官と民の組織のコンソーシアムを通じて、インドネシアのジャカルタなど、さまざまな地域への水管理の輸出を推進した（Minkman et al. 2019：1569）。市政府は、都市交通、都市計画、水管理といったさまざまなセクターにおけるベスト・プラクティスを広めるために、公共および民間の多様な組織と協働している（Montero, 2017；Pow, 2014）。しかし、このような政府と政府の交流も、政策波及プロセスの一部に過ぎず、それ

らを通じて政策が一度に多くのさまざまな政府に（そして多くのさまざまな政府から）広がる可能性がある。

　さらに広く言えば、政策は、互いに影響し合い、影響され合っている役人、コンサルタント、専門家、組織、政策起業家などの広大なネットワークの中で循環し、動いている。例えば、選挙で選ばれた公職者、官僚、医師の利益集団、NGO などのエージェントは、アメリカで証拠に基づく医療が発展した後、英国、フランス、ドイツへの証拠に基づく医療の広がりに貢献した（Hassenteufel et al., 2017）。世界銀行や国際通貨基金のような国際機関は、公共サービスの民営化を推進した。そして、「現場でグローバル化を推進する」責任を負っていた政策策定者以外の個々の人びとによって、民営化の広がりが大きく形作られた（Larner & Laurie, 2010）。地域統合に関わる他の仕組みも、このタイプのプロセスを示している。例えば、URB-AL プログラムは、欧州連合（EU）によって創設され、ヨーロッパとラテンアメリカにある都市間の知識と経験の交換を促進するようにデザインされた。このプログラムは、ヨーロッパとラテンアメリカの都市間で、都市経営のいくつかの領域（例：貧困削減、民主主義、持続可能な経済成長）を対象に、政府と非政府のエージェントで構成されるネットワークを通じて実施された。

　本章では、急速に拡大しつつある政策波及に関する文献、すなわち、政策波及の生まれた系譜、政策波及が形成される原理、現在の知識のフロンティア、そして将来の貢献領域への読者の理解を深めるための概観を提供する。具体的には、「公共政策がどのように伝播するのかを検証する研究の系譜」では、政策波及、政策移転（policy transfer）、政策循環（policy circulation）、政策流動性（policy mobilities）についての系譜を要約している。各アプローチの起源と主要な問い、各アプローチが政策の政府間移動をどのように特徴づけているか、そして各アプローチが知識を深めるために通常用いる方法論的ツールについて述べる[1]。

　「政策波及プロセスの背後にある基本原理」では、政策波及を研究する学者が研究を行う際の一連の基本原理について論じている。**「何が波及するのか」**という問いでは、アイデア、プログラム、方法論、技術の流れに重点を置きながら、波及が公共政策過程のあらゆる段階で起こることを指摘する。**「どこで」**の問いは、政策波及の文脈に関する議論や、いくつかの経路やメカニズムを介して波

及する政策やアイデアの実際のインパクトについての議論につながる。「**誰が波及に影響を与えるか**」という問いでは、政府、NGO、専門家団体、利益集団、唱道連合、政策起業家、その他多くの人々が政策の広がりに果たす役割を取り上げる。「**どのように**」という問いでは、政治権力や抵抗も考慮しながら、政策波及の背後にあるメカニズムを提起する。「**いつ**」という問いでは、波及プロセスの順序、タイミング、テンポ、ライフサイクルを取り上げる。そして、これらの全ては、政策やその他のイノベーションが広がるかどうか、またどのように広がるかに影響を与える。

最後に、「結論」として、今後の研究の可能性があるいくつかの道筋を簡単に取り上げ、政策波及に関する研究コミュニティ内の溝を埋めるいくつかの機会について述べる。私たちは似た者同士であるにもかかわらず、お互いの学びを妨げる孤立したコミュニティの中で、用語や方法論の縦割り構造をしばしば築いている。政府が、効果的な政策を波及させるのを助けるために互いに学び合う方法を見つけることができれば、学者も、同様に、有用な知識の広がりを促進する方法を見つけることができる。

2．公共政策が伝播する方法を検証する研究の系譜

政策波及に関する最初の研究は、少なくとも1960年代まで遡ることができる。この学問は長年にわたって進化し、公共政策が国境を越えてどのように伝播していくのかを理解するために、理論的、概念的、方法論的に重要な洞察が生み出された。当時の著者はこれらの現象を分析するために異なる学問分野のツールを組み合わせ、公共政策研究を政治学、経済学、地理学、社会学、国際関係論に近づけた。とはいえ、ある種の存在論的・認識論的な断絶が生じ、政策波及、政策移転、政策循環、政策流動性と名付けた4つの主要な異なる研究の流れが生まれた。本節では、研究の初期段階と最近の傾向の両方を、そして中核となる概念とメソッドを論じながら、それぞれの研究の系譜の発展と主要な特徴を紹介する。4つの系譜はいずれも貴重でヒューリスティックな貢献を提供するものであり、学者は特定の流れに属するのではなく、それぞれの異なる要素を組み合わせることで、研究の説明力を高めることができると主張する。

2.1 政策波及

政策波及の研究は、アメリカ最高裁判事の文書から経済理論、社会学的研究に至るまで、多くの起源を持っている[2]。政治学においては、ジャック・ウォーカー（Jack Walker 1969）がアメリカの州をまたぐ88の政策の広がりについての独創的な研究をし、さまざまな政府の革新性についてその波及から何が学べるかをアセスメントしたことを契機に、関心が高まった[3]。この初期の研究の多くは、個々の政府内の政策選択の内部決定要因のみに焦点を当てた研究の代替として、政策採択の地域的パターンを明らかにした。

ベリーとベリー（Berry and Berry 1990）は、内部決定要因研究と波及研究を統合する方法としてイベント・ヒストリー分析の方法を特定した。基本的に、この定量的アプローチによって、研究者は横断的な時系列分析において、政府によって政策が採択された時期を研究することが可能となった。最も単純な形では、各政府について、従属変数は採択前の各年においてゼロの値をとり、採択された年には1の値をとり、それ以降の年には、政策を採択するリスクがなくなった政府（なぜなら既に採択しているため）については分析からそれ以上の観察が除外される。そして、独立変数は、各時期における各州（または地域や国）の政治的、人口統計的、およびその他の内部特性を特徴付けることができる。また、統一モデルの一部として波及効果を捕捉するために、他の政府の政策決定のマトリックスを捉える変数を同時に含めることができる（Berry and Berry, 2018）。最も単純に言えば、**近傍**変数（Neighbors variable）は、すでに政策を採択している地理的に隣接する政府の数（または割合）を特定することができる。近隣に、ある政策を採択している政府が存在することで、ある政府がその政策を自ら採択する可能性が高まるのであれば、**近傍**変数は正の係数を示し、研究者は政策波及の証拠を主張することになる。

この革新的アプローチは非常に人気があり、アメリカの州政府間、他国の地方政府間、そして世界のさまざまな地域の国家間での政策策定に焦点を当てた波及研究が飛躍的に増加することにつながった[4]。学術研究が進むにつれて、このアプローチの4つの主な暗黙の前提とバイアスが明らかになり、新たな発見と洞察につながった。

第1に、近隣の（あるいは類似の）国家がほぼ同時期に、類似の問題に直面しているという理由で、政府が互いに独立して類似の政策を採択したにもかかわ

らず、それらに関連性があるように見えることは十分にあり得るということである（Volden, Ting, and Carpenter, 2008）。このような認識から、学者たちは、地域が同時に政策を採択することを政策波及と呼ぶことを避けるようになった。その代わりに、学者たちは政策波及の新しい定義に傾倒し、それは今日でも広く受け入れられている。具体的には、政策波及は、政策イノベーションを採択するある政府の決定が、他の政府の政策選択から影響を受ける場合に発生する（例：Simmons, Dobbin, and Garrett, 2006）。

第2に、この定義を手にしたことで、政策波及を研究する学者たちは、地理的に近接した地域以外への政策の広がりをより適切に説明できるようになった。例えば、ダラスがAmazonの新しい本社にとって魅力的な拠点となるための政策パッケージを考案していたとき、ヒューストンやオースティンだけでなく、アトランタ、ボストン、ロサンゼルスと競合していた。州政府は国内の実験から学び、各国は世界中の実験から学ぶ。実際、アメリカの州間における波及に関する最近の研究によれば、地理的な近接性よりも、イデオロギー的な類似性など他の考慮事項の方が、今日の政策波及をよりよく特徴付けていることが示唆されている（Mallinson, 2021）。

第3に、中絶から福祉まで、宝くじから先取特権法まで、多くの異なる政策領域における波及パターンを特定するために、学者たちはイベント・ヒストリー分析を用いた。しかし、このような政策ごとのアプローチでは、ウォーカーのように何十もの政策を一度に研究するのに比べ、政策間の違いやより広範なパターンについて学ぶ機会が限られた。近年、政策波及を研究する学者は、複数の政策をまとめて、長期間に渡って広がる数百の政策を調査することもある（例：Boehmke et al., 2020）。

第4に、イベント・ヒストリー分析アプローチは、政策波及の研究に用いられる観察に基づく大規模サンプル(large N)の量的アプローチを反映している。政策イノベーションが試行され、広がらずに放棄された事例は、このような分析には不十分なデータであるとして脇に置かれ、失敗ではなく波及の成功を研究するバイアスにつながる（Karch et al., 2016）。さらに、定性的アプローチは依然として貴重であるが、十分に活用されていない（Starke, 2013）。これとは対照的に、政治学における実験デザインへの最近の関心の波は、波及研究にも定着し始めている（例：Butler et al., 2017）。

2.2 政策移転

政策移転研究は、国際的な教訓の引き出し、収斂、学習、模倣といった課題をまとめた、さまざまな一連の研究にルーツがある。この流れは、ベルリンの壁の崩壊とグローバリゼーションの台頭の時期に、主に政策研究の分野[5]で生まれた。この系譜における初期の実証的研究は、地域統合のプロセス（Radaelli, 2000）、非国家エージェントによる公共政策策定への積極的関与の高まり（Dunlop, 2009；Laidi, 2005；Stone, 2001）、アイデアや規範の広がりにおける国際組織の役割（Dolowitz, Hadjiisky, & Normand, 2020；Pal, 2012；Stone & Wright, 2006）に焦点を当てたものであった。リチャード・ローズ（Richard Rose）の教訓を引き出すことに関する先駆的な研究は、問題に直面した政策策定者が同僚を参考にして解決策を探る方法を強調した。ローズが言うように、「教訓の引き出し」概念とは、「プログラムをある場所から別の場所に移転できるかどうかに関するものである」（1991：5）。

ドロウィッツとマーシュ（Dolowitz and Marsh 2000）は、10年後に政策移転の概念を普及させた。一般的に、政策移転研究は、政策波及研究が政策採択のパターンとメカニズムに焦点を当て過ぎていると批判し、移転プロセスをより深く掘り下げる必要性を主張した。ドロウィッツとマーシュ（2000）によれば、政策移転研究は「ある政治システム（過去または現在）における政策、行政上の仕組み、制度、アイデアに関する知識が、別の政治システムにおける政策、行政上の仕組み、制度、アイデアの開発に利用されるプロセスに関する研究である」（同上：5）。この著者たちは、政策移転の動機、エージェント、対象、起源、程度、制約、アウトカムの目録を示す研究フレームワークを開発し、世界中の膨大な研究者グループに影響を与えた。

ドロウィッツとマーシュは、政策がどのように移動するかという研究に重要な用語と定義を提供した（Benson & Jordan, 2011）。政策移転研究の第1世代は、特にアメリカや英国（Dolowitz et al., 2000）のようなグローバル・ノース諸国間で、あるいは、ヨーロッパ諸国（Bulmer et al., 2007）の中で伝播する政策に焦点を当てていた。ハジスキー、パルおよびウォーカー（Hadjiisky, Pal, and Walker 2017）は、その後、グローバル・サウスからの政策移転の事例研究を特集した編著で、研究の焦点を広げた。例えば、南アフリカの交通政策に関するクリストファー・ウォーカー（Christopher Walker）の研究や、ブラジルとモザンビー

クの農村開発に関するカロリナ・ミルホランス（Carolina Milhorance）の研究などが含まれる。またこの編著では、政策移転分析でミクロとマクロの力学を組み合わせる必要性や、強制的なデザインに対する、組織文化、対抗的な覇権モデル、抵抗など、政策移転に対する制約をより詳細に検討する必要性も強調された。この系譜における後の研究は、政策移転のアリーナ（Porto de Oliveira & Pal, 2018）、民間のアドバイザー集団の役割（Stone et al., 2021）、そして権力と開発の側面（Stone, Porto de Oliveira, Pal, et al., 2019）に注目した。グローバル・サウスの事例を取り入れることで、見過ごされていた実証的な設定からの情報が得られただけでなく、政策移転研究を概念的、方法論的、理論的に刷新することが可能となった[6]。

　政策移転研究には一般的に共通の特徴がある。第1に、政策がある政府から別の政府へ、あるいは国際機関やその他のエージェントからある国（場合によっては数カ国、あるいは多くの国）へと移っていくプロセスを対象としている。第2に、メソッドに関しては、政策移転を研究する学者は質的技法を用いる傾向が強く、事例研究や小規模（small N）比較分析を行うことが多い。最近では、政策波及における OECD の役割を理解するためにネットワーク分析が用いられている（Pal & Spence, 2020）。政策移転アプローチの批評家は、政策流動性研究の流れに属する学者（本節で後述）を含め、しばしばこのアプローチがあまりにも合理的、技術的、形式的過ぎると考える。

2.3　政策循環

　政策循環という概念は、フランスの政策研究に対するアプローチ、あるいは「政策過程の政治社会学」（*sociologie politique de l'action publique*）（Hassenteufel, 2014）といわれるアプローチの一部である。これは、政治学から人類学、そして社会学に至るまで、さまざまなインスピレーションの源を組み合わせ、ミシェル・フーコーやピエール・ブルデュー（Michel Foucault and Pierre Bourdieu）といった古典的な著者を通じて、政策策定の分析に「フランス的なタッチ」をもたらすものである（Boussaguet et al., 2015）。フランスの学者たちは、少なくとも1990年代から政策移転現象を研究してきた。政治学における最も初期の研究は、比較政治学と政治発展理論に焦点を当てたものであった。国家の植民地時代の遺産、特にフランス語圏アフリカにおけるものや、EU

への統合について研究する傾向があった。

　たとえばベルトラン・バディ（Bertrand Badie, 2000）は、彼の古典的な著書 *The Imported State：The Westernization of the Political Order*（『輸入された国家：政治秩序の西洋化』）で、サハラ以南のアフリカの国家独立の過程で、正統性を心配した指導的エリート層によって、西洋の制度がどのように「輸入」されたかを分析した（Hadjiisky, Hassenteufel & Porto de Oliveira, 2021）。同様に、ジャン＝フランソワ・バイヤール（Jean-François Bayart, 1996）は、現地の文脈において制度移植の効果がどのように形成されたかをアセスメントし、さまざまな西洋の制度がアフリカ地域で経験した土着の流用プロセスについて述べている（Hadjiisky, Hassenteufel & Porto de Oliveira, 2021）。ほぼ10年後、学者たちはドロウィッツとマーシュの政策移転のフレームワークを使い始め、異なるタイプの公共政策の策定を理解した（Dumoulin & Saurugger, 2010）。EUでは、地域政策を実施し、調和化（harmonization）を生み出すために行われるマルチレベルのゲームが観察された（Saurugger & Surel, 2006）。

　政策移転という概念は、フランスの公共政策研究者コミュニティで反響を呼んだものの、同時に大きな批判も呼んだ。研究者たちは、直線性という前提や政策移転研究の技術的中立性に疑問を呈し、そのようなプロセスには複雑な国境を越えた関係に組み込まれ、異なるレベルの権力を持ち、さまざまな役割を果たし、特定の利害を持つさまざまなエージェントが関与していると主張した（Hadjiisky, Hassenteufel & Porto de Oliveira, 2021）。さらに、批判者たちは、国境を越えた政策アイデアの流れは、複数の周遊の可能性もあるが、ある政府から別の政府へと直接伝達されるのではなく、個人、組織、政府の間で循環する傾向があると主張した。政策循環という概念は、歴史学（Saunier, 2004）や社会学（Bourdieu, 2002）といった学問領域ですでに使用されていたものであり、このアイデアをよりよく捉えているように思われた（Vauchez, 2013）[7]。公共政策の循環に関するフランスの研究は、政策手段の概念、政策翻訳研究、エリートの社会学という3つの主要な要素を文献にもたらした。

　フランスの政策研究において、政策手段の概念は重要な役割を果たしている。アルペルンとル・ガレ（Halpern and Le Gales 2011）は、ミシェル・フーコー（Michel Foucault）とヴェーバー（Weber）から得た洞察をもとに、古典的な公共政策研究（Hood & Margetts, 2007；Howlett, 1991）とは異なる手段の概念を展

開している。著者らにとって手段とは、政府と市民の関係を組織化する技術的かつ社会的な装置である (Halpern & Le Gales, 2011：44)。政府は手段を通じて自らの行動を具体化する。この概念は、手段には具体的な側面と抽象的な側面の両方があり、それを運ぶエージェントに応じ国境を越え循環するにつれて、変化し得ることを意味している (Halpern, Lascoumes & Le Gales, 2014)。それはまた、ブルデュー派のエリートの社会学から多くのインスピレーションを得る、国境を越えたエージェントの社会学へと私たちを導く。国境を越えたエリートの社会学は、政策を推進する人々の資産、資源、スキル、そして彼らが擁護するアイデア、説得に用いる物語り、そして彼らが循環プロセスで運ぶシンボルを理解しようとする。政策が循環するだけでなく、個人も循環する。例えば、デザレとガース (Dezalay and Garth 2002) は、ラテンアメリカのエリートがどのようにアメリカの大学と自国のハイレベルな機関の間を循環し、シカゴ大学の教授が擁護するようなパラダイムを自国に持ち込んだかを論じている。

　エージェントの社会学は、どのようなタイプの手段が流通し、それらがどのように政策変更を促進するのかを理解するのに役立つ。翻訳の概念は、この視点の重要な構成要素である (Hassenteufel & Zeigermann, 2021)。科学イノベーションの先駆的な著作にも登場する翻訳は、政策が伝播する際に経験する変容を指す[8]。例えば、ミシェル・カロン (Michel Callon) の著作は、翻訳者が手段を伝達するために実施するさまざまな作業を紹介しており、それには政策手段を元々の概念から完全に再フレーミングすることが含まれる場合がある(Hadjiisky, Hassentcufel & Porto de Oliveira, 2021)。最後に、フランスの政策循環研究は、分析にミクロ社会学的な側面を持ち込むことに重点を置いている。エスノグラフィー、参与観察、深層インタビュー、資料分析などを組み合わせて、国境を越えた政策循環プロセスを検証することが多い。

2.4　政策流動性

　政策がどのように伝播するのかを研究する最後の系譜は、「政策流動性」である。このアプローチは、2010年代初頭に人文地理学や都市研究の分野で生まれた(例：McCann, 2011；McCann & Ward, 2011, 2012；Peck & Theodore, 2010)。その支持者たちは、「政策がどのように構築され、流動化され、ある場所から別の場所へ移動する際に変異し、その過程で組み立てられ、解体され、再び組み立

てられるのか」(McCann & Ward, 2012：43) に注目している。言い換えれば、伝播していく政策がその旅路の中でどのように変化していくのか、また、誰がその創造と変容に参加するか、これらのエージェントが採用する実践、および特定の政策について彼らが持つ表現を理解することを目的としている (Temenos & McCann, 2013)。重要なことに、このことは、都市の間や、都市政策を中心に据えるさまざまな機関の間での政策波及現象に注目を集めることになる。上記のような系譜 (例：Shipan & Volden, 2008；Wolman & Page, 2002) によって都市が完全に無視されてきたわけではないが、政策流動性アプローチは、都市研究の典型的な焦点 (例：都市の高級化 (gentrification)、警察活動、プランニング、再開発) と政策波及研究を組み合わせることで、都市を中心的な主人公としている (Baker & Temenos, 2015)。

　政策流動性研究の重要な概念は「**アッサンブラージュ**」(assemblage) である。フランスの哲学者ジル・ドゥルーズ (Gilles Deleuze) とフェリックス・ガタリ (Felix Guattari) から借用したもので、アッサンブラージュとは、物事が並べ替えられ、再組織化され、つなぎ合わされる社会的実践として理解することができる。政策流動性を研究する学者たちは、政策知識がどのように移動するのか、「都市世界の中やその周辺」を伝播する際に何が起こるのか、そしてどのように「翻訳され、論争される」のかを理解するために、この用語を使っている (Pow, 2014：289)。アッサンブラージュは、政策の複合的な性質と同様に、政策移転に関するエージェントの仕事を特徴づける (McCann & Ward, 2012)。これらは、「特定の関心や目的」に対応するために特定の方法でまとめられた、「近場と遠方からの要素や資源 (中略) の、集まりまたは関係的なアッサンブラージュ」と見なされる (McCann & Ward, 2013：8)。したがって、政策は「変化することなく循環する」わけではない (同上)。むしろ、政策は再精緻化され、再発明され、流動化のプロセスの中で変異する[9]。

　政策流動性を研究する学者は、地理学的、社会学的、人類学的なレンズを分析に統合することで、政策波及研究に貢献してきた。具体的には、「場所、空間、規模」だけでなく、「機関間のガバナンスの内外の、社会関係、ネットワーク、『スモール p』の政治」にも注目している (McCann & Ward, 2013：3)。この点で、彼らは「ミクロ空間のグローバル化」(例：会議における会議室、廊下、カフェ、バー、レストラン) の重要性を説いている。これらは、「世界的に重要な

ベスト・プラクティスが展開され、議論され、教訓が学ばれる」場であり、「そうでなければ社会的にも空間的にも孤立した政策コミュニティをつなぐ」さまざまな結びつきが生まれる場である（McCann, 2011：118-119）。これは、ベスト・プラクティスが伝達され、学習される「政策ツーリズム」の概念に関連している（Montero, 2017）。

政策流動性を研究する学者は、政策移転研究に対して4つの批判を行った。1つは、分析の規模に関するものである。彼らは、政策が異なる規模の間や異なる規模に向かって伝播する可能性があり、移転は国家レベルだけで起こるわけではないことを指摘している（McCann & Ward, 2013：6）。例えば、「薬物消費室」モデルは、さまざまな国のさまざまな都市の間で波及した（McCann & Temenos, 2015）。第2の批判は、政策移転のエージェントに関するものである。政策流動性を研究する学者にとって、政策移転の文献はその分類に重点を置きすぎており、その主体性については十分ではなかった。つまり、「政策流動化プロセスと、さまざまな政策アクターの主体性を形作り、媒介するより広い文脈」をアセスメントしなかった（McCann & Ward, 2013：6）。例えば、パウ（Pow 2014）は、住宅、環境サービス、水技術の分野における「シンガポールモデル」の構築とマーケティングが、展示スペース、ガイドブック、政策報告書、雑誌などの非人間的行為者とともに、公民に亘る、地域の、あるいは国際的なさまざまなエージェントの貢献と活動によってもたらされたことを説明している。

第3の批判は、「移転」という概念それ自体の不完全さに関するものである。「移転」は、政策が移動するプロセスを「非常に平坦で真っすぐな」ものとして理解するものであり、あたかも政策が「完全に形成された、既製の」形で伝播するかのようである（McCann & Ward, 2013：7）。これは、政策が伝播する過程で変異することを無視している。政策流動性を研究する学者は、このような「アッサンブラージュ、流動性、変異」を重視し、エスノグラフィックな研究メソッドを用いて、政策変容を生み出すプロセスを分析している。具体的には、「政策を追いかけ」、政策流動性の事例を通じて「研究する」ことを提案している（McCann & Ward, 2012）。学者は、「日々の仕事の実践を通じて政策を生み出し、循環させ、仲介し、修正し、消費する『政策移転に関するエージェント』やその他の政策アクター」を追いかけ、「一緒に移動する」べきである（同上：46）。また、「政策が伝播してきた場所をたどり、その途中で政策がどのように

変異し、変容させられてきたかを問う」べきである（同上）。学者は「場所をたどる」べきであり、ラテンアメリカ諸国で広まった「バルセロナ再生モデル」(Silvestre & Jajamovich, 2021)のように、複数の場所が「特に一面的な『モデル』に集約され、その後、政策アクターによって移動させられるか」を理解すべきである。4番目で最後の批判は、政策移転に関するエージェントを、最適化する合理的なアクターとして解釈することに関するものである。既存の政策が必ずしも明確で議論の余地のない教訓を与えてくれるとは限らない。さらに、政策流動性を研究する学者は、政策策定者は「何を求めているかという明確な優先順位」を持っておらず、あらかじめ定義された「政策のプール」から選択するわけではないことを、強調している（McCann & Ward, 2013：8）。むしろ、政策移転に関するエージェントは特定の条件下で活動し、彼らが活動する構造によって常に条件づけられた選択を行う。

　本節では、国境を越えて移動する政策を分析するための4つの異なる研究の系譜について論じた。表7.1はこれらの系譜を簡潔にまとめたものである。もちろん、研究者はこれらの系譜のさまざまな要素を組み合わせることで、研究課題に答えるために最も適切な方法論と分析の戦略を見出すことができる。経済学、社会学、人類学、歴史学などの他の学問分野も、研究者が波及プロセスを観察するための追加のレンズを提供している。

3．政策波及プロセスの背後にある基本原理

　このような研究の系譜の違いにもかかわらず、政策波及の研究者は基本的にほぼ同じような一連の質問をしており、異なるアプローチを用いて新たな洞察を得ている。本節では、このような研究の指針となる基本原理を説明する。「何が波及するのか」という問いに答えるにあたり、政策の拡散はこれらの研究の一部に過ぎず、研究は、政府の制度の移転やアイデア、イデオロギー、意味の循環にも及んでいることに留意する。波及が「どこで」起こるかについて、最近の波及研究は、地方から世界まで、政府のあらゆるレベル、そして世界のあらゆる地域に及んでいる。イノベーションは、それが実施される管轄区域において複数の形態をとり、政策波及を研究する学者にいくつかの概念的な疑問を提起している。「誰」が政策波及を促進するのかという点に関しては、政策策定

表7.1 研究の系譜の要約

研究の系譜	波及	移転	循環	流動性
由来	政治学	公共政策研究	政策過程のフランス政治社会学	人文地理学、都市研究
主な問い	1. 政策採択のパターンは何か？ 2. いつ、どこで政策は採択されるか？ 3. どのような内部決定要因と外部の力の組み合わせが政策波及に影響を与えるか？ 4. 政策が広がるメカニズムは何か？	1. なぜアクターは政策移転に従事するのか？ 2. 政策移転プロセスに関与する主要なアクターは誰か？ 3. 何が移転するのか？どこから教訓が得られるのか？ 4. 移転のさまざまな程度はどのようなものがあるか？ 5. 政策移転プロセスを制限または促進するものは何か？ 6. 政策移転プロセスは、政策の「成功」または「失敗」とどのように関係するか？	1. 政策はどのように循環するか？ 2. エージェント間の権力争いとは何か？ 3. どの手段が伝播するのか？ 4. どのように手段が翻訳されるのか？	1. 政策はどのように構築され、流動化するのか？ 2. 政策がある場所から別の場所に移るとき、どのように変異するのか？ 3. 政策を移動させるエージェントは誰か？また、彼らはどのように政策を組み立てるか？ 4. どのような目的と特定の利益のために、政策がその過程で組み立てられ、解体され、再び組み立てられるのか？
政策の移動	多くの政府にとっては、頻繁だが、そうとは限らない。	1つの政府から別の政府へ、あるいは1つの政府から複数の政府へと移ることは、頻繁だが、そうとは限らない。	政策は、さまざまなエージェントが関与する複雑な国境を越えたプロセスを通じて移動する。政策が移動するだけでなく、エージェントも循環し、政策をある場所から別の場所に運ぶ。	政策は、さまざまな主体が関与する複雑なプロセスを経て移動する。都市は分析の具体的な対象である。
主な方法	定量的、イベント・ヒストリー分析、実験的方法	定性的、事例研究、小規模比較分析	定性的、エスノグラフィー、参与観察、深層インタビュー	定性的、エスノグラフィックな方法、「政策を追跡する」

者を主なアクターとして重視する従来の考え方から、政策起業家、専門家団体、唱道連合などの役割に対するより複雑な理解へと変わってきていることを示す。政策波及の「どのように」は、学習や競争から社会化や強制に至るまで、主要なメカニズムを中心に展開されている。本節の最後は時間、すなわち、いつ政策が広がるか、の議論を行う。政策とその波及の順序、タイミング、リズム、ライフサイクルに焦点を当てる。

3.1 何が？

革新的政策や政府の制度など、さまざまなタイプの移転対象が、ある管轄区域から別の管轄区域へと波及していく。例えば、国家レベルでは、医療や年金といった広範な政策領域を作り直すようなセクター別改革が、外部からの開発によって促進されることがある。ウェイランド（Weyland 2006）は、ラテンアメリカ諸国における社会改革の比較研究において、この力学を特定し、意思決定者が他の管轄区域における開発を情報の近道として利用していることを発見した。政策波及を研究する学者はまた、マイクロファイナンス（Oikawa Cordeiro, 2019）、条件付現金給付（Morais de Sâ e Silva, 2017）、地域経済開発政策（Delpeuch & Vassileva, 2010）など、特定の政策手段の管轄区域間の軌跡を追跡している。政策手段の波及は、国レベルと地方レベルの両方で起こる。学者はまた、都市レベルでの政策策定の重要性を強調し（Saraiva, Jajamovich & Silvestre, 2021）、バンクーバーにおける薬物戦略（McCann, 2008）、ボゴタにおけるバス高速輸送（Ardila, 2020）、中国における都市再生政策（Romano, 2020）などのイノベーションの広がりを検証している。同様に、政府機関の創設や改革も、外部の開発に影響される可能性がある。政策イノベーションが広範な分野別改革や特定の政策手段であるのと同様に、官僚的イニシアチブは、あるアプローチから別のアプローチへの一般的な移行、または、新たな行政機関の創設という形をとることがある（Jordana & Levi-Faur, 2005；Jordana, Levi-Faur & Marin, 2009）。

さらに、公務員は、パンデミックとの闘い、教育のアウトカムの向上、ホームレス問題に対処するための新しい政策を最も効果的に実施する方法について、常に互いに指針を求めている。いわゆる「ベスト・プラクティス」が広まるのはよくあることで、それを精力的に進める政策移転に関するエージェント

によって推進されることもあれば、それを正当化しようとする国際機関によって拍車がかかることもある。「ベスト・プラクティス」を代表する政策は、しばしば、当初のそれらの開発の文脈とは大きく異なる新しい場所に伝播する (Montero & Baiocchi, 2021)。ブラジルのポルトアレグレで初めて実施された、公共支出のプロセスに市民を参加させる参加型民主主義の手段である参加型予算編成の事例は、世界中を循環したそのようなベスト・プラクティスの1つである (Porto de Oliveira, 2017)。現在では1万以上の都市で見られ (Dias, Enriquez & Jfilio, 2019)、参加型予算編成はロシアや中国といった非民主主義国を含む多様な文脈で実施されてきた。また、参加型予算編成は多種多様な意味と特徴的な政策デザインを持つようになった。

　学術的な文献の多くは具体的な政策手段や制度に焦点を当てているが、移転の対象には抽象的な側面もある。アイデア、信念、原理、イデオロギー、政治的プロジェクト、知識、そして意味もまた、ある管轄区域から別の管轄区域へと伝播することを認識するのは重要である。抽象的な側面に目を向けることで、学者は、政策移転に関するエージェントがどのようにさまざまな情報源からの情報を凝縮し、組み合わせているのかを検証することができる。彼らの努力によって、さまざまなイノベーションの波及を促進するような、無害化され、標準化されたメッセージやストーリーが生み出されることがある (Bulkeley, 2006 ; Vettoretto, 2009)。いわゆるニュー・パブリック・マネジメントのような公共政策や行政に関する広範なアイデアは、OECDのような強力な国際的アクターの要請によって地球規模で広まる可能性がある (Pal, 2012)。同様に、国際的に認可されたアイデアは、地元の活動家に、望ましい改革を推進するために利用できる論拠を提供することができる。アルゼンチンの保守的な改革派は、この力学を利用した (Lopreite, 2012)。こうした例やその他の例は、移転の対象を広義に考える必要性を示している。

　具体的な移転対象と抽象的な移転対象の相対的な重要性は、前章までで議論した政策過程のさまざまな段階によって異なる可能性がある。例えば、斬新な政策アイデアの波及はアジェンダ設定の段階で起こるかもしれないが、具体的な政策デザインの波及は政策形成や採択の段階でより影響力を持つかもしれない。政策波及研究では、政策やその他のイノベーションの採択に焦点を当てがちであり、他の重要な管轄区域間の力学が軽視されがちであるが、政策問題に

対処するための政策が策定される前であっても、アイデアが広まっていることが分かっている。例えば、アメリカの州では、たとえ一部の州でしか採択されなくても、似たような法案が国中に提出されることがよくある (Karch, 2007)。

　潜在的な移転対象の幅広い範囲と明確な属性を認識することで、波及プロセスについてさらなる洞察を得ることができる。取り組まれている政策やその他の課題の性質と、問題となっているイノベーションの具体的な内容は、独立した影響を及ぼす可能性がある。例えば、イノベーションのフレーミングは、どのような有権者、利害関係者、組織が政治的議論に関与するようになるかに影響を与える可能性がある。政策条項の些細な差異であっても、利益集団が動員を決定するかどうかに影響を与える可能性がある (Pierce & Miller, 1999)。検討中の政策のタイプも、同様の影響を及ぼす可能性がある。技術的または行政的なイノベーションの検討は、専門家団体の参加を促す可能性がある (McNeal et al., 2003)。一方、利益集団は、公的に重要な政策に関する議論でより大きな影響力を持つ可能性がある。このように、政策の内容は、特定の政策移転に関するエージェントの動員に影響を与えると同時に、それらのエージェントの影響を受ける。

　採択の決定だけに注目しても、波及は、どのような政策課題にどのような方法で取り組むかに大きく依存する。注目度の高い問題に取り組む政策は広がりやすいが、複雑な政策の提案は広がりが遅い (Nicholson-Crotty, 2009)。政策とその効果が観察しやすいかどうか、新しいアイデアが既存の法律や慣行と互換性があるかどうかも、政策が広がるかどうか、またどのように広がるかを決定するのに役立つ。例えば、マクセとヴォルデン (Makse and Volden, 2011) は、効果が明確に観察できる刑事司法政策は、効果がより不透明な政策と比べて、2倍の速さで広がることを発見した。また、一部の政策が他の政策よりも柔軟であることも事実である。順応性のある政策は、広く採択されることを助長するような形で、さまざまな司法管轄区に適応させることができる。異なる刑事司法政策の領域では、「三振」(three strikes) 法 (訳注：主にアメリカの刑事司法制度で採用されている。特徴として重大な犯罪を3回犯すと、3回目の有罪判決で厳罰 (多くの場合、終身刑) が自動的に科される) の波及が顕著な例となっている (Jones & Newburn, 2002)。

3.2 どこで？

 もう一つの基本的な問いは、特に、政策が形成され、伝達されて、受け入れられる別々の文脈を考慮すると、政策が「どこで」波及するかということである。初期の波及研究では、アメリカ国内、あるいはフランスやドイツといったグローバル・ノース諸国間、あるいはEU内のエピソードに焦点を当てていた。また、国際機関がグローバル・サウスにおける政策の採択にどのように影響を与えるかも強調していた。しかし近年、いくつかの研究がこれまで未開拓であった領域に踏み込み、新たな洞察や概念を生み出している。実際、今日、数多くの研究がアジア（Common, 2001；de Jong, 2013；Romano, 2017, 2020；Zhang & Marsh, 2016）、アフリカ（Soremi, 2019；Steinberg, 2011；Wood, 2015）、ラテンアメリカ（Dussauge-Laguna, 2013；Osorio Gonnet, 2019, Porto de Oliveira, 2019）といった地域に加えて、ポスト共産主義国（Delpeuch & Vassileva, 2010；Plugaru, 2014）も検証している。さらに、政策流動化研究や、「ヴァナキュラー化」（Levitt & Merry, 2009）（訳注：特定のアイデアや概念がグローバルな文脈からローカルな文脈へ適応され、地域特有の言語や文化、価値観に合わせて再構成されるプロセスを指す）のような他のアプローチによって、分析の尺度として国民国家を超える研究の数が増加している（Silvestre & Jajamovich, 2021；Temenos & McCann, 2012；Wood, 2015）。これらの貢献は、受容プロセスのさまざまな側面や、地方政治、地域の能力、行政文化やヴァナキュラー（土地特有の）文化、公式・非公式の制度、組織特性といった文脈的要因の重要性を明らかにするものである。本節では、政策が波及するアリーナ、政策能力が移転に与えるインパクト、文化の役割、そして手段が実施されるプロセスで受ける調整について議論する。

 先の節ですでに説明したように、政策は、多くの地域、国家、国際、そして国境を越えた設定またはアリーナで生まれる。また、世界都市サミットや市長フォーラムのような世界的な会議や、アフリカ都市サミットや参加型民主主義の国際監視所（Porto de Oliveira, 2017）のような地域や分野別のイベントなど、さまざまな場で伝達されている。他の例としては、都市研究の文献で取り上げられている地域密着型の政策視察ツアー（Gonzalez, 2011）や非公式の空間（McCann, 2011）などがある。多くの研究が受容の文脈に焦点を当てており、アイデアや政策が他の場所に伝わるとどのようなことが起こるのかを示してい

る。つまり、政策、慣行や制度の変更を促すのか、部分的に採択されるのか、全面的に採択されるのか、どのように適応されるのか、適応後にどのようなものになるか、根付くのか、どのように根付くのか、政治、既存の知識、行政や専門家の能力、組織構造、制度的な仕組みのようなさまざまな文脈上の要因が受容のプロセスにどのように影響するのかなどである（例：Common, 2001；Jacoby, 2000；Jacoby, Lataianu & Lataianu, 2009；Pojani & Stead, 2015；Romano, 2017, 2020；Stead, 2012）。

　政策波及に関する文献では、他の場所からの政策実施を制限または促進する、特定の場所に存在するいくつかの要因が特定されている。それらには、プログラムの複雑性、過去の政策選択、制度的・構造的制約、イデオロギー的または「文化的近接性」(Dolowitz & Marsh, 2000：9)、政策の実施に必要な「政治的・官僚的・経済的資源」の存在が含まれる（Dolowitz & Marsh, 1996：353-354）。「実施が管轄区域の技術的能力を超えている場合」、望ましいイノベーションが波及しない可能性があるので、行政能力は特に重要である（Dolowitz & Marsh, 1996：354）。政策が成功裏に実施されるためには、官僚的な専門知識が必要であるが、それが存在しない場合には、政策が非現実的であるとみなされる可能性がある。行政能力の有無もまた、波及の起こり方に影響を与え、特定の管轄区域における特定のメカニズムのインパクトを緩和し（Osorio Gonnet, 2019）、特定の政策移転に関するエージェントの影響力を高める。

　政策やアイデアは、それが採択される場所において多様な形をとることができる（Grattet, Jenness, & Curry, 1998；Jones & Newburn, 2002；Mossberger, 2000）。政策移転を、管轄区域が政策を採択するかしないかという二項対立的な、オール・オア・ナッシングのプロセスとして捉えるよりも、政策が波及のプロセスを通じて受けるさまざまな変容（アッサンブラージュおよび翻訳）を観察する方が生産的である。例えば、政策内容の相違は、後から採択した者が先に採択した者の経験から学ぶ体系的なプロセスの副産物かもしれない。しかし、このような教訓の抽出が常に機能しているわけではない。立法者は、政治的、プログラム的、その他の理由でイノベーションを個別化することが多く、こうした最初の違いは、その後の改良、廃止、改正、再導入によって拡大する可能性がある（Eyestone, 1977；Karch & Cravens, 2014）。

　また、文化が及ぼす潜在的な影響は、政策がどこで波及するかに関連して、

政策波及研究において最近注目されているトピックである（Bertram, 2022；Romano, 2021）。文化の違いは、同じ概念や政策に対して矛盾した解釈を生み出す可能性があり、波及が必然的に同じような政策選択に収斂するわけではないことを意味する。政策は、独特の文化的文脈に合わせて適応または個別化される可能性がある。文化、能力、仲介者の潜在的なインパクトは、国境を越えた波及研究において、管轄区域間の必然性と国内の文脈の両方を徹底的に検討する必要性を浮き彫りにしている。「政策の微調整と調整の経路」に関する過程追跡研究は、どの仲介者にプログラムの変化の責任があるかを明らかにすることができる（Stone, Porto de Oliveira & Pal, 2020：5）。

例えば中国では、マネーロンダリング対策に関する国際的な規制基準が「裁量的な執行によって弱体化、あるいは無効化される中で」、国際的な情報筋からの情報が非常に恣意的に利用された（Heilmann & Schulte-Kulkmann, 2011：639）。経済的利益は基準の採択を促進し、国内の政治的必然性はその実施に影響を与えた。この具体的な例は、採択の決定を超えたところに目を向ける必要性も強調している。プログラムの管理における差異は、それ自体が文化的または能力による差異の副産物であるかもしれないが、大きな違いにつながる可能性がある。この意味で、政策が管轄区域の境界を越える際には、翻訳や個別化のプロセスがしばしば発生する。

例えば、いくつかの研究が示すように、移転や適応のプロセスに関わるさまざまなエージェントの貢献と理解によって、政策モデルの内容が時間の経過とともに変化し得る。移転と適応に携わるエージェントがアイデアや理解を提供することで、最終的な結果として、その範囲も含めて、元の政策から大きく乖離した特定の解釈になる可能性がある（Larner & Laurie, 2010；Romano, 2020）。したがって、政策の波及は、「多面性を持ち、地域の状況やアクターによって、また認識や解釈によって、ある点では成功するが、ある点では成功しないことが多い」、潜在的に終わりのないプロセスとして理解することができる（Stone, 2017：56）。

3.3　誰が？

ドロウィッツとマーシュ（Dolowitz and Marsh 1996）は、その代表的な論文の中で、「誰が政策を移転するのか？」と問いかけた。時を経て、さまざまな研究

の系譜に携わる学者たちが、この率直な問いに対して多様な答えを提示してきた。全体として、政策波及の研究は「国家を中心とした狭いルーツから、より多くのアクターや場をカバーするように発展してきた」(Benson & Jordan, 2011：366)。学者たちは、これらの極めて重要なアクターにさまざまなラベルを付け、波及「ベクトル」や「政策移転に関するエージェント」と呼んでいる[10]。これらのアクターは、複数の管轄区域で活動する能力を共有しており、波及プロセスの中核である相互依存関係を促進することを可能にしている。

波及研究の1つの流れは、影響力のある個人に焦点を当てている。国境を越えた政策移転に関するエージェントには「政策大使」、つまり「地方レベル、国家レベル、国境を越えたレベルで常に政策の推進に携わっている」個人が含まれる (Porto de Oliveira, 2020：55)。その他のタイプの個人エージェントは、政策起業家、活動家、政策フレキシアン (訳注：政府、ビジネス、政策の領域で複数の役割を持ち、それらの役割が重複することによって、公共と私的な利益が不透明な形で融合するアクター)、ブローカーと呼ばれ、官僚、選挙で選ばれた公職者、コンサルタント、ビジネス界のメンバー、活動家などがいる (Keck & Sikkink, 1998；Knight & Lyall, 2013；Mintrom, 2000；Stubbs & Wedel, 2015)。例えば、新たな管轄区域に異動したシティ・マネージャーや官僚は、革新的公共政策を持ち込むかもしれないし、専門的な動向を把握して、元の管轄区域の開発に注目することで波及を促進することがあるかもしれない(Teodoro, 2009；Yi, Berry & Chen, 2018；Yi & Chen, 2019)。同様に、活動家は、政策的・政治的目標を追求するために、管轄区域を越えてプログラムの情報を移転するかもしれない。また、ラテンアメリカの他の都市でボゴタ市の交通政策を積極的に推進したボゴタ市長のように、市長が特定のモデルを推進することもある (Montero, 2017)。

組織もまた、政策移転に関するエージェントとして機能する。専門家団体や利益集団は、情報や専門知識を提供することで波及を促進する (Yu, Jennings & Butler, 2020)。例えば、これらの団体や集団は会議や非公式な会合を主催することで、専門家同士のネットワークを構築することができる。また、利益集団は、革新的政策の広がりを阻害するキャンペーンを開始することで、波及の障害となるものを作ることもできる (Finger, 2018)。世界銀行や国連のような国際機関、マッキンゼーのような大手経営コンサルティング会社、ロックフェラー財団やゲイツ財団のような慈善団体も、イノベーションを支持し、国境を越えた

広がりを促進する措置を講じている（Dolowitz & Marsh, 2000；Osorio Gonnet, 2019；Stone, Porto de Oliveira & Pal, 2020）。これらの団体が発信する情報は、意思決定者に外部の発展を気づかせることで、管轄区域間の相互依存関係を促進する。また、シンガポールや同国都市再開発庁、都市計画に関するさまざまなコンサルティング会社が示すように（Pow, 2014）、都市は政策や「ベスト・プラクティス」の普及にも非常に積極的である。メディア媒体を組織とは考えないかもしれないが、メディア媒体も、政策イノベーションに対する認識を喚起し、それに関する情報を広めることで、同様の役割を果たすことができる（Bromley-Trujillo & Karch, 2021）。*The Economist* 誌などの影響力のある国際的報道機関は、参加型予算編成や家族手当プログラムのようなブラジルの社会政策を称賛し支持することで、その波及を促進した（Porto de Oliveira, 2019）。他の事例では、メディアが報道することで、政策に関する知識が複数の管轄区域に広まる可能性もある。

　個人や組織は、知的、専門的、または唱道的なコミュニティに属していることが多く、他の管轄区域におけるイノベーションの詳細や効果に関する知識を得ることができる（Kirst, Meister, & Rowley, 1984；Rose, 1991；Walker, 1981）。集団的エージェントは、知識コミュニティ（Dunlop, 2009）、政策手段支持基盤（Foli et al., 2018）（訳注：特定の政策手段に関心を持ち、それを支持・推進する集団的なアクターなどを指す）、エリート（Dezalay & Garth, 2002）、唱道連合（Milhorance, 2018）、またはプログラムアクター（Hassenteufel & Genieys, 2020）など、さまざまなラベルで文献によって議論されてきた重要な波及ベクトルである。これらのコミュニティは、政策に関連する専門知識と特定の政策アリーナへの強い関心を主張する人々の非公式なネットワークである（Mooney, 2020：44）。チリとエクアドルにおける条件付現金給付に関する最近の研究では、世界銀行、米州開発銀行、ラテンアメリカ・カリブ海経済委員会の関係者を含む知識コミュニティが確認された（Osorio Gonnet, 2019）。

　こうしたインフォーマルなネットワークは、波及プロセスにおいて重要な役割を果たすことが多い。政策移転エージェントに関する既存の研究のほとんどは、そのインパクトを実証することに焦点を当てている。エージェント中心の視点に立つと、政策移転に関する学術的な文献は、過程追跡、および、フィールド調査やエスノグラフィーに基づく質的証拠を用いて、管轄区域間の影響力

のミクロ的な基盤を特定する傾向がある（Porto de Oliveira, 2019）。これらの研究の多くは、特定のエリートまたは組織に焦点を当てており、これは政策波及の系譜における多くの定量的研究がとる一般的なアプローチと同じである。政策移転に関するエージェントの活動に関する有効な定量的尺度を構築することは本質的に困難であるが、学者たちは調査と他の指標（indicators）を用いて、政策起業家のインパクト、および専門家団体におけるリーダーシップの役割のインパクトをアセスメントしている（Balla, 2001；McNeal et al., 2003；Mintrom, 2000）。多くの利益集団とその他の組織が、自分たちが好む政策を推進するためにモデル法案を配布しており、最近では、こうした政策テンプレートのインパクトをアセスメントするために、コンピューターによるテキスト分析が利用されている。2つのテキストの「類似性スコア」を計算するその能力により、アメリカの州における利益集団のインパクトを評価したい政策波及に関する学者にとって、テキスト分析はますます人気のあるツールとなっている（Collingwood, El-Khatib & Gonzalez O'Brien, 2019；Jansa, Hansen & Gray, 2018）。

　このように、既存の研究は、多くのタイプのアクターが、驚くほど幅広い文脈で政策移転に関するエージェントとして機能できることを、説得力をもって示している。理論構築の観点からは、将来の研究の1つの方向性として、特定のタイプの政策移転に関するエージェントが革新的政策の管轄区域間の広がりに影響を与える可能性が最も高くなる条件について検討することが挙げられる。構造的な制約は、特定のタイプの個人と組織が自分たちの望む政策を推進する能力に影響を及ぼすのだろうか。このような政策移転に関するエージェントの存在は、政策がどのように波及していくかに影響するのだろうか。この後者の問いは、次の節の主題である波及メカニズムの重要性を浮き彫りにするものである。

3.4　どのように？

　政策は、学習、競争、強制、社会化という4つの主なメカニズムを通じて、政府間に広がっていく（例：Shipan & Volden, 2008；Simmons, Dobbin & Garrett, 2006）。学習とは、早期の採択者の実験から得られた証拠を、政府が自らの政策決定に活用するプロセスである。例えば、アメリカの各州政府は、貧しい子どもたちにどのように保険をかけるのが最善かを学び（Volden, 2006）、各国は、

持続不可能な年金制度をどのように見直せばよいかを学ぶ（Weyland, 2005）。学習プロセスは、**政策の**成功に基づくだけでなく、**政治的**成功の観点からも政策採択に影響を与える。例えば、OECD 加盟国の右寄りの政府は、他の地域の改革が選挙でどのような結果をもたらすかを学習したことで、失業給付に関する政策選択を修正した（Gilardi, 2010）。中国では、地方政府は出世の可能性と地位の安全性を向上させるために、他の地方における成功の経験から学んでいる（Teets, 2016）。学習は必ずしも一方通行のプロセスではなく、むしろ相互的なものともなり得る。例えば、最近の南南協力の経験では、知識・政策交換プロジェクトの構成要素として相互学習が含まれている（Constantine & Shankland, 2017）。

　政府は互いに学び合うだけでなく、企業を誘致して税基盤を拡大したり、あるいは問題を他の国に転嫁したりするために、互いに競争し合う。このような競争は、公共政策の広がりに影響を与えるかもしれない。環境規制または労働規制を導入する政府は、企業がより大きな利益を得るために他へ移転することに気づくかもしれない。そのため、政府は他の国の行動に基づいて決定を下すかもしれない。競争は政府に対して、良質の学校などの魅力的なサービスを提供し、税金の観点から低コストでそれを実現するように圧力をかけるが、そのような競争圧力は、特に社会サービスの提供において、逆効果の「底辺への競争」を引き起こす可能性もある（例：Volden, 2002）。また、政策策定者は、他の管轄区域で選択されている租税政策を参考に自らの租税政策を選択することもある（例：Berry & Berry, 1992）。

　各国政府はまた、強制を通じて互いの政策選択に影響を与えることもある。経済制裁やその他の圧力は、各国の外交政策と国内行動、あるいは民主化の程度にまで影響を与えるために用いられる（Gleditch & Ward, 2006）。国際通貨基金や世界銀行などによる援助、または融資に付帯する条件は、どの政策が広まり、どの政策が放棄されるかを決めるのに役立つ。連邦制度内では、中央政府が政府間補助金の使途に制限を設けたり、中央政府が地方の政策決定を先取りしたりするときに、強制に基づく政策波及が起こる（Allen, Pettus & Haider-Markel, 2004）。例えば、アメリカの高速道路整備基金が、一定の飲酒年齢または特定の制限速度を設定する州政府と連動している場合などである。

　最後に、政策（および政策につながるアイデア）は、社会化のメカニズムを通

じて広まる可能性がある。行動規範の開発と受け入れで、政策が広がる舞台が整うのである。例えば、ある地域の国々が共通の安全保障の規範を受け入れるように説得できれば、防衛費や外交政策の水準が修正され、おそらく足並みが揃うかもしれない（例：Acharya, 2004）。同様に、地球規模の気候変動に直面して行動することの緊急性に関する社会化は、グリーンエネルギー政策のより急速な広がりにつながる可能性がある。政府によって「良い行動」とは何かについて一般的に受け入れられている見解がある場合、早期の採択者は、歩調を合わせていないとか、あるいは規範違反者であると思われたくない政府によってすぐに模倣される（例：Shipan & Volden, 2008）。

　この文献は、政策波及を促進するメカニズムに焦点を当てる傾向がある。しかし、特定の手段を採択する能力の限界、資金不足、覇権モデルと反覇権モデル間の戦いなど、こうしたプロセスを制約する多くの力が存在する（Hadjiisky, Pal & Walker, 2017：16）。最近では、エージェントが政策提案の採択にどのように抵抗するかを理解することに熱心な研究もある（Pal, 2019）。ブレグジット（Brexit）は、英国の有権者が国民投票によってEUの政策を拒否した抵抗の例である。ナカラ地域でブラジルの農業技術の移転に抵抗したモザンビークの農民運動も抵抗の一例である（Porto de Oliveira & Pal, 2018：212）。中国では、中央政府が政策命令を課すより強い権限を持っていると予想されるかもしれないが、実際には地方政府職員がいくつかの方法でトップダウンの指示に抵抗することができる（Mei & Pearson, 2015）。

3.5　いつ？

　政策の広がりを理解するためには、そのプロセスが「いつ」発生するのかを取り上げる必要がある。政策波及は、時間の側面と密接に結びついている。社会科学者にとって古典的な問題である「時間」は、波及の文脈では少なくとも次の4つの意味で捉えられてきた。それは、(1)一連の出来事、(2)タイミング、(3)リズム、(4)ライフサイクルである。本節（3.5）では、これらのトピックについて文献がどのように論じてきたかを紹介し、時間の側面を研究に取り入れたいと考える学者に洞察を提供する。

　時間に関する第1の概念は、導入の順序に関するものである。政策波及の一般的な要素は、いわゆる「S」字型曲線であり、これは、当初は少数の早期採

択者のみが新しいアイデアを実施することを示している。採択者がかなりの数に達し、政策が認知されると、波及はピークに達するまで加速し始める。その後、採択曲線は高原状態に達し、新規採択は減少し始める。この議論は、波及の波の概念とも関連している。例えば、ウェイランド（Weyland）は、チリが1981年に急進的な新モデルを導入した後、1980年代から2000年代にかけて、ラテンアメリカと東欧における年金の民営化の「S」字型曲線を示している（Weyland, 2006：19-20）。

　2つ目の時間の概念は、ジョン・キングダン（John Kingdon）の画期的な研究に登場する。彼は、「政策の窓」という概念、つまり、あるアイデアが政府アジェンダとして浮上することを可能にする、特定の時点における特殊な状況配置に注目を集めさせた。この概念は、政策のタイミングと密接に結びついている。政策移転に関するエージェントは、政策の採択に向けて推進または牽引するために適切なタイミングを見つけなければならないという点で、このような状況配置において重要な役割を果たす。例えば、ハウレット、ラメーシュおよびサギン（Howlett, Ramesh, and Saguin 2018）は、フィリピンにおける条件付現金給付プログラム、いわゆる「フィリピン家族支援プログラム」（Pantawid Pamilyang Pilipino Program：4Ps）の採択は、世界銀行と社会福祉開発省内の国内エージェントの利害一致によって可能であったと論じている。メキシコ、ブラジル、コロンビアといったラテンアメリカ諸国から輸入された政策手段を再設計し、主要な関係者たちがモデルを形成した（Simons & Voß, 2018）。

　時間をめぐる議論は、政策流動性の研究者のジェイミー・ペックとニク・セオドア（Jamie Peck and Nik Theodore 2015）による *Fast Policy：Experimental Statecraft at the Thresholds of Neoliberalism*（『ファスト政策：新自由主義の閾値における実験的な国家運営』）の出版によって、さらに勢いを増した。彼らは、今日のネットワーク化されたグローバル社会では、政策がある場所から別の場所へと急速に浮遊していると主張している。同様に、ドロウィッツ、プルガルおよびソールガー（Dolowitz, Plugaru, and Saurugger 2019）は、政策移転はさまざまなリズムで起こる可能性があり、そのリズムの強さはさまざまであると論じている。この音の強弱（dynamic）はクラシック音楽に似ており、**アレグロ**の時は急速な動きがあり、**モデラート**の時はゆっくりとした調子であり、**アレグロ・マ・ノン・トロッポ**の時は比較的速い動きである。この第3の時間の概念

が、政策移転プロセスのテンポと呼ばれる。アストリッド・ウッド（Astrid Wood 2015）は、南アフリカの都市におけるバス高速輸送（Bus Rapid Transit：BRT）の循環の複数の時間性を観察した。政策の実施は 2006 年まで行われなかったものの、政策に関する議論は 1973 年に始まった。この間、BRT 導入の試みは何度か失敗しており、政策循環には漸進的、反復的、遅延的なプロセスが含まれることを示唆している。

最後に、政策にも歴史があり、それは一時的なものや長く続くものもある。政策波及のライフサイクルを明らかにすることは、元のモデルが伝播する間に経験する変化、モデルを正当化するために使用されるさまざまな物語り、手段を促進するエージェントの世代交代、そして成功と危機の瞬間について、観察することを意味する。モライス・デ・サー・エ・シルヴァとポルト・デ・オリヴェイラ（Morais de Sá e Silva and Porto de Oliveira 2020）は、長期的な循環プロセスを持つブラジルの 2 つの政策を分析した。それは、条件付現金給付（1995年開始）と参加型予算編成（1989年開始）である。著者らは、このようなモデルの可塑性が、いかに 20 年以上にわたって世界的に循環させることを可能にしたかを論じている。この研究では、時が経つにつれて政策波及のストーリーはますます複雑になり、新たなエージェントが新たな空間に出現し、元の意味としばしば矛盾する異なる意味が政策手段に付与されると論じている。このことは、政策が広がる道は 1 つではなく、政策が伝播するのとともにプロセス自体も変化していくことを明らかにしている（**表 7.2**）。

4．結　論

　政策策定者は、自分たちの都市、州政府、国家の外にも、有用なアイデアを求めている。したがって、政策過程を理解するには、政策選択の内的決定要因に着目するとともに、政策波及に関する諸概念を統合することが最も有効である。前節では、主要なリサーチ・クエスチョンに対して、政策波及の研究者が私たちの思考を整理する方法を強調している。ほとんどの場合、これまで議論してきたさまざまなアプローチは、概念的にも方法論的にも、この研究分野の建設的な広がりを反映している。最近の研究では、より広範な移転対象を調査し、世界中のより広範な設定および複数の政府レベルで移転対象を検証し、増

表7.2 政策波及プロセスの背後にある基本原理

リサーチ・クエスチョン	基本原理
何が波及するのか？	1. 政策自体の広がり 2. 憲法と政府の制度 3. アイデア、信念、意味 4. 原理、イデオロギー 5. ベスト・プラクティス、方法（how-to）に関する知識、実施 6. 政策手段
どこで波及が起こるのか？	1. 地方・地域・国家の各レベル 2. 異なる実証的設定（最初の研究は主にグローバル・ノースを観察していたが、最近の研究者はグローバル・サウスを調査し始めた） 3. 他者のイノベーションを採択する者は、自らのニーズや資源に応じて、それを適応、変容、または、個別化することができる 4. 国境を越えたアリーナ
誰が波及に関わっているのか？	1. 政策策定者（選挙で選ばれた公職者と任命された官僚）への古典的な着目 2. 政策起業家、コンサルタント、活動家 3. 専門家団体や利益集団 4. 唱道連合とインフォーマル・ネットワーク 5. 国際組織 6. 慈善団体、民間諮問機関、非政府組織
政策はどのように波及するのか？	1. 他者からの学習（成功と失敗） 2. 他者との競争（主に経済的な） 3. 他者からの強制 4. 社会化と模倣 5. 政策波及の圧力は抵抗に直面するかもしれない
政策はいつ波及するのか？	1. 波及の順序はしばしばS字型曲線として現れる 2. タイミングは開いている政策の窓、危機、緊急性を反映することがある 3. 広がりのテンポが遅い場合と速い場合のリズム 4. オリジナルモデルが適応・置換されていくライフサイクル

加する政策移転に関するエージェントの影響力をアセスメントしている。

この研究は、政策過程のさまざまな段階における波及のインパクトを明らかにし、こうした力学を促進または阻害する可能性のある主要な文脈的要因を特定している。さらに、実験やテキスト分析のような革新的な定量的アプローチや、エスノグラフィーや参与観察のような深い洞察をもたらす定性的アプロー

チなど、波及の研究者はより幅広い研究デザインを取り入れている。

イノベーションと波及というレンズを通して政策過程を見ることは、学生、学者、実務家にとって大きな可能性を秘めている。これは、他国の政府が自らの政策問題に取り組むために行っている実験に基づいて、リーダーが政策課題に対処するために持っている機会についての、より良い理解を提供する。まとめると、波及研究はますます広がりを見せる活気ある分野であり、さまざまなサブフィールドや専門分野の研究者が価値ある知的貢献をする機会を提供する分野である。

しかし、こうした多くの研究や知見の価値が十分には認識されておらず、今後の政策研究には、依然として重要な方向性が数多く存在している。例えば、第1に、政策波及プロセスにおける政策の失敗の役割に関する更なる研究は貴重であろう。ドロウィッツとマーシュ（Dolowitz and Marsh, 2000）が論じているように、政策が実施されないのは、政策移転が不完全であったり、不適切であったり、または、情報が不足していたりするためであることが多い。これと同様に、シパンとヴォルデン（Shipan and Volden, 2021）は、なぜ悪い政策が広がり、良い政策が広がらないのかを探求している。彼らは、学習に基づく政策波及は大きな可能性を秘めているが、観察可能な実験、学習時間、適切な専門知識とインセンティブという3つの重要な（そしてしばしば欠けている）要素が必要であることを指摘している。政策波及研究の根底にある規範的な問いは、世界各地での極右運動の台頭や、外国人排斥主義、排外主義的、権威主義的な政策手段やアイデアの循環に関連する第2の方向性にも拡張することができる。第3の重要な方向性は、ポスト・トゥルース（脱真実）の文脈が急速に拡大する世界における知識と政策波及に関するものである。共通の事実や価値観がなければ、互いに学び合うことは困難か不可能になる。第4に、政策波及が世界規模での公共政策の課題とどのように関連しているのかについて、よりよく理解する必要がある（Porto de Oliveira, 2022）。これは、世界のグローバルなアジェンダ（例：持続可能な開発目標、新都市アジェンダ、パリ協定）を設定する国際機関の役割や、これらのアジェンダの内容を国や地方レベルでローカライズするという観点から検討することができる。このような差し迫った問題を踏まえ、私たちは新世代の学者に対して、利用可能な広範な波及の系譜から選択し、これらの取り組みに参加するよう呼びかける。同時に、政策移転、政策波

及、政策循環、政策流動性といった系譜は、互いにあまりにも孤立していることに対して既存の研究者に警鐘を鳴らしたい。アメリカの州を研究する波及の研究者と、郡を越えて広がる政策を研究する研究者は、しばしば互いの研究を読み、引用し、自分の研究に統合することに失敗することが多い。

そこで、波及の分野で研究している人たち（あるいは初めて波及の分野に足を踏み入れる人たち）に対して、さらなる橋渡しの取組みに携わるように呼びかけて結論とする。橋渡しをするためには、第1に、他者の研究を認識することが必要である。ここでは、近年の研究者たちが取り組んできた複数のアプローチを概観することで、その出発点を提供しようと試みた。第2に、波及の研究者は共通の専門用語から恩恵を受けることができる。例えば、政策波及には、これまで学者たちが類似の現象に対して用いてきた何十種類もの異なる用語ではなく、いくつかのメカニズムしか存在しないという共通の理解によって、大きな進展がもたらされた。第3に、異なる問いに取り組むためには、異なる方法論的アプローチが有用であるという認識は、異なる系譜から生まれた研究の受容の助けとなるかもしれない。各領域におけるある程度の専門化と、内的決定要因と波及プロセスの両方を把握するためのイベント・ヒストリー分析の台頭のような共通のアプローチの受容は、知識の発展に役立ってきた。とはいえ、量的、質的、フォーマル・セオリー、実験的、その他のアプローチを組み合わせた、混合メソッド・アプローチは、将来的に大きな進歩をもたらす機会を提供するものである。政策策定者がさまざまなアイデアや経験を持つ他者から学ぶことができるのと同様に、政策波及を研究する学生や研究者も、さまざまなアプローチ、専門領域、洞察から恩恵を受けながら、互いに学び合うことができるのである。

注

1 政策が国境を越えて伝播する現象について語る用語は数多くある。例えば、移転、波及、循環、流動性、教訓導出、バンドワゴン、収斂、模倣、調和化、現地化、輸出輸入、模写などが挙げられる（この議論については、グラハム、シパンおよびヴォルデン（Graham, Shipan & Volden, 2013）を参照）。本章では、簡略化と明瞭化のために、この一般的な現象を指す用語として「政策波及」を使用することにした。

2 州政府が「政策実験室」としての役割を果たすという概念についてはブランダイス

(Brandeis 1932) を、地方が互いに競合するというアイデアについてはティブー (Tiebout 1956) を、社会学における初期の波及研究の概要についてはストラングとスール (Strang and Soule 1998) を参照。ロジャーズ (Rogers 2003) は、あらゆる研究分野にわたるイノベーションの波及に関する決定的な研究を提供している。

3 ムーニー (Mooney 2020) は、ウォーカー (Walker) の洞察に基づき、アメリカ各州における波及研究の優れたレビューを提供している。

4 グラハム、シパンおよびヴォールデン (2013) は、政治学のさまざまなサブフィールドにおける政策波及の広がりについて論じている。

5 政治学者、特に公共政策を研究している英国の政治学者は、政策移転研究に取り組んできたが、概念的にも方法論的にも、議論は政策研究分野に近かったと断言できる。

6 サンパウロで開催された「政策波及と開発協力に関する国際会議」(2016年、2018年) およびオンライン会議 (2020年) では、グローバル・ノースとグローバル・サウスの両方から政策移転に関心を持つ幅広い聴衆を集めた議論が3回にわたって行われた。これらの出来事は、この分野における考察や出版物を後押しし、研究のニューフロンティアを切り開き、この研究分野を刷新するのに役立った。

7 フランスでは、学者のかなりの部分が「循環」という概念を使っているにもかかわらず、これが国境を越えて政策が動くプロセスを表す最良の方法であるかどうかについて、コンセンサスは得られていない。

8 ラトゥールとカロンが、異なる研究系譜に取り組む他の国際的な研究者たちにも影響を与えたことは注目に値する (例えば、Clarke et al., 2015 を参照)。

9 政策波及の系譜における、政策の広がりに伴う政策の再発明に関する先行研究については、グリックとヘイズ (Glick and Hays 1991) を参照。

10 このリストは網羅的なものではない。この章では主にエージェントという用語を使用するが、これらの用語はほぼ互換性があると考える。ブーシェイ (Boushey 2010) やムーニー (2020) は、これらのアクターを説明するためにベクトルを使用している。

参考文献

Acharya, A. 2004. How ideas spread: whose norms matter? Norm localization and institutional change in Asian regionalism. *International Organization* 58 (2): 239-275.

Allen, M. D., Pettus, C. and Haider-Markel, D. P.2004. Making the national local: specifying conditions for national government influence on state policymaking. *State Politics & Policy Quarterly* 4 (3): 318-344.

Ardila, D. S. 2020. Global policies for moving cities: the role of think tanks in the proliferation of bus rapid transit systems in Latin America and worldwide. *Policy and Society* 39 (1): 70-90

Badie, B. 2000. *The Imported State: The Westernization of the Political Order*. Stanford, CA: Stanford University Press.

Baker, T. and Temenos, C. 2015. Urban policy mobilities research: introduction to a debate. *International Journal of Urban and Regional Research* 39 (4): 824-827.

Balla, S. J. 2001. Interstate professional associations and the diffusion of policy innovations. *Ameri-*

can Politics Research 29 (3)：221-245.
Bayart, J.-F. 1996. L'historicité de l'Etat importé. *Les Cahiers du CERI* 15：1-44.
Benson, D. and Jordan, A. 2011. What have we learned from policy transfer research? Dolowitz and Marsh revisited. *Political Studies Review* 9 (3)：366-378.
Berry, F. S. and Berry, W. D. 1990. State lottery adoptions as policy innovations：an event history analysis. *American Political Science Review* 84 (2)：395-415.
Berry, F. S., and Berry, W. D. 2018. Innovation and diffusion models in policy research. In Christopher M. Weible and Paul A. Sabatier (eds.), *Theories of the Policy Process*, 4th Edition (pp.253-297). New York：Routledge.
Bertram, D. 2022. Accounting for culture in policy transfer：a blueprint for research and practice. *Political Studies Review* 20 (1)：83-100.
Boehmke, F. J., Brockway, M., Desmarais, B. A., Harden, J. J. and LaCombe, S. 2020. SPID：a new database for inferring public policy innovativeness and diffusion networks. *Policy Studies Journal* 48 (2)：517-545.
Bourdieu, P.2002. Les conditions sociales de la circulation internationale des idées. *Actes de la recherche en sciences sociales* 145 (1)：3-8.
Boushey, G. 2010. *Policy Diffusion Dynamics in America*. New York：Cambridge University Press.
Boussaguet, L., Jacquot, S., Ravinet, P. and Muller, P.2015. *Une French touch dans l'analyse des politiques publiques u* Presses Sciences Po.
Brandeis, L. D.. 1932. Dissenting opinion. *New State Ice Co. v. Liebmann*, 285 U. S. 262, 311.
Bromley-Trujillo, R. and Karch, A. 2021. Salience, scientific uncertainty, and the agenda-setting power of science. *Policy Studies Journal* 49 (4)：992-1018.
Bulkeley, H. 2006. Urban sustainability：learning from best practice? *Environment and Planning A* 38 (6)：1029-1044.
Bulmer, S., Dolowitz, D. P., Humpreys, P. and Padgett, S. 2007. *Policy Transfer in European Union Governance：Regulating the Utilities* (1 st ed). London：Routledge.
Butler, D. M., Volden, C., Dynes, A. M. and Shor, B. 2017. Ideology, learning, and policy diffusion：experimental evidence. *American Journal of Political Science* 61 (1)：37-49.
Clarke, J., Bainton, D., Lendvai, N. and Stubbs, P.2015. *Making Policy Move：Towards a Politics of Translation and Assemblage*. Bristol：Policy Press
Collingwood, L., Omar El-Khatib, S. and Gonzalez O'Brien, B. 2019. Sustained organizational influence：American Legislative Exchange Council and the diffusion of anti-sanctuary policy. *Policy Studies Journal* 47 (3)：735-773.
Common, R.(2001) *Public Management and Policy Transfer in South-East Asia*. Burlington：Ashgate.
Constantine, J. and Shankland, A. 2017. From policy transfer to mutual learning? *Novos Estudos-CEBRAP*, 36 (01), 99-124.
De Jong, M.(2013) China's art of institutional bricolage：Selectiveness and gradualism in the policy transfer style of a nation. *Policy and Society* 32 (2)：89-101.
Delpeuch, T., & Vassileva, M.(2010). Des transferts aux apprentissages：Réflexions à partir des nouveaux modes de gestion du développement économique local en Bulgarie. *Critique internationale n° 48* (3)：25.
Dezalay, Y. and Garth, B. G. 2002. *The Internationalization of Palace Wars：Lawyers, Economists, and the Contest to Tran$orm Latin American States*. Chicago：University of Chicago Press.
Dias, N., Enríquez, S. and Júlio, S. 2019. *Participatory Budgeting World Atlas*. Vila Ruiva/Faro：Epo-

peia/Oficina.
Dolowitz, D. P., Hadjiisky, M. and Normand, R.(Orgs.). 2020. *Shaping Policy Agendas : The Micro-Politics of Economic International Organizations*. Cheltenham : Edward Elgar Publishing.
Dolowitz, D. P., Hulme, R., Nellis, M. and O'Neill, F. 2000. *Policy Transfer and British Social Policy : Learning from the USA?* Open University Press.
Dolowitz, D. P. and Marsh, D. 1996. Who Learns what from whom : a review of the policy transfer literature. *Political Studies* 44 (2) : 343-357.
Dolowitz, D. P. and Marsh, D. 2000. Learning from abroad : the role of policy transfer in contemporary policy making. *Governance* 13 (1) : 5-24.
Dolowitz, D. P., Plugaru, R. and Saurugger, S. 2019. The process of transfer : the micro-influences of power, time and learning. *Public Policy and Administration* 35 (4) : 445-464
Dumoulin, L. and Saurugger, S. 2010. Les policy transfer studies : analyse critique et perspectives. *Critique Internationale* 48 : 9-24.
Dunlop, C. A. 2009. Policy transfer as learning : capturing variation in what decisionmakers learn from epistemic communities. *Policy Studies* 30 (3) : 289-311.
Dussauge-Laguna, M. I. 2013. Policy transfer as a "contested" process. *International Journal of Public Administration* 36 (10) : 686-694.
Eyestone, R. 1977. Confusion, diffusion, and innovation. *American Political Science Review* 71 (2) : 441-447
Finger, L. K. 2018. Vested interests and the diffusion of education reform across the states. *Policy Studies Journal* 46 (2) : 378-401.
Foli, R., Béland, D. and Fenwick, T. B. 2018. How instrument constituencies shape policy transfer : a case study from Ghana. *Policy and Society* 37 (1) : 108-124.
Gilardi, F. 2010. Who learns from what in policy diffusion processes? *American Journal of Political Science* 54 (3) : 650-666.
Glick, H. R. and Hays, S. P.1991. Innovation and reinvention in state policymaking : theory and the evolution of living will laws. *Journal of Politics* 53 (3) : 835-850.
Gonzalez, S. 2011. Bilbao and Barcelona 'in motion'. How regeneration 'models' travel and mutate in the global flows of policy tourism. *Urban Studies* 48 (7) : 1397-1418.
Graham, E. R., Shipan, C. R. and Volden, C. 2013. The diffusion of policy diffusion research in political science. *British Journal of Political Science* 43 (3) : 673-701.
Grattet, R., Jenness, V. and Curry, T. R. 1998. The homogenization and differentiation of hate crime law in the United States, 1978-1995 : innovation and diffusion in the criminalization of bigotry. *American Sociological Review* 63 (2) : 286-307.
Hadjiisky, M., Hassenteufel, P. and Porto de Oliveira, O. 2021. Circulação internacional e comparação transnacional de políticas públicas. In *Sociologia política da ação pública : Teorias, abordagens e conceitos* (pp.315-334). Escola Nacional de Admministração Pública : Brasília.
Hadjiisky, M., Pal, L. A. and Walker, C. 2017. *Public Policy Transfer : Micro-Dynamics and Macro-Effects*. Cheltenham : Edward Elgar Publishing.
Halpern, C. and Galès, P. L. 2011. No autonomous public policy without ad hoc instruments, abstract. *Revue Française de Science Politique* 61 (1) : 43-67.
Halpern, C., Lascoumes, P. and Le Galès, P.2014. *L'instrumentation de l'action publique*. Paris : Les Presses de Sciences Po.
Hassenteufel, P.2014. *Sociologie Politique : L'action publique*. Armand Colin : Paris.
Hassenteufel, P. et al. 2017. Policy diffusion and translation : The case of evidence-based health

第 7 章 政策の波及とイノベーション 319

agencies in Europe. *Novos Estudos-CEBRAP*, 36 (01): 77-96.
Hassenteufel, P. and Genieys, W. 2020. The programmatic action framework: An empirical assessment. *European Policy Analysis*, 5 ago.
Hassenteufel, P. and Zeigermann, U. 2021. Translation and translators in policy transfer processes. In O. Porto de Oliveira (Org.) (ed.), *Handbook of Policy Transfer, Diffusion and Circulation* (pp.58-79). Cheltenham: Edward Elgar Publishing.
Heilmann, S. and Schulte-Kulkmann, N. 2011. The limits of policy diffusion: introducing international norms of anti-money laundering into China's legal system. *Governance* 24 (4): 639-664.
Hood, C. and Margetts, H. 2007. *The Tools of Government in the Digital Age*. London: Macmillan Education UK.
Howlett, M. 1991. Policy instruments, policy styles, and policy implementation. National approaches to theories of instrument choice. *Policy Studies Journal* 19 (2): 1-21.
Howlett, M., Ramesh, M. and Saguin, K. 2018. Diffusion of CCTs from Latin America to Asia: the Philippine 4Ps case. *Brazilian Public Administration Review* 52 (2): 264-284.
Jacoby, W. 2000. *Imitation and Politics: Redesigning Modern Germany*. Ithaca, NY: Cornell University Press.
Jacoby, W., Lataianu, G. and Lataianu, C. M. 2009. Success in slow motion: the Europeanization of Romanian child protection policy. *The Review of International Organizations* 4: 111-133.
Jansa, J. M., Hansen, E. R. and Gray, V. H. 2018. Copy and paste lawmaking: legislative professionalism and policy reinvention in the states. *American Politics Research* 47 (4): 739-767
Jones, T. and Newburn, T. 2002. Learning from Uncle Sam? Exploring U. S. influence on British crime control policy. *Governance* 15 (1): 97-119.
Jordana, J., Levi-Faur, D. and Marin, X. F. 2009. The global diffusion of regulatory agencies: channels of transfer and stages of diffusion. *IBEI Working Paper* 28: 24.
Karch, A. 2007. *Democratic Laboratories: Policy Diffusion Among the American States*. Ann Arbor: University of Michigan Press.
Karch, A. and Cravens, M. 2014. Rapid diffusion and policy reform: the adoption and modification of three strikes laws. *State Politics & Policy Quarterly* 14 (4): 461-491.
Karch, A., Nicholson-Crotty, S. C. Woods, N. D. and O'M Bowman, A. 2016. Policy diffusion and the pro-innovation bias. *Political Research Quarterly* 69 (1): 83-95.
Keck, M. E. and Sikkink, K. 1998. *Activists Beyond Borders: Advocacy Networks in International Politics*. Ithaca, NY: Cornell University Press.
Kirst, M. W., Meister, G. and Rowley, S. R. 1984. Policy issue networks: their influence on state policymaking. *Policy Studies Journal* 13 (2): 247-263.
Knight, C. and Lyall, C.(2013). Knowledge brokers: The role of intermediaries in producing research impact. *Evidence & Policy: A Journal of Research, Debate and Practice*, 9 (3): 309-316
Laidi, S. 2005. *Globalization, Policy Transfer and Policy Research Institutes*. Cheltenham: Edward Elgar Publishing.
Larner, W. and Laurie, N. 2010. Travelling technocrats, embodied knowledges: globalising privatization in telecoms and water. *Geoforum* 41: 218-226.
Levi-Faur, D. and Jordana, J. 2005. The rise of regulatory capitalism: The global diffusion of a new order. *THE ANNALS of the American Academy of Political and Social Science* 598 (1): 200-217.
Levitt, P. and Merry, S. 2009. Vernacularization on the ground: local uses of global women's rights

in Peru, China, India and the United States. *Global Networks* 9 (4): 441-461.
Lopreite, D. 2012. Travelling ideas and domestic policy change: the transnational politics of reproductive rights/health in Argentina. *Global Social Policy: An Interdisciplinary Journal of Public Policy and Social Development* 12 (2): 109-128.
Makse, T. and Volden, C. 2011. The role of policy attributes in the diffusion of innovations. *Journal of Politics* 73 (1): 108-124.
Mallinson, D. J. 2021. Who are your neighbors? The role of ideology and decline of geographic proximity in the diffusion of policy innovations. *Policy Studies Journal* 49 (1): 67-88.
McCann, E. 2008. Expertise, truth, and urban policy mobilities: global circuits of knowledge in the development of Vancouver, Canada's 'four pillar' drug strategy. *Environment and Planning A: Economy and Space* 40 (4): 885-904.
McCann, E. 2011. Urban policy mobilities and global circuits of knowledge: toward a research agenda. *Annals of the Association of American Geographers* 101 (1): 107-130.
McCann, E. and Temenos, C. 2015. Mobilizing drug consumption rooms: inter-place networks and harm reduction drug policy. *Health & Place* 31: 216-223.
McCann, E. and Ward, K. 2011 (eds.), *Mobile Urbanism: Cities and Policymaking in the Global Age*. Minneapolis: University of Minnesota Press.
McCann, E. and Ward, K. 2012. Assembling urbanism: following policies and 'studying through' the sites and situations of policy making. *Environment and Planning A* 44: 42-51.
McCann, E. and Ward, K. 2013. A multi-disciplinary approach to policy transfer research: geographies, assemblages, mobilities and mutations. *Policy Studies* 34 (1): 2-18.
McNeal, R. S., Tolbert, C. T., Mossberger, K. and Dotterweich, L. J. 2003. Innovating in digital government in the American States. *Social Science Quarterly* 84 (1): 52-70.
Mei, C. and Pearson, M. 2015. "Diffusion of policy defiance among Chinese local officials." In J. Teets and W. Hurst (eds.), *Local Governance Innovation in China: Experimentation, Diffusion, and Defiance* (pp.25-41), London: Routledge.
Milhorance, C. 2018. *New Geographies of Global Policy-Making: South-South Networks and Rural Development Strategies*. New York: Routledge.
Minkman, E., Letitre, P., Van Buuren, A. 2019. Reconstructing the impasse in the transfer of delta plans: evaluating the translation of Dutch water management strategies to Jakarta, Indonesia. *Journal of Environmental Planning and Management* 62 (9): 1562-1582.
Mintrom, M. 2000. *Policy Entrepreneurs and School Choice*. Washington, DC: Georgetown University Press.
Montero, S. 2017. Study tours and inter-city policy learning: Mobilizing Bogotá's transportation policies in Guadalajara. *Environment and Planning A* 49: 332-350.
Montero, S. and Baiocchi, G. 2021. A posteriori comparisons, repeated instances and urban policy mobilities: what 'best practices' leave behind. *Urban Studies* 59 (8): 1-20.
Mooney, C. Z. 2020. *The Study of U. S. State Policy Diffusion: What Hath Walker Wrought?* New York: Cambridge University Press.
Morais de Sá e Silva, M. 2017. *Poverty Reduction, Education, and the Global Diffusion of Conditional Cash Transfers*. Cham: Palgrave Macmillan.
Morais de Sá e Silva, M. Porto de Oliveira, O. 2020. The various lives of policy transfer. Iterations in the diffusion of Conditional Cash Transfers and Participatory Budgeting. Paper presented at the II International Conference on Policy Diffusion and Development Cooperation. Online.
Mossberger, K. 2000. *The Politics of Ideas and the Spread of Enterprise Zones*. Washington, DC:

第 7 章 政策の波及とイノベーション　321

Georgetown University Press.
Nicholson-Crotty, S. 2009. The politics of diffusion : public policy in the American states. *Journal of Politics* 71 (1) : 192-205.
Oikawa Cordeiro, B. 2019. Global mobility of microfinance policies. *Policy and Society* 39 (1) : 1-17.
Osorio Gonnet, Cecilia. 2019. A comparative analysis of the adoption of conditional cash transfer programs in Latin America. *Journal of Comparative Policy Analysis : Research and Practice* 21 (4) : 385-401.
Pal, L. A. 2012. *Frontiers of Governance : The OECD and Global Public Management Reform*. New York : Palgrave Macmillan.
Pal, L. A. 2019. Policy Transfer and Resistance : Proposals for a New Research Agenda. In O. Porto de Oliveira et al.(eds.), *Latin America and Policy Diffusion : From Import to Export* (pp.183-201). New York : Routledge.
Pal, L. A. and Spence, J. 2020. Event-focused network analysis : a case study of anticorruption networks. *Policy and Society* 39 (1) : 91-112.
Peck, J. and Theodore, N. 2010. Mobilizing policy : models, methods, and mutations. *Geoforum* 41 : 169-174.
Peck, J. and Theodore, N. 2015. *Fast Policy : Experimental Statecraft at the Thresholds of Neoliberalism*. Minneapolis : University of Minnesota Press.
Pierce, P. A. and Miller, D. E. 1999. Variations in the diffusion of state lottery adoptions : how revenue dedication changes morality politics. *Policy Studies Journal* 27 (4) : 696-706.
Plugaru, R. 2014. Le pouvoir des acteurs internationaux au sein des transferts : Le rôle des organisations internationales et des entreprises privées dans la modernisation des hôpitaux en Ukraine et en Moldavie. *Politique européenne* 46 (4) : 60.
Pojani, D. and Stead, D. 2015. Going Dutch? The export of sustainable land-use and transport planning concepts from the Netherlands. *Urban Studies* 52 (9) : 1558-1576.
Porto de Oliveira, O. 2017. *International Policy Diffusion and Participatory Budgeting : Ambassadors of Participation, International Organizations and Transnational Networks*. Cham : Palgrave Macmillan.
Porto de Oliveira, O. 2019. Brazil exporting social policies : from local innovation to a global model. *Journal of Politics in Latin America* 11 (3) : 249-271.
Porto de Oliveira, O. 2020. Policy ambassadors : human agency in the transnationalization of Brazilian social policies. *Policy and Society* 39 (1) : 53-69.
Porto de Oliveira, O. and Pal, L. A. 2018. New frontiers and directions in policy transfer, diffusion and circulation : agents, spaces, resistance and translations. *Revista de Administracão Pública* 52 (2) : 199-220.
Porto de Oliveira, O. 2022. Comparing pathways of policy internationalization : The transfer of Brazilian social programs. *Journal of Comparative Policy Analysis : Research and Practice*, 24 (5) : 490-511, 3 set.
Pow, C. P.2014. License to travel : policy assemblage and the 'Singapore model'. *City* 18 (3) : 287-306
Radaelli, C. M. 2000. Policy transfer in the European Union : institutional isomorphism as a source of legitimacy. *Governance* 13 (1) : 25-43.
Rogers, E. 2003. *Diffusion of Innovations*, 5th Edition. New York : The Free Press.
Romano, G. C. 2017. Organisational learning analysis and transfers of "eco-city" concepts to China : the example of Yangzhou. *China Perspectives* 1 : 37-43.

Romano, G. C. 2020. *Changing Urban Renewal Policies in China : Policy Transfer and Policy Learning under Multiple Hierarchies.* Cham : Palgrave Macmillan.
Romano, G. C. 2021. Understanding the role of culture in policy transfers. In O. Porto de Oliveira (Org.), *Handbook of Policy Transfer, Diffusion and Circulation* (pp.257-275). Cheltenham : Edward Elgar Publishing.
Rose, R. 1991. What is lesson-drawing? *Journal of Public Policy* 11 (1) : 3-20.
Saraiva, C., Jajamovich, G. and Silvestre, G. 2021. Circulations of planning ideas and urban policy mobilities in Latin America. In *Handbook of Policy Transfer, Diffusion and Circulation Research* (pp.278-299). Cheltenham : Edward Elgar Publishing.
Saunier, P.-Y. 2004. Circulations, connexions et espaces transnationaux, Abstract. Genèses 57 (4) : 110-126.
Saurugger, S. and Surel, Y. 2006. L'européanisation comme processus de transfert de politique publique. *Revue internationale de politique comparée* 13 (2) : 179.
Shipan, C. R. and Volden, C. 2008. The mechanisms of policy diffusion. *American Journal of Political Science* 52 (4) : 840-857.
Shipan, C. R. and Volden, C. 2021. *Why Bad Policies Spread (And Good Ones Don't).* New York : Cambridge University Press.
Silvestre, G. and Jajamovich, G. 2021. The role of mobile policies in coalition building : the Barcelona model as coalition magnet in Buenos Aires and Rio de Janeiro (1989-1996). *Urban Studies* 58 (11) : 2310-2328.
Simmons, B. A., Dobbin, F. and Garrett, G. 2006. Introduction : the international diffusion of liberalism. *International Organization* 60 (4) : 781-810.
Simons, A. and Voß, J.-P.2018. The concept of instrument constituencies : accounting for dynamics and practices of knowing governance. *Policy and Society* 37 (1) : 14-35.
Soremi, T. 2019. Storytelling and policy transfer. The case of disaster risk reduction policy transfer to West Africa. *International Review Public Policy* 1 (1 : 2) : 194-217.
Starke, P.2013. Qualitative methods for the study of policy diffusion : challenges and available solutions. *Policy Studies Journal* 41 (4) : 561-582.
Stead. D. 2012. Best practices and policy transfer in spatial planning. *Planning Practice & Research* 27 (1) : 103-116.
Steinberg, J. 2011. Crime prevention goes abroad : policy transfer and policing in post-apartheid South Africa. *Theoretical Criminology* 15 (4) : 349-364.
Stone, D. L. 2001. Think tanks, global lesson-drawing and networking social policy ideas. *Global Social Policy : An Interdisciplinary Journal of Public Policy and Social Development* 1 (3) : 338-360.
Stone, D. L. 2017. Understanding the transfer of policy failure : bricolage, experimentalism and translation. *Policy & Politics* 45 (1) : 55-70.
Stone, D., Porto De Oliveira, O. and Pal, L. A. 2019. Transnational policy transfer : The circulation of ideas, power and development models. *Policy and Society*, 1-18, 23 set.
Stone, D. L., Pal, L. A. and Porto de Oliveira, O. 2021. Private consultants and policy advisory organizations : a blind spot on policy transfer research. In Porto de Oliveira, O.(ed.), *Handbook of Policy Transfer, Diffusion and Circulation.* Cheltenham : Edward Elgar Publishing.
Stone, D. L., Porto de Oliveira, O. and Pal, L. A. 2019. Transnational policy transfer : the circulation of ideas, power and development models. *Policy and Society* 1-18.
Stone, D. L. and Wright, C. 2006. *The World Bank and Governance : A Decade of Reform and Reac-*

第 7 章　政策の波及とイノベーション　323

tion（1 edition）. London：Routledge.
Strang, D. and Soule, S. A. 1998. Diffusion in organizations and social movements：from hybrid corn to poison pills. *Annual Review of Sociology* 24（1）：265-290.
Stubbs, P. and Wedel, J. 2015. Policy flexians in the global order. Em A. Kaasch and K. Martens（Orgs.）, *Actors and Agency in Global Social Governance*（pp.214-232）. Oxford：Oxford University Press.
Teets, J. 2016. Policy diffusion in China：contracting out elder care. *China：An International Journal* 14（3）：88-106.
Temenos, C. and McCann, E. 2012. The local politics of policy mobility：learning, persuasion, and the production of a municipal sustainability fix. *Environment and Planning A* 44：1389-1406.
Temenos, C. and McCann, E. 2013. Geographies of policy mobilities. *Geography Compass* 7/5：344-357
Teodoro, M. P.2009. Bureaucratic job mobility and the diffusion of innovations. *American Journal of Political Science* 53（1）：175-189.
Tiebout, C. M. 1956. A pure theory of local expenditures. *Journal of Political Economy* 64（5）：416-424.
Vauchez, A. 2013. Le prisme circulatoire. Retour sur un leitmotiv académique. *Critique internationale* 59：9-16.
Vettoretto, L. 2009. A preliminary critique of the best and good practices approach in European spatial planning and policy-making. *European Planning Studies* 17（7）：1067-1083.
Volden, C. 2002. The politics of competitive federalism：a race to the bottom in welfare benefits? *American Journal of Political Science* 46（2）：352-363.
Volden, C. 2006. States as policy laboratories：emulating success in the children's health insurance program. *American Journal of Political Science* 50（2）：294-312.
Volden, C., Ting, M. M. and Carpenter, D. P.2008. A formal model of learning and policy diffusion. *American Political Science Review* 102（3）：319-332.
Walker, J. L. 1969. The diffusion of innovations among the American states. *American Political Science Review* 63（3）：880-899.
Walker, J. L. 1981."The diffusion of knowledge, policy communities and agenda setting：the relationship of knowledge and power" In John E. Tropman, Milan J. Dluhy, and Roger M. Lind. (eds.), *New Strategic Perspectives on Social Policy*. New York：Pergamon.
Weyland, K. G. 2005. Theories of policy diffusion：lessons from Latin American pension reform. *World Politics* 57（2）：262-295.
Weyland, K. G. 2006. *Bounded Rationality and Policy Diffusion：Social Sector Reform in Latin America*. New Jersey：Princeton University Press.
Wolman, H. and Page, E. 2002. Policy transfer among local governments：an information-theory approach. *Governance* 15（4）：477-501.
Wood, A. 2015. Multiple temporalities of policy circulation：gradual, repetitive and delayed processes of BRT adoption in South African cities. *International Journal of Urban and Regional Research* 39（3）：568-580.
Yi, H., Berry, F. S. and Chen, W. 2018. Management innovation and policy diffusion through leadership transfer networks：an agent network diffusion model. *Journal of Public Administration Research and Theory* 28（4）：457-474.
Yi, H. and Chen, W. 2019. Portable innovation, policy wormholes, and innovation diffusion *Public Administration Review* 76（5）：737-748.

Yu, J., Jennings, Jr. E. T. and Butler, J. S. 2020. Lobbying, learning, and policy reinvention : an examination of the American States' drunk driving laws. *Journal of Public Policy* 40 (2) : 259-279.

Zhang, Y. and Marsh, D. 2016. Learning by doing : the case of administrative policy transfer in China. *Policy Studies* 37 (1) : 35-52.

第8章　政策ゲームの生態系フレームワーク
多核的な（ポリセントリック）ガバナンスにおける複雑性

マーク・ルーブル、ジャック・ミワター、マシュー・ロビンス
(Mark Lubell, Jack Mewhirter, and Matthew Robbins)

1．はじめに

　政策過程研究の最先端において、多核的（ポリセントリック：polycentric）ガバナンスの概念が極めて重要だと認識されている。これは、より一般的な複雑適応システム（complex adaptive systems）の概念の具体例である（Levin et al., 2013）。V. オストロムら（V. Ostrom et al., 1961；McGinnis & E. Ostrom, 2012 も参照）の地域政治に関する研究と E. オストロム（E. Ostrom 1990）のコモンプール資源の分析に基づき、多核的なシステムは、次の3つの要素から構成される。「(1)互いに形式的に独立した多数の自律的単位が存在し、(2)他者を考慮した行為を選択し、(3)協力、競争、対立、そして紛争解決のプロセスを通じて相互作用する」(V. Ostrom, 1991, p.225)。多核性の概念は、さまざまな規模で運用され、多様な争点領域をカバーするガバナンス・システムを描写するために用いられてきた。国際的な領域としては、地球規模の気候変動（Cole, 2015；Jordan et al., 2018；E. Ostrom, 2010）、安全保障（Miskimmon & O'loughlin, 2017；Scholte, 2004）、貿易（Horner & Nadvi, 2017；Roe, 2009）などが挙げられる。また、地域レベル・広域レベルのシステムとしては、緊急サービスの提供（Boettke et al., 2016）、教育（V. Ostrom, 1999；TYIer et al., 1961）、警察活動（McLaughlin et al., 2021；Mewhirter et al., 2022）、資源管理（Andersson & E. Ostrom, 2008；Blomquist & Schlager, 2005；Heikkila et al., 2011）などの課題に取り組むものがある。

　学問的な注目は高まっているものの、現代の適用事例の多くで、多核性は理論を必要とする概念であると論じたい。V. オストロムら(V. Ostrom et al., 1961)の原初的な分析は、おそらく最も強力な理論的言明を提供し、分断化されたシステム間にわたっており、対立と協力のパターンがどのように出現するかを詳

述している。地方政府による公共財の提供という文脈において、著者は次のように理論化している。(1)分断化された広域的ガバナンス・システムは、統一的または「単一中心的」なシステム（例えば、「ガルガンチュア」（訳注：巨大な統合行政体。フランソワ・ラブレーの小説に登場する巨人の王様で、その後「途方もなく大きい」という意味で使われるようになった）よりも、公共財を提供する上で優れている。これは、市民が「足による投票」をすることで地方政府が納税者を獲得するための競争を促すからである。(2)発生するあらゆる管轄区域間の外部性は、協力的な合意を通じて解決できる。

多核性の文献は、V. オストロムら（V. Ostrom et al., 1961）の地域間の相互作用に焦点を当てたものから、マルチレベル・システムの分析へと大きく移行してきたものの、システムの優位性を示唆する当初の仮説が、現在の研究の多くの基盤となっている。このようなシステムは、重複する多層的な協力問題を特徴とする政策課題の解決に適しているという考え方に基づき（Bixler, 2014；Carlisle & Gruby 2017；Da Silveira & Richards, 2013；Folke et al., 2005；Pahl-Wostl & Knieper, 2014）、現代の研究は、複雑な政策課題に対する規範的な「処方箋」として、しばしば多核性を推奨している。しかしながら、この処方箋的な重点の置き方は、（少なくとも）3つの重大な問題を提起する。

第1に、多核性が**すべての種類**の政策問題に対する処方箋として提示されることで、「万能薬」となってしまうリスクがある（Ostrom and Cox, 2010）。多核性の導入（または増加）によってシステムのパフォーマンスが向上（または是正）されるという提案は、特定の状況下でのみ適切であるかもしれず、実際には、一部の条件下では逆効果となるかもしれない（例：Mewhirter & McLaughlin, 2021；Romero, 2022）。E. オストロムは、万能薬に対する強い警告を発しており、制度の適合には社会生態システム内の広範な変数の診断が必要であると述べている。彼女が指摘するように、「複雑な問題を解決するために簡単な答えを追い求めるのをやめるべきである」（E. Ostrom 2007, p.15181）。

第2に、多核的なガバナンスが代替ガバナンス構造ではなく、すべての政策システムにおける普遍的な事実であるということが看過されている。例えば、多核性をネットワーク、市場、あるいは階層制と比較して推奨するというのは適切ではない。なぜなら、これらの概念は相互排他的ではないからである。（例えば）市場と階層制の間や、地理的な地域や他の社会的に意味のある単位にわ

たって、多核性の構造と機能に差異が存在する可能性はあるものの、ある意味では、実際にはすべてが多核性を持っている（少なくともある程度は。Lubell et al., 2012）。

第3に、多核性の普遍的な便益とされるものに焦点を当てることは、多核的なシステムの構造と機能が時間と空間の中でどのように変化するのかという、より広範な（そして、私たちの意見ではより有益な）対話がおろそかになってしまう。多核的なシステムはすべて同じというわけではない（Aligica & Tarko, 2012）。システム間では、アクター、フォーラム、そして争点の数と種類（およびこれらの構成要素間の相互関係）においてかなりの異質性を示している。このような構造的な差異は、多核的なシステムが発展する社会生態系的文脈に依存しており、それは制度的適合性の高低として現れる（Epstein et al. 2015, Lebel et al., 2013）。異なる多核的なシステムは、学習、協力、交渉といった重要な社会プロセスの促進、これらの間に生じる潜在的なトレードオフの管理、あるいは時間の経過に応じた重点の変更において、より優れたパフォーマンスを発揮することがある。

もしすべてが多核的であり、多核性が常にガバナンスの「正しいアプローチ」であるとするならば、多核的なガバナンスの有効性をどのように代替案と比較すればよいのだろうか。文献では、多核的なアプローチは他のタイプの制度的仕組み、例えば中央集権的な構造と比較されるべきだというアイデアが失われている（Romero, 2022）。その代わりに、多核的なシステムが「良い」ものだと反射的に想定するのではなく、異なる文脈のもとでうまく機能する構造的配置を特定することを目指して、多核的なシステムの構造と機能に関する理論を発展させるべきである。私たちは、この後者の目標をより重要なものと考えている。

多核性に対する規範的アプローチが引き起こす理論的問題は、本章の目的へとつながっている。すなわち、多核的なガバナンスとその複雑性を分析するための理論的アプローチとして「政策ゲームの生態系フレームワーク（Ecology of Games Framework：EGF）」を提示することである。ルーブル（Lubell 2013）が最初にEGFを明確化し、それ以来、多くの実証的事例、とりわけ環境ガバナンスの場面に適用されてきた（参照：Berardo & Lubell, 2016, 2019）。とはいえ、このフレームワークは集合行為問題を特徴とするあらゆる政策領域に一般的に

適用可能であり、ノルウェーのハンドボールにおける人材育成（Bjorndal et al. 2015）のような多様な場面で適用されている。

私たちは、以前のレビューでは、これまでの実証研究の焦点となってきた中核的な EGF 仮説のいくつかを要約した（Berardo & Lubell, 2019；Lubell, 2013；Lubell et al. 2022）。付録では、これらの仮説を記述し、関連する EGF 研究からの知見を示す表を提供している。本章では、この以前の説明を繰り返す代わりに、新しい読者を意識して、EGF の中核的要素を簡単に紹介する。次に、EGF を 2 つの事例研究で例証し、多核的なシステムにおける制度変化の推進力を浮き彫りにする。これらの事例研究は、集合行為問題を解決するための新しい協力形態の出現と、それに付随する「指揮を執る者はいるのか」というジレンマを浮き彫りにしている。その後、事例研究からの例を用いて、EGF が複雑性理論における中核的な問いにどのように取り組んでいるかを記述することで、複雑で多核的なガバナンス・システムの理論としての EGF というアイデアを説明する。

2．政策ゲームの生態系フレームワークの簡単な紹介

EGF は、社会学者ノートン・ロング（Norton Long, 1958）の論文 'The Local Community as an Ecology of Games'（地域社会というゲームの生態系）からその名を借りている。ロングの分析は、都市ガバナンスに焦点を当てており、ここでの「ゲーム」は、選挙で選ばれた公職者、行政官、利益集団、ジャーナリストなど、さまざまなタイプの政策アクターの政治的インセンティブや職業的インセンティブによって定義されている。これに対して EGF は、政策アクター、政策フォーラム、政策争点、そしてこれらの要素間の相互依存的な関係の構造に焦点を当てる。図 8.1 は、環境ガバナンスの場面において、これらの構成要素がどのように関連しているかを示す図である。この図は、フォーラムでの意思決定に応じて多核的なガバナンスの仕組みが変化し、同時に政策のアウトプットやアウトカムが政策争点に影響を与えることで、システムの構造とプロセスが時間とともに発展していく様子を示している。図 8.1 では、説明のために、2 人のアクター、2 つの争点、1 つのフォーラムという「単純な」システムを示している。現実世界のシステムは、はるかに複雑である。例えば、ルー

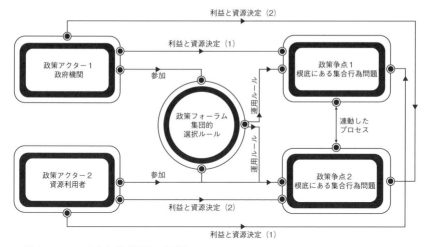

図 8.1 EGF の主な構成要素の図解
出典：著者作成

ブルら（Lubell et al. 2017）によるカリフォルニア州のサクラメント・サンホアキンデルタ水域のガバナンス・システムをマッピング（関係性の可視化）した研究では、271 のフォーラムにまたがって 8 つの相互に関連する争点について政策決定を行う 354 のアクターのネットワークが明らかになった。

2.1　政策ゲームの生態系の構造

　構造の観点から見ると、すべての政策ゲームの生態系は、あらかじめ定義された地理的空間内の特定の政策領域に関連する政策アクター、争点、フォーラム、そしてそこから生まれるゲームから構成されている。すべてのシステムは同じ独立した構成要素から成り立っているものの、アクター、争点、フォーラム、ゲームの数と種類はシステムごとに大きく異なる。ベラルドとルーブル（Berardo and Lubell 2016）で示されているように、類似の政策争点を扱うシステム間でも、構造的な差異が大きく現れることがある。同様に、内生的あるいは外生的に課された変化は、特定のシステム内で構造的な不安定性をもたらす可能性がある（Berardo & Holm, 2018；Berardo et al., 2015）。

　政策アクターとは、特定の争点領域に具体的な利害関係を持ち、それにインパクトを与える選択を積極的に行う個人または組織（例えば、政府機関、企業、

非営利団体)である。システム内部および複数のシステムにまたがるアクターは、それぞれ異なる価値観、信念体系、政策選好、資源、意思決定戦略を持っている。同様に、政策アクターは一般的に、資金、知識、政治的権威など、政策実施において調整が必要な、異なる種類の資源を管理している。他の政策過程理論（例：Baumgartner et al., 2018；E. Ostrom, 2019）と同じく、EGF は政策アクターが限定合理的であり、動機づけられた推論過程（Druckman & McGrath, 2019）および文化的認知（Kahan & Braman, 2006；Kahan et al., 2011）のプロセスに影響されると主張している。したがって、協力は多くの場合、共有された価値観と情報処理に基づいており、それが既存の信念を強化する。この意味で、政策アクターはしばしば、唱道連合フレームワーク（Sabatier & Jenkins-Smith, 1993）が提示したものと同様の方法で連合を形成する。

　政策争点とは、政策アクターが直面する集合行為の問題である。個々の争点は、公共財の提供、コモンプール資源の管理、あるいは負の外部性など、個人の福祉と集団の福祉の間に乖離が存在する何らかの集合行為のジレンマを表している。さらに、政策争点は通常、何らかの生物物理学的プロセスまたはインフラの連鎖効果を通じて相互に関連している（Mewhirter & Berardo, 2019）。例として、仮想的な水ガバナンス・システムが直面する争点（供給、水質、生物多様性、洪水、気候変動、土地利用など）がどのように交差するかを考えてみよう。例えば、水供給の需要が増加すると、その結果として生じる流量の減少は、水質や水生生物の多様性に影響を与える。さらに、海面上昇による洪水が１つの地域管轄区域に影響を与える場合、その結果生じるインフラへの影響は地域の交通ネットワークを通じた他の地域にも波及していく（Lubell et al., 2021；Wang et al., 2017）。「制度の適合性」は、相互依存する争点に関与するアクターとフォーラムの間で協働が生じる時、改善される（Bodin, 2017；Bodin et al., 2014）。

　政策フォーラムとは、政策アクターが政策争点について議論を重ね、集団的意思決定を行う場である。このフォーラムにおける集団的意思決定プロセスは、以下のような公式・非公式の制度的仕組みによって規定される。参加資格の設定、科学的知見やその他の知識の活用方法、個々の政策選好を集団としての選択へと集約する方法（参照：Fischer & Leifeld, 2015）。E. オストロム（E. Ostrom 1996）は、政策フォーラムにおける意思決定を統制するルールを「集団的選択ルール」と呼んでいる。政策フォーラムのアウトプットは、通常、何ら

かの計画や管理行動の形態をとり、コモンプール資源の採取水準などの争点に関する意思決定に影響を与える可能性がある。E. オストロム（E. Ostrom 1996）は、政策フォーラムのアウトプットを、コモンプール資源の管理を統制する「運用ルール」と呼んでいる。

政策ゲームは、アクター、フォーラム、そして争点が織りなす関係の総称である。図 8.1 は基本的に単一の政策ゲームを示しているが、多核的なシステムは一般的に、多くの政策ゲームを含んでいる。マクギニス（McGinnis 2011）はこれを隣接する行為の状況のネットワークとして概念化しているが、このアプローチと EGF の間には重要な違いがある。政策フォーラムは政策ゲームが展開される「場（アリーナ）」に相当し、アクターはそのアリーナにおけるプレイヤーである。アクターはゲームのルールに従って相互作用し、ゲームの結果は争点に影響を与える政策のアウトプットとアウトカムである。アクターにとっての「利得（pay-off）」は、集合行為問題を解決することで得られる便益から取引コストを差し引いたものである。

システムの構造は、時間の経過とともに以下の要因により進化する。すなわち、(1)新たなフォーラムが出現し（そして消滅し）、フォーラムの管轄範囲が変わるとき、(2)アクターがシステムに参入し（そして退出し）、どのフォーラムに参加し、どのアクターと協働するかを選択するとき、(3)新たな争点が特定され、解決され、よりよく理解されるとき、である。ルーブルら（Lubell et al. 2017）は、EGF の動態を形成する進化的プロセスについて述べている。そこでは、フォーラムは政策アクターに便益をもたらし、かつ十分な資源と政治的支持を集める場合に限られる。そのような支持を集められないフォーラムは、放棄されるか変更されることになる。フォーラム内では、アクターの便益は、自らが好む政策選好（すなわち、集合行為問題に対する解決概念）を確保し、集合行為問題を解決する便益が取引コストを上回ったときに生じる（Angst et al. 2021）。EGF 研究全般で指摘されているように（例：Mewhirter et al., 2019a, 2019b；Scott & Thomas, 2017）、すべてのアクターがフォーラム参加から等しい便益を得るわけではない。あるフォーラムで便益を得られなかったアクターは、他のフォーラムに注目を移したり（Lubell et al., 2010）、そのシステムから完全に退出することを選択したりする（Smaldino & Lubell, 2011）。

2.2 政策ゲームの生態系のプロセス

　EGF は、あらゆる多核的なシステムの有効性に影響を与える3つの単純なプロセス、すなわち学習、協力、交渉を仮定している。ここでいう有効性とは、根本的な集合行為問題を解決し、不確実性に直面しながら時間とともに変化に適応していくシステムの能力を指している。この有効性の定義は、E. オストロム（E. Ostrom 1990）のコモンプール資源の過剰利用に対する解決策の分析や、政治経済学文献のさまざまな概念、すなわち相互便益の確保、取引コストの最小化（Libecap, 1989；North, 1990）、および紛争解決（Knight, 1992）と整合的である。EGF の重要な進展は、多核的なシステムの多機能的な能力を考慮している点である。つまり、単に学習、協力、交渉のいずれかが個別に存在するのではないということである。多核的なシステムは、これらすべてのプロセスを促進し、それらの間の潜在的なトレードオフや対立を時間とともに管理する必要がある。

　学習とは、システムに存在する政策争点に関する基底的な原因とインパクトについての理解を深めることを意味する。例えば、ほぼすべての資源ガバナンス・システムにおいて、人間の意思決定や経済プロセスが自然資源の状態と動態にどのように影響を与えるかについての理解を深めることが不可欠である。つまり、学習とは社会生態システムにおける生態的な要素への理解を深めることである。環境政策以外の政策分野では、これは政策争点の背景にある基本的な要因とメカニズムを理解することを意味する。しかし、学習はまた、システムの社会的構成要素、例えばゲームのルール、資源の獲得方法、他のアクターの選好などを学ぶことも指している。政策学習や社会学習の理論で検討されている仮説の多くは、EGF における学習にも直接適用可能である（例：Heikkila & Gerlak, 2013；Pahl-Wostl, 2009）。

　協力は3つのレベルで行われる。第1に、E. オストロム（E. Ostrom 1990）が示したように、コモンプール資源の過剰利用を緩和し、外部性の社会的コストを考慮し、また公共財を提供するために、資源の利用と提供に関する意思決定での協力が必要とされる。経済的観点からは、これは個人の意思決定と社会的に有益なアウトカムとの間のより緊密な調整を意味する。第2に、政策フォーラム内でも協力が必要であり、これにより効果的な集団的意思決定が行われる。これは協働ガバナンスの文献で詳細に述べられている「原則に基づく関与」

という概念と整合的なものである (Emerson et al., 2012；Lubell 2015)。第3に、政策実施においても協力が必要である。これは、専門知識と資源を持つアクター間の調整された行為を必要とするためである。バーダック (Bardach 1977, 1998) は、政策実施を「組立ライン」として概念化しており、異なるアクターが固有の役割を果たしながらも、プロダクトを完成させるために行為を調整する必要があるとしている。

交渉は、手続的および分配的な公正性と公平性に関連している。フォーラムでの政策決定には、アクター間での便益とコストの分配が伴う。この分配は、自ずと均衡がとれた、あるいは「公正」な状態になるわけではない。それゆえ、アクターらは配分について交渉を行うこととなる (Lubell et al., 2020)。もし交渉に失敗すれば、政策決定は行われない (Libecap, 1989)。この文脈において、手続的公正性は、フォーラムにおける代表性と意思決定ルールに関連する (Hamilton, 2018；Tyler & Blader, 2000)。政策アクターは、フォーラムでの審議に参加できていると感じ、かつルール策定の手続きが自らの選好を認めている場合、そのフォーラムを公正なものとして認識する傾向にある (Hamilton & Lubell, 2019)。権力の力学はアクターの政策フォーラムへの参加能力に影響を及ぼすものであり、代表性の欠如は権力の格差を強化し、不平等を悪化させる (Morrison et al., 2019)。分配的公正性は、便益とコストの分配に関連している。公平性を定義し評価する際には、特定のアクターや集団に過度にコストが集中したり、便益から排除されたりしていないかを検討することとなる。環境ガバナンスの文脈において、EGF における交渉プロセスは環境正義（あるいは環境不正義）の問題と直接的に関連している (Dobbin & Lubell, 2021)。

3. カリフォルニア州のベイ-デルタにおける制度変化の事例研究：指揮を執る者はいるのか？

本節では、カリフォルニアの環境ガバナンスに関する2つの EGF 事例研究を取り上げる。一つはサンフランシスコ湾における広域的な海面上昇への適応策、もう一つはサクラメント・サンホアキンデルタ（以下「デルタ」）における科学ガバナンスである。これらの社会生態システムはそれぞれ、多数のアクター、フォーラム、争点を含む複雑で多核的なガバナンスの仕組みを特徴とし

ている。また各事例研究においては、制度変化の重要な推進力が見られる。具体的には、集合行為問題を解決し、協力することから得られる未実現の利得を獲得するための新たな制度やネットワークの創設である。このような協力から潜在的利得を獲得するためには、重要なガバナンス上の課題を解決する必要がある。それは、関係する政策アクター間の調整を誰が監督するのかという点である。カリフォルニアの水政策のベテランであるフィル・アイゼンバーグ（Phil Isenberg 2016）が水ガバナンスに関する EGF 論文への応答で述べたように、多核的なガバナンスは本質的に「誰もが関与しているが、誰も責任者ではない政策策定構造」である。この課題に対処するためには、既存の機関と新たな機関のどちらが協力を促進するのに適しているかを見極め、現状の変更が関係する政策アクターの自律性と利益にどのようなインパクトを与えるかを検討する必要がある。これらの事例研究は 2 つの例示に過ぎず、世界のあらゆる社会生態システムには、何らかの多核的なガバナンスの仕組みが存在し、いずれかの時点で新たな集合行為問題に対処しなければならない。

　これらの事例研究の目的は、システムの有効性を高めるために既存のシステムをどのように補強できるかについて、一般化可能な教訓を特定することではない。むしろ、(1)多核的なシステムを EGF の観点からどのように研究できるかを例示し、(2)新たな研究の方向性を示すことにある。以下で詳述する事例研究は、より大規模なプロジェクトのスナップショットを簡潔に示したものに過ぎないことに留意されたい。ルーブルら（Lubell et al., 2022）は、EGF 研究のデザインと実施方法について、より詳しく説明している。

3.1　サンフランシスコ湾における海面上昇への適応策

　海面上昇は、サンフランシスコ湾に重大なインパクトを与えると予測されている。気候変動の高排出シナリオでは、2050 年までに水位が少なくとも 0.9 フィート上昇する確率が 50％であり、極端な暴風雨によって洪水のリスクが増大する（State of California Sea-Level Rise Guidance, 2018）。最も極端なシナリオでは、2050 年までに海面が 2.7 フィート上昇すると予測されており、これは、沿岸コミュニティに壊滅的な打撃となる。気候変動が「すでに不可逆的な状態である（lock in）」ことにより、世界的な温室効果ガスの排出量が劇的に減少したとしても、海面上昇は生じることになる（Nauels et al., 2019）。海面上昇は、

サンフランシスコ湾の政策アクターが考慮する気候変動がもたらす脆弱性の中で最も重要な問題といえるが、これは熱波や山火事の煙といった他の気候問題、さらには経済的な不安定さや住宅問題といった社会的課題とも関連している。

　サンフランシスコ湾における海面上昇に関する多核的なガバナンス・システムは、過去 20 年間で急速に進化してきた。特に 2000 年代初頭からは、関与するアクターとフォーラムの数が大幅に増加している。**図 8.2** は、アクターがフォーラム（「場（venues）」）にどのように参加しているかを、2 つの時期にわけて 2 分割ネットワークグラフで示したもので、この成長過程を表している。図に示されているように、このシステムは分権的な形で成長しており、地方レベルのフォーラムが急増し、そこに広域および地域の両方のアクターが参加するようになっている（Lubell and Robins, 2021）。

　広域フォーラムではなく地域フォーラムが増加することは、システムの有効性を最適な水準以下に低下させる可能性がある。なぜなら、気候変動適応には重要な相互依存性、特に**脆弱性の相互依存性**（地域間で影響が連鎖する性質）と**適応の相互依存性**（ある地域の対策が他地域に影響を及ぼす性質）を伴い、これらが集合行為問題を引き起こすからである。脆弱性の相互依存性は、局所的な気候変動のインパクトが、インフラの連鎖的影響（交通渋滞など）を介して広域的な波及効果をもたらす場合に観察される。適応の相互依存性は、防潮堤の建設などある地域管轄区域がとった適応行動が、洪水を増加させるような形で流体力学を変化させるなど、他の管轄区域に対して正または負の外部性を持つ場合に発生する。これら両タイプの相互依存性を管理するためには、広域レベルでの地域の行為の調整が必要であり、したがってシステムの有効性を高める上で鍵となる。

　その結果、サンフランシスコ湾岸の政策アクターは、広域的な協力を促進するガバナンス上の解決策を模索してきた。これには、既存の機関または新たな機関のいずれが広域計画の作成を監督すべきかという問題も含まれる。これは、信頼やアクターの数といった文脈上の変数に応じて、主導機関、ネットワーク運営組織、共同ガバナンスなど、異なるガバナンス形態の便益が変化するというネットワーク・ガバナンスの問題に類似している。サンフランシスコ湾の政策アクターの多くは、新たなガバナンス機関の設立には否定的であり、

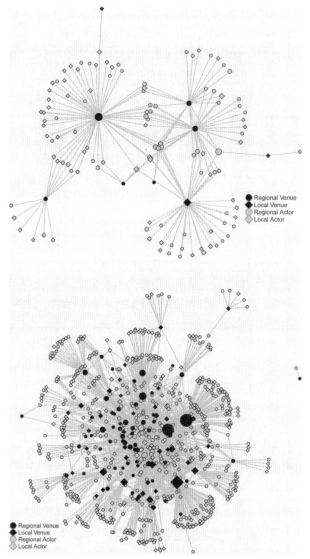

図 8.2 サンフランシスコ湾における海面上昇のガバナンス・ネットワークの進化、1991 年〜2016 年 (a) 初期のネットワーク：1991 年から 2007 年の間に設立されたフォーラム (b) 後期のネットワーク：1991 年から 2016 年の間に設立されたフォーラム

出典：著者作成

サンフランシスコ湾保全開発委員会（San Francisco Bay Conservation Development Commission：BCDC）を潜在的な主導機関として指名している（San Francisco Bay Conservation & Development Commission, 2019）。BCDC は 1965 年に設立された既存の州機関であり、沿岸開発の許認可を行い、湾岸問題の計画に関する広域管轄権を持つ。BCDC の長年の実績、豊富な資源、そしてサンフランシスコ湾における政策ゲームの生態系での中心的な役割により、広域計画を主導する有力候補としての位置づけを強固なものにしている。

2021 年、BCDC はベイ・アダプト（Bay Adapt（湾域適応計画））と呼ばれる広域的な海面上昇への適応計画策定を主導した。それは、複数の規模やセクターの政策アクターが参加する協働的なフォーラムだった（www.bayadapt.org）。ベイ・アダプトは、海面上昇に有効に適応するために必要な主な目標と行為を特定する「共同プラットフォーム」の開発を目指した。ベイ・アダプトの計画策定プロセス自体が複数のアクターの協力を必要としたが、特定された行為の実施には、望ましい行為をすべて義務付けることができる包括的な権限を持つ機関が存在しないため、さらなる継続的な協力が必要となる。ベイ・アダプトは青写真を示したが、その構想を実現し、協力から得られる利得を得るためには、多くの政策アクターが多様な資源を持ち寄って結集する必要がある。ベイ・アダプトの実施が時間の経過とともに成功を収めるのか、あるいはより中央集権的な制度機関を新たに設立する必要が生じるのか、この点については今後の展開を見守る必要がある。

3.2　カリフォルニア・デルタにおける科学ガバナンス

サクラメント・サンホアキン・デルタ（以下「カリフォルニア・デルタ」という）は、カリフォルニア州の水システムの中心である。ここでは、州内の2つの最大の河川が合流し、大規模な貯水・輸送システムを通じて州内の他地域に大量の水が供給されている。(不適切な) 水管理、土地利用の変化、その他の人為的影響の結果として、デルタの生態系は大きく変化し、広範な環境問題を引き起こしている。カリフォルニア・デルタは、複雑で急速に変化する多核的なガバナンス・システムを特徴としており、カリフォルニア・ベイ−デルタ・プログラム（CALFED）のような大規模な協働の実験で知られている。このプログラムは、その後デルタ管理評議会へと発展した（Kallis et al., 2009；Lubellet al.,

2012)。デルタ管理評議会はまた、デルタ科学プログラムを所管している。このプログラムは、「研究への資金提供、科学情報の統合と政策策定者および意思決定者への伝達、独立した科学的ピアレビューの推進、そして科学に基づく順応的管理を促進するためのデルタ関連機関との調整」を通じて、「デルタにおける水資源および環境に関する意思決定に資する、可能な限り偏りのない最善の科学的情報を提供する」という使命を持っている (Delta Stewardship Council, 2022)。

科学と意思決定を結びつけるには、ガバナンスの課題と集合行為問題がある。デルタ「科学事業 (science enterprise)」は次のように記述されている。

> 広域システムの管理者と利害関係者に貢献するために存在する科学プログラムや活動の集合体。事業の要素は、単一の機関や他の組織における組織内プログラムから、政府が資金を提供する大規模な協働的科学プログラム、さらには管理者や利害関係者の組織から独立して運営される可能性のある学術研究にまで及ぶ。
> (Delta Stewardship Council, 2018)

したがって、科学事業もまた多核的なシステムであり、デルタシステムに関する知識を発展させるために相互作用するアクターやフォーラムが関与している。

図8.3は、アクターのネットワークと、彼らが関与するさまざまな協働的科学フォーラムのスナップショットを示している。科学事業に関わる集合行為問題には、各機関を横断する科学的ワークフロー（データ共有、モデル開発、研究プロジェクトの実施など）をいかに統合するか、資金と資源の流れをいかに維持するか、科学と具体的な管理ニーズや意思決定をどのように連携するかというものを含む。

科学事業における集合行為問題は、「指揮を執る者はいるのか」という議論や、より高度な統合と意思決定との連携を実現するためにフォーラムをどのように再構築すべきか、という議論も引き起こしている。例えば、複数の科学プログラムを正式に統合し、継続的な資金提供と協働の対象となる「共同権限機関」を設立すべきかどうかという議論が現在進行中である。また、科学事業アクターが共同プロジェクトや関係を発展させるための、より非公式なフォーラムである「コラボラトリー（共同研究室）」も検討されている。デルタ科学プログラムは、ワークショップやその他の参加型メソッドを通じて、こうした議論

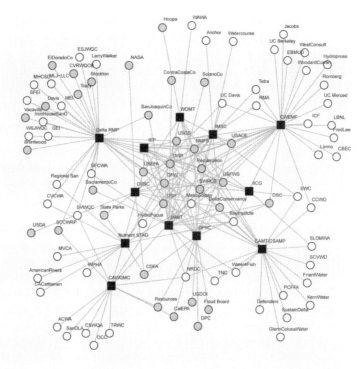

図 8.3　デルタ科学事業ネットワーク
出典：著者作成

の多くを促進しているが、現時点では包括的な計画プロセスや制度変更の提案はない。デルタ科学事業で見られる絶え間ない議論と、フォーラムやアクターの参加の「流動性」は、多核的なガバナンス・システムの進化を促すプロセスを例証している。

4．複雑なガバナンスの理論としての EGF

　事例研究で述べられているような集合行為問題を解決するには、科学、知識、意思決定が複雑なシステムの文脈においてどのように相互作用するかを理解す

る必要がある。事例は社会生態的な文脈におけるガバナンスの力学が複雑性によってどのように複雑化するかを示しているが、確認された課題は、検討対象となる実質的な政策領域にかかわらず、システム全体に共通するものである（もちろん、ばらつきは存在するが）。EGF は、多核的なガバナンス・アプローチの複雑性を研究するための理論的視点を提供し、これによりそのようなシステムの構造、機能、進化に関する検証可能な仮説を構築することを目指すものである。

カーニー（Cairney, 2012）とデュイットとガラス（Duit and Galaz, 2008）は、複雑で多核的なシステムの理論が**対処すべき**多くの重要な争点を詳述し、ガバナンス理論と複雑性の交差について有益なレビューを提供している。本節では、事例研究からの例示を交えながら、EGF がこれらの重要な争点のいくつかをどのように扱うかについて検討する。EGF と複雑性理論との接点を明確にする動機は、E. オストロムがノーベル賞受賞演説の中で述べた言葉にある。「複数のレベルで起こる相互作用とアウトカムの世界を説明するためには、複雑性を否定するのではなく、それに向き合う意思を持たなければならない」。

4.1　経路依存性

経路依存性は、初期の政策決定が一連の制度的仕組みを確立し、その仕組みが時間の経過とともに収益逓増を生み出す場合に発生する。この場合、「同じ経路に沿ってさらに進む可能性は、その経路を進むごとに増加する」（Pierson, 2000, p.252）。これは、荒野でバックパッキングをし、ある道を 1 マイル歩いた後、その道をそのまま進むことと別の道に変更することに関連するコストと便益を比較する状況を想像するとわかりやすい。他の条件が一定であれば、道を変更することに伴うコストを考慮すると、現在の経路をそのまま進むことが望ましいであろう。その結果、初期条件が重要となり、代替的な経路への移行がますます高コストとなるため、政策システムは特定の軌道にロックインされることになる。経路依存性は、政策アクターの行動を調整するために制度が創設され、アクターが政策実施に多大な専門的技能と資源を投資する政策システムにおいて、さらに増幅される（Pierson, 2000）。

EGF は、多核的な制度的仕組みと、それに関連する政策ネットワークの進化における経路依存性の概念を包含している。特定の時点に存在する政策フォー

ラムの集合と、その中での意思決定の歴史は、時間の経過とともに生じうる新たなフォーラムや既存のフォーラムの変更の範囲を制約する。対立、協力、信頼といった政策ネットワークを形成してきた社会的相互作用の歴史は、アクターが将来のパートナーをどのように選択し、関係を維持し、あるいは関係を解消するかを形成する(McLaughlin et al., 2021；Mewhirter & McLaughlin, 2021)。

ベイ-デルタの事例研究は、経路依存性の例を多く提供している。1965年の設立以来、BCDCの許認可権限は、主として海岸線から内陸部に100フィートまでと定められている。そのため、BCDCは、それより内陸部のプロジェクトに許認可要件を課すことができない。これは、そのような土地利用が沿岸域の洪水脆弱性に影響を与えるにもかかわらずである。地方自治体や開発事業者もまた、BCDCの権限が及ぶ境界線ぎりぎりの所でプロジェクトを提案することにより、この制度を「戦略的に利用」している (Romero, 2022)。BCDCの権限を拡大しようとする試みは対立を招くため、気候変動適応に関するフォーラムの選択肢は、主として任意的・協働的なプロセスに限定されている。

デルタの科学事業は、エージェンシー間生態系プログラム (Interagency Ecological Program：IEP) のような、極めて長期的なモニタリングに焦点を当てたいくつかの協働的フォーラムを特徴としている。IEPによって作成された長期モニタリングのデータセットは、デルタスメルト (訳注：ベイ-デルタ固有のワカサギ属の小型淡水魚。生態系の健全性を示す指標種で、連邦法で絶滅危惧種指定) のような絶滅危惧種の個体群動態を理解し、その複数の原因を診断する上で重要な役割を果たしてきた。その結果、科学事業における制度変更の議論は、IEPのモニタリングデータの継続性を維持したいという要請、他の長期的な生態系データや新たな社会データと統合したいという要請、そしてIEPの組織構造と資源を維持したいという要請によって制約を受けることになる。

4.2 閾値効果

複雑系においては、段階的な変化の蓄積が一定の臨界点に達すると、システム全体に大規模な変化をもたらす閾値効果が生じる。砂山の力学はその代表的な例であり、砂粒を1つずつ加えていくと、最終的には雪崩現象が発生することになる (Frette et al., 1996)。閾値効果は、システムの1つの要素の状態変化が、関連する構成要素の変化を引き起こすドミノプロセスや、他のプロセスに

基づくフィードバックによって生じることもある (Scheffer et al., 2012)。閾値効果は政策変化に関する断続平衡理論 (Jones & Baumgartner, 2012) の中核をなすものであり、政策争点が政策アジェンダの上位に位置づけられ、政治システム内で逐次処理の対象となったときに、急激な政策変化の期間が誘発されるとされる。

　EGF は、一般的に断続平衡理論と整合性があるが、多核的で多層的な政策システムの文脈においてこれを考察している (Berardo et al., 2015)。多核的なシステムには、「その場における重要なゲーム (big games in town)」となる政策フォーラムが存在し、それらは多くのアクターにとって極めて重要であり、政策資源の大部分を管理する最も有力な組織のいくつかが集まる。これらの中心的な政策フォーラムには、組織内の個々のリーダー（例えば、スタッフではなく執行理事）が出席し、意思決定実施のための政策資源の投入に関するいかなる約束にも、追加的な正統性と信頼性を与える。最も重要な政策変更はこれらの中心的なフォーラムで行われ、その結果としての制度変更は、システム内の他のフォーラムに直接的な影響を与えることが多い（McLaughlin et al., 2021）

　サンフランシスコ湾では、2000 年代初頭以降、海面上昇が政策上の重要課題として浮上するにつれ、気候変動適応に関する政策フォーラムが急速に増加してきたことは明白である。その結果、最終的には BCDC が主導機関として台頭し、政策アクターらの協力関係を体系化するための中核的計画として、ベイ・アダプトを立ち上げるに至った。ただし、ベイ・アダプトはその主要目標が今後時間をかけて実施されていく必要があることから、適応過程における一つの段階に過ぎない。これとは対照的に、デルタの科学事業は主に段階的な変化の時期にあるが、（ネットワークの中心に位置する）デルタ科学プログラムは、科学的統合をいかに改善するかについての継続的な議論を主導している。これは最終的に閾値を超えて、新たなフォーラムの創設という大きな政策変更のきっかけとなる可能性がある。

4.3　連鎖効果

　連鎖効果とは、システム内の何らかの変化が、空間、時間、地理的規模の各段階、あるいはシステム間で波及的に拡大する際に発生する。閾値効果と連鎖効果は関連性を持つ。これは閾値効果が一般的にシステムの構成要素間に広が

るプロセスから生じるためである。「ネットワーク構造に配列されたノード内部の微細な亀裂」と定義される「フェムトリスク（femtorisks）」という概念は（Frank et al., 2014, p.17356）、局所的な小規模の変化であっても、それが全体的な規模にまで連鎖的に波及しうることを示している。変化は通常、一つのノードにおける行為によって引き起こされ、その後、社会的プロセス（例：仲間からの影響）、生物物理的プロセス（例：水循環パターン）、あるいは人工環境的プロセス（例：交通機関の混乱）を通じてシステム全体に連鎖的に広がっていくのである。

　EGF は、利得の外部性と戦略的外部性の 2 種類の制度的外部性という観点から、連鎖効果を考察している（Klasic & Lubell, 2020）。直接的な利得の外部性は、2 つのフォーラムが同一争点に対して管轄権を持つ場合に発生し、あるフォーラムでなされた決定が争点に影響を与え、それによって別のフォーラムで得られる利得が変化する（Lubell, 2013）。間接的な利得の外部性は、あるフォーラムでなされた決定が、生物物理学的プロセスもしくは他のプロセスによって別の争点と結びついている争点に影響を与える場合に発生する（Mewhirter et al., 2018）。戦略的外部性は、アクターがあるフォーラムで有効な意思決定戦略を学習し、その結果得られた行動レパートリーを、利得構造が異なるにもかかわらず別のフォーラムに適用する場合に発生する（Bednar et al., 2012；McLaughlin et al., 2021）。

　サンフランシスコ湾の気候変動適応システムでは、外部性が広く見られる。例えば、サンフランシスコ湾では、BCDC と広域水質管理委員会という 2 つの組織が沿岸開発許認可に関して重複する権限を保持していた際に、直接的な利得の外部性が発生した。複数の許認可要件に関連する複雑性と対立は、サンフランシスコ湾のアクターらに、「ベイ再生規制統合チーム」の開発を促すインセンティブとなった。これは、より効率的な許認可プロセスの促進を目的とした、複数の許認可機関間の協働である。間接的な利得の外部性は、ある都市が沿岸インフラを建設し、それが他の管轄区域の洪水リスクや湿地帯再生の実現可能性に影響を与える場合に、広域で発生する。これは頻繁に起こることである（Lubell et al., 2021）。戦略的外部性は、ベイ・アダプト計画の策定において見られる。というのも、一部の政策アクターにとって、規制をめぐる過去の対立で生じた BCDC への不信感が、広域計画という文脈における協力の制約要因と

なったためである。この「対立の負の遺産」は、カリフォルニアの水ガバナンス・システムの中心的特徴として（Lubell et al., 2020）、またシステム進化の指針となる特徴として描かれてきた（McLaughlin et al., 2021）。

4.4 想定外の事態

　想定外の事態は、複雑なシステムが相互に関連していることの結果であり、したがって閾値効果と連鎖効果の副産物である。人々が複雑なシステム内で起こる現象を想定外と感じるのは、システムの構造やプロセスを十分に理解していないからである（Mewhirter & Berardo, 2019）。しかし想定外の事態が生じるのは、人間がシステム思考を行う能力に限界があり（Levy et al., 2018）、一般的に現実世界の状況を反映していない可能性のある単純化されたメンタルモデルに基づいて意思決定を行うためでもある（Gray et al., 2015）。

　EGFはこれまで想定外の事態の概念に直接取り組んでこなかったものの、確かにこの複雑なシステムの特徴を包含している。EGFにおける政策アクターは、システムの社会的構成要素と生物物理学的構成要素の両方において、リスク（確率が既知の状態）と不確実性（確率が未知の状態）の条件下で意思決定を行う。時間の経過とともに、新たな予期せぬ争点、争点間のつながり、問題の原因が発見されたり、よりよく理解されたりするようになる可能性がある。

　さらに、政策アクターの動機や戦略は、予想される連合形成のパターン（例：農業派対環境派）とともに、誤解されたり、固定観念に縛られたりすることもある。

　動機づけられた推論は、システムに関する個人の現在の理解と一致しない新しい情報をアクターに過小評価させることで、不確実性をより深刻化させる。その結果、政策フォーラムにおける意思決定は、システムの相互依存性のすべてについて十分な情報を得られず、これが想定外の結果を招きかねない（Mewhirter et al., 2019a, b）。多核的なシステムの相互依存的な構成要素をすべて完全に取り込むことができないという個人や集団の意思決定の失敗が、政策決定における「意図せざる結果」の主たる原因である（Arnold, 2015；Lewison et al., 2019）。

　想定外の事態を調査するために、私たちはベイ–デルタの事例研究における主要な情報提供者たちに、過去数年間の彼らの仕事における想定外の出来事や

側面について報告を求めた。これは純粋に目的に応じたサンプルと探索的な議論であったため、一般化可能性を主張するものではない。社会的な観点から見ると、政策アクターたちは、自身の既存の想定に異を唱える社会的力学に驚きを示した。これには、気候変動を懸念する農家など予想外の政策選好を持つ政策アクターの存在、(通常は対立する連合に属すると見なされる)「思いがけないパートナー」の間での協働的な政策ネットワークの発展、行政機関とコミュニティ組織の間における意思決定文化の違いが含まれている。生態系的な側面においては、政策アクターたちは、重要な政策争点の予期せぬ生態系的・物理的な要因の特定に度々驚かされた。例えば、注目される絶滅危惧種の個体群動態に影響を与える複数の種の間の栄養連鎖的相互作用などである (Barnes et al., 2019)。その結果、政策アクターたちは、多核的なシステム全体の複雑性に照らして、いかなるプログラムや意思決定のインパクトを評価することも困難であると感じている。これらの初期の逸話は、システム構成要素間の相互依存性に対する政策アクターたちの理解の限界から想定外の事態が生じること、そして継続的な政策学習が必要であるという考えを裏付けるものである。

4.5 探索と活用

デュイットとガラズ (Duit and Galaz, 2008) は、複雑で多核的なシステムは探索と活用のバランスを取らなければならないと主張している。マーチ (March, 1991) の言葉を借りると、探索とは、組織が新しいアイデアを試し、革新的な解決策を生み出す能力として定義され、一方、活用とは、既知の問題を解決し確立された目標を達成するために、既存のルーティンを効率的に実施することを指す。探索と活用のバランスを取るために、組織は長期的に新しい問題や機会を発見する能力を持たなければならない。そして、制度的・組織的な変化は、それらの機会を活用し問題を回避するために、新しい組織構造、ルーティン、ネットワークを作り出すことによって推進される。

EGF は、学習、協力、交渉のプロセスを含む多機能システムを想定することによって、探索と活用という概念を捉えるものである。政策アクターが政策争点や協力の機会について学ぶことを含んでいるので、学習は基本的に探索の同義語である。デュイットとガラズ (Duit and Galaz, 2008, p.319) が述べているように、「活用に関連する活動に取り組むには (中略) 集合行為の問題が解決され

るか、少なくとも制御されなければならない」。政策アクターが手続的公正性や分配的公正性に不満を持つ場合、集合行為の問題が解決される可能性は低いため、EGF は交渉をこの組み合わせに加えている。また、EGF は、脳の特殊化された領域のように、多核的なシステムの異なる構成要素が、協力あるいは学習のいずれかにより焦点を当てているという点を考慮することで、この議論を発展させている。したがって、システム全体のレジリエンスは、異なる機能を果たすシステムの構成要素を効果的に結びつけることに依存している。学習、交渉、協力の適切な組み合わせは、空間と時間によって変化する可能性がある。

探索と活用のバランスは、両システムに存在する科学と政策の結びつきに具現化されている。政策科学における研究には、科学と政策（Dilling & Lemos, 2011；Kirchhoff et al., 2013）、そして知識と行為（Cash et al., 2003）の間の結びつきを研究する確立された伝統がある。ベイ・アダプトは、さまざまな気候シナリオの下での海面上昇の脆弱性と、その結果生じる浸水が、人間のコミュニティに与えるインパクトについての推定に依拠するものである。この科学的知見は、海面上昇が地下水の氾濫や過去に蓄積された有害汚染物質の移動にどのように影響を与えるかといった新たな問題の発見を含めて、継続的に発展を遂げているものである。しかし、ベイ・アダプトはまた、関係するすべての政策アクターの間での集合行為を動員しなければならない。デルタの科学事業は、デルタ計画の下での順応的管理行動を支える新たな知見を発展することをその使命としているため、探索にとって不可欠な機能を果たすものである。例えば、デルタ科学プログラムは、数年ごとに科学アクション・アジェンダを発表し、研究上の問いや不確実性、そしてそれらに対処するために必要な科学の種類に優先順位付けをしている。

5．結　論

本章では、多核的なガバナンスの理論としての EGF の主な特徴を要約した。EGF の主な理論的貢献は、多核性という規範的で画一的な概念にとどまらず、多核的なシステムの構造、プロセス、進化を分析している点にある。EGF は、さまざまな政策分野、特に環境政策において、実証的に検証可能な仮説を生成する能力を実証している。応用政策の観点からは、多核的なシステムが現代の

ガバナンスの根本的な実態であるため、それらをどのように方向づけ、運営するかを理解することが極めて重要であると考えている。しかしながら、既存の研究は表面をなぞったに過ぎず、異なる種類の社会生態システム、政策分野、政治文化にわたる研究、さらには、制度の進化と変更に関する長期的な研究が、はるかに多く必要とされている。

　ここで示された事例研究の要素は、制度変更の推進力に焦点を当てている。それは、新たな集合行為問題の解決を通じて協力がもたらす利得を獲得しようとする試みである。このような利得を獲得するためには、通常、協力のプロセスを主導し、動機づける何らかのアクターや新しいフォーラムが必要とされる。「指揮を執る者はいるのか」というジレンマを解決することは、どの政策アクターが協力の便益を享受し、あるいは排除されるのかという観点から、公平性の問題を生じさせる。

　同時に、EGFは多核的なシステムを複雑適応系として分析することが可能なものである。学習、協力、交渉のプロセスは、相互依存的な構成要素からなるシステムの中で時間をかけて展開され、ある構成要素における変化が、政策アクターを驚かせるような連鎖効果や閾値効果をもたらす可能性もある。時間の経過に伴うシステムのレジリエンスは、新たな協力機会の探索と、既存の機会の活用とのバランスを効果的に取る能力に依存している。システムの構成要素は、システム全体を指揮する単一の中央権力が存在しない中で、時間とともに相互に調整していく必要がある。アイゼンバーグ（Isenberg, 2016）は、このような混沌としたシステムを管理することは「不可能である」とコメントしているが、私たちはこれに同意せず、EGFが理論的および実践的な前進への道筋を提供していると信じている。それは、「不可能を可能にする技」の実践なのである。

参考文献

Aligica, P. D., & Tarko, V. (2012). "Polycentricity: From Polanyi to Ostrom, and Beyond". *Governance*, 25（2）, 237-262. https://doi.org/10.1111/j.1468-0491.2011.01550.x

Andersson, K. P., & Ostrom, E. (2008). "Analyzing decentralized resource regimes from a polycentric perspective." *Policy Sciences*, 41（1）, 71-93.

Angst, M., Mewhirter, J., McLaughlin, D., & Fischer, M. (2021). "Who joins a forum- and who does not?-evaluating drivers of forum participation in polycentric governance systems." *Public Administration Review* 82 (4), 692-707

Arnold, G.(2015)."When cooperative federalism isn't : How U. S. federal interagency contradictions impede effective Wetland management." *Publius : The Journal of Federalism*, 45 (2), 24-269. https://doi.org/10.1093/publius/pju046

Angst, M. and Hirschi, C.,(2017)."Network Dynamics in Natural Resource Governance : A Case Study of Swiss Landscape Management." *Policy Studies Journal*, 45 (2), pp.315-336.

Bardach, E.(1977). *The Implementation Game : What Happens after a Bill Becomes Law.* Cambridge, MA : MIT Press.

Bardach, E.(1998). *Getting Agencies to Work Together : The Practice and Theory of Managerial Craftsmanship.* The Brookings Institution.

Barnes, M. L., Bodin, Ö., McClanahan, T. R., Kittinger, J. N., Hoey, A. S., Gaoue, O. G., & Graham, N. A.(2019)."Social-ecological alignment and ecological conditions in coral reefs." *Nature Communications*, 10 (1), 1-10.

Baumgartner, F. R., Jones, B. D., & Mortensen, P. B.(2018)."Punctuated equilibrium theory : Explaining stability and change in public policymaking." In *Theories of the Policy Process, 4th ed.* eds. Weible, C. & Sabatier P.(pp.155-187). New York : Routledge.

Bednar, J., Chen, Y., Liu, T. X., & Page, S.(2012)."Behavioral spillovers and cognitive load in multiple games : An experimental study." *Games and Economic Behavior*, 74 (1), 12-31.

Berardo, R. & Holm, F.(2018)."The participation of core stakeholders in the design of, and challenges to, the US Clean Power Plan." *Climate Policy*, 18 (9), 1152-1164.

Berardo, R., & Lubell, M.(2016)."Understanding what shapes a polycentric governance system." *Public Administration Review*, 76 (5), 738-751.

Berardo, R., & Lubell, M.(2019)."The ecology of games as a theory of polycentricity : Recent advances and future challenges." *Policy Studies Journal*, 47 (1), 6-26.

Berardo, R., Olivier, T., & Lavers, A.(2015)."Focusing events and changes in ecologies of policy ganmes : Evidence from the Paranà River Delta." *Review of Policy Research*, 32 (4), 443-464.

Bixler, R. P.(2014)."From community forest management to polycentric governance : Assessing evidence from the bottom up." *Society & Natural Resources*, 27 (2), 155-169.

Bjørndal, C. T., Ronglan, L. T., & Andersen, S. S.(2015)."Talent development as an ecology of games : A case study of Norwegian handball." *Sport, Education and society*, 1-14. https://doi.org/10.1080/13573322.2015.1087398

Blomquist, W., & Schlager, E.(2005). Political pitfalls of integrated watershed management. *Society and Natural Resources*, 18 (2), 101-117.

Bodin, O.(2017)."Collaborative environmental governance : Achieving collective action in social-ecological systems." *Science*, 357 (6352), eaanl 114.

Bodin, Ö., Crona, B., Thyresson, M., Golz, A. L., & Teng, Ö. M.(2014)."Conservation success as a function of good alignment of social and ecological structures and process." *Conservation Biology*, n/a-n/a. https://doi.org/10.1111/cobi.12306

Boettke, P. J., Lemke, J. S., & Palagashvili, L.(2016)."Re-evaluating community policing in a polycentric system." *Journal of Institutional Economics*, 12 (2), 305-325.

Cairney, P.(2012)."Complexity theory in political science and public policy." *Political Studies Review*, 10 (3), 346-358.

Carlisle, K., & Gruby, R. L.(2017)."Polycentric systems of governance : A theoretical model for the commons." *Policy Studies Journal* 47 (4), 927-952

第 8 章 政策ゲームの生態系フレームワーク 349

Cash, D. w., Clark, W. C., Alcock, E, Dickson, N. M., Eckley, N., Guston, D. H., Jäger, J., & Mitchell, R. B.(2003)."Knowledge systems for sustainable development." *Proceedings of the National Academy of Sciences*, 100 (14), 8086.
Cole, D. H.(2015)."Advantages of a polycentric approach to climate change policy." *Nature Climate Change*, 5 (2), 114-118. https://doi.org/10.1038/nclimate2490
Da Silveira, A. R., & Richards, K. S.(2013)."The link between polycentrism and adaptive capacity in river basin governance systems : Insights from the river Rhine and the Zhujiang (Pearl river) basin." *Annals of the Association of American Geographers*, 103 (2), 319-329.
Daniell, K. A. & Barreteau, O.(2014)."Water governance across competing scales : coupling land and water management." *Journal of Hydrology*, 519, 2367-2380.
Dilling, L., & Lemos, M. C.(2011)."Creating usable science : Opportunities and constraints for climate knowledge use and their implications for science policy." *Global Environmental Change*, 21 (2), 680-689.
Dobbin, K. B., & Lubell, M.(2021)."Collaborative governance and environmental justice : Disadvantaged community representation in California sustainable groundwater management." *Policy Studies Journal* 49 (2), 562-590.
Druckman, J. N., & McGrath, M. C.(2019)."The evidence for motivated reasoning in climate change preference formation." *Nature Climate Change*. https://doi.org/10.1038/s41558-018-0360-1
Duit, A., & Galaz, V.(2008)."Governance and complexity-emerging issues for governance theory." *Governance*, 21 (3), 311-335.
Emerson, K., Nabatchi, T., & Balogh, S.(2012)."An integrative framework for collaborative governance." *Journal of Public Administration Research and Theory*, 22 (1), 1-29. https://doi.org/10.1093/jopart/nmur011
Epstein, G., Pittman, J., Alexander, S. M., Berdej, S., Dyck, T., Kreitmair, U., Raithwell, K. J., Villamayor-Tomas, S., Vogt, J., & Armitage, D.(2015)."Institutional fit and the sustainability of social-ecological systems." *Current Opinion in Environmental Sustainability*, 14 (0), 34-40. https://doi.org/10.1016/j.cosust.2015.03.005
Fischer, M., & Leifeld, P.(2015)."Policy forums : Why do they exist and what are they used for?" *Policy Sciences*, 48 (3), 363-382.
Fischer, M., & Maag, S.(2019)."Why are cross-sectoral forums important to actors? Forum Contributions to Cooperation, Learning, and Resource Distribution." *Policy Studies Journal* 47 (1), 114-137.
Folke, C., Hahn, T., Olsson, P., & Norberg, J.(2005)."Adaptive governance of socialecological systems." *Annual Review of Environment and Resources*, 30 (1), 441-473. https://doi.org/10.1146/annurev.energy.30.050504.144511
Frank, A. B., Collins, M. G., Levin, S. A., Lo, A. W., Ramo, J., Dieckmann, U., Kremenyuk, V., Kryazhimskiy, A., Linnerooth-Bayer, J., Ramalingam, B., Roy, J. S., Saari, D. G., Thurner, S., & von Winterfeldt, D.(2014)."Dealing with femtorisks in international relations." *Proceedings of the National Academy of Sciences*, 111 (49), 17356-17362. https://doi.org/10.1073/pnas.1400229111
Frette, V., Christensen, K., Malthe-Sørenssen, A., Feder, J., Jøssang, T., & Meakin, P.(1996)."Avalanche dynamics in a pile of rice." *Nature*, 379 (6560), 49-52.
Gray, S. A., Gray, S., De Kok, J. L., Helfgott, A. E., O'Dwyer, B., Jordan, R., & Nyaki, A.(2015)."Using fuzzy cognitive mapping as a participatory approach to analyze change, preferred states, and perceived resilience of social-ecological systems." *Ecology and Society*, 20 (2) : 11-23.
Hamilton, M.(2018)."Understanding what shapes varying perceptions of the procedural fairness of

transboundary environmental decision-making processes." *Ecology and Society*, 23 (4).
Hamilton, M. L., & Lubell, M.(2019). "Climate change adaptation, social capital, and the performance of polycentric governance institutions." *Climatic Change*, 152 (3), 307-326 : 47-56.
Heikkila, T., & Gerlak, A. K.(2013). "Building a conceptual approach to collective learning : Lessons for public policy scholars." *Policy Studies Journal*, 41 (3), 484-512.
Heikkila, T., Schlager, E., & Davis, M. W.(2011). "The role of cross-scale institutional linkages in common pool resource management : Assessing interstate river compacts." *Policy Studies Journal*, 39 (1), 121-145.
Hileman, J. & Bodin, O.(2019). "Balancing costs and benefits of collaboration in an ecology of games." *Policy Studies Journal*, 47 (1), 138-158.
Horner, R. & Nadvi, K.(2018). "Global value chains and the rise of the Global South : Unpacking twenty-first century polycentric trade." *Global Networks*, 18 (2), 207-237
Isenberg, P. L.(2016). "Commentary : Public policy is messy : Three studies in water management." *Public Administration Review*, 76 (5), 751-752. https://doi.org/10.1111/puar.12631
Jones, B. D., & Baumgartner, F. R.(2012). "From there to here : Punctuated equilibrium to the general punctuation thesis to a theory of government information processing." *Policy Studies Journal*, 40 (1), 1-20.
Jordan, A., Huitema, D., Van Asselt, H., & Forster, J.(2018). *Governing Climate Change : Polycentricity in Action?* Cambridge University Press.
Kahan, D. M., & Braman, D.(2006). "Cultural cognition and public policy." *Yale Law & Policy Review*, 24, 149.
Kahan, D. M., Jenkins-Smith, H., & Braman, D.(2011). "Cultural cognition of scientific consensus." *Journal of Risk Research*, 14 (2), 147-174.
Kallis, G., Kiparsky, M., & Norgaard, R.(2009). "Collaborative governance and adaptive management : Lessons from California's CALFED Water Program." *Environmental Science & Policy*, 12 (6), 631-643.
Kirchhoff, C. J., Lemos, M. C., & Dessai, S.(2013). "Actionable knowledge for environmental decision making : Broadening the usability of climate science." *Annual Review of Environment and Resources*, 38, 393-414.
Klasic, M. & Lubell, M.(2020). "Collaborative governance : From simple partnerships to complex systems." In *Handbook of US Environmental Policy*, ed. Konisky, D.(pp.257-273). Cheltenham, UK : Edward Elgar Publishing.
Knight, J.(1992). *Institutions and Social Conflict*. Cambridge University Press.
Lebel, L., Nikitina, E., Pahl-Wostl, C., & Knieper, C.(2013). "Institutional fit and river basin governance : A new approach using multiple composite measures." *Ecology and Society*, 18 (1), 1.
Levin, S., Xepapadeas, T., Crépin, A.-S., Norberg, J., de Zeeuw, A., Folke, C., Hughes, T., Arrow, K., Barrett, S., Daily, G., Ehrlich, P., Kautsky, N., Wier, K.-G., Polasky, S., Troell, M., Vincent, J. R., & Walker, B.(2013). "Social-ecological systems as complex adaptive systems : Modeling and policy implications." *Environment and Development Economics*, 18 (02), 111-132. https://doi.org/10.1017/S1355770X12000460
Levy, M. A., Lubell, M. N., & McRoberts, N.(2018). "The structure of mental models of sustainable agriculture." *Nature Sustainability*, 1 (8), 413-420. https://doi.org/10.1038/s41893-018-0116-y
Levy, M. A., & Lubell, M. N.(2018). "Innovation, cooperation, and the structure of three regional sustainable agriculture networks in California." *Regional Environmental Change*, 18, 1235-1246.
Lewison, R. L., Johnson, A. F., Gan, J., Pelc, R., Westfall, K., & Helvey, M.(2019). "Accounting for

第8章 政策ゲームの生態系フレームワーク　351

unintended consequences of resource policy : Connecting research that addresses displacement of environmental impacts." *Conservation Letters*, 12 (3), e12628. https://doi.org/10/1111/conl.12628
Libecap, G. D.(1989). *Contracting for Property Rights*. Cambridge University Press.
Long, N. E.(1958)."The local community as an ecology of games." *The American Journal of Sociology*, 64, 251-261.
Lubell, M.(2013)."Governing institutional complexity : The ecology of games framework." *Policy Studies Journal*, 41 (3), 537-559.
Lubell, M.(2015)."Collaborative partnerships in complex institutional systems." *Current Opinion in Environmental Sustainability*, 12, 41-47.
Lubell, M., Gerlak, A., & Heikkila, T.(2012)."CalFed and collaborative watershed management : Success despite failure?" In J. F. Warner, A. Van Buuren, & J. Edelenbos (eds.), *Making Space for the River* (pp.63-78). IWA Publishing.
Lubell, M., Hamilton, M., Mewhirter, J., Vantaggiato, F., & Berardo, R.(2022)."Methodological approaches to the ecology of games framework." In *Methods of the Policy Process*, eds. Weible, C. M., & Workman, S.(pp.233-262). NewYork : Routledge.
Lubell, M., Henry, A. D., & McCoy, M.(2010)."Collaborative institutions in an ecology of games." *American Journal of Political Science*, 54 (2), 287-300.
Lubell, M., Mewhirter, J., & Berardo, R.(2020)."The origins of conflict in polycentric governance systems." *Public Administration Review*, 80 (2), 222-233.
Lubell, M., Mewhirter, J. M., Berardo, R., & Scholz, J. T.(2017)."Transaction costs and the perceived effectiveness of complex institutional systems." *Public Administration Review*, n/a-n/a. https://doi.org/10.1111/puar.12622
Lubell, M., & Robbins, M.(2021)."Adapting to sea-level rise : Centralization or decentralization in polycentric governance systems?" *Policy Studies Journal*, https://doi.org/10.1111/psj.12430
Lubell, M., Scholz, J., Berardo, R., & Robins, G.(2012)."Testing policy theory with statistical models of networks." *Policy Studies Journal*, 40 (3), 351-374.
Lubell, M., Stacey, M., & Hummel, M. A.(2021)."Collective action problems and governance barriers to sea-level rise adaptation in San Francisco Bay." *Climatic Change*, 167 (3), 1-25.
March, J. G.(1991)."Exploration and exploitation in organizational learning." *Organization Science*, 2 (1), 71-87.
McAllister, R. R., Robinson, C. J., Maclean, K., Guerrero, A. M., Collins, K., Taylor, B. M. and De Barro, P. J., 2015."From local to central : a network analysis of who manages plant pest and disease outbreaks across scales." *Ecology and Society*, 20 (1).
McGinnis, M. D.(2011)."Networks of adjacent action situations in polycentric governance." *Policy Studies Journal*, 39 (1), 51-78.
McGinnis, M. D., & Ostrom, E.(2012)."Reflections on Vincent Ostrom, public administration, and polycentricity." *Public Administration Review*, 72 (1), 15-25.
McLaughlin, D. M., Mewhirter, J. M., & Lubell, M.(2021)."Conflict contagion : How interdependence shapes patterns of conflict and cooperation in polycentric systems." *Journal of Public Administration Research and Theory* 32 (3), 543-560.
McLaughlin, D. M., Mewhirter, J. M., Wright, J. E., & Feiock, R.(2021)."The perceived effectiveness of collaborative approaches to address domestic violence : the role of representation, 'reverse-representation,' embeddedness, and resources." *Public Management Review*, 23 (12), 1808-1832.
Mewhirter, J., & Berardo, R.(2019)."The impact of forum interdependence and network structure

on actor performance in complex governance systems." *Policy Studies Journal*, 47 (1), 159-177.
Mewhirter, J., Coleman, E. A., & Berardo, R.(2019a)."Participation and political influence in complex governance systems." *Policy Studies Journal*, 47 (4), 1002-1025.
Mewhirter, J., Lubell, M., & Berardo, R.(2018)."Institutional externalities and actor performance in polycentric governance systems." *Environmental Policy and Governance*, 28 (4), 295-307.
Mewhirter, J., & McLaughlin, D.IM.(2021)."The pitfalls associated with more intensive engagement in collaborative forums : The role of behavioral spillovers and cognitive load."*Journal of Behavioral Public Administration*, 4 (1) : 1-29.
Mewhirter, J., McLaughlin, D. & Calfano, B.(2022)."Manifesting Symbolic Representation through Collaborative Policymaking." *APSA Preprints*, 1-35.
Mewhirter, J., McLaughlin, D. M., & Fischer, M.(2019b)."The role of forum membership diversity on institutional externalities in resource governance systems." *Society & Natural Resources*, 32 (11), 1239-1257.
Miskimmon, A., & O'loughlin, B.(2017)."Russia's narratives of global order : Great power legacies in a polycentric world." *Politics and Governance*, 5 (3), 111-120.
Morrison, T. H., Neil Adger, W. Brown, K., Lemos, M. C., Huitema, D., Phelps, J., Evans, L., et al. (2019)."The black box of power in polycentric environmental governance." *Global Environmental Change* 57, 101934.
Nauels, A., Gütschow, J., Mengel, M., Meinshausen, M., Clark, P. U., & Schleussner, C.-F.(2019). "Attributing long-term sea-level rise to Paris Agreement emission pledges."*Proceedings of the National Academy Sciences*, 201907461. https://doi.org/10.1073/pnas.1907461116
North, D. C.(1990). *Institutions, Institutional Change, and Economic Performance*. Cambridge University Press.(竹下公視訳『制度・制度変化・経済成果』晃洋書房、1994年)
Ostrom, E.(1990). *Governing the Commons*. Cambridge University Press.(原田禎夫他訳『コモンズのガバナンス──人びとの協働と制度の進化』晃洋書房、2022年)
Ostrom, E.(1996)."Institutional Rational Choice : An Assessment of the IAD Framework." *Annual Meeting of the American Political Science Association*.
Ostrom, E.(2007)."A diagnostic approach for going beyond panaceas." *Proceedings of the National Academy of Sciences*, 104 (39), 15181-15187. https://doi.org/10.1073/pnas.0702288104
Ostrom, E.(2010)."Polycentric systems for coping with collective action and global environmental change." *Global Environmental Change*, 20 (4), 550-557. https://doi.
Ostrom, E.(2007)."Institutional rational choice : An assessment of the institutional analysis and development framework." In *Theories of the Policy Process, 2nd ed.*, ed. Sabatier, P.(pp.21-64). Westriew Press.
Ostrom, E., & Cox, M.(2010)."Moving beyond panaceas : A multi-tiered diagnostic approach for social-ecological analysis." *Environmental Conservation*, 37 (4), 451-463.
Ostrom, V.(1999). *Polycentricity and Local Public Economies : Readings from the Workshop in Political Theory and Policy Analysis*. Ann Arbor : University of Michigan Press.
Ostrom, V., Tiebout, C. M., & Warren, R.(1961)."The organization of government in metropolitan areas : A theoretical inquiry." *American Political Science Review*, 55 (4), 831-842.
Pahl-Wostl, C.(2009)."A conceptual framework for analysing adaptive capacity and multi-level learning processes in resource governance regimes."*Global Environmental Change*, 19(3), 354-365.
Pahl-Wostl, C., & Knieper, C.(2014)."The capacity of water governance to deal with the climate change adaptation challenge : Using fuzzy set Qualitative Comparative Analysis to distinguish

between polycentric, fragmented and centralized regimes." *Global Environmental Change*, 29, 139-154.
Pierson, P.(2000). "Increasing returns, path dependence, and the study of politics." *American Political Science Review*, 94 (02), 251-267.
Roe, M.(2009). "Multi-level and polycentric governance : Effective policymaking for shipping." *Maritime Policy & Management*, 36 (1), 39-56.
Romero, I.(2022). "Challenges on the Galápagos polycentric governance : Recentralization to overcome conflict and achieve the recommended policies." *Paper presented at the Annual Meeting of the Midwest Political Science Association.*
Sabatier, P. A., & Jenkins-Smith, H.(1993). *Policy Change and Learning : An Advocacy Coalition Approach*. Westview.
San Francisco Bay Conservation and Development Commission.(2019). *Rising Sea Level Priorities*. [online] Available at : https://bcdc.ca.gov/cm/2019/0125RisingSeaLevel2019.html [Accessed 22 May 20221.
Scheffer, M., Carpenter, S. R., Lenton, T. M., Bascompte, J., Brock, W., Dakos, V., Van de Koppel, J., Van de Leemput, I. A., Levin, S. A., & Van Nes, E. H.(2012). "Anticipating critical transitions." *Science*, 338 (6105), 344-348.
Scholte, J. A.(2004). "Civil society and democratically accountable global governance." *Government and opposition*, 39 (2), 21 1-233.
Scott, T. A., & Thomas, C. W.(2017). "Winners and losers in the ecology of games : Network position, connectivity, and the benefits of collaborative governance regimes." *Journal of Public Administration Research and Theory*, 27 (4), 647-660.
Smaldino, P. E., & Lubell, M.(2011). "An institutional mechanism for assortment in an ecology of games." *PLoS One*, 6 (8), p.e23019
Smaldino, P. E. & Lubell, M. 2014. "Institutions and cooperation in an ecology of games." *Artificial life*, 20 (2), 207-221.
Tyler, T. R., & Blader, S. L.(2000). *Cooperation in Groups : Procedural Justice, Social Identity, and Behavioral Engagement*. Psychology Press.
Tyler, R. W., Borrowman M. L., Havighurst, R. J., & Ostrom V.(1961). *Social Forces Influencing American Education*. University of Chicago Press
Ostrom, V. 1991. *The Meaning of American Federalism : Constituting a Self-Governing Society*. 2d ed. San Francisco : ICS Press
Wang, R.-Q., Herdman, L. M., Erikson, L., Barnard, P., Hummel, M., & Stacey, M. T.(2017). "Interactions of estuarine shoreline infrastructure with multiscale sea level variability". *Journal of Geophysical Research : Oceans*, 122 (12), 9962-9979. https://doi.org/10.1002/2017JC012730
Zhou, W. and Mu, R., 2019. "Exploring coordinative mechanisms for environmental governance in Guangdong-Hong Kong-Macao Greater Bay Area : an ecology of games framework." *Sustainability*, 11 (11), p.3119.

付　録

　EGF の研究は、歴史的にいくつかの核となる仮説に焦点を当て、実証的な分析を行ってきた。これは確かに、EGF に関連する可能性のある仮説や前提の全てを網羅するものではないが、知識基盤を構築し、他の理論的フレームワークとの重要なつながりを持つための強力な出発点となっている。EGF の理論と研究が時間とともに進化するにつれて、これらの仮説は修正され明確化されるとともに、新たな仮説が生まれることが予想される。

- 「リスク仮説」(Berardo & Scholz, 2010) は、代替的なネットワーク構造が、集合行為問題の解決に関連する異なる種類の社会関係資本へのアクセスをアクターに提供すると主張している。「結束型社会関係資本」を促進する構造は、(他の条件が同じであれば) 離脱の可能性が高い場合に存在する協力問題を緩和する。「橋渡し型社会関係資本」を促進する構造は、有効な意思決定にアクターが共通の知識を持っているか、あるいは中心的な情報源から学ぶことができる必要がある場合に有利である。
- 「制度的外部性」仮説は、フォーラム間の社会的、争点ベース、政治的、生物物理的な連関の存在によって、あるフォーラムで下された決定が、連関のある別のフォーラムにおける政策問題の状況にインパクトを与えるような事例がもたらされる可能性があると想定している。
- 「取引コスト仮説」は、フォーラムのアウトプットの開発と実施に関連するコストが最小化される場合に、フォーラムの有効性が高まるとしている (Lubell, 2013 ; Lubell et al, 2013)
- 「多機能仮説」は、効果的なシステムは、長期的に、アクターの学習、交渉、協力を同時に支援しなければならないと主張する (Berardo & Lubell, 2019 ; Lubell, 2013)。注目すべきは、EGF の研究では、これらの機能の間にはトレードオフが存在し、ある機能を強化するためにデザインされたシフトは、別の機能を犠牲にする可能性があると主張していることである。

　各仮説は、研究者が次の諸点を目指す独自の研究の流れを生み出してきた。(i)各仮説の理論的裏付けをアセスメントすること、(ii)時間と空間を超えたさまざまな文脈で各仮説を検証すること、そして、(iii)各仮説を拡張し発展させるこ

と。提示された表において、それぞれの研究の流れから生まれた最近の発見の一部を概観している。研究の流れ全体を通じて、研究者たちは、アクター、フォーラム、争点、そしてシステムに基づく特徴といった幅広い文脈上の変数が、想定された関係性がどのように展開するかに重要な示唆を持つことを認識している（**付録表8.1**）。

付録 表8.1　EGFの中核的仮説と関連する文献

中核的仮説	鍵となる発見	引用
リスク仮説	システム進化は、結束型社会関係資本を促進する構造の発展へとつながる	Angst and Hirschi（2017）
	結束型社会関係資本を促進する構造は、複雑な政策課題についてのより深い学習も促進する	Mewhirter and Berardo（2019）
	システム内における橋渡し型及び結束型ネットワーク構造の優勢度は、文脈的な変数（例えば、フォーラムの安定性や外生的ショックの存在）によってインパクトを受ける	Berardo and Lubell（2016）
	安定したシステムは、アクター間の信頼を促進するが、これは結果として結束型構造の有効性を低下させる	Bodin et al.(2020)
	アクターレベルの属性は、アクターが橋渡し型ネットワーク構造を形成するか、結束型ネットワーク構造を形成するかの可能性にインパクトを与える	McAllister et al.(2015)
制度的外部性仮説	あるフォーラムで生じた利害関係者間の対立は、他のフォーラムへと波及する可能性がある	McLaughlin et al.(2021)
	あるフォーラムにおけるアクターの多様性の増加は、肯定的な制度的外部性が生まれることを促進する	Mewhirter et al.(2019a,b)
	社会的、物理的、そして物質的な外部性が、システム内において同時に存在し得る	Daniell and Barreteau（2014）
	フォーラムのプロセスから生まれた協力関係は、システム全体へと広がっていく	Zhao and Mu（2019）
	アクターは、影響を受けるフォーラムにおいて自らの利害を推進するために、意図的に外部性を創出することができる	Mewhirter et al.(2018)

取引コスト仮説	アクター、フォーラム、そしてシステムの特徴は、アクターが直面する取引コストにインパクトを与える	Lubell et al.(2017)
	資源の乏しいアクターは、高い取引コストのために、フォーラムから離脱する	Angst et al.(2021)
	取引コストは、地理的及び制度的な規模が大きくなるにつれて増加する	Hamilton and Lubell (2018)
	フォーラムへの参加に伴う取引コストは、アクターが代替的な協働活動に従事する能力を低下させる	Hileman and Bodin (2019)
	高い取引コストと低い便益は、フォーラムの崩壊を促進する	Smaldino and Lubel (2011)
多機能仮説	学習と分配の公平性を促進するように設計されたフォーラムの要素は、協力を減少させる可能性がある	Lubell et al.(2020)
	学習と分配の公平性を制限するフォーラムの要素は、協力を促進し得る	Smaldino and Lubel (2014)
	新たな大規模な問題が発生した際、システムは（協力や資源分配ではなく）学習を強化するために急速に拡大する	Berardo et al.(2015)
	アクターは、協力を促進するフォーラムよりも、学習と資源分配にインパクトを与えるフォーラムをより重視する	Fischer and Maag (2019)
	広域的・地理的な構成要素は、システムの発展にインパクトを与え、そのことがシステムによる学習と協力の促進の程度にインパクトを与える	Levy and Lubell (2018)

第Ⅱ部　比較分析と結論

第9章 政策過程理論をどのように比較すべきか

ポール・ケアニー、ターニャ・ハイキラ （Paul Cairney and Tanya Heikkila）

　政策過程を記述し説明するための理論、フレームワーク、モデル（一般的には「理論的アプローチ」）は多岐にわたる。実際、政策研究の分野は、全体として理解するにはあまりにも大きく扱いにくい。そのため、学者たちは、どのアプローチが自分たちの研究の射程に最も適しているか、あるいは、新しい適用を生み出す際に、それらの洞察を組み合わせるべきか、あるいは一部を受け入れて他を却下すべきかについて指針を求めている (Sabatier, 2007a, 330)。学者たちはすでに暗黙のうちに、または場当たり的に、このような比較を行っているので、私たちの**第一の導きとなる問い**は、「**この比較プロセスをより体系的に行うにはどうすればよいか**」ということだ。

　例えば、本書は最も確立された「主流 (mainstream)」アプローチの適切な数を特定することで選択肢を絞り (Durnova and Weible, 2020)、主要な著者たちにそのアプローチとその実証的適用について記述してもらって読者に情報を提供している。その文脈において、過去の版の *Theories of the Policy Process*（『政策過程の理論』）では、私たちの役割は、理論的価値を評価するためにサバティエとウィブル（Sabatier and Weible）が一貫して用いてきた3つの基準を検証し、適用することだった。

1　そのアプローチは、共通の用語体系や定義された概念など、理論的アプローチの基本的要素をどの程度カバーしているか
2　その理論的アプローチを適用している研究者たちは、活発な研究プログラムを展開しているか
3　その理論的アプローチは政策過程の大部分を説明しているか

　私たちの目的は、これらの基準を用いて本書で紹介する理論的アプローチを

比較可能な形で提示することだった。主要な概念、政策過程の理解と知識の進展における強みと弱み、これらの異なる理論が説明する事象の類似点と相違点、そしてそれらから導き出せる共通の知見を特定した。政策過程の理論を比較できる科学的基準はこれだけではない。例えば、ウィブルの序章では、本書のアプローチの要件として「比較研究の実施」が挙げられており、ツズーンとワークマン（Tosun and Workman）は第10章でこれについて詳しく論じている。

　以前の版で既に指摘したように、この比較には、いわゆる「技術的」な困難を伴う。政策理論は体系的な比較が難しい状況にある。というのも、文献にはフレームワーク、理論、モデルが複雑に混在しているからである（Schlager, 1999, 2007；Cairney and Heikkila, 2014；Heikkila and Cairney, 2018）。これらは互いに独立して設計されたものであり、このような比較を想定していなかった。それぞれが異なる準拠フレームワーク、焦点、概念を持っている。その前提や研究結果は、互いに補完し合うこともあれば、矛盾することもある。同じ概念に異なる意味を持たせることもある（Cairney, 2013a, 7）。したがって、学者が異なるアプローチをどのように理解できるかについて、幅広い合意形成を図るために体系的な比較が重要である。このような比較は、主流アプローチと解釈的アプローチの間の対話を深めることにも寄与し得るかもしれない。ただし、後者は本書ではまだあまり取り上げられていない（Durnova and Weible, 2020；Heikkila and Jones, 2022）。

　本書（第5版）での**第2の導きとなる問い**は、「**この科学的比較を、より広範な規範的文脈の中でどのように位置づけられるか**」ということである。私たちは、何が「良い」理論であり、どの程度「進歩」しているかを判断するために、狭い科学的基準を用いた比較を乗り越える方法の3つの例を特定する。第1に、理論は地理的なカバーの範囲に関連して進歩を示すことができる。本書に掲載されているほとんどのアプローチは、アメリカの理論として出発し、そのほとんどが欧州の文脈に適用されるようになるにつれ、顕著な適応を見せている。（例えば）グローバル・サウスへの適用に関連して、同様の進歩を示す理論がどれほどあるだろうか？　第2に、批判的社会科学研究が示すように、研究対象の世界を改善しようとする理論もまた「良い」ものとなり得る。そこで、規範的発展に関する追加的な基準は次のものである。理論が、その研究に関連する社会問題やその他の問題をどのように理解し、対処すべきかについて明確な方

向性を持っているか？ あるいは、少なくとも「実践的な教訓」(Weible and Cairney, 2021) を提供できるか？ 第3に、専門的な多様性、平等、インクルージョンの支援に関連して進歩を測ることができる。学術的なインクルージョンを奨励する確立された政策理論コミュニティは存在しているか？第1の新しい問いは、現在では比較的頻繁に問われている（以前の版でも多少取り上げられている）が、第2と第3の問いは、答えるのは容易ではないものの、この分野の発展にとって重要である (Heikkila and Jones, 2022)。そのため、将来の理論的進歩がどのようなものであるかを記述し、将来の版に向けたアジェンダ設定の一助としたい。

1．理論的アプローチの比較方法

　第1の基準は、理論の基本的な要素がどの程度カバーされているかということである。各理論について、以下の要素を考慮する。(1)定義された射程と分析レベル、(2)共通の用語体系と定義された概念、(3)明示的な前提、(4)主要概念や変数間の関係性の特定、(5)理論の基礎となる個人のモデル。
　第2の基準は、活発な科学的研究プログラムの発展である。この基準には以下の4つの指標がある。(1)そのアプローチがどの程度積極的に研究者によって使用され、学術論文や書籍として出版されているかどうか、(2)多様な政策争点や異なる政治体制を含む複数の文脈で試されたのか、また、複数のメソッドで検証されたかどうか、(3)その理論を使用する研究者が、共有された研究プロトコル、メソッド、アプローチを積極的に発展させようとしているか、またそれらのアプローチがどの程度透明性があるか、(4)その理論が時間の経過とともにどのように適用されたり修正されてきたか。
　第3の基準――理論が政策過程の大部分を説明しているか否か――の指標を開発することは最も困難である。なぜなら、政策過程は複雑で、「一般理論」(Smith and Larimer, 2009, 15-19) は存在しないことがわかっているからである。このことは根本的な問いを提起する。複雑な世界を理解するためには単純化が必要だとして、政策研究者はどの要素を説明に不可欠とみなしているのか。これらの重要な要素は、十分な共通性をもって識別されており（参照例として、John, 2003；Schlager, 2007；Weible, 2014；Cairney, 2020）、政策策定システムの包

括的な説明のため、以下の要素を記述することが可能である。

1 多様な場における選択と相互作用を行うアクター

政策策定の世界には数千の政策アクターが複数の場所に分散し、それぞれが政策選択の権限をもつ場となっている（多くのレベル、タイプ、政策策定の「中心」として説明される。Cairney et al., 2019)。アクターは個人または集団であり、集団は民間企業から利益集団、政府機関まで多岐にわたる（Weible, 2014）。彼らは政策過程に影響を与えるために、例えば交渉、対立、取引、その他の手段を通じて様々な方法で相互作用し、そして多くの場合、フレーミング、ロビー活動、パブリック・エンゲージメントなどの戦略を用いて選択に影響を与える。

2 制　度

制度とは、個人および集団の行動に影響を与えるルール、規範、慣行および諸関係を指す。アクターの選択は、（自らの組織や各政策策定の「中心」における）ルールに対する理解と遵守によって部分的に説明される。ルールは、法律や憲法に明記されているようなフォーマルで広く理解されている場合もあれば、特定の組織でのみ理解されているインフォーマルな場合もある。また、あるレベル（例えば憲法上）の制度は、別のレベル（例えば立法上、規制上）の活動を形作り、政策決定が行われる場の類型を確立し、特定のタイプのアクターやアイデアが政策過程に参入することを可能にするルールを作る。

3 ネットワークとサブシステム

これは、政策決定の責任者と「政策関与アクター」(Jordan et al., 2004) との関係であり、例えば、政府と協議や交渉を行う利益集団との関係性である。上級政策策定者は政策策定の責任を官僚に委任し、官僚は団体から情報や助言を求める。諸集団は、政府へのアクセスおよび政府内での影響力確保のために情報を提供する。官僚制組織や他の公的機関（または集合的意思決定の場）は、特定のエビデンスの供給源や特定の参加者を優先する運営手順を有する場合がある。言い換えれば、アクター間のルールに基づく相互作用は、個々のアクター（および戦略）自体と同じくらい重要である。

4　アイデアと信念体系

　この広範なカテゴリーは、政策過程において役割を果たす思考方法や知識体系を理論がどのように扱うかを捉える。このカテゴリーには、集団、組織、ネットワーク、政治システム内での信念、知識、世界観、政策問題の共有された定義、イメージ、解決策が含まれる。アイデアや信念の中には、中核的な信念、価値観、パラダイムのように当然視されたり、ほとんど問い直されることのないものもある。一方で、政策問題に対して提案された解決策のように、より柔軟なものもある。

5　政策文脈

　このカテゴリーは、政策決定に影響を与え得る政策策定環境の広範な特徴を記述するものである。これは、政策策定者が問題を特定し、それにどのように対処するかを決定する際に考慮する、しばしば変化する政策条件、すなわち政治システムの地理的、生物物理学的および人口統計学的プロファイル、経済状況、大衆の態度と行動などが含まれる（Hofferbert, 1974）。また、政策策定者が就任時に直面する法律、規則、制度、プログラムの「継承」という側面を指すこともある（Rose, 1990）。

6　出来事

　出来事には、選挙など、日常的かつ予見可能なものがある。これらは限定的な変化をもたらすか、あるいは新たなアイデアを有するアクターの参入を促す。一方で、社会的危機や自然危機、画期的な科学的発見や技術革新など、予期せぬ事象も存在する（Weible, 2014）。これらは予測不可能であるがゆえに理論化が困難であり、しばしば「誤差項」あるいは説明の追加的要因として扱われる。あるいは、アクターが出来事をどのように解釈し、対応するかに焦点を当てる理論に組み込まれることもある。

　政策理論はこれらの概念を同じようには扱わない。第1に、これらの用語は曖昧であるため、その意味や最も有用な適用方法について議論が生じる。例えば、制度論研究には多様なアプローチがある（合理的選択制度論、歴史的制度論、社会学的制度論、構成主義的制度論、フェミニスト制度論など）。しかし、多くの文

献をそれらのカテゴリーに位置づけることは今なお困難である（Hall and Taylor, 1996, 939-940；Peters, 2005, 108；Lowndes, 2010, 65；Mackay et al., 2010）。このような問題は、諸概念を関連づけたり、権力、進化、断続平衡、政策起業家といった他の多義的な概念を用いて完全な説明を行おうとしたりすると、さらに複雑になる（Cairney, 2020）。例えば本書では、正のフィードバックと負のフィードバックについて、バウムガルトナーらの見解と、メトラーとソレッレの見解（Baumgartner et al. and Mettler and Sorelle）を比較している。さらに、著者が変わることで、概念の作業上の意味に変化が生じることもある（波及の包括的な意味については、本書のポルト・デ・オリヴェイラら（Porto de Oliveira et al.［本書第7章］を参照）。

第2に、用語間の境界は流動的である。一例として、制度は主にルールや規範として定義されるため、アイデアやネットワークとの概念的境界が曖昧になる。特に「構成主義的制度論」は、制度が固定的な構造を表すという想定に異議を唱えている（Hay, 2006, 65；Béland and Cox, 2010, 4）。一方、共有されたルールや規範がサブシステムの安定性の主な説明として位置付ける研究もある（Jordan and Maloney, 1997）。また、戦略のような包括的な概念を単一のカテゴリーに分類することは困難である。というのも、戦略には、しばしば政策信念やアイデアへの働きかけを試みるアクターや、特定の文脈においてネットワークやサブシステムのルールに適応しようとするアクターが関与しているからである。

第3に、理論はこれらのプロセスを個人、ネットワーク、またはシステムという異なる分析レベルで探求する。望遠鏡の比喩が有用である。(1)個人レベルを観察するためにズームインし、その後、集団や組織、ネットワーク、政治システムを捉えるためにズームアウトするという操作（Cairney, 2020, 150）。(2)マクロ・レベルとミクロ・レベルの間、あるいはある組織から他の組織へと分析の焦点を移動させるという操作。さらに、全ての理論が政策過程の全側面を対象とするわけではない（例えば、特定の要素の詳細な解明に特化した理論も存在する）。したがって、各理論が各用語を同じ方法で用いたり、同じ焦点を共有していたりすると想定すべきではない。

2. 比較の基準1：理論の要素

　比較を整理するために、表9.1に最初の基準である「ある理論の主要な要素」を探るための指標をまとめた。これらの指標には、①定義された分析の射程とレベル、②共通の用語体系と概念、③定義された前提、④主要概念間の関係性の特定、⑤個人の行動モデル、が含まれる。

分析の射程とレベル

　本書で取り上げる各アプローチは、比較的明確な分析射程を持ち、政策過程に対して異なる視座を提供している。これらはいずれも、その射程内において、程度の差こそあれ政策形成と政策変化に関わる問題を扱っている。複数の流れフレームワーク（Multiple Streams Framework：MSF）、断続平衡理論（Punctuated Equilibrium Theory：PET）、政策の波及とイノベーション（Policy Diffusion and Innovation：PDI）の各アプローチは、それぞれ明確な問題を提起しているものの、他の理論よりも政策過程の特定の段階を重視する傾向がある。MSFは、不確実性の条件下でのアジェンダ設定と政策策定がどのように行われるかを探求している（第1章）。PETは、通常は安定性と漸増主義で特徴づけられる複雑な政策策定システムが、時として過去からの劇的な転換を生み出す理由とその過程を説明する（第2章）。PDIは、新しい政策が採用される理由と、それが諸国家や他の管轄区域にどのように波及するかを考察する。物語り政策フレームワーク（Narrative Policy Framework：NPF）と唱道連合フレームワーク（Advocacy Coalition Framework：ACF）は、政策の形成と変更に関する問題に重きを置くとともに、ストーリーテリングと連合形成を非常に重要なものにする認知バイアスの重要性も強調する。ACFは、例えば、連合形成と政策学習について検討する。NPFは、物語りがどのように世論に影響を与えるか、これらの物語りはどのように構成されているか、物語りがどのように政策信念を反映するかを検討する。政策フィードバック理論（Policy Feedback Theory：PFT）は、政策の形成と変化を扱うが、政策の社会へのフィードバックなど、政策デザインと力学の問題に焦点を当てている。制度分析・開発フレームワーク（Institutional Analysis and Development Framework：IAD）は他の理論とは異なり、より一般性が高い。IADは、制度（公共政策を含む）が人間の相互作用をどのように形作るか、また制度がどのようにデザインされ機能するかの解明を目

表 9.1 それぞれの理論アプローチにはどのような要素が含まれているか

	MSF	PET	PFT	ACF	NPF	IAD	PDI	EGF
分析の射程とレベル	複数の流れフレームワーク	断続平衡理論	政策フィードバック理論	唱道連合フレームワーク	物語り政策フレームワーク	制度分析・開発フレームワーク	政策の波及とイノベーション	政策ゲームの生態系フレームワーク
射程	曖昧な状況下での政策選択	安定性と周期的な大規模変化に向けた政治システム	政策はどのように政治を形成し、それに続く政策決定をするのか	唱道連合の相互作用、学習、政策変更	世論、政策対話、アジェンダ設定、政策変更に関する物語りの影響	人々が集合行為問題をいかに解決し、これらの手続に関する制度やアウトカムを考察するか	政策の波及とイノベーション	多核的なシステム内の集合行為問題
レベル	システムだが黙示的。流れをカップリングするアクターに焦点を当てる	システム	システムだが黙示的	政策連合とサブシステム	個人、連合、社会的	レベル「行為の状況」は広く解釈されるかもしれない	レベル政策決定の場/政府	レベルそれらのうちのシステムとフォーラム
共通の用語体系と概念定義	主にフレームワークの5つの構造的要素	制度的摩擦、政策イメージなど数多くの重要な概念	主に政策フィードバック効果の類型	政策の中核となる信念、連合など数多くの重要な概念	数多くの重要な概念と関連するアプローチ (ACFなど) から借用したものもあれば、重複するものもある	フレームワーク、レベル、および関連する理論やツールの中にある数多くの重要な概念	主に政策採択と波及（政策循環、移転、流動性を含む）。鍵となる概念	いくつかの中心的な概念があり、関連するアプローチ (IAD, ACFなど) と重複するものもある。理論が進展するにつれて、他の概念も出てくる

第9章 政策過程理論をどのように比較すべきか

	MSF	PET	PFT	ACF	NPF	IAD	PDI	EGF
前提	明確に定義されている	例えば意思決定の論理に合まれる前提だが、前提として明示されていない	効果の根拠となる暗黙的に定義された前提	明確に定義されている	明確に定義されている	定義されているが、フレームワークレベルでごく一般的なもの	モデルについて明確に定義されたいくつかの前提	一般的に定義されている
個人のモデル	完全合理性の前提に挑む。曖昧さに注目	合理性の限定合理性、とりわけ注目と情報処理に関連	本書では明示されていない。個人選択は政策と制度によって形成される、と示唆	限定合理的。個人は信念に動機付けられ、悪魔バイアスに乗りやすい、ことを強調する	物語るヒトは、ヒューリスティクの役割、感情の優位性、熱い認知、確証バイアス、選択バイアス、集団の認知、アイデンティティ保護的認知を認識する限定合理性に基づいて構築されている	複数のモデルが適合するが、研究者は使用するモデルについて明示的でなければならない	明示的ではないが、政策決定者は学習で定義することを認めている	限定合理的なアクターは、動機付けられた推論および文化的認知に影響を受ける
主要概念間の関係	一般的には、主要な政策変化を引き起こす要因、おおび変化の「機会の窓」の間に結びつく3つの「流れ」を特定している。最近、特定の仮説が追加された	主要な政策変化を引き起こす要因、おおび政治的変化を制約する要因、政治やアジェンダに対する公共政策の影響を生み、特定の出す要因を説明し、実証的検証のための特定の仮説を提供する	一般的には、市民権の意味、統治の形態、集団の権力、政治を制約するアクター、ジェンダに対する公共政策の影響、これらのすべてが将来の政策に影響を与える。実証的適用における仮説も含まれる	フレームワークレベルでサブシステムを形成する一般的な関係性。連合形成、学習、および政策変更の仮説を通して政策変更に影響を与える具体的な要因	物語りの内容と形式が政策アクターの反応をどのように形成するかに関する一般的な関係性。物語の利用と影響についてミクロおよびメゾレベルでの特定の仮説	フレームワークレベルでの一般的な関係性。理論およびモデルレベルでのより特定の関係性。例えば、集合行為に通じる条件、強制なしにコモンプール資源がガバナンスの原理	学習、競争、強制、社会化によって波及が生じる	政策ゲームの進化過程と、システムの有効性を形作る3つのプロセスを特定する（学習、協調、交渉）

出典：著者作成

指す。典型的には集合行為問題を出発点とし、学者たちはさまざまな問題の分析に、多様な理論とモデルを適用してきた。政策ゲームの生態系フレームワーク（Ecology of Games Framework：EGF）は IAD 同様、集合行為問題に注目するが、特に多核性ガバナンス・システムに焦点を絞る。EGF は、システムのネットワーク構造と、様々なガバナンス空間におけるアクター間の相互作用が、ガバナンス・システムのパフォーマンスと進化をどのように形作るかに注意を向けている。

多くのアプローチは政策システムや政策サブシステムを研究対象としている。ただし、分析レベルと観察単位の区別が重要である。研究者は、主要な分析レベルとは異なる観察単位に依拠することが多い。例えば、ACF の研究では通常、政策アクターを観察単位としながら、政策連合やサブシステムについての知見を導出している。同様に、EGF は政策アクターとシステムのさまざまな場における相互作用を検証する一方で、PET は明確にシステムレベルの分析を行う。

分析レベルの設定に関して、理論間で明示性の程度に違いがある。NPF は 3 つの分析レベル（マクロ・レベル［社会］、メゾ・レベル［サブシステム］、ミクロ・レベル［個人］）を研究者に提示しているのに対し、ACF は政策サブシステムと政策連合という 2 つの分析レベルを特定し、定義している。PET は政治システムにおける意思決定の性質について論じているが、その分析レベルの定義は ACF ほど明示的ではない。MSF と PFT も政策システムに関連する問題を探求するが、システムの境界設定については詳細な検討を行っていない。PDI 研究は、分析レベルとして政策策定の場や政府組織に着目する。その上で、政策が特定のシステムや国家群（すなわち、アメリカや EU など、州や国家から構成される政治システム）全体にわたってどのように波及するかについての推論を展開している。IAD の主要な分析レベルも、行為の状況に焦点を当てる点で独特である。しかし、行為の状況という概念の幅が広いため、政策連合やネットワーク、その他の集合行為の場とみなされ得る。

共通の用語体系と概念定義

それぞれの理論やフレームワークには、共通の用語体系がある。その多くは定義を明確に示し、主要な概念を主要な図表に組み込んでいる。IAD は最も広範な共通用語を持っているが、これはその適用範囲の広さによるものと考えら

れる。一方、MSF は共通の主要概念と一般的な定義を提示しているものの、中核的概念の操作化における一貫性と明確性の欠如を指摘されており（Cairney and Jones, 2016；Jones et al. 2016）、そのため MSF の学者たちは主要概念の操作化においてより精密な定義を提供するよう努めている（Zohlnhofer et al., 2022）。

　明確な概念化は、特に異なる研究文脈間において、より精密な測定を可能にすることで分析者の助けとなりうる。しかし、概念群が過度に複雑化したり、厳密すぎる定義づけがなされたりすると、理論の幅広い適用可能性への訴求力が損なわれる可能性がある。さらに、これらの理論の中で特定された一連の主要概念が進化したり、理論自体が新しい概念を取り入れたり、その重点を移行させたりすることもある。

前　提

　本書で取り上げる理論はすべて、その理論的論理の基盤となる前提（少なくとも黙示的なもの）を提示している。IAD の前提は、最も一般的なものであり、フレームワークレベルでは具体性が最も低い。例えば、行為の状況の構成要素を示したり、ルールの類型や集合行為が起こるレベル（運用レベル、集団選択レベル、憲法レベル）を特定したりする際に、IAD は集団的意思決定を理解する上で不可欠な要因に関する前提を含んでいる。EGF は、多核性システムはアクター、政策争点、そしてフォーラムから構成されるという一般的な前提をいくつか示している。また、集合行為問題をめぐるゲームの構造化において、集団選択ルールと運用ルールがどのように機能するかについて、EGF は IAD の前提から知見を導き出している。ACF は明確な前提を提供している。政策変化を研究するために長い期間が必要であることや、政策策定活動の焦点はサブシステムであるという前提である。NPF もまた、メゾ・レベルの活動における主要な活動単位としてサブシステムを認識しているが、政策物語りがミクロ、メゾ、マクロの各レベルにわたって作用することも明確に前提としている。NPF はさらに、世界は（かなりの程度）社会的に構築されたものであるが、そうした構築は物語りを語るアクターによって操作されやすいことも前提としている。MSF も同様に、問題の流れが社会的に構築されることを示唆しているが、これをその明示的な前提には含めていない。MSF は、前提をより明確にする傾向にあり、意思決定の曖昧性、政策策定者が直面する時間的制約、政策過程におけるアクターの選好の問題性、政治システムにおける技術の不確実性、意思決定機

関への参加の流動性、そして各流れの独立性に焦点を当てている。PET は、限定合理性とアジェンダ設定に関して類似の前提に依拠しつつ、政策システムが外生的および内生的な正のフィードバックと負のフィードバックの駆動力を示すという想定を加えている。

個人のモデル

多くの理論において、個人のモデルは明示的な前提の一部となっている。本書で取り上げる理論の多くは、「限定合理性」に広く焦点を当てているが、それはしばしばサイモン（Simon 1957）が想定したものとは異なる方法で扱っている。当初、限定合理性は事実上の自明の理を示すものに過ぎなかった。つまり、人はすべての問題を検討し、最適に行動するための時間、資源、認知能力を持ち合わせていないため、情報の簡略化やその他のヒューリスティック、あるいは感情的な手がかりを用いて、自身が十分と考える意思決定を行うというものである。その上で各アプローチは、このモデルを他の主要概念との関連で解釈し、個人のモデルにおいて異なる強調点を見出している。例えば、ACF と EGF はともに、限定合理的な個人の選択が信念体系や価値観によって形作られることを認めている。NPF は「ホモ・ナランス（物語るヒト）」というモデルを確立し、人間の意思決定における感情や物語りの役割を強調している。NPF では、アクターは他者の限定合理性を操作するために物語りを語る。PET は、個々のアクターが争点を逐次的に（1つずつ）検討せざるを得ない一方で、組織は並列処理を行うことが可能であることに着目する。これにより、ほとんどの課題に対する注目は限定的となるものの、注目の大きな転換が常に起こり得る状態が生まれる。PDI と PFT は、個人のモデルについて最も明示性が低い。PFT は、個人の選択と政治世界の理解が政策デザインによって影響を受けるため、個人は完全には合理的ではないと示唆している。PDI は、政策アクターが学習能力を持つことを認識しているが、政策波及プロセスが合理的でない可能性があることも認めている。IAD は、そのフレームワークが多様な個人のモデルに対応できることを認めている。それらのモデルの中には、包括的合理性を前提とするものもあれば、限定合理性を追求するものもある。

個人のモデルにおける詳細度のレベルには、トレードオフが存在する可能性がある。詳細なモデルは人間の意思決定を動かす根本的な要因をより精緻に表現する。また、モデルに微妙な違いを加えることで、政策過程においてアク

ターがどのように関与し、相互作用するのか、そして、政策学習がどのような条件下で発生するかについての新たな問いを引き出すことができる。例えば、異なる強調点により次のような問いが開かれてきた。問題のフレーミングがどのように発生するか（MSF）、政策問題への注目がどのように移行するのか（PET, MSF）、集合行為が特定の条件下で可能なのはなぜか（IAD, EGF）、あるいは政策連合がどのように対抗勢力を敵視するのか（ACF, NPF）。個人のモデルをさらに拡張したり、他のモデルからの知見を取り入れたりすることは、理論の将来的な発展可能性を広げ得る。しかし、過度に複雑な層を重ねることは、仮説の明確な関連付けや理論的根拠の確立を困難にしかねない。また、比較的単純な個人の行動モデルなしに、システム全体の分析を提示することは不可能である。

主要概念間の関係

各アプローチは、理論の前提や個人のモデルの論理に基づいて主要変数間の関係を提示しており、多くは明示的な仮説や命題として表現されている。これらの関係性は主に、さまざまな要因（例えば、文脈上の変数、物語り、連合構造、制度的な場、対象集団のフレーミング）が、政策過程の中でどのようにアウトカム（例えば、政策変化の大小、政策への世論、政策の有効性）に影響を与えるかを探求している。一部の理論では、これらの関係性は包括的な形で示唆されている。例えば、MSFの主な論点は、3つの「流れ」（問題、政策、政治）が、政策起業家の働きかけを通じて「機会の窓」が開いている間に合流し、政策アジェンダを設定し政策変化を実現するというものである。ただし、MSFの新たな論者たちは、3つの「流れ」、政策の窓、起業家に関して、より具体的な仮説群を提示している（本書のHerwegら（第1章）の表1.1と図1.2を参照）。これらの仮説は、フレームワークの主要な要素がアジェンダ設定や政策の意思決定につながりやすい条件を示している。PETもまた、一般的な期待とより精緻な仮説を示している。PETは、大きな政策変化をもたらす制度的要因、サブシステム要因、意思決定的要因を特定すると同時に、変化を制約したり漸増主義を生み出したりする要因も明らかにしている。PETはさらに、制度的な「軋轢」のレベルが断続の規模や頻度をどのように説明するかといった、より精緻な仮説を展開している。PDIは、内部および外部の「決定要因」の高度に特定された変数を含む、政策波及につながる一般的なパターンを広く認識している。一方、

このPDIの傘下にある波及モデルの多くは、政策採択の決定要因とメカニズムを特定するために、より具体的な仮説を用いている。NPFは、政策物語りが個人に対してどのような説得力を持つのか、物語りが連合戦略においてどのように使われるのか、物語り戦略が世論や政策アウトカムにどのような影響を与え得るのかについて、複数の仮説を展開している。PFTもEGFも、本書で概要を述べた各章では具体的な仮説を提示していないが、両理論から導出された検証可能な仮説を検証する個別研究を紹介している。

ACFもIADも、主要概念や変数間の多様な関係性を扱うことに開かれている。これらは、その関係性を「フレームワーク」レベルと理論レベルの両方で提示している。フレームワークレベルでは、政策過程（またはIADの場合は行為の状況）に影響を与え得る広範な要因のカテゴリーを特定する。他方、理論レベルでは、政策過程内のより詳細な現象を説明している。ACFの理論レベルの説明は、政策連合の性質、政策学習および政策変更を扱う。IADは理論レベルでの仮説についてACFほど明示的ではないが、コモンプール資源ガバナンスをめぐる集合行為につながる条件や、強靭なコモンプール資源制度に関連する原則や要因を示している。

すべての理論が因果的・説明的な仮説を提供しているわけではなく、記述的な仮説を示す理論も存在する。例えば、ACFの政策連合に関する命題や、PETの予算配分の頻度と特徴に関する命題がこれにあたる。一方、ACFにおける信念の序列化のように、前提から直接導出される命題もある。PETの前提も同様に、命題や仮説として現れる。例えば、PETは、政策変化は不釣り合いな注目の関数であると主張し、高い注目は、しばしば争点のリフレーミングや制度的「軋轢」の克服につながるとする。これらの命題や仮説は、どの争点が最も注目を集め、どの政策分野が最も断続するかを予測しようとするのではなく、システム全体の効果を説明するのに役立つものである。EGFは本書で、閾値効果や連鎖効果といったシステム変化の引き金を検討しながら、複雑なガバナンス・システムに関する記述的な予測を提示している。

3．比較基準2：研究プログラムの活性度と一貫性

表9.2は、各理論の研究活動のレベルと一貫性に関する私たちの評価の要約

第 9 章　政策過程理論をどのように比較すべきか　373

表 9.2　研究プログラムはどの程度活発で一貫性があるか

	MSF	PET	PFT	ACF	NPF	IAD	PDI	EGF
	複数の流れフレームワーク	断続平衡理論	政策フィードバック理論	唱道連合フレームワーク	物語り政策フレームワーク	制度分析・開発フレームワーク	政策の波及とイノベーション	政策ゲームの生態系フレームワーク
複数の文脈やメソッド、複数のアプローチで検証された出版物	多様な政策領域において、多くの国および多数の適用例がある	多くの国で幅広く適用―多様な政策領域における予算と課題	多くの適用―多くの国および多様な政策領域において	広範な適用―複数の国や政策領域の国際的な設定、ただしアメリカと環境政策に初は偏っていた	拡大する適用―多くはアメリカの少数の文脈的、比較的な適用が増加	世界各地の多様な政策領域におけるIADと関連ツールの広範な適用	政策の波及とイノベーション、多数の適用、複数の政策トピック、多数の国際的な適用	主に環境ガバナンスの分野で適用拡大
	メソッド　ほとんどが事例研究、定量的適用は少数	メソッド　大部分は定量的適用	メソッド　定性的、エスノグラフィック、定量的、および実験的	メソッド　複数	メソッド　複数	メソッド　複数	メソッド　複数	メソッド　大部分は定量的、広範なネットワークのメソッド
研究プロトコル、メソッド、アプローチの共有と透明化	研究は広範で直感的な概念に触発されているように見える	予算変更やジェンダ変化の共有モデル。共有データセット、ウェブサイトなど	出版物は、多様な学者やコミュニティの間で共通の研究課題を強調	コーディングフォーマットや調査票は付録としてしばしば入手可能だが、プロトコルの適用は必ずしも一貫していない	物語り構造を識別するためのコードブックと手法を共有しており、いくつかの適応が行われている	フレームワークは大規模で活発なネットワーク。IADによる共有アプローチにとって生み出されたいくつかの制度的ツールが含まれている	鍵となるメソッドや変数を特定	主要な変数を測定するための共通ツールと共有された分析アプローチ
時間の経過に伴う理論の変化や理論の適応	新しい政治制度やさまざまな政策段階（例えば、実施）への適用において概念を修正。仮説とより明確に引き出されている	フィードバックおよびメカニズムの基礎的理論の進化。最新の修正、地方政策およびジェンダと政策の拡大が見られる	フィードバックおよびメカニズムの進化	理論の核心は維持されており、複数の改訂と理論の精度が向上	仮説が更新され、関連する政策理論との結びつきが強化されている。方法論の進展と、いくつかの実用的応用	概念の定義的な進化、理論、モデル、分析ツールへのリンク	波及研究と広範な政策伝播に関する文献がつながるが、特に国際的な特定に追加されている	多様なシステムがどのように変化し適応するかを理解する上で、理論的な改良が追加されている

出典：著者作成

である。すべてのアプローチは、出版数の面で活発であり、継続的な成長と進化が見られる。もちろん、理論の成熟度には違いがある。IAD, ACF, PET などは、長期にわたり発展の時間を有してきた一方で、NPF, EGF は比較的新しい理論である。すべての理論が複数の文脈で検証されており（後述するように、その範囲の広さには違いがある）、そのほとんどは複数のメソッドを採択している。PET や EGF のように、高度なモデリング技術を用いた定量的メソッドを採択する傾向のあるものもあれば、MSF のように、定性的メソッドや事例研究の適用に大きく依存しているものもある。また、ACF, IAD, NPF, そして増加傾向にある PFT のように、定量的アプローチと定性的アプローチの両方を取り入れ、質問紙調査、文書コーディング、実験など多様なデータソースを活用するものもある。

　理論全体を通じて、研究プログラムの発展に関する強みと弱みが見られる。これは、研究の適用範囲と多様性、共有された研究プロトコル、および時間経過に伴う理論の適応という観点からである。MSF が適用されるとき、その強みが同時に弱みでもある。その中核概念は広く直感的な魅力を持っており、長期間の研究プログラムに没頭することなく、MSF を適用することが可能かもしれない（Cairney and Jones, 2016）。また、アメリカ以外でも適用しやすいように修正されてきた。特定の場所と時期に、特定の段階の重要な決定がなぜ行われたのかを詳細に検討するために、偶然性と曖昧さの概念を使用した事例研究である。その説明は印象的だが、一般化するのは難しい。2016 年に行われた MSF のメタ分析によると、研究プログラムの一貫性は依然として限定的であり、特に複数の流れアプローチ（Multiple Stream Approach：MSA）の中核概念の操作化に一貫性がなく、新しい下位構成要素が MSF の仮説に統合されていないことがわかった（Jones et al., 2016）。ヘルウェグ（Herweg et al. 本書第 1 章）は、これらの限界に対処するための取り組みについて述べており、より比較可能な MSF 研究を可能にする概念的・方法論的ツールを特定している。

　MSF 研究と比較すると、PET 研究は一般的に、その中核概念とそれらの相互作用を一貫性と整合性を持って扱ってきた。一部の概念は修正され、メソッドは時代とともに進歩してきた。比較アジェンダ・プロジェクトが拡大し、（異なる経歴を持ち、PET の訓練が少ない）新しい研究者が関与するようになるにつれて、理論的・方法論的な厳密性が低下する可能性がある。ただし、PET が持

第9章　政策過程理論をどのように比較すべきか　375

つ共有データセットとメソッドの伝統がこの課題の克服に貢献している。PET が適用される際には、以下の2つの大きな強みがある。第1に、当初の研究は、戦後の政策の継続性と変化について、定性的・定量的メソッドを組み合わせた詳細な事例研究を生み出したことである。第2に、一般的な断続仮説により、予算と立法アウトプットにおける安定性と不安定性の定量的分析へと拡張したことである。これはアジェンダ設定からより広範な政策策定システムに焦点を移すのに役立った。この説明は、アメリカ政府の各レベルや複数の国（特に予算配分）にわたってますます一般化されつつある。この拡大により、中心的なチームの間では、メソッドや測定に関する議論が起きている（Dowding et al., 2016；Jones 2016）。

　EGF もまた、比較的体系的で一貫性のある研究プログラムを持っているように見えるが、本書の他の理論と比べるとまだ揺籃期にある。研究プログラムは比較的狭く、自然資源政策領域での適用に重点を置いており、ルーブル(Lubell)および彼の同僚、および同一の研究室の学生による研究を中心としている。したがって、調査ツールやネットワーク分析アプローチといったメソッドは、比較的一貫したものとなっている。このフレームワークは、まだ世界中に広く普及しているようには見えないが、多核性と複雑なガバナンス・システムといったより広範な概念と関連しているため、政策領域やメソッドに関するより広範な議論に組み込むことができる。本書でルーブルとミワター（Lubell and Mewhirter）が述べているように、EGF は、例えば学習理論など、多核的システムの変化と適応を理解するための他の互換性ある理論と交差することもできる。

　PFT は、特にアメリカにおける社会・福祉政策をテーマとした、詳細な事例研究を重視する傾向にあった。近年では、ラージ N のデータセットや実験、アメリカ以外での適用など、研究の幅が広がっている（本書でメトラーとソレッレは、最近の厳密な適用例を数多く論じている）。しかし、共有された研究プロトコルやアプローチを促進する、体系的で一貫性のある研究プログラムが存在するかどうかは、直接的には明らかではない。

　PET と同様、ACF の中核的研究は主要概念とその相互作用を一貫性と整合性を持って扱っているが、独立研究者が、ACF を非常に自由に解釈して使用し、仮説のいずれも検証せずに使用する余地がかなりある（これが、ACF の広

範な利用に寄与している面もあるだろう）。ACFは、アメリカや環境政策の枠を超えて適用されることが増えており、ACFの主要な執筆者たちは、より一般化できるようにフレームワークを適応させ、比較適用を調整するよう促している（例：Weible et al. 2016）。ACFはまた、研究者に共通に提供されるアプローチやプロトコルを共有しているが、これらのプロトコルの適用における一貫性は明確とは言えない。フレームワークは基本的な前提を維持してきたが、新たな経験的・理論的知見を反映させるために、仮説や概念が時として修正されてきた。

NPFは、政策過程における物語りの役割を測定可能にし、検証可能な仮説を立てやすくすることを試みており、NPFの研究者たちは、物語りの性質と効果を特定し定量化するための共有コードブックとメソッドを開発してきた。物語りの要素の操作化に関しては、適用の間でいくつかの不一致が残っている。しかし、方法論の改良と適応、いくつかの仮説の修正（または削除）、アメリカ以外への研究の拡大に向けた継続的な努力は、研究プログラムの成長を示唆している（ただし、実証主義と脱実証主義アプローチに基づく際には、いくつかの軋轢に直面している。(Jones and Radaelli, 2016)）。まだ比較的新しい研究プログラムであるため、一部の仮説（例えばマクロ・レベルのもの）はまだ検証されていない。NPFの多様な政策分野や文脈への適用可能性は拡大してきている。

IADの長年にわたる研究プログラムは、広範で結束力のある研究者ネットワークの共有アプローチとしてフレームワークを中心に構築されており、共有データセット、モデル、およびメソッドの開発にも取り組んできた（Poteete et al., 2010）。多様なメソッドと適用のこれらの傾向は継続している。これは、シュラガーとビジャマヨール＝トマス（Schlager and Villamayor-Tomas）が第6章で指摘している形式的なモデリングや実験的研究を用いた多くの適用、世界中からの比較研究を含む、最近のジャーナルの特集号や書籍に示されている。その最も顕著な強みはコモンプール資源の研究であり、E. オストロム（E. Ostrom）は人々がコモンプール資源の枯渇を防ぐためのルールを作り執行することができることを実証したことで2009年にノーベル経済学賞を受賞した。多核性ガバナンスに関するIADの初期における研究の一部をコモンプール資源の研究に適用しようとする最近の取り組みは、この研究を新たな方向へと導いている。シュラガーとビジャマヨール＝トマスはまた、これらの制度分析のさまざまなツール（制度文法ツール、IADルール類型論、連鎖的行為状況、社会生態システム・

フレームワーク）を開発し、検証するための広範な取り組みについても述べている。これらは、IADの適用における多様性と深さを示すものである。しかし、この多様性と深さゆえに複雑さが増し、新しい研究者にとって学習や適用することが困難になり得るという課題が生じている。

本書のPDIの章（第7章）は、本書の以前の版で説明されたモデルを超えて、波及とイノベーションのアプローチの広がりを例証している。ポルト・デ・オリヴェイラらは、波及、移転、循環、流動性という4つの包括的な研究の伝統（参照：表7.1）について述べており、これらはすべて政策がどのように移動するかについての説明を提供している。これらの伝統が、何が、どこで、誰が、いつ政策が移動するかをどのように説明するかを検討することで、研究の伝統間の類似点と相違点を示すとともに、国際的な政策「伝播（travel）」研究における適用の多様性と進展を示している。

4．比較基準3：各理論的アプローチは「政策過程」をどのように説明するのか？

表9.3は、各理論が政策過程の6つの主要な要素をどのように記述し、それらがどのように相互作用して政策を生み出すかを説明しているか特定している。場合によっては、各概念が明示的に表現されていないため、それらがどのように用いられているかを推察する必要がある。

複数の流れフレームワーク

キングダン（Kingdon 1984）は、(1)急速に受け入れられる可能性のある政策解決策と、(2)その進展を遅らせる可能性のある政策コミュニティにおける確立された信念との間の相互作用に焦点を当てた。政府の注目は、ある問題に対して急激に移行することがある。しかし、技術的・政治的に実現可能な解決策を作り出すには、はるかに長い時間がかかる。これには、解決策を練り上げるためのネットワーク活動や、政策起業家がそれを提案する最適なタイミング（注目度が高く、政策策定者がそれを採択する動機と機会を持っている時）を見出そうとする努力が含まれる。制度の役割は、例えば議会への法案提出のタイミングなど、各政治システムにおける非公式ルールの認識から推測することができる（Zahariadis, 2014）。本書のMSFの章（第1章）では、アジェンダ設定と意思決

表 9.3 政策過程のどの要素を説明または強調するか

	MSF	PET	PFT	ACF	NPF	IAD	PDI	EGF
	複数の流れフレームワーク	断続平衡理論	政策フィードバック理論	唱道連合フレームワーク	物語り政策フレームワーク	制度分析・開発フレームワーク	政策の波及とイノベーション	政策ゲームの生態系フレームワーク
場において選択を行うアクター	政策起業家と政策決定者	大まかに、政策決定者、利益集団、その他の組織、そして、集団内の個人や異なる場における個人	政策によって黙示的に影響を受けるアクターだが、今度は政策アクターになる可能性がある	連合を形作る政策アクターが、戦略的に行動し、学習する等	政策に関心を持つアクターや集団は、公共の選択肢や決定に影響を与えるために、戦略的に物語りを利用する	主に個人であり、選択を行うアクター	政策決定者、専門家、起業家	フォーラムに関わる政策アクター
意思決定のルールや場としての制度	非公式のルールと公式の場、認識されているが制度化されているが重視されていない	多かれ少なかれ「軋轢を引き起こす制度的な場とそのルール	ルールやプログラムに制度化された政策	より広い文脈だがより直接的でない政策の場とルールの種類	文脈の一部	行動を形成するルールや規範としての制度としてルールの類型化	間接的には「制度化されたコミュニケーション・チャンネル」	ゲームのルールとしての制度
ネットワーク/サブシステム	アクターの広範な「政策コミュニティ」。政策サブシステムにあまり焦点を当ててない	安定と権力の源泉としてのサブシステム	プログラムを守るため、あるいは挑戦するために動員される集団	サブシステムと政策連合	ACFのサブシステムに関するフローチャートを修正し、体制に焦点を当てるという考え方を探求する	行為の状況内のネットワークだが、サブシステムへの明確な注目はない	ゆるやかな情報ネットワーク	多核的なシステムの中でのネットワーク機能

第9章　政策過程理論をどのように比較すべきか　379

	MSF	PET	PFT	ACF	NPF	IAD	PDI	EGF
アイデアや信念	政策コミュニティに受け入れられるように提案され、時間とともに修正された政策解決策	確立されたサブシステムにおける理解の独占、および新しい解決策やアイデアの突破口	政策の「解釈的効果」を通じた政策の便益と政策の態度に関するアイデア	政策アクターの行動を促すの信念体系	信念体系に基づく物語り戦略や文化に埋め込まれた思考方法	アクターの共有された好みや規範、ただし明示的ではない	模倣された政策解決策、または政策採択の認識された規範が政策ポリシー（借用者）に影響を与える	信念はネットワークの構造やフォーラムへの参加に影響を与えうる
文脈	国民のムード、政策状況、圧力団体、政権交代など	内生的なサブシステムの文脈、より広範な政策環境	過去の政策決定や広範な政治的文脈（例：党派性）がフィードバック効果を形成する	安定したパラメーター、社会的、文化的、経済的、物理的、そしてサブシステムを構成する制度	問題の文脈は、物語りの空間的、時間的、観念的設定である	物理的および物質的条件、コミュニティの特性、既存の制度	社会経済的条件、教育、イベント、イデオロギー、宗教など	直接的には言及されていないが、多様性システムの構造が文脈である
出来事	問題への注目を集める焦点となる出来事	出来事がマクロ政治アジェンダを移行させる	直接的には扱われていないが、しばしば「重大な分岐点」の物語りの一部となる	外的な出来事と内的な出来事（例：ショック、支配連合の変化など）	直接的には扱われていないが、物語りと組み合わせて注目を集めることがある	直接的には扱われない	間接的に扱われている（例：危機）、しかし文脈の一部	緩やかに扱われる。例：想定外の事態

出典：著者作成

定における制度の役割に関する洞察を深めるためのさらなる提案を提供している。焦点となる出来事は、問題への注目度を変化させる上で重要であるが、MSF は、その出来事が一時的な重要性以上のものを持つ前に、他のプロセスが発生する必要性について述べている。文脈の主要な源泉には、政策策定者によって解釈される「国民のムード」や、政策策定者が交通政策を検討する際の渋滞の程度、燃料の利用可能性、汚染度などの各事例における政策状況が含まれる。

断続平衡理論

PET は、(1)サブシステムの関係を支える「理解の独占」と、(2)「火がつくような」可能性のある新しい解決策との相互作用を強調してきた。サブシステムは、長期にわたる安定性、権力、政策の継続性の源である。不安定性や大きな変化は制度間の相互作用から生じる可能性がある。例えば、異なるルールや理解を持つ場や、政策サブシステムとマクロ政治システム（この概念は、進化論や複雑性理論にも見られる［Cairney, 2013b］）との相互作用から生じる可能性がある。後者は予測不可能である。マクロ政治の関心が突然シフトすることでサブシステムが不安定化する可能性があるものの、大半のサブシステムは長期にわたって影響を受けずに存続する

「制度的軋轢」とは、確立されたルールを克服するために必要な努力のことである。軋轢が大きいということは、制度変更を確保するために大きな努力が必要であることを示唆し、それが圧力ダム効果と政策変化をもたらす可能性がある。予算パターンを変える戦争のような大きな出来事や、小さな出来事への持続的かつ累積的な注目も政策変化を引き起こす可能性がある。出来事の順序が異なれば、国ごとに過程が異なることの説明ができるが、これには選挙や政策策定環境の予測不可能な変動が含まれることがある。しかし、PET の焦点は、より広範な政策環境の変化がないときの、サブシステム内の内生的な変化であることが多い。

政策フィードバック理論

PFT のルーツは歴史的制度論にあり、過去に行われたコミットメントが増加的な見返りを生むことを示唆している（Pierson, 2000）。一度政策が確立され、プログラムに資源が投入されると、それは現在の活動を構造化し、一部の集団に他の集団よりも多くの便益をもたらす（Mettler and Sorelle［本書第 3 章］）。政

策が市民権を集団ごとに異なる形で割り当てるとき、それに関わるアクターが存在し、彼らの動員能力や参加の動機に影響を与える。政府機関がプログラムへの支持を集め、集団がプログラムを保護するために結集する場合、ネットワークの存在が示唆される。確立された政策とルールは、制度化された信念や支配的な政策フレームを表す。さらに、歴史的制度論では、「重大な分岐点（critical juncture）」は、政策が「ロックイン」されているときに制度変化を促すために必要とされる主要な推進力を強調する（Pierson, 2000；Cairney, 2020, 82）。

唱道連合フレームワーク

人々は自らの信念を行動に移すために政治に関与する（第4章）。信念には主に3つのタイプがある。深層核心的信念、政策核心的信念、そして二次的信念である。類似の信念を持つアクターは同じ唱道連合の一員となり、連合同士は複数のアリーナで競い合う。主な焦点はサブシステムであり、これは政策連合間の相互作用のための重要な場（特定の参加ルールを持つ）である。ACFのサブシステムの概念化は独特であり、政府や利益集団を超えたアクターに焦点を当てており、学者やアナリストも含む。ACFのフロー図は、他の政策サブシステムや出来事（例えば政権交代や政府の優先順位のシフトなど）がサブシステムに与えるスピルオーバー効果を示している。しかし、その焦点は、外部のサブシステムからの出来事（外部ショック）や政策の失敗（内部ショック）を連合がどのように解釈し、どのように対応するかにある。ショックへの主要な対応は、政策指向学習や二次的信念の修正よりも頻度が低い。

物語り政策フレームワーク

NPFは、アクターが政策策定において物語りをどのように利用し、影響を受けるかを測定することを目指している。物語りとは政策の起源、目的、および予想されるインパクトについての様式化された説明である。選択を行うアクターが中核的な焦点である。政策手段を強化したり反対したりするために戦略的に物語りを利用するのである。サブシステムもまたコーナーストーン（重要な基盤）であり、唱道連合がどのように競争するのか、あるいはどのようにサブシステム・レベルのアクターが物語りを支配できるのかを特定するためにACFを応用している。文脈は政策設定を通じて重要であり、物語りを構築する際にアクターが考慮しなければならない要因（例：法律的・憲法的パラメーター、

地理、科学的証拠、経済状況、合意された規範）を含む。制度は、成功した物語りがマクロ・レベルの政策システムに制度化される可能性があると主張することで、より間接的に扱われる。出来事は資源として捉えられ、焦点となる出来事を構築し、責任の所在を明らかにするために用いられる。

制度分析・開発フレームワーク

IADは、集合行為に従事する際に、アクターがどのように選択を行い、彼らの行動を構造化する（または説明するのに役立つ）制度環境内でどのように相互作用するかに焦点を当てる。IADは、異なるアクターや制度の組合せがどのように異なるアウトカムを生み出すかを探るためのツールを提供し、効率性、公正性、およびアカウンタビリティの観点から評価されることが多い。IADには、誰が参加できるか、参加の範囲、誰が責任を持つか、情報をどのように共有するか、そして規則違反者をどのように罰するかに関する（7つの）ルールの類型が含まれているが、多くのルールが黙示的であり、実際には特定するのが困難であることを指摘している。一連の運用ルールは、集合行為に関する一連のルールに内包されており、それはさらに憲法的ルールに内包されている。

制度的な文脈は、人々がどのように行動できるか、どのようなルールが設定できるかに影響を与える物理的・物質的条件に支えられている。この広範な文脈は、人々が自己中心的に行動するか協力的に行動するかの動機を生み出し、人々が行動を規制するために生成するルールに影響を与える。共有された選好や規範がルールの生成を支えており、行為の状況の概念内では、ネットワーク（特定のルールを持つ場におけるアクターの相互作用）の役割が重要である（Ostrom, 2009）。

政策の波及とイノベーション

政策の波及とイノベーションは、ある政策策定の管轄区域や政府から別の管轄区域や政府への政策の「伝播」のプロセスである。PDIは、アクターが「集合レベル」（例えば政府）で行う選択肢（時には非常に限定的な選択肢）に一部焦点を当てている。これは、隣接する管轄区域の政策の利点について学ぶべきだという政府内の認識や、規範や競争圧力に追いつく必要があるという認識から、国際援助を受ける際に政策変更を条件とされる政府間の限られた選択肢に至るまで様々である。文献では、各国内の通常見られる関係者（公選の政策策定者、公務員、利益集団を含む）に加えて、国を越えて活動するアクターを特定し

ている。これには、超国家的または連邦組織、多国籍企業、専門家のネットワークを含む認識共同体（Haas, 1992）、そしてある政府から別の政府へ政策を売り込む政策起業家（Cairney, 2020）が含まれる。

制度は最小限に概念化されており、ほとんどの場合「何が」移転または波及するかという文脈で考えられる。ネットワークについては、サブシステムにみられるような規則的で体系的な行動パターンではなく、情報ネットワークとして捉えられている。文脈に関しては、PDI研究は、地方政治から行政文化、経済状況に至るまで、数多くの要因を認識してきた。これらは政策の波及や移転の可能性だけでなく、政策移転時の政策変化の程度にも影響する。一部の研究では、物理的な近接性から国家間の広範な類似性（イデオロギー、生物物理的特性、社会構成、態度など）まで、採用を説明するために近接性を使用している。出来事もまた、波及の時間的パターンを説明する上で重要な役割を果たしている。

政策ゲームの生態系フレームワーク

EGFは、政策信念によって形成された政策アクターが、制度によって構造化された異なる政策フォーラムにおいて、ネットワークを通じてどのように相互作用し、政策争点や集合行為問題に対処するかに焦点を当てている。EGFでは、アクターが活動する多核的システムにおける広範な文脈要因は主たる焦点ではないものの、システムの多核性の度合いや構造的要素が多様であることは認めている。出来事もまた、より緩やかに扱われている。例えば、本書でルーブルとミワター（第8章）は「想定外の事態」の問題を論じているが、これはシステム内の予期せぬ相互作用から生まれ得るもので、他の政策過程アプローチで認識される具体的な出来事に近い性質を持つかもしれない。

5．理論比較の方法を比較する——技術的基準と規範的基準

本書の以前の版では、これらの理論をどの程度補完的なものとして扱うべきか、あるいは矛盾するものとして扱うべきかに焦点を当てていた（Cairney and Heikkila, 2014；Heikkila and Cairney, 2018）。補完的なものとして扱うことは直感的に魅力的だが、理論が同じ問いを投げかけたり、同じ事例を検証したりすることは稀である。さらに、研究が知見を組み合わせて特定の事例に適用しよう

とすると、用語や方法論上の大きな障害に直面する (Cairney, 2013a)。代替案として、少数の個別理論に焦点を当て、他の理論を退けるということは、専門的な学者として私たちが行っていることであり（例：査読や編集上の判断などを通じて）、しばしば、一定の科学的原則を広く遵守することに基づいている (Sabatier, 1999, 2007b；Eller and Krutz, 2009)。あるいは、これは理論を含めるか否かのルールに完全に合意することなく (Cairney, 2013a)、また異なる概念を用いて異なることを説明する諸理論が実際に互いに競合しているかどうか確信できないまま発生する (Dowding, 2015)。そのような文脈で、私たちは理論と理論的進展を評価するさまざまな方法を探求する。

5.1　狭義の科学的基準の適用

　理論の強みと弱みとは何かを次の3つの広範な基準で考える。(1)理論的アプローチの基本的要素を含んでいること、(2)活発で一貫した研究プログラムを開発していること、(3)政策過程の大部分を説明していること。まず、本書に含まれるすべてのアプローチは、理論的アプローチの基本的要素を含んでいる。すべてのアプローチは、その分析の範囲やレベルを明確に定義し、明確な用語体系を確立する点で優れているが、一部のアプローチは他より包括的であったり（例えばIAD）、一貫性があったりする。一部のアプローチは、その前提をより黙示的に述べていたり (PFT, IAD, EGF, PDI)、個々のモデルをより黙示的に示してたりしている (PFT, PDI)。そのため、理論の利用者や潜在的なユーザーに対して、これらの点でより明確に提供できる余地がある。どのアプローチも、主要な変数間の関係を定義しているが、その記述方法には大きなばらつきがある。理論は時として視覚的なフレームワークやフロー図を通して (ACF, IAD, EGF)、あるいは一般化されたモデルを通して (PDI)、より一般的な関係を提示する。また、これらの一般的な関係を言葉で説明することに重点を置くものもある (MSF, PET, PFT)。IADを除くすべてのアプローチは、理論的または実証的に同定されたより具体的な仮説も提示している。一方、IADは、ゲーム理論や実験室実験などの関連モデリングを通じて、より正確な関係を探求している。しかし、いくつかのアプローチ (MSF, NPF, EGF) は、それらの理論的仮説が多様な文脈にわたって実証的に検証されている範囲がより限られている。

　第2に、出版の範囲と時間の経過に伴う理論の適応に関して、一般的に印象

的なレベルの活動が見られる。ほとんどの理論は十分に発展した研究プロトコルやメソッドを持っているが、一部の理論（MSF, PFT）はこの面で発展の余地がある。他の理論は、理論や概念の適用の一貫性（ACF, NPF, IAD）、あるいは高度なデータ収集やモデリングの適用（PET, PDI, EGF）に苦労することがある。特に、中核的研究コミュニティ外の研究者がこれらの理論を適用しようとする場合に、この問題が顕著になる。これは各理論が継続的な成長と拡大を期待するのであれば、極めて重要な課題である。このことから、継続的なトレーニングの機会（例：学会でのワークショップ）や、より透明でアクセスしやすい研究プロトコル（例：ジャーナル論文の付録、オンラインマニュアルなど）の必要性が示唆される。これらの点は、これらの理論の実証的適用を新たな政策設定（例：ACF, NPF, IAD, EGF の環境分野以外での多様な領域への拡大）や、より非西洋的な文脈（次項参照）に拡大するためにも重要である。

第3に、ほとんどのアプローチが政策過程の6つの主要要素に注意を払っていることが分かる。しかし、特定の要因に対する強調の度合いは、各理論が説明しようとする現象や政策アウトカムを形成する上で重要と考える鍵となる要因に基づいて異なっている。これは理論の典型的な特徴である。単一の理論が政策過程のすべての要素を適切に説明することはできない。また、そのような試みは、理論を過度に複雑にするか、過度に表面的にする可能性が高い。理論の消費者や利用者は、理論の焦点に注意を払い、その適用が当面の問題に適していることを確認すべきである。同時に、理論の発展のためには、これまで十分に取り扱ってこなかった政策過程の要素により注目することで、新たな知見が得られる可能性を検討する価値があるだろう。例えば、PFT や PDI においては出来事への注目を強化し、NPF では制度面により深く踏み込むといった取り組みが考えられる。

5.2 地理的基準の適用——アメリカとヨーロッパ以外への適用

アプローチの適用は伝統的に、殆どまずアメリカで行われ、その後（主に西側）ヨーロッパに拡大されてきた。この歴史的傾向は、これらの理論が実際にどの程度進歩を遂げたのかという疑問を投げかけるかもしれない。非西洋圏またはグローバル・サウスへの適用に関して、顕著な進展を示している理論はどのくらい存在するのだろうか。

本書の前の版では、西欧民主主義国以外での継続的な適用可能性という点で、IADは際立った例外であった。インディアナ大学のオストロム・ワークショップを通じて、30年以上にわたってグローバルな学者ネットワークの構築がIADの一環として進められてきた。さらに、シュラガーとビジャマヨール＝トマス（本書第6章）は、ここ5年間で、ヨーロッパや北米と並んで、東南アジア（「特に中国とインドネシア」）とラテンアメリカに相対的に焦点が当てられていることを見出している。このような国際化に向けた努力は、研究プログラムの適用範囲を拡大するための有益な事例となり得る。ただし、これには資源と専任のリーダーシップが必要であり、必ずしもすべての理論においてこれらが確保できるわけではない。

近年、ほとんどのアプローチにおいて、アメリカおよび西欧以外の地域における適用範囲と応用可能性が大幅に拡大していることが注目される。

- 比較アジェンダ・プロジェクトは、PETを活用してこの取組みを促進し、世界中の研究者に、新たな文脈での比較実証研究を可能にする概念とツールを提供してきた。バウムガルトナーら（本書第2章）は、主にヨーロッパにおけるPET研究の大きな広がりに焦点を当てているが、中国、韓国、香港における活動にも言及している。さらに、彼らはアメリカと中国の全般的な比較を用いて、権威主義体制における軋轢のレベルがはるかに高いことを明らかにしている。
- ACFもまた、研究者の強力なグローバルネットワークを構築しており、ノールシュテットら（Nohrstedtet al.[本書第4章]）は、新たな文脈における複数の適用例（例：韓国、中国、日本）を挙げている。さらに、アジア（例：インドにおける水圧破砕政策）、アフリカ（ウガンダの農薬政策、モザンビークの高等教育、南アフリカの鉱業政策、ガーナの情報政策）、およびラテンアメリカ（例：ブラジルの気候変動と環境政治、コロンビアの保健政策、アルゼンチンの水圧破砕政策）における数多くの個別事例研究についても言及している。
- ヘルウェッグら（Herweg et al.[本書第1章]）は、さまざまな政治体制における適用例について説明している。これには、ブラジルやウルグアイの大統領制、インドの議院内閣制、そしてイラン、ベラルーシ、中国などの権威主義体制が含まれており、これらがMSFの中核的概念に与える影響についても言及している（例：権威主義体制においては「政策コミュニティ」が小さくなり、

「国民のムード」はあまり影響を持たない)。
- ジョーンズら（Jones et al.［本書第5章］）は、ロシア、インド、インドネシア、韓国、ベトナム、ラオス、カンボジア、タイ（および国連などの国際組織）におけるNPFの適用について述べており、これにより民主主義体制と非民主主義体制における物語りの比較が可能となっている。
- PDIの章では、2つの関連する要因を示している。第1に、グローバル化と南北諸国間の不平等な関係——政策解決策の普及に大きな影響を与えることが多い——は、政策移転研究の長年の特徴であった。第2に政策の波及、移転、循環、流動性に関する文献を統合することによって、ポルト・デ・オリヴェイラら（本書第7章）は、ラテンアメリカ、東欧、アジアを含む実証的適用の国際的な範囲（およびそのマルチレベル性や多元的スケール）を強調している。
- これと同様の傾向は、歴史的制度論やその他の政策遺産に関する国際的な研究のより広範な（ただし体系化されていない）事例研究の集積という意味ではPFTに、「複雑なガバナンス」に関するより包括的な国際研究という意味ではEGFに当てはまるだろう。

こうした発展は歓迎すべきことではあるが、その意義を評価するには時間を要するだろう。確かに、1つの国における複数の適用事例を総括し、比較しようとする試みも見られる（例：ACFの章）。しかし、ほとんどの場合、新たな文脈における単一の事例研究の適用に留まっており、これらの研究の比較可能性やその含意について十分な理解が得られていない状況にある。

5.3　規範的基準の適用および実践的教訓の追求

本書で述べられている理論は科学的基準を優先しているが、研究対象となる世界を改善しようとするならば、理論もまた「良い」ものとなり得る。例えば、規範的な問題を優先させることは、社会構築と政策デザイン（Social Construction and Policy Design：SCPD）を取り上げることを促すだろう。SCPDは1993年以来100以上の適用例があり（Pierce et al., 2014）、そのほとんどは（主にアメリカにおいて）「退行的」政治に異議を唱えようとしている。そこでは、対象集団への政府給付の分配が極めて不平等であり、社会の不平等を反映・強化し、市民参加および政治参加の憂慮すべき低レベルに寄与する政策デザインを生み

出している（Schneider et al., 2014）。科学的基準を優先することは、SCPD が提起する問題の規範的重要性を等閑視することにつながるかもしれない（ただし、このアプローチはメトラーとソレッレ（本書第3章）の重要な特徴である）。

あるいは、行政学と同様に、主流派の政策研究者が「行政と公共政策における人種とジェンダーの問題への取組み」に向けて自らの理論を（より頻繁に）適用したり、「社会的公平性」に、より一般的な注目を向けたりすることを私たちは期待できるだろうか（Pandey et al., 2022）。

各章の執筆者たちは、このような問いについて考察するよう求められてはいないが、主流派の理論が、その研究に関連する政策や政策策定の問題を理解し、それに対処しようとしている例をいくつか見つけることができる。例えば、IAD のコミュニティは研究における「問題指向」を強調しており、これによりコミュニティのレジリエンス構築や天然資源の持続可能性向上といった規範的目標をよりよく達成するための制度設計のあり方について、有益な規範的教訓を提供することが可能となっている（参照：Lubell and Morrison, 2021；Lubell and Mewhirter［本書第8章］）。

さまざまな理論の中で、このような規範的価値に対する注目が高まりつつあることが見受けられる。例えば、PET は現在、政策策定の病理現象と断続平衡との間の潜在的な関連性により多くの焦点を当てており、バウムガルトナーらは、「より良いガバナンス・システムは、こうした断続からの混乱を最小限に抑える傾向がある」と論じている。大きな変化は、長期間の軋轢や変化への抵抗、限定的な情報収集と関連していることがあり、最終的には重大な出来事や圧力の助けを借りて克服されるが、それは「非常に破壊的」（本書第2章）な形で生じ得る。これらの現象は、以前はアメリカの民主的プロセスと結びつけられていたが、例えば中国に関する研究は、権威主義体制における類似プロセスを浮き彫りにし、より穏健な体制における主要な組織の中央集権性について考察するよう促している。こうした関心は、民主主義体制と権威主義体制の比較研究の進展にも支えられ、ACF や NPF の章でも提起されている。実際、ジョーンズら（本書第5章）は、「科学と自由民主主義は守る価値がある」と明確に主張している。

さらに、ポルト・デ・オリヴェイラ（Porto de Oliveira）らの PDI に関する議論（本書第7章）は、一連の極めて異なる規範的な問題を提起している。それ

は、⑴複数の政府レベルで策定された政策の一貫性や、政策が新たな文脈でどのように解釈されるかという点に注意を払いながら他の政府から導入される政策の成功可能性に関する技術的な問題から、⑵強力な国や国際組織が、財政支援と引き換えにより脆弱な国に政策変更を強いる際の権力の問題まで及ぶ。実際、グローバル・ノースの自由民主主義国家の歴史の記録は、グローバル・サウスの国々との関係において、民主主義が単に「良い」ということと同義ではないという考え方を裏付けている。

さらに、「政策理論からの実践的な教訓」という問いに真正面から取り組んだ論考もある（Weible and Cairney, 2021；Cairney, 2015；Weible et al. 2012）。これらの教訓の多くは、政策過程に対する単純すぎる楽観的な期待に警鐘を鳴らすものとなっている。例えば、私たちは、証拠に基づいた政策学習を奨励しようとするかもしれないが、その際には選択的な注目、感情に基づく操作的なフレーミング、そして多様な中心にまたがる激しくも不平等な競争が、どの教訓を学ぶべきかを決定する上で重要な役割を果たすことを認識している。しかし、これらの事例は楽観主義の源でもあり、政策策定の力学についてより洗練された理解をすることで、政策アクターが公正性の向上と社会変革を求める際に、そうした知見をより効果的に活用できることを示唆している（Cairney et al., 2019, 2022）。政策過程の舵取りに焦点を当てることは、政策過程がいつどのようにして規範的な社会目標（例えば、民主主義の改善や不平等の削減）を効果的に達成しているかを示すものではないが、その規範的政策研究への貢献は決して過小評価されるべきではない。

5.4　プロフェッショナル基準の適用——これらのアプローチは公平性、多様性、インクルージョンと関連しているか？

進歩は、専門職における多様性、平等、インクルージョンの推進という観点から測ることができる。それは、「行政分野におけるセクシャルハラスメントと暴力という重要な問題」への取組み（D'Agostino and Elias, 2020）、「教職員による性的不正行為の根絶」（Young and Wiley, 2021a, b）といった具体的な対応を含むかもしれない。あるいは、学術的な多様性とインクルージョンを促進するためのより包括的な試みとなるかもしれない。

後者を特定、定義、測定、評価するのは容易ではない。しかし、ジョーンズ

ら（本書第5章）は、この課題を提起し、進展を評価する指標を求めるための明確な努力を行っている（例：女性や有色人種の学者が執筆したNPFの適用例数の推定）。さらに、最近の取組み（例えば、Heikkila and Jones, 2022を参照）では、この分野における多様性について、研究に携わる人々、探求される研究テーマや政策課題、用いられるメソッドといった観点から、より包括的な検証を試みている。ただし、これらの指標に関する具体的なデータが現在不足していることも認識されている。少なくとも、本書で紹介されているいくつかの理論における筆頭著者の地理的分布を概観する限り、「誰が」この分野に携わっているかという点での多様性は改善しているように見える。しかし、性別、人種、民族的背景といった観点から政策過程研究全体の多様性を測定するためのより良い指標が必要である。そのようなデータを収集するためには、専門家団体による調査やジャーナルにおける自主的な報告が必要かもしれない。研究プログラムのリーダーやシニアな研究者は、こうしたデータの必要性を主張していく必要がある。また、より幅広い学者との関係構築のために、対面での参加に伴う費用負担の格差やその他の障壁に対処すべく、オンラインを含めた会議やワークショップへの参加機会を積極的に創出していく必要がある。政策理論で採用されているメソッドやアプローチに関して、新進研究者を訓練するための低コストの機会提供も重要である。

　この分野に携わる研究者層を拡大することで、政策過程理論における研究テーマ（「何を」）やメソッド（「どのように」）の多様性をさらに促進することができる。本書や他のアセスメント（Heikkila and Jones, 2022）が示すように、特にACF, PET, MSFといった十分に確立された理論においては、非西洋の文脈での研究が増加し、より多様なメソッドが用いられている。それでもなすべきことは依然として多く残されている。研究プログラムに確立されたプロトコルや伝統がある場合でも、個々の研究でメソッドが明確に定義されていないことがあり、同じ理論内での適用方法にも一貫性を欠くことが多い。また、研究コミュニティ内の専門用語や概念的な用語体系が学習上の障壁となっている。このような制約により、学者たちはより広範な地理的文脈への理論の適用に困難を感じている。したがって、意図的な比較研究の実施、より広範な視点を持つジャーナルの特集号や編著、非西洋地域での定期的な会議の開催は、政策過程理論を適用する主体、対象、方法の継続的な拡大にとって重要な手段となる。

6．結論と基準についての考察

　本書で紹介した理論、フレームワーク、モデルは、この分野の深さと活気を如実に示している。理論間には多くの重要な重複が存在し、これは政策策定についてより多くの視点を得るための洞察の統合を可能にしている。この統合は、中心的な研究者による場合（NPF が ACF のアイデアを明示的に取り入れるなど）もあれば、理論の創案者たちが想定していなかった方法で理論を解釈する学者たちによる場合もある。しかし、私たちの比較分析は、理論間の重要な違い——問いの立て方、研究対象、概念に付与される実践的な意味など——も明らかにしており、これは理論の洞察を統合しようとする学者に慎重な姿勢を求めるものである。政策策定に関する単一の一般理論は存在せず、多くの理論の組み合わせは、新たな洞察を生むどころか、むしろ概念的な混乱を招くおそれがある。

　しかし、私たちが選んだ基準を適用する際の目的は、最良の理論やフレームワークを特定することではなかった。厳密な科学的基準は進展をある程度測定するのに役立つものの、このアプローチはむしろ、問題の解決よりも学術的なトレードオフに関する批判的な議論を喚起することを意図している。例えば、私たちは理論が、(1)複数のメソッドを用いているか、(2)共有された研究プロトコルとメソッドを開発しているか、を検討した。研究プログラム内でデータ収集と分析の標準的アプローチを確立し、十分確立された再現可能な手法を使用することには、時間とエネルギーを要する。そのため、このような投資は、特に初期段階においては、多様なメソッドの採用を困難にする可能性がある。

　さらに、私たちが選んだ基準は、理論の評価や比較のための基準をすべて網羅するものではない。私たちは、一般化可能性、一貫性、簡潔性、関連性、正確性といった観点から、理論やモデルが提示する説明的または因果的議論の質については検討していない（例：Gerring, 2012）。また、シュラガー（Schlager 1999, 2007）は、本書の最初の 2 つの版において、理論、フレームワーク、モデル間の比較をより明示的に示すよう理論の評価を整理しており、これは研究プログラムや科学的進展における差異を明らかにする上で貴重な貢献となった。政策過程の要素に関しても、シュラガーが検討したような、政策変化や集合行為といった政策過程の主要なアウトカムに各理論がどのように対処しているか

を比較することはしなかった。

　規範的な基準に関する私たちの議論は、この評価の視野を広げ、優れた理論や研究の進展を形作る要素について、より多くの考察を促すことを期待している。本書では、政策理論の進展を単にグローバル・ノースの国々に限定せず、地球規模で評価することへの強い意志が見られる。また、私たちの学術コミュニティ内には、重要かつ緊急性の高い政策問題に直接関連する研究を行うという同様の強い意志も見られる。これには、規範的な前提や研究の解放的役割により重点を置くことが求められる。最後に、専門的な卓越性と進歩は、私たち——特に確立された立場にある経験豊富な学者——が、より多様でインクルーシブな学術コミュニティを育成するために同僚をどのように支援しているかという観点から測定されるべきである。

　要約すると、私たちは研究者に対し、政策過程の理論、フレームワーク、モデルの比較と評価において、多様な代替的基準に対して開かれた姿勢を持ち、それらの基準を明示的に示すことを奨励する。このアプローチは、メソッドを説明し、概念を明確に定義し、因果のプロセスを明確に示すという要求に合致している。これは研究者に対して、難解な説明、確証バイアス、結果に対する防衛的なアプローチを戒めるために用いられてきた従来の知恵である。この文脈において、私たちは、どのようなフレームワークや理論が研究者の投資に見合う十分な成果をもたらすのかについて、学問分野内で一定の合意——そしてある程度の議論——を生み出すために、さまざまな基準を提示したのである。

注

1　便宜上、主流のアプローチを記述する際には「理論」または「理論群」を用い、以下の略語を使用する。MSF は Multiple Streams Framework（複数の流れフレームワーク）、PET は Punctuated Equilibrium Theory（断続平衡理論）、PFT は Policy Feedback Theory（政策フィードバック理論）、ACF は Advocacy Coalition Framework（唱道連合フレームワーク）、NPF は Narrative Policy Framework（物語り政策フレームワーク）、IAD は Institutional Analysis and Development Framework（制度分析・開発フレームワーク）、PDI は Policy Diffusion and Innovation（政策の波及とイノベーション）、EGF は Ecology of Games Framework（政策ゲームの生態系フレームワーク）である。

参考文献

Béland, D. and Cox, R. 2010. "Introduction：Ideas and Politics." In *Ideas and Politics in Social Science Research*, edited by D. Béland and R. Cox, 3-20. Oxford：Oxford University Press.
Cairney, P.2013a. "Standing on the Shoulders of Giants：How Do We Combine the Insights of Multiple Theories in Public Policy Studies?" *Policy Studies Journal* 41, no. 1：1-21.
＿＿＿. 2013b. "What Is Evolutionary Theory and How Does It Inform Policy Studies?" *Policy and Politics* 41, no. 2：279-298.
＿＿＿. 2015. "How Can Policy Theory Have an Impact on Policy Making? The Role of Theory-led Academic-Practitioner Discussions." *Teaching Public Administration* 33, no. 1：22-39.
＿＿＿. 2020. *Understanding Public Policy*, 2nd ed. London：Red Globe.
Cairney, P. and Heikkila. 2014. "A Comparison of Theories of the Policy Process." In *Theories of the Policy Process*, edited by P. Sabatier and C. 1993. 3rd ed. Chicago, IL：Westview Press.
Cairney, P. and Heikkila, T. and Wood, M. 2019. *Making Policy in a Complex World*. Cambridge：Cambridge University Press.
Cairney, P., St. Denny, E., Kippin, S. and Mitchell, H. 2022. "Lessons from Policy Theories for the Pursuit of Equity in Health, Education, and Gender Policy." *Policy and Politics* 1-22. https://doi.org/10.1332/030557321X16487239616498
Cairney, P and Jones, M. 2016. "Kingdon's Multiple Streams Approach：What Is the Empirical Impact of This Universal Theory?" *Policy Studies Journal* 44, no. 1：37-58.
D'Agostino, M. J. and Elias, N. 2020. "Viewpoint Symposium Introduction：#MeToo in Academia：Understanding and Addressing Pervasive Challenges." *Public Administration Review* 80, no_6：1109-1110. https://doi.org/10.1111/puar.13318
Dowding, K. 2015. *The Philosophy and Methods of Political Science*. London：Palgrave Macmillan.
Dowding, K. Hindmoor, A. and Martin, A., 2016. "The Comparative Policy Agenda Project：Theory, Measurement and Findings." *Journal of Public Policy* 36, no. 01：3-25.
Durnova, A. and Weible, C. 2020. "Tempest in a Teapot? Toward New Collaborations between Mainstream Policy Process Studies and Interpretive Policy Studies." *Policy Sciences* 53：571-588. https://doi.org/10.1007/s11077-020-09387-y
Eller, W. and Krutz, G. 2009. "Editor's Notes：Policy Process, Scholarship and the Road Ahead：An Introduction to the 2008 Policy Shootout!" *Policy Studies Journal* 37, no. 1：1-4
Gerring, J. 2012. *Social Science Methodology：A Unified Framework：Strategies for Social Inquiry*, 2nd ed. Cambridge：Cambridge University Press.
Haas, P. M. 1992. "Introduction：Epistemic Communities and International Policy Coordination." *International Organization* 46, no. 1：1-35.
Hall, P. and Taylor, R. 1996. "Political Science and the Three New Institutionalisms." *Political Studies* 44, no. 4：936-957.
Hay, C. 2006. "Constructivist Institutionalism." In *The Oxford Handbook of Political Institutions*, edited by R. Rhodes, S. Binder, and B. Rockman, 56-74. Oxford：Oxford University Press.
Heikkila, T. and Cairney, P.2018. "Comparison of Theories of the Policy Process." In *Theories of the Policy Process*, edited by C. M. Weible and P. Sabatier, 301-27, 4th ed. Chicago, IL：Westview.
Heikkila, T. and Jones, M. D. 2022. "How Diverse and Inclusive Are Policy Process Theories?" *Policy & Politics* 51, no. 1：21-42.
Hofferbert, R. 1974. *The Study of Public Policy*. Indianapolis, IN：Bobbs-Merrill.

John, P. 2003. "Is There Life After Policy Streams, Advocacy Coalitions, and Punctuations : Using Evolutionary Theory to Explain Policy Change?" *Policy Studies Journal* 31, no. 4 : 481-498.

Jones, B. D. 2016. "The Comparative Policy Agendas Projects as Measurement Systems : Response to Dowding, Hindmoor and Martin." *Journal of Public Policy* 36, no. 1 : 13-36

Jones, M. D., Peterson, H. L., Pierce, J. J., Herweg, N., Bernal, A., Lamberta Raney, H. and Zahariadis, N. 2016. "A River Runs Through It : A Multiple Streams MetaReview." *Policy Studies Journal* 44, no. 1 : 13-36.

Jones, M. D. and Radaelli, C. M., 2016. "The Narrative Policy Framework's Call for Interpretivists." *Critical Policy Studies* 10, no. 1 : 117-120.

Jordan, A. G., Halpin, D. and Maloney, W. 2004. "Defining Interests : Disambiguation and the Need for New Distinctions?" *British Journal of Politics and International Relations* 6, no. 2 : 195-212.

Jordan, A. G. and Maloney, W. A. 1997. "Accounting for Subgovernments : Explaining the Persistence of Policy Communities." *Administration and Society* 29, no. 5 : 557-583.

Kingdon, J. 1984. *Agendas, Alternatives, and Public Policies*. New York : Harper Collins.(笠京子訳『アジェンダ・選択肢・公共政策 : 政策はどのように決まるのか』(勁草書房、2017 年))

Lowndes, V. 2010. "The Institutional Approach." In *Theory and Methods in Political Science*, edited by D. Marsh and G. Stoker, 90-108. Basingstoke : Palgrave Macmillan.

Lubell, M. and Morrison, T. H. 2021. "Institutional Navigation for Polycentric Sustainability Governance." *Nature Sustainability* 4, no. 8 : 664-671.

Mackay, E., Kenny, M. and Chappell, L. 2010. "New Institutionalism through a Gender Lens : Towards a Feminist Institutionalism?" *International Political Science Review* 31, no. 5 : 573-588.

Ostrom, E. 2009. "A General Framework for Analyzing Sustainability of Social Ecological Systems." *Science* 325 : 419-422.

Pandey, S. K., Newcomer, K., DeHart-Davis, L., McGinnis Johnson, J. and Riccucci, N. M. 2022. "Reckoning with Race and Gender in Public Administration and Public Policy : A Substantive Social Equity Turn." *Public Administration Review* 82, no. 3 : 386-395.

Peters, B. G. 2005. *Institutional Theory in Political Science : The "New Institutionalism."* 2nd ed. London : Continuum.(土屋光芳訳『新制度論』(芦書房、2007 年))

Pierce, J., Siddiki, S., Jones, M., Schumacher, K., Pattison, A. and Peterson, H. 2014. "Social Construction and Policy Design : A Review of Past Applications." *Policy Studies Journal* 42, no. 1 : 1-29.

Pierson, P. "Increasing Returns, Path Dependence, and the Study of Politics." *American Political Science Review* 94, no. 2 : 251-267.

Poteete, A., Janssen, M. and Ostrom, E. 2010. *Working Together : Collective Action, the Commons and Multiple Methods in Practice*. Princeton, NJ : Princeton University Press.

Rose, R. 1990. "Inheritance before Choice in Public Policy." *Journal of Theoretical Politics* 2, no. 3 : 263-291.

Sabatier, P., ed. 1999. *Theories of the Policy Process*. *1 st ed*. Boulder, CO : Westview Press.

―――. 2007a. "Fostering the Development of Policy Theory." In *Theories of the Policy Process*, edited by Paul A. Sabatier, 321-36. 2nd ed. Boulder, CO : Westview Press.

―――. ed. 2007b. Theories of the Policy Process. 2nd ed. Boulder, CO : Westview Press.

Schlager, E. 1999. "A Comparison of Frameworks, Theories, and Models of Policy Processes." In *Theories of the Policy Process*, edited by Paul A. Sabatier, 233-260. Boulder, CO : Westview Press.

―――. 2007. "A Comparison of Frameworks, Theories, and Models of Policy Processes Theory." In *Theories of the Policy Process*, edited by Paul A. Sabatier, 293-319. 2nd ed. Boulder, CO :

Westview Press.
Schneider, A., Ingram, H. and deLeon, P.2014."Democratic Policy Design：Social Construction of Target Populations." In *Theories of the Policy Process*, edited by Paul A. Sabatier and Christopher M. Weible, 105-150. 3rd ed. Boulder, CO：Westview Press.
Simon, H. 1957. *Models of Man：Social and Rational*. New York：John Wiley.(宮沢光一訳『人間行動のモデル』（同文館、1970年））
Smith, K. and Larimer, C. 2009. *The Public Policy Theory Primer*. Boulder, CO：Westview Press.
Weible, C. 2014."Introduction." In *Theories of the Policy Process*, edited by Paul A. Sabatier and Christopher M. Weible, 3-21. 3rd ed. Boulder, CO：Westview Press.
Weible, C. and Cairney, P. eds. 2021. *Practical Lessons From Policy Theories*. Bristol：Bristol University Press.
Weible, C., Heikkila, T., deLeon, P. and Sabatier, P.2012."Understanding and Influencing the Policy Process." *Policy Sciences* 45, no. 1：1-21.
Weible, C., Heikkila, T., Ingold, K. and Fischer M. eds. 2016. *Policy Debates on Hydraulic Fracturing：Comparing Coalition Politics in North America and Europe*. New York：Palgrave Macmillan.
Young, S. and Wiley, K. 2021a."Erased：Ending Faculty Sexual Misconduct in Academia——An Open Letter from Women of Public Affairs Education." *Teaching Public Administration* 39, no. 2：127-132.
Young, S. and Wiley, K. b."Erased：Why Faculty Sexual Misconduct Is Prevalent and How We could Prevent It." *Journal of Public Affairs Education* 27 no. 3：276-300.
Zahariadis, N. 2014."Ambiguity and Multiple Streams." In *Theories of the Policy Process*, edited by Paul A. Sabatier and Christopher M. Weible, 25-57. 3rd ed. Boulder, CO：Westview Press.
Zohlnhöfer, R., Herweg, N. and Zahariadis, N. 2022."How to Conduct a Multiple Streams Study." In *Methods of the Policy Process*, edited by Christopher M. Weible, and Samuel Workman, 23-50. Boulder, CO：Westview Press.

第10章　政策過程研究と比較研究の融合における苦闘と勝利

ヤーレ・ツズーン、サミュエル・ワークマン
（Jale Tosun and Samuel Workman）

1．はじめに

　政策策定は政治システムの重要な機能であり、公衆が政治家を判断する手段でもある。民主主義のような基本的な概念に関心を持つ学者は、政策策定のプロセスとアウトプットに注意を払う必要がある。なぜなら、それらは民主的正統性の2つの基本的なタイプの1つ——アウトプットの正統性——を構成するからである（Strebel, Kübler, and Marcinkowski 2019）。

　政策策定は、1つまたは少数の管轄区域、政策領域、政治体制、あるいはシステムの種類に限定されず、一定の一般的なパターンに従う。本章は、政策過程理論に基づく比較研究に焦点を当て、比較公共政策を理解するための機会と課題を明らかにする。これは重要である。なぜなら、優れた科学は、理論の一般化可能性を検討し、それが他の制度的・政治的文脈にどの程度適用できるかを検証することが求められるからである（例：Bandelow et al. 2022；Howlett and Tosun 2019；Osei-Kojo, Ingold, and Weible 2022；Sanjurjo 2020）。同様に、比較政治学や公共政策の理論の主要な含意を理解することも重要である。先行研究は、制約条件について多くのことを教えてくれるし、政策研究において一般的な国別の例外主義を少しずつ取り除く、広範で根拠のある一般化を豊富に提供している（例：Knill and Tosun 2020；Wenzelbulger and Jensen 2022）。

　過去20年間の研究の多く、おそらく大半は、政策過程理論を比較論的に発展させ検証しており、公共政策研究を比較政治経済学や国際政治経済学などの隣接分野により近づけている（例：Engeli, Allison, and Montpetit 2018；Peters 2018）。ツェベリスの制度的拒否権プレイヤーの概念は、これらの比較公共政策の観点にとって特に重要である（Tsebelis 2002）。西ヨーロッパの文脈では、政

党とその政策選好の評価（これはツェベリスの拒否権プレイヤー理論と一致する）が多くの研究の中心的な説明変数であり、比較政治学への架け橋となってきた。それは、比較アジェンダ・プロジェクトによってさらに強化された（Baumgartner, Green-Pedersen, and Jones 2006；Beyer et al. 2022；Green-Pedersen 2014；Walgrave, Soroka, Nuytemans 2008）。

本章は、比較政策過程研究の入門と考察を提供する。政策過程理論の理論的・実証的拡張に関する基本的な課題を取り上げる。これらの理論は、比較制度、利益集団政治、そして個別争点の政治を扱う上で独自の道をたどってきた（May, Sapotichne, and Workman 2006）。研究は今や重要な分岐点に立っている。制度が政策の力学にどのように影響するか、あらゆるタイプの政府が直面する課題群、そして実質的に特定の問題領域内の政治形態、について強力な一般化を行うことが可能となっている。比較政策過程理論の成功は、比較研究の構成要素について広範な捉え方をしていることに起因している（例：Radin and Weimer 2018）。これらのアプローチは、より古典的な国別比較アプローチで政策過程理論を発展させるための有用な教訓をもたらす。

一方で、これらのアプローチは、政策過程理論の根底にある因果メカニズムのより厳密な実証的検証を促進し、それゆえにそれらの分析上の長所に対する確信を高めることに役立つ。他方で、その概念と知見は既存の理論に挑戦するものであり、政策過程研究をさらに発展させる可能性を秘めている。本章は、政策過程研究への比較アプローチの導入についての苦闘と勝利について論じる。

2．概念的及び理論的課題

ウィブル（本書序章）は、政策過程研究を、公共政策とアクター、出来事、文脈、アウトカムとの間の相互作用を研究するものと定義している。この定義により、比較政策過程研究が直面する様々な課題を、概念的に整理して把握することができる。

2.1 公共政策

文献を調べると、公共政策とは何かということについては議論の余地はないと思われるかもしれない。しかし、比較研究における最初でおそらく最も基本

的な課題は、何が比較されるのかを特定することである（Radin and Weimer 2018）。比較公共政策へのアプローチは1つだけではなく多く存在し、研究から得られる結論も同様にさまざまであるため、このようなアプローチの多様性を認識することは重要である。

　比較公共政策は、**形式**（form）よりも**内容**（content）に焦点を当てる傾向がある。形式が比較公共政策の枠外にあるとは言い切れないが、形式の定義に応じて、理論的及び実証的な観点からの注目度は変化する。比較分析が公共政策を行政行為か立法行為かを体系的に区別することは稀であり、それらは単に「政策」として扱われる（例外について、例えば、Eskander and Fankhauser 2020を参照）。多くの場合、採択される政策の形式に関わらず、特定の政策決定がもたらす影響を説明する因果メカニズムは同じだと想定される。例えば、経済政策は行政行為の形態を取ることもあれば、立法行為の形態を取ることもある。

　公共政策の形式とその実質的な内容に対する関心は、検討中の過程理論に反映され、それらを動機づけている。制度的構成の形式または公共政策の実質に対する注目という観点から、理論を配置することができる。連続体の一端には、制度分析・開発フレームワーク（Institutional Analysis and Development Framework：IADF）が位置し、これは規制フレームワークや参加プロセスなど、公共政策の制度的構成や形式を強調している。文書化された公共政策としての形式ルールや実施された公共政策における使用ルールなど、ルールの類型のさまざまな配置が、これらの研究を定義づける（Schlager and Villamayor Tomas, 本書第6章）。IADFはしばしばコモンプール資源問題に適用されてきたが、このフレームワークは、意思決定の相互依存性と反復的な意思決定から生じる制度的構成を強調している。これらの意思決定のパターンは、政策アウトプットを構造化する制度的ルールと規範を生みだす。

　連続体の中間には、断続平衡理論（Punctuated Equilibrium Theory：PET）が位置し、制度の形式、特に政策策定システムにおける委任と組織、および争点アジェンダの実質的内容の理解に焦点を当てている（Baumgartner et al., 本書第2章）。PETは、特定の政策分野における予算配分における実質的内容（Breunig, Lipsmeyer, and Whitten 2019；Jones et al. 2009）や、政策策定者、メディア、利益集団、あるいは公衆のアジェンダに含まれる問題を測定する（Chaqués Bonafont, Green-Pedersen, and Bech Seeberg 2020；Workman et al. 2022）。PETでは、

制度的な仕組みが、異なる政治システム間における政策変化のパターンと力学を特徴づける主要な要因となっている。(参照：本書第2章のBaumgartner et al.)。

　この連続体のもう一方の端には、唱道連合フレームワーク（Advocacy Coalition Framework：ACF）と複数の流れフレームワーク（Multiple Streams Framework：MSF）が位置し、個別具体的な政策問題における特定のアクターの役割とアクター間の競争を理解することに、より多くの注意を払っている。また、政策ゲームの生態系フレームワーク（Ecology of Games Framework：EGF）は、個人と集団の福祉が乖離する集合行為のジレンマとして定義される政策論点が、政策反応（policy response）によってどのように対処され得るかに大いに注目している（参照：本書第8章のLubell and Mewhirter）。

　ここでは、制度の形式や組織にはあまり焦点が当てられておらず、それらの効果はより背景に存在するとされ、アクターの特性（例えば、信念）と戦略が理論の中心に置かれていると考えられる。MSFは、アクター間の相互作用のための制度の役割を構造化するという概念を克服しようとしているとさえ言える。ヘルウェッグら（本書第1章）が論じているように、MSFは意思決定機関の構成を「流動的な参加」──すなわち絶え間ない変化──というアイデアに基づいて捉えている。この観点からすると、政策策定において制度はアクターに比べて副次的な役割を担うにとどまる。MSFは、3つの流れのうちの1つである「政策」によって示されるように、政策の内容に大きな注意を払っている。

　以上の議論で、個々の政策過程理論が、政策のアウトプットを説明する際に、制度の形式をさまざまに強調することを示してきた。では、比較研究に適するようにするには、政策をどのように定義すべきか？　多くの比較研究（例：Holzinger, Knill, and Arts 2008）で採用されているアプローチは、ホール（Hall, 1993）が提唱した概念フレームワークであり、これは政策手段、その設定、そして政策の背後にある目標の階層性、いわゆる政策パラダイムを区別している。この文脈において、ハウレットとレイナー（Howlett and Rayner, 2008）は、個別の政策や政策手段を政策研究の従属変数として扱うのではなく、政策（手段）のパッケージや政策（手段）の組合せに注意を払うよう求めた。政策の組合せは問題ごとに異なり、比較研究のデザインに複雑性を加える（Capano and Howlett 2020）。

2.2 時 間

時間は PET, ACF, MSF においてより顕著な特徴である。政策変化は常に、少なくとも異なる2時点での政策の仕組みの評価を必要とする。政策変化のより微妙な概念化として、ホール (Hall, 1993) は変化の3次元を区別することを提案した。

第1段階の変化は「漸増主義、満足化、および定型化された意思決定」(Hall 1993, 280) に起因する手段的変化である。新しい政策手段を採択することは第2段階の変化を表し、戦略的行動のアウトカムとして生じる可能性が高い。第3段階の変化は政策パラダイムの変化を指し、新しい政策の実験や政策の失敗からの教訓導出と関連している。ニル、シュルツおよびツズーン (Knill, Schulze, and Tosun, 2012) は第4のカテゴリーを追加し、これは政策手段の範囲、つまり対象集団をどのように統制するかを示している。

ストリークとセレン (Streeck and Thelen, 2005) は、制度変化の捉え方について異なる理論的視座を提示している。著者らは、置換、階層化、漂流、転換、および消耗 (exhaustion) を区別している。置換とは、新しい組織モデルが出現し広まることであり、それが既存の組織モデルに挑戦することを指す。階層化とは、既存のモデルに新しい要素を加えることであり、時間の経過とともに元のモデルを追い出したり、取って代わったりする。漂流とは、新しい目標や役割に適応する能力や意欲を欠く非決定によって引き起こされる組織変化を指す。転換は、組織を新しい目標や役割へ方向転換することに関連する。消耗とは、徐々に制度が崩壊していくことを意味する。こうした制度変化の公共政策への適用には、例えば、ベランド (Béland 2007)、ドンピエとスインバンク (Daugbjerg and Swinbank, 2016)、そして政策の組み合わせに適用したベランドら (Béland et al. 2020) などがある。

政策変化と同様に、政策波及の研究も時間的な視点を考慮せずには成り立たない。政策波及は、社会的に媒介された形で政治システムの内外で政策が広がることである (例: Porto de Oliveira et al., 本書第7章)。最初の政策波及研究は記述的であった。それらは経験的な現象としてS字型の曲線に焦点を当て、ある時点までに特定の政策を採択した国の累積数に基づいて採択パターンを記述した。ほとんどの場合、これによりS字型の曲線が生じ、採択は最初は遅く、その後急速に進むことが示唆される。政策の飽和 (policy saturation) が曲線を

平坦化する（Gray 1973）。

政策波及は、政策収斂（policy convergence）をもたらす可能性がある。政策収斂とは、「一定の期間にわたって特定の政治管轄区域（超国家機関、国家、地域、地方自治体）における特定の政策（例：政策目標、政策手段、政策設定）の1つまたは複数の特徴の類似性が増加すること」を指す（Knill 2005, 768）。

政策変化に関心を持つ研究（つまり政策過程理論と密接に関連する研究）と、比較研究において政策波及や政策収斂を探る研究との間には、根本的な違いが1つある。政策変化に関する研究は、同じ政策や政策の組合せを同じ文脈で時間をかけて比較するのに対し、政策波及や政策収斂に関する研究は、同じ政策や、（新たな研究視点（例：Tosun and Koch 2021）として）政策の組合せを経時的にそして異なる文脈において比較するものである。これら3つの概念（政策変化、政策波及、政策収斂）すべてが共通して持つ特徴は、それらが同じ政策に焦点を当てることであるが、政策波及と政策収斂の研究は、政策変化を検討する研究よりも、より比較分析的である。したがって、時間軸の側面を適切に捉えることは、政策変化研究にとって極めて重要である。なぜなら、これこそが主要な比較の側面となるからである。政策波及と政策収斂の研究は、異なる文脈から生じる比較の可能性を活用できる。政策変化の研究は、観察期間を合理的に選択し、従属変数を概念化するという課題に対処しなければならない。

2.3 アクター

ここ数年間の比較政治経済学における理論化の支配的な傾向は、確かにアクターの特徴と戦略を強調することであった。例えば、アクター中心の制度論は、アクターを前面に出しつつ、彼らが行動し相互作用する文脈を認識する（Scharpf 1997）。政策過程理論の中でも、以下の5つの理論はアクターに特に注目している。すなわち、唱道連合フレームワーク（ACF）、複数の流れフレームワーク（MSF）、物語り政策フレームワーク（Narrative Policy Framework：NPF）、制度分析・開発フレームワーク（IADF）、および政策ゲームの生態系フレームワーク（EGF）である。

アクターという概念は、ある政治システムにおいて誰が政策決定に影響を与えるのかについての理解を大きく広げる。公共政策において、私たちの関心は個々のアクターよりも集団的なアクターに向かいがちである。集団的アクター

とは、国家機関であったり、企業や社会集団であったりする。個々のアクターとは、政治家や官僚など、政策策定に関わるあらゆるタイプの人物を指す。誰がアクターとして機能するかは、特定の政策過程に依存する。アクターのこの概念化は、アクター中心の理論を比較研究に特に適したものにする。結局のところ、政策過程理論の重要な概念である政策サブシステムは、関与するアクターとその政策への影響力によって変化する。

　唱道連合フレームワーク（ACF）にとって、いかなる政策サブシステムも、政策過程に影響を与えようとする一連のアクターを含む（Nohrstedt et al. 本書第4章）。ACFはアクターの一般的な定義を採用している。これは比較政治学において伝統的に重視されてきた、個人や政府機関および利益集団のシステムが重要である、という視点をより抽象的なレベルで捉え直したものである。ACFは特定の政策過程において誰が重要であるかという点で非常に広範であるが、アクターの信念体系の構造に関する精緻な前提に基づいている。信念体系の概念は、ACFが、断続平衡理論(PET)、複数の流れフレームワーク(MSF)、物語り政策フレームワーク（NPF）、および政策ゲームの生態系フレームワーク（EGF）と同様に、個人が情報を処理する能力に限界がある、つまり限定合理的であると考えていることを示している。個人の信念体系は、彼らが問題と政策について情報をどのように濾過し処理するかを構造化し、アクター中心の理論における連合、協力、競争の基礎を形成する。

　複数の流れフレームワーク（MSF）において、「政治の流れ」と「問題の流れ」がアクターを探すべき場となる（Herweg et al., 本書第1章）。比較政治学と政治経済学における理論的アプローチと同様に、断続平衡理論（PET）、複数の流れフレームワーク（MSF）、および物語り政策フレームワーク（NPF）は、政策に影響を与えるために互いに競争する複数の利益集団の存在を認識している。制度内で働く政策策定者は、制度の優先事項やアジェンダを設定する特別な能力を持っている（Baumgartner et al., 本書第2章）。政策策定者は、関係する政策提案を積極的に支持し、このアイデアの背後で、他の政策策定者の過半数を獲得することに向けて働きかけることで、アジェンダ設定や政策変化において重要な存在となることができる。政策変化は、政策や政治の「起業家」が存在し、政治の流れが他の流れとカップリングする準備が整ったときに発生する（Zohlnhöfer 2016）。

MSFにおいて、1つの流れだけを見ていては、この理論的アプローチにおけるアクターの役割を十分に理解することはできない。同様のことがEGFにも当てはまり、EGFは「政策ゲーム」をアクター、フォーラム、争点の組み合わせと見なす点でMSFに似ている。その結果、問題となっている政策課題が同じであっても、政策ゲームは大きく異なる可能性がある（Berardo and Lubell 2016）。

　MSFにおいて、次に重要なアクタータイプは、「問題ブローカー」と呼ばれる存在である。これは問題の流れに関連し、問題の状況を定義づける役割を果たす。なお、この問題ブローカーは政治ブローカーと同一人物である可能性がある。別の言い方をすれば、問題ブローカーは政策行動を求め、政策起業家はどのような政策行動をとるかを提案する（Herweg et al., 本書第1章）

　さらに洗練されているのが物語り政策フレームワーク（NPF）におけるアクターの概念化であり、これは集団的なアクターだけでなく個人にも焦点を当てている。より具体的には、ミクロレベルのNPFの適用（メゾレベルおよびマクロレベルの適用と共に存在する）は、政策物語りが個人の選好、リスク認識、および特定の政策に関する意見にどのように影響するかに焦点を当てる（McBeth et al., 本書第5章）。制度分析・開発フレームワーク（IADF）は、アクターを行為の状況における個人または集団とみなしている。これは洗練された概念化であり、アクターと制度を不可分の実体として捉えている（Schlager and Villamayor Tomas, 本書第6章）。

　ACF, MSF, NPF, IADF, そしてEGFに共通しているのは、アクターとは何か、アクターの特徴は何か、そしてアクターが政策プロセスにどのような影響を与え得るかについて、厳密な概念化に基づいていることである。このことは、ある政策策定状況を評価する上で分析的な強みになるが、政策過程研究への比較アプローチの採択を複雑にしている。

2.4　出来事

　出来事は、政策の変化、波及、収斂に関する政策研究で用いられてきた中心的な分析概念である。「焦点となる出来事（focusing events）」は、政策アクターとシステムの注意を喚起するものである。バークランドとシュウェイブル（Birkland and Schwaeble, 2019）は、自然災害と人為的な「災害」を焦点となる

出来事として区別している。対照的に、コブとエルダー（Cobb and Elder, 1972）とキングダン（Kingdon, 1984）は、政治的調整を焦点となる出来事、あるいは少なくとも「機会の窓」と見なしている。フェイガン（Fagan, 2022）は、PETに基づく大規模な比較研究において、拒否権プレイヤーが多く情報の流れが弱い政策システムでは、経済的、技術的、国家的災害がより一般的であることを見出している。この研究知見は、複数の国にわたる比較政治学の標準的な文献にPETを直接的に関連づけるものである。

　政策策定を時系列で比較する研究は、典型的に政府の党派的構成の変化を出来事として扱ってきた（例：Garritzmann, Busemeyer, and Neimanns 2018）。ドナルド・トランプのアメリカ合衆国大統領当選は、オバマ政権からトランプ政権への政策シフトに関する比較研究を促進することとなった。ポピュリストでナショナリストな大統領を持つことは、移民や亡命（Schmidt 2019）、外交（Restad 2020）、気候変動（Jotzo, Depledge, and Winkler 2018）等さまざまな分野でアメリカの政策を変化させた。興味深いことに、トランプ大統領の下での政策シフトに関する研究は、政策内容の変化や、アメリカ大統領が政策内容を形成するために異例の形式を用いた事実にも言及している。例えば、移民政策の分野では、過剰な数の大統領令や布告を用いた（Waslin 2020）。

　異なる文脈で同じ政策を比較することに関心のある研究、すなわち国際比較研究では、焦点となる出来事の概念を採用してきた。比較公共政策における出来事に焦点を当てた研究課題は、経済危機や新型コロナウイルス感染症パンデミックのような地域的・世界的な危機が政策策定にどのように影響を与えてきたかに関するものである（例：Boin, Lodge, and Luesink 2020；Burns, Clifton, and Quaglia 2018；Weible et al. 2022）。焦点となる出来事の研究は、典型的に主要な政策シフトに関係する。多くの研究が主張するように、特定の問題に対して限られた時間に高い注目が集まるため、そうした政策シフトが実現可能となった（Birkland and Schwaeble 2019）。多くの研究は、こうした出来事が他の政治的勢力の影響力を弱めるという仮説を、明示的あるいは暗黙のうちに提示している（例：Nohrstedt and Weible 2010）。

　比較研究では、2つの理由から、焦点となる出来事とその他の出来事をより明確に区別することができる。第1に、複数の異なる事例を比較検討することで、各事例において何が実際に政策転換の焦点となる重要な出来事であったか

を、より客観的に判断することができる。第2に、比較研究では焦点となる出来事を、国内政治全体に影響を及ぼすほどの重大な事象として捉えている（ただし、これに異論を唱える研究として Nohrstedt 2005 などを参照）。このような捉え方により、比較研究をデザインする際に、分析の枠組みを単純化することが可能となる。焦点となる出来事の起源、性質、認識を特徴づけることは、他の「焦点ではない」出来事の場合よりも容易である。したがって、焦点ではない出来事の役割を強調する政策過程理論は、比較デザインに用いる際に、概念的・実証的な課題に遭遇する可能性が高くなる。

2.5 文　脈

　文脈は政策策定にとって重要である。比較研究は、ある一つの国の文脈において複数の政策課題を調査することによって進められ、国ごとの事例を追加することで知識を構築することができる。あるいは、同じ問題を複数の国にわたって調査することによって進めることもできる。各理論には証拠と推論についての独自の基準があり、そのためこれらの一般的なアプローチのどちらかがより実行しやすくなる。

　比較公共政策において、文脈を扱うための理論的および方法論的なアプローチが存在する。理論的には、政策アウトプットを説明するためにどのマクロレベルの要因が重要であり得るかを考慮する必要がある。例えば、リスクと不確実性に対処する政策を比較する場合、一般的な制度の仕組みは、各国間の違いや類似性を説明する上で「リスク文化」（Douglas and Wildavsky 2010）ほど重要ではない。多くの観察者は、ドイツとフランスが他の国と比べて、制度的構造、社会経済的発展レベル、そしてヨーロッパにおける統合に関して多くの類似点を共有していることに同意するだろう。これらの類似点にもかかわらず、大多数のドイツ人は原子力発電に反対する一方で、大多数のフランス人は原子力発電に対して好意的である。この理由の1つは、世論が国それぞれの制度的特徴を反映しているためである。ドイツには、原子力発電の段階的廃止を支持する強力な緑の党が存在している（Brouard and Guinaudeau 2015；Evrard 2012；Jahn and Korolczuk 2012）。結果として、ドイツの政策策定者がフランスの政策策定者よりも原子力発電を推進することに対して消極的であったことは十分に考えられる。政策策定者が原子力発電に関して下した決定は、フィードバック効果

を生み出し、両国における世論に影響を与えてきた（参照：Mettler and SoRell, 本書第 3 章）。

　比較政策研究の定性的研究デザインは、国々の間で文脈をできるだけ似たもの（most-similar-systems-design（最類似システムデザイン））または異なるもの（most-different-systems design（最大相違システムデザイン））として保持することができる（参照：Gerring 2017）。どちらのデザインにも利点があるが、文献では最類似システムデザインの論理に基づいた国際比較研究が主に見られる。定量的研究では通常、経済的、社会的、および制度的特性の範囲を変数として含めることで、少なくとも文脈要因をコントロールしている。

　ほとんどの政策過程理論は、制度が関連する文脈を提供すると想定しており、制度は、これらの理論を比較適用する際に最も大きな進展をもたらしている。既存の比較政治学の理論は、制度をしっかりと理解した上で成り立っている。政策過程理論は、政治制度のより豊かで多様な概念化を提供することに優れている。比較政治学では、制度は取引コストの集合として描かれている。比較政治学における著名な拒否点モデル（Immergut 1990）や拒否権プレイヤーモデル（Tsebelis 2002）は、取引コストおよび制約要因としての制度の典型的な例である。

　政策過程理論は、政策の本質的な要素を一定に保つことで政治制度の概念化と検証において優位性を得ており、それによって各主体の立場やアクターの範囲を安定的に保っている。政策の実質に焦点を当てるこのアプローチにより、ACF や EGF が示すように、政策自体およびアクター連合が直面する機会の構造をどのように制度的仕組みが形作るかについて、個別に分析することが可能になる（Gupta 2014）。最近の研究では、IADF の学者が公共政策の制度的構成要素を評価するための「制度文法ツール」を開発することに焦点を当てた測定戦略を考案しようとしている。

　対照的に、PET の伝統に基づいて研究する学者たちは、制度を、情報を処理し政策の力学の特定のパターンを生成する意思決定システムとして概念化してきた。これらの学者にとって、委任、組織化、およびプロセスの順位付けは、制度構造が持つ特定の形態と同様に重要である。制度は、政策アジェンダにおける優先順位の設定と、時間の経過に伴う政策力学の決定の両面において重要な役割を果たしている（Jones et al. 2009）。

PETが基礎とする、システム論的アプローチと情報処理に基づいた政治制度の概念化は、組織、委任プロセス、または政治システムの一般的な構成に基づいて制度を特徴づけることができる点で、優位性を持つ。PETの実証的な戦略とプロトコルは、政策アジェンダと予算決定おける資源配分のための共通の測定システムを用いている（Jones 2016）。これが重要なのは、政策過程の前半と後半を、政治過程（すなわち、アジェンダ設定、予算編成、規制政治）と政策力学の共通パターンに関する一般化を通じて結びつけるからである。このため、各国の議会とアメリカ議会を直接比較するのではなく、政策争点のアジェンダ設定や政策変化のパターンを比較することに重点が置かれている。共通の測定システムを持つというこの考え方は、政策過程理論の比較適用がもたらす方法論的課題についての議論に直結する（Workman, Baumgartner, and Jones 2022）。EGFを採用した比較研究は特に困難が伴う。なぜなら、適応的であるがゆえに時間の経過とともに変化する多核性システムの存在を前提としているからである（Lubell and Mewhirter, 本書第8章）。同時に、制度のこの進化的理解は、同じ多核性システム内の異なる時点における政策過程を比較するための説得力のある根拠を提供する。

2.6 アウトカム

序章でウィブルは「アウトカム」に言及しているが、政策システムの結果には、アウトプット、アウトカム、インパクトという3つの用語と関連する概念が存在することに注意することが重要である。アウトプットは、法律、予算、規制、司法判断といった政策策定の典型的な結果であり、ディーゼル燃料への課税がこれに該当する。アウトカムとは、政策対象の行動における変化である。この例では、自動車運転者のディーゼル燃料に対する需要の変化がアウトカムである。インパクトは、政策のアウトプットとアウトカムが、行動の変化から生じる政策目標の達成にどれだけ貢献したかを評価するものである。ディーゼル燃料への課税のインパクトは、この政策を採択した後の粒子状物質の排出濃度の変化となる（Knill and Tosun 2020）。

政策アウトプットは政策策定の最も直接的産出物であるのに対し、政策アウトカムとインパクトは対象集団の行動を考慮したものである。したがって、政策過程理論に基づくほとんどの実証研究が、特に定性的なアプローチを採用し

た研究が、政策アウトプットに焦点を当てることは驚くにはあたらない。例外としては EGF があり、これは政策アウトカムまたはインパクトを生み出すために必要な行動である政策実施もまた考慮に入れる。しかし、実施それ自体が、行動や相互作用を構造化する政策アウトプット（規制など）の重層化を必要とすることが多い（Workman 2015）。PET には政府予算の比較研究も含まれ、これらは政策アウトプットとして、あるいは「政策インプット」として概念化することができる（Tosun and Schnepf 2020）。

　政策アウトカムとインパクトの研究は、比較政治研究において顕著になってきた。例えば、レイプハルト（Lijphart 1999）は政府形態と政策のパフォーマンス（すなわち、政府が社会問題をどれだけ効果的に解決できるか）との関係を精査した。彼は先進民主主義国の政治システムを、その複雑さを残したまま、二つの対照的なカテゴリーに整理し、「多数決民主主義」と「コンセンサス民主主義」に分類した。多数決民主主義は、単純多数制の選挙制度、通常は 2 つの主要な政党、単独政党による内閣、中央集権的政府を持つ。コンセンサス民主主義は、比例代表制の選挙制度、2 つ以上の主要政党、連立内閣、二院制、そして分権的または連邦制の政治システムを持つ。この研究は、コンセンサス民主主義が多数決民主主義よりも政策問題をより効果的に解決することを示している。

　レイプハルトの概念化は、情報への開放性とその処理能力という観点からの PET の制度分類とよく関連している（Baumgartner et al. 2009；Epp 2018；Fagan 2022；Jones 2003）。一般に、新しい情報に対してより開放的なシステムは、閉鎖的で中央集権的なシステムよりも円滑な政策力学を経験し（May, Workman, and Jones 2008）、問題の規模と深刻さに応じた政策対応をより適切に行うことができる。

2.7　中間的結論

　政策過程理論が公共政策をどのように捉え、その時間的次元、アクター、出来事、文脈にどのような役割を割り当てるかについて議論した。また、政策アウトプット、アウトカム、インパクトをどのように扱うかについても検討した。公共政策およびその要素についての確立された定義は存在しており、これらは原則として比較分析に適している。同じ文脈の中で異なる時点での政策決定を

分析することは、比較分析の一形式を表しており、これは政策研究において黙示的または明示的に取り上げられている。しかしながら、政策決定およびその文脈に関する比較政策研究も存在する。

次に重要な変数は、アクター、出来事、および文脈であり、これらは政策過程研究において重要な役割を果たしている。これらの概念がどのように定義されるかによって、それぞれ異なるタイプの比較研究を可能にする。ACF, MSF, NPF, IADF, EGF のような政策過程理論の最も強力な分析ツールは、アクターとアクター連合を幅広く定義していることであり、これによって比較研究が可能となる。

アウトカムとインパクトの体系的な分析は、比較研究における主な限界点である。政策アウトカムとインパクトが、アクター間の戦略的相互作用だけでなく、さまざまな追加要因によっても影響されるため、政策過程研究の中核的関心を表していないということは当然である（Knill, Schulze, and Tosun 2012）。政策フィードバックに関する研究は、インパクトを測定し、それがどのように政策システムに反映されるかを調べている（例：Mettler and SoRell, 本書第3章）。この文献では、公共政策は特定の問題を取り巻く政治を形成するものとされている。政策は、行動、問題の定義、将来の解決策を規定する意味のある方法で政策の対象を形成する。研究の現状には、比較政策過程研究のためのいくつかの概念的および理論的な出発点が含まれている。しかし、比較政策研究の体系的なアジェンダを策定する前に、実証的および方法論的な考慮事項も検討する必要がある。

3．実証的・方法論的課題

政策過程理論を比較適用するための研究デザインは、比較研究のデザインである。この高次のデザイン問題は別として、測定とメソッドの論点が依然として適用を悩ませている。方法論的には、本書の1理論は、測定とメソッドの両方において、かなり高いレベルの標準化を達成している。

PETは、政治制度や政治システムの争点アジェンダを測定するための共通のシステムを使用している（Workman, Baumgartner, and Jones 2022）。実証的な戦略とその後の展開により、争点アジェンダに対する関心と、信頼性が高く後方

互換性のある方法でそれらを測定することを維持している。PET は、一般に、国、制度、統治システムを超えて生成された仮説を検証するための標準化と共通の尺度を実現する。この共通の測定基盤は、グループ内での共通言語を提供するだけでなく、非常に一般的な国際的な仮説の生成を促進している（Green-Pedersen 2014）。

　この共通の尺度はまた、共通の分析方法も可能にしている。この理論では、一般的な断続仮説を評価するために、分布分析と確率過程のメソッドを用いている。PET の中心的な概念は、限られた注意力に制約される個人や組織の認知が、不均衡な情報処理につながるというものである。政策変化のパターンとしては、通常は小幅な漸増的な変化が続くが、時折、大規模で劇的な変化によって中断される。これは、政策システムが直面する問題に対して過剰に反応したり、逆に十分な反応ができなかったりすることによって生じる。このように小さな変化と大きな変化が組み合わさるパターンが、アジェンダや政策変化の分布において、極端な変化が予想以上に頻繁に起きる現象（統計上の「ファット・テイル」と呼ばれる特徴）を生み出すのである。つまり、時間の経過とともに変化の分布が尖度の高い分布になるのである。この仮説は、政治制度や政治システム全体における政策力学を記述するものである。

　PET は、国別（特に先進市場経済国）比較データが入手可能な政府予算（というより年次変化）を利用する。例えば 6 か国の政府予算の年次変化データを使用して、ジョーンズら（Jones et al., 2009）は、予算減少の方が増加よりも多くの断続的な変化が多く、そして地方政府では中央政府に比べて変化の断続が少ないという一般的な経験則を明らかにした。

　ACF, MSF, NPF を適用した研究には、このような共通の尺度と一連のメソッドはほとんど見られないが、それぞれ独自の分析的関心を持っている。PET はより広範な政策パターンを特定し説明することに関心があるが、ACF, MSF, NPF は政策変化プロセスの根底にあるメカニズムをより重視している。これらの理論における知識の進展は、特定の争点や政策策定の場を検討する事例の蓄積とともに進む。

　ウィブルとハイキラ（Weible and Heikkila, 2016）は、アメリカの 2 つの州で採用された政策を比較する価値があることを示し、ウィブルら（Weible et al., 2018）とハイキラら（Heikkila et al., 2019）は、ACF に基づく水圧破砕（fracking）

政策の国際比較について洞察を提供している。ベランドとハウレット（Béland and Howlett 2016）とゾーンホーファー、ヘルウェグおよびハス（Zohlnhöfer, Herweg, and Huß 2016）は MSF の比較次元を強化する理論的根拠を考察しており、スポー（Spohr 2016）はこの理論を用いた国別比較分析を、デショー＝デュタール（Deschaux-Dutard 2020）は政策の経年比較を提示している。スミス＝ウォルターとジョーンズ（Smith-Walter and Jones 2020）は、NPF に基づく比較研究について有益なガイダンスを提供している。ツズーンとシャウブ（Tosun and Schaub 2021）は、欧州連合（EU）レベルで開始された数多くの市民イニシアチブを比較研究するために、この理論的視点を適用することができることを示している。一方、スタウファーとケンズラー（Stauffer and Kuenzler 2021）は、NPF をヨーロッパの文脈にいかに適用するかについて、より一般的な議論を提供しており、これには国家間比較の必要性が含まれている。

　PET が、比較仮説を迅速に生成するためのより標準化されたアプローチと用語を提供しているが、他の政策過程理論も比較研究に取り組み始めているか、あるいは比較研究の可能性を探求し始めている。ACF, MSF, NPF を用いた研究は、政策変化の測定が当初想定されていたよりも複雑な問題であると捉えている。これらの理論は、政策唱道活動や政策変化がどのような方向に向かうのかという方向性の測定を組み込もうとする傾向がある。PET が扱う予算プロセスは例外で、この場合は変化の方向性が明確であり、評価も容易である。

4．政策過程研究と比較政治学

　政策分析の古典的な文献は、政策と政治の関係性を認識していた。ロウィ（Lowi 1964）の影響力ある研究の中心的な論点は、「政策が政治を決定する」というものである。つまり、どのような種類の政策なのかによって、既存の状況を変えようとする際にかかるコストや、それに対する反対の強さが変わってくるということである。この考えに基づき、ロウイの類型論は以下の政策を区別している。**分配政策**（政府から特定の受益者への資源配分に影響を与える施策）、**再分配政策**（ある社会集団から別の集団への資源移転に関する施策）、**規制政策**（個人または集団の行動に対する条件と制約を定める施策）、**構成政策**（国家の制度を創設または修正する施策）。

より最近の研究は、この関係を逆転させ、政治的概念が政策決定にどのような影響を与えるかを理解しようとしている (Knill and Tosun 2020)。政策研究に政治学の概念を取り入れようとする主な動機は、比較研究を行う政治学が成功を収め、比較政治学に関する膨大な（そして現在も増加し続ける）研究文献を生み出したことにある (Newton and van Deth 2016)。比較政治学の文献は、政党の立場 (Volkens et al. n.d.)、コーポラティズム (Kenworthy 2003)、拒否権プレイヤー (Jahn 2011) に関する確立された概念やデータセットを利用することができ、比較研究を可能にしている。

比較政治学の主要な研究関心は、現代の政治体制における構造と制度の特徴およびその効果を説明することにある。比較政治学における研究は、通常、行政府または立法府における政策策定や、それらの相互作用を検証するものである。比較政治学の文献に根差した研究における古典的な問いは以下のようなものである。ある政策案について、どの会派が提案者となるのか、その政策案に対してどの会派が賛成し、どの会派が反対するのか、そして提案から議会での採択までにどれくらいの時間がかかるのか (Carammia, Borghetto, and Bevan 8；Hughes and Carlson 2015；Manow and Burkhart 2008)。政策策定に対する比較政治学的アプローチにおけるもう１つの重要なテーマは、政治イデオロギーと政党の役割である (Wenzelburger and Jensen 2022)。比較政治学者たちの関心を引く第３の主要な領域は、市民の態度 (Soroka and Wlezien 2010) と、直接民主制や熟議民主主義といった政治プロセスへの市民参加 (Gherghina and Geissel 2020)、そして利益集団 (Dobbins, Horváthová, and Labanino 2021)、社会運動 (Bremer, Hutter, and Kriesi 2020)、ソーシャルメディアやマスメディア (Vliegenthart et al. 2016) を含むさまざまなアクター集団の役割に関連している。

比較研究には２つの方法がある。１つ目は、政策アウトプットを説明しようとする研究が、上述の個別の諸要因を用いることである。例えば、ニル、ドュブおよびハイケル (Knill, Debus, and Heichel 2010) は、環境政策の変化を説明することに関心を持っている。しかし、著者らは政策変化に焦点を当てた政策過程理論に頼るのではなく、政党の選挙における勢力のインパクトに焦点を当てた。第２の方法は、比較政治学の概念を取り入れた政策過程理論を用いる方法である。PETは比較政治学との結びつきが最も強く、それはこの分野の研究に携わる研究者たちの学問的背景からも見て取れる。

この点を説明するために、グレーン＝ピーダソンとウォルグレイブ（Green-Pedersen and Walgrave 2014）による、アジェンダ設定への比較アプローチに関する編著に注目してみよう。両編集者は比較政治学のバックグラウンドを持っており、グレーン＝ピーダソンの他の研究は政党政治と政党間競争に焦点を当て（例：Green-Pedersen 2019）、ウォルグレイブの研究は政治におけるマスメディアの役割を中心に展開している（例：Vliegenthart et al. 2016）。PETの考案者であるフランク・バウムガルトナーとブライアン・ジョーンズ（参照：Baumgartner et al., 本書第2章）を含め、この論文集に寄稿している他の研究者の大多数は、制度、政党、代表について研究している比較政治学者である（Bevan and Jennings 2014；Froio, Bevan, and Jennings 2017）。PETは、制度的仕組みがそこで果たす役割のため、比較政治学の概念を取り入れるのに特に適している。バウムガルトナーらが説明するように（本書第2章）、制度間の分立を特徴とする制度的仕組みは、しばしば政策の安定性を強化するが、時には「既存の政策サブシステムを洗い流す」働きをすることで、政策変化を助長することもある。私たちは、制度的仕組みが重視されていることと、これらの研究者が比較政治学における既存の研究の知見を活用できることが、PETの比較アプローチの強化に役立っていると主張する。

　ACF, EGF, MSF, あるいはNPFのような事例ベースのアプローチでは、アクターと連合が政策変化の構造を形作っている。連合を形成する個々のアクター間の関係の複雑さと、政策サブシステム内のさまざまな連合の関係の重要性は、こうしたマクロレベルの比較政治学の概念を、政策変化の争点や場に固有の事例に転用することを困難にしているが、決して不可能ではない。比較政治学の文献は、ACFの特定の側面（例えば、政府のイデオロギーの重要性の程度）を理解するための概念を提供している。しかし、アクター間のさまざまな種類の相互作用を実証的に測定するためのツールを提供するまでには十分に発展していない。このような観点からすると、ACFは他の多くの政策過程理論と同様に、アクター連合がいかに政策変更を決定するかをモデル化する高度で精緻なアプローチのため、比較政治学が提供する知見を限られた範囲でしか利用できない。

　NPFは、比較適用における可能性を示している。シャナハンら（Shanahan et al. 2011）は、政策物語りが世論に与える影響を分析している。この目的のため、

著者らは、異なる唱道連合の立場を反映したメディアの異なる2つの説明を学生グループに示し、それがイエローストーン国立公園へのスノーモービル乗り入れに関する政策問題に対する彼らの意見にどのような影響を与えるかを評価している。比較研究では、異なる地域のグループを対象とし、異なる文脈における物語りを検証する必要があるだろう。

まとめると、比較政治学の研究者たちは、比較測定を可能にする分析レベルについて多くの分野で合意しており、このことがこの分野の研究文献を豊かにすることにつながった。比較政治学に由来する概念は、政策過程研究の一部の分野に移入され、そこでの比較分析の道を開いた。PETやIADFのような制度中心の過程理論は、より複雑になりがちなアクター中心の理論よりも、比較政治学からの概念やデータの恩恵を受けている。とはいえ、政策過程理論に基づく比較研究が全く存在しないというわけではなく、むしろ今後さらに比較研究が増えていく可能性は十分にある。この点については、次節で詳しく述べる。

5. 政策過程研究の比較的視座

本節では、政策過程理論を適用した比較研究の特徴を明らかにする。私たちは、政策過程理論の比較的展開は、国家間比較に限定される必要はなく、政治制度の比較、地方政府の比較、そして政策過程の異なる段階（例えば、アジェンダ設定と政策採択段階）の比較から得られる知見も含まれることを主張する。これらの理論的伝統における比較研究の検討は、私たちが何を学び、何が未解決であり、本書で紹介された理論や概念の最近の比較の拡張によってどのような機会がもたらされるのかを考察するための土台となる。これらの機会には、理論的、概念的、方法論的な可能性が含まれる。

5.1 複数の流れフレームワーク

キングダン（Kingdon, 1984）によって開発されたMSFは、アジェンダ設定と、問題の流れ、政策の流れ、政治の流れの相互作用を通じた政策変化の可能性を強調するものである。MSFは、これらの理論の多くと同様、アメリカで生まれた（Bandelow et al. 2022）。しかし、時間が経つにつれて、EU（Ackrill and Kay 2011）、ラテンアメリカ（Sanjurjo 2020）、独裁的政治体制（Herweg,

Zahariadis, and Zohlnhöfer 2022）など、アメリカとは異なる制度的文脈にMSFを適用する研究が行われてきた。

さらに、MSFに対する比較アプローチを発展させようとする概念的な努力もなされてきた（Béland and Howlett 2016 ; Howlett, McConnell, and Perl 2015）。この文脈において、ゾーンホーファー、ヘルウェグおよびハス（Zohlnhöfer, Herweg, and Huß, 2016）は、正式な制度に対する注目を高めることで、MSFがより比較研究に適したものになると論じている。この提案は、制度中心の政策過程論と比較政治学との間の自然な関係や、この近接性が比較政策過程研究の推進を助けてきたかという上述の議論を踏まえると、特に注目に値する。この観点からすればゾーンホーファー、ヘルウェグおよびハス（2016）の提案は同じ方向性を指し示している。すなわち、比較政治学が提供する分析ツールを活用する可能性を探ることである。

スポール（Spohr 2016）は、MSFの国家間比較への適用例として、ドイツとスウェーデンにおける労働市場政策の改革を検証し、政策起業家の役割を強調している。比較からの知見は比較的限定的であるが、MSFの概念は一般により多くの支持を得ている。最も頻繁に使用される概念は、スポールの研究と同様に、政策起業家と焦点となる出来事である（Béland and Howlett 2016）。例えば、通商紛争は（主に世界貿易機関（WTO）の文脈で）、しばしば政策変化の引き金となる（MSFの意味での）焦点となる出来事とみなされてきた（Ackrill and Kay 2011）。政策起業家は特定の意思決定の場面で重要な役割を果たすという基本的な概念であるため、どのような制度的環境でも応用しやすい（Petridou and Mintrom 2021参照）。

MSFへの比較の視点を強化する概念的研究が、公式の政治制度により注目すべきだと主張しているのは興味深い現象である。これとは対照的に、既存の実証研究は、制度的文脈からより離れた構成要素に焦点を当てている。MSFをより比較可能なものにしようとする試みは、全体的なアプローチを採用した上で制度に集中するか、あるいは個別の構成要素を選択して制度的仕組みから抽象化するかのどちらかを選ぶことができると結論づけることができる。最初の概念的・実証的な試みは存在しているが、MSFは他の政策過程理論に比べて比較研究としては初期段階にある。

5.2 断続平衡理論

　PET は、人間の意思決定を理解し、心理学と行動経済学の教訓を統合することに多大な努力を払ってきた (Jones 1994, 2001)。このため、PET は大きな影響力を持っているが、他の概念モデルを刺激することにもなっている。例えば、バウムガルトナーとジョーンズ (Baumgartner and Jones 1993) とシャットシュナイダー (Schattschneider 1974) を基礎として、エンゲリ、グレーン゠ピーダソンおよびラーセン (Engeli, Green-Pedersen, and Larsen 2012) は、4つの要素、すなわち、注目、アクター、イメージ、制度の場の重要性を強調している。このモデルは、ある争点の対立的な定義が政策過程を決定すると想定している。この文脈では世論および政治的注目がその後のプロセスを決定する。ある争点に対する注目度 (あるいは政治化) が高ければ高いほど、最初のアジェンダ設定に続く政策過程はより論争的なものとなる。

　個人の認知と、制度が情報処理や問題の優先順位付けする方法に個人の認知が与える影響に注目したことにより、政治制度の比較研究が数多く行われてきた。これらの研究には、アメリカの州知事の制度的権限 (Breunig and Koski 2009)、西欧民主主義諸国における予算編成 (Beyer et al. 2022；Breunig, Lipsmeyer, and Whitten 2019；Jones et al. 2009)、官僚的・規制的政策策定 (Bevan 2015；May, Workman, and Jones 2007；Workman 2015)、ニュース・メディアと議会のアジェンダ設定の関係 (Vliegenthart et al. 2016) が含まれている。

　注目は、ある争点の対立する定義に関与するアクターの数と種類から生じる。通常、限られた数のアクターの参加は、注目度の高い争点に比べて注目度の低い争点を特徴づける。異なるアクターは通常、政策過程のアウトカムに関して異なる選好を持っており、これが論争的な政治をもたらすことになる。

　第3の要素は、当該争点のイメージに関するものである。公共政策の文献では通常、問題の定義という見出しで争点のイメージを扱っている。ストーン (Stone 1989) は、頻繁に使用される問題定義の概念の1つを提示している。それによると、問題定義とは以下のような因果関係のストーリーを指す。まず何が害をもたらしているのかを特定し、その原因を記述し、それを引き起こした主体の責任を明らかした上で、最終的にその問題のある活動を止める責任は政府にあると主張するものである。争点イメージとは、争点を理解する視点と、

代替的な見解の排除に関するものである（Engeli, GreenPedersen, and Larsen 2012）。

　個人と組織の認知に注目したPETは、選択に関連する問題の側面として、問題の定義の代替バージョンを提供する。例えば、気候変動は、通商政策、環境政策、農業政策、エネルギー政策などに関わる実質的な側面を体現しているかもしれない。気候変動政策がエネルギー問題として定義される場合、因果関係にかかわらず、環境問題として定義される場合とは全く異なる意味合いを持つ（Elgin and Weible 2013）。問題の定義は、問題の表象と密接に関連している。選択を行うためには、まず問題の表象を構築し、その後で選好や信念に基づいて解決策を生み出し評価する必要がある（Jones 2001；Newell and Simon 1972）。したがって、問題の定義は選択に不可欠な前提条件となる。

　もう1つの代替案として、デリー（Dery 1984）による問題定義の概念化があり、これは「ギャップ」または「機会」として捉えられている。政策策定者は、現在の政策と現状を比較し、その差異を、埋める必要のある政策上のギャップ、あるいは、ある分野における政策策定を拡大する機会として定義する。ワークマン（Workman 2015）は、選択の側面としての問題の定義と政策アジェンダの舵取りの機会としての問題の定義という2つの概念を用いて、統治システムが問題を理解し政策アジェンダを設定する方法を理解し構造化する鍵として、官僚制における問題への注目が鍵であると指摘している。

5.3　政策フィードバック理論

　政策フィードバックに関する最も著名な視点は、歴史と制度的発展に注目しながら、現在の政策が将来利用可能な政策の種類をどのように制約するかを検討するものである（Pierson 2004）。初期のフィードバック研究文献は歴史的制度論の影響を受け、政治的行動や政策策定の力学に対する制度のインパクトを探究するものであった（Béland 2010）。このアプローチは、歴史的制度論の古典的なバージョンとは異なり、明示的な行動的要素を持ち、政策過程を完全に説明できるミクロ的基礎を持っている。このことから、政策フィードバックの文献も、ロウィ（Lowi 1964）が述べているように、政策と政治の関係を認識していることになる。このアプローチでは、制度（広義にとらえられ、過去に制定された政策を含む）が重要な役割を果たすため、比較政治学との相性が良い。実証

的には、このアプローチは比較公共政策の分野において、福祉国家（Hacker 2002）や不平等（Hacker and Pierson 2011）の研究に特に有用である。政策フィードバック理論の実証的適用のほとんどは、漸増主義に基づくものであり、ストリークとセレン（Streeck and Thelen 2005）によって特定された制度変化の諸形態と共通点を有している。

より広い視点で見ると、初期の文献は、国家建設のプロセス、利益集団、そしてロックイン効果に特に注目していた。これに対し、最近の文献でのテーマには、私的便益と制度、政治的行動の役割、政策フィードバックの理念的・象徴的構成要素などが含まれる（Béland 2010）。

しかし、政策デザインは、個人に対してフィードバック効果をもたらし得るものである。これは、特定の政策に対する個人の見方だけでなく、より広く、政治や政治システム全般に対する個人の態度にまで及ぶ影響を与える（Mettler and soss 2004）。これは、メトラーとソレッレの章（Mettler and SoRell. 本書第3章）で強調されている視点である。例えば、幅広い人口層を対象とする政策は、人々の政治への関心を喚起する可能性がある。政治的なアウトカムが個人的な利害を生み出し、その結果、政治過程に対する個人の関心の度合いに影響を与える可能性がある（Jordan 2013；Kumlin and Stadelmann-Steffen 2014；Shore 2016）。

この研究分野は、主に正のフィードバックを通じて、公共政策が将来の政策変化や個人の行動にどのように影響を与えるかを分析するものである。しかしながら、負のフィードバック・メカニズムを通じて同様の関連性を見出す世論研究も相当数存在する。世論のサーモスタット・モデルは、政府が左派あるいは右派的な政策を追求し、それが徐々に一般市民の選好から遠ざかっていくという考えを提示している（Soroka and Wlezien 2010）。ある閾値を超えると、市民の選好は与党の政策選択に対する負のフィードバックとして機能し、必要な場合には与党の交代にまで至ることもある。このサーモスタット・モデルは、実質的な政策争点や統治システムの違いを超えて、顕著な強靭性を示すものである。政策フィードバック理論の若干異なる適用として、世論を動かすための手段として政策決定を戦略的に利用することに関するものがある（Soss and Schram 2007）。

このアプローチに関して言及する価値のある最後の点は、負の政策フィード

バックに対する学術的関心が高まっていることである (Béland 2010)。例えば、ウィーバー (Weaver 2010) は、負のフィードバックへの転換を、歴史的制度論と経路依存性に関する研究文献が正のフィードバックを重視していたことの修正と見なしている。確かに、正のフィードバックは安定性と関連し、負のフィードバックは政策変化と関連している。したがって、負のフィードバックに対する関心の高まりは、政策変化の比較実証的評価と説明に対する一般的な関心の増加と一致している。これらのフィードバックの定義は、PETにおける特徴付けと正反対であることに注意する必要がある。PETでは、正のフィードバックが政策変化の推進力とされている。負のフィードバックという視点は、マスメディアが負のバイアスを示す傾向があり、それが民主政治に影響を与えるというコミュニケーション科学や政治心理学における堅固な研究成果とも良く適合している (Soroka 2014)。

全体として、政策フィードバック理論は比較政治研究との顕著な近接性を示しており、比較研究に拡張することは容易であろう。しかし、このアプローチを明示的に利用した既存の研究は、そのほとんどが文脈特殊的なものである。既存の政策が新たな政策に及ぼす波及効果を強調する文献は比較的首尾一貫した研究結果を生み出しているが、公共政策と世論の関係に関する研究はそうでもない (Larsen 2019)。両分野とも、このアプローチの実証的な可能性は、比較政策過程研究において活用されておらず、今後の研究において探求する価値のある道筋を示していると言える。

5.4 唱道連合フレームワークと物語り政策フレームワーク

ACFは、政策変更に対する最も影響力のあるアプローチの1つである。基本的に、ACFは政策策定を、特定の政策選択肢に関する信念を主張するアクター連合間の競争の結果と見なしている。この唱道グループ間の競争は、政策サブシステム（特定の政策分野における半自律的な政策参加者のネットワーク）内で行われ、そこでは参加者たちが特定の政策課題に焦点を当て、その課題に対処するために公共政策に影響を与えようとする。ノールシュテットら (Nohrstedt et al., 本書第4章) が示すように、ACFはアクターが複雑な意思決定を行う際に、認知的ヒューリスティック（訳注：人間が複雑な判断や意思決定を行う際に用いる「経験則」や「近道思考」のこと。思考の省略法）を用いて情報を処理していると

考える。この点で、信念体系は、社会問題がどのように構造化され、どのように対処すべきかを導く。信念体系は、深層核心的信念すなわち存在論的・規範的世界観、政策核心的信念すなわち特定の政策サブシステムにおいて深層核心的信念を達成するための因果認識、そして政策核心をどのように実行するかという手段的考察からなる一連の二次的信念から構成される。このフレームワークの中心的な前提は、これらの信念体系の構造的カテゴリーは、上位から下位に行くにつれて変化への抵抗が弱まっていくことである。深層核心的信念や政策核心的信念に比べ、二次的信念は時間とともに最も変化しやすいと、このフレームワークは予測している（Weible, Sabatier, and McQueen 2009）。

唱道連合は、制度構造によって提供される場を利用して、政府機関を自らの政策核心に従って行動させようと試みるものである。このような背景から、政策変更は主に2つの要因から生じる可能性がある。第1に、政策変更は学習プロセスで生じることがあり、これは経験や新しい情報に基づいて、支配的な唱道連合が政策目標の達成に関する行動意図を変えることを誘発する。第2に、政策サブシステム外の非認知的な出来事が、唱道連合間の勢力分布に変化をもたらす可能性がある。これらの非認知的要因の混乱や変動には、災害のような単一の異常な出来事もあれば、重要な選挙のような繰り返し発生する比較的穏やかな出来事もある。重要なのは、これらの外部の出来事やショックが、世論、社会経済条件、統治連合、および他のサブシステムに深刻な変化をもたらすことである。これらの外部の出来事の強度に応じて、政策核心を修正するような大規模な政策変更が起こりやすくなる。それに対して、政策指向の学習は政策核心が維持されるため、小規模な政策変更しか引き起こさない。

サバティエとウィブル（Sabatier and Weible 2007）による唱道連合フレームワークの改訂は、さらに2つの政策変更の要因を特定している。1つの要因はサブシステム内で起きる出来事に関連しており、現行の政策実践における失敗を浮き彫りにするものである。もう1つの要因は連合間の学習を示しており、専門的なフォーラムが連合間の交渉と合意形成のための制度的な場を提供するというものである。

NPFはACFと非常に似ているが、分析概念の点ではより複雑である（Jones et al., 本書第5章; Schlaufer et al. 2022）。その結果、実証的な研究は、同一の制度的文脈における異なる唱道連合が用いる政策物語りを比較することになる。

この理論的視点は比較的新しいため、NPF を用いた比較研究はまだ始まったばかりである（例：Tosun and Schaub 2021）。

5.5 制度分析・開発フレームワークと政策ゲームの生態系フレームワーク

　IADF は、行為の状況と制度的環境に焦点を当てた分析ツールを提供している（Blomquist and deLeon 2011）。より正確には、このフレームワークには、ある争点に対するアクターの集合とそれぞれの立場、許容される一連の行為、起こり得るアウトカム、選択に対する制御のレベル、利用可能な情報、行為とアウトカムのコストと便益に関する考察が含まれる。さらに、このフレームワークは次のようなルールに関する前提の上に成り立っている。すなわち、「個人が自らの関係を秩序づけるために用いるルール、世界の状態とその変容に関する属性についてのルール、そして状況が発生するコミュニティの属性に関するルール」（Ostrom 2011, 17）である。

　多数のルールが存在し、アクター、その立場と行為、情報、制御、純費用と便益、そしてアウトカムに関連している。このフレームワークが制度的側面に着目していることは、特にコモンプール資源の過剰利用に関する研究など、比較分析において非常に有用である。政策フィードバック理論と同様に、行為は個人の費用便益分析に体系的に関連付けられており、これによりこのアプローチの比較政治研究との関連が強化されている。このアプローチは、比較可能な測定基準に従ってデータを生成することを可能にするものであり、そのため、比較研究に向いた性質がアプローチの本質として備わっている(Ostrom 2011)。

　しかし、クレメント（Clement 2010）は、IADF に基づく研究は主に地域コミュニティを研究対象としており、より高次の制度を研究していないと論じている。彼は、IADF が実証研究で直面する限界について、理論的な観点から興味深い指摘をしている。それは権力の配分を決定づける政治的・経済的構造から生まれる権力メカニズムについて、IADF が十分に考慮していないという点である。クレメントはさらに、制度は中立ではなく、政治経済的な文脈の中で生まれたり、維持されたり、崩壊したりするものであると主張しており、この考えは興味深い。この視点は、政治が中立的な制度的文脈で行われるとする新制度論的研究とは異なる。このことから、IADF を用いた比較分析における課題は、より複雑な統治構造（例えば、サブシステムや政治システムレベルの分析）

を研究することであり、そこではルールの分類体系や行為の状況の記述が複雑になりすぎて扱いが困難になる。

EGF は最近のアプローチであり、ヴィンセント・オストロム（Vincent Ostrom）とエリノア・オストロム（Elinor Ostrom）(Ostrom 2010；Ostrom, Tiebout, and Warren 1961) の研究に沿ったものであるという点で IADF と共通している。ルーブルは、現在の形式の EGF のフレームワークを最初に提案した（参照：Lubell and Mewirther, 本書第8章）。分析対象がアクター、フォーラム、争点からなる政策ゲームであるため、このアプローチは本質的に比較分析的である。多核的システムでは、複数の政策ゲームが存在し、協力、対立、戦略によって異なる結果を生む。ルーブルとミワターは、理論の章で比較分析的な洞察を提供しているが、EGF を適用した文献はまだ少なく、比較デザインを展開し始めたばかりである。

5.6 イノベーションの波及

波及に関する文献は本質的に比較可能であり、共通の説明変数（学習、模倣、経済競争、強制）と測定基準が利用できることで充実している（参照：Porto de Oliveira, 本書第7章）。これらの変数は時に異なる名前で呼ばれることがあるが、その根底にある因果メカニズムは同じであり、次のように要約できる。

国境を超えた学習は、政府が他の管轄区域で見つけた課題の解決策を模索するプロセスである。模倣は、政策策定者がリーダーと見なされる国家の行動に同調性を示すことによって、国際的な受容を得ようとする願望を強調するものである。強制は、2つの管轄区域間の権力の非対称性を前提としており、より強力な側が他方に対して特定の政策措置の採択を強制できる状況を指す。経済競争は、他の場所で採用されている政策が、グローバル市場における国内産業の競争力に影響を与える可能性がある場合、政策策定者にその政策の採択を促すものである (Holzinger, Knill, and Arts 2008)。

政策波及研究は、極めて多様な政策領域に関して膨大な蓄積がある。しかしながら、その研究は下位政府レベルでの波及プロセスにも焦点を当てている。例えば、ブーシェイ（Boushey 2010）は、アジェンダ設定と疫学の研究を用いて、アメリカの州間における政策波及プロセスを特徴づけている。この研究は、波及が考え抜かれた漸増的なプロセスであるという概念を否定し、代わりに疫

病の流行の特徴を体現するものであることを示している。

　政策波及研究の増加は、従属変数の測定に関する合意からも生じている。通常、従属変数は2値変数であり、政策が採用された場合には1を、そうでない場合には0を取る。この測定方法は、垂直的波及（すなわち、政府レベル間）および水平的波及（すなわち、異なる地域間）に関する比較可能な洞察を提供する、非常に一貫性のある研究の蓄積を生み出している。この文献のもう1つの特徴は、国内政治の重要性を認識し、比較政治学からの概念と測定方法に依存していることである。

　おそらく最も確固たる実証的な研究結果は、先進国および開発途上国における環境基準（例えば、大気質基準）の波及に関するものである。環境政策においては、経済的利益と規制基準の議論に「底辺への競争」が登場する。主なメカニズムは、投資家が汚染産業を環境基準が厳しくない世界の一部の「汚染逃避地（pollution heaven）」に移転させることに関係している。この理論によれば、政府は意図的に基準を可能な技術水準よりも低く設定することになる（底辺への競争）。しかし、経験的には、このような力学が一貫して見られないということが明確になっている（Holzinger, Knill, and Arts 2008；Tosun 2013）。つまり、競争圧力に直面した場合でも、政府がより緩い環境基準を採択する兆候はないということである。しかし、途上国がますます厳しい環境基準を採用する「頂上への競争」と呼ばれる逆のシナリオも観察される（例：Saikawa 2013）。

6．比較政策過程研究から見えてきたこと

　前節で概観したところ、3つの重要な知見が得られた。第1に、一部の政策過程理論の中には、本質的に比較の次元が存在する。これは政策波及研究、IADF, EGFに最も顕著であり、これらは比較アプローチとして開発された。比較の次元を持つ3つ目の理論は――すぐに観察できるものではないが――NPFであり、これは個々の唱道連合によって提供される政策物語りを比較するものである。第2に、MSFを用いる研究者たちは、比較研究の可能性を模索し始めている。PETに関する研究は、比較政治学から借用した概念を活用することで、すでに比較研究への転換を完了させている。第3に、ACFは多数のさまざまな事例に適用されており、すでにいくつかの比較的な結論を導き出すことが

可能になっている。特に、互いに対立する安定した連合構造を特徴とする争点は、争点領域や統治システムを超えて同様に機能することが分かってきた。しかし、唱道連合は政治的文脈によって、その構造、安定性、インパクトが異なるが、安定したパターンが存在するかどうかはまだ解明されていない。とはいえ、ACF は比較分析的な考察をますます試みている。

比較研究デザインに対応した理論の開発にはまだ多くの作業が残されているが、政策過程理論を比較の文脈で適用することから、いくつかの一般化可能な教訓を引き出すことができる。それらは、市民や一般大衆の行動、制度的な情報処理、政府が直面する問題点の種類、実質的な政策争点における連合政治の重要性などに関するものである。

第1に、西洋型の民主主義国家においては、市民がどのように行動し、公共政策を評価するかについては、顕著な類似点がある。一般に、この研究から得られる教訓は、政府は実質的な政策課題に対する市民からの要求に注意を払っているということである。一般的に、市民が重要だと考えていることは、政府も同様に重要だと考えている。これは、すべての場合において法律制定が世論に近づくというわけではないが、公衆の優先事項と制度的な政策アジェンダとの間には顕著な一致がある。同様に、ソロカとウレジエンによるサーモスタット・モデル (Soroka and Wlezien 2010) は明確に比較を意図したデザインとなっており、民主主義システムは代表性と応答性において非常に成功していることを明らかにしている。ただし、西洋民主主義において制度的構成に関連したいくつかの変異が見られる。MSF のような政策過程理論が最近注目し始めたのは制度的な違いであり、既存の研究から得られた洞察から判断すると、これは今後の研究にとって有望な視点であるように思われる。

第2に、政府が直面する問題の性質や類型は驚くほど似通っており、この知見は西洋民主主義国、開発途上国、そして権威主義体制にまでまたがっている。比較アジェンダ・プロジェクトは、多様な統治システムのアジェンダを特徴づける問題の種類を理解するための有用な測定システムとして登場した (Jones 2016)。この政策トピックのコーディング・スキームを用いて、これらの研究者たちは、西洋民主主義国、そして増加傾向にある他のタイプの政府が直面する問題の数と性質に体系的な類似性があることを実証してきた。

第3に、政策変化の力学は、統治システム間でも、統治システム内の政治制

度間でも、さらには実質的な争点内の政策策定間でも、驚くほど類似している。漸増主義が長期間続き、大規模な政策変化が突発的に起こるという特徴的なスティック・スリップ現象（訳注：安定と急変を繰り返す動き）は、政策力学の経験則となっている。このような変化の形は、政治的注目が推移するという性質、制度的差異、公共予算に内在する依存関係やトレードオフに起因する。この研究をさらに発展させた最近の研究では、制度的な摩擦や限られた注目といった類似の因果メカニズムが、権威主義体制においても同様の力学に結びついていることが示されている。

7．結論と今後の展望

　政策過程理論に基づく体系的な文献レビューの結果、2つの包括的な知見が得られた。第1に、政策過程研究では事例が着実に蓄積されており、これにより一般的な実証パターンの特定や理論的予測のより厳密な検証が可能になっている。第2に、政策過程研究における理論的視点は明らかに比較研究的なものとなってきており、国家間比較研究のような古典的な比較アプローチから、一国内の異なる政策分野を相互に比較する新しいアプローチまで含まれるようになっている。さらに、私たちの分析は、比較政策過程研究の分野が近い将来さらに拡大することを示唆している。

　さまざまな理論の中で、PETは最も顕著な比較の次元を発展させてきた研究の基礎を形成しており、また、IADFも多くの比較研究を生み出している。波及研究は、定義上比較研究であるため、特別な位置を占めている。それにもかかわらず、波及研究も国家のサンプルを増やし、政策分野などの比較のため追加の次元を含む形で発展してきた。MSFに関しては、概念的なレベルで、このアプローチをどのように比較研究に適応させることができるかを議論している国際的な研究者グループを確認できた。しかしながら、MSFを適用した最初の比較実証研究もいくつか存在する。ACFでは、生み出された事例の膨大な数により、比較研究的な洞察が可能である。最後に、NPFは概念的に比較の論理を利用していることがわかったが、これは一見して明らかではないかもしれない。EGFは本質的に比較的な性質を持つ新しい理論的視点であり、それに基づく実証的文献はまだ発展途上である。

政策過程理論の比較の側面は、比較の意味を広く定義することに大きく依存していることを忘れてはならない。今後の研究で政策過程研究の比較の次元を強化するために追求する価値のあるいくつかの方向性がある。第1のポイントは、PETとそれがなぜ比較への転換に成功したのかに関連している。PETコミュニティがこのアプローチを全体として扱うのではなく、個別の概念を精緻化してきたことが一因であると主張できる。しかし、PETを全体として扱う研究も存在する。個別の理論的構成要素に焦点を当てることによって、政治アジェンダの比較研究に携わる研究者たちは、主要な概念の測定と分析に適したデータに関する専門知識と知見をもたらすことに成功した。

第2のポイントは、比較政策過程研究を強化するための体系的なデータ収集とコーディングの必要性についてである。研究デザインは明確に比較を意図したものであるべきであり、データの管理体制も比較研究を促進できるように整備されるべきである。信頼性と妥当性のあるデータの利用可能性は、政策過程研究における比較の次元をさらに推し進めるために極めて重要である。

第3に、公式の政治制度が、比較政策過程研究を概念的かつ実証的に発展させる可能性を提供することを明らかにした。私たちの推論は、比較政治学における重要な概念である制度に基づくものであり、それは政策過程研究に方法論的なツールボックスとデータを提供する。比較政策過程研究に制度を組み込むには2つの方法がある。第1に、制度を意思決定の文脈とする方法である。より野心的なアプローチとしては、事例ベースのアプローチにおいて制度が果たす役割を明らかにし、それらをより体系的に取り上げることである。いずれにせよ、政策過程理論は、制度を扱うことに付加価値を提供している。というのは、比較政治学のアプローチよりも、アクター間の関係をどのように構築し、形作っているかに注意を払っているからである。それはまた、政策過程理論が制度をより広義に定義していることとも関連しており、その定義には、以前になされた政策決定であって現在の政策決定に影響を及ぼすものも含まれ得る。

結論として、比較研究が政治過程についての私たちの理解を広げ深めることは明らかである。しかしながら、比較すると決めたら、理論モデルの実証的な意味を検証するために適切な証拠を収集するためのアイデアを考案する必要がある。このことは、何を比較すべきかという問題につながるが、これに答えるのは容易ではない。本章では、比較研究が国家間比較研究に限定されるもので

はないことを示した。とはいえ、あらゆる状況において、比較によってさらなる洞察が得られると考えてはならない。むしろ、さらなる洞察を得るためには、比較研究は比較のデザインと理論化から始めなければならない。

参考文献

Ackrill, Robert, and Adrian Kay. 2011. "Multiple Streams in EU Policy-Making : The Case of the 2005 Sugar Reform." *Journal of European Public Policy* 18 (1): 72-89. https://doi.org/10.1080/13501763.2011.520879.

Bandelow, Nils C., Nicole Herweg, Johanna Hornung, and Reimut Zohlnhöfer. 2022. "Public Policy Research-Born in the USA, at Home in the World?" *Politische Vierteljahresschrift* 63 (2): 165-179. https://doi.org/10.1007 s11615-022-00396-5.

Baumgartner, Frank R., Jeffrey M. Berry, Marie Hojnacki, David C. Kimball, and Beth L. Leech. 2009. *Lobbying and Policy Change : Who Wins, Who Loses, and Why*. Chicago, IL : The University of Chicago Press.

Baumgartner, Frank R., Christoffer Green-Pedersen, and Bryan D. Jones. 2006. "Comparative Studies of Policy Agendas." *Journal of European Public Policy* 13 (7): 959-974. https://doi.org/10.1080/13501760600923805.

Baumgartner, Frank R., and Bryan D. Jones. 1993. *Agendas and Instability in American Politics*. American Politics and Political Economy Series, Chicago, IL : Univ. of Chicago Press.

Béland, Daniel. 2007. "Ideas and Institutional Change in Social Security : Conversion, Layering, and Policy Drift." *Social Science Quarterly* 88 (1): 20-38. https://doi.org/10.1111/j.1540-6237.2007.00444.x.

―――. 2010. "Reconsidering Policy Feedback : How Policies Affect Politics." *Administration & Society* 42 (5): 568-590. https://doi.org/10.1177/0095399710377444.

Béland, Daniel, and Michael Howlett. 2016. "The Role and Impact of the Multiple Streams Approach in Comparative Policy Analysis." *Journal of Comparative Policy Analysis : Research and Practice* 18 (3): 221-227. https://doi.org/10.1080/13876988.2016.1174410.

Béland, Daniel, Michael Howlett, Philip Rocco, and Alex Waddan. 2020. "Designing Policy Resilience : Lessons from the Affordable Care Act." *Policy Sciences* 53 (2): 269-289. https://doi.org/10.1007 Al1077-019-09368-w.

Berardo, Ramiro, and Mark Lubell. 2016. "Understanding What Shapes a Polycentric Governance System." *Public Administration Review* 76 (5): 738-751. https://doi.org/10.1111/puar.12532

Bevan, Shaun. 2015. "Bureaucratic Responsiveness : Effects of Elected Government, Public Agendas and European Attention on the UK Bureaucracy." *Public Administration* 93 (1): 139-158. https://doi.org/10.1111/padm.12113.

Bevan, Shaun, and Will Jennings. 2014. "Representation, Agendas and Institutions : Representation, Agendas and Institutions." *European Journal of Political Research* 53 (1): 37-56. https://doi.org/10.1111/1475-6765.12023.

Beyer, Daniela, Christian Breunig, Christoffer Green-Pedersen, and K. Jonathan Klüser. 2022. "Punctuated Equilibrium and the Comparative Study of Policy Agendas : Tracing Digitalization Policy in Germany." *Politische Vierteljahresschrift* 63 (2): 275-294. https://doi.org/10.1007/s11615-

022-00400-y.
Birkland, Thomas A., and Kathryn L. Schwaeble. 2019. "Agenda Setting and the Policy Process : Focusing Events." In *Oxford Research Encyclopedia of Politics*, by Thomas A. Birkland and Kathryn L. Schwaeble. Oxford University Press. https://doi.org/10.1093/acrefore/97801902286 37.013.165.
Blomquist, William, and Peter deLeon. 2011. "The Design and Promise of the Institutional Analysis and Development Framework : Blomquist/DeLeon : Institutional Analysis and Development Framework." *Policy Studies Journal* 39 (1) : 1-6. https://doi.org.10.1111/j.1541-0072.2011.00402. x.
Boin, Arjen, Martin Lodge, and Marte Luesink. 2020. "Learning from the COVID19 Crisis : An Initial Analysis of National Responses." *Policy Design and Practice* 3 (3): 189-204. https://doi.org/10.1080/25741292.2020.1823670.
Boushey, Graeme. 2010. *Policy Diffusion Dynamics in America*. Cambridge : Cambridge University Press. http://ezproxy.library.qmul.ac.uk/login?url=https://doi.org/10.1017/CB09780511778834.
Bremer, Björn, Swen Hutter, and Hanspeter Kriesi. 2020. "Dynamics of Protest and Electoral Politics in the Great Recession." *European Journal of Political Research* 59 (4) : 842-866. https//doi.org/10.1111/1475-6765.12375.
Breunig, Christian, and Chris Koski. 2009. "Punctuated Budgets and Governors' Institutional Powers." *American Politics Research* 37 (6) : 1116-1138. https://doi.org/10.1177/1532673X09333583.
Breunig, Christian, Christine S Lipsmeyer, and Guy D Whitten. 2019. *Political Budgeting across Europe*. New York : Routledge.
Brouard, Sylvain, and Isabelle Guinaudeau. 2015. "Policy beyond Politics? Public Opinion, Party Politics and the French Pro-Nuclear Energy Policy." *Journal of Public Policy* 35 (1) : 137-170 https://doi.org/10.1017/S0143814X14000221.
Burns, Charlotte, Judith Clifton, and Lucia Quaglia. 2018. "Explaining Policy Change in the EU : Financial Reform after the Crisis." *Journal of European Public Policy* 25 28-746. https://doi.org/10.1080/13501763.2017.1301535.
Capano, Giliberto, and Michael Howlett. 2020. "The Knowns and Unknowns of Policy Instrument Analysis : Policy Tools and the Current Research Agenda on Policy Mixes." *SAGE Open* 10 (1) : 215824401990056. https://doi.org/10.1177/2158244019900568.
Carammia, Marcello, Enrico Borghetto, and Shaun Bevan. 2018. "Changing the Transmission Belt : The Programme-to-Policy Link in Italy between the First and Second Republic." *Italian Political Science Review/Rivista Italiana Di Scienza Politica* 48 (3) : 275-288. https://doi.org/10.1017/ipo.2018.13.
Chaqués Bonafont, Laura, Christoffer Green-Pedersen, and Henrik Bech Seeberg. 2020. "Comparing Agenda-Settings : The Comparative Agendas Project." In *Handbook of Research Methods and Applications in Comparative Policy Analysis*, edited by B. Guy Peters and Guillaume Fontaine. Edward Elgar Publishing. https://doi.org/10.4337/9781788111195.00012
Clement, Floriane. 2010. "Analysing Decentralised Natural Resource Governance : Proposition for a 'Politicised' Institutional Analysis and Development Framework." *Policy Sciences* 43 (2) : 129-156. https://doi.org/10.1007/s11077-009-9100-8.
Cobb, Roger W, and Charles D Elder. 1972. "Individual Orientations in the Study of Political Symbolism." *Social Science Quarterly* 53 (1) : 79-90.
Daugbjerg, Carsten, and Alan Swinbank. 2016. "Three Decades of Policy Layering and Politically Sustainable Reform in the European Union's Agricultural Policy : Policy Layering and Politi-

第10章 政策過程研究と比較研究の融合における苦闘と勝利　429

cally Sustainable Reform." *Governance* 29（2）：265-280. https://doi.org/10.1111/gove.12171
Dery, David. 1984. *Problem Definition in Policy Analysis*. Studies in Government and Public Policy. Lawrence, KS：University Press of Kansas.
Deschaux-Dutard, Delphine. 2020."How Do Crises Fuel European Defence Policy?：A Comparative Analysis of the Birth and Relaunch of European Defence Using the Multiple Stream Framework." *European Review of International Studies* 7（1）：52-80. https://doi.org/10.1163/21967415-bja10019.
Dobbins, Michael, Brigitte Horváthová, and Rafael Pablo Labanino. 2021."Exploring Interest Intermediation in Central and Eastern Europe：Is Higher Education Different?" *Interest Groups & Advocacy* 10（4）：399-429. https://doi.org/10.1057/u1309-021-00136-x.
Douglas, Mary, and Aaron Wildavsky. 2010. *Risk and Culture：An Essay on the Selection of Technological and Environmental Dangers*. 1. paperback printing, 1983,[Nachdr.]. Berkeley, CA：Univ. of California Press.
Elgin, Dallas J., and Christopher M. Weible. 2013."A Stakeholder Analysis of Colorado Climate and Energy Issues Using Policy Analytical Capacity and the Advocacy Coalition Framework：Stakeholder Analysis of Colorado Climate and Energy Issues." *Review of Policy Research* 30（1）：114-133. https://doi.org/10.1111/ropr.12005.
Engeli, Isabelle, Christine Rothmayr Allison, and Eric Montpetit. 2018."Beyond the Usual Suspects：New Research Themes in Comparative Public Policy." *Journal of Comparative Policy Analysis：Research and Practice* 20（1）：114-132. https://doi.org/10.1080/13876988.2017.1413869.
Engeli, Isabelle, Christoffer Green-Pedersen, and Lars Thorup Larsen. 2012."Theoretical Perspectives on Morality Issues." In *Morality Politics in Western Europe*, edited by Isabelle Engeli, Christoffer Green-Pedersen, and Lars Thorup Larsen, 5-26. London：Palgrave Macmillan UK. https://doi.org/10.1057/9781137016690_2.
Epp, Derek A. 2018. *The Structure of Policy Change*. Chicago, IL, London：The University of Chicago Press.
Eskander, Shaikh, and Sam Fankhauser. 2020."Reduction in Greenhouse Gas Emissions from National Climate Legislation." *Nature Climate Change* 10（8）：750-756. https://doi.org/10.1038/s41558-020-0831-z.
Evrard, Aurélien. 2012."Political Parties and Policy Change：Explaining the Impact of French and German Greens on Energy Policy." *Journal of Comparative Policy Analysis：Research and Practice* 14（4）：275-291. https://doi.org/10.1080/1387698_8.2012.698582.
Fagan, E. J. 2022."Political Institutions, Punctuated Equilibrium Theory, and Policy Disasters." *Policy Studies Journal*. February, psj.12460. https://doi.org/10.1111/psj.12460.
Froio, Caterina, Shaun Bevan, and Will Jennings. 2017."Party Mandates and the Politics of Attention：Party Platforms, Public Priorities and the Policy Agenda in Britain." *Party Politics* 23（6）：692-703. https://doi.org/10.1177/1354068815625228.
Garritzmann, Julian L., Marius R. Busemeyer, and Erik Neimanns. 2018."Public Demand for Social Investment：New Supporting Coalitions for Welfare State Reform in Western Europe?" *Journal of European Public Policy* 25（6）：844-861. https://doi.org/10.1080/13501763.2017.1401107.
Gerring, John. 2017. *Case Study Research：Principles and Practices*. Second edition. Strategies for Social Inquiry. Cambridge：Cambridge University Press.
Gherghina, Sergiu, and Brigitte Geissel. 2020."Support for Direct and Deliberative Models of Democracy in the UK：Understanding the Difference." *Political Research Exchange* 2（1）：

1809474. https://doi.org/10.1080/2474736X.2020.1809474.
Gray, Virginia. 1973. "Innovation in the States : A Diffusion Study." *American Political Science Review* 67 (4) : 1174-1185. https://doi.org/10.2307/1956539.
Green-Pedersen, Christoffer, ed. 2014. *Agenda Setting, Policies, and Political Systems : A Comparative Approach*. Chicago, IL : Univ. of Chicago Press.
―――2019. *The Reshaping of West European Party Politics : Agenda-Setting and Party Competition in Comparative Perspective*. First edition. Comparative Politics. Oxford : Oxford University Press.
Green-Pedersen, Christoffer, and Stefaan Walgrave, eds. 2014. *Agenda Setting, Policies, and Political Systems : A Comparative Approach*. Chicago, IL, London : The University of Chicago Press.
Gupta, Kuhika. 2014. "A Comparative Policy Analysis of Coalition Strategies : Case Studies of Nuclear Energy and Forest Management in India." *Journal of Comparative Policy Analysis : Research and Practice* 16 (4) : 356-372. https://doi.org/10.1080/13876988.2014.886812.
Hacker, Jacob S. 2002. *Divided welfare State : The Battle over Public and Private Social Benefits in the United States*. First edition. Cambridge University Press. https://doi.org/10.1017/CBO9780511817298.
Hacker, Jacob S., and Paul Pierson. 2011. *Winner-Take-All Politics : How Washington Made the Rich Ricller- and Turned Its Back on the Middle Class*. 1. Simon & Schustser trade paperback ed. New York : Simon & Schuster.
Hall, Peter A. 1993. "Policy Paradigms, Social Learning, and the State : The Case of Economic Policymaking in Britain." *Comparative Politics* 25 (3) : 275. https://doi.org/10.2307/422246.
Heikkila, Tanya, Ramiro Berardo, Christopher M. Weible, and Hongtao Yi. 2019. "A Comparative View of Advocacy Coalitions : Exploring Shale Development Politics in the United States, Argentina, and China." *Journal of Comparative Policy Analysis : Research and Practice* 21 (2) : 151-166. https://doi.org/10.1080/13876988.2017.1405551.
Herweg, Nicole, Nikolaos Zahariadis, and Reimut Zohlnhöfer. 2022. "Travelling Far and Wide? Applying the Multiple Streams Framework to Policy-Making in Autocracies." *Politische Vierteljahresschrift* 63 (2) : 203-223. https://doi.org/10.1007/s11615-022-00393-8.
Holzinger, Katharina, Christoph Knill, and Bas Arts, eds. 2008. *Environmental Policy Convergence in Europe : The Impact of International Institutions and Trade*. Cambridge : Cambridge University Press. https://doi.org/10.1017/CBO9780511491962.
Howlett, Michael, Allan McConnell, and Anthony Perl. 2015. "Streams and Stages : Reconciling Kingdon and Policy Process Theory : Streams and Stages : Reconciling Kingdon and Policy Process Theory." *European Journal of Political Research* 54 (3) : 419-434. https://doi.org/10.1111/1475-6765.12064.
Howlett, Michael, and Jeremy Rayner. 2008. "Third Generation Policy Diffusion Studies and the Analysis of Policy Mixes : Two Steps Forward and One Step Back?" *Journal of Comparative Policy Analysis : Research and Practice* 10 (4) : 385-402. https://doi.org/10.1080/13876980802468816.
Howlett, Michael, and Jale Tosun, eds. 2019. *Policy Styles and Policy-Making : Exploring the Linkages*. Routledge Textbooks in Policy Studies. London, New York : Routledge, Taylor and Francis Group.
Hughes, Tyler, and Deven Carlson. 2015. "Divided Government and Delay in the Legislative Process : Evidence From Important Bills, 1949-2010." *American Politics Research* 43 (5) : 771-792. https://doi.org/10.1177/1532673X15574594.

Immergut, Ellen M. 1990."Institutions, Veto Points, and Policy Results : A Comparative Analysis of Health Care." *Journal of Public Policy* 10 (4): 391-416. https://doi.org/10.1017/S0143814X00006061.

Jahn, Detlef. 2011."The Veto Player Approach in Macro-Comparative Politics : Concepts and Measurement." In *Reform Processes and Policy Change*, edited by Thomas König, Marc Debus, and George Tsebelis, 16 : 43-68. Studies in Public Choice. New York : Springer New York. https://doi.org/10.1007/978-1-44195809-93.

Jahn, Detlef, and Sebastian Korolczuk. 2012."German Exceptionalism : The End of Nuclear Energy in Germany !" *Environmental Politics* 21 (1) : 159-164. https://doi.org/10.1080/09644016.2011.643374.

Jones, Bryan D. 1994. *Reconceiving decision-making in democratic politics : Attention, choice, and public policy*. Chicago, IL : University of Chicago Press.

―――2001. *Politics and the Architecture of Choice : Bounded Rationality and Governance*. Chicago, IL : University of Chicago Press.

―――2003."Bounded Rationality and Political Science : Lessons from Public Administration and Public Policy." *Journal of Public Administration Research and Theory* 13 (4) : 395-412. https://doi.org/10.1093/jopart/mug028.

―――2016."The Comparative Policy Agendas Projects as Measurement Systems : Response to Dowding, Hindmoor and Martin." *Journal of Public Policy* 36 (1) : 31-46. https://doi.org/10.1017/S0143814X15000161.

Jones, Bryan D., Frank R. Baumgartner, Christian Breunig, Christopher Wlezien, Stuart Soroka, Martial Foucault, Abel Francois, et al. 2009."A General Empirical Law of Public Budgets : A Comparative Analysis." *American Journal of Political Science* 53 (4): 855-873. https://doi.org/10.1111/j.1540-5907.2009.00405.x

Jordan, Jason. 2013."Policy Feedback and Support for the Welfare State."*Journal of European Social Policy* 23 (2) : 134-148. https://doi.org/10.1177/0958928712471224.

Jotzo, Frank, Joanna Depledge, and Harald Winkler. 2018."US and International Climate Policy under President Trump." *Climate Policy* 18 (7) : 813-817. https://doi.org/10.1080/14693062.2018.1490051.

Kenworthy, Lane. 2003."Quantitative Indicators of Corporatism." *International Journal of Sociology* 33 (3) : 10-44. https://doi.org/10.1080/15579336.2003.11770269.

Kingdon, John W. 1984. *Agendas, Alternatives and Public Policies*. Boston, MA : Little, Brown and Co.(笠京子訳『アジェンダ・選択肢・公共政策：政策はどのように決まるのか』（勁草書房、2017年））：但し、訳は 2011 年の 2nd edittion 版

Knill, Christoph. 2005."Introduction : Cross-National Policy Convergence : Concepts, Approaches and Explanatory Factors." *Journal of European Public Policy* 12 (5): 764-774. https://doi.org/10.1080/1351760500161332

Knill, Christoph, Marc Debus, and Stephan Heichel. 2010."Do Parties Matter in Internationalised Policy Areas? The Impact of Political Parties on Environmental Policy Outputs in 18 OECD Countries, 1970-2000." *European Journal of Political Research* 49 (3) : 301-336. https://doi.org/10.1111/j.1475-6765.2009.01903.x

Knill, Christoph, Kai Schulze, and Jale Tosun. 2012."Regulatory Policy Outputs and Impacts : Exploring a Complex Relationship : Regulatory Policy Outputs and Impacts." *Regulation & Governance* 6 (4) : 427-444. https://doi.org/10.1111/j.1748-5991.2012.01550.x

Knill, Christoph, and Jale Tosun. 2012. *Public Policy : A New Introduction*. Houndmills, New York :

Palgrave Macmillan.
_____2020. *Public Policy : A New Introduction*. Houndmills, New York : Palgrave Macmillan.
Kumlin, Staffan, and Isabelle Stadelmann-Steffen, eds. 2014. *How Welfare States Shape the Democratic Public : Policy Feedback, Participation, Voting and Attitudes. Globalization and Welfare.* Cheltenham, Northampton, MA : Edward Elgar.
Larsen, Erik Gahner. 2019. "Policy Feedback Effects on Mass Publics : A Quantitative Review." *Policy Studies Journal* 47 (2) : 372-394. https://doi.org/10.1111/psj.12280.
Lijphart, Arend. 1999. *Patterns of Democracy : Government Forms and Performance in Thirty-Six Countries*. New Haven, CT : Yale University Press.(粕谷祐子訳『民主主義対民主主義：多数決型とコンセンサス型の36ヶ国比較研究』勁草書房、2005年)
Lowi, Theodore J. 1964. "American Business, Public Policy, Case-Studies, and Political Theory." *World Politics* 16 (4) : 677-715. https://doi.org/10.2307/2009452.
Manow, Philip, and Simone Burkhart. 2008. "Delay as a Political Technique under Divided Government? Empirical Evidence from Germany, 1976-2005." *German Politics* 17(3) : 353-366. https://doi.org/10.1080/09644000802300650.
May, Peter J., Joshua Sapotichne, and Samuel Workman. 2006. "Policy Coherence and Policy Domains." *Policy Studies Journal* 34 (3) : 381-403. https://doi.org/10.1111/j.1541-0072.2006.00178.x
May, Peter J., S. Workman, and B. D. Jones. 2008. "Organizing Attention : Responses of the Bureaucracy to Agenda Disruption." *Journal of Public Administration Research and Theory* 18 (4) : 517-541. https://doi.org/10.1093/jopart/mun015.
Mettler, Suzanne, and Joe soss. 2004. "The Consequences of Public Policy for Democratic Citizenship : Bridging Policy Studies and Mass Politics." *Perspectives on Politics* 2 (1) : 55-73. https://doi.org/10.1017/S1537592704000623.
Newell, Allen, and Herbert A. Simon. 1972. *Human Problem Solving*. Englewood Cliffs, NJ : Prentice-Hall.
Newton, Kenneth, and Jan W. van Deth. 2016. *Foundations of Comparative Politics*. Cambridge : Cambridge University Press. http://www.vlebooks.com/vleweb/product/openreader?id=none&isbn=9781316554029.
Nohrstedt, Daniel. 2005. "External Shocks and Policy Change : Three Mile Island and Swedish Nuclear Energy Policy." *Journal of European Public Policy* 12 (6) : 1041-1059. https://doi.org/10.1080/13501760500270729.
Nohrstedt, Daniel, and Christopher M. Weible. 2010. "The Logic of Policy Change after Crisis : Proximity and Subsystem Interaction." *Risk, Hazards & Crisis in Public Policy* 1 (2) : 1-32. https://doi.org/10.2202/1944-4079.1035.
Osei-Kojo, Alex, Karin Ingold, and Christopher M. Weible. 2022. "The Advocacy Coalition Framework : Lessons from Applications in African Countries." *Politische Vierteljahresschrift* 63 (2) : 181-201. https://doi.org/10.1007Al1615-022-00399-2.
Ostrom, Elinor. 2010. "Beyond Markets and States : Polycentric Governance of Complex Economic Systems." *American Economic Review* 100 (3) : 641-672. https://doi.org/10.1257/aer.100.3.641.
_____2011. "Background on the Institutional Analysis and Development Framework : Ostrom : Institutional Analysis and Development Framework." *Policy Studies Journal* 39 (1) : 7-27. https://doi.org/10.1111/j.1541-0072.2010.00394.x
Ostrom, Vincent, Charles M. Tiebout, and Robert Warren. 196 L "The Organization of Government in Metropolitan Areas : A Theoretical Inquiry." *American Political Science Review* 55 831-842.

https://doi.org/10.2307/1952530.
Peters, B. Guy. 2018."Comparative Politics and Comparative Policy Studies : Making the Linkage." *Journal of Comparative Policy Analysis : Research and Practice* 20 (1): 88-100. https://doi.org/10.1080/13876988.2017.1414409.
Petridou, Evangelia, and Michael Mintrom. 2021."A Research Agenda for the Study of Policy Entrepreneurs." *Policy Studies Journal* 49 (4): 943-967. https://doi.org/10.1111/psj.12405
Pierson, Paul. 2004. *Politics in Time : History, Institutions, and Social Analysis*. Princeton, NJ : Princeton University Press.
Radin, Beryl A., and David L. Weimer. 2018."Compared to What? The Multiple Meanings of Comparative Policy Analysis." *Journal of Comparative Policy Analysis : Research and Practice* 20 (1): 56-71. https://doi.org/10.1080/13876988.2017.1414475.
Restad, Hilde Eliassen. 2020."What Makes America Great? Donald Trump, National Identity, and U. S. Foreign Policy." *Global Affairs* 6 (1): 21-36. https://doi.org/10.1080/23340460.2020.1734955.
Sabatier, Paul A, and Christopher M. Weible. 2007."The Advocacy Coalition Framework : Innovations and Clarifications." In *Theories of the Policy Process*, 2nd edition edited by Paul A Sabatier, 189-220. Boulder, CO : Westview Press.
Saikawa, Eri. 2013."Policy Diffusion of Emission Standards Is There a Race to the Top?" *World Politics* 65 1-33. https://doi.org/10.1017/S0043887112000238.
Sanjurjo, Diego. 2020."Taking the Multiple Streams Framework for a Walk in Latin America." *Policy Sciences* 53 (1): 205-221. https://doi.org/10.1007/s11077-020-09376-1.
Scharpf, Fritz W. 1997."Introduction : The Problem-Solving Capacity of MultiLevel Governance." *Journal of European Public Policy* 4 (4): 520-538. https://doi.org/10.1080/135017697344046.
Schattschneider, E. E. 1974. *The Semisovereign People : A Realist's View of Democracy in America*. New York : Holt, Rinehart and Winston.(内山秀夫 訳『半主権人民』(而立書房、1972 年［原書 1960 年版の翻訳］))
Schlaufer, Caroline, Johanna Kuenzler, Michael D. Jones, and Elizabeth A. Shanahan. 2022."The Narrative Policy Framework : A Traveler's Guide to Policy Stories." *Politische Vierteljahresschrift* 63 (2): 249-273. https://doi.org/10.1007/s11615-022-00379-6.
Schmidt, Paul Wickham. 2019."An Overview and Critique of US Immigration and Asylum Policies in the Trump Era." *Journal on Migration and Human Security* 7 (3): 92-102. https://doi.org/10.1177/2331502419866203.
Shanahan, Elizabeth A., Michael D. Jones, and Mark K. McBeth. 2011."Policy narratives and policy processes." *Policy Studies Journal*, 39 (3): 535-561.
Shore, Jennifer. 2016."Political Inequality : Origins, Consequences, and Ways Ahead." In *Understanding Inequality : Social Costs and Benefits*, edited by Amanda Machin and Nico Stehr, 225-240. Wiesbaden : Springer Fachmedien Wiesbaden. https://doi.org/10.1007/978-3-658-11663-7_11.
Smith-Walter, Aaron, and Michael D. Jones. 2020."Using the Narrative Policy Framework in Comparative Policy Analysis." In *Handbook of Research Methods and Applications in Comparative Policy Analysis*, edited by B. Guy Peters and Guillaume Fontaine. Edward Elgar Publishing. https://doi.org/10.4337/9781788111195.0029.
Soroka, Stuart Neil. 2014. *Negativity in Democratic Politics : Causes and Consequences*. New York : Cambridge University Press.
Soroka, Stuart Neil, and Christopher Wlezien. 2010. *Degrees of Democracy : Politics, Public Opinion, and Policy*. Cambridge, New York : Cambridge University Press.

soss, Joe, and Sanford F. Schram. 2007. "A Public Transformed? Welfare Reform as Policy Feedback." *American Political Science Review* 101 (1): 111-127. https://doi.org/10.1017/S0003055407070049.

Spohr, Florian. 2016. "Explaining Path Dependency and Deviation by Combining Multiple Streams Framework and Historical Institutionalism : A Comparative Analysis of German and Swedish Labor Market Policies." *Journal of Comparative Policy Analysis : Research and Practice* 18 (3): 257-272. https://doi.org/10.1080/13876988.2015.1122210.

Stauffer, Bettina, and Johanna Kuenzler. 2021. "Introduction-Stories of the old world : The Narrative Policy Framework in the European context." *European Policy Analysis* 7 (S2) : 268-75. https://doi.org/10.1002/epa2.1128

Stone, Deborah A. 1989. "Causal Stories and the Formation of Policy Agendas." *Political Science Quarterly* 104 (2): 281-300. https://doi.org/10.2307/2151585.

Strebel, Michael Andrea, Daniel Kübler, and Frank Marcinkowski. 2019. "The Importance of Input and Output Legitimacy in Democratic Governance : Evidence from a Population-based Survey Experiment in Four West European Countries." *European Journal of Political Research* 58 (2): 488-513. https://doi.org/10.1111/1475-6765.12293

Streeck, Wolfgang, and Kathleen Ann Thelen. 2005. "Introduction : Institutional Change in Advanced Political Economies." In *Beyond Continuity : Institutional Change in Advanced Capitalist Economies*, edited by Wolfgang Streeck and Kathleen Ann Thelen, 1-39. Oxford : Oxford University Press.

Tosun, Jale. 2013. *Environmental Policy Change in Emerging Market Democracies : Central and Eastern Europe and Latin America Compared*. Studies in Comparative Political Economy and Public Policy 41. Toronto : University of Toronto Press.

Tosun, Jale, and Marcus A. Koch. 2021. "Policy Mixes for Biodiversity : A Diffusion Analysis of State-Level Citizens' Initiatives in Germany." *Journal of Environmental Policy & Planning*, October, 1-13. https://doi.org/10.1080/1523908x.2021.1992265.

Tosun, Jale, and Simon Schaub. 2021. "Constructing Policy Narratives for Transnational Mobilization : Insights from European Citizens' Initiatives." *European Policy Analysis* 7 (S2): 344-364. https://doi.org/10.1002/epa2.1125.

Tosun, Jale, and Julia Schnepf. 2020. "Measuring Change in Comparative Policy Analysis : Concepts and Empirical Approaches." In *Handbook of Research Methods and Applications in Comparative Policy Analysis*, edited by B. Guy Peters and Guillaume Fontaine. Edward Elgar Publishing. https://doi.org/10.4337/97817

Tsebelis, George. 2002. *Veto Players : How Political Institutions Work*. Princeton, NJ : Princeton University Press.(眞柄秀子、井戸正伸監訳『拒否権プレイヤー：政治制度はいかに作動するか』(早稲田大学出版部、2009 年))

Vliegenthart, Rens, Stefaan Walgrave, Frank R. Baumgartner, Shaun Bevan, Christian Breunig, Sylvain Brouard, Laura Chaqués Bonafont, et al. 2016. "Do the Media Set the Parliamentary Agenda? A Comparative Study in Seven Countries." *European Journal of Political Research* 55 (2): 283-301. https://doi.org/10.1111/1475-6765.12134

Volkens, Andrea, Pola Lehmann, Nicolas Merz, Sven Regel, A Werner, and H Schultze. n.d. *The Manifesto Data Collection. Manifesto Project (MRG/CMP/MARPOR) (Version 2013b.)*. Berlin : Wissenschaftszentrum Berlin fir Sozialforschung (WZB).

Walgrave, Stefaan, Stuart Soroka, and Michiel Nuytemans. 2008. "The Mass Media's Political Agenda-Setting Power : A Longitudinal Analysis of Media, Parliament, and Government in

第 10 章　政策過程研究と比較研究の融合における苦闘と勝利　　435

Belgium (1993 to 2000)." *Comparative Political Studies* 41 (6): 814-836. https://doi.org/10.1177/ 0010414006299098.
Waslin, Michele. 2020. "The Use of Executive Orders and Proclamations to Create Immigration Policy: Trump in Historical Perspective." *Journal on Migration and Human Security* 8 (1): 54-67. https://doi.org/10.1177/2331502420906404.
Weaver, Kent. 2010. "Paths and Forks or Chutes and Ladders?: Negative Feedbacks and Policy Regime Change." *Journal of Public Policy* 30 (2): 137-162. https://doi.org/10.1017/S0143814X 10000061.
Weible, Christopher M., and Tanya Heikkila. 2016. "Comparing the Politics of Hydraulic Fracturing in New York, Colorado, and Texas." *Review of Policy Research* 33 (3): 232-250. https://doi.org/10.1111/ropr.12170
Weible, Christopher M., Tanya Heikkila, Karin Ingold, and Manuel Fischer, eds. 2018. *Policy Debates on Hydraulic Fracturing: Comparing Coalition Politics in North America and Europe*. Softcover reprint of the original 1 st edition 2016. NewYork: Palgrave Macmillan.
Weible, Christopher M., Daniel Nohrstedt, Paul Cairney, David P. Carter, Deserai A. Crow, Anna P. Durnová, Tanya Heikkila, Karin Ingold, Allan McConnell, and Diane Stone. 2020. "COVID-19 and the Policy Sciences: Initial Reactions and Perspectives." *Policy Sciences* 53 (2): 225-241. https://doi.org/10.1007/s11077-020-09381-4.
Weible, Christopher M., Paul A. Sabatier, and Kelly McQueen. 2009. "Themes and Variations: Taking Stock of the Advocacy Coalition Framework." *Policy Studies Journal* 37 (1): 121-140. https://doi.org/1111/j.1541-0072.2008.00299.x
Wenzelburger, Georg, and CarstenJensen. 2022. "Comparative Public Policy Analysis: Shortcomings, Pitfalls, and Avenues for the Future." *Politische Vierteljahresschrift* 63 (2): 295-313. https://doi.org/10.1007/s11615-022-00390-x.
Workman, Samuel. 2015. *The Dynamics of Bureaucracy in the U. S. Government: How Congress and Federal Agencies Process Information and Solve Problems*. Cambridge: Cambridge University Press. https://doi.org/10.1017/CBO9781107447752.
Workman, Samuel, Frank R. Baumgartner, and Bryan D. Jones. 2022. "The Code and Craft of Punctuated Equilibrium." In *Methods of the Policy Process*, edited by Christopher M. Weible and Samuel Workman, First edition, 51-79. New York: Routledge. https://doi.org/10.4324/9781003 269083-3.
Workman, Samuel, Deven Carlson, Tracey Bark, and Elizabeth Bell. 2022. "Measuring Interest Group Agendas in Regulatory Proposals: A Method and the Case of US Education Policy." *Interest Groups & Advocacy* 11 (1): 26-45. https://doi.org/10.1057/s41309-021-00129-w.
Zohlnhöfer, Reimut. 2016. "Putting Together the Pieces of the Puzzle: Explaining German Labor Market Reforms with a Modified Multiple-Streams Approach: Explaining German Labor Market Reforms." *Policy Studies Journal* 44 (1): 83-107. https://doi.org/10.1111/psj.12135
Zohlnhöfer, Reimut, Nicole Herweg, and Christian Huß. 2016. "Bringing Formal Political Institutions into the Multiple Streams Framework: An Analytical Proposal for Comparative Policy Analysis." *Journal Comparative Policy Analysis: Research and Practice* 18 (3): 243-256. https://doi.org/10.1080/13876988.2015.1095428.

第11章　政策過程の研究と理論の発展

クリストファー・ウィブル　（Christopher M. Weible）

　曖昧で複雑、多面的で進化し続ける政策過程は、豊かな歴史的伝統を持つ研究と、公共政策の文脈、出来事、アクター、アウトカムとの継続的な相互作用を中心に据えた、ますます多様化するコミュニティを惹きつけてきた。教育、分析、研究、そして実践において公共政策を前面に押し出すことで、この分野は、より高度な知識の高みへと上昇を続け、より良い世界への貢献に向けた努力を維持している[1]。

　この結論の章では、2018年の第4版以降の理論の変更点をまとめ、評価することで本書を終える。変更点は章によって異なるが、その多くは概念と理論的な議論の明確化、理論的範囲の拡大（expand）と拡張（extend）、理論的な議論の確認と強化、知識と行動の橋渡しに関するものである。そして政策過程研究コミュニティを発展させる方法を提案している。それは貢献の方法を広げること、多様化する研究コミュニティに対応できる出版物を開発すること、参入と学習の障壁を取り除くことに注力することなどである。

1．政策過程理論を発展させるための類型

　公共政策に関わる無数の相互作用を考慮すると、理論はこれまで政策過程を研究する上で不可欠なものであったし、これからも不可欠なものである。第5版となる本書の各章は、2022年時点で最も確立され活用されている政策過程理論について、その理論の創始者または先導者によって執筆された理論を、第4版からアップデートして提供している[2]。本節では、理論内および理論間の変化を4つの類型にまとめ、評価する[3]。

1.1　概念と理論的議論の明確化

　概念は理論の構成要素であり、その相互作用によって理論的議論や仮説（その他の推測や命題の形式を含む）が形成される。その結果、すべての理論がこの最初の類型に沿って明確化したものを報告している。

　おそらく最も変化があったのは、物語り政策フレームワーク（Narrative Policy Framework）で、因果メカニズムを物語因果戦略へと、また、悪魔-天使シフトを悪魔-天使-連帯シフトへと明確化し、名称を変更したことに表れている。この研究プログラムはまた、政策変化に至る理論の道筋をより明確にし、新たな概念図を提示した[1]。

　さらに、複数の流れフレームワーク（Multiple Streams Framework）は、問題や政治の窓に対する全体論的仮説に関連する要因の有用なチェックリストを提供するようになった。政策ゲームの生態系フレームワーク（Ecology of Games Framework）と波及とイノベーション（Diffusion and Innovation）にも、新しい概念図やフロー図が追加され、彼らの議論を伝えるのに役立っている。また、唱道連合フレームワーク（Advocacy Coalition Framework）の場合、そのフロー図は、示された関係がその範囲内の1つのシナリオを表しているに過ぎないという注意事項とともに確認されている。

　概念や理論的議論を明確にするための継続的な取組みは、この分野が自らの考えをよりよく伝えようとしていることを示している。核心的な課題は、研究プログラム内の人間には理解されず、研究プログラム外の人間にはなおさら理解されないことの多い意味を持つ言葉（すなわち概念）についてである。さらに事態を複雑にするのは、同じ言葉でも理論によって意味が異なる場合があることだ。単語の意味が合意されている場合でも、その意味は文献に深く根ざして暗黙のうちに理解されていることが多い。さらに、時間の経過とともに意味が変化したり、文脈によって意味が変わったり、言語間で確実に翻訳できない単語もある。その結果、この分野で最もよく認識されている問題が生じることとなる。すなわち、実証研究の適用における一貫性の欠如、理論の学習と適用における困難さ、そして本分野への参入障壁である。

　これら全ては、より良いコミュニケーションの根本的な必要性を示している。*Dictionary of Public Policy*（『公共政策の辞典』Howlett et al, 2022）は正しい方向への一歩かもしれないが、実際には存在しない画一性を仮定しがちであ

る。さらに、本書で扱われている言葉の中には、一文や一段落で定義や説明ができないものもある（例えば「政策過程」という概念を見てもわかるように）。

このような状況に対する単純な解決策は存在しない。分野全体に統一された用語を強制することは理論の発展を妨げる可能性がある。なぜなら、理論用語の精緻化と発展は確かに難解さを増すかもしれないが、それ自体が理論の発展を示す重要な指標の一つとなるからである。それにもかかわらず、語彙が果たす重要な役割を認識し、概念を明確にして伝達することへの継続的な投資は不可欠である。同様に、その語彙を学び、時間の経過や文脈によって変化する可能性のある異なる意味を認識し続ける努力も重要である[5]。

本書の変化が混乱ではなく、より多くの明確化につながることを期待する。いずれにせよ、各章に見られるこうした変化は、研究プログラムが自らの考えをより効果的に伝え、より広い読者層に届けるためにアプローチを修正するという、称賛に値する努力を示している。

1.2　理論的射程の拡大と拡張

理論的適合性は重要であり、単一の理論をすべてのリサーチ・クエスチョン、デザイン、文脈に適用することは欠陥のある戦略である。その代わりに、理論の規範は、研究を、好ましい範囲のリサーチ・クエスチョン、リサーチ・デザイン、文脈の設定を含む特定の射程に導く（Cairney and Heikkila, 2022［本書第9章］）。その後、2つの相互に依存する論点が生じる。第1に、理論の正統的な射程をいつ、どのように拡大するか。第2に、その正統的射程外で理論を適用することによって、いつ、どのように理論を拡張するか。

本書では、すべての章が理論の正統的な射程をさまざまな程度や方法で拡大している。最も注目すべきは、複数の流れフレームワークが、アジェンダ設定と代替策選択という当初の射程をはるかに超えて、政策サイクルのより多くの段階へと拡大し続けていることである。また、これまで分断されてきた文献群を橋渡しすることで、射程が変化することもある。最も顕著な例として、波及とイノベーションの新たな国際的な方向性が挙げられ、政策の移転、循環、流動性に関する文献を要約することで、このアプローチをより包括的なものとしている。射程の拡大が理論の適用に適した領域と主張されるのに対して、どの理論も実証的な適用を報告しており、新しい領域や比較的新しい地域領域、特

に西欧民主主義国以外にアプローチを拡張し、適用し続けている。

　理論的射程の拡大・拡張は、トップダウンとボトムアップの微妙な違いで捉えることができる。トップダウンの観点からは、理論の正統的な射程がまず拡大し、実証的な適用がそれに続く。理論の正統的な射程の変更は、直ちに新たな知識を示すものではなく、むしろその新たな領域で実証研究を行うことを要請するものである。ボトムアップの観点からすると、まず実証研究が理論を本来の射程外へと拡張・適用し、それに続いて理論の射程自体が変更される。もちろん、理論の射程を変更する際にトップダウンとボトムアップの視点を区別することは、はるかに複雑で反復的なプロセスを単純化しすぎている。しかし、両者の事例を切り分けることは有益である。例えば、唱道連合フレームワークの適用における実証的拡張は、その射程内である敵対的なサブシステム（リーチとサバティエ（Leach and Sabatier, 2005）に遡り、より最近ではコーブリ（Koebele, 2019））だけでなく、その射程外である協調的なサブシステムでも続いている。しかし、この理論の正典はほとんど改訂も拡大もされておらず、おそらく伝統を維持する傾向か、より多くの証拠を必要とすることを示している。対照的に、複数の流れフレームワークは、ボトムアップの実証的裏付けがあまりないまま、トップダウンで実施まで射程を拡大しており、理論が研究の追随を望んでいる状況である。

　理論の正統的な射程を拡大する選択には、理論的洞察が必要である。どのような理論であれ、射程の大きさと知識の主張の間には逆転した関係がある可能性が高い。例えば、断続平衡理論が比較的狭い射程を対象としていることは、その成功の源泉かもしれない。この理論は政策過程の広範囲を説明しようとはしておらず、理解しようとしていることに関しては、非常に優れた方法で行っている[6]。拡大するか否かは、理論の発展に時間、注意、資源を割く上で、広さと深さの間の緊張のバランスをとる問題である。

　理論の不変性は答えではない。理論は拡張されるべきであり、さまざまな環境、実質的に新しいテーマ、さまざまなメソッドで適用されるべきである。理論が、内部構造（例えば、概念や規定された関係）と、世界の一部を理解し説明する機能（すなわち、正統的な射程）を持つ人間の人工物と同様であるならば、理論を新しい分野に適用する理由の一つは、その長所と限界について何かを学ぶことである。ハーバート・サイモン（Simon, 1996, 12）はこう言っている。

好ましい環境下では、その機構（政策過程理論）から学べるのは、それに期待された機能だけである。しかし、厳しい環境下では、その内部構造について——特に性能を制限する要因となっている内部構造の側面について——学ぶことができる。

サイモンの助言を実践するには、慎重な思考と謙虚な姿勢が求められる。欧米の民主主義国以外で理論を適用する場合、研究者はうっかり、観察結果を既存の概念カテゴリーに押し込んでしまったり、欧米の概念を不適切に押し付けてしまったり、政策過程の極めて重要な側面を無視してしまったり、他の新たなアイデアや理論を排除してしまったり、相互作用の大きさや恒常性を誤って解釈してしまったりする可能性がある（Bandelow et al. 2022）。このような脅威を軽減する方法はある。例えば、代表性のある研究チームを作ること、文脈に対する理論的な順応性を維持すること、理論的な押しつけを最小限に抑えながら文脈とデータの表現を促進する研究デザインを作ることなどである。このような努力をしても、上に見た脅威はある程度残るだろう。

理論の射程は拡大することが可能であり、時には拡大すべきであり、理論はその射程外で適用され、拡張されることが可能であり、時には拡張されるべきである。その際、最初の段階は、付随する明示的・黙示的な前提、概念、仮説を含め、理論の正統的な射程について学ぶことである。第2段階は、新しい領域と、そこで理論を拡大・拡張することの意味について学ぶことである。言い換えれば、サイモンの比喩を用いれば、その機構（理論）と新たな適用環境の双方を十分に理解することである。この2つの段階を、動機、トレードオフ、そして潜在的な貢献を認識しながら、心をこめて行ってみよう。最後に、さらに重要なことだが、理論を拡大・拡張しないことを選択することも検討しよう。場合によっては、理論の本来の射程内での深化に注力することが最も効果的な戦略となりうる。

1.3 理論的な議論の確認と強化

どのような理論であっても、その理論が政策過程についてどのような独創的な洞察を提供しているかが試金石となる。序章で述べたように、すべての理論は、過去と比較して現在の政策過程について何を知っているかによって評価されるべきである。本書に収録されているすべての理論は、理論的な進歩を続け

ているが、理論的な反論や矛盾は依然として研究し探求する価値がある。

　どの理論も、さまざまな統治に関する文脈、地理的文脈および実質的な文脈への適用を拡張することによって、その一般化可能性を広げていると報告している。断続平衡理論は、地域の政策アジェンダやさまざまな政治・統治システムへ適用を拡大することで、地理的にその射程を広げている。このアプローチは、継続的な実証研究の蓄積に基づいて段階的に射程を拡大していく方法を採用している（つまり、前節のボトムアップの視点に似ている）。同様に、唱道連合フレームワークも、特に政策変化や連合の性質に関する説明を中心に、より洗練されたメソッドと多様な文脈を通じて、その仮説の一部を確認し続けている。理論によっては、その議論の一般化を新しいこととして説明するものもあるが、制度分析・開発フレームワークは、その既存の強みを生かし、環境問題にとどまらず、世界各地で応用が広がっている。

　また、多くの理論が、リサーチ・クエスチョンの射程内で、より深い理解や、時には新しい説明を報告している。政策フィードバック理論は、政策フィードバックの調整効果として、連邦制、党派性、構造的不平等を挙げている。本書の新理論である政策ゲームの生態系フレームワークは、多核性ガバナンスの複雑さについて、その理論的・実証的議論を構築し、拡大させたものである（Lubell, 2013 と比較）。

　逆に、一貫性のない知見や仮説の確認不足を報告する理論もある。唱道連合フレームワークや物語り政策フレームワークでは、理論的な概念化が不明確であったり、実証研究における概念解釈や操作化が様々であったりすることもあり、いくつかの仮説で一貫性のない結果が報告されていたり、いくつかの場面で反証が報告されていたりする。唱道連合フレームワークの主な問題点の例は、その一貫性のない信念体系概念の適用と、支配的連合と少数派連合の定義の不明確さにある。例えば、物語り政策フレームワークでは、勝利する連合と敗北する連合の概念化が不明確であり、悪魔−天使−連帯シフトの測定とモデル化に問題があるなど、同様の問題が生じている。

　本書の他の仮説は、一度も検証されたことがなかったり、ほとんど検証可能でなかったり、あるいは貢献度が低かったりする。最も顕著なのは、唱道連合フレームワークのいくつかの仮説が、30 年以上にわたってほとんど検証されないまま、いまだにその規範にとどまっていることである。複数の流れフレーム

ワークは、政策起業家が「より粘り強い」場合、窓が開く可能性が高いとしているが、これは「より粘り強い」ことの意味、測定、および比較の基準についての疑問を投げかけている。物語り政策フレームワークは、「メディアは政策論争における貢献者（政策アクター）である」という仮説を提示しているが、これは明白で取るに足らない推測を提供する理論の一例である[7]。

　仮説や他のタイプの推測で書かれた理論的な議論は、その分野が継続的に成長し成功するための基礎となる。仮説は白紙の状態から始まり、やがて研究の成功と失敗の蓄積により充実し、何がわかっていて何がわかっていないかを示す指標となっていく。仮説について、誰も注目しなければそれを捨てる。誰もが信頼できずに解釈したり、適用したりするならば、それを明確にし、修正する。もし誰もそこから学ばないのであれば、改訂して価値があるものにするか、廃棄する。最も重要なことは、研究を導き、課題を設定し、新しい研究者や経験豊富な研究者の時間と注意を向ける方向を定める上で、仮説が重要だということである。このような基礎の明確性、関連性、反証可能性、適用可能性、重要性を保証することは、この分野に関心を持ち、関わるすべての人にとって不可欠な任務となる。

　最後に、この変化の類型は、各章を横断して報告するのが最も難しいかもしれない。というのも、この分野には、理論の育成と発展における多くの重要な決定について、議論や規範、あるいはベスト・プラクティスが欠如しているからである。例えば、どの理論も、政策過程に関する知識の主張の仕方や、その主張の確信度や一般化可能性が不明確である。言い換えれば、理論が真正な知識主張でその範囲を拡大するためには、どれだけの適用数が必要であり、それらがどれほど「優れた」ものであるべきかということである。同様に、理論を修正するための実証研究の蓄積を理論はどのように評価すべきなのか、仮説やその他の理論的な議論を追加したり却下したりする際の決定ルールはどのようなものなのか。もちろん、簡単な答えは存在しないが、今のところ、このような問いを立てる人さえいない。

1.4　知識と行動の架橋

　知識と行動の架橋とは、研究から社会へともたらされる便益と定義される「広範なインパクト」の達成と同義である[8]。広範なインパクトの達成は、多く

の助成機関が研究の質を評価する際に用いる基本的な基準であり、大学や一般社会からの期待が高まっているし、多くの場合学生の主な関心事であり、多くの学者の関心事でもある。広範なインパクトはまた、公共政策研究における最も長く議論され続けているテーマの1つでもある（Lasswell, 1956；Easton, 1969；deLeon, 1997）。これらの議論は通常、学問の目的が実用的なものか科学的なものかという点、そして学者が政策過程にどのように関与すべきか（あるいは関与すべきかどうか）、例えば政治的な主張者としての立場を取るべきか中立を保つべきかという点を中心に展開される。

　この第5版では、すべての章が第4版よりも社会貢献に関する問題に焦点を当てている。その方法はさまざまであるが、そのひとつが規範的要素を議論に取り入れることである。例えば、民主主義を重視する政策フィードバック理論や、自治を重視して公平性や安全性などの評価基準を盛り込む制度分析・開発フレームワークなど、規範性を基盤に組み込んだ2つの理論がある[9]。

　他のアプローチも同様の段階を踏んでいる。物語り政策フレームワークは民主主義へのコミットメントを再度強調し（Jones and McBeth, 2020）、唱道連合フレームワークは権力と代表性の問題についての研究を方向づけ（Nohrstedt et al., 2022）、断続平衡理論は政府の過ちと過剰反応・過少反応を探求し（Fagan, 2021）、波及とイノベーションは政策循環における規範的議論を組み込んでいる（Porto de Oliveira, 2022）。

　理論に規範的な側面（道徳、正しいか間違っているか、良いか悪いかの問題）を取り入れることで、政策過程理論を進化させ、知識と行動を結びつけることができる（Ingram et al., 2016；Heikkila and Jones, 2022）。しかし、規範性を取り入れることで、科学的メソッドで答えられ得るリサーチ・クエスチョンを設定するという科学が損なわれることがあってはならない。政策フィードバック理論と制度分析・開発理論を例にとれば、どちらも科学的メソッドで答えられる問いを投げかけている。それらの工夫は、社会への貢献を目指しつつ、科学的研究を規範的な視点から評価することにある。

　本書のすべての理論は、評価基準を通じて規範的な視点を取り入れることで、政策フィードバック理論や制度分析・開発フレームワークを模倣することができるだろう。そのような評価基準は、政策過程の測定と評価を導くことができ、政治的・社会的公平性、安全、アカウンタビリティ、有効性、代表性、

政府の応答性、政治的な同盟者と対立者の間での公正さ、標的とされ無力化され周縁化された人々に対する公正さ、情報生産と処理の能力、公論（public discourse）の健全性、民主的規範に対するコンセンサス、知識を正当化と非正当化するための共有ルール、その他の政策目標のアウトカムに関連するかもしれない。

　政策理論に規範的な評価基準を取り入れることに加えて、この分野の最近の発展は、政策理論から実践的な教訓を引き出す努力によるものであることを示している。この努力は通常、理論的および実証的な出版物を精査し、学生や分野外の人々にとって最も重要な教訓を得ることに焦点を当てている。最近の例としては、シパンとヴォルデン（Shipan and Volden, 2012）の「イノベーションと波及」からの実践的な教訓、シュラガーとハイキラ（Schlager and Heikkila, 2011）の制度分析・開発フレームワークの「コモンプール資源理論」からの実践的な洞察の要約、カーニーら（Cairney et al., 2022）の保健、教育、ジェンダー政策における公平性のための政策過程理論からの教訓導出、ウィブルとカーニーの *Practical Lessons from Policy Theories*（『政策理論からの実践的な教訓』Weible and Cairney, 2022）と題された編著が挙げられる。序章で述べたように、この分野では、すべての文脈に適用できる絶対的な指針や、特定の場所と時間における特定の意思決定に適用できるアドバイスを提供しているわけではない。その代わり、アドバイスは論争にアプローチするための方向性を与え、共通の傾向やパターンを強調し、重要と思われる要素に注意を集中させる助けとなる傾向がある。とはいえ、この分野からの教訓をまとめ、内外の人々と共有するためには、もっと多くのことができるはずだ[10]。

　規範性や実践的な教訓導出に関連する戦略とともに、ほとんどの学問が世界に与える最も大きなインパクトは、出版された科学論文から学ぶ傾向にある学生を通じてであろう。したがって、より優れた教育スキルを開発する必要性とともに、この分野は、教員や学生に届くよう、学術的な読者に向けて出版するというコミットメントを維持しなければならない。理論に組み込まれた知識を、査読制度を通じて検証され、学術的な出版物に掲載された実証的な適用を通じて広め深めることは、授業のシラバスを充実させ、教室での議論の素材を提供し、学生たちの学びを促進する。学生たちはその数と影響力において、どの教員よりもはるかに大きな即座の変化をもたらす可能性を持っている[11]。

最後に、政策過程理論を用いて知識と行動をさまざまな形で結びつけることは、学問の世界を超えて貢献するかもしれないが、その影響は即時には現れないかもしれず、何も保証されてはいない。どのような理論であれ、またそれが規範性を重視するかどうかに関わらず、近い将来に政策過程に貢献することを目標とする場合、その適用方法（例えば、知識の共同生産、提唱、調査）が重要になる。言い換えれば、非学術的な聴衆に直接役立つことを意図した理論の適用には、様々な形の関与型学術研究（engaged scholarship）（Van de Ven, 2007）を採用し、研究において人間の尊厳を促進する必要がある。例えば、研究者は政策コミュニティと協力して、その多核的統治構造の複雑さを理解しようと試みることができる。この場合、政策ゲームの生態系を用いることで、その構造と、人々や組織がどのように関与し、意思決定の場の相互依存性がどのように機能しているかの様子を映し出すことができる。政策ゲームの生態系は、結果について何が「良い」のか「悪い」のかを規定するものではないかもしれない。その代わり、良し悪しの解釈は、問題に関わり、研究で協働している人々によるプレゼンテーション、議論、そして教訓次第である[12]。要点は、政策過程理論への規範的要素の導入の可能性や必要性を軽視することではなく、理論の最終的な有用性は、それをどのように活用するかにかかっていることを強調することである。

　政策過程理論は、4つの類型（1.1〜1.4）を通じて、異なる手段や規模で進展していく。これは時に直接的に、また時に間接的に行われる[13]。例えば、理論的な議論を確認し、それを強化することは、知識の重要な進歩を示す可能性がある。その他の変化の類型は、概念や理論的な議論の明確化、時には範囲の拡大や拡張など、将来的な知識の進歩の基礎を築くものである[14]。最後に、理論がどのように知識と行動の架け橋となりうるかを解明することは、研究の指針となり、理論や新たな研究課題を考える独創的な方法を示唆するものである。

2．政策過程研究コミュニティの発展戦略

　ある面では、政策過程研究コミュニティはかつてないほど強力で多様性に富んでいる。この分野の発展について考える1つの方法は、もし40年前に出版されたとしたら、どのような理論が本書を構成していたかを想像することであ

る。1980年代初頭であれば、課題認識サイクル（issue attention cycle）（Downs, 1972）、漸増主義（incrementalism）（Lindblom, 1959）、権力アリーナ（arenas of power）（Lowi, 1964, 1972）、争点ネットワーク（issue networks）（Heclo, 1978）、因果関係の漏斗（the funnel of causality）［訳注：多くの外部要因が時間と共に影響力を絞り込みながら、最終的な投票行動や政治的意思決定に至るまでに影響を与えるという考え方のこと］（Hofferbert, 1974）、実施へのトップダウンアプローチ（a top-down approach to implementation）（Mazmanian and Sabatier, 1983）、政策科学フレームワーク（Policy Sciences Framework）（Lasswell, 1971）などが含まれていたかもしれない[15]。これらの古い理論と比較すると、今日の理論は、メソッド、データ、仮説と推測、政策過程に関する知識において、重要な進歩を示している。加えて、この分野は現在、いくつかの高品質な学術誌や、多くのネットワーキングや学習機会を支援している。

　他方、この分野は重要な課題にも直面している。特に、この分野に貢献するためのさまざまな方法を支援すること、ますますグローバル化するこの分野を確実にサポートする出版物を確保すること、そして政策過程研究コミュニティを維持し成長させる方法を見つけることについてである[16]。

2.1　貢献の方向性を拡大する

　本書の成功が意味することの一つは、政策過程研究に貢献する唯一の方法は、その理論を通じて、おそらく前節の4つの変化の類型（1.1～1.4）を通じてであるという認識である。あるいは、貢献するためには、新しい研究者や経験豊富な研究者は、研究プログラムを形成する過程で他の研究者が追随することを期待しながら、新しい理論を確立しなければならない[17]。もちろん、政策過程研究に貢献する方法は他にもあるが、通常は十分に認知されていなかったり、敬意が払われていなかったりするため、出版したり注目を集めたりすることが難しい場合もある。

　第1の方向性は、本書の外に目を向け、そこで貢献することである。本書を読んでいる人は、政策過程のアルファとオメガがこれらの理論にあると結論づけてはならない。序章で述べたように、またここで再度強調したように、政策過程研究を扱うジャーナルを調査すると、世論と政策（Sato and Haselswerdt, 2022）、社会的構築（Schneider and Ingram, 1993；Kreitzer and Smith, 2018）、解

釈的・批判的アプローチ（Durnova, 2022）、政策デザイン（Fernandez-i-Marin et al, 2021）、政策の成功と失敗（McConnell, 2010）、道徳政策（Tatalovich and Wendell, 2018）、ジェンダー（Lombardo and Meier, 2022）、グローバルな問題（Porto de Oliveira, 2022）など、本書でほとんど触れられていないテーマや異なるアプローチで扱われているテーマに関する豊富な内容が含まれている。政策過程について学びたい人は、本書に目を向けるだけでなく、その外にも目を向けてほしい。

　貢献の第2の方向性は、1つ以上の理論に対してより良いメソッドを開発することであり、これは、この分野の比較アジェンダを達成する鍵である（Tosun and Workman, 2022［本書第10章］）。前述したように（本章文末脚注3参照）、制度の文法はメソッドにおける最も重要なイノベーションの一つを提供している。制度分析・開発フレームワークに関連する用語といくつかの理論的ロジックを用いて構築された制度の文法は、どの理論にも適用可能である（参照：Herzog et al, 2021；Frantz and Siddiki, 2022）。もう一つの好例は、公論（public discourse）を分析するためのソフトウェアツール「言説ネットワーク分析器（Discourse Network Analyzer）」であり、このツールは本書で取り上げられる理論に適用可能で、しばしば使用されている（Leifeld, 2017）。

　第3の方向性は、「理論モジュール」に投資することである。「理論モジュール」とは、狭く明確な理論（理想的にはメソッド付き）を提供する単位であり、特定の目的でこれらの理論の1つ以上にアップロードしたり、本書の理論とは独立に独自の発展のために適用したりできる[18]。本書の理論の多くに適用可能な学習に関する理論モジュールを開発する機会が存在する（Heikkila and Gerlak (2013)やDunlop and Radaelli (2018)から始めることを検討してほしい）。その他の理論モジュールとしては、文化理論（Swedlow, 2014）のような他の理論からの適用や、政策分析能力（Elgin, 2015）のような異なる文献群からの適用が考えられる。また、ブローカーや起業家など、アクターのタイプを中心にした理論モジュールを開発する余地もある（Petridou and Mintrom, 2021）。理論モジュールは、この分野と他の分野との橋渡しをしたり、この分野でもっと注目されるべき概念を発展させたりするのに役立つだろう。

　貢献する方向性は他にもある。政策過程研究に貢献するための異なる方向性を考える際の基本精神は、イノベーションを奨励し、人々が変化をもたらす多

様な方向性を認識することである。

2.2 多様なコミュニティに貢献する出版物の開発

　政策過程理論の内外で、メソッドや理論モジュールに創造的エネルギーを投資するには、理解を示し質の高い出版物を利用できることも必要とする。政策過程研究の近年の成長・成功は、そのジャーナルの成長・成功と一致している[19]。サバティエ（Sabatier, 1991, 153）が、適切で尊敬される出版物の開発を促したことから、*Policy Studies Journal* 誌が理論に基づく政策過程研究のための主要な出版物として登場した。しかし、1誌だけでは十分ではない。幸いなことに、本書で取り上げる研究を支援するために、他のジャーナルもその地位を高め、意欲を示すようになった。簡単にリストアップすると、*Policy Sciences, Review of Policy Research, Policy & Politics, Journal of Public Policy, European Policy Analysis, Journal of Comparative Policy Analysis, Journal of European Public Policy, Journal of Asian Public Policy*、そして新たに創刊された *International Review of Public Policy* などである。これらすべてが政策過程研究のための異なる、しかし重なり合う場を提供している。これらのジャーナルの研究の質や影響力は向上する可能性があるが、学者たちは以前にも増して自分たちの研究を発表するための適切な選択肢を多く持っている。

　今日、より重要な課題は、質の高い政策過程ジャーナルの利用可能性や適切性ではなく、これらのジャーナルが、世界中に広がる多様な政策過程研究のコミュニティをどのように支援し続けるか、またその支援が可能かどうかにある。政策過程研究を支援するジャーナルの成功は、採択率を低下させる可能性があり、多くの場合、最も従来型の理論的および方法論的な議論が有利になり、新しくて、異なっていて、創発的なアイデアが不利になる。その結果、伝統的な分野外の学者が参入しようとするとき、彼らの研究の価値を証明する上で乗り越えがたい障壁に直面することがある。これは、その学問が、注目に値しないと位置づけられかねない。さらに、政策過程理論におけるいくつかの考え方は、西欧民主主義国家の優先事項を反映し続けており、それが世界の他の地域で関連する概念が足場を固めることを困難にしている。最後に、最も関連性が高く重要な問い、トピック、地域は、しばしば極端な社会的及び政治的不平等によって特徴づけられる解決困難な状況に対処している。ある基準に照らせ

ば、手に負えない状況における科学の質は、より扱いやすい状況における科学と同等ではないかもしれない。残念ながら、そのような研究が査読過程を生き残り、トップジャーナルに掲載される可能性を低下させる。

　進むべき道は、基準を捨てたり、学問の範囲を狭めたりすることではない。その代わりに、この分野の世界的な学術の多様性を代表する、より多様な政策ジャーナルの編集チームを形成し、参入障壁に耳を傾け、その障壁についてさらに学び、その障壁を取り除き、あるいは低くし、政策過程研究のコミュニティを維持し、成長させることを求めている[20]。

2.3　政策過程研究コミュニティへの投資

　どのような道筋を進むにしても、政策過程研究コミュニティの決定と行動が関わるものであり、よく知られた概念である「科学はその最たるものが社会的事業である」(King et al. 1994, 9) を反映している。序章で述べたように、本書に含まれるすべての理論は、研究プログラムを形成する積極的なコミュニティが関わっている。このような研究プログラムは、何年も、時には何十年もかけて理論を適用し、検証し、洗練させることによって、理論を育み、成熟させるための土台となる。また、これらの研究プログラムは、コミュニティ内外の人々を歓迎し、励まし、支援する文化を創造する。

　しかし、このような研究プログラムには否定的な側面も存在する。研究プログラムは暗黙知、習得困難な専門用語、集団思考のメンタリティ、理論の価値や質を誇張するハロー効果などを生み出すサイロ効果をもたらす仲間集団を自然に生み出す。その結果、研究プログラム内の成長が阻害され、理論は外部からの批評から閉ざされ、誤解や機会損失が生じる。サイロに対する典型的な対応は、サイロ間の「壁を壊す」ことだが、これは逆効果である。サイロは、進歩のために必要な集中と専門知識を提供する。より効果的な対応は、専門化は促進しつつもサイロ化を避けることによってサイロを「橋渡し」することである。

　特に、政策過程研究コミュニティの人々が積極的に参加するワークショップや会議、セミナーを利用できる人にとっては、サイロ化への対処はそれほど問題ではない[21]。これらのイベントは、異なる理論やメソッドを使用している人々と学び、交流する機会をますます提供している。それは、公式には分野横

断的なパネルで、または非公式にはレセプションで行われることがある。しかし、そのほとんどは北米と西ヨーロッパで開催されている。これらの地域以外の人々にとって、参加することははるかに困難であり、また、これらの地域に住んでいる人々でも他の理由で困難な場合がある。期待できる発展の一つは、オンラインやハイブリッドでの会議、セミナー、ワークショップの出現で、世界中の人々が互いに学び合う機会が公平に与えられるようになったことである。対面式のイベントと同じではないが、オンラインという選択肢は、政策過程コミュニティを大きく創造し、維持し、成長させることができる。もちろん、オンラインと対面式の機会をどのように組み合わせて、同程度の質のものを提供するかという課題は残る。

　総じて、政策過程研究の強みは、その世界的なコミュニティにある。数十年にわたり、このますます多様化するコミュニティは、この分野の理論、ジャーナル、イベントの改善に時間を割いてきた。しかし、新しい考えや貢献の方法のために場を提供し、応用学問を支援し、政策過程研究コミュニティの境界や外部にいる人々の出版の障壁を低減し取り除くこと、そして世界的なコミュニティが交流する手段を提供するなどの取り組むべき課題が残されている。

3．結　論

　本書は、政策過程において最も確立され、広く利用されている理論についての包括的な要約と批判的な比較を提供している。本書で紹介された理論に初めて触れる人も、既に馴染みのある人も、これらの理論が曖昧さを減らし、複雑さを単純化し、多面的な性質を明らかにし、政策過程の変化する性質を追跡する一助となることを願っている。

　そのような希望は、政策過程の発展にキャリアを捧げている人々から、本書だけで政策過程を理解しようとしている人々まで、政策過程コミュニティを構成する多様な人々に依存している。この分野は、彼らが自己の個性、知性、想像力を共有する意欲を通じて生命力を得る。この分野は、教育、問いかけ、学習、執筆、発表、研究、レビュー、批評への彼らの献身と多様な貢献方法を通じて前進する。最後に、この分野は、避けられないあらゆる挫折に耐え、協働と交友の中で互いに交流する開放性によって成功を実現する理由を与えてくれ

る。

　多様で活気に満ちたコミュニティと本書の理論を考えると、社会を改善し人間の尊厳のより一層の実現を目指すための政策過程について、より多くの知識を求める意義がある。

注

1　序章と同様、本章でも一般的な意味で「理論」という用語を使用し、「政策過程の一側面を記述、説明、予測するための研究を遂行するためのアプローチに具現化された首尾一貫した一連の考え方」を表す。「アプローチ」を「理論」と同義に用いることもある。フレームワーク、理論、モデルのより洗練された用法については、オストロム（Ostrom, 2005. 28）も参照のこと。

2　第4版は当初2017年にWestview Pressから出版されたが、その後Routledgeに移り、2018年に再び出版された。第4版からの引用はほとんど2017年ではなく2018年を用いている。寄稿者は全員、第4版は2016年、第5版は2022年に理論の章を執筆しており、6年の隔たりがある。

3　5つ目の変更点として『メソッドの改善』を挙げることができる。メソッドとは、「政策過程の理論とその概念を適用するための体系的な技術やツール（リサーチ・デザイン、データ収集、データ分析など）」を指し、*Methods of the Policy Process*（『政策過程のメソッド』（Weible and Workman, 2022））の対象である。理論はメソッドなしには停滞し、メソッドがあれば花開くが、残念なことに、この分野は、より良い理論の必要性と同じくらい熱心に、より良いメソッドの必要性を考えたことがない。この2冊でメソッドと理論を分離することで、その両方を前面に押し出し、この分野の継続的な発展を後押しする。とはいえ、この「理論編」の各章は依然としてメソッドについて、特に制度分析・開発フレームワーク（Frantz and Siddiki, 2022；Schlager and Villamayor-Tomas, 2023［本書第6章］）の下での制度の文法（institutional grammar）の継続的な成熟や、物語り政策フレームワーク（Shanahan et al., 2018；Ruff et al. 2022）を適用する際のイノベーションについて議論している。加えて、断続平衡理論はより質的なテストを奨励し（Baumgartner et al., 2023［本書第2章］）、複数の流れフレームワークはその適用において体系的なメソッドの開発を求めている（Herweg et al., 2023［本書第1章］）。

4　物語り政策フレームワークの変更は、比較的新しいアプローチであり、その研究コミュニティによる継続的な改善努力が行われていることを示しているのかもしれない。

5　また、この分野は概念開発のスキルが弱いかもしれない。社会科学の概念を構築するための最良のソースの一つとしてガーツ（Goertz, 2006）を参照。

6　断続平衡理論の成功の秘訣は、その範囲内の問いに答えるのに適したメソッドへの長期投資にあるかもしれない。

7　この仮説は、「メディア」と「貢献者」の意味を論じ、メディアが政策アクターとなる場

合の文脈（いつ、どのように、なぜ）について何かを加え、少なくともメディアが政策アクターにはなりえないという議論を展開していればもっと興味深いものになるかもしれない。つまり、そうではないと主張する研究は一つもないが、そう主張する研究は数多くある。この仮説の確証を発表しようとする将来の学生たちのことも懸念がある。あるいは、長年の研究でこの仮説を確認し、新しい研究者から政策過程について何を学んだかと尋ねられたとき、私たちの最善の答えが「そうだ、メディアは政策アクターとなり、公共の議論に貢献することができる」というものであった場合、私たちはもっと良い研究ができたはずだと気づくだろう。

8 「行動」という言葉の一般的な解釈を用いると、学術が社会に貢献することができる複数のメソッドが含まれる。私にとっては、知識と行動の架け橋となる議論はアメリカン・プラグマティズムに由来する。ダン（Dunn, 2019）の議論や、ラスウェルの政策科学（Lasswell, 1951, 1956）を参照。

9 ちなみに、政策フィードバック理論と制度分析・開発フレームワークも政策過程研究と政策分析の分野にまたがる。

10 これらは、部分的には政策分析における伝統的な評価基準から生まれている。ワイマーとヴァイニング（Weimer and Vining, 2019）やシュラガーとビジャマヨール＝トマス（Schlager and Villamayor-Tomas, 20232）［本書第6章］を参照。また、ラスウェル（Lasswell, 1951）、デレオン（deLeon, 1997）、ヤング（Young, 2002）、ダール（Dahl, 2006）、ティリー（Tilly, 2007）、ドライジェク（Dryzek, 2012）、イングラムら（Ingram et al., 2016）、メイソン（Mason, 2018）、シュローズマンら（Schlozman et al., 2018）、そして、タリーズ（Talisse, 2021）などの市民参画と民主主義に関する多様な文献からも生まれている。最後に、これらのアイデアの多くは、コロラド大学デンバー校公共問題研究科の大学院生、特にジル・ヨーディ（Jill Yordy）との多くの議論から生まれたものである。

11 学者は、中立的な立場で地域の政策過程に投資した方が良いのか、それとも政策唱道者として投資した方が良いのか。そこでは、生涯を通じて一つの政策決定やサブシステム、その意味合いや結果に影響を与える機会があるのだろうか？ それとも、学術的な媒体（書籍やジャーナル）を通じて、数百、数千の学生を指導し、同じように数多くの政策決定やサブシステムに影響を与えるような洞察を提供することに投資した方が良いのだろうか？ 私は、どちらか一方を支持するのは難しいと思う。デレオンとウィブル（deLeon and Weible, 2010）の同様の議論を参照。

12 このように政策ゲームの生態系フレームワークを使用する例は、序論で述べたように、政策分析ツールとして政策過程理論を使用することに似ている（Weible, 2022）。

13 これら4つの変化カテゴリーの評価には、ラカート（Lakato, 1970）の進行的問題移動および退行的問題移動と一部類似点を共有している。

14 テッド・ロウィ（Ted Lowi）とポール・サバティエ（Paul Sabatier）の知恵は今も真実を示している。「明晰さが明晰さを生み、曖昧さは曖昧さを生む」（Sabatier and Jenkins-Smith, 1993, xiiを参照）というものである。

15 これらの代表的な著作を軽視するつもりはない。有益でインスピレーションを与えてくれるものであることに変わりはない。私は博士課程のゼミで、しばしばこれらの作品を読

第 11 章　政策過程の研究と理論の発展　　453

むことを義務づけている。しかし、中にはピーター・デレオンの言う「見捨てられたパラダイムのごみ箱」(deLeon, 1999, 29) に押し込められたものもある。理由はいくつかある。
―同じ現象をより適切に説明できる別のアプローチが現れた。
―その理論の洞察がもはや有効でなく役にも立たない。
―別の理論がそれを包含する。
―理論が複雑になりすぎて、理解するのが難しくなった。

　例えば、ホーファバート（Hofferbert, 1974）の因果の漏斗は、政策過程を単純化しすぎたため、この分野では放棄された。新しい理論がその議論を包括し、類似の現象に対処した。同様に、政策過程理論も続々と登場し続けている（例：政策ゲームの生態系フレームワーク）。にもかかわらず、新しい理論を構築することは容易なことではない。ポール・サバティエは1982年に唱道連合フレームワークを初めて執筆し、ハンク・ジェンキンス＝スミス（Hank Jenkins-Smith）とともに数年かけてさらに発展させ、5年後に出版した (Sabatier, 1987)。制度分析・開発フレームワークは、一連の学者チームが10年以上かけて作成した。ヴィンセント・オストロムとティモシー・ヘネシー（Vincent Ostrom and Timothy Hennessey）による初期のバージョンが書かれ（1972 年）、最初の出版物はラリー・カイザーとエリノア・オストロム（Larry Kiser and Elinor Ostrom）によってなされた（1982年）。どちらのフレームワークも、この分野を深く理解している経験豊かな学者たちによって支えられた実証的データによって生まれたものである。

16　サバティエ（Sabatier, 1991）が30年以上前に発表した、より良い理論とジャーナルを通じてこの分野を発展させるという呼びかけを振り返ることが役立つ。彼が創刊した本書が第5版になっていることや、*Policy Studies Journal* 誌のようなジャーナルが成功を収めていることからもわかるように、私たちはその両方を達成している。

17　この分野にとって、新しい政策過程理論の開発を続けることは決定的に重要である。しかし、そうすることは非常に難しい。難題の一つは、査読過程を乗り越え、新理論がまだ初期段階で十分に発展していない可能性が高い時に、著者と協力してくれる理解を示すジャーナル編集者を見つけることである。ジャーナル編集者は博物館の学芸員のようなもので、その分野の方向性や範囲に影響を与え、機会を開いたり閉じたりすることができ、政策過程コミュニティが何を読み、何を認識するかを形作ることができる。*Policy Studies Journal* 誌の元編集者であるエデラ・シュラガー（Edella Schlager）と私は、「政策過程の新しい理論」(New Theories of the Policy Process) (Schlager and Weible, 2013) に特化した特集号を企画して、物語り政策フレームワークや政策ゲームの生態系フレームワークなど、いくつかの新たなアプローチを紹介したが、これらは引き続き発展し現在本書に収録されている。私たちは、この分野の継続的な進化を促進するために、周縁化された理論、メソッド、アイデア、視点にもっと注意を払いながら、同様の取り組みを行う必要がある。

18　私はよく、理論にアップロードすることが可能な理論モジュールを作る可能性を、スマートフォンの OS にアップロード可能なアプリケーション（アプリ）を開発するようなものだと表現する。

19　また、政策過程理論に特化した評判の高い書籍シリーズも必要である。

20　最近、私は幸運にも、クレア・ダンロップ、オスカー・ベルグランド、サラ・ブラウン、

エリザベス・コーブリ(Claire Dunlop, Oscar Berglund, Sarah Brown, Elizabeth Koebele)の編集チームとともに、本文で述べたジャーナルの理想を実現しようとする Policy & Politics 誌の編集長を務めることができた。このジャーナルの使命は、世界的な政策コミュニティに貢献するために、包括的、包摂的かつ関連性のある政策研究の場を提供することである。Policy & Politics 誌の目標は、この巻にあるような政策過程研究の伝統的なアプローチを含む一方で、多くの政策ジャーナルと同様、その使命はより広範であり、より広い公共政策コミュニティを支援し、結びつけることである。また、私たちが孤独でないことも知っている。International Review of Policy Research 誌を参照のこと。.

21 政策過程研究の多様な研究者が参加するトップレベルの集まりには、国際公共政策学会 (International Public Policy Association) とその関連会議、学校、ワークショップ、ヨーロッパ政治研究コンソーシアム、中西部政治学会 (Midwest Political Science Association) 年次大会などがある (ただし、これらに限定されるわけではない)。これらのイベントの中には、他の地域よりも一部の地域に有利なものもあるが、国際公共政策学会は世界的な研究者にリーチするという点では最も優れている。

同様に、新しく設立された政策過程研究会議 (Conference on Policy Process Research (COPPR)) は、オンラインと対面の選択があり、世界中で政策過程の理論とメソッドを支援することに特化した最初のイベントとなる。コロラド州デンバーで開催された2023年の政策過程研究会議 COPPR2023 には、40 カ国から 400 人近くが参加したことを喜ばしく報告できる。

参考文献

Bandelow, Nils C., Nicole Herweg, Johanna Hornung, and Reimut Zohlnhöfer. 2022 "Public Policy Research——Born in the USA, at Home in the World?" *Politische Vierteljahresschrift* 63 (2): 165-179.

Cairney, Paul, Emily St Denny, Sean Kippin, and Heather Mitchell. 2022."Lessons from Policy Theories for the Pursuit of Equity in Health, Education and Gender Policy." *Policy & Politics*. Early view.

Dahl, Robert A. 2006. *On Political Equality*. New Haven, CT:Yale University Press.(飯田文雄ほか訳『政治的平等とは何か』法政大学出版局、2009 年)

deLeon, Peter. 1997. *Democracy and the Policy Sciences*. Albany:State University of New York Press.

deLeon, Peter, and Christopher M. Weible. 2010."Policy Process Research for Democracy." *International Journal of Policy Studies* 1 (2):23-34.

Downs, Anthony. 1972."Up and Down with Ecology:The Issue-Attention Cycle." *The Public* 28:38-50.

Dryzek, John S. 2012. *Foundations and Frontiers of Deliberative Governance*. Oxford:Oxford University Press.

Dunlop, Claire A. and Claudio M. Radaelli. 2018."Does Policy Learning Meet the Standards ofan Analytical Framework of the Policy Process?" *Policy Studies Journal* 46:S48-S68.

Dunn, William N. 2019. *Pragmatism and the Origins of the Policy Sciences:Rediscovering Lasswell*

and the Chicago School. Cambridge, MA：Cambridge University Press.
Durnová, Anna. 2022. "Making Interpretive Policy Analysis Critical and Societally Relevant：Emotions, Ethnography and Language." *Policy & Politics* 50（1）：43-58.
Easton, David. 1969. "The New Revolution in Political Science." *American Political Science Review* 63（4）：1051-1061.
Elgin, Dallas J. 2015. "Cooperative Interactions among Friends and Foes Operating within Collaborative Governance Arrangements." *Public Administration* 93（3）：769-787.
Fagan, E. J. 2021. "Political Institutions, Punctuated Equilibrium Theory, and Policy Disasters." *Policy Studies Journal.* Early view.
Fernandez-i-Marin, Xavier, Christoph Knill, and Yves Steinebach. 2021. "Studying Policy Design Quality in Comparative Perspective." *American Political Science Review* 115（3）：931-947.
Frantz, Christopher K., and Saba Siddiki. 2022. *Institutional Grammar.* Cham：Palgrave Macmillan.
Goertz, Gary. 2006. *Social Science Concepts：A User's Guide.* Princeton, NJ：Princeton University Press.
Heclo, Hugh. 1978. "Issue Networks and the Executive Establishment." In *The New American Political System,* edited by Anthony King, 87-124. Washington, DC：American Enterprise Institute.
Heikkila, Tanya, and Andrea K. Gerlak. 2013. "Building a Conceptual Approach to Collective Learning：Lessons for Public Policy Scholars." *Policy Studies Journal* 41（3）：484-512
Heikkila, Tanya, and Michael D. Jones. 2022. "How Diverse and Inclusive Are Policy Process Theories?" *Policy & Politics* 50（1）：21-42.
Herweg, Nicole, Nikolaos Zahariadis, and Reimut Zohlnhöfer. 2023. "The Multiple Streams Framework：Foundations, Refinements, and Empirical Applications." In *Theories of the Policy Process, 5th ed.,* edited by Christopher M. Weible, 29-64. New York：Routledge.［本書第1章］
Herzog, Laura, Karin Ingold, and Edella Schlager. 2022. "Prescribed by Law and therefore Realized? Analyzing Rules and their Implied Actor Interactions as Networks." *Policy Studies Journal* 50（2）：366-386.
Hofferbert, Richard I. 1974. *The Study of Public Policy.* Indianapolis, IN：Bobbs-Merrill.
Howlett, Michael, M. Ramesh, Anthony Perl, Xiol Y. Ferreira, and H. Elisa. 2022. *Dictionary of Public Policy.* Cheltenham：Edward Elgar Publishing.
Ingram, Helen, Peter DeLeon, and Anne Schneider. 2016. "Conclusion：Public Policy Theory and Democracy：The Elephant in the Corner." In *Contemporary Approaches to Public Policy,* edited by B. Guy Peters and Philippe Zittoun, 175-200. London：Palgrave Macmillan.
Jones, Michael D., and Mark K. McBeth. 2020. "Narrative in the Time of Trump：Is the Narrative Policy Framework good enough to be relevant?" *Administrative Theory & Praxis* 42（2）：91-110
Jones, Michael, D., Aaron Smith-Walter, Mark K. McBeth, and Elizabeth A. Shanahan. 2023. "The Narrative Policy Framework." In *Theories of the Policy Process, 5th ed.,* edited by Christopher M. Weible, 161-195. New York：Routledge.［本書第5章］
King, Gary, Robert O. Keohane, and Sidney Verba. 1994. *Designing Social Inquiry.* Princeton, NJ：Princeton University Press.（真渕勝監訳『社会科学のリサーチ・デザイン：定性的研究における科学的推論』勁草書房、2004年）
Kiser, Larry L., and Elinor Ostrom. 1982. "The Three Worlds of Action：A Metatheoretical Synthesis of Institutional Approaches." In Elinor Ostrom, ed., *Strategies Political Inquiry,* pp.179-222. Beverly Hills, CA：Sage.
Koebele, Elizabeth A. 2019. "Integrating Collaborative Governance Theory with the Advocacy Coali-

tion Framework." *Journal of Public Policy* 39 (1): 35-64.
Kreitzer, Rebecca J., and Candis Watts Smith. 2018. "Reproducible and Replicable: An Empirical Assessment of the Social Construction of Politically Relevant Target Groups." *PS: Political Science & Politics* 51 (4): 768-774
Lakatos, Imre. 1970. "Falsification and the Methodology of Scientific Research Programmes," In *Criticism and the Growth of Knowledge*, edited by Lakatos and Alan Musgrave, 170-196. Cambridge, MA: Cambridge University Press.(森博監訳『批判と知識の成長』木鐸社、1985年)
Lasswell, Harold D. 1951. "The Policy Orientation." In *The Policy Sciences*, edited by Daniel Lerner and Harold D. Lasswell, 3-15. Palo Alto, CA: Stanford University Press.
_____1956. "The Political Science of Science: An Inquiry into the Possible Reconciliation of Mastery and Freedom." *American Political Science Review* 50 (4): 961-979.
_____1971. *A Pre-View of Policy Sciences*. New York: American Elsevier.
Leach, William D., and Paul A. Sabatier. 2005. "To Trust an Adversary: Integrating Rational and Psychological Models of Collaborative Policymaking." *American Political Science Review* 99 (4): 491-503.
Leifeld, Philip. 2017. "Discourse network analysis." In *The Oxford Handbook of Political Networks*, edited by Jennifer Nicoll Victor, Alexander H Montgomery, and Mark Lubell, 301-326. New York: Oxford University Press.
Lindblom, Charles E. 1959. "The Science of Muddling Through:" *Public Administration Review* 19: 79-88.
Lombardo, Emanuela, and Petra Meier. 2022. "Challenging Boundaries to Expand Frontiers in Gender and Policy Studies." *Policy & Politics* 50 (1): 99-115.
Lowi, Theodore, J. 1964. "American Business, Public Policy, Case-Studies, and Political Theory." *World Politics*, 16 (4): 674-715.
_____1972. "Four Systems of Policy, Politics, and Choice." *Public Administration Review* 32 (4): 298-310.
Lubell, Mark. 2013. "Governing Institutional Complexity: The Ecology of Games Framework." *Policy Studies Journal* 41 (3): 537-559.
Mason, Lilliana. 2018. *Uncivil Agreement: How Politics Became Our Identity*. Chicago, IL: University of Chicago Press.
Mazmanian, Daniel A., and Paul A. Sabatier. 1983. *Implementation and Public Policy*. Glenview, IL: Scott Foresman.
McConnell, Allan. 2010. *Understanding Policy Success: Rethinking Public Policy*. New York: Palgrave Macmillan.
Mettler, Suzanne, and Mallory SoRelle. 2023. "Policy Feedback Theory." In *Theories of the Policy Process, 5th ed.*, edited by Christopher M. Weible, 100-129. New York: Routledge. [本書第3章]
Nohrstedt, Daniel, Karin Ingold, Christopher M. Weible, Elizabeth Koebele, Kristin L. Olofsson, Keiichi Satoh, and Hank C. Jenkins-Smith. 2023. "The Advocacy Coalition Framework: Progress and Emerging Areas." In *Theories of the Policy Process, 5th ed.*, edited by Christopher M. Weible, 130-160. NewYork: Routledge. [本書第4章]
Ostrom, Elinor. 2005. *Understanding Institutional Diversity*. Princeton, NJ: Princeton University Press.
Ostrom, Vincent, and Timothy Hennessey. 1972. *Institutional Analysis and Design*. Bloomington: Indiana University, Workshop in Political Theory and Policy Analysis.

Petridou, Evangelia, and Michael Mintrom. 2021."A Research Agenda for the Study of Policy Entrepreneurs." *Policy Studies Journal* 49（4）：943-967.

Porto de Oliveira, Osmany. 2022."Global Public Policy studies." *Policy & Politics* 50（1）：59-77.

Porto de Oliveira, Osmany, Giulia Romano, Craig Volden, and Andrew Karch. 2023."Policy Diffusion and Innovation" In *Theories of the Policy Process, 5th ed.*, edited by Christopher M. Weible, 230-261 New York：Routledge. [本書第7章]

Ruff, Jonathan WA, Gregory Stelmach, and Michael D. Jones. 2022."Space for Stories：Legislative Narratives and the Establishment of the US Space Force." *Policy Sciences*. Early view.

Sabatier, Paul A. 1987."Knowledge, Policy-Oriented Learning, and Policy Change：An Advocacy Coalition Framework." *Knowledge：Creation, Diffusion, Utilization* 8（4）：649-692

―――. 1991."Toward Better Theories of the Policy Process." *PS：Political Science and Politics* 24（2）：147-156.

Sabatier, Paul A., and Hank C. Jenkins-Smith. 1993. *Policy Change and Learning：An Advocacy Coalition Approach*. Boulder, CO：Westview Press.

Sato, Yuko, and Jake Haselswerdt. 2022."Protest and State Policy Agendas：Marches and Gun Policy after Parkland." *Policy Studies Journal*. Early view.

Schlager, Edella, and Tanya Heikkila. 2011."Left High and Dry? Climate Change, Common-Pool Resource Theory, and the Adaptability of Western Water Compacts." *Public Administration Review* 71（3）：461-470.

Schlager, Edella, and Sergio Villamayor-Tomas. 2023."The IAD Framework and Its Tools for Policy and Institutional Analysis." In *Theories of the Policy Process, 5th ed.*, edited by Christopher M. Weible, 196-229. New York：Routledge. [本書第6章]

Schlager, Edella, and Christopher M. Weible. 2013."New Theories of the Policy Process." *Policy Studies Journal* 41（3）：389-396.

Schlozman, Kay Lehman, Henry E. Brady, and Sidney Verba. 2018. *Unequal and Unrepresented*. Princeton, NJ：Princeton University Press.

Schneider, Anne, and Helen Ingram. 1993."Social Construction of Target Populations：Implications for Politics and Policy." *American Political Science Review* 87（2）：334-347.

Shanahan, Elizabeth A., Michael D. Jones, and Mark K. McBeth. 2018 "How to Conduct a Narrative Policy Framework Study." *The Social Science Journal* 55（3）：332-345.

Shipan, Charles R., and Craig Volden. 2012."Policy Diffusion：Seven Lessons for Scholars and Practitioners." *Public Administration Review* 72（6）：788-796.

Simon, Herbert. 1996. *The Sciences of the Artificial, 3rd ed*. Cambridge, MA：MIT Press.（稲葉元吉ほか訳『システムの科学（第3版）』パーソナルメディア、1999年）

Swedlow, Brendon. 2014."Advancing Policy Theory with Cultural Theory：An Introduction to the Special Issue." *Policy Studies Journal* 42（4）：465-483.

Talisse, Robert B. *Sustaining Democracy：What We Owe to the Other Side*. Oxford：Oxford University Press.

Tatalovich, Raymond, and Dane G. Wendell. 2018."Expanding the Scope and Content of Morality Policy Research：Lessons from Moral Foundations Theory." *Policy Sciences* 51（4）：565-579.

Tilly, Charles. 2007. *Democracy*. Cambridge：Cambridge University Press.

Tosun, Jale, and Samuel Workman. 2023."Struggle and Triumph in Fusing Policy Process and Comparative Research." In *Theories of the Policy Process, 5th ed.*, edited by Christopher M. Weible, 322-354. New York：Routledge. [本書第10章]

Van de Ven, Andrew H. 2007. *Engaged Scholarship：A Guide for Organizational and Social*

Research. New York：Oxford University Press.
Weible, Christopher M. 2023."Introduction：The Scope and Focus of Policy Process Research and Theories." In *Theories of the Policy Process, 5th ed.*, edited by Christopher M. Weible, 1-25. New York：Routledge. [**本書序章**]
Weible, Christopher M., and Paul Cairney, eds. 2021. *Practical Lessons from Policy Theories*. Bristol：Bristol University Press.
Weible, Christopher M., and Samuel Workman, eds. 2022. *Methods of the Policy Process*. New York：Routledge.
Young, Iris Marion. 2002. *Inclusion and Democracy*. Oxford：Oxford University Press.

索引

ア行

アイデア ……………………………… 292, 363
アイデンティティ ………………… 140, 215
曖昧さ ………………………………………… 36
アウトカム ……………… 3, 6, 169, 246, 248, 407
アウトプット …………………………… 246, 266
アクセス …………………………………… 264
アクター ………………………… 3, 4, 248, 401
悪魔-天使-連帯シフト …… 209, 245, 437, 441
悪魔-天使シフト ……………………………… 222
悪魔シフト ………………………………… 170, 209
悪役 …………………………………………… 221
アゴラ・ナランス ………………………… 219
アジェンダ・モデル ……………………… 102
アジェンダ（政策）の窓 ……………………… 46
アジェンダ設定 …………………………… 10, 51
アセスメント ……………………………… 297
アッサンブラージュ ……………………… 296
圧力ダム効果 ……………………………… 380
アナリスト …………………………… 246, 250
アプローチ …………………………… 176, 205
アメリカ・プラグマティズム ………………… 9
アメリカ高齢者法 ………………………… 135
アメリカ政治学会 …………………………… 9
アリーナ …………………………………… 248
安定したパラメータ ……………………… 171
勢い …………………………………………… 89
閾値効果 …………………………………… 341
意思決定 ……………………………… 51, 222
意思決定機能 ……………………………… 12
意思決定構造操作 ………………………… 222
意思決定デザイン ………………………… 100
意思決定の中心性 ………………………… 93
一括取引 …………………………………… 53
逸脱 ………………………………………… 216
一般大衆 ……………………………………… 4
イデオロギー ……………………………… 298
意図せざる結果 …………………………… 344
イノベーション ……………………… 286, 298
イノベーションの波及 …………………… 422
イベント・ヒストリー分析 ……………… 291
移民 ………………………………………… 138
医療費負担適正化法 ……………………… 150
因果 ………………………………………… 209
因果関係のストーリー …………………… 416
因果関係の漏斗 …………………………… 446
因果戦略 …………………………………… 209
因果メカニズム …………………………… 209
インゴルド（Ingold） …………………… 173
インセンティブ …………………………… 266
インタビュー ……………………………… 253
インパクト ……………………… 6, 169, 407
インプット ………………………………… 266
ウィルソン大統領 ………………………… 138
英雄 ………………………………………… 209
エージェント ………………………… 168, 297
エスノグラフィー ………………………… 295
エリート ……………………………… 221, 294
エントロピー探索 ………………………… 98
欧州連合 ……………………………… 265, 288
お気に入りプロジェクト …………………… 49
オストロム（Elinor Ostrom） …… 165, 246, 251, 253, 325, 326, 340, 376
汚染逃避地 ………………………………… 423
オバマ政権 ………………………………… 404
オバマ大統領 ……………………………… 132
オンラインプラットフォーム …………… 232

カ行

回帰分析 …………………………………… 68
外交政策／国際関係 ……………………… 62

解釈的アプローチ	360
解釈的効果	147
外生のスピルオーバー	60
概念	437
概念化	186
概念フレームワーク	399
科学	202, 230
科学ガバナンス	337
科学事業	338, 341
科学的基準	387
学習	178, 212, 292, 308, 332
学習仮説	177
確証バイアス	214
拡大と封じ込め	220
確率過程	102, 410
仮説	2, 21, 442
課題認識サイクル	446
語り手	210
カップリング	39
過程	21
過程追跡	307
ガバナンス	133, 167, 257, 296
ガバナンスシステム	208, 271
カリフォルニア・デルタ	337
ガルガンチュア	326
管轄区域	166, 298, 382
感情	211
感情のプライミング	49
慣性的	83
関与型学術研究	445
管理	264
議院内閣制	58
機会構造	171
機会の窓	39
気候変動政策	417
議事妨害	95
規制政策	411
規範	230, 246, 252, 262, 292
規範的基準	387
規約理論	247
教育スキル	444
境界ルール	259
教義的カップリング	46
教訓導出	444
強制	308
競争	308
共通の用語体系	359, 368
協働ガバナンス	332
協働的フォーラム	341
共同プラットフォーム	337
共有コードブック	376
狂乱状態	89
協力	332
拒否権プレイヤー	412
拒否権ポイント	83
議論	169
キングダン（John W. Kingdon）	35, 377
近傍変数	290
空洞国家	274
クリントン大統領	132
グローバル・サウス	292, 360, 385
グローバル・ノース	292, 392
形式	398
形式ルール	252
継承	363
経路	288
経路依存性	67, 340, 419
ゲーム理論	247, 384
結果的カップリング	47
結束型社会関係資本	354
結束力	224
決定のカップリング	52
決定の窓	46
権威主義	202
権威主義における情報面での不利	97
研究コミュニティ	1, 14, 385, 390, 436, 446, 449
研究プロトコル	374, 385, 391
原子力発電	405
言説ネットワーク分析	232
言説ネットワーク分析器	447
原則に基づく関与	332

限定合理性 ················ 5, 93, 214, 250, 370
限定合理的 ································· 402
憲法構造 ··································· 171
憲法的選択 ···························· 253, 254
権利の束 ··································· 264
権力分立 ···································· 83
行為の状況 ························ 248, 368, 421
公共アジェンダ ······························· 4
公共政策 ·························· 3, 170, 397
公共政策研究 ···················· 289, 396, 443
公共政策理論 ······························ 202
構成主義的制度論 ·························· 364
構成政策 ·································· 411
構成要素 ·································· 258
構造化された政体 ·························· 129
構造化された動員 ·························· 138
構造的不平等 ······························ 155
構造的要素 ································ 204
高等教育法 ································ 136
行動する国家 ······························ 128
広範なインパクト ·························· 442
公論 ·························· 169, 444, 447
コーディング ······························ 232
コーポラティズム ···················· 185, 412
国際機関 ·································· 288
国際公共政策学会 ·························· 454
国民のムード ························· 44, 380
誤差項 ···································· 363
個人の認知 ································ 416
個人のモデル ·························· 5, 370
国家による認識 ···························· 141
ゴミ缶モデル ································ 36
コミッショニング ··························· 47
コミュニティ ······························ 251
コミュニティの属性 ························ 252
コモンプール資源 ··· 247, 252, 256, 263, 330, 372, 376, 398
コモンプール資源の過剰利用 ········· 332, 421
コモンプール資源理論 ······················ 444
コラボラトリー ···························· 338
コンサルタント ···························· 306

コンセンサス民主主義 ······················ 408

サ 行

サーモスタット ····························· 89
サーモスタット・モデル ······· 102, 418, 424
財産権 ······························ 258, 263
財政調整措置 ······························· 95
最大相違システムデザイン ················· 406
サイド・ペイメント ························· 56
再分配政策 ································ 411
サイモン（Herbert Simon）····· 85, 370, 439
最類似システムデザイン ··················· 406
サイロ ···································· 449
サッチャー ································· 49
サバティエ（Paul Sabatier）···· 15, 170, 448
サブシステム ························ 174, 362, 380
サブシステム政治 ··························· 92
サラミ戦術 ································· 49
参加型予算編成 ···························· 301
サンフランシスコ湾 ························ 334
サンフランシスコ湾保全開発委員会 ···· 337
参与観察 ···························· 253, 295
ジェンダー ································ 231
時間 ······································ 400
時間的制約 ································· 37
指揮を執る者はいるのか ······· 328, 333, 338
資源 ······································ 171
資源効果 ·································· 145
資源システム ······························ 271
資源単位 ·································· 271
地震予算モデル ···························· 101
シチズンシップ ···························· 140
シチズンシップの意味 ······················ 138
実験 ································ 189, 256
実験室実験 ································ 384
実施 ······································· 55
実施者 ····································· 56
実施の窓 ··································· 56
実証的適用 ································· 35
実践的な教訓 ························ 361, 389
質的比較分析 ······························· 68

支配的連合	173	唱道連合フレームワーク	8, 17, 165, 330, 365, 381, 399, 402, 419, 437, 439, 441, 443
縛られたシチズンシップ	150	譲歩	54
指標	40	情報処理	95
指標の政治化	40	情報の政治学	96
市民としてのアイデンティティ	147	情報ルール	259
市民の関与	145	使用ルール	252
市民のキャパシティ	142	ジョンソン政権	90
市民ボランタリズム・モデル	144	資力調査	141
社会化	308	事例研究	292
社会貢献	443	ジレンマ	251
社会構造	171	進化生物学	82
社会構築と政策デザイン	387	新型コロナウイルス感染症	37, 404
社会生態系	269	人種	152
社会的構築	203	深層核心的信念	169, 381, 420
社会的シチズンシップ	139	信念	170, 181, 207
社会的ジレンマ	248	信念体系	169, 363
社会的ネットワーク分析	174	信念同質性	174
社会保障局	133	シンボルの使用	49
社会保障障害保険	149	信頼	217
シャットシュナイダー（Schattschneider）	82	水圧破砕	167, 208
集計ルール	259	垂直的波及	423
集合行為	1, 158, 249	水平的波及	423
集合行為のジレンマ	330, 399	水面下の国家	142
集合行為問題	248, 251, 328, 338, 368	スティック・スリップ現象	425
集合体	4	ストーリーテリング	6, 365
集合的アイデンティティ	151	ストーリーフレーム	245
集合的選択	253, 254	ストリートレベルの官僚	3
収束の類型	42	政策アウトプット	408
従属変数	290	政策アクター	4, 167, 168, 329, 362
重大な分岐点	381	政策移転	288, 292
集団	215	政策イノベーション	286
集団的選択ルール	330	政策イメージ	91, 213
集団の力	134	政策インプット	408
収斂	292	政策科学	9, 23, 446
主流アプローチ	359, 360	政策学習	11, 225
シュレーダー首相	54	政策核心的信念	169, 381, 420
少数派連合	173	政策過程研究	3, 448, 454
焦点となる出来事	40, 380, 403	政策過程研究会議	454
譲渡	264	政策過程における知識	9
唱道連合	172, 173	政策過程の知識	9

索　引　463

政策過程のメソッド 15, 19	…………………… 152
政策関与アクター 362	政策フィードバック理論 8, 10, 16, 126,
政策起業家 48, 288, 289	365, 380, 417, 441, 443
政策給付 146	政策フォーラム 330
政策供給 153	政策フレームワーク 203
政策景観 126	政策ブローカー 168
政策ゲームの生態系 445	政策分析 7, 185, 255, 263
政策ゲームの生態系フレームワーク 18, 325, 327, 368, 383, 421, 437, 441	政策変更 180
	政策変更仮説 180
政策コミュニティ 41, 445	政策物語り 203, 369, 372
政策災害 99	政策物語りの形式 205
政策サイクル 11, 51	政策物語りの内容 205
政策採択 290	政策流動性 288, 295
政策策定 274	政策連合 368
政策策定者 255	政治アジェンダ 132, 167
政策策定の場 72, 368	政治エリート 152
政策策定プロセス 246	政治起業家 45
政策サブシステム 43, 85, 166, 368, 380, 419	政治コミュニティの構成員資格 138
	政治参加 146
政策指向の学習 177	政治制度 67, 202
政策実施 10, 253	政治的学習 152
政策シフト 404	政治的有効性感覚 144
政策収斂 401	政治の重要性 41
政策手段 300	政治の流れ 43
政策循環 288, 293	政治文化 208
政策信念 224	脆弱性の相互依存性 335
政策選択 286, 304	制度 21
政策争点 330	政党指導部 59
政策断絶 84	政党政治 45
政策デザイン 418	制度的曖昧さ 60
政策独占 83	制度的軋轢 380
政策トピック 166	制度的外部性 343, 354
政策の流れ 41	制度的環境 51
政策の場 92, 168, 183	制度的拒否権プレイヤー 396
政策の波及とイノベーション 18, 24, 286, 365, 382	制度的コスト 99
	制度的仕組み 93, 246, 262
政策の飽和 400	制度的ルールの操作 56
政策の窓 39, 46	制度の文法 261, 447, 451
政策波及 286, 400	制度分析・開発フレームワーク 8, 10, 17, 24, 246, 365, 382, 398, 421, 441, 443
政策バブル 8, 91	
政策フィードバックにおける調整効果	制度文法研究イニシアティブ 274

制度文法ツール ……………………… 406
正のフィードバック …………… 89, 364, 418
政府アジェンダ ………………………… 4
政府支出 ……………………………… 100
政府のキャパシティ ………………… 149
政府レベル …………………………… 245
世界観 ………………………………… 252
設定 …………………………………… 206
説得 ……………………… 169, 211, 295
選挙で選ばれた公職者 ……………… 205
漸進的類型 …………………………… 42
漸増主義 ………… 81, 94, 365, 418, 446
選択的接触 …………………………… 215
選択ルール …………………………… 259
前提条件 ……………………………… 166
専門家団体 …………………………… 289
専門職コミュニティ ………………… 84
戦略 …………………………… 207, 262
戦略的外部性 ………………………… 343
総合犯罪防止・安全市街地法 ……… 90
相互作用 ……………………………… 269
操作 …………………………… 54, 211
相対性 ………………………………… 204
想定外の事態 ………………… 344, 383
争点アジェンダ ……………………… 409
争点イメージ ………………………… 416
争点オーナーシップ ………………… 113
争点起業家 …………………………… 105
争点ニッチ …………………………… 85
争点ネットワーク ……… 85, 167, 446
争点の拡大 …………………………… 107
争点への注目 ………………………… 111
争点リンキング ……………………… 47
創発的類型 …………………………… 42
ソーシャル・キャピタル …………… 252
測定 …………………………………… 409
組織運営のルーティン ……………… 105
組織化された無秩序 ………………… 36
存在論 ………………………………… 289
存続のための基準 …………………… 43

タ 行

大衆 …………………………………… 143
体制内の選定集団のムード ………… 61
対立 …………………………………… 177
対立の負の遺産 ……………………… 344
第4版 ……………… 19, 202, 436, 443, 451
多核性ガバナンス …………… 368, 376
多核的ガバナンスポリセントリック … 325
多元主義 ……………………………… 185
多数決民主主義 ……………………… 408
立場 …………………………………… 139
探索と活用 …………………………… 345
断続の病理学 ………………………… 96
断続平衡理論 … 8, 16, 81, 342, 365, 380, 398, 416, 439, 441, 443
地域公共経済理論 …………………… 247
地位ルール …………………………… 259
チェスゲーム ………………………… 7
逐次処理 ……………………………… 85
逐次的な注目 ………………………… 94
知識と行動の架橋 …………………… 442
地ならし ……………………………… 42
中・大規模 n 分析 …………………… 68
注目 ……………………………… 211, 416
聴衆 …………………………………… 210
頂上への競争 ………………………… 423
調整 …………………………………… 268
地理的基準 …………………………… 385
強い調整 ……………………………… 173
定性的 ………………………………… 291
定性的メソッド ……………………… 374
底辺への競争 ………………………… 423
定量的 …………………………… 290, 308
定量的メソッド ……………………… 374
データ ………………………………… 186
データセット ………………………… 257
データ分析 …………………………… 257
適応の相互依存性 …………………… 335
出来事 …………………… 3, 5, 363, 403
デザイン ………………… 246, 255, 262

デジタル ……………………… 232, 257
撤退 ……………………………… 264
鉄の三角形 ……………………… 85
デルタスメルト ………………… 341
転換点 …………………………… 89
天使シフト ……………… 170, 209
天然資源 ………………………… 251
伝播 ………………… 289, 297, 382
同一賃金法 ……………………… 132
動員 ……………………………… 212
登場人物 ………………………… 206
統治システム …………………… 1
党派性 …………………………… 154
独立変数 ………………………… 290
トップダウン …………………… 439
トランスジェンダー …………… 141
トランプ政権 …………………… 404
取引費用理論 …………………… 247

ナ 行

内生性 …………………………… 156
内生的スピルオーバー ………… 60
内的事象 ………………………… 181
内部決定要因 …………………… 286
内容 ……………………………… 398
流れの独立性 …………………… 38
ナショナリズム ………………… 202
二極化 …………………………… 154
二次的信念 ……… 174, 178, 381, 420
認識論 …………………………… 289
認知 ……………………………… 214
認知的コスト …………………… 99
認知的ヒューリスティック …… 419
認知バイアス …………………… 365
ネットワーク … 179, 215, 266, 362, 381, 382
ネットワーク・ガバナンス …… 335

ハ 行

場（アリーナ）………………… 331
ハート・セラー法 ……………… 138
排除 ……………………………… 264

波及 ……………………… 286, 364
波及とイノベーション ……… 437, 443
橋渡し型社会関係資本 ………… 354
パトロネージ …………………… 135
場の選択 ………………………… 72
パフォーマンス ………… 246, 262
パブリック・エンゲージメント … 362
原初のスープ …………………… 42
パラメータ ……………………… 205
「反証可能なほど明確であれ」… 15
反証バイアス …………………… 214
万能薬 …………………………… 326
比較アジェンダ ………………… 447
比較アジェンダ・プロジェクト … 386, 397, 424
比較研究 ………………………… 14
比較研究の実施 ………………… 360
比較公共政策 …………………… 396
比較政策アジェンダ・プロジェクト … 108
比較分析 ………………………… 228
非政府組織 ……………………… 287
ビッグデータ …………………… 232
ビッグデータ分析 ……………… 232
非民主主義国家 ………………… 60
飛躍的類型 ……………………… 42
ヒューリスティクス …………… 214
ヒューリスティック …… 250, 370
費用便益分析 …………………… 7
貧困家庭への一時扶助 ………… 142
便乗効果 ………………………… 89
ファット・テイル ……………… 410
フィードバック効果 …………… 127
フィールド調査 ………………… 307
フーコー（Michel Foucault）… 293
フェムトリスク ………………… 343
フォーラム ……………………… 168
復員兵援護法 …………………… 142
福祉の女王 ……………………… 148
複数の流れアプローチ ………… 374
複数の流れフレームワーク … 16, 35, 365, 377, 399, 414, 437, 439

フセイン……64
物理的・物質的条件……251
負のフィードバック……89, 364, 418
不明確な技術……38
不明確な選好……65
フリーライダー……136
ブルデュー（Pierre Bourdieu）……293
フレーミング……41, 169, 181, 226, 302, 362
フレームワーク……13, 24, 173, 372, 384
フレームワークと理論……246
ブローカー……306
フロー図……384, 437
プロスペクト理論……170
プロット……207
文化……252
分析単位……245
分析レベル……245
分配政策……411
文脈……3, 5, 174, 363, 405
ベイ・アダプト……337
ペイオフルール……259
並行処理……85
ヘクロウ（Heclo）……167
ベスト・プラクティス……297, 442
ペル・グラント……136
変化の3次元……400
望遠鏡……364
萌芽的なサブシステム……167
ポートフォリオ……175
没入……216
ボトムアップ……439
ポピュリズム……202
ホモ・ナランス……204, 213, 370
翻訳……294

マ 行

マクロ……204
マクロ政治……92, 380
マクロレベル……213, 226
マスメディア……68
ミーム……205

ミクロ……204
ミクロレベル……213
見捨てられたパラダイムのごみ箱……13, 453
3つの分析レベル……368
民主主義……230
メカニズム……288
メゾ……204
メソッド……176, 186, 293, 376, 385, 391, 409, 447
メソッドの改善……451
メゾレベル……213, 219
メッセージ……213
メディア……205, 451
メディケア……134
メディケイド……153
モデル……24, 384
モニタリング……268
物語り……203, 381
物語り政策フレームワーク……17, 202, 365, 381, 419, 437, 441, 443
模倣……292
モラル……207
問題サーフィン……47
問題定義……416
問題に焦点を当てたアドボカシー……46
問題のある政策選好……37
問題の流れ……39
問題ブローカー……41, 403

ヤ 行

有効性……332
要扶養児童家庭扶助……149
予算の断続……102
予算変化の分布……103
世論……418
弱い調整……173

ラ 行

ラージN……375
ラスウェル（Harold D. Lasswell）……9
リーダーシップ……252

利益集団	44, 205, 289, 302
利害関係者	208
リサーチ・クエスチョン	312
リスク文化	405
利得	331
利得の外部性	343
リフレーミング	372
リベラル・デモクラシー	202
流動的な参加	38, 399
理論	2, 24, 392, 436, 451
理論的アプローチ	359
理論的レンズ	2
理論モジュール	447
ルール	246, 251, 362
ルールの概念	252
ルールの類型	258
レイプハルト（Lijphart）	408
歴史的制度主義者	128
歴史的制度論	380, 417
連合仮説	173
連鎖効果	342
連鎖反応	89
レンズ	2, 24
連邦緊急事態管理庁	146
連邦制	152
連邦制理論	247
ロウィ（Theodore Lowi）	128, 411
ロジック	246
ロックイン	340, 381

A-Z

ACA	150
ACF	165, 375, 386
AFDC	149
BCDC	337, 343
CAP	108
DASシフト	209
EGF	327, 375
EU	59, 265, 288, 414
FEMA	146
GI Bill	142
GOP	155
IAD	246, 376
IADフレームワーク	246
IGRI	274
inの知識	9, 23
LGBT	141
MSA	374
MSF	35, 374, 386, 403
MSF仮説の精緻化	70
MSFの理論化と適用	72
NGO	289
NPF	203, 376, 387
OECD	103, 293
ofの知識	9, 23
PDI	377, 387
PET	81, 374, 386, 388, 407, 409, 426
PFT	375
QCA	68
SCPD	387
SESフレームワーク	269, 275
SSA	134
SSDI	149
TANF	142
Twitter	203
YouTube	203

原著者紹介（執筆順）

クリストファー・M・ウィブル（Christopher M. Weible）：コロラド大学デンバー校公共政策大学院教授。政策過程理論、紛争政治、環境政策を専門分野とする。本書のほか、*Methods of the Policy Process* の共編者、Policy & Politics 誌の共同編集者、政策民主主義センター共同センター長。

ニコール・ヘルヴェグ（Nicole Herweg）：ドイツ・ハイデルベルク大学政治学部サーチフェロー。比較公共政策、特に政策過程、エネルギー政策、EU 政治が専門分野。著書に *European Union Policy-Making* など。

ニコラウス・ザハリアディス（Nikolaos Zahariadis）：ローズ大学教授（国際研究）、マーティ・バックマン（国際インターンシッププログラム）チェア。比較公共政策とヨーロッパの政治経済に関する多数の論文を発表。

レイメット・ゾーンホーファー（Reimut Zohlnhöfer）：ドイツ・ハイデルベルク大学教授（政治学）。政策過程理論、西ヨーロッパ政治が専門分野。共編著書に *Decision-Making under Ambiguity and Time Constraints* など。

フランク・R・バウムガルトナー（Frank R. Baumgartner）：ノースカロライナ大学チャペルヒル校リチャード・J・リチャードソン特別教授（政治学）。比較政治学、米国政治のアジェンダ設定、ロビー活動、争点フレーミングが専門分野。ブライアン・ジョーンズ博士と政策アジェンダ・プロジェクトを設立。著書には *The Politics of Information* など。

ブライアン・D・ジョーンズ（Bryan D. Jones）：テキサス大学オースティン校教授、J.J.「ジェイク」ピクル連邦議会研究リージェントチェア、アメリカ政策アジェンダ・プロジェクト・ディレクター。アメリカの公共政策過程（アジェンダ設定、意思決定）が専門分野。

ピーター・B・モーテンセン（Peter B. Mortensen）：デンマーク・オーフス大学教授（政治学）。政策アジェンダの設定、政党間競争などが専門分野。デンマーク・アジェンダ設定プロジェクトの共同リーダー。共著書に *Explaining Local Policy Agendas* など。

スザンヌ・メトラー（Suzanne Mettler）：コーネル大学政府学部ジョン・L・シニア・アメリカ制度論教授。アメリカ政治の発展、不平等、政治行動および民主主義が専門分野。著書に *Four Threats*（共著）、*The Submerged State: How Invisible Government Policies Undermine Democracy* など。

マロリー・E・ソレッレ（Mallory E. SoRelle）：デューク大学サンフォード公共政策大学院助教授（公共政策）。アメリカの社会経済的・政治的不平等に対する公共政策の影響を研究。著書に *Democracy Declined*。

原著者紹介（執筆順） 469

ダニエル・ノールシュテット（Daniel Nohrstedt）：スウェーデン・ウプサラ大学政府学部教授（政治学）兼自然災害・災害科学センター研究コーディネーター。専門は、政策過程、特に環境政策やガバナンスの問題における実証的適用を含む唱道連合フレームワークである。

カリン・インゴルド（Karin Ingold）：スイス・ベルン大学政治学研究所兼エッシャー気候変動研究センター教授。研究の関心は、複雑な環境問題の研究と政策解決策の策定であり、さまざまな政策過程理論と社会ネットワーク分析の手法を適用している。

エリザベス・A・コーブリ（Elizabeth A. Koebele）：ネバダ大学リノ校准教授（政治学）兼水文学大学院プログラム協力教員。研究の重点は、協働的ガバナンス、水政策・管理、政策過程理論。*Policy & Politics* 誌共同編集者。

クリスティン・L・オロフソン（Kristin L. Olofsson）：オクラホマ州立大学助教授（公共政策・行政学）兼環境科学大学院プログラム協力教員。学際的アプローチによる環境政策と天然資源管理の研究に取り組む。

佐藤圭一（Keiichi Satoh）：一橋大学社会学部講師（社会学）。社会ネットワーク分析に関心があり、政策過程論、社会運動、社会資本など、さまざまな分野に応用している。

ハンク・C・ジェンキンス＝スミス（Hank C. Jenkins-Smith）：オクラホマ大学政治学部教授。公共政策研究・分析研究所所長。全米研究評議会委員会の委員。公共政策の変更に関する理論の研究に焦点を当てている。

マイケル・D・ジョーンズ（Michael D. Jones）：テネシー大学准教授（政治学）。主な研究関心は政策理論であり、中でも政策過程とアウトカムの形成におけるストーリーの役割を理解することに焦点を当てた物語り政策フレームワークの発展に力を注いできた。*Policy Studies Journal* 誌編集長。

アーロン・スミス＝ウォルター（Aaron Smith-Walter）：マサチューセッツ大学ローウェル校政治学部助教授。物語り政策フレームワーク、文化理論、終末論的フィクションにおける行政のイメージを研究。*Policy Studies Journal* 誌副編集長兼編集主幹。

マーク・K・マクベス（Mark K. McBeth）：アイダホ州立大学政治学部教授。公共政策における物語りの役割をよく理解するための物語り政策フレームワークの活用に研究の焦点を当てている。野生生物政策など、さまざまな環境問題を研究対象とする。

エリザベス・A・シャナハン（Elizabeth A. Shanahan）：モンタナ州立大学政治学部教授兼研究担当副学長。研究は、リスクの文脈における物語り政策フレームワークの理論的発展と実際の適用に重点を置いている。

エデラ・シュラガー（Edella Schlager）：アリゾナ大学政府・公共政策大学院教授。制度分析・開発フレームワークとその関連ツールを用いた比較制度分析に研究の重点を置いている。研究プログラムは、越境流域におけるマルチレベルおよびマルチスケールのガバナンスに焦点を当てている。

セルヒオ・ビジャマヨール＝トマス（Sergio Villamayor-Tomas）：スペイン・バルセロナ自治大学環境科学技術研究所研究員。制度分析・開発フレームワークを活用した、コミュニティ・ベースの天然資源管理や気候変動への適応に研究の焦点を当てている。

オスマニー・ポルト・デ・オリヴェイラ（Osmany Porto de Oliveira）：ブラジル・サンパウロ連邦大学国際関係学部助教授。政策波及と開発協力を研究。主な著書に、*Handbook of Policy Transfer, Diffusion and Circulation*。共編著書に *Latin America and Policy Diffusion*。

ジュリア・C・ロマノ（Giulia C. Romano）：ドイツ・デュイスブルク・エッセン大学東アジア研究所ポストドクター研究員。研究は、政策移転/波及、特に都市政策と都市ガバナンスに重点を置く。共編著書に *Brazil and China in Knowledge and Policy Transfer*。

クレイグ・ヴォルデン（Craig Volden）：バージニア大学フランク・バッテン・リーダーシップ・公共政策大学院教授兼効果的立法センター共同所長。公共政策の政治学を研究。共著に *Why Bad Policies Spread（And Good One Don't）*。

アンドリュー・カーチ（Andrew Karch）：ミネソタ大学教授（政治学）。研究は、連邦制と州政治に重点を置き、米国における公共政策選択の政治的要因に焦点を当てている。共著に *Responsive States：Federalism and American Public Policy*。

マーク・ルーブル（Mark Lubell）：カリフォルニア大学デービス校、環境科学・政策学部教授。環境政策とガバナンスの文脈から、協力の問題を研究している。水資源ガバナンスと気候変動適応の文脈における実証的適用とともに、政策ゲームの生態系フレームワークの開発者の一人。

ジャック・ミワター（Jack Mewhirter）：シンシナティ大学公共・国際問題学部准教授。複雑なガバナンスシステム内における集合行為問題の起源、進化、解決について研究を行っている。地域の水資源ガバナンスと警察活動の研究が多い。

マシュー・ロビンス（Matthew Robbins）：カリフォルニア大学サンタバーバラ校ブレンスクール講師。機械学習とテキスト分析を含む環境データサイエンスの講義を担当。天然資源管理に関わる協働ネットワークについて研究を行っている。

ポール・カーニー（Paul Cairney）：英国・スターリング大学教授（政治・公共政策学）である。比較公共政策における研究関心を持ち、政策理論（*Understanding Public Policy*）の教科書をはじめ、手法（*Handbook of Complexity and Public Policy*）、エビデンスの活用（*The Politics of Evidence-Based Policymaking*）、各国の政策成果（*Global Tobacco Control*）、など著書は多数に及ぶ。

ターニャ・ハイキラ（Tanya Heikkila）：コロラド大学デンバー校公共政策大学院教授。政策過程と環境ガバナンスに関する研究と教育に従事。カリフォルニア州デルタ独立科学委員会の委員も務める。

原著者紹介（執筆順）

ヤーレ・ツズーン（Jale Tosun）：ドイツ・ハイデルベルク大学教授（政治学）。専門は、比較公共政策、行政学、国際政治経済学とヨーロッパ統合。*Climate Action* 誌編集長、*Policy Sciences* 誌副編集長。著書に *Public Policy：A New Introduction* など。

サミュエル・ワークマン（Samuel Workman）：ウェストバージニア大学ロックフェラー公共政策・政治大学院教授。政策研究・公共問題研究所所長。専門は公共政策、アジェンダ設定、官僚制、規制政策、研究方法論。全米科学財団の資金提供を受けた教育規制プロジェクトの主任研究者。共編 *Methods of the Policy Process* ほか。

【訳者紹介】

稲継裕昭（いなつぐ・ひろあき）：早稲田大学政治経済学術院教授。
　　大阪市職員、姫路獨協大学、大阪市立大学を経て現職。京都大学博士（法学）。東京大学客員教授、放送大学客員教授。単著に『日本の官僚人事システム』『人事・給与と地方自治』（東洋経済新報社）、『公務員給与序説』『地方自治入門』（有斐閣）、『自治体ガバナンス』（放送大学教育振興会）、『AIで変わる自治体業務』（ぎょうせい）他多数。編著に『シビックテック』（勁草書房）、『東日本大震災大規模調査から読み解く災害対応』（東洋経済新報社）、共編著に Aftermath：Fukushima and the 3.11 Earthquake（Kyoto Univ Press）他多数。訳書も多い。[序章、第8章、第9章、第10章、第11章担当]

西出順郎（にしで・じゅんろう）：明治大学公共政策大学院教授
　　福井県職員、琉球大学大学評価センター准教授、岩手県立大学総合政策学部教授を経て、現職。早稲田大学大学院公共経営研究科博士後期課程修了。学術修士（経済学）・行政学修士（いずれもシラキュース大学）、博士（公共経営）。地方行政実務学会副理事長、日本評価学会副会長等、学会をはじめ国・地方自治体等で各役職を務める。主な著書は『政策はなぜ検証できないのか』（単著、勁草書房、2020年）、『震災後の自治体ガバナンス』（共著、東洋経済新報社、2015年）など。専門は政策評価・公共経営。[第1章、第2章、第3章担当]

佐藤敦郎（さとう・あつお）：広島市立大学国際学部教授
　　埼玉県職員、国際協力機構（JICA）長期専門家（ラオス財務省）、九州大学大学院教授等を経て現職。東京大学大学院公共政策学教育部専門職学位課程修了。公共政策学修士（専門職）。東京大学大学院総合文化研究科博士課程修了。博士（国際貢献）。地方行政実務学会理事。単著に『国家を補完するガバナンス——保健、教育、ジェンダー平等におけるラオス女性同盟の役割—』（明石書店、2024年）がある。[第4章、第5章、第6章、第7章担当]

公共政策
——政策過程の理論とフレームワーク——

2025年4月20日　初版第1刷発行

編　者		クリストファー・M・ウィブル
訳　者		稲継裕昭
		西出順郎
		佐藤敦郎
発行者		阿部成一

〒169-0051　東京都新宿区西早稲田1-9-38
発行所　株式会社　成文堂
電話03(3203)9201(代)　FAX03(3203)9206
https://www.seibundoh.co.jp

印刷・製本　三報社印刷
© 2025 稲継・西出・佐藤
☆乱丁・落丁本はおとりかえいたします☆　Printed in Japan
ISBN978-4-7923-3456-7 C3031　　検印省略

定価（本体4000円＋税）